U0149202

2007《文心雕龍》國際學術研討會論文集

文心雕龍國際學術研討會論文集編委會
主　編

文史哲出版社印行

國家圖書館出版品預行編目資料

2007《文心雕龍》國際學術研討會論文集 / 文心雕龍國際學術研討會論文集編委會編. --.初版 --臺北市：文史哲，民 97.08
頁： 公分. --
ISBN 978-957-549-800-9 (平裝)

1.文心雕龍 2.研究考訂 3.文集

820.7　　97013696

2007《文心雕龍》國際學術研討會論文集

主編者：文心雕龍國際學術研討會論文集編委會
出版者：文史哲出版社
http://www.lapen.com.tw
登記證字號：行政院新聞局版臺業字五三三七號
發行人：彭正雄
發行所：文史哲出版社
印刷者：文史哲出版社
臺北市羅斯福路一段七十二巷四號
郵政劃撥帳號：一六一八〇一七五
電話886-2-23511028・傳真886-2-23965656

實價新臺幣一〇八〇元

中華民國九十七年（2008）八月初版

ISBN 978-957-549-800-9

《文心雕龍論文集・序》

二〇〇七年六月二日至五日，「《文心雕龍》國際學術研討會」，在台灣高雄國立中山大學圖資大樓國際會議廳召開，並由中山大學校長張宗仁、文學院院長林慶勳、中文系主任劉文強、花蓮慈濟大學東方語文系主任徐信義、花蓮教育大學中文系主任林明珠、台東史前文化博物館館長浦忠成、高雄道德院住持三清太乙大宗師等共同主持揭幕儀式，並熱誠接待海內外來賓。當日高雄市西子灣艷陽高照，和風送暖，海不揚波，百花競秀，給此次會議帶來成功的徵兆。

此次會議之所以召開，蓋起因於爲王師更生八十暖壽遭到婉拒；同門諸學友皆體悟先生向不稱壽，更不喜人爲之壽。但其平居治學，卻視劉彥和《文心雕龍》爲終身志業。爲了略表尊師重道的微忱，宏揚《文心雕龍》學的精義，同門等不得不改採他法爲先生壽。於是決定在高雄中山大學籌開國際性《文心雕龍》學術研討會。一方面可使一九九九年五月曾在台灣師範大學召開的「龍學」會風華再現；同時，亦可藉此作爲向先生祝壽的獻禮。於是公推廖宏昌博士負責籌辦。經其多方接觸，獲致中山大學校方、院方以及中文系同仁們的相助，和統合其多年來從事社會服務的人脈關係；終於在眾志成城的努力下，一場「作始也簡，畢功也鉅」的「龍學」盛會，便正式推上了學術殿堂。

參與此次學術會議的專家學者，計台灣二〇位，大陸一八位，香港三位、澳門一位、美國二位、日本一位，共四十五位。提交大會的論文多達四十一篇，議程安排，除開幕式、閉幕式、台東史博館、花蓮太魯閣的參觀旅遊外，純粹學術交流的活動，分爲十二個場次；前八場，六月二日在高雄中山大學國際會議廳舉行；後四場，則移往台灣東部的花蓮慈濟大學和花蓮教育大學，於六月五日進行。全部議程均在緊張的氣氛中渡過。

六月二日在高雄中山大學的四場，各又分爲「A」「B」兩組，第一場是上午一〇點一〇分到一一點五〇分。「A」組發表的四篇論文，由中山大學文學院長林慶勳教授主持，蔣凡、張少康、陳素英、呂武志四位教授擔任特約討論。「B」組發表的四篇論文，由中山大學蔡振念教授主持，蔡宗齊、呂新昌、詹杭倫、林明珠四位教授擔任特約討論。第二場是下午一點二〇分到兩點三五分，「A」組發表的三篇論文，由花蓮慈濟大學東方語言系主任徐信義教授主持，顏瑞芳、鄧國光、汪春泓三位教授擔任特約討論。「B」組發表的三篇論文，由國立空中大學教授方元珍主持，劉文忠、蔡振念、廖宏昌三位教授擔任特約討論。第三場是兩點五五分到四點一〇分，「A」組發表的三篇論文，由台灣師範大學劉渼教授主持，錢永波、王英志、林中明三位教授擔任特約討論。「B」組發表的三篇論文，由中山大學中文系主任劉文強教授主持，朱文民、彭荷成、黃端陽三位教授擔任特約討論。第四場是四點三〇分到六點一〇分，「A」組發表的四篇論文，由台灣師範大學國文系主任顏瑞芳教授主持，徐信義、涂光社、劉渼、郭鶴鳴四位教授擔任特約討論。「B」組發表的四篇論文，由台灣師範大學呂武志教授主持，方元珍、陳文新、龔顯宗、吳武雄四位教授擔任特約討論。

六月五日的四場，前兩場在花蓮慈濟大學進行，上午九點一〇分到一〇點二五分第一場，發表的論文三篇，由張敬國學基金會負責人林中明教授主持，孫蓉蓉、李平、林素芬三位教授擔任特約討論。一〇點四五分到一二點第二場，發表的三篇論文，由中山大學中文系龔顯宗教授主持，楊明、曹順慶、蕭鳳嫻三位教授擔任特約討論，下午在花蓮教育大學的兩場，也就是二點一〇分到三點二五分進行的第三場，發表的三篇論文，由中國人民大學詹杭倫教授主持，海村惟一、張燈、石家宜三位教授擔任特約討論。三點四五分到五點二五分進行的第四場，發表的四篇論文，由花蓮教育大學中文系主任林明珠教授主持，韓泉欣、溫光華、吳福相、任罡四位教授擔任特約討論。

各家論文異采紛呈，美不勝收，但撮其內容要旨：有偏重《文心雕龍》文學原理論者、有偏重《文心雕龍》文學體裁論者、有偏重《文心雕龍》文學創作論者、有偏重《文心雕龍》文學批評論者、有偏重《文心雕龍》作者劉勰的家庭世系者、又有偏重《文心雕龍》作者劉勰的生平行事者、還有偏重《文心雕龍》資料網站的架設和規劃者、亦有偏重《文心雕龍》版本校勘者。篇篇精醇，擲地有聲。而特約討論人，又都是「龍學」方面的專家，在會議進行時，他們往往針鋒相對，就論文本身的特點，或旁敲側擊，或單刀直入，或見縫插鍼，或文外立意，或語帶含蓄，提出許多當行本色的問題，向作者質疑問難；至於熱衷「龍學」研究的社會人士，和正在各大學就讀的本科生、碩、博士研究生，更是緊抓這次千載難逢的機遇；有時會外接觸，有時會中問難，有時個別請益。學者們皆本照各自的專業，循循提點；即令偶有爭議，也都能秉持心平氣和的態度，和悅以解，充分達成會友輔仁的目標。

六月的花蓮、台東，是個草長鶯飛，旅遊踏青的良辰，我們暫時擱下學術研討會的煩瑣，利用三、四兩天的時間，以「偷得半日閒」的心情，從高雄搭遊覽車，循巴士海峽，經濱海公路，穿越峭拔險峻的大武山，於三日下午四時左右，抵達台東市郊的「史前文化歷史博物館」。館長浦忠成博士早就派秘書楊小姐在館前迎迓。簡報過後，立即帶我們到大堂參觀原住民載歌載舞的表演。事後，浦館長率導遊和解說員分組參觀各室陳列的史前文化史料、模具、圖片、食物和各種稀有而不能確指其名的大型生物，與當前原住民的生活動態，不但館藏豐富，而且類聚群分，詳而有序，給學者們留下極為深刻的印象。

華燈初上，時間已是晚上七點，館方設宴接風，酒過三巡，原住民們以天賦獨擅的嗓音，臨風把酒，掀起了賓主盡歡的高潮。在觥籌交錯之際，加上一曲嘹亮動人的迎賓之歌，正所謂「但使主人能醉客，不知何處是他鄉」，把我們帶入另一個渾然忘我的境界！

四日晨，離開熱情如火的台東市，車子沿太平洋海岸北行，駛向花蓮的太魯閣。這裡是揚名世界的台灣中部橫貫公路入口處。此處山勢之奇險，風景之秀媚，可稱台灣之首選。今天適逢空山新雨之後，可謂塵垢洗盡，本色特出，尤其那千迴百折，九曲逶迤的「燕子口」，車行其間，更是路隨山轉，雲向澗生；目視峽谷咆哮的湍流，耳接山風撩撥的鳥語，加上千尺斷崖，萬丈深壑，奇樹怪石，飛瀑成練，點綴在層巒聳翠，茂林修竹之間，不禁令人讚嘆造化之工巧。就在一步一景，一景一絕，遊興正濃之時，透過山嵐的落日餘暉，告訴我們黃昏將近，在興猶未闌的心情下，只好讓車子的馬達聲，替我們傳送怏怏不已的驪歌了！

此次「《文心雕龍》國際學術研討會」，由六月二日上午八點在高雄國立中山大學國際會議廳辦理報到手續，九點一〇分正式揭幕，一直到六月五日下午五點二五分，在花蓮教育大學，由校長林煥祥，中文系主任林明珠，和主辦單位中山大學教授廖宏昌，共同主持閉幕典禮和致歡送辭後，給整個歷時將近一周的「龍學」盛會，劃下了完美亮麗的句點。

綜觀以往在高雄、花蓮兩地三校十二場的「研討會」，四十五位來自世界各地的傑出學者們，濟濟一堂，共同研討如何將劉彥和及其《文心雕龍》的文學理論，宏揚於全國，普及於世界的大計方針，並以所獲致的豐碩成果，作爲向王師更生八十暖壽的獻禮，回想籌備過程，其間終始其事，出力最多，最是勞神苦思的，莫過於廖宏昌教授。像邀請函的寄發，參與學者的登錄、食宿、旅遊的聯繫、會議場次的安排、論文集的校對、出版與寄送等，每一個環節，無不需要事前周詳地思考、臨時多方的規劃，事後細心的檢討與整理。尤其向政府有關單位和各基金會申請補助或募款事宜，在當前台灣經濟嚴重脫序的情況下，幾乎是處處碰壁，一籌莫展；其內心的煎熬、精神的苦悶，說是如坐鍼氈，一點兒也不誇張。最後，憑著他的學養、沈穩、和尊師重道的一念之誠，所謂「用志不分，乃凝於神」，終於獲得中山大學校長與中文系同仁們的支持，張敬國學基金會林中明教授的奧援，台灣史前文化博物館館長浦忠成的熱烈贊助，文史哲出版社董事長彭正雄的慷慨解囊，以及花蓮慈濟大學、教育大學的鼎力配合，高雄道德院主持人三清太乙大宗師，又無條件給予精神物質人力等各方面地鼓勵，此不但使廖教授信心倍增，也因而使此次「龍學」研討會，辦得有聲有色，圓滿成功！尤其將學術研討會推向跨學校、跨地區，合「學術」與「旅遊」兩者於一爐而冶之的動態性和多面向，不但體現了他的慧心巧思；更爲高雄和廣大花東地區的學術研究，播下了今後合作互助的典範！

最後，我站在一名爲人師表，而又承門下諸學弟推愛，以召開「《文心雕龍》國際學術研討會」所獲致的成果，爲本人壽。面對主辦單位、承辦單位、協辦單位、高雄道德院、張敬國學基金會、文史哲出版社等直接、間接的支援，學者專家同道先進們的不遺在遠，應邀來台參與，並分別餽贈「百壽圖」、「賀聯」、「著作」、「實物」、「紀念品」，或以「吉言」嘉勉，睹物興情，聆言感奮；誼重情長，慚戴何極！今後自當本乎「相濡以沫」的關愛，黽勉自勵，期不負諸君之雅望。是爲序。

王更生 序於二〇〇七年十二月二十五日台灣台北，退思齋

王更生修改完畢

2008.6.11 日於台北

2007《文心雕龍》國際學術研討會論文集

目　　次

《文心雕龍》與書畫樂論

香港大學　張少康

《文心雕龍》的文學理論和它所受音樂、書法、繪畫理論的影響，有非常密切的關係，認真探討這個問題，對於我們深入理解《文心雕龍》的理論來源和劉勰的創造性發展，是十分必要的。以前我在《文心雕龍新探》和《文心與書畫樂論》兩書中曾經有過一些分析，例如講到劉勰的風骨論即是從書畫理論中移植過來的等，本文擬在此基礎上，對此作一個比較全面的概括性論述，並對某些重要問題作若干新的闡述和補充。

一、《文心雕龍》與《禮記・樂記》

《文心雕龍》受《禮記‧樂記》中的音樂美學理論影響是非常深的，它有關文學理論的一些基本觀點，大都來自《樂記》，但是又沒有受《樂記》思想的束縛，在某些重要理論問題上，有自己創造性的發展。這主要表現在以下幾個方面：

（一）詩樂一體論

《樂記》中曾經概括了先秦時詩、樂、舞三位一體的特點，它說：「詩，言其志也；歌，詠其聲也；舞，動其容也：三者本於心，然後樂氣（當作「器」）從之。」從先秦的實際情況看，詩、樂、舞三者之中，其實，樂是核心，是主體，而詩和舞是配合樂的。因爲中國古代是以禮樂治國，禮是從外面來節制人的言行的，而樂則是從內心來陶冶人的性靈的。所以季札觀樂雖然也伴有歌舞，但他是以樂來判斷政治之善惡的，故而正音和淫樂是斷然不可相混淆的。劉勰在《文心雕龍．樂府》篇裏是完全接受了《樂記》思想的，他就是從詩、樂、舞三位一體的角度來論述樂府詩的，指出「樂本心術，故響浹肌髓，先王慎焉，務塞淫濫。」並且嚴格地區分了正音和淫樂的界限。但是他又沒有採用三者以樂爲主的思想來論樂府，而是強調了「詩爲樂心，聲爲樂體」，特別重視樂府詩的文字意義，也就是說把詩放到了核心和主體的地位。劉勰很清楚地看到了戰國以來詩樂分家日益明顯，從詩歌成爲一種脫離音樂的獨立藝術後，樂府詩已經不再是原來配樂的歌辭，而是以詩爲主、實際上是以樂來配詩了。這種文學藝術發展的實際促使他從理論上重新作出了解說。

（二）論詩樂的起源及其作用

《樂記》認爲音樂是由人心生的，也就是說它源于人心；但是它又可以感化人心、影響人心，這就是它的「音生於人心」和「音生人心」論。由此而推導出「治世之音安以樂，其政和；亂世之音怨以怒，其政乖；亡國之音哀以思，其民困」的著名論斷。劉勰在其《文心雕龍》中對此也是完全接受的，並且正是用這樣的思想來論述詩歌和文學的。他認爲心爲文之本，文就是人心的體現。在《文心雕龍·原道》篇中說：「心生而言立，言立而文明，自然之道也。」在《明詩》篇中他說：「在心爲志，發言爲詩，舒文載實，其在茲乎？」「民生而志，詠歌所含。」在《序志》篇中他又說：「夫文心者，言爲文之用心也。」「文果載心，余心有寄。」他所說的「本於道」，是說宇宙間一切事物都是道的體現，心也是道的體現。所以從本體論角度看，文也是本於道的，然而，文的直接來源則是心。文生於人心，而文又可以生人心，它既起源於心，又反作用於心，這和音樂是完全相同的。所以他在《時序》篇裏論到文學發展和時代關係時，就都是用的《樂記》中這方面的理論。他說：「昔在陶唐，德盛化鈞，野老吐何力之談，郊童含不識之歌。有虞繼作，政阜民暇，薰風詩於元後，爛雲歌於列臣。盡其美者何？乃心樂而聲泰也。至大禹敷土，九序詠功，成湯聖敬，猗歟作頌。逮姬文之德盛，周南勤而不怨；大王之化淳，邠風樂而不淫。幽厲昏而板蕩怒，平王微而黍離哀。故知歌謠文理，與世推移，風動於上，而波震於下者」。這是以《樂記》「治世之音安以樂」一段話來闡釋春秋以前文學發展狀況的典型表現。但是劉勰在論說文學和時代關係的時候，並沒有以此類推作簡單化的描述，他在分析文學的作用和反作用時，考慮到了政治、經濟、思想、文化、藝術，乃至帝王對文學的愛好和實施的文學政策等多方面因素和文學的關係。比如他認爲屈原和《楚辭》的產生是直接受戰國縱橫家的詭辯說辭影響的：「鄒子以談天飛譽，騶奭以雕龍馳響，屈平聯藻於日月，宋玉交彩於風雲。觀其豔說，則籠罩雅頌。故知暐燁之奇意，出乎縱橫之詭俗也。」講建安文學時，強調社會的動亂，民生之凋敝對文學創作風貌的形成有直接聯繫：「觀其時文，雅好慷慨，良由世積亂離，風衰俗怨，並志深而筆長，故梗概而多氣也。」講東晉文學時指出玄學清談風氣和詩歌創作的關係：「自中朝貴玄，江左稱盛，因談餘氣，流成文體。是以世極迍邅，而辭意夷泰，詩必柱下之旨歸，賦乃漆園之義疏。故知文變染乎世情，興廢繫乎時序，原始以要終，雖百世可知也。」（《時序》）

（三）《樂記》的物感說和劉勰的心物交感說

《樂記》在指出音樂生於人心時，特別強調人心之所以能產生音樂，是因爲它受到外物的感觸，因而由靜變爲動，才有了聲音，才形成爲樂曲。「凡音之起，由人心生也。人心之動，物使之然也。感於物而動，故形於聲。聲相應，故生變，變成方，謂之音。比音而樂之，及干戚羽旄，謂之樂。」其實，它也就是講的藝術創作中心物關係方面物對心的作用。劉勰在《文心雕龍》中則不僅是接受了這種觀點，而且還把它發展爲心物交感說。這是對文學創作中心物關係論的重大發展。劉勰指出在文學創作的主體和客體、心和物的關係中，除了有心受物的感應這一面外，還有物受心的驅使、被心所改造的這一面。所以它在《文心雕龍·物色》篇中說：「是以詩人感物，聯類不窮。流連萬象之際，沈吟視聽之區；寫氣圖貌，（心）既隨物以宛轉；屬采附聲，（物）亦與心而徘徊。」上述引文中括弧中的字是我加的，它可以清楚地看出劉勰對心物關係的辯證認識。這種思想也體現在《詮賦》篇中對情物關係的論述，他既強調了「情以物興」的一面，也強調了「物以情觀」的一面。這和《物色》篇的論述是完全一致的。也就是說，在文學創作過程中，人的「物化」和物的「人化」是同時進行的，密不可分的。這就使文學創作中的心物關係論避免了形而上學的簡單化，而把它建立在十分科學的基礎之上。他之所以能作出這樣重大的發展，是和他受玄學和佛教思想的影響分不開的，同時也有繪畫理論的直接影響，這一點我將在下面論述《文心雕龍》和畫論關係時再具體解釋。

（四）論音樂和文學的真實性

《樂記》在論述到音樂的真實性時，特別強調了音樂家內在的思想感情和樂曲中所體現的思想感情的一致性，它說：「是故情深而文明，氣盛而化神，和順積中而英華髮發外：唯樂不可以爲僞。」《樂記》認爲音樂應該是人的內在真實思想感情的自然流露，它是不可以作僞的。這種對音樂真實性的看法，體現了我國古代重視文學藝術創作中人品和文品統一的傳統，爲後來論述文學真實性的理論奠定了重要的基礎。劉勰在《文心雕龍·情采》篇裏就把這種思想用來講文學的真實性。他說：「昔詩人什篇，爲情而造文；辭人賦頌，爲文而造情。何以明其然？蓋《風》、《雅》之興，志思蓄憤，而吟詠情性，以諷其上：此爲情而造文也；諸子之徒，心非鬱陶，苟馳誇飾，鬻聲釣世：此爲文而造情也。故爲情者要約而寫真，爲文者淫麗而煩濫。而後之作者，采濫忽真，遠棄《風》、《雅》，近師辭賦，故體情之制日疏，逐文之篇愈盛。故有志深軒冕，而泛詠皋壤；心纏幾務，而虛述人外，真宰弗存，翩其反矣。夫桃李不言而成蹊，有實存也；男子樹蘭而不芳，無其情也。夫以草木之微，依情待實；況乎文章，述志爲本，言與志反，文豈足徵？」他所批評的「爲情而造文」之作的主要問題就在缺乏文學的真實性，而這種弊病就表現在「言與志反」，作品中所寫的和作家內心所想的不一樣，即所謂「志深軒冕，而泛詠皋壤；心纏幾務，而虛述人外」。這就是像元好問在《論詩絕句》中批評西晉的潘岳一樣：「心畫心聲總失真，文章甯復見爲人？高情千古《閒居賦》，爭信安仁拜路塵！」這和西方文學理論中講的真實性就很不相同了。西方講的是作品的內容和現實生活狀況是否一致，至於作者本人的人品是否和作品中正面理想人物一致，是可以不問的。人品和文品統一，道德和文章並重遂成爲中國文學理論中論文學真實性的關鍵。

（五）音樂的本、象、飾和文學的意、象、言

《樂記》對構成音樂形象的因素有清楚的闡述，這就是：「樂者，心之動也；聲者，樂之象也，文采節奏，聲之飾也。君子動其本，樂其象，然後治其飾。」心動而產生情志，這是音樂的內容，所以是其「本」；由聲音曲調構成的「象」也就是音樂形象，則是它的表現形態；而音樂形象乃是由「文采節奏」，亦即音律、節奏這些所組成的，這就是「飾」。這是和文學創作中的意、象、言非常類似的。劉勰《文心雕龍·神思》篇說：「方其搦翰，氣位辭前，暨乎篇成，半折心始。何則？意翻空而易奇，言徵實而難巧也。是以意授於思，言授於意，密則無際，疏則千里。或理在方寸而求之域表，或義在咫尺而思隔山河。」劉勰這裏所說的思、意、言的關係，實際就是受《樂記》本、象、飾的論述影響而來的，不過他的直接來源是陸機《文賦》小序中所說的物、意、文關係。陸機所說的「物」和劉勰所說的「思」，實際都是指文學創作的對象，也就是《神思》篇中所說「神與物遊」的內容。這個創作的對象是主體的「思」和客體的「物」的結合，陸機所說偏重於客體方面，劉勰所說偏重於主體方面，其實主體和客體是不能分開的。他們其實說的都是文學創作過程中意、象、言的關係，而文學創作中對構成文學形象要素的分析，又顯然是受《樂記》對音樂形象構成要素的分析之影響的。不過，從陸機到劉勰已經對這三個要素之間的關係開始進行深入的研究，也可以看作是對《樂記》上述論說的發展。

從上面的簡略分析中，我們已經可以看到劉勰《文心雕龍》

文學理論受音樂美學理論影響的大致情況。

二、《文心雕龍》和六朝繪畫理論批評

六朝的畫論非常發達，不僅在人物畫論上有傑出的貢獻，而且在山水畫論方面也有很高的成就。這些對劉勰《文心雕龍》的文學理論也有非常深刻的影響。下面我們分別就顧愷之、宗炳、謝赫的畫論和《文心雕龍》的理論聯繫，作一點初步的分析。

（一）顧愷之的「遷想妙得」論和《文心雕龍・神思》篇的關係

東晉著名畫家顧愷之在他的《畫論》中非常重視藝術想像，曾經提出了「全其想」的思想，也就是要全面地充分發揮畫家的藝術想像力，在《魏晉勝流畫贊》中他評論伏羲神農畫像時又指出「雖不似今世人，有奇骨而兼美好。神屬冥芒，居然有得一之想。」這裏的「得一之想」也是說明畫家最重要的就是要有豐富的想像能力。而且還要善於把自己的內在思想感情遷移、寄託到所構思、想像的意象上去，又提出了「遷想妙得」的重要理論（見於張彥遠《歷代名畫記》所引）。他這種對藝術想像的重視和論述，對劉勰有關文學創作的構思和想像活動的描繪有重要的啓示。在《文心雕龍·神思》篇中，他指出神思活動運行時所具有的「登山則情滿於山，觀海則意溢於海」狀況，正是對顧愷之所說的「遷想妙得」的具體展示，也就是把作者內心的情意遷移、融入到構思中所形成的意象中去，從而使「物以情觀」，使客體成爲主體意識的載體，成爲再造的自然。

（二）宗炳的《畫山水序》和《文心雕龍》的《神思》篇、《物色》篇

劉宋時代著名的山水畫家宗炳所著的《畫山水序》涉及到很多藝術創作的重要理論問題，直接啓發了劉勰《文心雕龍》中《神思》和《物色》篇的寫作。首先，劉勰所運用的「神思」概念，雖然在宗炳以前也有人運用過，但是多數不是專門從藝術構思的理論角度來說的，而宗炳才是最早以此來概括山水畫創作藝術思維的特點，所以《文心雕龍》中「神思」概念的提出，顯然是和宗炳《畫山水序》中所說的「神思」，聯繫最爲密切。也就是說，劉勰所著重強調的「神思」概念其實就是宗炳的《畫山水序》中沿襲過來的。宗炳已經接觸到「神思」的特點就是作家的主體精神和客體物像的融會的問題，他雖然沒有像劉勰那樣明確指出其「神與物遊」的特點，但是已經包含了這方面的內容。劉勰對「神思」的「神與物遊」特點的概括，正是對宗炳思想的提煉和昇華，他把「神思」活動的思維特點作了科學的、生動的理論分析，大大地發展了宗炳的「神思」論。其次，前面講到劉勰對《樂記》中物感說發展爲心物交感說，正是受宗炳《明佛論》和《畫山水序》影響的結果。這一點，我在《南朝的佛教和文藝理論》一文（載拙作《文心與書畫樂論》）中已經作過詳細的分析，此不贅述。第三，宗炳在《畫山水序》中所提出的「應目會心」說，強調了藝術創作過程中的直感的重要性，體現了對建立在直覺思維基礎上的創作靈感作用之認識，它和《文心雕龍·物色》篇中所提出的「目既往還，心亦吐納」說，如出一轍，它也是造成「登山則情滿於山，觀海則意溢於海」的緣由。第四，宗炳的「澄懷觀道」和「澄懷味象」說非常突出地強調了藝術家在創作過程中，

從主體修養上必須注意使自己精神境界進入到虛靜的狀態，所謂「澄懷」就是要使自己內心沒有任何世俗雜念的干擾，空明寂靜，然後才能充分融入外界的千景萬象。這和劉勰所提出的「陶鈞文思，貴在虛靜，疏瀹五藏，澡雪精神」，是完全一樣的。第五，宗炳認爲山水畫家爲培養自己的靈感，使神思活動非常充分地展開，應當注意「閒居理氣」，這樣才能保證具有一個真正虛靜的精神境界。這和劉勰在《文心雕龍·養氣》篇裏所論述的內容也是完全一致的。第六，宗炳認爲山水畫創作具有這樣的特點：「夫理絕與中古之上者，可意求於千載之下；旨微於言象之外者，可心取於書策之內。」這就是說畫家于畫幅內所表現的雖然是有限的，但是其豐富的情趣則可想像於畫幅之外，具有無窮的深遠意味。這應該正是劉勰《文心雕龍·隱秀》篇思想的重要來源。「隱秀」的特徵如劉勰所說，「秀」乃指「篇中之獨拔者」，而「隱」則是「文外之重旨」，故「隱以複義爲工，秀以卓絕爲巧。」唐代皎然在《詩式》中評謝靈運名句「池塘生春草」、「明月照積雪」時曾運用了劉勰的「隱秀」。並說：「『池塘生春草』，情在詞外；『明月照積雪』，旨冥句中，風力雖齊，取興各別。」皎然此處所言「情在詞外」、「旨冥句中」正是「隱秀」之義。南宋張戒在《歲寒堂詩話》中曾引劉勰《文心雕龍·隱秀》篇佚文云：「情在詞外曰隱，狀溢目前曰秀。」此爲皎然「情在詞外」之來源。而宗炳的「旨微於言象之外者，可心取於書策之內」，當是其「旨冥句中」之來源。由此可見，劉勰的「隱秀」和宗炳的這個論斷是有密切關係的。

（三）謝赫的《古畫品錄》和劉勰《文心雕龍》的「風骨」論

南齊謝赫的《古畫品錄》是六朝時期最爲重要的一部畫論著作。它所提出的的一些重要繪畫理論，對《文心雕龍》中的某些論述有密切關係。其中比較主要的大概有以下幾點：第一，《古畫品錄》在評三國東吳曹不興畫時很明確地運用了「風骨」的概念，說：「觀其風骨，名豈虛成！」這對劉勰《文心雕龍》中的風骨論有直接的影響。謝赫以風骨作爲評畫的標準，而且他還把繪畫中體現風骨特色的方面和色彩線條等的運用，作爲有主有次的對立的兩個方面，例如他評夏瞻的畫時說：「雖氣力不足，而精彩有餘。」這裏的「氣力」即指「風骨」，而「精彩」則屬於色彩線條方面的問題。他評顧駿之的畫時說：「神韻氣力，不逮前賢；精微謹細，有過往哲。」這裏「神韻氣力」屬於風骨問題，而「精微謹細」則屬於色彩線條方面的問題。這就啓發了劉勰在論風骨時，也非常明確地把風骨和辭采作爲有主有次的對立的兩個方面。謝赫以「氣韻生動」和「骨法用筆」作爲衡量繪畫藝術美的主要標準，其實和劉勰之以「風清骨峻」作爲衡量文學作品藝術美的標準，是沒有什麼差別的。

三、漢魏六朝的書法理論和《文心雕龍》

《文心雕龍》和漢魏六朝的書法理論也有相當密切的關係。這些我們可以從以下幾個方面看出來。

（一）《文心雕龍》中的「勢」的概念是從書法理論中移植過來的

《文心雕龍·定勢》雖然是講不同文體有不同風格的，但是，「勢」的概念並不只是說特定的文體有特定的風格，而是有更爲廣泛的含義的。「勢」是一個非常重要的理論範疇，學術界對它的解釋比較分歧，一時難得有共同的看法。我的理解是：「勢」是指的客觀事物所具有的獨特態勢，也就是客觀事物內在的一種獨特的自然規律。文學作品中的勢，就是指作品本身所具有的特殊的規律性。「勢」本來是從工匠需要觀察自己所面對的材料之方圓曲直形勢而來的，是具體事物與其他事物不同的、特定的態勢。它被運用到文學藝術中，最早是在書法創作的理論批評方面。漢末蔡邕著有《篆勢》，崔瑗著有《草書勢》，都是屬於對篆書和草書的筆勢之形象的描繪。後來到晉代又有衛恒的《四體書勢》。把書法上的勢引入到文學方面，是在漢魏之交。根據劉勰《文心雕龍·定勢》篇的引用，我們可以知道東漢的桓譚和建安時代的曹植、劉楨和西晉的陸雲都有關於文學創作中的「勢」的問題的論述，可惜除陸雲之言外，其他人的原著早已不見，只能按照劉勰的引用來瞭解他們的看法。劉勰所引桓譚和曹植的論說，亦已不見原文。但是他們並沒有直接講到「勢」，而是劉勰認爲他們所講就是「勢」的問題。從劉勰的引用來看，他們實際上講的是作家因個性愛好不同，而有不同的風格特點。劉勰認爲這就是講的「勢殊」。他所引劉楨論「勢」的話，可能文字上有脫漏，其大致意思是指作家那種慷慨悲壯的俊逸之氣，所以劉勰又不同意他的說法，認爲「然文之任勢，勢有剛柔，不必壯言慷慨，乃稱勢也。」陸雲的話是檢討自己過去寫文章，「先辭而後情，尙勢而不取悅澤」，後來聽了張華的批評，才加以改正。對此，劉勰是表示同意的。書法是一種比較特殊的藝術，它和現實生活的關係是比較遙遠也比較隱蔽的。書法是通過特定的筆勢，來體現書法家的情緒和心態的，所以它特別需要講究筆勢的不同。當它被引入文學理論批評的時候，要比較確切地說明它的含義，也是比較困難的。不過，我們可以確定地說，文學中的「勢」的概念，毫無疑問是由書法理論批評中延伸過來的，後來又在文學批評中得到進一步的發展。

（二）「意在筆先」以及它在《文心雕龍·神思》篇中的體現

「意在筆先」這個極爲重要的文學創作原理，本來是講書法創作的，它最早是東晉的女書法家衛鑠提出的。衛夫人在《筆陣圖》中說到「意後筆前者敗」，「意前筆後者勝」。王羲之在《題衛夫人筆陣圖後》中也說要「意在筆前，然後作字。」這都是強調在進行書法創作之前，先要有總體的構思，形成意象，然後落筆。這個藝術創作原理在《文心雕龍·神思》篇中有很清楚的體現，劉勰所說「獨照之匠，窺意象而運斤」，也就是這個意思。這裏的「意象」不是已經落實在作品裏的形象，而是在構思中形成、尚未被具體描繪出來的形象。而文學創作正是要按照這個構思好的形象來寫作的。劉勰對構思意象的過程曾作了生動的敍述，這就是所謂的「規矩虛位，刻鏤無形」。而且劉勰非常明確地指出，能否在創作之前構成想像中的形象，對創作的成敗起著關鍵作用，因而是「馭文之首術，謀篇之大端」。

（三）書法創作中的骨力與媚趣，及其和劉勰風骨論的關係

六朝的書法理論特別注意骨力和媚趣的關係，也就是說，在這兩者之中，骨力是主要的，而媚趣則居於從屬的地位。但是，兩者又都是不可缺少的。衛夫人在《筆陣圖》中說：「善筆力者多骨，不善筆力者多肉。多骨微肉者謂之筋書，多肉微骨者謂之墨豬。多力豐筋者聖，無力無筋者病。」衛夫人所說的骨和肉的

關係，也就是南朝書法家所說的骨力和媚趣的關係。據南齊書法家王僧虔說劉宋時的書法家羊欣曾撰有《采古來能書人名》一卷，王僧虔又續其錄，于王獻之下說：「骨勢不若父，而媚趣過之。」王僧虔還在他的論書中評郗超的草書是:「緊媚過其父(指郗愔)，骨力不及也。」又說蕭思話的書法：「風流趣好，殆當不減，而筆力恨弱。」他們所說的骨和肉、骨力和媚趣之間的關係，都是以骨或骨力爲主，而以肉或媚趣爲輔的。這和劉勰在《文心雕龍·風骨》篇裏突出強調風骨和辭采的關係裏，應當以風骨爲主，辭采爲輔，也是完全一致的。

此外，六朝書法理論裏對心手關係的論述，也對劉勰的《文心雕龍》有一定影響。這點我在《論文藝創作中的心手關係》一文（載拙作《文心與書畫樂論》）中已有詳細分析，此不贅述。

從上面我們對《文心雕龍》文學理論和書畫樂論之間關係的簡要分析中，可以看出它們之間十分密切的關係，也可以看出劉勰的文學理論並不是無源之水、無本之木，而是在文學藝術的理論和創作發展到一定階段的產物，而他確實在很多方面又有了創造性的發展。

（作者附注：由於近期教學工作繁忙，本文寫得很匆忙，也很簡略，只能算是一個大綱。希望在聽取各位專家的意見後，再認真重新寫作。）

魏晉玄學與劉勰思想

── 兼論《文心雕龍》與《劉子》的體用觀

上海社會科學院 林其錟

有人以爲：劉勰不僅是「文劉」，而且也是「哲劉」。換句話說，劉勰不僅是個傑出的文論家，而且也是個傑出的思想家。劉勰生活的時代正是社會大變動由分裂走向統一的時代，以哲學爲骨幹的學術思潮也正從析同爲異諸子分流到合異爲同諸家互融的玄學主導時期。按照孟子「知人論世」和魯迅「最好是顧及全篇，並且顧及作者全人，以及他所處的社會狀態」的正確研究方法，我們研究劉勰思想就不能不研究作爲當時社會思潮主流的玄學，及其對劉勰思想的影響。

一、玄學思潮：儒道會通、佛學玄化

「玄學」也稱爲「三玄」之學。「三玄」者，即《莊》、《老》、《周易》之謂。玄學既是學科，也是學派，也是學術思潮。說它是學科，因爲南朝宋、齊官學曾把「玄學」與「儒學」、「文學」、「史學」稱爲「四學」立於學官，並居「四學」之首；說它是學派，因爲「玄學」常與「經學」、「理學」並列；說它是思潮，它的確成了魏晉南北朝時代思想的代表，廣泛而深刻地影響當時社會的各個領域，堪與先秦子學、漢代經學、隋唐佛學、宋代道學、明代心學、清代朴學、現代新學等學術思潮並列，構成中國學術思想發展歷史的畫卷。

以哲學爲主幹的學術思潮，是歷史文化理性的積累、是思想史的靈魂、是時代精神的集中表現。學術思潮異代不同，因革推移，每一思潮之興起，既汲取前代前人之學，又與時俱進創新發展，所以正如梁啓超所言：「其間時代之與時代之相嬗，界限常不分明……一時代中或含有過去時代之餘波，與未來之萌蘖，則舉其重者也」。[1]

玄學思潮起于魏邵陵公（齊王曹芳）正始年間（西元 240 年-248 年），其興起的原因從社會看是東漢末年社會腐敗，統治者賴以維持的社會價値體系「名教」發生了嚴重的危機；從學術自身發展的規律看，既是對漢代經學走向繁瑣、僵化的反動，也是對「析同爲異」到「合異爲同」發展趨勢的因應。

所謂「名教」，就是「以名爲教」，也就是以「正名」「定分」「三綱」、「五常」爲主要內容進行的教化。「名教」作爲封建禮教，它既是社會價値體系精神支柱，也是社會管理制度治國的神器，它通過政治、教育、禮樂、選拔人才標準等滲透到社會生活的各個方面。漢代就是「以孝治天下」作爲王朝國策和征辟選拔人才的標準的，具體途徑是鄉閭清議、人倫品鑒，因此聲名成就往往決於片言。到了東漢末年，政治腐敗，朋黨爲奸，相互吹捧，僞名士叢生。那些打著「名教」旗號，載著「名士」高冠的人，言行不一，沽名釣譽，「名教」因名求士的選拔人才的制度，流弊漫延。「名教」社會價値體系發生了信仰危機，「名教」法寶失靈，難系人心。「名教」選才名不符實；加之社會矛盾尖銳，農民起義衝擊，社會極不安定。因而尋找新理論，重建

---

1 梁啓超：《論中國學術思想變遷之大勢》，上海古籍出版社 2006 年出版第 3 頁。

社會價值體系、調諧社會秩序，鞏固統治地位，便成了社會客觀需求，名教與自然之辨遂由此而起，玄學也就應運而生。

魏晉玄學興起的直接社會動因是應對「名教」危機和正始改制的需要，同時也是對前代學術萌蘖的承接與發揚。「魏之初霸，術兼名法『傅嘏王粲，校練名理。迄至正始，務欲守文；何晏之徒，始盛玄論」。[2]正始玄學與魏初的崇名理之學、行名法之治的形（刑）名學有關。魏初爲否定東漢末年「名教」之因名求士的人才選拔政策，以儒家的「正名」和法家的「循名責實」理論爲指導，採取名辯方法考察名與實的關係，新立人才與職位相配合的標準，這就是名理學。由名理進一步上推，必然歸結到「無名爲道」於是由「名教」到「名法」再到「無爲」。玄學清談就與漢魏之際品藻人物、喜論才性的清議時風有關。所以有人說：名理學與才性論是魏晉玄學的序曲，玄學脫變於名學與易學，既是源自《老》、《莊》，亦是儒學之脫變。

魏晉玄學涉及問題很多，核心是名教與自然之辯，以及聖人觀念。所以我們在研究魏晉玄學與劉勰思想關係時有兩點最值得我們重視的，這就是魏晉玄學的本體論體用觀與聖人觀。

（一）魏晉玄學的體用觀

魏晉玄學主要的人物有何晏、王弼、裴頠、向秀、郭象和稽康、阮籍等人，最有代表性的當屬王弼之學和向郭之學。

王弼字輔嗣，是著名文學家「建安七子」之一、「校練名理」者王粲的侄孫。王粲死後，藏書傳給王弼之父。王弼自幼聰慧，加之家中良好學習條件，因此少年即有盛名。史載他好論儒道、

---

2 劉勰：《文心雕龍・論說》。

通辯能言，死時僅 24 歲，著有《周易注》、《周易略例》、《老子注》、《老子指略》等書。王弼與何晏、夏侯玄等同開玄風，成了魏晉玄學的創始者之一。

王弼以「無」釋「道」，形而上學乃以「無」爲本。提出「萬物皆由道而生」[3]，而「道者，無之稱也。」[4]認爲萬有統於一個共同的最高本體「道」或「無」，萬有群變皆以無爲本。歸於一體。「道」或「無」是超乎言象，無名無形的，是萬有的本體，有生於無，無爲體有爲用，又「本末相即」、「體用爲二」。他說：「天下之物，皆以有爲生。有之所始，以無爲本。將欲全有，必反於無也。」[5]因此「天地雖廣，以無爲心。」[6]天地之心就是無，就是道。

王弼在本體論體用觀上提出以無（道）爲本，以有（物）爲末，以無（道）爲體，以有（物）爲用。在認識論、方法論上即所謂「言意之辯」方面提出「得意在忘象，得象在忘言」[7]的主張。王弼首唱得意忘言說，就是要不拘構成的具體

質料、有形之粗跡，進而探究事物的本體，不滯於言象而失于本意。用於解經則主不拘泥文字，寄言出意，會通儒道二家經義旨略。所以他在「名教」與「自然」關係上，他得出「名教出於自然」的結論，認爲只要符合「自然」、「無爲」的原則，設官、分職、禮儀、教化是完全必要的。

王弼一派玄學家從理論上解決了現實統治者所需要的名教存廢問題。而另一些不願與當時統治者司馬氏集團合作的玄學家如

3 《老子注・三十四章》。
4 邢昺《論語疏》卷七引《論語釋疑》。
5 《老子注・四十章》。
6 《老子注・三十八章》。
7 王弼：《周易略例・明象》。

阮籍、稽康等則追求莊子的逍遙，憤激地提出「越名教而任自然」[8]、「非湯武而薄周孔」[9]但正如魯迅所說：「其實不過是態度，至於他們本心，恐怕倒是相信禮教，當作寶貝的。」[10]他們貴無賤有，篾視禮法，放蕩不羈。為糾正這一風氣，便產生了「崇有」論，代表人物是裴顧、向秀、郭象。裴頠著《崇有論》，說「總混群本，宗極之道也」；「夫至無者無以能生，故始生者自生也。」後來郭象《莊子注》進一步作了發揮提出「獨化」說，認為「天地者萬物之總名也。天地以萬物為體，而萬物必以自然為正。」「外不資於道，內不由於已，掘然自得而獨化。」[11]在名教與自然關係上，他們主張「名教即自然」，既肯定儒家名教之治，又宣導道家無為自然。總之，勿論玄學那一派，「自然」（道）為體，「名教」為用，體用不二，儒道合一，是一致的。

（二）魏晉玄學的聖賢觀

魏晉玄學主張以虛無為本，以教化為末，提出「名教出於自然」或「名教就是自然」，在體用觀上是祖述老莊，推崇道家，但在理想人格上則推崇儒家的孔子、周公、堯、舜，尊他們為聖人，稱他們為「聖王」或「素王」；而他們學術上祖述的老莊，則只能稱為「上賢亞聖」，「王、何舊說皆雲老不及聖」[12]老莊在理想人格上要比儒家的聖人低一級。為什麼？因為魏晉玄學家有自己的聖人標準，這標準是什麼？就是不僅要知道，而且還要體道行道，即體道應物、則天行化；用現在的語言說，就是不僅

8 嵇康：《釋私論》。
9 嵇康：《與山巨源絕交書》。
10 魯迅：《魏晉南北朝風度及文章與藥及酒之關係》。
11 郭象：《莊子・大宗師注》。
12 《弘明集》周顒《重答張長史書》。

要具有正確的理論，而且還有能運用正確理論于現實，只有這樣的人才能稱得上聖人。

《世說新語・文學第四》有一則記王弼與裴徽的對話：「王輔嗣弱冠詣裴徽。徽問曰：『夫無者誠萬物之所資，聖人莫肯致言，而老子申之無已，何邪？』弼曰：『聖人體無，無又不可以訓，故言必及有，老莊未免於有，恒訓其所不足。』」這裏的「聖人」，顯然是指孔子。王弼這段話按湯用彤的解釋就是：「此言聖人體無，于無反莫肯致言。老莊於體無則有所不足，乃伸之無已，而發爲狂言。」[13]晉人何邵《王弼傳》述王弼對「聖人」的理解：「以爲聖人茂于人者，神明也；同於人者，五情也。神明茂，故能體沖和以通無；五情同，故不能無哀樂以應物。然則聖人之情應物而無累於物者也；今以其無累便謂不復應物，失之多矣。」[14]在王弼看來，聖人不僅以其神明體無（道）神與道會，而且能夠法道應物、化用訓俗。王弼在解釋《論語》孔子「予欲無言」、「天何言哉」時說：「立言垂教，將以通性，而弊至於湮。寄旨傳辭，將以正邪，而勢至於繁。既求道中，不可勝禦，是以修本廢言，則天而行化。」[15]正如湯用彤先生所言：「聖人體『自然』而用『名教』，體用不二也。聖人之『自然』非無用，聖人之言行皆是物事，雖皆有具體的有形的（c・ncrete）而無非自然，如《論語》所載」。[16]王弼還在《論語注》「大哉堯之爲君」句注雲：「聖人有則天之德，所以稱唯堯則之者，惟堯于時則天之道也。」[17]聖人不是神人，不是超塵絕世只高談玄遠而不

13 湯用彤：《魏晉玄學論稿》上海古籍出版社 2005 出版第 89 頁。
14 《全晉文》卷十八。
15 皇侃：《論語義疏》引。
16 湯用彤：《魏晉玄學論稿》，上海古籍出版社 2005 年出版第 164 頁。
17 皇侃：《論語義疏》引。

涉俗世事務的，聖人既具普通所不具備的特出神明，但其五情又與普通人相通，不過他能通無得道因而能夠「應物而無累於物」而已；而老莊則只談體而未及用，以其無累不復應物，所以是「空有其體，其實非得其體也。」[18]

玄學另兩個代表人物向秀和郭象，在聖賢觀上也持與王弼同樣的看法。向秀稱「周孔窮神」、「聖人窮理盡性」。郭象說：「聖人常游外以弘內」。郭象在《莊子注序》中對莊子作了評論：「夫莊子者可謂知本矣，故未始藏其狂言，言雖無會而獨應者也。夫應而非會，則雖高無用；言非物事，則雖高不行。與夫寂然不動，不得已而後起者，固有閒矣。斯可謂知無心者也。夫心無爲則隨感而應，應隨其時，言唯謹爾。故與化爲體，流萬代而冥物，豈曾獨遘而游方外哉？此所以不經而爲百家之冠也。然莊生雖未體之，言則至矣。」[19]郭象肯定莊子知本、至言，爲「百家之冠」，但未稱其爲聖人。爲什麼？湯用彤說：「夫聖王窮神而能兼化，以不治治天下。莊子並未兼化，自亦未足以語窮神，治天下者必已神於不治，則堯、舜、孔子其人矣。郭象對於莊子未以理想人格許之，因依其學說固有所不足也。」[20]「複次，郭序曰，莊子『未始藏其狂言』。體道者，則藏其狂言。至道唯在自得，非言之所得。狂言雖爲至言，然至道何言乎？」[21]

總之，魏晉玄學家都堅持「體用不二」，認爲只有既能體道又能應物者才是完全人格的聖人。所以王弼以爲體無應言及有，乃足以訓；郭象以爲言非物事，雖高不行。王弼說孔子「子欲無

18 湯用彤：《魏晉玄學論稿》，上海古籍出版社 2005 年出版第 164 頁。
19 郭象：《莊子序》、《全晉文》卷七十五。
20 湯用彤：《魏晉玄學論稿》上海古籍出版社 2005 出版第 88 頁。
21 湯用彤：《魏晉玄學論稿》上海古籍出版社 2005 出版第 88 頁。

言，蓋欲明本，舉本統末以示物於極者也。」[22]郭象也說孔子「述古而不自作，處群萃而不自異，惟道是從，故不自有身也。」[23]孔子之所以爲聖人就在於此。由此可見：魏晉玄學家形而上崇道，形而下尊儒，由道始，至儒終，會通儒道，歸根結蒂是爲了尋求新理論、新方法以挽救儒家的名教，所以玄學家將孔子作爲聖人置於老莊之上。玄學家作爲士大夫階層，其人生態度實有兩派：一是用世派，他們懷璧待價，存願救世，認爲放浪非正道，應在現實世界「綏理群生，訓物垂範。」「名教中自有樂地」，如何晏、王弼、郭象等是；二是逍遙派，或遁跡山林、遠離塵世，或放馳爲達、佯狂自適。如阮籍之屬皆是。

玄學思潮的興起和發展，「洎手梁代，茲風複闡，莊老周易，謂之三玄。武皇簡文躬自講論。」[24]不僅兼綜儒道，而且也使佛學玄化，特別是般若學。「暨梁武之世，三教連衡，五乘並鶩」、[25]「窮源無二聖，測善非三英」[26]形成儒道雙修的儒玄和佛學玄化的佛玄合流、揭櫫三教同流的趨勢。

佛學在南朝玄化原因有三：一是佛教東來，爲求其在東土立足，不能不以經中事數，擬配外書，授之門徒，精神上大體依附漢學，即所謂「格義」方法，因而常與道家相通；二是正始以後玄學思潮興起，名僧名士由玄入佛，大乘般若之學乃附清談光大；三是若般學爲克服早期緣起性空內在矛盾，即偏重於闡空而導致無佛可成、無道可證，因而轉向以《老子》的「自然」來解釋般若的空無。

---

22 皇侃：《論語注疏》引。
23 皇侃：《論語注疏》引。
24 《顏氏家訓・勉學篇》。
25 法琳：《對傅奕廢佛僧表》、《廣弘明集》卷十一。
26 梁武帝：《會三教詩》。

南朝佛教注重義理，好談玄說無，盛行般若學。般若學傳入中土始自東漢靈帝時的支婁迦讖始譯的《通行般若經》；此經就是以老莊的「本無」來譯般若性空思想，用以說明緣起性空，現有的事物本不存在。「性空幻有」是般若學的基本理論，早期般若偏執於空。依其邏輯推理，果由因來，因從何生？既是性空，「空」又如何起緣成「有」？緣起既是性空，「佛」亦虛幻；佛果真不實，那佛教也將不存了。所以支婁迦讖爲克服早期般若理論的內在矛盾，在將般若經譯介中土時便以《老子》的「自然」來解釋般若的空無，彌補佛教般若學「性空」生「有」的缺陷，說生「有」乃本于「自然」。所以般若學一進東土便與道家結緣。後來玄學興起，佛玄關係密切，般若學內部有六家七宗，其中最有代表的三家，即心無宗，即色宗和本無宗。這三宗都與玄學相通：本無宗和玄學貴無論都以「無」爲世界的本體，從本無宗分化出來的本無異宗的宇宙生成論，也與貴無論的「無中生有論」相似；心無宗在客觀上承認諸法之存在，在玄學中則有崇有論，強調「有」的存在；即色宗力圖辯證地處理色空關係，在玄學方面則有獨化論派對有無關係、體用關係的辯證分析。[27]

在南朝，由於大批知識份子、名士諸如王羲之、顧愷之、孫綽、郗超、謝靈運、顏延之、宗炳、沈約、簫子良等好佛，而在佛教內部也湧現一批好談玄說無好老莊之學諸如道安、慧遠、支道林等名僧。名士名僧的由玄入佛，密切交往，更促進了儒玄與佛玄的融合。早在東晉，著名的文學家孫綽，因其精通玄學、儒學和佛學，又與名僧支道林深交，因而在其《喻道論》中就提出

27 參閱賴永海主編《中國佛教百科全書．歷史卷》第三章上海古籍出版 2000 年出版；蕭登福《道家道教與中土佛教初期經義發展》第六章上海古籍出版社 2003 年出版。

「周孔即佛，佛即周孔，蓋外內名耳……周孔救極弊，佛教明其本」，[28]主張儒釋調和；謝靈運《辯宗論》也說「宗極微妙，理歸一極」；釋慧遠《沙門不敬王者論》亦雲「內外之道，可合而明。」這些事實都表明了儒玄與佛玄合流的趨勢。到了梁代，梁武帝「少時學周孔」，「中複觀道書」，「晚年開釋卷」，他既雅好玄學親講老子著《尚書大義》、《中庸講疏》、《孔子正言》又著《老子講疏》、《周易講疏》，還尊般若，自注大品，躬常講說，可謂三教兼通。他撰《會三教詩》，會通三教於一源：「窮源無二聖，測善非三英」，揭櫫三教同源說，可謂是當時時代潮流的集中代表。

二、劉勰思想與時代思潮

研究一個作家的思想需要包舉一生盡可能收集他的生平事蹟和作品。研究劉勰的生平和思想的最大困難在於缺乏資料。雖然在《梁書》和《南史》中劉勰皆有傳，但《梁書》本傳僅 1116 字，除去其中引述《文心雕龍・序志》777 字，真正記述生平事蹟僅 339 字；《南史》更少，全文 367 字，除引文 118 字，記述事蹟僅 249 字。據史載，劉勰生平著作頗豐，有《文心雕龍》、《文集》、《劉子》及諸多碑文但《文集》和諸多碑文皆已亡佚，其後期重要著作《劉子》雖史有明錄，但自南宋以後又「疑以傳疑」被打入僞書另冊，這樣遺下的只有兩傳三百多字和《文心雕龍》一書及《滅惑論》、《梁建安王造剡山石城寺石像碑》兩篇文章了。劉勰所處時代動盪，他個人經歷曲折，思想豐富，由於所遺史料匱乏學術界對其生平和思想的見解也是眾說紛紜：有的

28 《弘明集》卷三。

以《文心雕龍．序志》兩夢仲尼、和《征聖》、《宗經》爲由認爲劉勰主導思想屬儒家；又有以劉勰論文本「自然之道」作據斷爲道家；也有以《滅惑論》證爲佛家。自然還有折衷諸家的。究竟應該怎麼看劉勰的主導思想？如本問開頭所說，筆者以爲在運用僅有的文本史料時，最好將之置於劉勰時代的歷史環境、學術思潮中加以分析，這樣才可能實事求是得出比較合理的結論。

上世紀 60 年代，著名學者王元化先生發表過《〈滅惑論〉與劉勰的前後期思想變化》，在分析劉勰後期思想時就是將《滅惑論》思想內容同梁武帝時期的主流思想玄風複闡、三教連衡的歷史環境相聯繫加以分析的。筆者贊同他的分析和結論。爲省篇幅，茲摘錄其主要觀點如下：

（1）「《滅惑論》在佛學思想方面比較突出地表現了三個特點：一、文中多稱涅磐般若，似於釋典中特別重視涅磐般若之學，同時又不廢禪法；二、文中處處流露了玄言之風，帶有玄佛並用的濃厚色彩。三、文中凡述儒釋道三家關係時，悉本三教同源之說。這三個特點正與梁武帝的佛學思想宗旨同符，理趣合軌。」

（2）「正始以來，玄學家多從事於有無本末之辨，本無末有是玄學本體論立論的根本。道安時代，般若學有六家七宗，幾乎都是以本無爲宗旨，所以後來論者稱本無幾爲般若學之異名。《滅惑論》遣有標無，實即以玄學本末有無之辨，會通般若性空之談。文中用名相亦莫不與此有關。」[29]

（3）「《滅惑論》帶有玄佛並用的濃厚色彩，這是一覽可知的。文中稱佛教爲「玄宗」，佛教之化則曰『玄化』。余如『空玄』、『玄智』、『妙本』、『宗極』之類，莫不屬於玄佛並用

29 王元化：《〈滅惑論〉與劉勰的前後期思想變化》，《文心雕龍講疏》，廣西師範大學出版社，2004 年出版第 36、38、39-40 頁。

的特殊用語。玄學貴虛無，在本體論上有本末（或言體用）之辨。本體虛無，超乎象外，在於有表，不可以形名得，引申在方法上則有言意之別。般若性空之談由玄入佛，亦並取二說，因而『得意忘言』之義每每見於佛家談空的著作之中。……劉勰《滅惑論》在指責《三破論》不原大理唯字是求的時候，不僅肯定了『得意忘言』之旨而且也提出了『棄跡求心』的說法。所謂『至理絕言』或『棄跡求心』都是在言意之辨上主張言不盡意，認爲名言是末有，是假像，而空無乃是本體，是實相，從而使方法上的言意之別與本體論上的體用之辨完全趨於一致。」[30]

從以上所引，可知王元化肯定：劉勰的後期主導思想與當時的儒道佛會通的玄學思潮是一致的。但是，作者在此文中又認爲：劉勰後期的思想（即《滅惑論》體現的思想），同前期的思想（即《文心雕龍》體現的思想）是不同的，前期的思想則是儒家思想爲主導。不過，到了 20 世紀 80 年代，具體說就是在 1988 年 11 月在廣州召開的「《文心雕龍》國際研討會」上，作者又公開修正了自己的觀點。他說：

「在《序志篇》（按：《文心雕龍．序志》）裏，劉勰也講道：『信理定名，彰乎《大易》之數，其爲文用，四十九篇而已。』《系辭》稱：『大衍之數五十，其一不用。』爲什麼『其一不用』呢？因爲那個『一』代表本體。我認爲《原道篇》就是所謂『其一不用』的那個『一』。它是體，不是用。一切用的都是從這個本體（道）那裏派生的。劉勰這種觀點主要是來自王弼的《易》學，而不是鄭玄等漢儒的《易學》。（林按：王弼《大衍義》雲：「演天地之數所賴者五十也。其用四十有九，則其一不用也。不

30 王元化：《〈滅惑論〉與劉勰的前後期思想變化》，《文心雕龍講疏》，廣西師範大學出版社，2004 年出版第 36、38、39-40 頁。

用而用以之通，非數而數以之成，斯易之太極也。四十有九，數之極也，夫無不可以無明，必因於有，故常於有物之極，而必明其所由之宗也。」）

那麼，爲什麼劉勰在論及『道』時又提到『德』呢？《原道篇》開宗明義提出『文之爲德也大矣。』我認爲，這與老子思想有密切關係，劉勰的『道』本之老子，可從下面三個方面來講：一、老子認爲『道』先天地生，爲天下母，就是說『道』是天地萬物的根源。這個『道』相當於《原道篇》中的『太極』。二、老子所說的『道』是非意志的自然，是與人工相對待的。『自然』並非指自然界，而是指自然而然的意思，劉勰說的『自然』之道……它實際上與老子的自然同義。……三、老子認爲『道』是『無爲無不爲』的。無爲是指它作爲本體而言，無不爲則是指這個本體又可以產生天地萬物而言。《原道篇》稱『人文之元，肇自太極』，並說日月、山川、動植之文（即天地人三才）皆來自『道』。這也與老子思想同旨合軌。

至於《原道篇》一開頭所說的『文之爲德也大矣』，其中涉及了『道』與『德』的關係。我認爲劉勰所說的『道』與『德』的關係，也同樣本之老子……文之得以爲文，就因爲它是從『道』中派生出來的。這樣《原道篇》未論『道』而先說『德』，其間『道』與『德』的關係也就聯繫在一起了。」[31]

王元化還說：他自己以前在「言意之辨」問題上，因「受到了《範注》的拘攣」，「認爲劉勰是屬於『言盡意』一派的」，但「近來我對《文心雕龍》中的言意問題，有了一些和過去不同的看法。「何邵《荀粲傳》稱荀氏治《易》者頗多，均主舊學，

31 王元化：《一九八八年廣州〈文心雕龍〉國際研討會閉幕詞》《文心雕龍講疏》，廣西師範大學出版社，2004 年出版第 331-332 頁。

而粲獨斷新義，提出『象外之意，系表之言，固蘊而不出』之旨。玄學代表人物王弼在《周易略例．明象篇》中亦稱：『意以象盡，象以言著。故言者所以明象，得象而忘言；象者所以存意，得意而忘象』荀、王二人無非是說，不可拘泥於文字的表面，而應探求其內在意蘊，以達到尋言以觀象，尋象以觀意。」[32]

據此，王元化認爲：要研究劉勰地言意之辨引入領域的意義，「既要探其流源，找出它的根據；同時又不可拘于本義，按照原來的意蘊照搬到另一領域中去。」所以他「過去由於拘攣于《範注》的訓釋來探討《文心雕龍》中的言意問題」，「曾援《文心雕龍》『皎日彗星，一言窮理，參差沃若，兩字窮形』、『物沿耳目，辭令管其樞機。樞機方通，則物無隱貌』、『意授於思，言授於意，密則無際，疏則千里』等作爲證明。」一直把劉勰歸於「言盡意」派。但是，「《文心雕龍》還有另外一面，如其中所說的『思表纖旨，文外曲致，言所不追，筆固知止』、『物有盡而情有餘者，曉會通也』等等，這些話似乎又表示了語言並不能完全涵蓋思想的意思。我認爲，如果各執一端，就會作出一偏之解。」[33]

王元化在 1983 年《〈文心雕龍作論〉第二版跋》中還引季羡林信提及陳寅恪文章關於天師道問題聯想「劉勰家世好象也信奉天師道。劉穆之、劉秀之，兩輩都用『之』字排行，與王羲之家及許多家相似。」認爲「天師道問題確實值得研究，它不僅關係到劉勰家世，而且也關係到劉勰的思想。」[34]

32 王元化：《1988 年廣州〈文心雕龍〉國際研討會閉幕詞》《文心雕龍講疏》，廣西師範大學出版社，2004 年出版第 333-334 頁。

33 《文心雕龍講疏》，廣西師範大學出版社，2004 年出版第 334-335 頁。

34 《文心雕龍講疏》，廣西師範大學出版社，2004 年出版第 348 頁。

根據以上所引，我們可以看到：王文化經過長達 20 多年的研究，得出劉勰思想（包括前期和後期），特別是他的本體論（體用觀），與劉勰所處的時代的思潮，即玄學思潮，有密切的關係的結論。筆者認爲，這個結論是合乎實際的，是正確的。儘管劉勰在論及儒道佛時，在不同領域和場合或有所偏重，但在骨子裏是與三教融通以「道」爲本的玄學思潮是合拍同軌的。

三、從時代思潮看《文心雕龍》和《劉子》體用觀的一致性

魏晉玄學追求玄遠,意在得道與道合一，以「道」、「自然」、「無」、「宗極」、「大化」爲體，與天地合德。「文」爲「道」之表現，「語言」究其極乃是表現「道」的工具，「文」、「語言」都不是「本」，都是「用」。所以王弼《周易略例・明象章》說：「夫象也，出意也；言者，明象也。盡意莫若象，盡象莫若言。言生於象，故可尋言以觀象；象生於意，故可尋象以觀意。意以象盡，象以言著……存言者非得象也，存象者非得意者也。象生於意而存象焉，則所存者乃非其象；言生於象而存言者乃非其言也。然則忘象者乃得意者也，忘言者乃得象者也。」王弼在這裏強調的是：言象爲工具，只用以得意，而非意本身，所以不能以工具爲目的而滯於言象反失本意。

在玄學哲理時代思潮主導下，魏晉南北朝在各個領域都受影響。觀人：專重神氣，以爲觀人眸子可以知人；繪畫：重在「傳神寫照」，故「顧愷之畫人或數年不點目精」；音樂：要求合「天地之體」、「萬物之性」，以傳「天籟」；文學：

效法聖人之至文法自然，發爲文章可通天地之性、盡善盡美。清人紀昀批點《文心雕龍・原道篇》雲：「文以載道，明其當然；

文原於道，明其本然，識其本乃不逐其末。首揭文體之尊，所以截斷眾流。」真可謂畫龍點睛，一語中的。所以《文心雕龍》能夠成爲我國第一部「體大慮周，籠罩群言」，「標心萬古，送懷千載」的不朽文藝理論巨著，這不能不說首先乃時代潮流所賜。

20 年前，筆者校理《劉子》成《劉子集校》一書並撰《〈劉子〉作者考辨》，考定《劉子》作者應屬劉勰。在《考辨》中，除據《隋志》、兩《唐書》、鄭樵《通志》以及五種敦煌書目遺書和唐釋慧琳《一切經音義》的著錄史料外，還摘引了 20 條《劉子》和《文心雕龍》思想雷同的段落加以此勘，說明兩書思想的一致性，但引起了爭議。爭議的焦點主要在於兩書思想是否相屬？論者認爲，比勘雷同的話不足爲據，應從宏觀處求，並具體指出：「劉勰《文心雕龍》宗儒傾向鮮明」，而「《劉子》『歸心道教，與勰志趣迥殊』《文心》與《劉子》在基本思想傾向方面十分明顯」；進而更具體提出「二書志趣相同的對應點」《劉子・九流篇》與《文心・諸子篇》加以剖析，認爲「《劉子》主張儒道互補而傾向於道。《文心》崇儒輕道，強調『經子異流』。《劉子・九流篇》說『九流之中，二化最早（按：引文「最早」誤，原文作「爲最」），承認儒道這兩個形成最早並且最有影響的流派。又說：『今治世之賢，宜以禮教爲先，嘉遁之士應以無爲爲是務，則操業俱遂，而聲名兩全也。』它認爲儒家是治世所需要，道家爲出世（「嘉遁」）所追求，兩者互相補充就可以兩全。它還說：『儒教雖非得真之說，然茲教可以導物；道家雖爲達情之論，而違禮複不可以救弊』，一個『非得真之說』、一個『爲達情之論』一褒一貶，《劉子》的重道輕儒不是明顯嗎？」[35]

35 程天祜：《〈劉子〉作者考辨》《文心雕龍學刊》第五期，齊魯出版社，1988 年版第 369 頁。

以上詰難，筆者以為如果我們把《文心雕龍》和《劉子》都置於劉勰生活時代玄學思想占主流的生態環境中加以辨析，那就會迎刃而解。本文前面已就魏晉玄學的本體論（體用觀）和劉勰思想與玄學思潮關係作了探討。對於劉勰後期思想的玄學表徵（儒玄、佛玄相容）可能比較易於接近，關鍵是如何認識《文心雕龍》所體現的儒道佛關係問題，筆者想在此再作些補充探索。

我們研究《文心雕龍》，往往囿于兩夢仲尼和征聖、宗經的表面現象，因而獨標儒家而排斥道佛。可是，如果用當時社會主流思潮玄學的本體論（體用觀）和聖賢論，對形而上和形而下體用不二，既崇道又尊孔，並且以「體道應物」為全，在理想人格上將孔子奉為「聖人」，將老莊派為「上賢亞聖」加以考察，那麼《文心雕龍》既以道家的「自然之道」為本體，又尊孔子為聖人，將儒家著作為經典，也就很自然的了。在玄學思潮支配的劉勰看來，道家提出的「道」是客觀存在的萬物本源，是不屬於任何一家的，無論是道家的「道」，佛家的「道」，儒家聖人所體的「道」，原本就是同一個東西。所以他說：「至道宗極，理歸於一；妙法真境，本固無二……但言萬象既生，假名遂立。梵言菩提，漢語曰道。」「尋柱史嘉遁，實惟大賢，著書論道，理歸一靜，化本虛柔。」[36]

劉勰的人生觀「君子藏器，待時而動」、「摛文必在緯軍國，負重必在任棟樑，」當屬於當時懷璧待價、存願救世的「用世派」。他尊崇的聖賢，同玄學家的聖賢觀是一致的。劉勰在《文心雕龍．征聖篇》說：「夫作者曰『聖』，述者曰『明』。」按：「作」，為也、用也、治也。[37]「聖」，《禮記．樂記》「作者之謂聖」

---

36 劉勰：《滅惑論》。

37 見阮元《經藉籑詁》"作"字下《轂梁文二年傳》、《周禮》羅糯注，"稻疏：「通明于事則爲聖人。」[38]《管子．乘馬》「聖人之所以爲聖人者」注：「聖，治世之名。」[39]「述」，《漢書禮樂志》「述者之謂明」注：「明辨其義而循行」。[40]「明」，《書．伊訓》「居上克明」疏：「明，謂所見博。」[41]又：「賢」；《說文》：「賢，多才也」。《易象上傳》「養賢也」注：「次聖人者謂之賢人。」[42]可見劉勰心目中的「聖人」標準，就是玄學家主張的不僅能明道，而且更能體道應物，則天行化，體「自然」而用「名教」完全人格的「聖賢」標準。這樣，《文心雕龍》標舉「自然」把「原道」、「征聖」「宗經」三位一體作爲「文之樞紐」，這同玄學家將「自然」與「名教」統一起來完全是一致的。在劉勰看來，「道」是本體，「文」是「道」的外化，「辭之所以能鼓天下者乃道之文也」[43]聖人體道而爲文：「象天地，效鬼神，參物序，制人紀；洞性靈之奧區，極文章之骨髓」[44]，無論是人還是文，自然都是最高的楷模。「道」幽「文」顯，「聖人」是連接二者的橋樑，既崇道，又尊聖，理所當然。從形而上哲理而言，道、佛、儒有「深、淺」、「精、粗」之別；從理想人格而言老莊孔子又有「偏、全」「賢、聖」之分。所以劉勰在不同的領域和場合，應時強調的重點也有不同。《劉子・九流篇》分述儒、道、陰陽、名、法、墨、縱橫、雜、農九家之後，得出結論：「道者玄化爲本，儒者德教爲宗；九流之中，二化爲最。夫道以無爲

人以涉楊作田" 注。
38 均見阮元《經藉簒詁》"聖"字，"述"字，"明"字條。
39 均見阮元《經藉簒詁》"聖"字，"述"字，"明"字條。
40 均見阮元《經藉簒詁》"聖"字，"述"字，"明"字條。
41 均見阮元《經藉簒詁》"聖"字，"述"字，"明"字條。
42 均見阮元《經藉簒詁》"聖"字，"述"字，"明"字條。
43 《文心雕龍・原道篇》。
44 《文心雕龍・宗經篇》。

化世，儒以六藝濟俗；無爲以清虛爲心，六藝以禮教爲訓……儒教雖非得真之說，然茲教可以導物；道家雖爲達情之論，而違禮複不可以救弊。今治世之賢，宜以禮教爲先，嘉遁之士，應以無爲是務，則操業俱遂，而身名兩全也」。[45]」從體用觀的高度看，與《文心雕龍》的「原道」、「征聖」、「宗經」並無二致。

劉勰出生在深受天師道影響的地區和家世，又處在學術思想「合異爲同」玄學思潮主導的時代，他自己在佛寺生活十多年之後走上仕途，先後從事過政治、經濟、軍事、文藝等方面的實踐，因而視野開闊，兼收並蓄，能夠認識到：「九家之學，雖旨有深淺，辭有詳略，跡雖有殊，歸趣無異。猶五行相滅，亦還相生；四氣相反，而共成歲；淄澠殊源，同歸於海；宮商異聲，俱會于樂；夷惠同操，齊蹤爲賢；二子殊行，等跡爲仁。」[46]這種思想正是由分裂即將走向統一的南朝齊梁時期時代思潮的反映，也是劉勰人生實踐經驗的昇華。如果沒有那樣自由開放的魏晉南北朝時代精神薰陶，沒有像劉勰那樣的豐富人生經歷，那是寫不出像《劉子》這樣「咀英吐華，成一家言，其大旨不謬于聖人」的書的。這恐怕也是《劉子》與《呂氏春秋》、《淮南鴻烈》一樣能夠流傳千古的根本原因。

《劉子》自南宋人轉引沒有直證和佐證的兩條資料，否定《隋志》、兩《唐書》和敦煌遺書、《一切身音經義》的著錄開始，繼之又有人以《劉子》與《文心雕龍》「兩書思想不相屬」爲由，剝奪劉勰的著作權，把它打入「僞書」冷宮，這可說是文化史的悲劇。北京電腦專家楊少俊教授接受林中明先生建議，用電子電

---

45 林其錟、陳鳳金《劉子集校》上海古籍出版社 1985 年出版第 303 頁。

46 《劉子・九流篇》，《劉子集校》上海古籍出版社 1985 年出版第 302-303 頁。

腦檢索《劉子》與《文心》兩書用詞、辭源、句法類型，他得出初步的結論是傾向兩書同出於一個作者；並且他還以《劉子．命相篇》向著名印度學學者季羨林先生請教，季先生回答此篇思想與印度佛學有關。所以我想我們應該尊重歷史，尊重事實，不避煩難，細推原委，排脫「疑以傳疑」先入為主的思維慣勢，我深信：經過大家努力，總有一天會還歷史以真相，給劉勰以公道的。

劉勰「世居京口」論據確鑿可信

鎮江市歷史文化名城研究會　錢永波

摘　要

劉勰「世居京口」已是海內外學術界的共識。本文從六朝時期的京口是北方移民聚居之地的史實、《劉岱墓誌》中的實證、《晉書》《宋書》《齊書》和鎮江自宋代有方志以來的詳實史料，對《梁書·劉勰傳》中所說的劉勰是「東莞莒人」作了新的解讀：劉勰是「東莞莒人」，即南徐州「東莞郡莒縣人」，原籍是徐州「東莞郡莒縣人」。

許多海內外學者採用劉勰「世居京口」之說，立論恰當可信。

鎮江是《文心雕龍》作者劉勰的故鄉，從宋代開始有鎮江地方誌以來，一直都有關於劉勰的記載。《鎮江市志》、《鎮江人物辭典》、《中國歷史文化名城鎮江研究叢書》等地方書籍中，都有關於劉勰的介紹。上世紀九十年代以來，還先後建有紀念性公園一文苑，中國文心雕龍資料中心，編撰出版了《文心司南》。在鎮江，劉勰的名字，《文心雕龍》這本書，已爲許多人熟知，並逐步深入人心。

當今的鎮江市，早在周康王時期（西元前 1020 年～西元前 996 年），就在這裏冊封「宜侯」。吳國紀元開始後，從壽夢、諸樊、余祭到餘昧的政治中心，都在這個市的東部地區，餘昧墓的發掘有力地證明了這一點。東漢後期，這裏是三國東吳始創時的「京城」，孫權就是從京口鐵甕城遷到建鄴石頭城的。南朝歷經宋、齊、梁、陳四朝，前三朝的開朝皇帝都出在今鎮江市及其轄區內的丹陽市，陳霸先也是從南徐州京口走上陳朝皇位的。南朝宋文帝劉義隆在詔書中稱頌：「京口肇祥自古，著符近代，衿帶江山，表裏華甸，經塗四達，利盡淮海，城邑高明，土風諄壹，苞總形勝，實唯名都。」《隋書・地理志》也說：「京口東通吳、會，南接江、湖，西連都邑，亦一都會也。」自西晉太康三年（西元 282 年）以後，這裏一直是郡或州、府所在地，民國時期是江蘇省會，現在是長江三角洲江南地區中心城市之一。

劉勰出生在南朝宋後期，歷經宋、齊、梁三朝，「世居京口」早已成爲海內外學界的共識。《辭海》「劉勰」條目說：劉勰「原籍東莞莒縣（今屬山東）。世居京口（時稱南東莞，今江蘇鎮江）。」這裏說的「南東莞」，是當時僑置的一個郡。但是，這幾年有的學者作了新的推測，認爲劉勰的先人世居京口，劉勰可能生於建康、居於建康（今江蘇南京）。爲此，我們對有關文獻、文物作了進一步考證，即使在南京的地方誌中也沒有找到任何依據，結論是：劉勰「世居京口」的論據是確鑿的、可信的。

一、京口是「永嘉之亂」後北方僑民聚居之地。

正如《中國通史》所指出的：「京口是從北方各地流亡來的士族和民眾聚居的地方」。西晉「永嘉之亂」以後，先後有五次移民高潮，南渡總人數約 90 萬人，占北方人口的 1／8。據《江蘇史綱》載：流入今江蘇境內的有26萬餘人，主要分佈在建康（今南京）和南徐州（今鎮江）。僑居建業的，有原琅琊封國（今屬山東）與元帝一起南渡的 1000 多戶僑民，以及晉成帝咸康四年（338 年）僑置的魏郡、廣川、高陽、堂邑 4 郡，領有肥鄉、元城、廣川、北新城、博陸、堂邑 6 縣，除堂邑郡是屬今江蘇六合外，其餘 3 郡均屬今河北省。僑居南徐州的有徐、兗、幽、冀、青、並、揚 7 州僑民，郡邑有 17 個之多，包括東莞郡及其所轄的莒縣，僑居人口 22 萬餘人（當地居民僅 20 萬餘人），幾乎占僑居今江蘇境內流民總數的 9／10。這些僑置的郡縣，雖然大都沒有實土，但是建置是確實存在的。後來，經過多次「土斷」，僑置的郡縣逐步被取消，這些移民仍稱自己是這些郡縣的人。在我們所查閱的史料中，從未見過建康僑置過東莞郡及其所轄的莒縣。

二、《劉岱墓誌銘》是解讀《梁書》關於劉勰籍貫的可靠物證。

1969 年，鎮江地區句容縣袁巷鄉小龍口出土了南朝劉岱墓碑，是南齊永明五年（西元 487 年）九月墓葬時立的，原件收藏於鎮江博物館（複製品陳列在鎮江市南山風景名勝區文心閣內）。石碑上刻的《劉岱墓誌》，經王元化先生考證，發現劉岱是劉勰的堂叔，並據此增訂了劉勰世系表，從而使這一珍貴文物成爲劉氏家族「世居京口」的物證。鎮江的學者則進一步研究認爲，《劉岱墓誌》明白無誤地刻著南齊劉岱是「南徐州東莞莒縣」人，這時劉勰已二十歲左右，因此，《梁書》所記劉勰是「東莞莒人」，應解讀爲「南徐州東莞莒縣人」；但是，南徐州的東莞莒縣是僑置的，因此，劉勰的原籍仍應是「徐州東莞郡莒縣人」。我認爲，學術界正是考慮到這兩方面的因素，才採用劉勰「世居京口」之說的。

三、從《晉書》、《宋書》、《齊書》的州郡志中可以找到南北東莞的根據。

根據史料記載：晉元帝渡江後，即僑置「南徐州」、「南東莞郡」；南朝宋永初二年（西元 421 年）起，南徐州又成爲實置，東莞郡隸屬徐州，又在南徐州僑置南東莞郡。南徐州一直延續到隋滅陳止（西元 589 年），治所設在京口（今鎮江市區）。

南朝沈約撰的《宋書・州郡一》對「南徐州」的記述最爲詳實：「武帝永初二年，加徐州曰南徐，而淮北但曰徐。文帝元嘉八年，更以江北爲南兗州，江南爲南徐州，治京口。……故南徐州備有徐、兗、幽、冀、青、並、揚七州郡邑。……今領郡十七，縣六十三，戶七萬二千四百七十二，口四十二萬六百四十。」在「南徐州」的記述中，有「南東莞太守」，南東莞「領縣三，戶一千四百二十四，口九千八百五十四」，並有「莒令」。沈約歷經宋、齊、梁三朝，以上記述應是可信的。劉勰出生于宋，當是南徐州東莞郡莒縣人。

南朝梁蕭子顯撰的《南齊書・州郡志上》，也載有「南徐州」的「南東莞郡」，郡下有「東莞，莒，姑幕（建武三年省）」三縣。在青州後，載有「東莞、琅邪二郡（治朐山也）」。並列有「南東莞（永明元年以流戶置），北東莞」。

我們查閱了《中國歷史地圖集》，與上述記載是吻合的。南朝宋時，東莞郡莒縣屬徐州；南朝齊時，東莞琅邪二郡屬青冀二州；北朝東魏時，東莞郡莒縣屬南青州。

再從南朝帝王的籍貫看：《宋書・文帝本紀》載，宋文帝劉義隆「晉安帝義熙三年，生於京口」；《齊書・高帝本紀》載，齊高帝蕭道成的祖先蕭整「過江居晉陵武進縣之東城裏，寓居江左者皆僑置本土加南名，於是爲南蘭陵蘭陵人」；《梁書・武帝本紀》載，梁武帝蕭衍爲「南蘭陵中都裏人」。經考證，蕭道成、蕭衍都是蕭整的後代，南蘭陵郡蘭陵縣在今鎮江轄市內。這說明，在南朝時，用僑置地名作籍貫已是常有的事。

四、鎮江自宋代有志書以來一直有相關記載。

關於南徐州、東莞郡的記載，元《至順鎮江志》較爲具體。西晉「永嘉五年，改毗陵郡爲晉陵，徙治丹徒」（今鎮江）。東晉時，「雖於京口僑置徐、兖，然晉陵郡仍屬揚州，故徐州刺史多領揚州之晉陵諸軍事」，「僑郡十八」，內有「南東莞」。南朝宋設「南徐州」，「僑郡十七」，仍有「南東莞」。南齊時，南徐州「僑郡十四」，也有「南東莞」。可見，南東莞設在南徐州是穩定的。

宋《嘉定鎮江志》對劉勰世系表中最直接的祖先有如下記載：「劉爽居京口，官尚書都官郎，山陰令。仲道，爽子。……欽之，仲道子。……劉尚，父靈真，宋司空秀之弟，官越騎校尉。劉勰……尚子，天監初起家奉朝請，臨川王記室，遷車騎倉曹參軍，出爲太末令，除南康王記室兼東宮通事舍人，遷步兵校尉。」（這本志書，曾由臺北成文出版社於 1983 年 3 月出版）

此後，歷代鎮江志，凡有「人物」卷或章節的，都有關於劉勰的記載。例如，清《乾隆鎮江府志・儒林》：「劉勰，……秀之從孫，尚之子也。」清《光緒丹徒縣誌・》：「劉勰，……祖靈真，宋司空秀之弟也。父尚，越騎校尉。」1993 年 12 月，上海社科出版社出版的《鎮江市志》：「劉勰，……原籍山東莒縣，世居京口（今江蘇鎮江）。」

五、江蘇、南京學術界認同劉勰「世居京口」說

《六朝文化叢書．六朝文學》：「劉勰，……東莞莒縣（今屬山東）人，世居京口（今江蘇鎮江）。」（南京出版社 2003 年 12 月版）

《江蘇歷代文化名人錄（文學卷）》：「劉勰，……原籍東莞莒縣（今屬山東）。永嘉之亂，其先人避難渡江，世居京口（今鎮江）。」（江蘇人民出版社 2005 年 5 月版）

《吳地文化通史》：「劉勰，……原籍東莞莒縣（今屬山東），世居京口（今江蘇鎮江）。」（中國文史出版社 2006 年 1 月版）

六、劉尚任京官是在劉勰出生以後。

劉氏家族永嘉南渡，世居京口，後來劉裕做了皇帝，劉穆之、劉秀之等也入朝做官。但是，並非一直在京做官。張少康先生在《文心與書畫樂論》中推算：「我以爲劉尙之任越騎校尉及去世，在明帝泰始四年（西元 468 年）至泰始七年（西元 471 年）之間的可能性比較大。……如定劉勰生於 466 年，則劉尙約死於他三歲至六歲之時。」照此說來，劉尙任越騎校尉時劉勰已經出生，此前劉尙是否在京做官還不得而知，怎麼能得出劉勰「很可能出生于京師建康，一直居住在京師建康，而並非生於京口、居於京口」呢？

綜上所述，我們認爲，考證劉勰籍貫和世居地，應當以《梁書．劉勰傳》爲依據，結合有關文獻、文物中的史料進行論證，使論點、論據、論證相統一。劉勰出生于南朝宋，這時他的祖先已遷居京口 150 年左右。他出生時，劉岱還在世，其堂叔的墓碑上清晰地刻著「南徐州東莞莒縣」七個字。因此，劉勰理應是南

徐州僑置的東莞郡莒縣人，祖籍是今山東日照市莒縣，他的先人在京口已有六、七代之久，所以說是「世居京口」。文心學家楊明照先生說：「劉勰是地地道道的鎮江人」。楊先生一輩子研究劉勰及其著作《文心雕龍》，我相信他這樣說是以七十多年的「積學」爲基礎的，決非即興之言。日本老一輩學者戶田浩曉先生也持此說：「劉勰，……東莞郡莒縣（今山東省莒縣）人，……劉勰的實際出生地，卻在南方京口（今江蘇省鎮江市）。因其祖先躲避北方民族禍患移居江南京口。」當然，劉勰創作《文心雕龍》的地方，是在建康上定林寺，即今南京市鐘山上定林寺遺址，這是沒有疑義的。

《文心雕龍》這部文學理論與批評巨著，是中華民族和世界文學寶庫中的璀燦名珠。這部書及作者劉勰，理所當然地屬於中華民族，屬於世界，而不只是屬於某個地方。如今，鎮江市南山風景名勝區建有紀念劉勰及其《文心雕龍》的主題公園——「文苑」，鎮江市圖書館建有「中國文心雕龍資料中心」（近年來正籌建「昭明文選資料中心」）；南京市上定林寺遺址考古論證工作已近完成，並在定林山莊建立了「劉勰與文心雕龍紀念館」；莒縣建有文心亭，歷史上留有與劉勰相關的碑刻，還有關於莒縣定林寺的有關傳說等。我們高興地看到，從 2000 年 4 月在鎮江舉行《文心雕龍》國際學術研討會以來，已經形成了劉勰的祖居地（山東莒縣）、世居地（江蘇鎮江市）、成書地（江蘇南京市）與海內外學者一起，共同研究、普及和應用《文心雕龍》的良好局面，實在是一件大好事！

劉勰的文學論
— 兼論劉若愚的理解

慈濟大學　徐信義

摘　要

本文據劉勰《文心雕龍》一書所論述，辯明劉勰的「文學」概念是廣義的文學，不是今日吾人所謂狹義的文學。而他的文學理論其實是實用理論，主張文學要有益於教化。至於劉若愚以爲劉勰是「綜合主義」，其實是將創作論的論述糁入文學理論之中；此須辨明。

關鍵字：劉勰、文心雕龍、實用理論

一、前　言

劉勰（465?-521?）的《文心雕龍》是一部「體大而慮周」的著作，[1]不僅在文學批評上是曠世的論述，在創作上也是極爲出色的作品。

在此之前的文學論述，劉勰《文心龍雕・序志》論列魏文帝

1 章學誠：《文史通義・詩話》〔彙編本〕，（臺北：國史研究室，1973）頁157。

曹丕（187-226）《典論．論文》、陳思王曹植（192-231）〈與楊德祖書〉、應瑒（?-217）〈文質論〉、陸機（261-303）〈文賦〉、摯虞（?-311）《文章流別論》、李充（323 前後在世）〈翰林論〉，並且評論其得失：

> 各照隅隙，鮮觀衢路：或臧否當時之才，或銓品前修之文，或汎舉雅俗之旨，或撮題篇章之意，魏典密而不周，陳書辯而無當，應論華而疏略，陸賦巧而碎亂，《流別》精而少功，〈翰林〉淺而寡要。

《文心龍雕》五十篇，則是一部「彌倫羣言」有系統的論述。既論文學的「樞紐」，又述文類論、創作論，評論作家人格以及作品時代風格，討論實際批評的層面。真是「幾乎備矣」。

《梁書》本傳曾說劉勰本書完成之後，「不爲時流所稱」。而他又相當自負，想要取得當時有名的文學家沈約（441-513）的品評；當時沈約權位極高，無從自達，「乃負其書，候約出，幹之車前，狀若貨鬻者。約便命取讀，大重之；謂深得文理，常陳諸幾案」。

當時書籍傳寫不易，我們無法瞭解劉勰《文心龍雕》在當時的流傳情況。楊明照曾考蕭繹（508-554）《金樓子》、陸德明（550?-630）《經典釋文．序》、孔穎達（574-648）《尙書正義》《毛詩正義》、李善（630?-689）《文選注》、《文選五臣注》、劉存《事始》以及宋代以降諸家之襲用《文心龍雕》的情況；[2]饒宗頤則又考顏之推（531-?）《家訓》、蕭子顯（489-537）《南齊書》之徵引《文心龍雕》。[3]張文勳曾指出《文心龍雕》的研究：

---

2 楊明照：《文心龍雕校注（拾遺）》附錄四，（臺北：世界書局，1962）頁405-419。

3 饒宗頤：〈文心雕龍探原〉，《香港大學中文學會年刊 — 文心龍雕研究專在宋代以前沉寂，元明時期萌動，清代則有校注、評點以及在序跋、文集中的評論；民國以後逐漸拓展而蓬勃而成一代顯學。[4]案：唐代劉知幾（661-721）《史通·自敘》曾說道：「詞人屬文，其體非一，譬甘辛殊味，丹素異彩。後來祖述，識昧圓通，家有詆訶，人相掎摭。故劉勰文心生焉。」是比較早注意到劉勰致力於文學批評的人。宋代黃庭堅（1045-1105）曾說：「劉勰文心龍雕、劉子玄史通，此□書曾讀否？所論雖未極高，然譏古人，大中文病；不可不知也。」[5]則已注意到《文心龍雕》「大中文病」的成就。

《文心龍雕》五十篇，最後一篇是「長懷〈序志〉，以馭群篇」的〈序志〉篇，是全書的總序，另四十九篇，劉勰自己分成四類：

一、文之樞紐：原道、徵聖、宗經、正緯、辨騷

二、論文敘筆：明詩、樂府、詮賦、頌讚、祝盟、銘箴、誄碑、哀弔、雜文、諧隱；史傳、諸子、論說、詔策、檄移、封禪、章表、奏啟、議對、書記。

三、剖情析采：神思、體性、風骨、通變、定勢、情采、鎔裁、聲律、章句、麗辭、比興、誇飾、事類、練字、隱秀、指瑕、養氣、附會、物色、總術。

四、崇替於〈時序〉，褒貶於〈才略〉、怊悵於〈知音〉、耿介於〈程器〉

近世學者將此四類，分別給予不同之名。第一類或稱爲文學

號》1962，（臺北：明倫出版社影印《文心龍雕研究專號》，1971）頁 1-12。

4 張文勳：〈中國《文心龍雕》研究的歷史回顧〉，收入《文心龍雕學綜覽》（上海：上海書店出版社，1995），頁 3-28。

5 黃庭堅：〈與王立之書〉。

本原論、文學原理論、文原論、核心文學觀念，或直接稱爲文學樞紐論，也有人將五篇視爲總論，視爲劉勰的文學思想。第二類或稱爲文體論、文學體裁論；其實是論述劉勰當時所見的文類及其特性。第三類稱爲文學創作論、創作論、文術論，討論創作的方法；從修養文學能力、觸發靈感，到寫作技巧，無不論述。第四類或稱爲文學批評論、批評論、文評論。其實第四類包含了批評方法論、作家論、時代風格論。

案：劉勰在〈序志〉篇指出「去聖久遠，文體解散，詞人愛奇……離本彌甚，將遂訛濫」，「於是搦筆和墨，乃始論文。」當今的文學研究者，莫不將《文心龍雕》視爲文學批評的重要著作。王更生則指出歷代史書或書目之著錄《文心龍雕》，或列入總集、別集、文集，或列入文史類、文說類、詩文評類，《菉竹堂書目》列爲子部雜家；又引譚獻「文心龍雕乃獨照之匠，自成一家」以及劉勰在〈序志〉篇的說法，說劉勰是想成一家之言。[6]

劉勰論文，固然是成一家之言。可是他並沒有說明他的「文」是甚麼？《文心龍雕》書中的「文」是不是我們現在所說的「文學」？或者另有所指？這是我們討論《文心龍雕》不可忽視的問題；同時，這也是文學批評的基本問題。

文學批評的基本問題還有一項，即討論文學的功能是甚麼？

文學是甚麼以及文學的功能是甚麼？即是文學理論要處理的問題，是文學批評的主要範疇。

近人劉若愚（1924-1986）《中國文學理論》是一部流傳很廣的著作，指陳《文心雕龍》包括文學本論（the · ries · f literature）與文學分論（literary the · ries），以及文學史和實際批評；並以

6 王更生：〈文心雕龍總論〉，《文心雕龍讀本》（臺北：文史哲出版社，1984）頁 1-46。

爲劉勰是一個融會貫通的大家，兼併各種不同理論的要素。[7]在討論形上理論（metaphysical the · ries）、表現理論（expressive the · ries）、技巧理論（technical the · ries）、審美理論（aesthetic the · ries）、實用理論（pragmatic the · ries）的各章節，都將《文心雕龍》置於其中；然後在最後一章說劉勰是「綜合主義（syncretism）」，並指出他的基本概念是形上概念。[8]

劉勰的文學理論（the · ries · f literature）是否綜合主義，基本概念是否形上概念？如依劉若愚在《中國文學理論 · 導論》的界定，認爲文學理論是論述「有關文學的基本性質與功用」，[9]則他對劉勰的文學理論的理解，似乎值得斟酌。

二、文、文章、文學

劉勰在《文心龍雕》中並未曾說明他所討論的「文」的性質。他「搦筆和墨，乃始論文」的文，其實就是他所說「論文敘筆，圈籠條貫」的文與筆。

文筆之「文」，即詩、樂府、賦、頌、讚、祝、盟、銘、箴、誄、碑、哀、弔等有韻之文，在今日的文學概念裏，自然是文學。而「筆」，除史傳、諸子一是歷史事實的記錄，一是學術思想或哲理的闡發，不是文學之外；其他的即今日的散文、雜文，也是文學。其實劉勰所說的「文」，又不限於「文」、「筆」而已。〈時序〉篇：

> 時運交移，質文代變，古今情理，如可言乎！昔在陶唐，

---

7 James J. Y. Liu（劉若愚），*Chinese Theories of Literature,* Chicago, The Uni. of Chicago Press，1975；臺北：成文出版社，1976。杜國清譯：《中國文學理論》（臺北：聯經出版事業公司，1981）頁 37。

8 劉若愚著，杜國清譯：《中國文學理論》，頁 261-269。

9 劉若愚著，杜國清譯：《中國文學理論》，頁 1。

> 德盛化鈞，野老吐何力之談，郊童含不識之歌。有虞繼作，政阜民暇，薰風詠於元後，爛雲歌於列臣；盡其美者，何乃心樂而聲泰也！至大禹敷土，九序詠功；成湯聖歌，猗歟作頌。逮姬文之德盛，周南勤而不怨；大王之化淳，邠風樂而不淫；幽厲昏而板蕩怒，平王微而黍離哀。故知歌謠文理，與世推移，風動於上，而波震於下者。春秋以後，角戰英雄，六經泥蟠，百家飆駭。方是時也，韓魏力政，燕趙任權，五蠹六蝨，嚴於秦令；唯齊楚兩國，頗有文學：齊開莊衢之第，楚廣蘭臺之宮，孟軻賓館，荀卿宰邑；故稷下扇其清風，蘭陵鬱其茂俗；鄒子以談天飛譽，騶奭以雕龍馳響；屈平聯藻於日月，宋玉交彩於風雲。觀其豔說，則籠罩雅頌，故知煒燁之奇意，出乎縱橫之詭俗也。

文中所述，除見於史傳、諸子者外，有的見於《詩經》、《書經》，還論及屈原與宋玉的楚騷。可見劉勰之所謂文，也包含了「文之樞紐」的「經」「騷」。

此外，劉勰之所謂文，在《文心雕龍》「文」字相稱的最多，或者直接稱其文類或篇章之名，有時稱「文章」。如〈原道〉：

> 唐虞文章，則煥乎始盛。元首載歌，既發吟詠之志；益稷陳謨，亦垂敷奏之風。

〈徵聖〉：

> 夫子文章，可得而聞，則聖人之情，見乎文辭矣體要與微辭偕通，正言共精義並用；聖人之文章，亦可見也。

〈宗經〉：

> 三極彝訓，其書言經。經也者，恒久之至道，不刊之鴻教也。故象天地，效鬼神，參物序，制人紀，洞性靈之奧區，極文章之骨髓者也。

性靈鎔匠，文章奧府。淵哉鑠乎，群言之祖。

〈正緯〉：

若乃羲農軒皞之源，山瀆鍾律之要，白魚赤烏之符，黃金紫玉之瑞，事豐奇偉，辭富膏腴，無益經典而有助文章。

〈雜文〉：

凡此三者，文章之枝派，暇豫之末造也。

〈風骨〉：

夫翬翟備色而翾翥百步，肌豐而力沈也；鷹隼乏采而翰飛戾天，骨勁而氣猛也。文章才力，有似於此

〈定勢〉：

圓者規體，其勢也自轉；方者矩形，其勢也自安：文章體勢，如斯而已。

〈情采〉：

聖賢書辭，總稱文章，非采而何！

夫以草木之微，依情待實；況乎文章，述志為本，言與志反，文豈足徵？

〈聲律〉：

故言語者，文章〔關鍵〕，神明樞機，吐納律呂，脣吻而已。

〈練字〉：

夫爻象列而結繩移，鳥跡明而書契作，斯乃言語之體貌，而文章之宅宇也。

〈附會〉：

凡大體文章，類多枝派，整派者依源，理枝者尋幹，是以附辭會義，務總綱領

〈時序〉：

自〔安和〕（和安）已下，迄至順桓，則有班傅三崔，王馬張蔡，磊落鴻儒，才不乏時，而文章之選，存而不論。

〈才略〉：

九代之文，富矣盛矣；其辭令華采，可略而詳也。虞夏文章，則有皋陶六德，夔序八音，益則有贊，五子作歌，辭義溫雅，萬代之儀表也。商周之世，則仲虺垂誥，伊尹敷訓，吉甫之徒，並述詩頌，義固為經，文亦師矣。

〈序志〉：

古來文章，以雕縟成體，豈取騶奭之群言雕龍？

唯文章之用，實經典枝條，五禮資之以成，六典因之致用。

有時稱「文辭」者，如：〈徵聖〉：

夫作者曰聖，述者曰明，陶鑄性情，功在上哲，夫子文章，可得而聞，則聖人之情，見乎文辭矣。

〈諧讔〉：

然文辭之有諧讔，譬九流之有小說，蓋稗官所采，以廣視聽。

〈書記〉：

至於陳琳諫辭，稱「掩目捕雀」；潘嶽哀辭，稱「掌珠伉儷」：並引俗說而為文辭者也。

稱「文學」者，只有〈時序〉篇的兩則：

唯齊楚兩國，頗有文學：

自獻帝播遷，文學蓬轉，建安之末，區宇方輯。

從《文心雕龍》的稱文、稱文章、文辭或文學，可以知道劉勰的文學概念，並不是我們現在所稱的文學概念；他幾乎將一切文字書寫文獻都稱爲「文」。王夢鷗（1907-2002）曾指出：劉勰所謂「文」的概念，兼括廣義與狹義。[10]黃繼持也認爲劉勰的文學概念是廣義的，是「學術」義；同時也將「文藝美」的文學義納於廣義的「文」系統中。[11]

「文」之生，劉勰《文心龍雕．原道》說：

> 仰觀吐曜，俯察含章，高卑定位，故兩儀既生矣。惟人參之，性靈所鍾，是謂三才，為五行之秀，實天地之心。心生而言立，言立而文明，自然之道也。

這是廣義的文。〈體性〉篇說：

> 夫情動而言形，理發而文見。蓋沿隱以至顯，因內而符外者也。

又說：

> 若夫八體屢遷，功以學成，才力居中，肇自血氣；氣以實志，志以定言，吐納英華，莫非情性。

再就該篇所舉作家之例，可知此之所言是狹義之「文」。

至如作文之方，〈情采〉篇說：

> 故立文之道，其理有三：一曰形文，五色是也；二曰聲文，五音是也；三曰情文，五性是也。五色雜而成黼黻，五音比而成韶夏，五情發而為辭章，神理之數也。
>
> 故情者，文之經，辭者，理之緯；經正而後緯成，理定而後辭暢，此立文之本源也。
>
> 夫以草木之微，依情待實；況乎文章，述志為本，言與志反，文豈足徵？

---

10 王夢鷗：〈文心雕龍質疑〉，《故宮圖書季刊》1 卷 1 期，1970.07，頁 19-30。

11 黃繼持：〈文心雕龍與儒家思想〉，《香港大學中文學會年刊．文心龍雕研究專號》1962，（臺北：明倫出版社影印《文心龍雕研究專號》，1971）頁 20-27。

〈知音〉篇也說：「夫綴文者情動而辭發」，據此而言：劉勰之所謂「文」當以情志爲本。情志既生，發而爲文，作爲文章，〈神思〉說：「使玄解之宰，尋聲律而定墨；獨照之匠，闚意象而運斤」，〈情采〉篇說：「夫設模以位理，擬地以置心，心定而後結音，理正而後摛藻」，運用創作論所說的作文之術，寫作成篇。

若依這段話來看，劉勰之「文」應是狹義之文，與吾人文學的概念相同。可是他在〈情采〉篇開頭說：「聖賢書辭，總稱文章」，則又是廣義之文。案：〈諸子〉篇說：

> 諸子者，入道見志之書。太上立德，其次立言。百姓之群居，苦紛雜而莫顯；君子之處世，疾名德之不章。唯英才特達，則炳曜垂文，騰其姓氏，懸諸日月焉。

〈史傳〉說：

> 原夫載籍之作也，必貫乎百氏，被之千載，表徵盛衰，殷鑒興廢；使一代之制，共日月而長存，王霸之跡，並天地而久大。……是立義選言，宜依經以樹則；勸戒與奪，必附聖以居宗……然紀傳為式，編年綴事，文非泛論，按實而書。

〈論說〉篇：

> 聖哲彝訓曰經，述經敘理曰論。論者，倫也；倫理無爽，則聖意不墜。……詳觀論體，條流多品：陳政則與議說合契，釋經則與傳注參體，辨史則與贊評齊行，銓文則與敘引共紀。
>
> 理形於言，敘理成論。詞深人天，致遠方寸。陰陽莫忒，鬼神靡遁。說爾飛鉗，呼吸沮勸。

這等廣義之文，就理與事而發，與「情志爲本」的文是有所不同。雖然依理摛文，也運用了創作論的文術，卻與狹義之文是有所不同：狹義之文偏於美，廣義之文偏於質實。二者自有差異，只能勉強以前文所引之「理」或「志」來彌綸。

三、實用的文學論

劉勰對文學功能的體會，〈序志〉說：「唯文章之用，實經典枝條，五禮資之以成，六典因之致用，君臣所以炳煥，軍國所以昭明，詳其本源，莫非經典。」句中所謂「文章」，基本上指「論文敘筆」的各文類而言，不包含「經」「緯」「騷」。然而他所謂「文」則又包含了經、緯、騷。

劉勰〈辨騷〉贊美屈原〈離騷〉，說「自風雅寢聲，莫或抽緒，奇文鬱起，其離騷哉！固已軒翥詩人之後，奮飛辭家之前」。將楚騷視為文之樞紐。又說：「固知楚辭者，體慢（憲）於三代，而風雅（雜）於戰國，乃雅頌之博徒，而詞賦之英傑也。觀其骨鯁所樹，肌膚所附，雖取鎔經意，亦自鑄偉辭。」以為屈騷有詭異之詞、譎怪之談、狷俠之志、，荒淫之意，「異乎經典者也」；同時也有典誥之體、規諷之旨、比興之義、忠怨之辭，「同乎風雅者也」，即所謂「取鎔經旨」，並非與經典全無關連。

至於緯書，固然偽者居多，他以「前代配經」之故加以論列；以為「事豐奇偉，辭富膏腴，無益經典，而有助文章」，因此也列為文之樞紐。

經書，指儒家經典的五經。〈宗經〉篇說：

> 三極彝訓，其書言經。經也者，恒久之至道，不刊之鴻教也。故象天地，效鬼神，參物序，制人紀，洞性靈之奧區，極文章之骨髓者也。

又說：「若稟經以製式，酌雅以富言，是即山而鑄銅，煮海而爲鹽也。」以經書大有益於文學。贊語則曰：「三極彝訓，道深稽古。致化歸一，分教斯五。性靈鎔匠，文章奧府。淵哉鑠乎，群言之祖。」以爲經書爲所有文章之祖。推崇備至。所以如此，則是因爲經書「義既埏乎性情，辭亦匠於文理，故能開學養正，昭明有融。」這是「聖文之殊致」。

經書之所以可貴，〈徵聖〉篇說：「夫作者曰聖，述者曰明，陶鑄性情，功在上哲……聖人之情，見乎文辭矣」又以爲聖人之文，「志足而言文，情信而辭巧，乃含章之玉牒，秉文之金科」。因此「論文必徵於聖，窺聖必宗於經……若徵聖立言，則文其庶矣。」聖人之必徵，〈原道〉篇謂聖人「原道心以敷章，研神理而設教」，因爲「道沿聖以垂文，聖因文而明道」。「道」何所謂？劉勰並沒有說明；就〈原道〉篇的論述來看，他所說的道，其實是儒家學說的「道」。範文瀾（1893-1969）注說：「所謂道者，即自然之道，亦即〈宗經〉篇所謂恆久之至道。彥和所稱之道，自然指聖賢之大道而言。」[12]范氏所稱「自然之道」僅是篇文「心生而言立，言立而文明，自然之道也」一段文中的「自然之道」，不是道家的「自然之道」。這須須要辯明。── 至於〈原道〉篇的「道」，張文勳曾指出：或指儒家之道，或謂道家之道，或謂理念，或謂客觀規律，或謂論文知道；[13]不一而足。

劉勰在〈序志〉篇自述論文的樞紐（原則）：

> 蓋文心之作也，本乎道，師乎聖，體乎經，酌乎緯，變乎騷，文之樞紐，亦雲極矣。

明確指出：以道、聖、經爲本，緯書則酌取其辭，楚騷則「酌奇而不失其貞，翫華而不墜其實」，這是他論文的樞紐。平情而

12 範文瀾：《文心雕龍注》（臺北：開明書店，1967 臺五版）卷 1 葉 2。
13 張文勳：〈中國文心雕龍研究的歷史回顧〉，《文心雕龍學綜覽》，頁 24。

論，他主要的依歸在於道、聖、經。道、聖、經其實是一體的，是儒家之學。〈原道〉篇更明白揭櫫：

> 爰自風姓，暨於孔氏，玄聖創典，素王述訓：莫不原道心以敷章，研神理而設教，取象乎河洛，問數乎蓍龜，觀天文以極變，察人文以成化。然後能經緯區宇，彌綸彝憲，發揮事業，彪炳辭義。

足以見出文學的功能，在於「研神理而設教、察人文以成化」，即是在於教化人群。前文已引〈序志〉篇的話：「文章之用，實經典枝條，五禮資之以成，六典因之致用，君臣所以炳煥，軍國所以昭明。」依亞伯拉姆斯（M. H. Abrams）在《鏡與燈》的說法，這樣的概念應是實用理論，[14]即是主張藝術品要對觀覽者有所教益。依劉若愚的界定，也是實用論。[15]

然而劉勰〈原道〉篇的一段話，卻引起一些爭論，再錄於下：

> 文之為德也大矣，與天地並生者何哉？夫玄黃色雜，方圓體分：日月疊壁，以垂麗天之象；山川煥綺，以鋪地理之形。此蓋道之文也。仰觀吐曜，俯察含章，高卑定位，故兩儀既生矣。惟人參之，性靈所鍾，是謂三才，為五行之秀，實天地之心。心生而言立，言立而文明，自然之道也。傍及萬品，動植皆文：龍鳳以藻繪呈瑞，虎豹以炳蔚凝姿；雲霞雕色，有逾畫工之妙；草木賁華，無待錦匠之奇。夫豈外飾，蓋自然耳。至於林籟結響，調如竽瑟；泉石激韻，和若球鍠。故形立則文生矣，聲發則章成矣。夫以無識之

14 M. H. Abrams, *The Mirror and the Lamp : Romantic Theory and the Critical Tradition,* Oxford University Press, New York, 1971. pp.14-21. 酈稚牛等譯：《鏡與燈》（北京：北經大學出版社，1989）頁 24-15-24。

15 劉若愚：《中國文學理論》，頁 242。

物，鬱然有彩，有心之器，其無文歟？

這段話中的「文」有多義性：首句之「文」，蓋指圖形、或文化、或文學。「道之文」指天象地形，指圖形或文采；「言立而文明」可指文學、音樂、文飾。「動植皆文」指形象、文采、文飾。「形立則文生」指圖樣、文采。「其無文歟」則指文學、文采、藝術、人文。其中「言立而文明」、「其無文歟」兩句，固然可以解釋文學；文學卻不是唯一的解釋。

假使這幾個「文」當文學或文章、藝術解，也不表示文學源自天文地理萬物之自然；依該文之文理推論，人之文，出於人之道；依劉勰說法，是「天地之心」，「神理而已」。其實更該注意的是這幾句：

故知道沿聖以垂文，聖因文而明道，旁通而無滯，日用而不匱。易曰：「鼓天下之動者存乎辭。」辭之所以能鼓天下者，乃道之文也。

本段的「文」、「辭」，可以解爲劉勰的「文學」，主要是廣義的文學。「道」在文中無定義。一般解釋爲抽象的原理，就劉勰以儒家聖人、儒家經典爲論文原則的觀點而言，道即是儒家的「宇宙原理」。以此而論，這是亞伯拉姆斯的模仿論（mimetic the · ries），其實也是古希臘柏拉圖的模仿論。劉若愚以爲中國類似的理論與此不同，因而改稱爲形上理論（metaphysical the · ries）。

可是，詳細體會《文心雕龍》一書，縱然有「道沿聖以垂文，聖因文而明道」的話，劉勰的重點並不在於「以文學爲宇宙原理之顯示」；他的重點是由道而聖，由聖而經，「原道心以敷章，研神理而設教」，重點是設教；也就是贊語「道心惟微，神理設教。光采玄聖，炳耀仁孝」。

結 語

劉勰《文心雕龍》五十篇，約三萬七千餘字，是一部傑出的文學批評論著，自成一家之言。書中論文，以儒家之道、聖、經，以及緯書、楚辭爲論文的樞紐。分別論述文、筆等文類的特色；又論述創作理論，討論文學時代風格，評論作家，指點批評方法。文以當時的駢文寫作，辭華事繁，論述古來之繁多之文；有時辭同而意異，有時辭異而意同。今日讀之，每苦於難解。

劉勰之「文」的概念，承自周、漢以來文學的概念，是廣義的文，不是吾人今日所謂的「文學」概念，也與第三世紀逐漸興起的「美文」概念之文有異。是以書中仍將史傳、諸子列爲文類之一。

詳究《文心雕龍》一書，可知劉勰的文學論是實用理論，主張「研神理而設教」，「五禮資之以成，六典因之致用，君臣所以炳煥，軍國所以昭明」，要能「日用而不匱」。雖然他說「道沿聖以垂文，聖因文而明道」，說「原道心以敷章」，此道是儒家哲學的「道」。不是自然天的道，不是自然，也不是道家之道。

雖然他在創作論中說「情動而言形，理發而文見」，說「五情發而爲辭章」，說「吐納英華，莫非情性」，這些只是說明「情」於文學創作的必要性，而不是主張文學是要表現「情」。至如說「聖賢書辭，總稱文章，非采而何！」立文之道理有三，曰形文、曰聲文、曰情文。這是創作論中說文要有華采，而不是主張文學是美言麗句的藝術。

《文心雕龍》的研究，論著繁多。本文取材，以本書爲主；相關論述，略舉數端，不能殫述。套用劉勰的話：「有同乎舊談者，非雷同也，勢自不可異也。有異乎前論者，非苟異也，理自不可同也。」

《文心雕龍》與儒家的淵源關係

人民文學出版社　劉文忠

摘　要

劉勰雖然生活在儒道釋三教合流的齊梁時代，但不能不說《文心雕龍》受儒家思想影響最大，它顯示出儒家文論的特色。《原道》篇所原之道，雖有道家「自然之道」的成分，但主要還是以周孔爲代表的儒家之道。《征聖》篇所征之聖，就是周孔，故曰「征之周孔，則文有師矣。」《宗經》篇所宗之經，實爲儒家經典。劉勰對文學社會作用的看法，純屬儒家，這是識別《文心雕龍》爲儒家文論的重要標誌。《文心雕龍》的批評標準，也脫胎於儒家經典。作爲其重要美學思想的「通變」，實源於儒家經典的《周易》。

關鍵字：原道　征聖　宗經　通變　淵源

一、從劉勰論文之樞紐看《文心雕龍》與儒家思想的淵源

《文心雕龍》的前五篇，劉勰在《序志》篇自稱爲「文之樞紐」，許多研究者也把這五篇當作劉勰論文的總綱看待。不可否認，《原道》篇是有道家思想的影響的。以「原道」名篇，明顯

的受到《淮南子·原道訓》的影響。《原道》篇言及「自然之道」說：

> 夫玄黃色雜，方圓體分，日月疊壁，以垂麗天之象；山川煥綺，以鋪理地之形；此蓋道之文也。仰觀吐曜，俯察含章，高卑定位，故兩儀既生矣。惟人參之，性靈所鍾，是謂三才。為五行之秀，實天地之心，心生而言立，言立而文明，自然之道也。

劉勰在《原道》篇中所提出的「道」與「自然之道」的性質與淵源歸屬，從性質來看大約有十幾種理解，從淵源歸屬而論涉及到儒道釋三家，大多數學者認爲劉勰所原之「道」爲「儒家之道」（原于《易》道說者包括在內），原於道家說的只是少數，力主佛道說的僅有馬宏山先生一人而已。[1]而且主張道家說者，或者認爲它兼含儒家之道；或者認爲自然之道與儒家之道二者並行不悖，受有魏晉玄學儒道合流的影響。上引的一段文字，爲主張「道家」說者所注意。如果我們打開範文瀾的《文心雕龍注》和詹鍈的《文心雕龍義證》便可以看到，從兩書所引的這一段話的出處來看，出自《易經》的占絕大多數，範注引《易》者八處；詹先生《義證》引《易》者六處。涉及到道家著作者，范、詹兩先生僅引了《莊子》一處、《淮南子》一處，詹鍈先生在《原道》篇的題解中明確地說：「劉勰所謂道，就是《易》道」[2]我認爲這是很有見地的看法。劉勰對宇宙的起源、文學的起源和對文學本體的認識，是淵源于《易經》的。觀《原道》篇的全文，三句話離不了《易經》，便可得到證明。

《征聖》篇的思想淵源比較明確，此篇所征之聖，就是周公、

1　參見上海書店出版社 1995 年版《文心雕龍學綜覽·專題研究綜述·原道》。
2　見上海古籍出版社 1999 年版，詹鍈《文心雕龍義證》上冊第 1 頁。

孔子，故曰「征之周孔，則文有師矣」。李曰剛《文心雕龍斠詮》雲：「彥和此篇所稱之聖，即指孔子，雖曾有『征之周孔，則文有師焉』之言，特敘筆偶及公旦耳。故篇中獨舉孔子之言論著述爲多。兩謂夫子，屢稱文章，皆指仲尼。況征諸《序志》『嘗夜夢執丹漆之禮器，隨仲尼而南行』等句，則實屬意於孔子無疑矣。」所言極是。

再從《征聖》篇徵引的文獻和行文的出處來看，幾乎完全出自儒家經典和孔子。開篇所雲：「夫作者曰聖，述者曰明」，引自《禮記·樂記》：「作者之謂聖，述者之謂明」。「夫子文章，可得而聞」，出自《論語·公冶長》：「子貢曰：夫子之文章，可得而聞也」。「聖人之情，見乎文辭矣」，脫胎于《易·系辭下》：「聖人之情見乎辭」。「是以遠稱唐世，則煥乎爲盛；近褒周代，則鬱哉可從」，源於《論語·泰伯》：「子曰：大哉堯之爲君也，巍巍乎唯天爲大，唯堯則之。蕩蕩乎，民無能名焉；巍巍乎其有成功也，煥乎其有文章。」和《論語·八佾》：「子曰：周監於二代，鬱鬱乎文哉！吾從周。」，《征聖》篇又雲：「褒美子產，則雲:『言以足志，文以足言』；泛論君子，則雲:『情欲信，辭欲巧』。此修身貴文之征也。然則志足而言文，情信而辭巧，乃含章之玉牒，秉文之金科矣。」「言以足志，文以足言」出自《左傳·襄公二十五年》，「情欲信，辭欲巧」，出自《禮記·表記》引孔子的原話。語言是思維的物質外殼，所有這些已足以說明，劉勰在寫《文心雕龍》時，腦子裏已裝滿了儒家的經典，儒家的五經在他心中是根深蒂固的，對他來說，征聖也好，宗經也好，是很自然的現象。

我們再看他的《宗經》篇。此篇在劉勰論文之樞紐五篇之中佔有最重要的地位，是劉勰論文的綱中之綱，宗經的文學觀是劉勰最基本的文學觀點。《宗經》篇的開篇，便把儒家的經典推向了一個極其崇高的地位：

> 三極彝訓，其書曰經。經也者，恒久之至道，不刊之鴻教也。故象天地，效鬼神，參物序，制人紀，洞性靈之奥區，極文章之骨髓者也。

下文又分別對儒家的五經作出了高度的評價，其中又特別強調了孔子的刪述作用：

> 自夫子刪述，而大寶鹹耀。於是《易》張《十翼》，《書》標七觀。《詩》列四始，《禮》正五經，《春秋》五例，義既挺乎性情，辭亦匠於文理，故能開學養正，昭明有融。

《正緯》篇的寫作，是從宗經的觀點出發來糾正緯書之謬的，其出發點仍然離不開宗經。劉永濟《文心雕龍校釋》雲：「舍人之作此篇，以箴時也。蓋讖緯之說，宋武禁而未絕，梁世又複推崇。其書多托始仲尼，抗行經典，足以長浮詭之習，揚愛奇之風。故列四僞以匡謬，述四賢以正俗。疾其『乖道謬典』，正所以足成《征聖》《宗經》之義也。故列支以《正緯》。」所言極其中肯。《辨騷》篇之作也是從宗經的觀點出發的。劉勰雖然對屈原以《離騷》爲代表的楚辭作了高度的評價，但骨子裏還是離不開宗經，離不開「依經立義」。他把《離騷》分爲「同乎風雅者」四事，「異乎經典者」四事，就足以說明他的批評標準是宗經的。

關於「文之樞紐」五篇的關係，筆者認爲葉長青《文心雕龍雜記》論述得頗爲到位，他說：「原道之要，在於征聖，征聖之要，在於宗經。不宗經，何由征聖？不征聖，何由原道？緯既應正，騷亦宜辨，正緯辨騷，宗經事也。舍經而言道、言聖、言緯、言騷，皆爲無庸。然則《宗經》其樞紐之樞紐歟？」

二、劉勰的批評標準與儒家經典的關係

半個多世紀以來，《龍》學界的研究者們，對《文心雕龍》的批評標準的認知並不一致。有人根據《宗經》篇的「六義」說，「故文能宗經，體有六義：一則清深而不詭，二則風清而不雜，三則事信而不誕，四則義貞而不回，五則體約而不蕪，六則文麗而不淫。」把此處的六義當作劉勰的批評標準。有人根據《知音》篇的六觀:「是以將閱文情，先標六觀：一觀位體，二觀置辭，三觀通變，四觀奇正，五觀事義，六觀宮商。斯術既行，則優劣見矣。」

認為這六觀就是劉勰的批評標準。筆者認為，「六觀」說只能作為鑒賞的方法或方面，因缺乏每一觀的質的規定性，還不宜作為批評標準。也有人把《宗經》篇的六義和《熔裁》篇中的「三准」（「設情以位體」、「酌事以取類」、「撮辭以取要」）結合起來作為劉勰的批評標準的。竊以為，劉勰的批評標準，存在著一個系統，《文心雕龍》在任何地方均未明確地用幾句話來概括他的批評標準，所以大家對劉勰的批評標準的認識才出現許多分歧。研究者從《文心雕龍》中概括出來的批評標準，大多是從劉勰對寫作的基本要求概括出來的，而劉勰對寫作的最高要求，我們可以在《征聖》篇找到幾句話：「然則志足而言文，情信而辭巧，乃含章之玉牒，秉文之金科矣。」劉勰把思想充實而語言要有文采，情感要真實而文辭要巧妙，當作寫作的金科玉律，而且這兩句話包含著兩個基本方面，「志」與「情」屬於思想內容的方面，言與辭屬於形式技巧的方面。「足」與「信」是思想內容方面的規定性，「文」與「巧」是形式技巧方面的規定性。這兩句話體現了劉勰論文要求文質並重、內容與形式相結合的特

點。劉勰論文是以「征聖」、「宗經」爲綱領和基本指導思想的，他非常注意「依經立意」和「熔式經誥，方軌儒門」，「志足而言文，情信而辭巧」兩句話，正是來源於儒家經典：「言以足志，文以足言。」（《左傳·襄公二十五年》）「情欲信，辭欲巧。」（《禮記·表記》）這完全符合劉勰論文的宗旨。可以說劉勰論文的最高批評標準，正是儒家經典論文的標準。所以這個標準，具有鮮明的儒家印記和「征聖」「宗經」的色彩。

三、孔子是劉勰心目中的偶像

《文心雕龍·序志》篇雲：「予生七齡，乃夢彩雲若錦，則攀而采之。齒在踰立，則嘗夜夢執丹漆之禮器，隨仲尼而南行；旦而寤，乃怡然而喜，大哉！聖人之難見也，乃小子之垂夢歟！自生民以來，未有如夫子者也。」在這段話裏，劉勰寫了他兩次的夢境。七歲時做的夢與孔子的關係是模糊的，但三十多歲所作的夢，「夜夢執丹漆之禮器，隨仲尼而南行」，則完全是爲孔子而發，他認爲孔子是亙古以來的第一人，對孔子的頂禮膜拜可以說到了無以復加的程度。而且「自生民以來，未有如夫子者也」這兩句話，源自孔子弟子子貢的話：《孟子·公孫醜上》：「子貢曰：……自生民以來，未有夫子也。」

通觀《文心雕龍》全書，有二十多處以崇敬的口吻提到孔子，僅對孔子的稱謂就有八個：或稱「素王」，或稱「聖人」，或稱「孔子」，或稱「夫子」，或稱「仲尼」，或稱「尼父」，或稱「孔氏」，或與周公並提而稱「周孔」。現擇其要者，引錄如下：

> 人文之元，肇自太極，幽贊神明，《易》象惟先。庖犧畫其始，仲尼翼其終。而乾坤兩位，獨制《文言》，言之文也，天地之心哉！（《原道》）

至若夫子繼聖，獨秀前哲，熔鈞六經，必金聲而玉振；雕琢情性，組織辭令，木鐸啟而千里應，席珍流而萬世響，寫天地之輝光，曉生民之耳目矣。（《原道》）

爰自風姓，暨於孔氏，玄聖創典，素王述訓，莫不原道心以敷章，研神理而設教。（《原道》）

夫作者曰聖，述者曰明，陶鑄性情，功在上哲，夫子文章，可得而聞，則聖人之情，見乎辭矣。先王聲教，布在方冊，夫子風采，溢於格言。是以遠稱唐世，則煥乎為盛；近褒周代，則鬱哉可從。（《征聖》）

故知繁略殊制，隱顯異術，抑引隨時，變通適會，征之周、孔，則文有師矣。（《征聖》）

雖精義曲隱，無傷其正言；微辭婉晦，不害其體要。體要與微辭偕通，正言共精義並用；聖人之文章，亦可見也。顏闔以『仲尼飾羽而畫，從事華辭。』雖欲訾聖，弗可得已。然則聖文之雅麗，固銜華而佩實者也。（《征聖》）

皇世《三墳》，帝代《五典》，重以《八索》，申以《九丘》，歲曆綿曖，條流紛糅，自夫子刪述，而大寶顯耀。於是《易》張《十翼》，《書》標七觀。《詩》列四始，《禮》正五經，《春秋》五例，義既挺乎性情，辭亦匠于文理。故能開學養正，昭明有融。然而道心惟微，聖謨卓絕，牆宇重峻，吐納自深，譬萬鈞之洪鍾，無錚錚之細響矣。（《宗經》）

有命自天，乃稱符讖，而八十一篇，皆托於孔子。……原夫圖籙之見，乃昊天休命，事以瑞聖，義非配經。故河不出圖，夫子有歎，如或可造，無勞喟然。昔康王河圖，陳於東序，故知前世符命，歷代寶傳，仲尼所撰，序錄而已。

於是伎數之士，附以詭術，或說陰陽，或序災異，若鳥鳴似語，蟲葉成字，篇條滋蔓，必假孔氏，通儒討核，謂偽起哀平，東序秘寶，朱紫亂矣。（《正緯》）

昔帝軒刻輿幾以弼違，大禹勒筍簴而招諫，成湯盤盂，著日新之規；武王戶席，題必誡之訓。周公慎言于金人，仲尼革容於欹器。列聖鑒戒，其來久矣。」（《銘箴》）

至鬻熊知道，而文王諮詢，余文遺事，錄為《鬻子》。子自肇始，莫先於茲。及伯陽識禮，而仲尼訪問，爰序道德，以冠百氏。然則鬻惟文友，李實孔師，聖賢並世，而經子異流矣。（《諸子》）

昔者夫子閔王道之缺，傷斯文之墜，靜居以歎鳳，臨衢而泣麟。於是就太師以正《雅》《頌》，因魯史以修《春秋》；舉得失以表黜陟，征存亡以標勸戒；褒見一字，貴踰軒冕；貶在片言，誅深斧鉞。然睿旨幽隱，經文婉約，丘明同時，實得微言，乃原始要終，創為傳體。傳者，轉也；轉受經旨，以授於後，實聖文之羽翮，記籍之冠冕也。」（《史傳》）

若乃尊賢隱諱，固尼父之聖旨，蓋纖瑕不能玷瑾瑜也。奸慝懲戒，實良史之直筆，農夫見莠，其必鋤也。若斯之科，亦萬代一準焉。（《史傳》）

贊曰：史肇軒黃，體備周、孔。世曆斯編，善惡偕總。騰褒裁貶，萬古魄動。（《史傳》）

聖哲彝訓曰經，述經敘理曰論。論者，倫也。倫理無爽，則聖意不墜。昔仲尼微言，門人追記，故抑其經目，稱為《論語》。蓋群論立名，始於茲矣。」（《論說》）

於是聃、周當路，與尼父爭塗矣。（《詔策》）

而去聖久遠，文體解散，辭人愛奇，言貴浮詭，飾羽尚畫，文繡鞶帨，離本彌甚，將遂訛濫。蓋周書論辭，貴乎體要；尼父陳訓，惡乎異端。辭訓之奧，宜體於要。於是搦筆和墨，乃始論文。（《序志》）

從上引文字看，劉勰對孔子的論述已經涉及到孔子的各個方面，他論述文之樞紐的五篇文章，幾乎每篇都提到孔子。按照傳統的說法，五經都是經過過孔子修訂的。《春秋》爲孔子所作，對於孔子作《春秋》，劉勰給與了高度的評價，首先肯定了孔子作《春秋》的緣起是「閔王道之缺，傷斯文之墜」，和「舉得失以表黜陟，征存亡以標勸戒」總結歷史的經驗教訓以垂教後代的巨大作用，又特別強調了《春秋》的一字褒貶，說它「褒見一字，貴踰軒冕；貶在片言，誅深斧鉞。」並概括出《春秋》的風格特點是「幽隱」「婉約」的。《詩經》是經過孔子刪訂編次的，《易經》的《十翼》（指《上彖》、《下彖》、《上象》、《下象》、《上系》、《下系》、《文言》、《說卦》、《序卦》、《雜卦》）也是出自孔子之手。雖然後代學者對孔子的刪《詩》與撰寫《易經》的《十翼》有所懷疑，但劉勰對此是篤信不疑的。在他看來，經書一經孔子之手，或刪或述，均能大放光彩。劉勰熱情的讚揚了孔子在修訂五經方面的巨大貢獻。在這方面是無人能與孔子相提並論的。

四、劉勰論文學的社會作用的思想淵源

儒道釋三家，唯有儒家重視文學的社會作用，究其原因，這與三家的人生態度有密切的關係。儒家的人生態度是積極入世的，「達則兼濟天下，窮則獨善其身」是他們的人生信條。道家是崇尚自然、無爲的，他們信奉的是遁世哲學，文學對社會的積極影響不是他們所關心的問題。釋家是棄世的，把一切都視爲「空

無」，佛經的勸善與因果報應有關，與儒家論文學的社會作用不是一回事。儒道釋三家只有儒家是最重視文學的社會作用的，這是無可辯駁的事實。

《文心雕龍》雖然寫于定林寺，但劉勰在那裏還是做了一個「執丹漆之禮器，隨仲尼而南行」的夢，這說明他身在佛寺心在孔廟，也就是他要追隨孔子而著書。劉勰依沙門僧祐之後並沒有很快落發，而是等待了將近二十年，這期間他仍在「待時而動」，等待著朝廷的任用，仍然期望著「緯軍國」、「任棟樑」。他這時的心願和期待，可用《文心雕龍·程器》篇的一段話來概括：

> 是以君子藏器，待時而動。發揮事業，固宜蓄素以弸中，散采以彪外，楩柟其質,豫章其幹。摛文必在緯軍國，負重必在任棟樑。窮則獨善以垂文，達則奉時以騁績。若此文人，應梓材之士矣。

「窮則獨善以垂文，達則奉時以騁績」，這與儒家的名言「達則兼濟天下，窮則獨善其身」在精神上是一致的，「獨善以垂文」可以說比「獨善其身」更富有積極進取精神。垂文屬於儒家三不朽的「立言」，言論可以發揮「緯軍國」的巨大作用，這說明劉勰在完成《文心雕龍》的寫作之日，仍然在篤信著儒教。

劉勰寫《文心雕龍》的動機，在《時序》篇中有明確的交代，其中也從宏觀的角度談到文章的作用：「唯文章之用，實經典枝條，五禮資之以成，六典因之以致用，君臣所以炳煥，軍國所以昭明」。文章的作用雖然比不上儒家的經典，不過是經典的「枝條」，但在治理軍國中卻具有重大的作用，這是劉勰一再所強調的，與首篇《原道》所雲之「經緯區宇，彌綸彝憲，發揮事業，彪炳辭義」意思相近。也與上引《程器》篇的一段話如出一轍。反復致意之點仍在「摛文必在緯軍國」，沒有忘記文章乃經國之大業。他如《明詩》篇所雲：「順美匡惡，其來就矣。」《樂府》篇所強調的「務塞淫濫」，以及「化動八風」的作用，《詮賦》篇則強調賦的諷諫作用而反對「無貴風軌，莫益勸戒」之作，《諧隱》篇對諧辭隱語也要求能「大者興治濟身，其次弼違曉惑」，而反對「無益時用」、「無益規補」的文字遊戲。《史傳》篇提出史傳應「彰善癉惡，樹之風聲」，「舉得失以表黜陟，征存亡以標勸戒」。至於章表奏議等應用文體，則更重其實用價值。此類例證不勝枚舉。

總的來說，劉勰要求一切文章都要在政治教化中發揮較大的作用，他對文學社會作用的理解偏重在帶有功利主義的教化說上，這種思想正是來源於以孔子爲代表的先秦儒家（包括漢儒）之說。孔子就特別重視文學的社會作用。《論語．陽貨》雲：「詩可以興，可以觀，可以群，可以怨。邇之事父，遠之事君，多識於鳥獸草木之名。」這種興、觀、群、怨、事父、事君的作用。不僅孔子重視文藝的教化作用，在先秦的其他典籍中也每每可見這種教化說。《尚書·堯典》雲：「帝曰：夔，命汝典樂，教胄子，直而溫，寬而栗，剛而無瘧，簡而無傲。詩言志，歌永言，聲依永，律和聲，八音克諧，無相奪倫，神人以和。」這是現存最早的文獻，也是樂教施行的開始。上古時代詩樂舞是三位一體的，詩樂舞都包括在樂的範圍內。先秦儒家把六經都視爲施教的工具，《禮記．經解》篇雲：「孔子曰：入其國，其教可知也。其爲人也溫柔敦厚，《詩》教也；疏通知遠，《書》教也；廣博易良，《樂》教也；絜靜精微，《易》教也；恭儉莊敬，《禮》教也；屬辭比事，《春秋》教也。」《周禮·地官司徒》又有所謂「六藝之教」。教化所被，真是無所不在。他們甚至把禮樂與刑政的社會作用等同起來，如《禮記．樂記》所雲：「禮以道其志，樂以和其聲，政以一其行，刑以防其奸，禮樂刑政，其極一也。」這個「極」，就是統治者或施教者所要達到的終極目的，也就是禮樂刑政皆所以爲治，而這個終極目的的達到又是通過禮樂刑政各自的社會作用而實現的。

先秦的儒家著作在文藝的社會作用上，我們可以歸納爲兩點：其一是「致樂以治心」，即把藝術當作涵養人格的工具。《禮記·祭義》雲：「君子曰：禮樂不可斯須去身，致樂以治心，則易直子諒之心（指和易正直子愛誠信之心。引者注）油然生矣。易直子諒之心生則樂，樂則安，安則久，久則天，天則神，天則不言而信，神則不怒而威，致樂以治心者也。」把樂當成涵養人格的工具，孔子也有類似的言論：「興于詩，立于禮，成于樂。」（《論語・泰伯》）「子路問成人，子曰：『若臧武仲之知，公綽之不欲，卞莊子之勇，冉求之藝，文之以禮樂，亦可以爲成人矣。』」（《論語・憲問》）成人之所以有賴於樂，正是樂足矣治人心的緣故。其二是致樂以化民，即以樂爲移風易俗之工具。《孝經》雲：「子曰：移風易俗，莫善於樂」。《樂記》雲：「故樂行而倫清，耳目聰明，血氣和平，移風易俗，天下皆寧。故曰：『樂者，樂也。』君子樂得其道，小人樂得其欲。以道制欲，則樂而不亂；以欲忘道，則惑而不樂。」《樂記》又雲：「樂也者，聖人之所以樂也。而可以善民心，其移風易俗，故先王著其教焉。」樂，本來就有審美愉悅的作用，《樂記》上也有「樂者，樂也」的說法，但先秦儒家們出於狹隘的功利主義，對樂的審美愉悅作用，一方面加以貶抑，一方面加以防範。他們把聽樂之人分爲君子與小人兩種，認爲「君子樂得其道，小人樂得其欲」。並且提出「以道制欲」的主張，而反對「以欲忘道」，其目的乃在強化其教化說。春秋時代由於民間新樂的興起，出現了「鄭衛之聲」，所以孔子提出「放鄭聲，……鄭聲淫。」（《論語・衛靈公》）又曰：「惡鄭聲之亂雅樂也。」（《論語・陽貨》）其出發點還是在維護樂之治心與化民的社會作用。從上引典籍可見，樂在先秦，乃所以爲治，而非以爲娛。正如《樂記》所雲：「先王之制禮樂也，非以極口腹耳目之欲也，將以教平民好惡而反人道之正也。」對此司馬遷說得更爲明確：「夫上古明王之舉樂者，非以娛心自樂，快意恣欲，將欲以爲治也。」（《史記・樂書》）

《詩・大序》對詩歌社會作用的認識比溫柔敦厚的詩教說又發展了一步，它從「發乎情，止乎禮義」和「主文而譎諫」的創作原則出發，十分重視詩歌的諷諫作用，提出「上以風化下，下以風刺上」，「言之者無罪，聞之者足以戒」。先秦時代的教化說強調的是上對下的教化，是上對下的「治心」與「化民」，民不過是施教的對象，永遠處於被動的地位。《詩・大序》從先秦儒家的民本思想出發，提出了詩歌的美刺諷諫作用，雖未擺脫教化說的影響，但對文學社會作用的認識比單純的教化說前進了一步。它對後代產生的影響是巨大的。

劉勰的詩樂觀是植根在先秦兩漢儒家詩樂觀的基礎之上的，它對文學社會作用的看法也深受儒家的影響，他對「溫柔敦厚」的詩教和《詩・大序》的觀點，基本上是接受下來了，可以說他是個既遵詩教又遵詩序的人。他在《宗經》篇中說：

> 《詩》主言志，詁訓同《書》，摛《風》裁興，藻辭譎喻，溫柔在誦，故最附深衷矣。

這幾句話的意思是說：《詩經》是抒情言志的，注解它同《尚書》一樣困難，其中有《風》、《雅》等不同類型的詩篇，又有比、興等不同的表現手法，文辭華美，比喻曲折，諷誦起來，可以體會它溫柔敦厚的特點所以它最能貼近讀者的內心。這裏把溫柔敦厚的《詩》教的全部內容都涵蓋進去了，而且他是結合《詩大序》來理解《詩》教的，包括了美刺、比興與「主文而譎諫」的內容。「藻辭」指「主文」而言，「譎喻」指「譎諫」而說。值得注意的是他認爲要體會《詩經》溫柔敦厚的特點，關鍵在於吟詠諷誦，只有這樣才能與自己的心靈貼近，體會到它的溫柔敦厚之美。這是用溫柔敦厚對《詩經》進行審美觀照，漢代《詩》學突出的是《詩經》的教化功能，而劉勰突出的是審美功能，這是劉勰對溫柔敦厚的一個發展。

劉勰在《辨騷》篇中，他從「依經立意」的觀點出發，認爲《離騷》有「同乎經典」的四個方面，也有「異乎經典」的四個方面，其中有兩個方面是與《詩》教、《詩大序》有關，即「規諷之旨」與「比興之義」。用比興的手法來進行諷諫，是《詩》教的組成部分，也與《詩大序》的美刺說密切相關。而「諷諫」與「美刺」，都是詩歌社會作用的具體化。

在《明詩》篇中，劉勰將詩歌的美刺傳統追溯得非常遙遠，從遠古時代的《五子之歌》一直追敍到漢代韋孟的《諷諫》詩：「及大禹成功，九序惟歌；太康敗德，五子鹹諷；順美匡惡，其來久矣。自商暨周，雅頌圓備，四始彪炳，六義環深。子夏監絢素之章，子貢悟琢磨之句，故商、賜二子，可與言詩。自王澤殄竭，風人輟采；春秋觀志，諷誦舊章，酬酢以爲賓榮，吐納而成身文。逮楚國諷怨，則《離騷》爲刺。……漢初四言，韋孟首倡，匡諫之義，繼軌周人。」這裏除了論述詩歌的美刺作用之外，連春秋賦詩言志的特殊作用都談到了，還論及《詩經》的「四始」「六義」。美刺、比興與四始、六義都淵源於《詩大序》。

在《樂府》篇中，可以看出劉勰的詩樂觀繼承的是儒家傳統的觀點。他是崇《韶》《夏》而抑鄭、衛的。對於漢代以後樂府，均有微辭，說漢樂府或「麗而不經」，或「靡而非典」，批評魏樂府「志不出於淫蕩，辭不離於哀思，雖三調之正聲，實《韶》《夏》之鄭曲也。」並感歎「中和之響，闃其不還。」對於音樂的社會作用，劉勰遵循的還是先秦儒家的觀點：「夫樂本心術，故響浹肌髓，先王慎焉，務塞淫濫。敷訓胄子，必歌九德，故能情感七始，化動八風。」強調的是樂的教化作用，沒有給樂的審美愉悅作用留有一點位置，這不能不說劉勰的音樂觀具有傳統儒家的保守性。

五、《文心雕龍》的通變思想淵源于《周易》

劉勰的通變觀是貫穿《文心雕龍》全書的美學思想，通變作爲一個美學範疇在《文心雕龍》一書中居於重要的地位。儘管《龍》學界的研究者們對「通變」的理解還存在分歧，有人把「通變」的內涵理解爲文學發展中繼承與革新的統一，有人把通變理解爲論述文學的發展變化，但有一點大家的認識是相同的，即劉勰的「通變」思想淵源于《易傳》。

「通變」一詞最早來源於《易・系辭上》：「極數知來之謂占，通變之謂事。」意思是說：窮盡卦爻變化以預測未來就叫占問，通曉事物的變化有所行動就叫做事。「通變」在《易經》中有時也稱「變通」。《易·系辭下》雲：「剛柔者，立本者也；變通者，趣事者也。」高亨先生解釋說：「《易傳》所謂時指當時之具體形勢、環境與條件。人之行事有變通，乃急趨以應當時之需要也。天地萬物的變通亦在趣時。」[3]

「通變」或「變通」在《易傳》中，有時也分爲單音詞互文

3 見齊魯書社 1979 年版，高亨《周易大傳今注》第 556 頁。後引高亨注均見此書。

對應使用：

> **是故形而上者謂之道，形而下者謂之器，化而裁之謂之變，推而行之謂之通。**（《易·系辭上》）

《易傳》把形而上者叫做「道」，形而下者叫做「器」。所謂「化而裁之」，就是將道與器結合起來加以調整，這就叫「變」。和著道與器推衍運用，叫做「通」。形而上者，指文化制度等思想意識形態；形而下者，指天地萬物等物質形態。「道」，即理論、方法、原則，所以屬於形而上；「器」，指具體的物質性的東西，所以屬於形而下。《易經》能充分反映人的思想、言論與活動，又能反映天地萬物的變化，而人類的事業在於利用道與器而加以變通，

《易經》的卦爻象和卦爻辭足以指導人們去做種種事情。《易·系辭上》又用宇宙之門的開合來說明「變」與「通」的關係：

> **是故闔戶謂之坤，辟戶謂之乾；一闔一辟謂之變，往來不窮謂之通。**

高亨先生注雲：「闔，閉也。辟，開也。坤爲地，此坤謂地氣，即陰氣也。乾爲天，此乾爲天氣，即陽氣也。秋冬之時，萬物入，宇宙之門閉，是地之陰氣當令，故曰：『闔戶謂之坤。』春夏之時，萬物出，宇宙之門開，是天之陽氣當令，故曰：『辟戶謂之乾。』宇宙之門一閉一開，萬物一入一出，是謂之變。閉開入出，往來不窮，是謂之通。」

春夏秋冬四時的變化，是陽氣當令與陰氣當令的遞轉變化，所以《易·系辭下》又說：

> **是故法象莫大乎天地，變通莫大乎四時，縣（懸）象著明莫大乎日月。**

也就是說，通變最顯著的就是春夏秋冬四季的變化。《易·

系辭下》又說：

通其變，使民不倦；神而化之，使民宜之。

意思是說：通於事物的變化（包括前人之創造），使民利用不厭，加以神妙之改作，使民利用皆宜。（用高亨注）《易·系辭下》又說：

《易》，窮則變，變則通，通則久。

高亨注：「此舉《易》道以明變化之必要。」《易·系辭下》又說：

參伍以變，錯綜其數，通其變，遂成天下之文。極其數，遂定天下之象。

高亨注：「參，讀爲三。伍，讀爲五。三五代表較小而不定之數字。變指爻變從而卦變。《易經》各卦六爻之變三五不定。錯，交錯。綜，綜合。數指爻之位次。《易經》各卦六爻之數交錯綜合，形成爻位與爻位之關係。成猶定也。事物必有關係，《易經》以卦爻之數反映事物之關係，故盡《易經》卦爻之數，則能定天下事物之象。」

《易傳》中與「通變」義相近的還有「會通」、「適變」二詞：

聖人有以見天下之動，而觀其會通，以行其典禮，系辭焉以斷其吉凶，是故謂之爻。（《易·系辭上》）

「觀其會通」，孔穎達謂「觀其物之會合變通」。可見「會通」與「變通」義近。《易·系辭下》在談到易道屢遷、變動不居時又說：

上下無常，剛柔相易，不可為典要，唯變所適。

「唯變所適」也是隨時所變以適時用，與上文所引的「變通者趣時者也」義近。

在先秦典籍中，使用「通變」一詞最多最集中的就是《易·系辭》，其中的「通變」，本來是一個反映卦爻和事物發展變化的概念。「通變」一詞，不管是合組成詞也好，將通、變二字分而言之也好，通與變還是含有對立統一關係的，其含義不單純是講發展變化。《易·系辭》用宇宙之門的開合來說明「變」與「通」的關係，開與合就是對立的。「闔戶謂之坤，辟戶謂之乾」，坤與乾也是對立的。「一闔一辟謂之變，往來不窮謂之通」，不僅「變」與「通」含義不同，「變」本身就含有矛盾的對立。《易經》專家高亨先生在解釋「通其變，使民不倦；神而化之，使民宜之」時，指出「通變」含繼承前人的創造在內，有繼承前代文化、意識形態的因素。

「通變」在《易傳》中還只是個哲學概念，在劉勰之前還無人把它引入文論中。「通變」成爲美學範疇是劉勰的創造。而劉勰據以發展創造的思想淵源便是《易經》。

《易經》認爲整個世界是在「陰」、「陽」這兩種相反力量的互相作用下不斷運動、變化、生成、更新的，剛柔相推而生變化，整個自然和人類社會只有在變化中才能存在和發展。就自然來說，「日月相推而明生焉」，就人事來說，「通變之謂事」，「功業見乎變」，「日新之謂盛德，生生之謂易」。總而言之，人類應當效法自然，在變化中不斷求得生存與發展和建功立業。

劉勰「通變」論的美學思想，其哲理基石是奠定在《周易》之上的，他認爲文學是隨著時代不斷發展變化的，他看到了「從質及訛」的變化並對此有所不滿；他也看到了影響文學發展的許多對立因素：古與今的對立，質與文的對立，奇與正的對立，雅與俗的對立。如何使這些對立的因素協調，求得和諧之美，劉勰找到了「通變」。在古與今的對立關係上，他採取了「參古定法」

與「望今制奇」相結合的辦法。劉勰既欣賞質樸的美，又欣賞文采的華美，爲了求得兩者的和諧，達到文質相稱，他提出「斟酌乎質文之間」。典雅的風格是他所欣賞的，因爲它是「熔式經誥，方軌儒門」的風格。但風格是多種多樣的，文苑中的單一風格看不到波譎雲詭的多彩風姿，劉勰具有不「偏執於一隅」的審美觀，所以他又提出「檃括於雅俗之際」。奇與正雖然對立，但它並不崇正廢奇，努力使奇正和諧，於是他提出「執正馭奇」，反對的是「逐奇而失正」。他在尋找對立因素的和諧統一時，使用了「唯務折衷」的方法。在劉勰的思想中，折衷已不是單純的方法論問題，而具有中和之美的內涵。因此用折衷方法而達到的中和，正是劉勰美學思想的核心，而這種中和之美，正是先秦儒家傳統的審美觀點。

六，幾個值得商榷的問題

最近有位學者撰文，不僅否定《文心雕龍》以儒家思想爲指導，同時也否定了《文心雕龍》是儒家文論，並給儒家文論戴上了兩頂大帽子，說什麼「儒家文論漠視了文學的審美性質，抹殺（煞）了文學的獨立性。」這是值得商榷的。

不錯，在文學的社會作用方面，由先秦至兩漢的儒家文論的確是把政教說擺在了首位，但這並不等於說儒家漠視了文學的審美性質。僅以儒家的代表人物孔子爲例，他本人就有文藝審美與鑒賞的實踐。孔子說：「《關雎》，樂而不淫，哀而不傷。」（《論語・八佾》）這不是用中和之美的審美觀念對《詩經》的《關雎》進行鑒賞嗎？「子謂《韶》，『盡美也，又盡善也。』謂《武》，『盡美也，未盡善也。』（同上）又曰：「子在齊聞《韶》，三月不知肉味，曰：『不圖爲樂之至於斯也。』」（《論語・述而》）

如果孔子不是對古代樂舞進行審美，何來盡美盡善之說？如果孔子不是浸沉在藝術的審美享受之中，何以能三月不知肉味？再拿儒家的另一經典文獻《禮記·樂記》來說，《樂記》雲：「樂者，樂也。君子樂得其道，小人樂得其欲。以道制欲，則樂而不亂；以欲忘道，則惑而不樂。」又雲：「樂也者，聖人之所以樂也。而可以善民心，其移風易俗，故先王著其教焉。」樂，本來就有審美愉悅的作用，「樂者，樂也」的後一個「樂」字，就是愉悅。它又把審美愉悅分爲兩種情況，認爲君子所感到快樂的是「得其道」，小人感到快樂的是「得其欲」。所謂「道」，指的是道義，即符合禮教的東西；所謂「欲」，指的是情欲，欲念，泛指欲望的滿足與感官的享受，所以《樂記》提出「以道制欲」。這與荀子所說的「以禮節情」是一致的。《樂記》把對音樂的審美分爲君子與小人兩種人，又把審美分爲「得其道」與「得其欲」兩個層次，固然含有統治階級的偏見，但總不能說儒家文論是「漠視了文學的審美性質」吧。當然，我們不可否認，在文學的社會作用方面，儒家文論是把政治教化放在第一位的，也不可否認這種教化說含有狹隘的功利主義，但這不等於說儒家文論不重視文學的審美性質。另外，儒家文論也是在發展的，一代有一代的儒家，一代也有一代的儒家文論。比如在漢代，溫柔敦厚的詩教與《詩大序》一經結合，便形成了漢代的詩學體系。二者的融合使溫柔敦厚與詩的美刺、比興，「發乎情，止乎禮義」變成了四位一體的聯合體，也使得溫柔敦厚變成了一個「多媒體」。這個四位一體的聯合體成了漢代《詩》學的四根支柱，這四根支柱再加上《詩大序》的「風雅正變」說，「吟詠情性」說，便構成了漢代的《詩》學體系。且不要小看這個體系，它不僅是我國《詩》學的發凡，而且是我國古典詩學的津樑，對後代的詩學產生了巨大的影響。

以白居易爲代表的新樂府運動，所以能成爲我國現實主義理論的一個高峰，在很大程度上就在於他打起了詩歌的美刺諷喻的大旗，他所繼承的正是《詩大序》的傳統。不要因爲《詩小序》對《詩經》某些篇的解釋有牽強附會之處，就以偏概全，把污水與嬰兒一塊倒掉。至於儒家文論抹煞了文學的獨立性，使人更不知作者從何說起。上古時代，詩樂舞三位一體，先秦時期，文史哲很難截然分開，先秦儒家的文論在這種情況下何以談文學的獨立？況且獨立都是相對的，不是絕對的。漢代詩賦分塗，漢儒很快就建立了漢代的詩學與賦學，怎麼能說他們抹煞了文學的獨立性呢？

此文的作者還大量地分析了劉勰對詩賦等作品的審美與鑒賞，並且指出：「劉勰評論詩歌時，既反映了儒家主張政教的功利主義詩學觀的影響，又充分反映了魏晉南北朝文學自覺時代人們欣賞詩歌的審美的眼光。在今天看來具有對立性質的兩個方面，在劉勰那裏卻兼收並蓄，熔於一爐，形成一種調合折中的傾向。而其主要方面是審美的，非功利的。」說劉勰有時代的審美眼光和折中傾向是不錯的，但說劉勰主要方面是審美的而非功利的，也是值得商榷的。本文的第三部分已經具體論述了《文心雕龍》對文學社會作用的看法，卻沒有看到劉勰有一句話明確提出文學的審美娛樂作用，儘管劉勰很講究文辭的華美以及聲律之美，但這與主張文學的審美娛樂作用並不是一回事，正如《樂記》雖然指出「樂者，樂也」，但一談到樂的社會作用所重者仍然是「治心」與「化民」，是所以爲治，而非所以爲娛。儒家不是沒有審美的能力，也不是沒有審美的實踐，而是認爲「治心」與「化民」是第一要義，娛樂作用不可與它同日而語。從先秦兩漢的文論資料來看，最早肯定文學的娛樂作用的是西漢時代的漢宣帝：

「上令褒與張子僑等並待詔，數從褒等放獵，所幸宮館，輒爲歌頌，第其高下，以差賜帛。議者多以爲淫靡不急，上曰：『不有博奕者乎，爲之猶賢乎已。』辭賦大者與古詩同義，小者辯麗可喜。譬如女工有綺縠，音樂有鄭衛，今世俗猶皆以此虞說耳目，辭賦比之，尙有仁義風諭，鳥獸草木多聞之觀，賢於倡優博奕遠也。」（《漢書·王褒傳》）漢宣帝劉詢（前 91～前 49）其人和其言我們有必要推究一下：據《漢書·宣帝紀》載，他自幼「師受《詩》、《論語》、《孝經》，操行節儉，慈仁愛人」。甘露三年（前 51），「詔諸儒講《五經》同異，太子太傅蕭望之等平奏其議，上親稱制臨決焉。乃立梁丘《易》、大、小夏侯《尙書》、《穀梁》、《春秋》博士。」宣帝所受的教育是儒家正統的教育，講《五經》、立博士，意在尊經崇儒。他對辭賦社會作用的看法，也具有傳統儒家的色彩。漢賦自產生以後就受到一些非議，他們對漢賦的不滿主要有兩點，一是漢賦多「虛辭爛說」，一是「沒其諷諭之義」，一是辭賦作家多是文學侍從之臣。司馬遷可以說是第一個對漢賦作出公正評價的人，他說：「相如雖多虛辭爛說，然其要歸引之于節儉，此與《詩》之諷諫何異？」（《史記·司馬相如列傳》）司馬遷之後，漢宣帝是第一個爲辭賦作辯護的人，他與司馬遷不同的是，他借助世俗的看法，肯定了辭賦愉悅耳目的作用，因爲這種看法不見於經典，所以說出來不是很理直氣壯的，故借助世俗之說以搪塞。其他對辭賦的評價還是儒家的傳統觀點，即用儒家論詩的觀點來評價辭賦。所謂「辭賦大者與古詩同義」，指的就是辭賦在大的方面與古詩（主要指《詩經》）的諷諭同義，這也就是班固在《漢書·藝文志》中所說的「惻隱古詩之義」。先秦和漢代的儒家不是不懂得審美，也不是沒有審美的藝術實踐，他們之所以不提審美愉悅作用，自有他們的道理，這就是他們從總結古代的亡國教訓中，得出的一個教訓，強調愉悅作用，追求聲色享受會導致亡國的。《五子之歌》雲：「內作色荒，外作禽荒。甘酒嗜音，峻宇高牆。有一於此，未或不亡。」後來唐人總結六朝的滅亡更與文學的愉悅作用直接聯繫起來，認爲陳後主是在一曲《玉樹後庭花》中失去了萬里江山，有所謂「玉樹歌殘王氣終」的詠歎。也許正因爲如此，所以傳統的儒家文論在論及文學的社會作用時，閉口不談文學的審美愉悅作用。劉勰也是如此。從這一點上來說，正顯示出《文心雕龍》爲儒家文論的特色。

小　結

《文心雕龍》與儒家的思想淵源，方方面面難以詳盡，本文還有許多方面沒有涉及，比如劉勰的文質論，也是淵源於先秦儒家的。需要指出的是，劉勰並不是六朝時代的純儒，《文心雕龍》的思想淵源，也非淵源於儒家一門，它的淵源是多元化的，儒道釋乃至魏晉玄學等都與劉勰有某些淵源。弄清它的淵源關係並非抹煞其創造性，恰恰相反，而是使人更清楚地發現它的創造性。《文心雕龍》具有完整的體系，它在文學發展的內部規律上發表了許多創造性的見解，他的創作論。批評論、鑒賞論、風格論、文體論等等，都遠遠地高出了它的淵源。不僅高出先秦兩漢，也高出魏晉。《文心雕龍》產生在文學新變的時代，它與文學新變有合拍的地方，也有不合拍的地方，簡言之即劉勰既要求新變，又對某些新變有所不滿。這是《文心雕龍》的時代特點，其中也有他的個性特點。但任何理論著作都不是憑空產生的，都要從他的先輩那裏繼承一些文化遺產，以豐富和充實自己。解剖一下劉勰的思想和知識結構是由哪些成分組成的，對研究劉勰及其《文心雕龍》是有必要的，同時也有必要弄清楚劉勰的思想淵源受哪幾家的影響。有位研究者再否定《文心雕龍》的指導思想是儒家思想之後，卻反躬自問：「那麼，《文心雕龍》是何種思想指導的文論？是道家思想指導的麼？我們要反過來問：爲什麼說起文論就要歸入某一家思想指導之下、就要將它附屬於某一思想、哲學流派呢？文學本身就是一種重要的社會現象，文學思想和理論本身就與經濟、政治、哲學思想等一樣，有其獨立存在的價值，也有其自身的發展規律。」文學思想和理論當然有自身的獨立性，但這種獨立是相對的而不是絕對的，文學的發展難道不受經濟、政治的制約麼？文學思想難道能割斷與哲學思想的聯繫麼？文學理論難道就不需要指導思想麼？何必把劉勰搞得無「家」可歸呢？不當之處，請海內外專家指正。

2007 年一月於北京

劉勰文學觀管窺

—— 美在文心

遼寧大學　涂光社

摘　要

《文心雕龍》確有以「文章」（美文）爲文學的觀念，但「文學」仍與寫作有不解之緣，表明古代文論中體現的是文人學士的文學觀，重視學識和經驗規範的傳承。通過對所謂「采」、「美」、「文章」、「文學」等概念以及相關因素的考察，剖析美文的構成，評說古代文學觀的理論意義。《原道》指出人是「性靈所鐘」，「爲五行之秀，實天地之心」；《序志》有對「文心」的詮釋和對「心哉美矣」的讚歎，有「文果載心，餘心有寄」的申述。劉勰推崇「（心）宰」、「性靈」、「情志」的創造力。「心」美是人之靈慧和生命意義的體現，是「文」美的核心；學養能提升主體素質、「有助心力」，也是「文心」之美的一個構成因素。「文心雕龍」的題名意謂「美在文心」，認識其宗旨不僅是對劉勰文學觀認識的深化，也有助於瞭解文學傳統中的人文精神。

關鍵字：文學觀　美文　文心　文章　采

一，從「文章非采而何」談起

古今文學觀不盡吻合，古人是以美文爲文學的，近代學者對此早有發現。《文心雕龍》的有關論述確實能印證這一點，《情采》開篇有「聖賢書辭，總稱文章，非采而何？」《序志》又說：「古來文章，雕縟成體。」劉勰指出有「采」是「文章」的特點，不啻肯定其爲一種藝術創造。當代有的研究者認爲《文心雕龍》是文章做法論是有道理的。

有數千年積澱的中國文學是沿著自己的道路走過來的，實踐和理論上都有獨到的建樹。自上世紀初以來，古代文論中有「體大思精」之稱的《文心雕龍》一直是學術研究的熱點之一。在當代，其理論研究似可從基本的文學思想、觀念以及思維特徵、理論形態和闡述方式兩個方面進行更爲系統深入的再探討，在古今的比較中找出有價值的東西。本文嘗試就這部巨著體現的文學觀念作較細緻的考察。

現代理論家給文學下過種種定義，如「文學就是人學」，「文學指偏重想像和感情的藝術」，「文學指用語言塑造形象以反映社會生活，表達作者思想感情的藝術」……有的則更爲繁瑣。一些定義儘管道出或者接觸到文學藝術的某些特點，卻未必能凸顯最本質的、爲文學獨具的東西。《文心雕龍》既稱古代文論經典，瞭解其文學觀就十分必要，得弄明白古人心目中何爲現代意義上的文學，知道劉勰討論的物件和範圍。

以美文爲文學的觀念簡明地凸顯了文學的兩大特徵：它是藝術，它是美的；而文學美的創造是用語言文字（古文論中稱「文」、「辭」、「言」等）作爲媒介的，這是文學與其他門類藝術的區別所在。正如劉勰在《聲律》所言：「言語者，文章神明樞機。」

比起後來許多不很確切或有嫌繁瑣的定義來，以美文爲文學是直擊本質特徵的簡要概括 — 如果說「文學就是人學」的話，難道哲學和其他藝術在一定意義上不可以說是人學嗎？何止文學，哪一種藝術不倚重想像和感情呢？「美」的內涵和外延遠比「形象」寬泛，如有文采的理論話語、寫得漂亮的應用文有時很難說在「塑造形象」，但通常可以說它們有文學性的。……

以「文章」爲論述物件的《文心雕龍》重視「采」的探討，《序志》介紹全書體系說，下半部分全爲「剖情析采」，頗能看出劉勰這方面的自覺。《情采》是內容形式關係論，另一些專題從不同角度論語言形式美的規律和功用，如《熔裁》、《聲律》、《章句》、《麗辭》、《誇飾》、《練字》等。因此，早年有不少人把《文心雕龍》當做修辭書去讀[1]。《神思》論文學思維特徵，特別強調語言參與思維的機制和作用：「神居胸臆，而志氣統其關鍵；物沿耳目，而辭令管其樞機。樞機方通，則物無隱貌；關鍵將塞，則神有遁心」；「方其搦翰，氣倍辭前；暨乎篇成，半折心始。何則？意翻空而易奇，言徵實而難巧也。是以意授於思，言授於意；密則無際，疏則千里。」要求作家作「積學以儲寶」、「馴致以懌辭」的準備，然後「尋聲律以定墨」。《聲律》總結語言音響美的規律：「異音相從謂之和，同聲相應謂之韻」，追求「聲轉於吻，泠泠如振玉；辭靡於耳，累累如貫珠」的聲韻之美。《麗辭》論對偶說：「麗句與深采並流，偶韻共逸意俱發。」由於用象形爲先以表意爲第一屬性的漢字作爲記錄符號，《練字》表述了一種西方文論無涉的關注：「心既托聲於言，言亦寄形於字，諷誦則績在宮商，臨文則能歸字形矣。是以綴字屬篇，必須

1 見 1922 年 10 月 24 日《晨報·副刊》楊鴻烈《文心雕龍的研究》。

練擇：一避詭異，二省聯邊，三權重出，四調單複。」……

二、「采」、「美」和「文章」、「文學」之辨

欲瞭解劉勰的文學觀，很有必要辨析《文心雕龍》中「采」、「美」、「文章」、「文學」的意義。

「采」與「美」都有美的意蘊，有時代換入論。但「采」往往由訴諸視聽的外在形式的因素構成；「美」一般不分內外，有更明顯的渾成性。《文心》中用到「采」102 次，「美」63 次[2]。與「采」通同的有「文采」、「辭采」、「藻」，皆明指有形式美的言辭。論文辭寫作多用「采」是自然的。

在古代，同義、近義和指域有所交義的概念相互代用的情況很多，意義有差異時，要根據語境（或者說上下文）加以辨別。「采」、「美」、「豔」、「麗」、「華」就有這樣的情況。《文心雕龍·通變》篇曾引桓譚語：「予見新近麗文，美而無采；及見揚、劉言辭，常輒有得。」其中「麗」、「美」、「采」都是美的意思，從「美而無采」的批評可知，此處「采」比「美」、「麗」的層次高（但只在此處可作如是解）。古代文論中的範疇概念在不同場合（或言「語境」）意義的廣與狹、全與偏常有不同。從《文心》全書看，僅僅將「文章非采而何」的「采」理解局限于華美的文辭是不夠的。

勿庸置疑，文論中「采」多指辭藻之采。《情采》的「文采所以飾言，而辯麗本於情性」表明，「采」應植根和從屬於「情性」；若「繁濫」失真則有害「情志」的抒寫，背離正確軌範：「後之作者，采濫忽真，遠棄風雅，近師辭賦，故體情之制日疏，

2 本文中《文心雕龍》用字統計不包括《隱秀》補文在內。以下同。

逐文之篇愈盛」；「聯辭結采，將欲明理，采濫辭詭，則心理愈翳。固知翠綸桂餌，反所以失魚。『言隱榮華』，殆謂此也」；「繁采寡情，味之必厭。」凡此種種，用意都在矯正「采麗競繁」的時風。

《風骨》篇對比「風骨」和「采」的美感層次和力度，突出「風骨」在藝術表現中的主導作用和感動力之強勁：「若豐藻克贍，風骨不飛，則振采失鮮，負聲無力」；「茲術（風骨）或違，無務繁采」；「蔚彼風力，嚴此骨鯁。才鋒峻立，符采克炳」。劉勰有一段生動的譬喻：「夫翬翟備色，而翾翥百步，肌豐而力沉也；鷹隼乏采，而翰飛戾天，骨勁而氣猛也；文章才力，有似於此。若風骨乏采，則鷙集翰林，采乏風骨，則雉竄文囿，唯藻耀而高翔，固文筆之鳴鳳也。」雖對「藻采」之美有所肯定，更提出了「繁采」是沉重負擔的警示，遠不如對「風骨」的推崇。

再說說「美」。

「美」意義較「采」寬泛，不過在劉勰論中也許還未達到如同現代概念那樣涵蓋和統領一切個別、具體之美的概念（如「采」、「麗」、「豔」）的程度。故《隱秀》篇有雲：「雕削取巧，雖美非秀」；「故自然會妙，譬卉木之耀英華；潤色取美，譬繒帛之染朱綠。」此處的「美」不如「秀」；「潤色取美」是人爲的潤飾，必須合乎彰顯被加工者自然本質的需要。

《情采》篇破解了老子「信言不美，美言不美」的真意：「老子疾僞，故稱『美言不信』；而五千精妙，則非棄美矣。」《論說》篇認爲「善說」有美，列舉了成就邦國事業的先秦典故：「說之善者，伊尹以論味隆殷，太公以辨約興周，及燭武行而紓鄭，端木出而存魯，亦其美也。」寫作合乎某種文體經驗規範能得專其美，《議對》說：「馭權變以拯俗，而非刻薄之僞論；風恢恢而能遠，流洋洋而不溢：王庭之美對也」。《銘箴》強調銘、箴兩種文體須以「文約爲美」。《知音》篇則指出文章典籍是國家思想文化的精華所在，品讀玩味之才能領略和享受其中的美：「書亦國華，玩繹方美。」

近代以來，一些學者已經作過「文章」「文學」之辨。郭紹虞先生說：「周秦時期所謂『文學』，是最廣義的文學觀念，所以也是最初的文學觀念。當時所謂『文學』是和學術分不開的，文即是學，學不離文，所以兼有『文章』『博學』兩重意義。」經過兩漢的演進，到了魏晉南北朝時期，出現於被徵引的先秦典籍者除外，「文章」一般都指美文而言，如《典論．論文》的「蓋文章，經國之大業，不朽之盛大事」；《南齊書·文學傳論》的「文章者，蓋情性之風標，神明之律呂」；以及《顏氏家訓·文章》之所論即然。這是古代文學觀成熟的一個標誌。不過兼指文章的「文學」依然被沿用。如《世說新語》「文學第四」錄事 104 則，前 65 則不關寫作，有馬融、鄭玄、服虔等古文經學家故事，最多是魏晉士人的老莊玄學清談，偶及佛學，一則提到詩經；其後從曹植作七步詩的逸事起，皆與文辭詩賦相關。可見「文學」指域與「文章」仍有交義，唯其用常有偏於「學」（學術）的時候。

《文心雕龍》中「文章」出現 24 次。《章表》篇的「荀卿以爲『觀人美辭，麗于黼黻文章』」引《荀子．非相》語，用的是初始義，指繡品交錯的色彩。《原道》的「唐虞文章」和《才略》的「虞夏文章」引用典籍，指人文禮樂典章而言。其餘諸篇「文章」均指文辭著述。《征聖》的「夫子文章，可得而聞」雖用《論語》典故，劉勰卻緊接著強調：「則聖人之情，見乎文辭矣」。《正緯》的「無益經典，而有助文章」和《序志》的「唯文章之用，實經典枝條」又透露出「文章」與經學的分野。

《文心》中「文學」只三見。《頌贊》中的一次是著述篇名：在「崔瑗《文學》」中是《南陽文學頌》的簡稱。《時序》的兩次直接關乎文辭述作：「唯齊楚兩國，頗有文學：齊開莊衢之第，楚廣蘭台之宮。孟軻賓館，荀卿宰邑。故稷下扇其清風，蘭陵鬱其茂俗，鄒子以談天飛譽，騶奭以雕龍馳響，屈平聯藻于日月，宋玉交彩于風雲。觀其豔說，則籠罩雅頌。」皆指文章著述或文人學士的活動。「自獻帝播遷，文學轉蓬，建安之末，區宇方輯」以下介紹三曹、七子和路粹、繁欽、邯鄲淳、楊修寫作上的成就，可見「文學轉蓬」指文學之士在動亂中的流徙漂泊。

在凸顯美的創造方面，「文學」固然不如「文章」，但「文學」兼指文辭著述的用法並未廢止，這一點值得注意。專指美文的「文章」頻繁出現有鮮明的時代特徵，表明文學觀念的成熟，人們認識到文章寫作是藝術創造的本質。「文學」仍可兼指文章，一則透露出文人學士是文學活動主體的某種資訊；另一方面又保留著「學」關係著、有助於寫作的意思（包括有利於知識繼承、審美經驗接受、陶冶情志提升主體素質等）。即使是中國古代「成熟」了的文學觀，後者也依然是其中不應忽略的一個組成部分。

三、「文章」之美的由來

「釆」略同於美，但文章所以美並非只取決於語言形式方面的因素。

構成美文的因素很多，一篇好文章可謂「眾美輻輳」（《事類》）：對作家而言，可以來自稟賦才性的嶄露，也可來自生活的體驗和感悟；從作品說，可因其內容的卓絕，或許有來自形式的精巧。可能是自然天成，也可能是成功的人爲。可能得自對前人經驗規範的傳承，更可能憑藉的是創意和新變。

「采」有狹義廣義之別，狹義的指華美的詞藻，廣義的則多與內容相協調且能凸顯其優長。《情采》的「聖賢書辭，總稱文章，非采而何？」抬出「聖賢書辭」作「文章」代表，聖賢的經典著述博大精深，其「采」自然不會與思想內容無關。隨後論「文」「質」的關係說：

夫水性虛而淪漪結，木體實而花萼振：文附質也。虎豹無文，則鞹同犬羊；犀兕有皮，而色資丹漆：質待文也。

「水性虛而淪漪結，木體實而花萼振」和「虎豹無文，則鞹同犬羊」都帶有「文」是「質」之自然呈現的意味。隨後「犀兕有皮，而色資丹漆」肯定了人爲形式美也能凸顯優異內質：犀兕之皮的美質，有待丹漆髹飾才得顯現。最後「贊」的「心術既形，英華乃贍」再次強調了這種內外的協調。無論美質的自然外現，還是人爲修飾，外在的「采」都應依從內在的「情」。《風骨》篇說：「唯藻耀而高翔，固文筆之鳴鳳也。」表明「采」在文章之美中雖不占主導地位，但它與「風骨」等其他美的要素相得益彰才合乎理想。

「美」與「采」常常表現出其創造者賦予它們的個性，比如：

偏美則太沖、公幹。（《明詩》）

陳思《七啟》，取美於宏壯。（《雜文》）

列禦寇之書，氣偉而采奇。（《諸子》）

觀伯始謁陵之章，足見其典文之美焉。

逮晉初筆劄，則張華為俊，其三讓公封，理周辭要，引義比事，必得其偶，世珍鷦鷯，莫顧章表。及羊公之辭開府，有譽于前談；庾公之讓中書，信美於往載：序志顯類，有文雅焉。劉琨勸進，張駿自序，文致耿介，並陳事之美表也。（以上《章表》）

然仲瑗博古，而詮貫有敘；長虞識治，而屬辭枝繁；及陸機斷議，亦有鋒穎，而腴辭弗剪，頗累文骨：亦各有美，風格存焉。（《議對》）

觀史遷之報任安，東方之謁公孫，楊惲之酬會宗，子雲之答劉歆，志氣槃桓，各含殊采；並杼軸乎尺素，抑揚乎寸心。（《書記》）

昔屈平有言：「文質疏內，眾不知餘之異采。」（《知音》）

作家偏長於某類或某個文體者則能專擅其美：如《才略》篇有「孔融氣盛於爲筆，禰衡思銳于爲文，有偏美焉」；「徐幹以賦論標美」；「丁儀、邯鄲，亦含論述之美」。……文章之美的確是個性紛呈的。

「奇」與「正」是一對範疇。雅懿清麗，思想內容和表現形式合乎軌範是爲「正」。辭意新異，對經驗規範有所突破和跨越的則爲「奇」。劉勰的「奇正」之論也關乎文章之美，可以「文之樞紐」中所論爲例：

前三篇論「正」:《原道》篇說孔子「雕琢情性，組織辭令……寫天地之輝光，曉生民之耳目」;《征聖》篇以爲「聖文之雅麗，固銜華而佩實者也」；是爲著述之楷模。《宗經》篇要求文章以先秦經典爲範式「正末歸本」，所謂「六義」直接把善與真的要求與文辭之美一併提出來:「一則情深而不詭，二則風清而不雜，三則事信而不誕，四則義直而不回，五則體約而不蕪，六則文麗而不淫。」後兩篇論「奇」：《正緯》篇批駁「經正緯奇」的謬誕，卻又說緯書「事豐奇偉，辭富膏腴，無益經典而有助文章」。《辨騷》篇樹立求變的榜樣，指出《離騷》在《詩經》以後「奇文鬱起」，是「取熔經義，自鑄偉辭」，於是有「金相玉式」，「驚采絕豔，難與並能」。

「雅麗」、「銜華佩實」是「正」美的準繩；屈騷「驚采絕豔」「金相玉式」幾乎是「奇」美之極至。而有失僞誕的緯書「有助文章」也僅限於「事豐奇偉，辭富膏腴」上的酌而用之而已。所以劉勰要求作家「以正馭奇」。

四、「心哉美矣」

《文心雕龍》全書「心」出現 114 次。有與至理和宇宙精神智慧相通的「道心」和「天地之心」（《原道》）；也有指作品內容或者意象蘊含的，如「文不滅質，博不溺心」（《情采》）、「擬容取心」（《比興》）；更多的是指作家的心靈，生命智慧（情靈才性）和思維創造的淵藪。有時劉勰也用「宰」、「謨」之類詞代之，如「睿哲爲宰」（《徵聖》）、「聖謨卓絕」（《宗經》）和「使玄解之宰，窺意象而運斤」（《神思》）。

劉勰對文章之美有入微的闡發。給人啓迪最深的是他對人類心靈智慧的讚美。《原道》說人「性靈所鐘」，「爲五行之秀，實天地之心，心生而言立，言立而文明」，可知「文」是人類精神智慧的偉大創造。聖人著述「寫天地之輝光」、「精理爲文，秀氣成采」，代表的是「天地之心」。《序志》篇說：

夫「文心」者，言爲文之用心也。昔涓子《琴心》，王孫《巧心》，心哉美矣！故用之焉。古來文章，雕縟成體，豈取騶奭之群言雕龍也？夫宇宙綿邈，黎獻紛雜，拔萃出類，智術而已。歲月飄忽，性靈不居，騰聲飛實，製作而已。夫人肖貌天地，稟性五材，擬耳目于日月，方聲氣乎風雷，其超出萬物，亦以靈矣。形同草木之脆，名逾金石之堅，是以君子處世，樹德建言，豈好辯哉，不得已也！

古人意識中，心在身體的位置居中，是主思維的器官，是情性所本原、智慧和創造力的淵藪。「文心」即「爲文之用心」——文學的創造性思維。劉勰盛讚「心哉美矣」。其「豈取騶奭之群言雕龍也」申明，「雕龍」不取先秦齊國稷下先生騶奭專擅雕飾詞采之意，所指當遠遠超過語言形式美的範圍。文章所抒寫的感悟，所摹寫、雕鏤的意象（如《神思》的「玄解之宰，尋聲律而定墨；獨照之匠，窺意象而運斤」）展現的是心靈之美。劉勰指出人類具有「超出萬物」的靈性、智慧和美的偉大創造力。因爲擁有睥睨萬物的智慧心靈，「君子」都渴望以「樹德建言」去突破生命的有限時空，這是他不得已潛心論文以實現自己生命價值的所以然。確實，在全書許多專題中都能見到美在文心的宏論！尤其是玩味《原道》、《神思》、《序志》等篇，你會有身爲智慧生靈之一員、作爲人的自豪，甚至會激起從事藝術創造的衝動。

尤爲可貴的是，劉勰雖然認爲人「其超出萬物，亦以靈矣」，但靈慧得之于自然，故言「心生而言立，言立而文明，自然之道也」。《神思》篇說：

> 陶鈞文思，貴在虛靜，疏瀹五臟，澡雪精神；積學以儲寶，酌理以富才，研閱以窮照，馴致以懌辭：然後使玄解之宰，尋聲律以定墨，，窺意象而運斤。

《養氣》篇亦言寫作「宜從容率情，優柔適會」，「吐納文藝，務在節宣，清和其心，調暢其氣，……常弄閑於才鋒，賈餘勇於文勇，使刃發如新，湊理無滯。」表明「神思」雖有創造之偉力，但其運作不仰賴神秘的超自然的力量，要求作家把握思維的規律，作積極準備，進行生理和心理的自我營衛。

劉勰論「心」，一方面強調「心」內「言」外，「心」主「言」從；另一方面則在突出「心」美至上。

屬於前者的，還有「在心爲志，發言爲詩」（《明詩》），「鏤心鳥跡之中」、「心定而後結音」（《情采》），「心生文辭」（《麗辭》），「辭爲心使」（《章表》），「師心以遣論」（《才略》），……

屬於後者的，除與「神理」相通、超出作家個人意義上的「心」（如「天地之心」、「道心」）外，主要就指「爲文之用心」。「用心」一語儘管是陸機所創言，爲劉勰贊許才會被採納，才會以「文心」題名自己的著作，才會有「心哉美矣」、「宇宙綿邈，黎獻紛雜，拔萃出類，智術而已」、「其超出萬物，亦以靈矣」的激賞。

此外，《情采》強調「述志爲本」；批判「心非郁陶，苟弛誇飾，鬻聲釣世」；《樂府》說「樂本心術」，《比興》說「擬容取心」，《論說》對「師心獨見」的賞識，都從不同層面肯定了「心」之美的本原性。文章之美的依據和核心是「文心」之美，也即作家「用心」之美。

《文心》中也屢見對「知（同智）」、「宰」、「性靈」、「情志」的推重，它們都時與「心」相通相偕。《征聖》篇說：「妙極生知，睿哲爲宰。精理爲文，秀氣成采。鑒懸日月，辭富山海。」《宗經》篇說：「……洞性靈之奧區，極文章之骨髓者也。」末尾的「贊」再次強調：「性靈熔匠，文章奧府。」《情采》以爲寫作是「綜述性靈」，《序志》用「性靈不居」表述人生命的有限性。可見「性靈」指智慧生命的靈秀。「神」常指人的精神活動，這類「神」不同語境下有側重其狀態、活動方式和創造力的神奇微妙的不同。有的學者說「神思」就是心思，言其神奇微妙和功用的有「思理爲妙，神與物遊」，「神用象通」（《神思》）等。

劉勰認為「心」有才情志氣的蓄蘊、「神思」的運作，發而成「文」，所以《辨騷》之「贊」說屈原「驚才風逸，壯志煙高」而有「金相玉式，豔溢錙毫」之美辭。《書記》篇引揚雄語：「言，心聲也；書，心畫也。」概言「書」這種體裁的寫作為「心聲獻酬」。評論史遷、東方朔、楊惲、揚雄的書劄說：「志氣槃桓，各含殊采：並杼軸乎尺素，抑揚乎寸心。」

揭示「美在文心」的要義不僅是對劉勰文學觀念認識的深化，也有助於全面瞭解中國文學傳統中的人文精神。

五、「各師成心」與「文章由學」

「文心」以性靈情志為核心、為主導勿庸置疑，但其構成也有其他因素。《體性》篇本是風格的專論，然而有段名言似可從另一側面進行解讀：

> 夫情動而言形，理發而文現，蓋沿隱以至顯，因內而符外者也。然才有庸俊，氣有剛柔，學有淺深，習有雅鄭，並情性所鑠，陶染所凝。是以筆區雲譎，文苑波詭者矣。故辭理庸俊，莫能翻其才；風趣剛柔，寧或改其氣？事義淺深，未聞乖其學；體式雅鄭，鮮有反其習：各師成心，其異如面。

「隱」於「內」者「情性」也，「成心」也；「符」於「外」的文章，其各各不同的風格有如人們相異的「面（容）」。所謂「成心」是由「才」、「氣」、「學」、「習」四方面決定的文學個性。其中有與稟賦關係密切的才性氣質，也有後天的「學」與「習」。按，「學」指學識修養，這一點人們認識上不會有分歧，「習」指對前人經驗特別是寫作規範的傳習，實際上也是廣義「學」的一部分。劉勰明言「成心」中有「學」的因素。隨後還有「八體屢遷，功以學成」，「才有天資，學慎始習」，「習亦凝真，功沿漸靡」，皆屬「學」「習」之論，強調後天的學習能改造和提升作家的素質。

在中國古代寫作和欣賞多屬文人雅事，很講究學識根柢。這在前面「文學」之辨中已有所及。《神思》篇考察文學藝術思維，要求作家運思前有「積學以儲寶」的充分準備；雖不片面地以寫作的遲速定優劣，卻以爲「學淺而空遲」，強調「博見爲饋貧之糧，貫一爲拯亂之藥，博而能一，亦有助於心力矣」。「博見」就指博學廣識。《才略》篇說漢代「自卿、淵已前，多役才而不課學；雄、向以後，頗引書以助文」；建安時期則「應瑒學優以得文」。《雜文》之「贊」也有「偉矣前修，學堅才飽」的稱頌。

《事類》篇有學識與文才關係的專論：

> 文章由學，能在天資。才自內發，學以外成。有飽學而才餒，有才富而學貧。學貧者迍邅於事義，才餒者劬勞於辭情：此內外之殊分也。
>
> 是以屬意立文，心與筆謀，才為盟主，學為輔佐，主佐合德，文采必霸；才學褊狹，雖美少功。夫以子雲之才，而自奏不學，及觀書石室，乃成鴻采。表裏相資，古今一也。
>
> 夫經典沈深，載籍浩瀚，實群言之奧區，而才思之神皋也。
>
> 是以將贍才力，務在博見，狐腋非一皮能溫，雞蹠必數千而飽矣。
>
> 是以綜學在博，取事貴約，校練務精，捃理須核，眾美輻輳，表裏發揮。

強調「文章由學」，從先天稟賦後天學習的「內發外成」，說到「經典沈深，載籍浩瀚，實群言之奧區，而才思之神皋」，要求以「博見」「贍才力」，「綜學在博，取事貴約」，收「眾美輻輳，表裏發揮」之效。

「有飽學而才餒，有才富而學貧。學貧者迍邅於事義，才餒者劬勞於辭情」表明，「文采必霸」只能出現在「主佐合德」(「學」能配合並有助於「才」的發揮）之時。隨後劉勰還從用事上說，「凡用舊合機，不啻自其口出；引事乖謬，雖千載爲瑕。」「合德」、「合機」都在強調「學」之用適宜，合乎敘寫與表現的需要。可見「學」雖能夠成爲構成文章美的一個因素，本身並不等同於美。「文章」與「文學」的內涵畢竟不盡吻合。「文章」本身即有「杼軸」（組織）之美；「文學」則往往對「學」有所偏重。其實，學習與寫文章在運思類型上不一致，創作與做學問在心理和精神狀態上的要求也不盡相同。對此劉勰是有所覺察的，所以《養氣》篇說：「學業在勤，故有錐股自勵；至於文也，則申寫鬱滯，故宜從容率情，優柔適會。」

劉勰說「文章由學」、「習亦凝真」。「學」與「習」至少是知識經驗和寫作規範的傳承，是改造和提升主體素質、陶冶情靈志趣所必須，是「成心」（也即熔鑄「文心」）的一個方面。如果承認「文心」有美，難道能夠把從「學」、「習」得來的因素排除在外嗎？

結語 — 美在文心

《文心雕龍》的論證表明：古代確有以「文章」（美文）爲文學的觀念；比起現代理論的文學作品來，「文章」（美的文辭）的指域寬泛，但「文學」仍與它有不解之緣。古文論中體現的文學觀是文人學士的文學觀，在文學創造中重視學識和經驗規範的傳承。「學」是接受知識經驗，改造和提升主體的素質與精神境界、審美追求的必由之徑。

劉勰盛讚「心哉美矣」，體現出作爲「人」的自信以及肯定生命智慧的人文精神。「文」是「心」的外顯和載體。「心」美是人之靈慧和生命精神的體現，是「文」美的核心；學養能提升主體素質、「有助心力」，也可以成爲「文心」之美的一個構成因素。尤爲可貴的是他認爲「心生而言立」的創造合乎「自然之道」，「神思」的運作不仰賴超自然的力量卻能得益于作家提高學養、見識的努力和對思維規律的把握，以及從生理、心理上進行的精神營衛。有研討「爲文之用心」的自覺使其文學觀進一步精緻和深化。

劉勰在《程器》說「窮則獨善以垂文」；在《雜文》和《諸子》也流露過心中一個無可解的情結，抒發過深沉感慨：「原夫茲文之設，乃發憤以表志。身挫憑乎道勝，時屯寄於情泰；莫不淵嶽其心，麟鳳其采。」「嗟夫！身與時舛，志共道申，標心於萬古之上，送懷於千載之下，金石靡矣，聲其銷乎！」在《征聖》篇的「贊」中推崇撰述經典的聖人說：「百齡影徂，千載心在。」於是我們也就不難理解，《序志》篇（也是全書）最後所說的「文果載心，餘心有寄」的內涵和份量：劉勰堅信自己在困厄中竭盡心智撰就的《文心雕龍》是曠世之美文！視其爲最大的精神寄託，是能夠跨越時空的生命意義和價值之所在。

「文心雕龍」意謂「美在文心」！它是劉勰文學觀的濃縮和結晶。

《文心雕龍‧原道》篇及其《周易》淵源

—— 以原典運用為討論中心

慈濟大學東方語文學系　林素芬

詩人的頭腦實際上就是一個捕捉和貯存無數的感受、短語、意象的容器，它們停留在詩人的頭腦裡，直到所有能夠結合起來形成一個新的化合物的成分都具備在一起。

—— 艾略特：〈傳統與個人才能〉*

摘　要

本文針對〈原道〉篇對《周易》經傳的徵引與熔裁，透過互文性的文本分析，深入探討二者的關係。〈原道〉篇中許多詞彙，雖然鎔鑄自《周易》經傳，事實上在〈原道〉篇的新文本脈絡中，已經蘊富新意。如〈原道〉篇的「玄黃色雜」，引述《周易》經傳之「玄黃」，而強調「色」字，是強調形下現象之呈述；〈原道〉篇的「太極」應指混元之一氣，是天地萬物之所起，亦是「人

* 托‧斯‧艾略特著；李賦寧譯注：《艾略特文學論文集》，南昌市：百花洲文藝，1994，頁 7。

文」建立的根源。可見劉勰比較接近易學象數著重宇宙論的方向。〈原道〉篇雖然繼述《易傳》的宇宙論旨趣，卻作了重要轉換，進而強調人文之建置。「神理」之例，則可以看出《易傳》「神道」著重於「道」的主宰性與易簡原則，〈原道〉篇「神理」則比較重視聖人對天地神理之觀察探求，及其「創典」、「述訓」的文章事業，故「神理」二字兼重規律性與藝術性。互文性的分析解讀，雖然有瑣碎之虞，然而如果能夠更全面透徹地作這種基礎的文本分析，再將分析所得逐步作歸納、整理，相信可以得到更令人滿意的研究成果。

關鍵字： 互文性，〈原道〉篇、《周易》經傳、玄黃、太極、神理

一、前　言

《文心雕龍‧序志》篇云：「位理定名，彰乎大易之數，其爲文用，四十九篇而已。」可以說明這一部體大思周的文學理論經典著作，與《周易》經傳的關係相當密切。《文心雕龍》自稱以儒家原典爲宗祖。而儒家原典之中，《周易》經傳尤其受到推崇，故云全書五十篇的設置，正彰顯了「大易之數」。並且，〈原道〉篇中，也充滿了對《周易》經傳文字的大量運用與徵引，同時據以展示其思想淵源。而如〈序志〉篇所云：「蓋《文心》之作也，本乎道，師乎聖，體乎經，酌乎緯，變乎騷：文之樞紐，亦云極矣。」〈原道〉篇可以說是全書「樞紐論」中的樞紐，「文原論」中的本原，其中的思想內涵，自來討論不斷。[1]即使只是根

1 參見劉渼：《台灣近五十年來《文心雕龍》學研究》（臺北市：萬卷樓，2001），第四章第二節。

據其對《周易》經傳的徵引，推考思想淵源，也頗有見仁見智之爭。[2]換言之，學界對於〈原道〉篇的思想淵源，究竟屬於哪一個學派，迄未能有定論。

本文便是著眼於此，針對〈原道〉篇中對《周易》經傳的徵引，重新再作一次審視。《周易》經傳主於論道，《文心雕龍》主於論文，〈原道〉篇如何運用《易》原典，為整套文學理論體系，建立理論根基？本文的分析方式，是以〈原道〉篇與《周易》經傳相對照，通過文本分析，嘗試梳理出〈原道〉篇運用《周易》經傳時的轉換及其意義。並且對有關思想淵源的問題，也能進一步提供新的觀察點。

二、《文心雕龍》中的互文性現象與類似理論述略

當代文學理論中「互文性」（intertextuality）這個批評概念，[3]主張任何文本都不能單純地被視作某一作者的作品，任何文本（或，包括其意義）都是從其他文本（或，包括其意義）中吸取或據以建構的。因此，「互文性」意指「某一個特定文本與它所引用、改寫、吸收、擴展，或在總體上加以改造的其他文本之間

---

2 如王元化所雲：「我們要確定劉勰的原道觀點是不是屬於儒家思想，不能僅僅根據原道篇本之易理這一點來判斷，因為原道篇可能是按照儒家思想原則解易，也可能是按照玄學思想原則解易。」見氏著《文心雕龍講疏》（上海：上海古籍出版社，1992.8），頁 54。

3 本文所謂「互文性」，與中國古代修辭學中所謂的「互文」，是不同的概念。古代修辭學中的「互文」，是指古文中，把屬於一個句子（或短語）的意思，分寫到兩個句子（或短語）裡，解釋時要把上下句的意思互相補足，是為互文。有互文見義，將一個完整的句子拆開，分別放在兩句或一句的兩個地方。以較經濟的文字表達較複雜的內容，需前後互相合併、補充才能使意義完整；有互文同義：單句、對偶句、排比句的對應位子，使用兩個以上意義相同或相似的詞，避免呆板，使文章新鮮生動。

的關係，並且依據這種關係才可能理解這個文本。」[4]此一概念不同於傳統文論之處，是比較不重視作者與作品的關係，以及作品的內部完整性，而比較重視某特定文本與其他文本之間的聯繫，由這個角度來對此一特定文本進行解讀。是故，互文性是以文本分析爲主，企圖要打破「創作」的迷思，質疑所謂「原創性」的神話。因此，以某獨立文本與其他文本的互文性爲開端，可以擴展到文化、思想等等層面的互文性，進一步來理解被分析的特定文本在整個社會、文化或思想網絡中的位置。

相對於互文性研究的雄心壯志，本文只是一個小小的起步。本文希望藉由最基本的文本分析，針對〈原道〉篇對《周易》經傳文本的徵引（包括直接引用、改寫、吸收、擴展等等），進行比較深度的閱讀，探討其運用原典的方式，進而能夠對〈原道〉篇有進一步的理解。以下討論，將《文心雕龍》與〈原道〉篇稱作「新文本」，而其所徵引的《周易》經傳或其他傳統典籍，則稱作「舊文本」。

「互文性」雖是一個現代文學理論概念，其實在《文心雕龍》中也有類似的論點。如〈隱秀〉篇云：

> 隱也者，文外之重旨者也；……夫隱之為體，義主（或作「生」）文外，秘響傍通，伏采潛發，譬爻象之變互體，川瀆之韞珠玉也。故互體變爻，而化成四象；珠玉潛水，而瀾表方圓。

「隱」是「文外之重旨者」，指文字表層有一重意義，此意義之外，尚有其他層次的旨意，故清馮班釋之爲：「興在象外，

4　Gerald Prince： *A Dictionary of Narratology*, Lincoln : University of Nebraska Press, c1987.

言盡而意不盡者也。」[5]對這種言盡而意不盡的文辭表現，〈原道〉篇運用易學中講爻象變化的「互體」與「卦變」說，作為對應之比喻。西漢京房易學的「互體」說，認為一個重卦中有內卦、外卦、內互卦、外互卦四個單卦，卦中有卦，象裡有象，據此擴大取象範圍以解《易》。「卦變」說則可以東漢荀爽與三國虞翻為代表，認為卦體自身爻位變動而形成不同的卦，據其變化與聯繫來解釋《周易》經傳。如此一卦之中，卦中有卦，蘊義層層。而正如《易經》之有「互體」，文章創作這種具有「文外之重旨」者，往往也就是「互文」造成的！互體者，卦內有卦，卦外有義。互文者，文內有文，文外有義。義在文表，猶如話中有話。

造成話中有話的原因之一，是新文本中隱藏著舊文本。如〈熔裁〉篇所云：「規范本體謂之熔，剪截浮詞謂之裁。裁則蕪穢不生，熔則綱領昭暢。」熔指文義煉取，裁指文辭剪裁。經過作者熔裁之後，舊文本出現在新文本之中，而具有了新的面貌與含意。此時，新文本所展現出的旨意，很可能即是舊文本的原來主旨，也有可能原本是不明顯的次要旨意，而在新文本作者的熔裁過程中，被揭舉出來，表現於新文本中。後者，就造成了更積極的文本之間的互文性聯繫。

誠如上述，互文性的形成，是指臨文創作之際，自傳統文獻熔裁其文辭與義理。《文心雕龍》肯定此種對傳統文獻進行辭義熔裁的創作方法。如〈事類〉篇云：

> 夫經典沈深，載籍浩瀚，實群言之奧區，而才思之神皋也。揚班以下，莫不取資，任力耕耨，縱意魚獵。操刀能割，必列膏腴。是以將贍才力，務在博見，狐腋非一皮能溫，

---

5 詹鍈《文心雕龍義證》（上海：上海古籍出版社，1999）引，頁 1482。

雞蹠必數千而飽矣。

沈深經典、浩瀚載籍是文章的源頭總匯，是馳騁神思的沃土。作文當博取經典載籍以爲事類。博取之外，還要選其精要，善加剪裁。新文本於焉成立。

浩瀚載籍當中，《文心雕龍》以儒家經典作爲其創作理論中的文章典範。如〈徵聖〉篇云：

夫作者曰聖，述者曰明，陶鑄性情，功在上哲，夫子文章，可得而聞，則聖人之情，見乎文辭矣。

就文章寫作言，聖人是真正的，也是唯一的原創者，其所領悟之真理，通過文辭表現出來，因此而有經典之作，「是以論文，必徵於聖；窺聖，必宗於經」。〈宗經〉篇亦云：

三極彝訓，其書言經。經也者，恆久之至道，不刊之鴻教也。……義既埏乎性情，辭亦匠於文理。故能開學養正，昭明有融。

儒家經典，其義則能資以陶養性情，其辭則能用以組織文理；以經爲宗，則面對豐富的傳統文獻，可以取裁有旨，故曰「即山而鑄銅，煮海而爲鹽」，而且「百家騰躍，終入環內」，諸子百家雖然各有所長，終究是「六經之支與流裔」。

然則，《文心雕龍》和儒家經典之間互文性的形成，乃根本於《文心雕龍》的宗經徵聖意識。而據劉勰自述，其作《文心雕龍》，卻是他在「注經」的「弘經」方式之外，另闢蹊徑，故其目的亦在於「弘經」。〈序志〉篇云：

敷贊聖旨，莫若注經，而馬鄭諸儒，弘之已精，就有深解，未足立家。唯文章之用，實經典枝條；五禮資之以成文，六典因之以致用，君臣所以炳煥，軍國所以昭明，詳其本源，莫非經典。而去聖久遠，文體解散，辭人愛奇，言貴浮詭，飾羽尚畫，文繡鞶帨，離本彌甚，將遂訛濫。蓋《周書》論辭，貴乎體要，尼父陳訓，惡乎異端，辭訓之奧，宜體于要。于是搦筆和墨，乃始論文。

可見《文心雕龍》是以「論文」（文學批評）為途徑，欲藉由端正文章辭義，達到「弘經」的目的。故云「文章之用，實經典枝條」，文章的枝葉榮華，具有昭明經典意義的實用功能。

《文心雕龍》既以「弘經」為目的，並視儒家經典為義理的根源，文辭的奧區，故其推尊經典，意義上是取尊崇原則，文辭上則是取鎔鑄原則，主張思想義理與文章英華，同源於經典，且並行不悖，這是《文心雕龍》立論的「樞紐」。那麼，《文心雕龍》本身如何依尊崇原則與鎔鑄原則，運用經典，建立新文本，便是一個值得探究的重要問題。〈原道〉篇與《周易》經傳的互文性關係，正可以作為此一探究的起點。以下，謹以數例對〈原道〉篇進行文本分析，將新文本與舊文本之間的辭、義關係，作一具體呈現，並分析新的文本脈絡的形成。

三、文本分析：〈原道〉篇與《周易》經傳的互文性關係分析

〈原道〉篇探討「文」的起源。而〈原道〉篇其文其義，多有淵源於《周易》經傳者。取〈原道〉篇的文本，與《周易》經傳作對照，可見二者的互文性關係十分密切。茲以〈原道〉篇與《周易》經傳舉例表列對照，試作文本分析如下，藉以歸納〈原道〉篇對《周易》經傳的接受與運用。其中有關《周易》經傳的前人注解，則以漢魏學者為主，以求接近劉勰的理解。

（一）「玄黃色雜」

《周易》經傳	《文心雕龍・原道》
《坤・上六》：龍戰於野，其血玄黃。 《坤・文言》：夫玄黃者，天地之雜也。天玄而地黃。 《繫辭下》：物相雜，故曰文。	文之爲德也大矣，與天地並生者何哉？夫玄黃色雜，方圓體分；日月疊璧，以垂麗天之象；山川煥綺，以鋪理地之形：此蓋道之文也。

〈原道〉「玄黃色雜」本於〈坤・文言〉，而〈坤・文言〉本於〈坤・上六〉。〈坤・上六〉講陰氣盛極，薄近於陽，乃有殺伐鬥爭，龍血濺揚天地之間。漢魏學者多依〈文言〉「天地之雜」作解，而言陰陽和合之功，故荀爽云：「陰陽相和，故言天地之雜也。」[6]九家易云：「天地之雜，言乾坤合居也。」干寶云：「陰陽色雜，故曰玄黃。言陰陽離則異氣，合則同功。君臣夫妻，其義一也。」[7]以上諸說的基本預設是陽氣生天，陰氣生地，天地之雜，是講陰陽合德。此外，虞翻釋《易・繫辭下》「物相雜，故曰文」，又曰：「陽物入坤，陰物入乾，更相雜成六十四卦，乃有文章，故曰文。」[8]也是就陰陽之合，講六十四卦之形成，及天地間萬物之錯雜成文。[9]可見漢魏學者將「其血玄黃」釋作「天地之雜」，在陰陽交感、萬物化生的初始契機上發揮。

6 [唐]李鼎祚集解，[清]李道平纂疏：《周易集解纂疏》（臺北市：文史哲出版社，1971）卷二引，頁 18 上。

7 九家易、甘寶之說皆見[唐]李鼎祚集解，[清]李道平纂疏：《周易集解纂疏》卷二引，頁 11 上。

8 [唐]李鼎祚集解，[清]李道平纂疏：《周易集解纂疏》卷九引，頁 939 上。

9 同前注，李道平疏雲：「純乾純坤，陰陽未變，其時未有文章。……乾坤交通，故陽物入坤，陰物入乾，而成六子；八卦更相錯雜，成六十四卦，剛文柔，柔文剛，而文章成焉。」

〈原道〉篇的「玄黃色雜」四字，從上下文意來看，應當有繼承前述漢魏學者之處，可理解爲具有天地之雜、陰陽交感的萬物初始化生之意，因此後文接著講「方圓體分」，以及日月山川之化作，皆宇宙「生成」層面之論述。然而，相較之下，《周易》經傳的重點主要在於陰陽化生的「生」之「理」上，〈原道〉篇則比較偏向「成」之「文」方面。換言之，「天地」之「生」始乎「玄黃色雜」，而「天地」之「文」亦始乎「玄黃色雜」。前者重在陰陽交感而「生」的意義，後者重在玄黃二「色」之物象表現。因此，「玄黃色雜」的「色」，更具有實指蘊含，猶如後文的「方圓體分」之「體」，指謂天圓地方之形體，「色彩」、「形體」皆「現象」之實在呈顯。案「方圓體分」一語出自《淮南子·天文訓》：「天道曰圓，地道曰方。方者主幽，圓者主明。」《大戴禮·天圓》同，盧辯注云：「道曰方、圓耳，非形也。」舊文本的「方」、「圓」，描述的是「道」的性質，而不是天地的形狀體貌。圓者，周流無礙；方者，廣大周遍。[10]〈原道〉篇運用此一舊文本時，加了一個「體」字，「方圓體分」，與「玄黃色雜」對句，於是分明偏向形體、體貌之意。這是〈原道〉篇有意地由形上本體意涵延伸至形下現象呈述。《周易》經傳的陰陽化生之論，此乃自然之理則，意即「道」；〈原道〉篇既肯認此「道」，乃轉而強調此「道」之現象呈現，亦即「道之文」，是此一自然理則所現象化出的「美麗的文采」。故首句浩歎：「文之爲德也大矣，與天地并生者何哉！」「文」的功能與天地同其

10 又，《呂氏春秋·季春紀》亦雲：「天道圜，地道方，聖王法之，所以立上下。何以說天道之圜也？精氣一上一下，圜周復雜，無所稽留，故曰天道圜。何以說地道之方也？萬物殊類殊形，皆有分職，不能相爲，故曰地道方。主執圜，臣處方，方圜不易，其國乃昌。」

偉大，這句話既領銜了〈原道〉篇的旨意，同時也是此一段落中每一個子句的總綱。是故「天地」之「文」始乎「玄黃色雜」，然後有「日月疊璧」、「山川煥綺」，皆屬道之「文」，皆所以凸顯天地的文采現象，而不是講創生化感層次。由此可見，〈原道〉篇引述《周易》經傳之「玄黃」，而比《周易》經傳多出的一個「色」字，是相應於《周易》經傳的形上意涵，進而強調形下現象之呈述；而此一有意義的含意延伸，從表層文辭的對應關係看來，〈原道〉篇對《周易》經傳的擇取，有偏重現象層次的趨向。

（二）太極、兩儀、三才

《周易》經傳	《文心雕龍．原道》
《繫辭上》：易有太極，是生兩儀。 《繫辭上》：天尊地卑，乾坤定矣；卑高以陳，貴賤位矣。 《繫辭下》：《易》之爲書也，廣大悉備。有天道焉，有人道焉，有地道焉。兼三才而兩之，故六。六者非它也，三才之道也。	高卑定位，故兩儀既生矣。惟人參之，性靈所鍾，是謂三才。爲五行之秀，實天地之心，心生而言立，言立而文明，自然之道也。
《說卦》：昔者聖人之作《易》也，將以順性命之理。是以立天之道曰陰與陽，立地之道曰柔與剛，立人之道曰仁與義。兼三才而兩之，故《易》六畫而成卦。 《說卦》：昔者聖人之作《易》也，幽贊於神明而生蓍，參天兩地而倚數，觀變于陰陽而立卦，發揮于剛柔而生爻，和順于道德而理于義，窮理盡性以至于命。 《繫辭上》：聖人有以見天下之賾而擬諸形容，象其物宜，是故謂之象。	人文之元，肇自太極，幽贊神明，《易》象惟先。庖犧畫其始，仲尼翼其終。而《乾》、《坤》兩位，獨制《文言》。言之文也，天地之心哉！

《易·繫辭上》曰：「易有太極，是生兩儀。」「太極」是易道的本源，然而「太極」內涵爲何？虞翻云：「太極，太一；分爲天地，故生兩儀焉。」[11]太一是北辰之神名，是主氣之神。[12]韓康伯則曰：「夫有必始於无，故太極生兩儀也。太極者，无稱之稱，不可得而名，取有之所極，況之太極者也。」[13]一取元氣生成說，一取形上本體說。這兩種詮釋，同時也出現在解釋另一段重要的《繫辭上》文字上，即：

大衍之數五十，其用四十有九。

大衍之數是天地化生之數理，馬融認爲包括太極（北辰）、兩儀、日月、四時、五行、十二月、二十四氣，共計五十，其中太極「居位不動」，是「其一不用」者，是其他四十九數衍化的根源，四十九數則是太極之用。[14]王弼亦解此「不用」之「一」爲太極，而曰：「不用而用，以之通；非數而數，以之成。斯易之太極也。」是以本體之「無」詮釋「太極」。那麼，〈原道〉篇「人文之元，肇自太極」的「太極」究竟是元氣生成說中的太一之神，或是形上本體說中的「無」，還需進一步釐清。

〈原道〉篇云「人文之元，肇自太極」，直接從「太極」此一宇宙根源處，講到「人文」建置。中間空缺的一段天地人生成展演過程，在後面另一段落中出現：「高卑定位，故兩儀既生矣。惟人參之，性靈所鍾，是謂三才。爲五行之秀，實天地之心」，以《易傳》天地兩儀高卑定位之說爲本，講到人參與於天地之間，智慧靈性最高，故能與天地並列爲三才。這樣的敘述層次，突顯

11 [唐]李鼎祚集解，[清]李道平纂疏：《周易集解纂疏》卷八引，頁 43 上。
12 同前注，李道平疏。
13 樓宇烈校釋：《周易老子王弼注校釋》（臺北市：華正書局，1983）頁 553。
14 孔穎達：《周易正義》（臺北：藝文印書館，十三經注疏本，第一冊），頁 152 下。

出〈原道〉篇的重點在「人」與「人文」，而與《易傳》之強調宇宙根源與生成過程，截然不同。「爲五行之秀，實天地之心」這段話向有刊本異文的問題，[15]不過不甚影響文意，此句主詞爲「人」，淵源於《禮記·禮運》篇，云：「故人者，其天地之德，陰陽之交，鬼神之會，五行之秀氣也。」又曰：「故人者，天地之心也，五行之端也。」又云：「是故夫禮，必本於大一，分而爲天地，轉而爲陰陽，變而爲四時，列而爲鬼神。」[16]「大一」即「太一」，當即虞翻所云「太一」，是主氣的太一之神。由此理論觀察，劉勰很有可能繼承了這個神秘的氣化宇宙論思想，那麼，〈原道〉篇的「太極」應當就是指混元之一氣，是天地萬物之所起，亦是「人文」建立的根源。而建立「人文」的第一步，正是《易》象的設置。那麼，經由《易傳》與〈原道〉篇的對照，可見〈原道〉篇繼述《易傳》的宇宙論旨趣，作了轉換，成爲旨在強調人文之建置。

那麼，〈原道〉篇這一個天地萬物之所起的混元一氣，是天地化生的樞紐，作爲終極根源而具「不用而用，以之通」的性質，正符合了〈序志〉篇所云：「位理定名，彰乎大衍之數，其爲文用，四十九篇而已」中，四十九篇之外那一篇不爲「文用」，而作爲文章根源者，如此看來，此「不用而用」的一篇，指的應當就是樞紐論中的樞紐〈原道〉篇。[17]

其次，《易傳》從兩儀之分，推天尊地卑之象；尊卑之象，在卦爻中則以二五之位表現其貴賤之象徵，故云：「天尊地卑，

15 參見詹鍈《文心雕龍義證》，頁6。
16 孔穎達：《禮記正義》（臺北市：藝文印書館，十三經注疏本），頁。
17 自來學者多以「其一不用」之篇指〈序志〉篇，或以爲指〈原道〉篇，筆者以爲後說亦有其理。

乾坤定矣；卑高以陳，貴賤位矣。」虞翻注：「天貴故尊，地賤故卑，定謂成列。」侯果注：「天地卑高，義既陳矣；萬物貴賤，位宜差矣。」[18]從形勢的高低引申至萬物地位的尊卑貴賤。〈原道〉篇在此，則僅取其「高卑定位，兩儀既生」，繼而轉向人參天地，三才鼎立的方向，並不討論萬物貴賤地位的問題。

接下來，是有關「三才」的運用。《周易》經傳中有關「三才」的論述，其一是指出《易》卦六爻分作天、地、人三位，是「兼三才而兩之」。六爻而統天、地、人三才之道，故曰「廣大悉備」。其二，強調聖人作《易》畫卦的偉大事業，乃準天地之道，以建立人之道。《易傳》推崇聖人之知易道，進而作《易》設教的偉大事業；〈原道〉篇則強調人是天地之心，其價值顯現，在於人能夠通過「文」來呈現天地的意志。從《易》象，到文辭，人文之建立，莫非天地之心的自然呈顯。人心能知天地的意志，亦即後文所云聖人具「原道心以敷章，研神理而設教」的彰顯能力。將人心往上等同於天地之心（道心），這是對「人」的極高推崇。人能知天地化物之神理，又能以語言文字呈述神理所現之妙文。因此，人之立言創為文章，實自然而然、不得不然的道理。那麼，天地、五行、三才等等觀念，在這裡是一個既定的自然規律呈現；在這個自然規律呈現之上，劉勰企圖推出的是「人」與「自然之文」的必然關係。其中，「人為天地之心」是關鍵，而語言文字是自然而然且最有意義之建立。因此，《易傳》從天地相對所引申出的人倫地位的尊卑，在〈原道〉篇成為次要。《易傳》三才之說，關於人以道德為教而得以參贊天地化育之功的價值，則延伸為強調人能知造化之神理、成就語言文化的靈慧能力，

18 [唐]李鼎祚集解，[清]李道平纂疏：《周易集解纂疏》卷八引，頁 1 上。

故云：「經緯區宇，彌綸彝憲，發揮事業，彪炳辭義。」[19]聖人化成天下的廣義之「文」，到經典創作的狹義之「文」，一切都是「道之文」的流行。

（三）神道與神理

《周易》經傳	《文心雕龍・原道》
《繫辭上》：陰陽不測之謂神。 《觀・彖》：觀天之神道，而四時不忒；聖人以神道設教，而天下服矣！ 《繫辭上》：是故《易》有太極，是生兩儀，兩儀生四象，四象生八卦，八卦定吉凶，吉凶生大業。是故法象莫大乎天地，變通莫大乎四時，縣象著明莫大乎日月，崇高莫大乎富貴。備物致用，立成器以為天下利，莫大乎聖人。探賾索隱，鉤深致遠，以定天下之吉凶，成天下之亹亹者，莫大乎蓍龜。是故天生神物，聖人則之；天地變化，聖人效之；天垂象，見吉凶，聖人象之；河出圖，洛出書，聖人則之。	若乃《河圖》孕乎八卦，《洛書》韞乎九疇，玉版金鏤之實，丹文綠牒之華，誰其尸之？亦神理而已。 爰自風姓，暨于孔氏，玄聖創典，素王述訓，莫不原道心以敷章，研神理而設教，取象乎《河》、《洛》，問數乎蓍龜，觀天文以極變，察人文以成化；然後能經緯區宇，彌綸彝憲，發揮事業，彪炳辭義。

〈原道〉篇雖未有「神道」一詞，但出現兩次「神理」。這兩個「神理」，學者多主張即等同於《易傳》的「神道」[20]，然

19　又如〈諸子〉篇所雲：「至如商韓，六虱五蠹，棄孝廢仁，轘藥之禍，非虛至也。公孫之白馬、孤犢，辭巧理拙，魏牟比之號鳥，非妄貶也。昔東平求諸子、《史記》，而漢朝不與。蓋以《史記》多兵謀，而諸子雜詭術也。然洽聞之士，宜撮綱要，覽華而食實，棄邪而采正，極睇參差，亦學家之壯觀也。」

20　如王叔岷《文心雕龍綴補》解「幽贊神明，易象惟先」曰：「案『神明』及下文之『神理』，並猶『神道』。道為一切之主宰，故言神也。」頁 2。劉永濟《文心雕龍校釋》雲：「神理即道也。」頁 4。又，張立齋解釋「神理

而，筆者以爲，在〈原道〉篇以論文爲宗旨的上下文脈中，「神理」之「理」字，除了「道」義，很可能還包含著劉勰論文的獨特心思所寄之義。

《易·觀·彖》云：「觀天之神道，而四時不忒；聖人以神道設教，而天下服矣！」「神道」何指？《易·繫辭上》說「陰陽不測之謂神」，「神」是對「道」的作用的形容，有「一陰一陽」升降的變化神妙，乃有天地萬物之創生，故形容此「道」曰「神道」。聖人取法天道神妙的運行規律，虞翻釋此「神道設教」曰：「聖人謂乾退藏於密，而齊於巽，以神明其德教。故聖人設教，坤民順從，而天下服矣。」[21]意謂聖人通過密藏齋戒，使其政教具有天道神明之德性，百姓猶如仰畏天道一般地順從於聖人之教。

〈原道〉篇變「神道設教」而言「神理設教」，又敘河圖、洛書、玉版金鏤、丹文綠牒等天文獻露、文章英華，「誰其尸之？亦神理而已！」。是否這兩個「神理」，都直接等同「神道」？或包含其他可能蘊義？除了行文上的修辭考量之外，如果「神道」即等同「神理」，那麼，彥和何以不直接用「神道」，而需創用「神理」一詞？換言之，換置「理」字或許別有蘊義。

設教」雲：「極妙者謂之神，真常者謂之理。《孟子》：「聖而不可知之謂神。」神理者，理之極妙而萬物之所從來也。故《說文》謂：「天神，引出萬物者也。」天神即神理之別辭，而此神理者，亦即自然之註腳也。」（《文心雕龍註訂》（臺北：正中書局，1985.8），頁 5）所謂神理者，自然而生萬物的神妙理則，是萬物的根源；此一說法，與其主張《文心雕龍》之「道」是「自然以成文理之道」，是相應的。如此，「理」字與「道」字並無不同。又如饒宗頤釋「神理設教」，亦雲：「神道，劉勰變言『神理』者，因上文言『誰其屍之，亦神理而已』，使上下文意相貫。」就行文上推斷，以爲《文心》的「神理」，與《易傳》的「神道」，只是一字之變，義實無別。參見劉渼：《台灣近五十年來《文心雕龍》學研究》，頁 26。

21 [唐]李鼎祚集解，[清]李道平纂疏：《周易集解纂疏》卷二引，頁 47 上。

《易傳》描述宇宙論層次的「理」，是從陰陽二氣生物的易簡原理，講到天下萬物各自之理序，屬客觀的宇宙論層面，如《易·繫辭上》云：「乾道成男，坤道成女；乾知大始，坤作成物；乾以易知，坤以簡能。易簡而天下之理得矣。天下之理得，而成位乎其中矣。」虞翻注「易簡而天下之理得」云：「易爲乾息，簡爲坤消。乾坤變通，窮理以盡性，故天下之理得矣。」[22]這是講陰陽二氣生物的原理，李道平疏：「以乾推坤，謂之窮理；以坤變乾，謂之盡性。」乾陽主生，推動坤以窮盡其生物之理；坤陰主成，變化乾以充盡其成物之性。如此，天下萬物本「易簡」之道而生成，咸具此一理。《易傳》從陰陽、乾坤對立而又互成的生生之道，引伸到呈現在天下萬事萬物各得其相對的地位上，皆此一易簡之道之流行。

除了〈原道〉篇的兩處「神理」，《文心雕龍》另有三個地方又使用「神理」一詞，其中便運用了《易傳》此一對立而又互成的易簡之理。〈麗辭〉篇云：

> 造化賦形，支體必雙，神理為用，事不孤立。夫心生文辭，運裁百慮，高下相須，自然成對。

天地自然生成萬物的原則，是形體必定對立而成雙，此一神妙規律，體現在表達天地之意志的文辭上，是對偶的自然構成。《文心雕龍》將對偶的形式之美，溯源至天地神理之用，〈麗辭〉篇中，更是以《周易》爲對偶技巧的典範之作，云：「《易》之《文》、《系》，聖人之妙思也。序《乾》四德，則句句相銜；龍虎類感，則字字相儷；乾坤易簡，則宛轉相承。」因此，「神理爲用」，乃在指出造化生物此種對立成雙的神妙規律的運用體

22 同前注，卷八，頁 4 下。

現。

〈正緯〉篇更強調「易簡」之理，云：

> 經顯，聖訓也；緯隱，神教也。聖訓宜廣，神教宜約，而今緯多于經，神理更繁。

這裡指出呈露造化意志的兩種方式：通過聖人，則為顯豁其義的經書；通過神秘天文，則為隱晦其旨的緯書。後者言「神教」，也就是〈原道〉篇的「神理設教」，所以說「神教宜約」，神意即是造化之意志，當符合易簡原則；反觀後世緯書中「神理」繁雜，可見其不真。

易簡且隱微的神妙之理，是為「神理」。可見「神理」二字果然包蘊著更深一層含意，亦即「易簡原則」，是文章義理的規範之一。此〈諸子〉篇所云：

> 繁辭雖積，而本體易總，述道言治，枝條五經。其純粹者入矩，踳駁者出規。《禮記·月令》，取乎呂氏之紀；三年問喪，寫乎《荀子》之書：此純粹之類也。若乃湯之問棘，云蚊睫有雷霆之聲；惠施對梁王，云蝸角有伏尸之戰；《列子》有移山跨海之談，《淮南》有傾天折地之說，此踳駁之類也。

純粹者，就是能守簡約原則以為辭章述義理者；踳駁者，是辭、義俱失此簡約原則者。如此作品，不能作為五經之「枝條」。

此外，饒宗頤釋〈情采〉篇「五色雜而成黼黻，五音比而成韶夏，五性發而為辭章，神理之數也」中的「神理」，則云：

> 案神理實具二義：一為自然宇宙義，……《文心·原道》之「研神理而設教」，〈正緯〉之「神教」，即此類；一為精神義，《文心雕龍》下半部首論〈神思〉，《易》言「精義入神」，……皆此類。有時融會二義，神理之數是

> 也。……故言神理必溯及宇宙義，不能以人滅天。……彥和論文，往往如是。自然之文，「誰其尸之，亦神理而已」。文生於自然，內情性而外形聲，五色、五音、五性，其數均五，以「事數」論，得稱為神理之數。[23]

以爲「神理」第一義從天講，是客觀的主宰之神道，乃聖人設教所遵循的規律，是〈原道〉篇「神理設教」之意；第二義從人講，是主觀的主體精神，乃作者臨文之際的「神思」所寄，〈神思〉篇所謂「思理爲妙，神與物遊」者。前者屬本體論，後者屬創作論。有時兼含二義，即當主體神思運作，亦是在體認主宰之神道，天道主宰之義總是凌駕於主體精神之上，所以說「不能以人滅天」；精神體現自然宇宙之理，是所謂神理之數，此〈情采〉篇「神理之數」者。而兼含二義的「神理之數」，也是屬於創作論範疇，所討論者「藝術思維的複雜微妙性」。[24]創作論的部分，與《周易》經傳明顯具有一種互文性延伸的關係，可視《周易》經傳爲藝術思維淵源，而基本主旨仍然盤桓不忍遽去。

那麼，〈原道〉篇的兩處「神理」，究竟只是《易傳》所指客觀神道之意，或是有主觀藝術思維在其中？是否還包含文章義理的規範之一的「易簡原則」之蘊義？筆者以爲，〈原道〉篇作

---

23 此轉引劉渼：《台灣近五十年來《文心雕龍》學研究》，頁 1154。

24 「神理」表「自然宇宙之理」這方面的意義，陳允峰分析頗精，主張「神理」是聖人「設教」過程所遵循的最高原理，「這一原理就是事物運動變化中文質或象理的相契規律」。著眼於「運動變化」的「規律」。見陳允峰：〈《文心雕龍・原道》與《易傳》之關係〉，《漳州師院學報》，1995：3，頁 5。王小盾則以爲「神理」雖來自《周易》的「神道」概念，「但《文心雕龍》把它具體化爲對藝術思維的複雜微妙性的說明。」是屬於創作論層次。見王小盾：〈《文心雕龍》風格理論的《易》學淵源〉，《清華大學學報》（哲學社會科學版），2005：5，頁 68。王小盾這裡所說的是〈情采〉篇的「神理」。皆可參考。

爲全書之樞紐，文章之本根，應當總含整體理論體系之綱領，而不當只是獨標一形而上之道體。所謂：

> 若乃《河圖》孕乎八卦，《洛書》韞乎九疇，玉版金鏤之實，丹文綠牒之華，誰其尸之？亦神理而已。

河圖洛書、八卦九疇，無非天文神理呈露；其形式、數理，整齊易簡之道，已在其中。玉版金鏤、丹文綠牒，文章英華兼具實理，豈非藝術思維天然已具？

> 爰自風姓，暨于孔氏，玄聖創典，素王述訓，莫不原道心以敷章，研神理而設教，取象乎《河》、《洛》，問數乎蓍龜，觀天文以極變，察人文以成化；然後能經緯區宇，彌綸彝憲，發揮事業，彪炳辭義。

大聖既起，建此文化世界；而面對紛雜萬物，若非循一易簡之道，發揮藝術思維，如何成其化成？故云「原道心以敷章，研神理而設教」，「原」、「研」二字，正是聖人化成工作所在，即追索道心，研求神理。《周易》經傳的「道心」重在「生」，所謂「復，其天地之心」；〈原道〉篇的「道心」重在「成」，意即「文」，故云「言之文也，天地之心哉」。《易傳》「觀天之神道，而四時不忒；聖人以神道設教，而天下服矣！」著重「神道」運行的規律性，聖人據以建立教化準則；〈原道〉篇則著重在歷聖對天地神理之觀察探求，其「創典」、「述訓」的文章事業，故「神理」二字兼重規律性與藝術性。

結　語

《文心雕龍》擅長引經據典，以駢文的形式，對舊文本進行取義熔裁，其成就令人驚嘆。而〈原道〉篇對《周易》經傳的徵引與熔裁，尤其值得注意。本文透過互文性的文本分析，認爲〈原道〉篇中許多詞彙，雖然鎔鑄自《周易》經傳，事實上在〈原道〉篇的新文本脈絡中，已經蘊富新意。「玄黃色雜」一例，可見〈原道〉篇引述《周易》經傳之「玄黃」，而強調「色」字，是相應於《周易》經傳的形上本體意涵，進而強調形下現象之呈述；這是一個有意義的含意延伸，從表層文辭的對應關係看來，〈原道〉篇對《周易》經傳的擇取，有偏重現象層次的趨向。其次，「太極」之例，筆者認爲〈原道〉篇的「太極」很可能是指混元之一氣，是天地萬物之所起，亦是「人文」建立的根源。如此，則劉勰在此是比較接近易學象數著重宇宙論的方向；然而，對照《易傳》與〈原道〉篇，又可見出〈原道〉篇雖然繼述《易傳》的宇宙論旨趣，卻作了重要轉換，成爲旨在強調人文之建置。「神理」之例的辨析，則可以看出《易傳》「神道」著重於「道」的主宰性與易簡原則，〈原道〉篇「神理」則比較重視聖人對天地神理之觀察探求，及其「創典」、「述訓」的文章事業，故「神理」二字兼重規律性與藝術性。

互文性的分析解讀，雖然有瑣碎之虞，然而如果能夠更全面透徹地作這種基礎的文本分析，再將分析所得逐步作歸納、整理，相信可以得到更令人滿意的研究成果。本文以前人豐富的研究爲基礎，對《文心雕龍．原道》篇再作一次精讀，提出一點淺見。本文雖然只走了一小步，但是期望未來可以以此爲基礎，繼續有更多的研究成果。

《文心雕龍》「徵聖」的思想意義

澳門大學中文系　鄧國光

摘　要

本文從思想史的發展解讀〈徵聖〉的意義。首先指出劉勰具有超凡入聖的成聖意識，是南朝佛學「眾生皆有佛性」流行的影響。劉勰強調聖人有情，此情與人皆同，所以可以根本於此情而上達於聖人的境界，由此而確立追步孔子和實現聖人治世理想的理論。其次，指出〈徵聖〉是在南朝佛學演繹「性與天道」的思想語境之中成文，劉勰運用論辯的技巧，以顏淵的體道淩蓋子貢「不可得聞」的偏解，論定「性與天道」皆可透過聖人的文章而聞，於是「徵聖」方才可能。本文勾勒時代思潮對劉勰文論建構的軌跡，表明〈徵聖〉構成劉勰文論的核心，是演繹時代思潮的新見解，說明「徵聖」論不是保守的議論，而是與時代思潮的步伐相吻合的新見解。

關鍵詞：超凡入聖、聖人有情、性與天道、聖人可聞

〈徵聖〉是「樞紐」的第二篇，強調「徵之周、孔，則文有師矣」，[1]說明孔子「文章」可學亦可至，與〈原道〉共同構成《文

1 本文引用《文心雕龍》，本黃霖編《文心雕龍彙評》（上海：上海古籍出版

心雕龍》「文理」的核心。本文從思想流變的角度說明其意義，分析其解決思想困境以立論的方式，並探求徵聖觀與重情的內在關係。〈徵聖〉向未爲學界深入探討，其中義蘊尚多，本文僅涉一隅，反三之智，其有待焉，識者諒鑑。

一、超凡入聖

《文心雕龍·序志》說「大哉聖人之難見也」，聖人指孔子。孔子之爲聖人，漢、晉以來無異議。「徵聖」的「聖」，具體指孔子。內文稱「徵之周、孔，則文有師矣」，周公、孔子連言，漢、魏以來常見，是遷就四言的駢句及呼應前文而並提。〈徵聖〉全文從孔子「文章」立說，與周公無涉，實則主意全在孔子。〈原道〉謂「至若夫子繼聖，獨秀前哲」，指出孔子集大成，是聖人的典範，舉孔子一人已盡見聖人之德。孔子之於劉勰，可親可見，其道可行，其文章可觀，修身纂言，皆以孔子爲表率。從〈序志〉到「樞紐」諸篇，孔子之爲中心，乃一以貫之。這是理解〈徵聖〉以至《文心雕龍》「文理」的第一義。

聖人是儒家彰顯的人物。儒家標榜聖人，以對治現實的齷齪；強調聖人的貢獻，揭示文明的方向和進程。先秦儒學典籍，如《易傳》頌揚聖人參贊化育的功德，強調聖人周知天地之情，設教垂範，謂：

> 聖人有以見天地之賾，而擬諸其形容，象其物宜，是故謂之象。聖人有以見天下之動，而觀其會通，以行其典禮。[2]

聖人參贊天地，制禮作樂，以化成天下。《大戴禮記·哀公

社，2005年），下文不贅。

2 《周易·繫辭傳·八》，孔穎達《周易正義》（北京：北京大學出版社正體字本，2000年）。

問五義》更爲具體說明聖人功德：

> 所謂聖人者，知通乎大道，應變而不窮，能測萬物之情性者也。大道者，所以變化而凝成萬物者也。情性也者，所以理，然不然、取捨者也。
>
> 故其事大，配乎天地，參乎日月，雜於雲蜺，總要萬物，穆穆純純，其莫之能循；若天之司，莫之能職；百姓淡然，不知其善。若此，則可謂聖人矣。[3]

《大戴禮記·哀公問五義》指出聖人的「知」，是所以通天地的關鍵。而《孔子家語·五儀解》繼承《易傳》的天人合德的觀念，謂聖人之「德」合天地，於是得以開物成務。但不論生知和天德，都屬於獨特的天賦。於此可見聖人轉化天地之義於民彝禮法之中，是基於天賦的能力，不是凡人所能。

與儒門立異的《莊子·逍遙遊》，謂「至人無己，神人無功，聖人無名」，以「至人」、「神人」淩駕聖人之上，魏、晉玄學本《莊子》開出直透主體的理境，突顯個人意志的主宰力量，其人生目標，終歸追求「內聖外王」之道。在玄學的世界，處在最高階位的是聖人，而不是《莊子》標榜的「至人」和「神人」。[4]六朝的學術思想儘管經過玄學的洗禮，聖人依然是最高的典範人

---

3 《大戴禮記·哀公問五義》，此段出《荀子一哀公篇》「所謂大聖者，知通乎大道，應變而不窮，辨乎萬物之情性者也。大道者，所以變化，遂成萬物也；情性者，所以理，然不取捨也。是故其事大，辨乎天地，明察乎日月，總要萬物。於風雨繆繆，肫肫其事，不可循，若天之嗣其事，不可識。百姓淺然，不識其鄰，若此則可謂大聖矣。」案此篇先秦之文，新出土遺文可證。魏王肅注的《孔子家語·五儀解》約其文辭，雲：「孔子曰：所謂聖者，德合於天地，變通無方，窮萬事之終始，協庶品之自然，敷其大道而遂成情性；明並日月，化行若神，下民不知其德，睹者不識其鄰·此謂聖人也。」

4 見湯用彤《魏晉玄學論稿·向郭義之莊周與孔子》，載《湯用彤學術論文集》第 3 集（北京：中華書局，1983 年），頁 280-287。

物。

聖人的德和智都是與生俱來的特異天賦，孔子說「上智與下愚不移」，人的質性大致可以區分三等，聖人屬與生而知之的上智，是學不來的。大部份人屬上智與下愚之間的中材，可以「移」：上進、墮落或平庸。人爲的努力畢竟有其限度，上進者能不能夠達到天賦的聖人境界，這是實踐上的困惑。孔子常教人學「君子」，自己也不敢自居「聖」名。《孟子．告子》有「人皆可以爲堯、舜」語，但這是「曹交」問孟子「有諸」，意即有沒有這種說法，不是孟子自己的主張。孟子回應說「堯、舜之道，孝弟而已」，順其問題的理路，轉移向的成德成人的立教方向，以鼓勵後輩，這屬提挈之法。「君子」可循孝弟之途而至，孟子沒有說過足以成聖。事實上，成聖尙須要更多的條件。後世張冠李戴，動輒謂孟子主張「人皆可以爲堯、舜」，這是誤讀。孟子因材施教，亦因時說話，不能斷定爲其一向的主張。孟子明確說「麒麟之於走獸，鳳皇之於飛鳥，太山之於丘垤，河海之於行潦，類也。聖人之於民，亦類也」（《孟子．公孫醜》），聖人與凡人殊別，不是學所能至，這是孟子的實際看法。

在成德的問題上，儒門更重視「君子」。「君子」的品位在聖人之下，完全可以人爲的努力實現。「君子」之德，從天賦本有的德性體現出來。孝弟乃德性的自覺與實踐，是人力所能爲以及所當爲。此所謂成德，並非謂孝弟足以爲聖人。《荀子．勸學》主張學宗聖人，謂：「學惡乎始？惡乎終？曰：其數則始乎誦經，終乎讀禮；其義則始乎爲士，終乎爲聖人。」聖人爲最終的學習目標。聖人是生而知之，是命定的。根據孔子「上知與下愚不移」的看法，聖人只可以爲學習的對象，成就德性的目標，「終乎爲聖人」成德的大方向說。《荀子》只教人成就君子之德，更上一層，能否成王成聖，涉及到更多因素，西晉陸機〈豪士賦序〉說：

> 苟時啟於天，理盡於民，庸夫可以濟聖賢之功，鬥筲可以定烈士之業。

非關學習的能事。司馬遷輸情於孔子，稱「雖不能至，心嚮往之」，表達謙遜的敬仰情懷，屬於《荀子》「終乎爲聖人」的期盼，而非謂學而至乎聖人。學宗聖人，是內心嚮往聖人。崇拜聖人不等如學至聖人。「超凡入聖」，非秦、漢人所敢想像。

但劉勰並不以「君子」爲滿足，他還要追求聖人的境界，「超凡入聖」。

標榜孔子，是儒門一向的做法：崇拜孔子，讚美聖人，是華夏士林的傳統祈向；劉勰均兼而有之，此中土士子的常態，沒有特殊的意義。單從崇拜和讚譽孔子的角度論劉勰，則劉勰平平無奇。但縱觀歷史，主張寫文章學孔子，身以行之，則以劉勰爲大宗。西晉摯虞的《文章流別集》溯源文體於《五經》，屬於歷史流變的敘述，尚未至宣示宗法孔子、師範聖人的觀念。在現存可知的六朝文論論著，明確主張「徵聖」的是劉勰。

〈徵聖〉提筆便說：

> 夫作者曰聖，述者曰明。

劉勰根據《論語》中孔子自明「述而不作」的敘述，結合《禮記·樂記》立義。〈樂記〉解釋述和作的分別，謂：

> 故知禮樂之情者能作，識禮樂之文者能述。作者之謂聖，述者之謂明。明聖者，述作之謂也。[5]

作者「知」禮樂之情，述者「識」禮樂之文。這「知」和「識」極爲關鍵，決定人文的述作。劉勰以新出的「神理」一詞，表出

---

5 孔穎達《禮記正義》（北京：北京大學出版社正體字本，2000 年）卷 37，頁 269。

其中的天賦感悟力。聖人本此天賦的德知，開物成務，化成人文。（具論於拙文〈《文心雕龍》「神理」義探〉）劉勰於〈序志〉說「文之樞紐，亦雲極矣」，大前提是「文心之作」。「文心」乃運化陸機〈文賦〉「爲文之用心」句而成詞，不是書名；「作」亦不限撰寫之意，也有產生、生發的意思。「文心之作」指文心的生發，從「知」和「識」的心體上開拓文明的世界。

「述而不作」是孔子自謙之詞，表明不敢自居聖人之列。唯其門人及後來儒家，均以孔子爲天縱的聖人，劉勰明確指出孔子是天地意義的「作者」，孔子演示天地的偉大意義，成爲主宰人文化成的根本動能。〈徵聖〉以聖人的知，即聖人「妙極」的神理爲關鍵，具體說明這創造意義的精神力量。〈序志〉以「文心」出場，說明「爲文之用心」。此「文心」猶如天上的北斗，其神靈稱「含樞紐」，主宰整個宇宙的旋運的根本力量。「文之樞紐，亦雲極矣」的極爲宗極之義，指主宰的根源力量。劉勰刻意張開聖人創造意義的精神力量，揭示文心旋運的關鍵，爲學至聖人提供實踐的指引，這是思想史上極重要的一步。

聖人是文明的創造者，生民因聖人的創造才可以生生不息，生活於文明之中。《文心雕龍．徵聖》稱「先王聖化」，是這重大的貢獻。對於聖人的成化作用屬於相承先秦、兩漢儒家的看法。關鍵不是崇拜聖人，而是在學至聖人的信念上。劉勰於〈序志〉借夢境的祥瑞，明確宣示追隨孔子的決心：「執丹漆之禮器，隨仲尼而南行」。

「丹漆」乃《禮記．禮器》「丹漆絲纊竹箭，與眾共財」的丹漆，現在解釋爲「塗上紅漆的禮器」，是望文生義的結果。丹漆本身便是禮器。因續成文句的需要，而書作「丹漆之禮器」。「南行」一詞運化〈禮器〉「聖人南面而立，而天下大治」。「南行」一詞，指德化天下的天子南面之術。劉勰的時代，南北分治，政局偷安，「南行」見紛亂局面有待整治。追效聖人行化的德範，劉勰明白交代於「隨仲尼而南行」之中。劉勰以「夜夢」爲引子，表達了匡時行化的抱負，包含了〈禮器〉中的「天下大治」的期盼。〈序志〉說到「大哉聖人之難見也，乃小子之垂夢歟」，表明乃天命之所寄。聖人儘管「難見」，劉勰也遇上了，情景是如斯逼真；不是驚鴻一瞥，乃是步趨其後。劉勰沒有自謙，表明親自實現孔子的聖德和聖功，立禮制教，化行天下。表面說夢，卻是一生心事。「超凡入聖」於劉勰，是其真實的人生追求，這是劉勰異乎先儒之處。劉勰強調徵知聖人，行孔子之道，表明人爲的努力，可以上達爲聖人，聖人可以學亦可以至，「超凡入聖」，不是神話。

聖人是否可學與可至，在思想史上是重要問題。先秦儒門只標榜聖人成化之功，未曾主張聖人可以至。至東晉、南北朝，聖人觀起了重大的變化。湯用彤曾從文化對流的角度，加以概括：

> 聖人不可學不可至，此乃中國傳統。
>
> 聖人可學可至，此乃印度傳統。[6]

這一總結說明先秦、兩漢以來，中國本土的主流學術，只標榜聖人的功價，重在君子的成德，而非成聖。於魏、晉玄理所舖開的時代思潮，至東晉佛學確定「眾生皆有佛性」。佛的階位已經不再是遙不可及，只要依靠意志和修煉，成佛可以實現。

「眾生皆有佛性」這新的學理，衝擊影響傳統的聖人觀。湯用彤綜述其時的成聖觀說：

> 〈辨宗論〉曰：「釋氏之論，聖道雖遠，積學能至。」蓋

6 前揭《湯用彤學術論文集》（第 3 集）載〈謝靈運〈辨宗論〉書後〉，頁 292。

> 釋教修持，目標本在成佛（或羅漢）（中略）。小乘之三道四果，大乘之十住十地，致聖之道似道阻且長，然其能到達目標固無疑也。佛教自入中國以後本列於道術之林，漢魏間仙是否可學亦為學者聚訟之點，晉《抱樸子》論之甚詳，葛洪本意則認為成仙雖有命，但亦學而能至。由漢至晉佛徒亦莫不信修練無為必能成佛也。實則如不能成佛，絕超凡入聖之路，則佛教根本失其作用。漢晉間釋氏主積學至聖，文證甚多。[7]

波瀾所及，儒門成德亦自然不可能自限於君子之域，進而必期於成聖。孔子尚自謙「聖則吾豈敢」，而劉勰已經高唱「徵聖」，主張「積學」，以個人的意志力追步聖人了。

聖人可學而成的觀念，打通了成德與成聖的界限。聖人不是頌揚的符號，而是可以實現的人生目標。此成聖的觀念敞開了個體的無限可能性，顯示中國思想史上的一次重大轉變，直接投射在《文心雕龍・序志》的「隨仲尼而南行」的敘述之中。如果簡單地把「徵聖」的上接《荀子》和楊雄，不考慮時代思潮的轉變，尤其是兩大學術傳統相接觸之際所激發的波瀾，難免浮光掠影，而不得要領。

劉勰強調「徵聖立言，則文其庶矣」，指出「徵之周、孔，則文有師矣」，表明聖人可以師法取效。那就和湯用彤所歸納的印度傳統是一致的，而不屬先秦、兩漢以來的說法。劉勰的「徵聖」論，是在一全新的異質文化薰陶之下發展出來的新思路，以新的聖人觀構建《文心雕龍》的文理系統，而非蹈襲先儒以敷衍文章。強調孔子可學而至，並非保守。相反，是因爲外來佛學的

7 前揭〈謝靈運〈辨宗論〉書後〉，頁 291。

影響，而催生了「徵聖」的超凡入聖觀念，彰顯了個體能力與意志的無限可能性，突出心靈世界的莊嚴和華美。劉勰如此主張師法聖人文章，本屬新興的意識，而不是因襲傳統。但時下多因「徵聖」的觀念而斷定劉勰與時相違，實與紀昀評劉勰〈徵聖〉「裝點門面」的輕率評語無別，未為知言。

劉勰乃佛門弟子，佛學思維的影響，是無可避免的。唐憲宗時沙門神清《北山錄》引述謂：

> 昔牟子、郗嘉賓、宗炳、朱皓之、劉勰，並會道控儒，承經作訓，警法王之路，獲獻醜之功，而彼言行，豈由形勸而已哉。[8]

顯示劉勰以佛學會通儒、道，而獲得後人的肯定。劉勰突出之處，在運用新的信念，「會道控儒」，自覺地融會折中異質的文化思維於本土學術之中，創造了系統的文理，即〈序志〉所言「有異乎前論者，非苟異也，理自不可同也」。劉勰「徵聖」是異乎前論的理，從思想史發展的角度審視，與其「神理」論，同樣是會通時代思潮和傳統的新觀念，這是須要正視的事實。

二、聖人之情可聞

超凡入聖是「師乎聖」的關鍵概念。〈徵聖〉的敘論，緣此推衍。但一重要的事實是：聖人離世已久，後人學習孔子，以至成德成聖，也須要理解孔子的真實相，不能動輒托夢宣示，劉勰亦只可以偶一為之。然則後人有何根據以理解孔子？既主張聖人可學而至，必須正視這疑問。

《論語·公冶長》記載子貢一段師門追述，雲：

8 《北山錄》卷 10〈外信第 16〉，大正新修《大藏經》第 52 冊，No. 2113，《北山錄》。CBETA《電子佛典》V1.17。

子貢曰：夫子之文章，可得而聞也。夫子之言性與天道，不可得而聞也。[9]

子貢截孔子的遺教爲兩大部份：一是可得而聞的「文章」，一是不可得而聞的「性與天道」。

子貢一言，司馬遷以來漢代文獻，屢見稱引，旨在說明天道遠、人道近的精神。迨東漢末造，荀粲據此而排擊儒學，認定「《六籍》雖存，固聖人之糠秕」，[10]徹底否定了儒家經典的崇高地位。就「理之微旨」概括「性與天道」，指屬「象外之言、繫表之旨」，只可意會而不能言詮。因此，《六經》所載，不過是粗枝大葉的記述，有謝精微之理。順此思路而指出經典之失真，則聖人之情根本不可能瞭解，儒學乃是自逞臆測囈語，不是聖人的真意。荀粲是潁川儒學世家中的一員，以其身份提出如此尖銳的抨擊，發揮子貢說的「夫子之言性與天道，不可得而聞」操戈入室，家族中人均無法反駁，儒學面對的是釜底抽薪式的挑戰。不闢子貢之言，則無法提出學聖人的成聖主張。若能解決子貢不可聞性與天道的困惑，荀粲之論亦隨之而自破。如此，「師乎聖」的學理方能建立。若不能解開子貢所造成的死結，則「文章」與「性情」根本不能相涉，而且「文章」的地位更顯低下。「性情」的問題若「不可得而聞」，則「徵聖」便成空談，這顯然是劉勰所不能

9　程樹德《論語集釋》卷 90（北京：中華書局，1990 年），頁 318。

10　《三國志．魏書．荀彧傳》裴松之注引《晉陽秋》雲：「（荀）顗弟粲，字奉倩。何劭爲《粲傳》曰：『粲字奉倩。粲諸兄並以儒術論議，而粲獨好言道，常以爲子貢稱夫子之言性與天道，不可得聞。然則《六籍》雖存，固聖人之糠秕。粲兄俁難曰：「《易》亦雲『聖人立象以盡意，繫辭焉以盡言』，則微言胡爲不可得而聞見哉？」粲答曰：「蓋『理』之微旨，非物象之所舉也。今稱『立象以盡意』，此非通於意外者也；『繫辭焉以盡言』，此非言乎繫表者也。斯則象外之意、繫表之言，固蘊而不出矣。」及當時能言者不能屈也』」（香港：中華書局，1971 年），頁 319 至 320。

容忍的。

孔子教導子貢，不涉「性與天道」，並不表示孔子不談或不理解。《論語》這段文字不過是孔子因才施教，表明孔子就學生器根的深淺而施教，根本不能看作是孔子思想的概括。何況學生的一句判斷語，也有其特殊的語境，不能夠視爲儒學的定論。東漢荀粲實在是斷章取義，是很有問題的，其家族不能回應，只能說明其學理水準未足，並不表示觀點深刻有理。事實上，先秦文獻記載孔子論述這些問題甚多，《論語》中涉及性情之義的言論，更非罕見。

劉勰肯定聖人有情。「聖人有情」是六朝談論的課題，一項觸目觀念。[11]說聖人有情，不是泛泛而談。強調聖人有情，是有思想的時代語境的。說情必須並舉性，性與情一體兩面不可分。〈原道〉指出孔子的撰作在於「雕琢性情」；〈徵聖〉強調聖人的述作在「陶鑄性情」；〈宗經〉總括《五經》，謂「義既挺乎性情」，經典乃「性靈鎔匠」。「性情」、「性靈」都是孔子撰作的內涵。「性」之一義涵蓋「性情」。從先秦以迄隋、唐，儒門均視情的本體爲性，性受外界刺激而生情，情是性對於外界的自然反應。與劉勰同時的賀瑒，以水喻性，波濤喻情；水受激宕，波浪乃生。性和情猶如海水之與波濤，[12]兩者是一體。講情，則性含其中。性情是劉勰至重視的，〈情采〉強調「五性」是「情文」，「五情發而爲辭章」。如果遵循子貢的載述，可見者只是「文章」，「性與天道」非所得聞，撇開「天道」不談，「性」

11 魏、晉的聖人有情與無情的問題，詳見湯用彤《魏晉玄學論稿・王弼聖人有情義釋》，見前揭《湯用彤學術論文集》，頁254-263。

12 《禮記正義》卷31〈中庸〉「天命之謂性」句，孔穎達疏引賀瑒說：「性之與情，猶波之與水。靜時是水，動時是波。靜時是性，動時是情。」

若非所知，則「夫子之文章」的「雕琢性情」、「陶鑄性情」、「挺乎性情」，何從得見？如此其標榜性情，豈不成無源之水？「宗經」亦成爲沒有意義的口號。如果子貢的說法正確，則劉勰彰顯聖人，便在逞不可知的臆說了。

攻破子貢之惑，殊非易事。子貢親炙於聖人，其言又載於《論語》，逕直駁斥，對孔子不恭。然子貢一句「性與天道不可得聞」所造成的疑惑不破，劉勰整套「文理」便不能建立。於是，劉勰須要妥善處理子貢的追述。於此，紀昀評此篇乃裝點門面的筆墨，是失諸眉睫之前，忽略了劉勰的敘述策略。〈徵聖〉既要「破」，也必須要「立」，重新彌縫給割裂了的性情和文章的關係。因此，有必要細讀劉勰在〈徵聖〉中的敘述方式。

〈徵聖〉起提和收束都直接遣用子貢語，破與立同時進行，這是表達的策略。文章起筆說：

> 夫作者曰聖，述者曰明，陶鑄性情，功在上哲。夫子文章，可得而聞，則聖人之情，見乎文辭矣。

劉勰開宗明義，直指聖人本「性情」述作。引用子貢「夫子文章，可得而聞」，帶出「可聞」這關鍵詞語。然後再轉入「聖人之情，見乎文辭矣」，從表而及裡，引出「情」義。這句話出自《易傳》的〈繫辭〉「聖人之情見乎辭」。劉勰視《易傳》爲孔子的手筆，用《易傳》話語無異於用孔子語，猶以本經證本經，是最有說服力的表達。下文接「聖人之情」句，敷展理脈。說「情」則蘊「性」。起筆先後彰顯「性情」，表明聖人以「文辭」表達性情，這種「性情」，是可以感知理解的。「夫子之文章」和「性情」，不是截然兩回事，而是內外一體。

〈徵聖〉的收束處強調文章的「可見」：

體要與微辭偕通，正言共精義並用，聖人之文章，亦可見也。顏闔以為仲尼飾羽而畫，徒事華辭，雖欲訾聖，弗可得已。然則聖文之雅麗，固銜華而佩實者也。天道難聞，猶或鑽抑；文章可見，胡寧勿思。若徵聖立言，則文其庶矣。

劉勰總結「聖人之文章，亦可見也」，說明情義之必見於文辭，表明「性與天道」的「性」，是絕對可從孔子的「文章」中感知，貞定師法聖人的精神。劉勰以平順的筆墨敘述，沒有意氣的爭持攻擊，用孔子《易傳》話語跨越子貢之「可得而聞」與「不可得而聞」的壁壘。〈徵聖〉的首尾，敘述過程中不留破惑的痕跡，維護了聖人之徒的尊嚴。強調夫子之文章可見，性情也因其文章而感。如此，破除子貢所導致的困惑，既修正了子貢的偏蔽，同時建立了其「文理」的根據，突出聖人端重性情的大旨，真可謂高明之至。聖人與人同，從人人具有的性情出發，「徵聖」學至聖人的信念便不是空言。

於「天道」的一層，涉及〈原道〉所強調的「道心」或「天地之心」，是聖人製作的主宰力量，劉勰必須闢子貢之謬。《禮記·哀公問》明確記載孔子論天道：

公曰：「敢問君子何貴乎天道也？」

孔子對曰：「貴其不已，如日月東西相從而不已也，是天道也。不閉其久，是天道也。無為而物成，是天道也。已成而明，是天道也。」[13]

劉勰相信《易傳》是孔子筆墨，〈宗經〉指出「《易》惟談天」，就牽涉「天道」。《易傳》是《文心雕龍》敘述話語的重

13 《禮記正義》卷 50，頁 1661。

要淵源，不離「天道」。

說：「天道難聞，猶或鑽仰；文章可見，胡寧勿思。」須要說明的是「難聞」並非「不可得而聞」，「難」表示須投入更多精神氣力。「猶或鑽仰」句，是用顏淵的自敘語。《論語‧子罕》載：

> 顏淵喟然嘆曰：「仰之彌高，鑽之彌堅。瞻之在前，忽焉在後。夫子循循然善誘人，博我以文，約我以禮，欲罷不能。」[14]

劉勰在本篇引用顏淵的說話，屬於立論的策略，巧妙化解了子貢的「不可得而聞」。

顏淵是孔子最得意的門生。顏淵病逝，孔子仰號「天喪予」。[15]子貢不得聞知的「性與天道」，於顏淵並不陌生。後世羨爲美談的「孔、顏之樂」，便深蘊「性與天道」的內涵。「猶或鑽仰」表示顏淵的堅毅和奮進，絕非淺嚐輒止。於子貢屬「不可得而聞」，而在顏淵則力學精進，心領神會，其喟嘆是其進入境界、瞭解孔子之道的博大精深的真切感受。

〈徵聖〉力闢子貢的「不可得而聞」一語，說明聖人之情流露於文章，即使極隱微，皆可透過閱讀體會出來。劉勰表出顏淵，言下暗示顏淵方才深得孔子道術的神髓；子貢未至顏淵的境界，其言論不足以定奪聖人文章的情理。〈徵聖〉的敘述歸穴顏淵，跨越了子貢。而本《易傳》的話語確定文章的根本，以聖人的說

---

14 前揭《論語集釋》卷 17，頁 593。按：皇侃《論語義疏》引江熙語謂：「慕聖之道，其殆庶幾。」慕聖是師乎聖的大前提，慕而師之、愛而效之，自然日進其道。

15 《論語‧先進》載：「顏淵死，子曰：『噫！天喪予』」按：皇侃《義疏》謂：「淵未死則孔道猶可冀，縱不爲君，則亦得爲教化。今淵既死，是孔道亦亡，故雲天喪我也。」見前揭《論語集釋》第 22，頁 758。

話敘述，行文顯示高明的論難技巧和策略。

「性與天道」一語，在南北朝極受重視，是佛門的重要形上論題。宋宗炳首先於〈明佛論〉提及：

雖曰有問，非其實理之惑，故性與天道，不可得聞。[16]

僧祐編《弘明集》記錄了梁武帝蕭衍下旨群臣駁論範縝的〈神滅論〉，群臣的應答頗多舉「性與天道，不可得而聞」爲說，這些言論詳見於列述如下：

兩祭而知不滅，喻妄作而背親，義隨人引而舛入，言比性、道而難聞。（〈秘書郎張緬答〉）

近辱告惠示，主上所答臣下審〈神滅論〉。性與天道，誠不得聞。（〈太子家令殷鈞答〉）

甚哉理之大也。斯寧寸管之所見，言性之可聞。（〈領軍司馬王僧恕答〉）

皇上叡覽通幽，性與天道，所以機見英遠，獨悟超深。（〈五經博士賀瑒答〉）

夫昊蒼玄默，本絕言議。性與天道，固未難聞。（〈黃門侍郎王揖答〉）

辱告並就見勅答臣下審〈神滅論〉。性與天道，稱為理絕。（〈丹陽丞蕭眎素答〉）

這批言論都在護持佛法，表明精微的「性與天道」，俱可得聞。可見子貢這句說話，於梁初因護持佛法的需要而極受重視。「性與天道」向來受重視，隨著時代思潮的變化而給賦予不同的理解。後來宋、明儒者解釋「性與天道」的「與」字爲符合的意思，讀作性「合」天道。這是「理學」的解讀，強調人生修養的

---

16 《弘明集》（上海：上海古籍出版社，1991 年） 卷 2。

大方向。義雖正大，但不免斷章取義。若比類《論語》中相當的表達方式，例如「惟女子與小人爲難養也」句，也把「與」字解爲符合的說話，便極有問題了，劉勰的時代尚未至如此穿鑿。但「性與天道」爲時代的思想話語，是南朝佛門護法的一面旗幟，表明佛理可知可行，內涵難免與《論語》不盡相合。劉勰重視的是性情如何表達的問題，而非性是否合符天道的問題。強調習聞聖人所言「性與天道」，徵聖立言，是很實在的事。劉勰身處其時，與僧祐的關係又極密切，強調「性與天道，可得而聞」，是出於崇佛的大時代環境及其佛門背景，與時消息，顯示深刻的時代烙印。

結　論

劉勰在「文之樞紐」之中安置〈徵聖〉，是自覺地運用新的思想資源的必要敘述策略：既融通傳統的智慧，又與思想發展的歷史進程相應，突出文理的主宰力量。徵聖觀與當時佛教兼攝儒、道的思想背景是分不開的，並沒有樹立門戶的藩籬，更與經學上的「今文」、「古文」不相干。

「徵聖」主張師法孔子創造意義（significance）的方式和動機，並不是以模仿孔子文章爲目的，亦沒有「復古」的意念。創造意義的基礎在於主體的性情，這是每一個人含有的普遍性品質。運用自覺的動機，追隨孔子的典範，令性情成爲立言和創造意義的元素，期盼透過理解和實踐的過程，以撰寫文章以體現聖人的功德，遂令立言與立德並美、俊才視聖人可至。

創造意義存乎個體的意志，是稱文心。

「按經驗緯」考論

南京大學中文系　孫蓉蓉

摘　要

「按經驗緯」是《文心雕龍·正緯》篇中劉勰「正緯」的原則和方法，根據儒家的經書來檢驗緯書，劉勰認爲「其僞有四」。然而，實際上，「驗緯」是不能夠「按經」的，因爲兩者的內容和性質截然不同。如果將緯書同經書分而論之，那麼緯書自有其存在的價值。因此，儘管劉勰認爲緯書是「乖道謬典」、「無益經典」，但是仍然肯定了其「有助文章」的意義。從劉勰提出「按經驗緯」到主張「酌乎緯」，由此說明劉勰對中國傳統文化的態度是辯證而客觀的。

關鍵字：《正緯》；按經驗緯；乖道謬典；有助文章

「按經驗緯」是《文心雕龍·正緯》篇中劉勰「正緯」的原則和方法，即以儒家經書爲標準來檢驗讖緯。《正緯》篇是《文心雕龍》「文之樞紐」五篇中比較特殊的一篇，因而研究者關注不多，而且人們對《正緯》篇的理解也各不相同，其中有「特識」說、[1]「箴時」說、[2]「匡正學風」說、[3]「和文學關係不大」說、[4]

1 紀昀："此在後世爲不足辨論之事，而在當日則爲特識。康成千古通儒，尙

「迎合」說，[5]還有「讚賞和肯定」說，[6]等等，可謂眾說紛紜。本文對「按經驗緯」的考論，欲從緯書同經書的關係上來進一步研究《正緯》篇，便於我們能夠正確認識劉勰的「正緯」以及相關的讖緯問題。[7]

一、「按經驗緯」的提出

劉勰「正緯」的原則和方法是「按經驗緯」，以儒家經書作爲標準，劉勰認爲有四個方面證明讖緯是虛假僞造的，從而否定了讖緯。然而，在指出讖緯的「僞」的同時，劉勰又以爲在經書中所記載的圖讖卻是「真」的。因此，劉勰對於讖緯的否定又是有局限的。

「宗經」是劉勰著述《文心雕龍》的指導思想之一，劉勰強調爲文必須學習儒家經典。這是因爲儒家經書對於治理社會、教

不免以緯注經，無論文士也。”（周振甫《文心雕注釋》，人民文學出版社 1983 年版，第 29 頁。）

2 劉永濟：“舍人之作此篇，以箴時也。”（《文心雕龍校釋》，中華書局 1972 年版，第 8 頁。）

3 祖保泉：“他面對以緯配經，借講經來宣揚荒誕的緯讖的學風，便持批判態度，於是撰《正緯》篇。應該說，這是有匡正學風的實際意義的。”（《文心雕龍解說》，安徽教育出版社 1993 年版，第 71 頁。）

4 陸侃如、牟世金：“本篇和文學關係不大，但在學術思想上，劉勰在桓譚等人之後對讖緯的荒謬作一系統的總結，是有一定歷史意義的。（《文心雕龍譯注》上冊，齊魯書社 1988 年版，第 32 頁。）

5 朱逷先：“梁武帝深惡緯書，彥和之作是篇，亦間有迎合之意。”（見詹瑛《文心雕龍義證》，上海古籍出版社 1989 年版，第 94 頁。）

6 馬宏山：“所以他提出要通過‘正’的辦法，分清其真僞，通過這種‘正’的辦法讚賞‘緯’和肯定‘緯’。”（論《〈文心雕龍〉的綱》，《中國社會科學》1980 年第 4 期。）

7 參閱拙文《〈正緯〉與讖緯》——《文心雕龍·正緯》篇辨析》，《南京大學學報》2004 年第 4 期，人大複印資料《中國古代、近代文學研究》2004 年第 11 期轉載。

化人民具有廣泛而重要的作用，「莫不原道心以敷章，

研神理而設教」。因此，儒家經書「能經緯區宇，彌綸彝憲，發揮事業，彪炳辭義」。[8]（《原道》）不僅如此，劉勰還認爲儒家經書是內容與形式高度統一的典範之作，「聖文之雅麗，固銜華而佩實者也」。（《征聖》）這一點對於人們的「爲文」尤其重要，因此劉勰提出，「若征聖立言，則文其庶矣」；（《征聖》）「稟經以制式，酌雅以富言」；「文能宗經，體有六義」，（《宗經》）爲文必須要「宗經」。然而，從西漢末年形成、東漢盛行，經魏晉到齊梁依然風行的讖緯，[9]卻假託經義，宣揚瑞應災異，當時很多文人也深受其影響，並體現在他們的創作中。[10]針對這種以「緯」亂「經」的現象，劉勰認爲應該加以辨正、糾正，以維護儒家聖人和經書的神聖地位，也有利於人們「爲文」學習經書。因此，對於讖緯和緯書，劉勰必須要加以「正緯」。

「宗經」是劉勰提出「正緯」的指導思想，而「正緯」的原則和方法就是「按經驗緯」。「按經驗緯，其僞有四」，（《正緯》）以儒家的經書作爲標準來檢驗緯書，在以下四個方面證明它們是虛假僞造的：

---

8 周振甫《文心雕龍注釋》，人民文學出版社 1981 年版。本文引文出自《文心雕龍》的均見此書，不再注出，引文後注明篇名。

9 隋煬帝即位後，讖緯遭到嚴加禁毀，自此讖緯之說銷聲匿跡，緯書也大多散失。《隋書·經籍志》載："煬帝即位，乃發使四出，搜天下書籍與讖緯相涉者，皆焚之，爲吏所糾者至死。自是無複其學，秘府之內，亦多散亡。"元明時有人開始輯佚，現有明孫瑴《古微書》、清馬國翰《玉函山房輯佚書》等有輯錄。河北人民出版社 1994 年出版有日本學者安居香山、中村璋八所輯的《緯書集成》。上海古籍出版社 1994 年也出版有《緯書集成》。

10 如司馬相如的《封禪文》、揚雄的《劇秦美新》、班叔皮的《王命論》、李蕭遠的《運命論》、陸機的《辨亡論》、劉孝標的《辨命論》等，這些作品或是宣揚天命王道，或是闡釋期運徵驗，或是說明祥瑞災異等等，它們不是個別句子的引用緯書，而是作品的思想內容與讖緯之說是一脈相承的。

其一，「蓋緯之成經，其猶織綜，絲麻不雜，布帛乃成；今經正緯奇，倍摘千里」。（《正緯》）「緯之成經」，《釋名・釋典藝》釋「緯」曰：「緯，圍也，反復圍繞，以成經也。」[11]劉勰以織機上的緯線配合經線織成布匹作比喻，來說明緯書應該依經而成、引經爲說，配合、輔助經書。然而，現在卻是「經正緯奇」，經與緯有「正」與「奇」之別。「正」與「奇」，是《文心雕龍》中一個重要的理論概念，所謂「正」，即「典雅」，「典雅者，熔式經誥，方軌儒門者也」，（《體性》）取法經典，依據儒家經典立論。而所謂「奇」，即「新奇」，「新奇者，擯古競今，危側趣詭者也」，（《體性》）擯棄傳統，競逐新奇，以詭奇怪異爲時尚。「緯奇」同「經正」不相符合，此爲「僞」之一。

其二，「經顯，聖訓也；緯隱，神教也。聖訓宜廣，神教宜約；而今緯多於經，神理更繁」。（《正緯》）劉勰認爲，經籍有聖人的教誨，是顯明豐富的；而讖緯含有神理之教，是隱晦簡約的。「神教」、「神理」，是指緯書中所記載的由神靈顯示的微妙的道理。緯是配經的，然而，當時卻出現「緯多於經」的現象。其原因是，據《隋書·經籍志》載：「起王莽好符命，光武以圖讖興，遂盛行於世。漢時，又詔東平王蒼，正五經章句，皆命從讖。俗儒趨時，益爲其學，篇卷第目，轉加增廣。」[12]於是，緯書除了「七緯」以外，還有《論語》、《河圖》、《洛書》等的緯書，計有八十一篇。[13]緯書的數量遠遠多於經書，這種情況說明緯書是僞造的，此爲「僞」之二。

11 《釋名》卷 6，文淵閣本《四庫全書》。

12 魏征《隋書》，中華書局 1973 年版，第 941 頁。

13 《隋書・經籍志》：緯書有《河圖》九篇、《洛書》六篇、《七緯》三十六篇，還有三十篇爲“九聖之所增演，以廣其意”，總計八十一篇。（魏征《隋書》，中華書局 1973 年版，第 941 頁。）

其三，「有命自天，乃稱符讖，而八十一篇皆托孔子；則是堯造綠圖，昌制丹書」。（《正緯》）劉勰認爲，符讖來自上天的旨意，而非人力所能爲之。然而，緯書的編撰者卻認爲緯書爲孔子所作，如《春秋·漢含孳》載：「孔子曰：丘覽史記，援引古圖，推集天變，爲漢帝制法，陳敘《圖錄》。」[14]「圖錄」，即緯書，他們認爲孔子既撰儒家「六經」，又同時作有配經的緯書。[15]因此，緯書中那些「堯造綠圖，昌制丹書」的記載完全是無稽之談。如《河圖·挺佐輔》：「堯時與群臣賢智到翠嬀之川，大龜負圖來投堯。堯敕臣下寫取，告瑞應。寫畢，歸還水中。」[16]又《尚書·帝命驗》：「季秋之月甲子，有赤爵銜丹書入於酆，止於昌戶。其書雲：敬勝怠者吉，怠勝敬者滅，義勝欲者從，欲勝義者凶。」[17]這樣的說法完全混淆了天命與人爲的區別，此爲「僞」之三。

其四，「商周以前，圖籙頻見，春秋之末，群經方備；先緯後經，體乖織綜」。（《正緯》）「圖籙」，泛指《河圖》、《洛書》、《綠圖》、《丹書》等等。而儒家的經書，漢儒認爲是孔子在春秋末編定的，《漢書·儒林傳》的記載就說明了這一點。[18]既然緯書是配經的，就應該是先有經而後才有緯，但現在卻是「先

14 安居香山、中村璋八《緯書集成》，河北人民出版社 1994 年版，第 815 頁。

15 緯書爲孔子所作的說法也影響到當時的史籍也有同樣的記載，如王充《論衡·效力篇》："孔子，周世多力之人也。作《春秋》，刪《五經》，秘書微文，無所不定"。（《論衡》，上海人民出版社 1974 年版，第 202 頁。）《後漢書·蘇竟傳》："夫孔丘秘經，爲漢赤制，玄包幽室，文隱事明。"（《後漢書》中華書局 1965 年版，第 1043 頁。）其中"秘書微文"、"秘經"等都是指緯書。

16 安居香山、中村璋八《緯書集成》，河北人民出版社 1994 年版，第 1109 頁。

17 同上，第 370 頁。

18 參閱班固《漢書·儒林傳》，中華書局 1962 年版，第 3589 頁。

緯後經」，這種「體乖織綜」先後次序的顛倒，此爲「僞」之四。

通過以上的「按經驗緯」，所謂「其僞有四」，是指緯書同經書之間存在四種矛盾或違迕的現象。劉勰由此得出結論：「僞即倍摘，則義異自明，經足訓矣，緯何豫焉？」（《正緯》）讖緯的「僞」說明它與經書的經義截然不同，經書足以彰明聖哲訓誡，何須還要緯書來摻合呢！劉勰「按經驗緯」，以一「僞」字說明了讖緯的性質，從而態度鮮明地否定了讖緯和緯書。

同讖緯的「僞」相反，劉勰認爲經書中的圖讖是「真」的。《正緯》篇曰：「夫神道闡幽，天命微顯。馬龍出而大易興，神龜見而洪範耀。故系辭稱：『河出圖，洛出書，聖人則之。』斯之謂也。但世敻文隱，好生矯誕，真雖存矣，僞亦憑焉。」這一段話意爲：河圖、洛書是「神道」、「天命」給予聖人的符瑞，伏羲和大禹據此制出八卦和九疇。因此，《周易·系辭》中「河出圖，洛出書，聖人則之」的記載是「真」的，而「僞」的讖緯也由此產生了。從這一「真」一「僞」中，說明了劉勰在否定讖緯和緯書的虛假僞造的同時，卻又肯定了經書中圖讖的真實可靠性，這就造成了劉勰的「正緯」是不徹底的。這種情況的產生，有研究者認爲，是「宗經」的思想限制了劉勰對讖緯的正確認識。[19]我們認爲，劉勰對經書中圖讖的肯定，這固然是與其「宗經」有關，然而，根本的問題還是由於劉勰承認天命、神道的存在。如《正緯》開篇曰：「神道闡幽，天命微顯。」此「神道」是與「天命」相應的神靈之道。河圖、洛書就是「神道」、「天命」

19 如陸侃如、牟世金《文心雕龍譯注》，《正緯》題解："凡是儒家經典中講過的東西，如河圖、洛書等唯心主義的傳說，他不僅不反對，而且相信。這是他盲目征聖、宗經思想帶來的局限。"（《文心雕龍譯注》上冊，齊魯書社 1988 年版，第 32 頁。）

給予伏羲、大禹的「闡幽」、「微顯」，即祥瑞之兆。正因爲如此，所以劉勰在「按經驗緯」時，分析讖緯的「其僞有四」，其中有兩條涉及「天命」論的問題：一是「有命自天，乃稱符讖」，以駁斥讖緯爲孔子所撰之說。在劉勰看來，「符讖」就是顯示上天的旨意，《正緯》篇下面接著論述道：「原夫圖籙之見，乃昊天休命，事以瑞聖，義非配經」。「圖籙」的出現是上天有美好的旨意，是給聖人的祥瑞，其意義並不是配經的。所以劉勰肯定體現「天命」的圖讖、符讖有其「事以瑞聖」的功效，而反對的是以緯配經，「義非配經」；二是「聖訓宜廣，神教宜約」，同經書中的「聖訓」相對的是讖緯中的「神教」，即神道設教，同於下麵的「神理」。從「神教宜約」、「神理更繁」來看，劉勰並不否定「神教」、「神理」，而是反對它們的繁濫，主張簡約。因此，劉勰在肯定河圖、洛書「乃昊天休命」的同時，又認爲古代聖賢就是依據河圖、洛書來治理社會、教化百姓的，所謂「取象乎河洛，問數乎蓍龜，觀天文以極變，察人文以成化」。（《原道》）對於這一問題，我們既要認識到劉勰「正緯」的局限性，同時也要看到把河圖、洛書當作中華文明的源頭是古代較爲普遍的一種認識。如《隋書·經籍志》載：「夫經籍也者，先聖據龍圖，握鳳紀，南面以君天下者，咸有史官，以紀言行。」[20]因此，劉勰雖指出讖緯的「僞」，卻又肯定了經書中河圖、洛書的「真」。

劉勰由「宗經」而「正緯」，其「按經驗緯」，指出讖緯的「其僞有四」。但是同時，他又認爲經書中的讖緯是「真」的。劉勰的「宗經」思想，及其「天命」論的觀點，影響了他對讖緯的正確認識。因此，劉勰的「按經驗緯」對讖緯的否定是有局限

20 魏征《隋書》，中華書局 1973 年版，第 904 頁。

性的。

二、「驗緯」不能「按經」

劉勰「按經驗緯」指出的「其僞有四」，只是說明了緯與經表面上的差異。其實，「驗緯」是不能「按經」的，以儒家經書的標準，並不能夠指出讖緯的性質和特點。因爲讖緯的形成有其特殊的政治、文化背景，它與經書的關係也錯綜複雜。因此，劉勰的「按經驗緯」，並不能夠真正「正緯」。

首先，讖緯的形成有其特殊的政治、文化的背景，先秦鄒衍的「陰陽五行」說和西漢董仲舒的「天人感應」論，是讖緯形成的思想淵源。劉勰的「正緯」除了指「七緯」及其它緯書以外，它還包括「讖」，或稱「符讖」、「圖讖」等。讖與緯開始時它們並不相同，讖是一種詭秘的隱語，用以預決吉凶。《說文解字》釋「讖」：「讖，驗也。有征驗之書，河洛所出書曰讖。」[21]讖在我國自古有之，先秦典籍中就有記載。如《國語·鄭語》載：「檿弧箕服，實亡周國。」[22]這是周宣王時孩童傳唱的讖謠。又如《史記·秦始皇本紀》曰：「燕人盧生使入海還，以鬼神事，因奏錄圖書，曰『亡秦者胡也。』始皇乃使將軍蒙恬發兵三十萬人，北擊胡，略取河南地。」[23]這樣的讖語明顯是帶有某種政治目的的。而緯書則興起於西漢哀帝、平帝時期，儒家的《詩》、《書》、《禮》、《樂》、《易》、《春秋》、《孝經》都有緯書，總稱「七緯」。緯書是爲配經闡發經義而產生的，在其形成過程中，西漢儒生在說經講書時，將古老的圖讖之說，並結合先秦鄒衍的

21 段玉裁注《說文解字注》，上海古籍出版社 1981 年版。
22 董增齡《國語正義》，巴蜀書社 1985 年版，第 1066 頁。
23 司馬遷《史記》卷 6《秦始皇本紀》，中華書局 1959 年版，第 252 頁。

「陰陽五行」說，同儒家六經的經義穿鑿附會起來，從而形成讖緯之說。[24]因此，「讖」與「緯」往往可以互稱，[25]而「讖緯」一詞，既指「讖」、「圖讖」、「符讖」，亦可指「緯」，或稱「圖緯」、「緯候」，指記有大量圖讖的緯書。[26]其代表人物是董仲舒，他以圖讖之說和「陰陽五行」來宣揚其「天人感應」的理論，深得漢武帝的賞識。[27]讖緯在東漢時期極爲盛行，「至於光武之世，篤信斯術，風化所靡，學者比肩」。（《正緯》）東漢光武帝仿效王莽以符命篡權奪位，亦以圖讖來加強其政權統治，雖明知其僞，卻大肆宣揚，愚弄臣民。《後漢書・方術傳》載：「後王莽矯用符命，及光武尤信讖言，士之赴趣時宜者，皆騁馳穿鑿爭談之也。故王梁、孫咸，名應圖籙，越登槐鼎之任，鄭興、賈逵以附同稱顯。」[28]在這樣的社會風氣之下，文人學士趨之若鶩，如《後漢書·沛獻王輔傳》載：「（劉）輔好經書，善說《京氏易》《孝經》《論語傳》及圖讖，作《五經論》，時號之曰《沛王通

---

24 參閱黃侃《文心雕龍劄記》《正緯》篇題解，範文瀾《文心雕龍注》《正緯》篇注及附錄。

25 鐘肇鵬認爲："讖與緯就其實質是沒有什麼區別的，只是就產生的歷史先後來說，則讖先於緯。"（《讖緯論略》，遼寧教育出版社 1991 年版，第 11 頁。

26 劉勰《文心雕龍・正緯》篇中"正緯"的"緯"，既指緯書，又兼指圖讖。因此，本文中有的用"讖緯"，有的用"緯書"，其基本意思是一致的，只是在個別語境中略有細微差別，特此說明。

27 黃侃《文心雕龍劄記》"正緯"題解："武帝好神仙，與秦政異世同蔽，董仲舒既以引經治獄授張湯，又身爲巫師，作土龍以求雨，彼固工於揣摩人主之情者也。漢主好儒，兼好神仙，儒與神仙雖不合，於陰陽則有可緣飾者，故推陰陽以說《春秋》。今《春秋繁露》有《陰陽位》、《陰陽終始》諸篇，明其以鄒子、南公之道迻書於儒籍矣。"（《文心雕龍劄記》，中華書局 1962 年版，第 17 頁。）

28 範曄《後漢書》，中華書局 1965 年版，第 2705 頁。

論》。」[29]由此形成了「六經彪炳，而緯候稠迭；孝論昭晰，而鉤讖葳蕤」（《正緯》）的局面，即「六經」文采鮮明，而緯書卻重複繁多。

其次，所謂「配經」的緯書，它們同經書的關係其實是錯綜複雜的，不能簡單而論。概括起來，大致有三種情況：

第一，配經。一般緯書都有說經的內容，緯書說經的方法，有發揮微言大義的，也有作文字訓詁的。對於經義的內容，緯書有的是對經義的解釋，如《春秋·說題辭》概括「六經」的內容：「六經所以明君父之尊，天地之開闢，皆有教也。」[30]其中對「禮」的闡釋，《禮·含文嘉》釋「禮」：「禮者履也。」[31]強調禮的踐履，身體力行。有的是對經義的發揮，如《周易·幹鑿度》是《易緯》中較完整的一部，它較全面而系統地發揮了《周易·系辭》的思想觀點。《周易·系辭》提出了「易有太極，是生兩儀，兩儀生四象，四象生八卦」[32]的宇宙生成論。《周易·幹鑿度》繼承了這一思想，並將「兩儀」、「四象」、「八卦」作了進一步的說明：「易始於太極。太極分而為二，故生天地，天地有春秋冬夏之節，故生四時。四時各有陰陽剛柔之分，故生八卦。八卦成列，天地之道立，雷風水火山澤之象定矣。」[33]緯書中也有部分的內容是對經義的發展，如作為封建倫理道德綱領的「三綱」，董仲舒曾經提出：「王道之三綱，可求於天。」[34]而《禮·含文嘉》

29 同上，第 1427 頁。
30 安居香山、中村璋八《緯書集成》，河北人民出版社 1994 年版，第 856 頁。
31 同上，第 503 頁。
32 鄧球柏《白話易經》，嶽麓書社 1993 年版，第 425 頁。
33 安居香山、中村璋八《緯書集成》，河北人民出版社 1994 年版，第 7-8 頁。
34 董仲舒《春秋繁露》，《四部精要》12，上海古籍出版社 1992 年版，第 816 頁。

則將「三綱」具體化爲：「君爲臣綱，父爲子綱，夫爲妻綱。」[35]這就確立了封建的君權、父權、夫權的主導地位，從而形成了君尊臣卑、男尊女卑的封建思想意識。緯書中這些說經的內容，是真正意義上「配經」的緯書，但這類緯書並不多。

第二，借經。有的緯書只是以經義作爲一個話頭或論題，而借著這一話題，緯書的作者來闡述自己對天象、人事的看法和觀點，他們是借「經」發揮，同「經」實際上是貌合神離。如《易·通卦驗》曰：「不順天地，君臣職廢，則乾坤應變。天爲不放，地爲不化，終而不改，則地動而五穀傷死。上及君位，不敬宗廟社稷，則震巽應變，飄風髮屋折木，水浮梁，雷電殺人，此或出人暴應之也。」[36]由《周易》的「太極」產生天、地，《易緯》的作者借此主張應該順應天地，否則人類將受到懲罰和報應。又如《詩·含神霧》載：「唐地處孟冬之位，得常山太嶽之風，音中羽，其地磽确而收，故其民儉而好畜，此唐堯之所起」。[37]十五國風中的各地，所處方位不同，所配音律不同，因而詩樂風格就有差異，所表現的風土人情也各不相同，由此說明天人相應的聯繫。這種借經作爲話頭，闡述自己觀點、看法的內容，在緯書中佔有一定的比例。

第三，離經。緯書中大量的關於符瑞災異的記敍描述，則與經書經義完全無關，甚至與儒家的「不語怪力亂神」是相違背的。這些內容同方士、神仙之言一致，就是屬於圖讖、符讖。緯書中記載的符瑞很多，如《尙書·中候》：「周成王舉堯舜禮，沉璧

35 安居香山、中村璋八《緯書集成》，河北人民出版社 1994 年版，第 499 頁。
36 安居香山、中村璋八《緯書集成》，河北人民出版社 1994 年版，第 217-218 頁。
37 同上，第 460 頁。

河，白雲起，而青雲浮至，乃有蒼龍負圖臨河也。」[38]《尙書·璿璣鈐》；「湯受金符，白狼銜鉤，入殷朝。」[39]這些都是有關帝王受命時上天出現的瑞兆。緯書中有的更是直接比附到具體的人或事，如《春秋·演孔圖》：「卯金刀、名爲劉。中國東南出荊州，赤帝后次代周。」[40]這些記載同詭譎隱秘的讖語就沒有區別了。緯書中有關災異的記載，如《春秋·潛潭巴》：「大霧三十日，群猾起，上下相蒙。上少下多，故群猾起。」[41]又載：「日蝕既，君行無常，公輔不修德，夷狄強侵，萬事錯。」[42]這些記載都認爲災異是由國君治國失誤造成的，災異現象是對國君的譴告。緯書中有相當一部分的內容是關於符瑞災異的，所以《正緯》篇說，「或說陰陽，或序災異，若鳥鳴似語，蟲葉成字」，這些內容「矯誕」、「譎詭」，被劉勰斥責爲「乖道謬典」。

最後，緯書同經書上述的這些關係，使得緯書的內容遠比經書要龐雜得多。它們有對經典經義的闡釋、古代典禮制度的記載、訓詁文字的解說、天文和地理的知識、氣象和曆法的資料、古代神話傳說的故事、符瑞災異的記錄等等，包含自然、社會、歷史、人事等各個方面的內容。這樣一來，「驗緯」就不能「按經」，按照經書的標準是無法來檢驗緯書的。因此，劉勰的「按經驗緯」而指出「其僞有四」，這一「僞」字並沒有指出讖緯的性質，只是「緯」對於「經」的一種表面上的現象而已。如果要將緯書同經書作一實質性的比較的話，那麼儒家的「五經」是中國傳統文化的源頭，傳統文化中的各個領域，如文學、歷史、哲學、宗教、

38 同上，第 415 頁。
39 同上，第 377 頁。
40 同上，第 581 頁。
41 同上，第 830 頁。
42 同上，第 839 頁。

政治和道德等，都淵源於「五經」。因此，「五經」是對於形成我國古代最初的思想文化形態有著決定性影響的經典著作。然而，所謂「配經」的緯書，則是承襲、揉和了秦漢以來的陰陽五行、數術占卜、符驗瑞應等陰陽家、道家等思想學說，是集中體現漢代以董仲舒爲代表的「天人感應」理論的一種表現形態。讖緯中不論是對經書經義的闡發，還是對天文曆法的解說，都是與「天人感應」說聯繫起來的，從而構成一個包羅萬象的神學體系。以闡說儒家經書經義爲名，而宣揚「天人感應」爲實，這才是緯書的性質。

因此，劉勰的「按經驗緯」，既不能徹底否定讖緯，也不能正確認識緯書。其實，如果將緯書同經書分而論之的話，那麼，讖緯自有其獨立存在的意義和價值。在這一點上，可以說劉勰是慧眼獨識的，因爲他雖「按經驗緯」，卻又提出了「無益經典而有助文章」之說。

三、緯書的「無益經典而有助文章」

劉勰「按經驗緯」，通過對「其僞有四」的分析，得出了緯書的「乖道謬典」、「無益經典」的結論，這是緯書相對于經書而言的。然而，劉勰的「驗緯」在「按經」之後，又不以經爲標準，而提出了「有助文章」。此說說明了劉勰「正緯」的真實用意，也正是《正緯》篇的題旨。

從《正緯》篇的論述來看，所謂的「有助文章」是指緯書中的「事豐奇偉，辭富膏腴」的描寫記載，有助於文學創作。[43]《正緯》篇曰：「若乃羲農軒皞之源，山瀆鐘律之要，白魚赤烏之符，

43 參閱拙文《論讖緯的文學意義》，《文學評論叢刊》第 8 卷第 1 期，南京大學出版社 2005 年 6 月。

黃金紫玉之瑞，事豐奇偉，辭富膏腴，無益經典而有助文章。是以後來辭人，采摭英華。」劉勰是從「事豐」和「辭富」兩個方面肯定了緯書的「有助文章」。關於「事豐」，緯書記載有「羲農軒皥之源，山瀆鐘律之要」等神話故事、歷史傳說、地理知識、天文歷數，這些記載事蹟豐富奇特。緯書中確實保留了大量的關於伏羲、神農、軒轅、少皥等最早的神話傳說，如《禮·含文嘉》載：「伏者，別也；羲者，獻也，法也。伏羲德洽上下，天應之以鳥獸文章，地應之以龜書，伏羲則而象之，乃作易卦。」[44]關於「辭富」，劉勰則以「白魚赤烏之符，黃金紫玉之瑞」爲例。「白魚赤烏」，指周武王的故事，《史記·周本紀》中原有記載，[45]後《尚書·中候》載：「周武王渡于孟津中流，白魚躍入于王舟，王俯取魚，魚長三尺，赤文有字，題曰：下援右。曰：姬發遵昌。王燔以告天，有火自天，流爲赤烏。」[46]而「黃銀紫玉」，《禮·鬥威儀》載：「君乘金而王，則黃銀見。」「君乘金而王，則紫玉見於深山。」[47]這些「白魚」、「赤烏」、「黃銀」、「紫玉」，都是象徵帝王即位的瑞兆。緯書中的「事豐」、「辭富」爲人們的創作提供了有益的借鑒。因此，「後來辭人，采摭英華」。（《正緯》）緯書對漢魏六朝文學創作的影響是較爲普遍的，這一點在李善的《文選》注中可以得到印證。從李善的注中，我們可以看到，漢魏六朝的文學作品所徵引的緯書有七十餘種之多，徵引緯書的文學作品多達數百條，涉及詩、賦、文等多種文體，其

44 安居香山、中村璋八《緯書集成》河北人民出版社 1994 年版，第 494 頁。
45 《史記·周本紀》：“武王渡河，中流，白魚躍入王舟中。武王俯取以祭。既渡，有火自上複於下，至於王屋，流爲烏，其色赤，其聲魄雲。”（司馬遷《史記》，中華書局 1959 年版，第 120 頁。）
46 安居香山、中村璋八《緯書集成》，河北人民出版社 1994 年版，第 413 頁。
47 同上，第 522 頁。

中尤以賦受讖緯的影響最爲明顯。這一時期著名的詩人、作家，如揚雄、班固、張衡、王粲、曹丕、曹植、嵇康、潘岳、左思、張華、陸機、謝靈運、沈約、任昉和劉孝標等等，他們的作品都有引用到緯書的。劉勰的「有助文章」說，既指出了緯書對文學創作的實際意義，也是對緯書對六朝文學創作影響的一個理論總結。「無益經典而有助文章」，很明顯這一說法並不是劉勰「按經驗緯」而得出的，而是從「爲文」的角度，實事求是地指出了讖緯對於文學的意義。因此，紀昀評曰：「至今引用不廢，爲此故也。」[48]

「無益經典而有助文章」說明了緯書對文學創作的意義，不僅如此，它還影響了當時的文論的發展，可以說緯書「有助文章」，亦「有益文論」。因爲緯書的作者對文學本身也發表了自己的看法，尤其是其中的《詩緯》和《樂緯》較集中地體現了作者對詩歌、音樂的認識。綜合起來，緯書涉及有關詩歌性質的問題。如《詩．含神霧》雲：「詩者，天地之心，君德之祖，百福之宗，萬物之戶也。」[49]作者認爲，詩在天地之間居於核心、中心的地位，因而詩能夠成爲君德、百福、萬物始祖和本源，這樣詩似乎成了宇宙萬物的主宰。正因爲詩具有如此崇高的地位和重要的作用，因而要將詩「刻之玉版，藏之金府」。[50]緯書對詩的性質的這一認識，與先秦、兩漢正統儒家詩論有所不同，因爲它們將詩與作爲自然宇宙的天地聯繫起來，從詩在天地中所處的地位上，認識到它所能發揮的作用，這種認識可以說是我國古代從哲學本體的高度認識詩歌的端倪。緯書還論及詩歌的產生和音樂的作

48 周振甫《文心雕龍注釋》，人民文學出版社 1983 年版，第 29 頁。
49 安居香山、中村璋八《緯書集成》，河北人民出版社 1994 年版，第 464 頁。
50 同上，第 464 頁。

用，如《樂・動聲儀》曰：「詩人感而後思，思而後積，積而後滿，滿而後作。言之不足，故嗟歎之。嗟歎之不足，故詠歌之。詠歌之不厭，不知手之舞之，足之蹈之也。」[51]作者指出了詩人由感而作的具體過程，即感→思→積→滿→作，這一論述比《毛詩大序》提出的「情動於中而形於言」之說更加具體明晰。至於音樂的作用，《樂・葉圖征》提出：「稽天地之道，合人鬼之情，發于律呂，計於陰陽，揮之天下，注之音韻。有竊聞者，則其聲自間。」[52]認爲音樂是溝通天與人的橋樑，它能夠將人與天從情感上連接起來。而且，音樂的五音同自然界的四季也有著對應的關係，所謂「春氣和則角聲調，夏氣和則羽征聲調，季夏氣和則宮聲調，秋氣和則商聲調，冬氣和則羽聲調」。[53]緯書的作者以董仲舒的「天人相副」、「天人同類」的理論爲基礎，說明了人與自然的和諧統一的關係，從而強化和發展了傳統的「物感」理論。此外，緯書還提到有關情感的理論，如《春秋・演孔圖》雲：「詩含五際六情。」[54]所謂「六情」，指的是人的喜怒哀樂好惡，詩應該抒發人的情感、情性，詩具有抒情性，緯書對詩的這一認識同先秦時期的「言志」說相比，顯然是要深入一步。陸機《文賦》有「及其六情底滯，志往神留，兀若枯木豁若涸流」之語，[55]李善注「六情」一詞引用了《春秋・演孔圖》中的「詩含五際六情」之說。由此看來，緯書所涉及的文論問題，亦影響了人們對文學藝術的認識，從而對這一時期的文論發展有一定的意義。

緯書除了「有助文章」、「有益文論」以外，還有一點是「有

51 同上，第 544 頁。
52 同上，第 562 頁。
53 同上，第 568 頁。
54 同上，第 583 頁。
55 郭紹虞《中國歷代文論選》第一冊，上海古籍出版社 1979 年版，第 174 頁。

利文史」。關於這一點，劉師培在《讖緯論》中指出其有「五善」：補史、考地、測天、考文、征禮。如善一爲「補史」，曰：「跡溯洪荒，事窺皇古，三王異教，五帝立師，九牧則起原軒帝，三皇則並列女媧。七輔各竭其功能，四帝各殊其方色。有耳即神農之號，羲和與重黎同功；有巢敷治石樓，夏禹藏書于金匱。九龍紀官，尊卑莫別；六書制字，子母相孳。人皇九頭，始宅中州之土，燧人四佐，亦征群輔之賢。循蜚合雒，紀名疏仡之前；栗陸伯皇，爵位襲庖犧之號，衣皮處穴，識前民開創之艱。石鼓銅刀，溯古器變遷之跡。」[56]又如善四爲「考文」，曰：「毖緯之說，訓故是資，禮履則訓近雙聲，民萌則義詳互訓，土力於地，日生爲星，以刀守井曰刑。推日合月爲易，十一相加爲士，兩人相合則爲仁，蟲動凡而爲風，禾入水而爲黍，律以六書之學，咸歸會意之條。若夫分別部居，依類托義，律訓率而歲訓遂，義取諧聲；王訓往而皇訓煌，說符疊韻，陽爲天而陰爲地，遺文征洨長之書；水象坎而火象離。佚象合義經之卦。」[57]通過對「五善」的分析，以及緯書中提及的「情」、「仁」等的概括，劉師培以爲讖緯「亦足助博物之功，輔多聞之益」。[58]在人們都將讖緯作爲一種虛僞詭異、神學迷信而否定時，劉師培的「五善」說，可謂真知灼見，它可與劉勰的「有助文章」說相互發明。

因此，在《正緯》篇中當劉勰分析了讖緯「其僞有四」之後，指出其「乖道謬典」，並以「桓譚疾其虛僞，尹敏戲其深瑕，張衡發其僻謬，荀悅明其詭誕」，以四賢的批判讖緯作爲自己「正緯」的有力證據。然而，在指出緯書的「有助文章」之後，《正

56 見範文瀾《文心雕龍注》，人民文學出版社 1959 年版，第 42 頁。
57 見範文瀾《文心雕龍注》，人民文學出版社 1959 年版，第 43-44 頁。
58 同上，第 44 頁。

緯》篇又曰：「平子恐其迷學，奏令禁絕；仲豫惜其雜真，未許煨燔。」張衡擔心緯書迷惑人們學習經書，因而主張禁絕圖讖，[59]這與前面的「張衡發其僻謬」相一致。而荀悅在力辯讖緯之僞造的同時，[60]又認爲緯書中也有可取之處，而不可焚毀之。此語出自荀悅的《申鑒·俗嫌篇》：「或曰，燔諸？仲尼之作則否，有取焉則可，曷其燔？」[61]在此，劉勰借「仲豫惜其雜真，未許煨燔」，來表明自己對緯書的態度。值得我們注意的是，《正緯》篇開頭的「真雖存矣，僞亦憑焉」的「真」，同這裏的「仲豫惜其雜真」的「真」，兩者是不同的。前者爲經書中的圖讖，而後者卻是指緯書中的「有助文章」，包括「有益文論」、「有利文史」的一些保留了我國上古文化的內容。從劉勰「按經驗緯」對讖緯的否定，到指出其「有助文章」的肯定，這種對讖緯的辯證認識，使劉勰最後提出了「酌乎緯」的主張。

四、從「按經驗緯」到「酌乎緯」

劉勰的「按經驗緯」，既指出讖緯的「乖道謬典」、「無益經典」，又認爲其「事豐」「辭富」、「有助文章」。對讖緯的這種認識，使劉勰在最後《序志》篇中提出了「酌乎緯」的主張。[62]從劉勰的「按經驗緯」到提出「酌乎緯」，這一過程可以說明

59 範曄《後漢書・張衡傳》：初，光武善讖，及顯宗、肅宗因祖述焉。自中興之後，儒者爭學圖緯，兼複附以妖言。衡以圖緯虛妄，非聖人之法，乃上疏曰：‘……宜收藏圖讖，一禁絕之，則朱紫無所眩，典籍無瑕玷矣。’”（《後漢書》，中華書局 1965 年版，第 1911-1912 頁。）

60 荀悅《申鑒・俗嫌篇》曰：“世稱緯書，仲尼之作也。臣悅叔父故司空爽辨之，蓋發其僞也。”（見範文瀾《文心雕龍注》，人民文學出版社 1958 年版，第 40 頁。）

61 範文瀾《文心雕龍注》，人民文學出版社 1958 年版，第 40 頁。

62 劉勰《文心雕龍・序志》：“蓋文心之作也，本乎道，師乎聖，體乎經，酌

以下幾點：

第一，劉勰「宗經」而不限於「經」。「宗經」是劉勰著述《文心雕龍》的指導思想，《原道》篇提出「道沿聖以垂文，聖因文而明道」，說明了道是通過聖人之文而體現出來的，聖人借助于文而深刻地闡明了道。聖人之文就是儒家的經書，因此劉勰提出「宗經」的問題。而劉勰的「正緯」就是在「宗經」思想指導下進行的，因此他「按經驗緯」，以儒家經書的標準來檢驗緯書，從而認爲緯書「其僞有四」、「乖道謬典」。儘管如此，劉勰又將緯同經分而論之，提出緯書的「無益經典」卻「有助文章」。這一觀點的提出說明，劉勰既「宗經」又不局限於「經」，因而比較辯證地認識了讖緯問題。同樣，劉勰「按經驗緯」，又依經辨騷，得出「四同」「四異」，對於有「四異」的屈原作品給予了高度的評價：「雖取熔經意，亦自鑄偉辭」。並且，由此提出了一個文學創作中的重要問題，即「酌奇而不失其真，玩華而不墜其實」。（《辨騷》）所以，對於「正緯」和「辨騷」，儘管一般研究都認爲是對「宗經」的「補論」，但實際是劉勰「宗經」而不限於「經」，這種情況貫穿于《文心雕龍》的始終。因此，劉勰比較辯證客觀、實事求是地探討和研究了有關文章寫作和文學創作的諸多問題，這就是《序志》篇中所說的「擘肌分理，唯務折中」的研究方法。劉勰的「正緯」就是一個典型的例子。

第二，《文心雕龍》對緯書的酌取和吸收。劉勰從「按經驗緯」到提出「酌乎緯」，「酌乎緯」不僅點出了《正緯》篇的題旨，而且《正緯》篇作爲「文之樞紐」中的一篇，這一主張對於《文心雕龍》全書還具有理論上的指導意義。即緯書的「事豐奇

乎緯，變乎騷，文之樞紐，亦雲極矣。"

偉，辭富膏腴」，從題材內容和語言形式兩個方面肯定了讖緯對於文學創作的意義，這些正是劉勰在《文心雕龍》中探討「爲文」的一個重要的理論問題。因此，劉勰指出緯書的「有助文章」，及提出「酌乎緯」的主張，這不僅是對讖緯本身的論述，而且也是他有關文學內容與形式理論的重要內容。「酌乎緯」是劉勰對文學創作的一種主張和要求，事實上劉勰自己著述《文心雕龍》也是「酌乎緯」，也有讖緯的影響。如《原道》篇談人文的起源：「若乃河圖孕乎八卦，洛書韞乎九疇，玉版金鏤之實，丹文綠牒之華，誰其屍之，亦神理也。」其中的「丹文綠牒」，就是出自緯書。如《尚書・中候》：「河出龍圖，赤文綠字，以授軒轅。」[63]又如《明詩》篇中劉勰對詩的「釋名以章義」時，就引用了《詩・含神霧》中的「詩者，持也」說：「詩者，持也，以手維持，則承負之義，謂以手承下而抱負之。」[64]詩緯中的這一理論，補充和發展了傳統的「詩言志」說。[65]再如，在《封禪》篇中，劉勰還引了緯書中的用語，如「綠圖曰：『潬潬嗚嗚，棽棽雉雉，萬物盡化。』言至德所被也。丹書曰：『義勝欲則從，欲勝義則凶。』戒慎之至也。」意爲《綠圖》說，輾轉不定，錯綜雜糅，萬物因此發育滋長，這是至上之德所能達到的。而《丹書》所記載的兩句，出自《史記・周本紀》注引緯書《尚書・帝命驗》，意爲道義戰勝私欲則順從、吉利，而私欲戰勝道義則有兇險、災禍，由此說明要加以警戒和慎重。劉勰引《綠圖》、《丹書》之語，意在說明「封禪」的意義。此外，在《封禪》篇中劉勰還肯定了緯

63 安居香山、中村璋八《緯書集成》，河北人民出版社 1994 年版，第 400 頁。
64 安居香山、中村璋八《緯書集成》，河北人民出版社 1994 年版，第 464 頁。
65 參閱拙文《論詩緯對〈文心雕龍〉詩論的影響》，《東南大學學報》2004 年第 4 期。

書有史料的價值，所謂「成康封禪，聞之樂緯」。「成康」，指西周成王和康王，《後漢書·張純傳》載：「三十年，純奏上宜封禪，曰：『自古受命而帝，治世之隆，必有封禪，以告成功焉。《樂·動聲儀》曰：『以雅治人，風成於頌。』有周之盛，成康之間，郊配封禪，皆可見也。」[66]《樂緯》的這一記載爲劉勰說明「封禪文」的源流提供了史料依據。劉勰本人在《文心雕龍》中對緯書的吸收，也正是「酌乎緯」的一個生動體現。

第三，廣泛吸取傳統文化的精華。讖緯作爲我國漢魏六朝時期的一種學術思潮，雖然它虛僞詭異、荒誕不經，但是劉勰並沒有完全摒棄它，而是認識到其中所蘊含的對文學創作和文學發展的有利因素，並吸取其中的一些觀點學說，從而形成自己的理論。劉勰著述《文心雕龍》，吸收、融合了儒、道、玄、佛等各家的思想資料。就儒家經學的角度來說，從《文心雕龍》的思想傾向和理論觀點來看，劉勰基本上屬於古文經學派，但他在一定程度上也有今文經學的影響。劉勰的「酌乎緯」，即《正緯》篇「贊曰」的「芟夷譎詭，糅其雕蔚」，去其糟粕，取其精華，體現了劉勰對我國傳統文化的科學而辯證的態度，也表明了他作爲一個偉大的文學理論家的卓識慧眼。正是由於廣泛吸取了傳統文化的精華，因此可以說，《文心雕龍》是我國傳統文化的結晶，它兼收並蓄，「彌綸群言」，從而成爲一部「體大思精」的偉大巨著。「酌乎緯」既可以幫助我們全面、正確認識讖緯，同時劉勰的這一認識和態度，又是我們對待傳統文化所應該借鑒的。

---

66 範曄《後漢書》，中華書局 1965 年版，第 1197 頁。

參考文獻

1、周振甫《文心雕龍注釋》，人民文學出版社 1981 年版。

2、範文瀾《文心雕龍注》，人民文學出版社 1958 年版。

3、詹瑛《文心雕龍義證》，上海古籍出版社 1989 年版。

4、黃侃《文心雕龍劄記》，中華書局 1962 年版。

5、劉永濟《文心雕龍校釋》，中華書局 1972 年版。

6、班固《漢書》，中華書局 1965 年版。

7、範曄《後漢書》，中華書局 1965 年版。

8、魏征《隋書》，中華書局 1996 年版。

9、安居香山、中村璋八《緯書集成》上、中、下，河北人民出版社 1994 年版。

10、鐘肇鵬《讖緯論略》，遼寧教育出版社 1991 年版。

11、郭紹虞《中國歷代文論選》，上海古籍出版社 1979 年版。

12、董仲舒《春秋繁露》，《四部精要》12，上海古籍出版社 1992 年版。

重讀《辨騷》、《通變》與《定勢》，再議《文心雕龍》的宗旨與體系

中國南京師範大學　石家宜

摘　要

《辨騷》與《通變》、《定勢》是《文心雕龍》「論文敘筆」與「剖情析采」兩大部分的核心篇章，通過重新解讀，加深了必須重視《文心》研究整體性的認識；並在此基礎上進一步探討了正確把握《文心雕龍》宗旨和體系的途徑。文章強調「正末歸本」是劉勰爲《文心雕龍》規定的根本任務，「正體」就是《文心》的命脈和主幹，這樣才能發現《文心》各組成部分的內在聯繫，爲我們窺測《文心》理論體系找到真正的通衢。文章通過劉勰文學思想中最基本的範疇即「體」與「情」及其相互關係的剖析，對《文心》體系的理論核心進行了較爲深入的挖掘和論證，爲「文心雕龍理論體系」這一龐大而艱深的課題研究，提供了一個值得重視的觀測點，也爲我們全面認識劉勰文學思想和《文心雕龍》理論體系的豐富性和複雜性、創造性和局限性，提供了重要的管道。

關鍵字：《文心雕龍》整體性　宗旨　體系　「正末歸本」「正體」　「體」與「情」

一、

頃有「龍」友來敘，翻著《文心雕龍學綜覽》，他頗多感慨地說，該提的問題差不多都提出來了，現在一定要「從大處著眼」，我們的研究才會另開生面。

這番話引起我的共鳴和思考。當下，怎麼「從大處著眼」來深入推進《文心雕龍》研究呢？我就從近來重讀《辨騷》與《通變》、《定勢》篇所遇到和想到的問題談起。

劉勰把《文心》上篇頭五篇稱爲「文之樞紐」，《辨騷》篇在這個理論綱領中的位置非常突出，非常關鍵，若要探尋《辨騷》的主旨，必須與前三篇緊密聯繫起來才能看清；而《通變》與《定勢》兩篇在《文心》下篇頭五篇中同樣處於非常突出、非常關鍵的位置，探尋這兩篇的主旨同樣離不開它們與前三篇即《神思》、《體性》和《風骨》篇的關係。

很多研究者都認爲，《神思》居下篇之首，實爲劉勰在下篇「剖情析采」的「綱領」，但細讀下來，《文心》下篇頭五篇更是劉勰在全面的文體考察基礎上繼續深入總結「爲文用心」的一個完整的綱領。劉勰對上下篇的頭五篇都給予了非同尋常的重視，而且，在「本乎道、師乎聖、體乎經、酌乎緯、變乎騷」與「摛神性、圖風勢、苞會通」之間，確乎存在著某種對應的關係，如果我們能把上下篇尤其是它們的頭五篇聯繫起來考察，定會爲我們「從大處著眼」，切實把握《文心雕龍》的基本精神，深入探討《文心》各篇的要旨及其相互間緊密聯繫，提供切實的幫助。更能爲完成「文心雕龍理論體系」這一需作系統、綜合研究的龐大而艱深的課題添磚加瓦，能爲從劉勰文學思想深處全面認識這個體系的豐富性和複雜性、它的理論活力和缺陷，找到相宜的觀測點。

二、

先看《辨騷》。《辨騷》篇應當歸屬于「文之樞紐」還是「論文敘筆」？劉勰對屈原及其作品到底給予了怎樣的評價？他通過「辨」騷最終得出了何種結論？而我們對劉勰的「辨騷」觀究竟應予怎樣的估量，從而保證我們對劉勰文學思想有一個較爲客觀和公允的把握呢？

孤立地看，《辨騷》篇的歸屬問題沒有多大意義，因爲《序志》篇已明確指出，「本乎道、師乎聖、體乎經、酌乎緯、變乎騷，文之樞紐，亦雲極矣」，劉勰各精選了一個字概括前五篇的精神要旨，這在《文心》體例中是並不多見的。至於爲什麼把《正緯》和《辨騷》篇也列入「文之樞紐」，自然要從這兩篇與前三篇不可分割的關係中尋找答案。劉永濟先生較早指出過「五篇義脈，仍相連貫」，但他又把前三篇說成「於義屬正」，而後兩篇則「於義屬負」（見《文心雕龍校釋》，中華書局一九六二年版），顯然還沒有把前三篇與後兩篇的關係闡述清楚。

劉勰在對各代各體作家作品的評價中，傾注著最大熱情的莫過於騷。但所謂「固知楚辭者，體憲於三代，風雜於戰國，乃雅頌之博徒，而詞賦之英傑也」，這個總體評價又不像是從同一個人口中說出來的。還有所謂「觀其骨鯁所樹，肌膚所附，雖取熔經意，亦自鑄偉辭。故《騷經》九章，朗麗以哀志；《九歌》《九辯》，綺靡以傷情；《遠遊》《天問》，瑰詭而惠巧；《招魂》《大招》，耀豔而深華；《卜居》標放言之致，《漁父》寄獨往之才。故能氣往轢古，辭來切今，驚采絕豔，難與並能矣」。上述評價確實存在著令人詫異的矛盾，這究竟是爲什麼呢？《辨騷》

篇的主要內容自然重在「辨」，而「辨」的目的卻是爲了探求文「變」之道，這就象「正緯」的目的是爲了便於酌取是一樣的道理。但是，「求變」之道爲何一定要從「辨騷」入手？是把楚辭當作了文「變」的範本？抑或是爲了在《詩經》的傳統外，再總結一個以楚辭發其端的新的文學傳統？都不是。劉勰敏銳地看到了屈賦「衣被詞人」的巨大影響，但同時又並不掩飾他對楚辭的不滿。紀昀評說「詞賦之源出於騷，浮豔之根亦濫觴於騷，辨字極爲分明」，所見極是。《文心》各篇對詞賦的批評很多，很嚴厲，而詞賦這種華而不實、文麗過甚的弊病，在劉勰看來是發源于楚辭的。《宗經》篇明言「建言修辭，鮮克宗經，是以楚豔漢侈，流弊不還。」《物色》篇讚美了《詩經》描繪自然景色用字之精當，所謂「皎日嘒星，一言窮理，參差沃若，兩字窮形，並以少總多，情貌無遺矣。」可接著又將詩騷並舉而論其短長，說「及《離騷》代興，觸類而長，物貌難盡，故重遝舒狀，於是嵯峨之類聚，葳蕤之群積矣。及長卿之徒，詭勢瑰聲，模山范水，字必魚貫，所謂詩人麗則而約言，辭人麗淫而繁句也。」雖然直接批評的是漢賦，雖然他對因《離騷》代興帶來的文學描繪的豐富變化並不一筆抹煞，但他仍然執著地認爲，《離騷》是有背傳統的「約言」之旨而始開了「繁句」先聲的，這也是劉勰第一次接受了揚雄把「詩人麗則」與「詞人麗淫」對立起來的觀點。

劉勰「辨騷」，有著鮮明的尊經抑騷的傾向，「辨」的結果就有了所謂「四同四異」之說。他否定屈作的「詭異之辭」和「譎怪之談」，實際是對屈賦中運用神話表示不滿，而被他否定的所謂「狷狹之志」和「荒淫之意」，更是對屈原的崇高志向及屈賦的藝術表現特點，明白地提出了異議。他「辨騷」的最後結論是「憑軾以倚雅頌，懸轡以馭楚篇，酌奇而不失其貞，玩華而不墜其實」。以「經」之「正」來馭「騷」之奇，就是劉勰「辨騷」觀的實質，他確實是用「宗經」的眼光和準繩來考察文變過程，探求文變規律和規範文變之道的。如果不把「文之樞紐」前三篇與後兩篇的關係搞清楚，不把「體乎經」與「變乎騷」密不可分的體用關係搞清楚，我們就無法探得劉勰「辨騷」的真實用心，——而這正是我們全面理解劉勰探討「爲文之用心」指導思想的關鍵所在。

三、

再看《通變》與《定勢》。《通變》講什麼？一種通行的看法認爲「通」與「變」對舉，「通變」就是解決文學發展的繼承與革新關係的。但我們在《通變》篇找不到「通」與「變」對舉的用例。另一種意見，又把「憑情以會通，負氣以適變」作爲《通變》篇的「核心論點」，認爲「通變」就是在「會通」的基礎上「適變」。但是，把「通」與「變」對舉與把「會通」與「適變」對舉並無實質不同。所謂「憑情以會通，負氣以適變」，本來是互文足義，表達著相同意見的一句話。

統觀《通變》篇，正文部分言及「通變」的凡五處，無一例外是把「通變」作爲一個統一的詞語（概念）來使用的：「文辭氣力，通變則久」，「通變無方，數必酌於新聲」，「綆短者銜渴，足疲者輟途，……乃通變之術疏耳」，「斟酌乎質文之間，檃括乎雅俗之際，可與言通變矣」，「參伍因革，通變之數也。」可見，《通變》篇討論和求證的本是何爲通變之數、通變之術，而非什麼「通」與「變」或「會通」與「適變」的關係。這在《文心》很多篇章裏都可找到印證。《征聖》篇雲：「抑引隨時，變通會適。」《議對》篇雲，「采故實於前代，觀通變於當今」，把「觀通變」與「采故實」相對，「通變」之指「變」，意思很分明的。類似的提法，如「隨變取會」、「變通會適」、「會通合數」、「變通以趨時」……所在多有，都是要求作家懂得必須根據不同的情勢去趨時變通的道理。《物色》篇對此有更爲明確的表述：「古來辭人，異代接武，莫不參伍以相變，因革以爲功，物色盡而情有餘者，曉會通也。」意謂古代辭人都是遵循參伍相變的原則，洞曉了以變爲功的道理，才取得高度藝術成就的。這裏的「曉會通」就是「曉變」，也即開通其變，語意十分明顯。這才是《通變》之要旨。

我們更不可誤解了「苞會通」的意思，它不是指從《附會》到《通變》諸篇，劉勰怎麼可能把相隔十四章，內容也大相徑庭的這兩篇「苞」到一起？《序志》篇的「苞會通」與《物色》篇的「曉會通」顯然同指「通變」。

我們在確定了劉勰《通變》篇的範圍和主旨以後，還應當繼續深入瞭解他究竟要「變」什麼和如何去求其「變」，這樣才能從深層的文學思想和文學史觀的高度，來把握劉勰「通變」觀不同於其他任何「通變」觀之所在。

《通變》篇開頭就說，「設文之體有常，變文之數無方，何以明其然耶？凡詩賦書記，名理相因，此有常之體也；文辭氣力，通變則久，此無方之驗也。名理有常，體必資於故實，通變無方，數必酌於新聲。」這裏有兩點特別值得注意：首先，劉勰提出「資故實」與「酌新聲」這樣兩個命題並把它們對舉，既肯定了各種文體的根本體制是名理相因、相對穩定，因而就是不可逾越的；又指出文辭氣力卻必須不斷地變化。也就是說，劉勰認爲古來形成的各種文體的根本體制是不可改變的，所以叫「資故實」，可變的只是文辭氣力，所以要「酌新聲」，而且「酌新聲」的文辭變化必須以「資故實」的固守傳統體制爲前提，這樣才能掌握正確的通變方向。其次，我們還應再看他的「酌新聲」究竟有著怎樣的內容，然後才能找到「通變」觀的最終落腳之處。

有一點非常重要，檢閱《通變》全篇，劉勰始終在文辭之變這一基點上著力，所謂「黃歌斷竹，質之至也。唐歌在昔，則廣於黃世。虞歌卿雲，則文于唐時。夏歌雕牆，縟于虞代。商周篇什，麗于夏年。」一代比一代更見豐富，其主要標誌是文辭的由「質之至」，到更「文」更「縟」更「麗」。但在商周之後，文學的發展變化卻走向了另一個極端，由質文相濟漸漸誤入以文溺質的迷途，以至於「彌近彌澹」。因此，劉勰痛覺必須把文辭之變規定在一個有章可循的具體範圍之內。這一點從《通變》篇所舉唯一實例中可以看得明明白白，劉勰並非信手拈來這個「五家如一」的例子，顯然是經過深思熟慮的一個完整而具體的通變圖景，有著強烈規範文辭之變，使之不能越出「迴圈相因」「終入籠內」的意圖，故而他斬釘截鐵地說，「諸如此類，莫不相循，參伍因革」才是「通變之數」。我們怎能離開劉勰對「文辭之變」的規範，不顧這些發自內心的活的思想動向，就輕易地用「繼承」與「革新」來詮釋他的「通變」主張呢？無須諱言，劉勰用以觀察文變的武器是比較陳舊的，所謂「青生於藍，絳生於蒨，雖逾本色，不能複化。……練青濯絳，必歸藍蒨，矯訛翻淺，還宗經誥」（《通變》）。其萬變不離宗經的執見，大大限制了他的視野，劉勰「通變」的眼光始終局促於辭變的範圍之內，不是沒有來由的。他把五經說成是「窮高以樹表，極遠以啓疆，所以百家騰躍，終入環內」（《宗經》），所謂「百家騰躍」是「變」，但是萬變不離其本，這「本」就是「宗經」，所謂「終入環內」，「環內」就是「環中」（如《體性》篇雲「得其環中，則輻輳相成。」）這是不可變的根本。他把儒家經典的寫作原則當作以不變應萬變的文學事業的本體，又怎麼可能確認繼承和革新的文學發展大計呢？

四、

范注雲「《文心》各篇前後相銜，必於前篇之末，預告後篇之所將論者。」《風骨》篇篇末這樣說：「若夫熔鑄經典之範，翔集子史之術，洞曉情變，曲昭文體，然後能孚甲新意，雕畫奇辭。昭體故意新而不亂，曉變故辭奇而不黷。」而這「洞曉情變」與「曲昭文體」，正是緊接其後的《通變》與《定勢》篇各自闡述的中心。《通變》與《定勢》兩篇恰恰是分別探討如何建樹「風骨」的姐妹篇。

所謂「曲昭文體」，就是要求無誤地把握「名理有常」的設文之體；所謂「洞曉情變」呢，又是要求正確對待「通變無方」的文辭之變。「昭體」自然要求「資故實」，而「曉變」則不妨「酌新聲」，劉勰尤其強調前者是基礎，就同「望今制奇」之須以「參古定法」爲前提和準繩一樣。

那麼，「昭體」，爲什麼又說是「定勢」？「昭體」與「勢」是什麼關係？而「勢」之須「定」，劉勰究竟有著怎樣的理論思考？

前人對「定勢」的見解，多取漫評式，如黃侃、範文瀾、劉永濟、羅根澤、陸侃如諸公分別解「勢」爲「法度」、「標準」、「姿態、勢態」、「文體修辭」、「格局、局勢」等，前輩學者對《定勢》的理論深意尚未遑細究。而當代研究家們的探討自然是大爲跨進了一步。

比如一種看法認爲「勢」即「體勢」，他們把「體性」稱爲風格的主觀因素，而把「體勢」看成風格的客觀因素，《體性》篇論個性對風格形成的作用，而《定勢》篇則論文體風格對作家風格形成的作用。但是細爲尋覓，我們就會發現，在《文心雕龍》的體制中，找不到劉勰用兩個或兩個以上的篇章來討論同一論題的先例。何況《文心》各篇次之間的關係是「排比至有倫序」（範文瀾語）的，劉勰不可能從《體性》篇開始連用四個篇章來闡述文學風格問題，不然，在《體性》與《定勢》篇當中夾了《風骨》與《通變》兩篇就很蹊蹺。更何況，《文心雕龍》本無「風格」這一專門術語。劉勰的意思很明顯，「體」指風格的客觀因素即各種文體本身的審美規定性對風格形成的作用，「性」則指作家個性對風格形成的作用，這「體性」原本就已經是從主觀客觀兩個方面的統一中來確認風格形成的。《定勢》篇談到「昭體」，主張「即體成勢」，涉及到了風格形成的客觀因素，但這並不能說明《定勢》篇與《體性》篇同樣是《文心》的風格專章，這一篇肯定還有它特定的探討內容。

還有一種看法從不同側面分析了先前兵法和書法論「勢」的影響，指出了「勢」與風格的關係以及「勢」與「術」的關係，從而把「勢」解作一種「有展開過程的表現方式」，是包含著「動態的美感和雋永的韻味」的。應當說這種解讀是有創造性的，但這種經過論者推度整理了的解讀必須回到《文心雕龍》去經受它的檢驗。

「勢」，和「風骨」一樣，都是一個形象的比譬，我們只能從這些形象性詞語所比譬的意義中，從作者對這些形象詞語的具體運用中領會其本意，比譬意義的不確定性最容易造成我們認識和判斷的錯覺。

「勢」是什麼呢？說「即體成勢」，「勢」本身顯然不就是文體風格，因爲「定文體風格」的任務在文體論各篇中已經分別解決了。劉勰明明說「勢者，乘利而爲制也」，這就如「機發矢直，澗曲湍回」，是一種「自然之趣」即自然趨勢。寫文章當然也是有「勢」的，「情」有不同，所位之「體」自也相異，不同的體又形成了相應的體勢，所以「乘利而爲制」的「勢」，在這裏仍然表示要根據具體條件而決定最有利的機變的意思。那麼寫文章如何機變呢？劉勰認爲這就要求作家根據文體的特點和需要，寫出具有不同風貌的文章來，這便叫「循體而成勢，隨變而立功」，這樣的勢才是最自然也最合寫作客觀規律的。因之可以說，「定勢」也就是確定這種順乎自然的循體成勢的原則，而這正是劉勰始終堅持的「執正以馭奇」創作法則的不二法門。「曲昭文體」的重要意義就在於它是「循體成勢」的前提和保證。由此可見劉勰糾正時弊的目標，最終在《定勢》篇完全落實下來了，《定勢》篇的要旨是在「定」「循體成勢」的原則，「定」這個「循體成勢」的自然趨勢，不是專門探討風格形成客觀因素的。

劉勰的「定勢」論具有明確無誤的糾偏意向和針對性。他在不同篇章，從不同角度反復指出，日甚一日的文學訛濫之風的表現和根源，就在於「失體」，使各種性能穩定的「文體」漸漸喪失了自身的規定性，創作就無所依循，就會以反爲正，以顛倒文句爲創新。所以《定勢》篇先申「因情立體，即體成勢」之爲「自然之趣」，複以濃重的筆觸批評和斥責了「苟異者」的「失體成怪」，一旦把各種傳統文體界限沖決了，使之逐步解體，也就葬送了文學本身。由此可見，劉勰把確立「名理相同」的「正體」並使之「循體成勢」，當作力挽形式主義、唯美主義文學狂瀾的最根本途徑，這實在是他文學思想中更爲核心的部分。我們這樣來討論《定勢》篇的主旨，好象更能落在實處。如果說《文心》

上篇各篇是分類確立各種文體之「體統」的話，《定勢》篇便把各體的「體統」從總體上確定下來了。最終地確立體統，從根本上防止和糾正訛勢，這才是《定勢》篇要解決的問題。總之，以「昭體」爲中心，把被時弊「解散」了的「文體」重新「正名」、「定位」，把被訛勢敗壞了的「文體」重新扶正，確立「循體成勢」的原則作爲補偏救弊的藥方，這是《定勢》篇也是整部《文心》總的特點和基本傾向。

大家通常注意了《周易》對《文心雕龍》的影響，尤其是它的「變易」的思想影響，這本來是對的。但我們不能因此而忽視了「易」還有「不易」之義，這種「不易」思想同樣深刻影響著《文心雕龍》。如果說《通變》篇主要是接受了《周易》言「變」的思想影響，那麼《定勢》篇接受的就是其「不易」的思想影響。當然，從文學思想的深層看，劉勰從《周易》接受的「變易」與「不易」的思想影響，並不是等量齊觀的。

應當說，《定勢》篇本身的理論價值，比之《神思》、《體性》與《風骨》來，自然要遜色不少，但就其在《文心》體系中的地位而言，便不能這樣說，因爲這一篇是通向了劉勰文學思想的最深處，《定勢》篇在《文心》體系中肩負著特殊重要的任務。

五、

通過上述三篇的重新解讀，有以下三點值得注意：首先，要加強清理古人遺產科學性的認識。前人建立自己理論的思想基礎和學術環境，他們的思維方式、語言構成、習慣用語等等都和今天有著很大的差異，因此王元化先生強調，要做到「根柢無易其固，裁斷必出其於己」，在「根柢無易其固」的基礎上，用今天更爲發展了的科學觀點去對前人的觀點進行清理並作出恰如其分的評價。尤其是對前人理論形態遺產的清理，更是要求從前人「沒有確定而鮮明說出來的」，挖掘出它的「必然結論」。我們還常常看到古人理論的實際價值大於作者主觀意圖的情況，這更須謹慎，更須回到《文心》中去經受檢驗。實際上任何有價值的清理挖掘都是具有開拓性的工作，我們在從有限的已知去推導未知的答案時難免會有自己的聯想和推測，只是當你形成結論時，就需儘量排除和摒棄那些主觀隨意的、模棱兩可的成分，科學的挖掘清理工作的難度就在這裏。

其次，要加強《文心雕龍》研究整體性的認識。當我們孤立解讀《辨騷》時，會被一系列疑問和矛盾所困惑，而當我們把它放到「文之樞紐」整體中，摸清了它與前三篇的關係，難處就迎刃而解。原來前五篇集中表現了劉勰對文學發生（起源）、發展、變化全過程的整體認識和整體規範，在這個規範中，「變乎騷」受著「體乎經」的指導和制約，這樣就抓住了「辨騷」論的精髓。並且在此基礎上又可以順理成章地推進到對劉勰「通變」觀的認識和評價，而「通變」觀恰恰又是貫串《文心》全書的。這樣層層推進，就能觸「辨騷」一髮，而牽動《文心》理論的全身，這就是整體性研究的可貴。同樣我們在解讀《通變》與《定勢》時，也是靠了這種整體性研究的優勢，找出下篇頭五篇中後兩篇與前三篇的關係，確定它們在體系中的位置，也就明白了下篇前五篇同樣是劉勰探討和總結創作原理的完整綱領。

實際上這種層層推進、環環相扣的內部聯繫還未到此為止。深入下去我們就會發現上篇前五篇與下篇前五篇之間同樣存在著內在聯繫。上篇前五篇所建構的是《文心》體系的基本骨架，是以劉勰的世界觀主要是其哲學觀為基礎的；而下篇前五篇則是直接面對創作實踐的，活生生的創作活動使劉勰的探討結出了累累果實，在很大程度上突破了他的唯心主義理論體系的局限，但最終卻又不能不受其體系的制約和指導。前五篇與後五篇都是爲力挽文學頹勢而制定規範，不過前五篇是面向古人的，重在「參古定法」，後五篇則是面對著今人，重在探討如何在「參古定法」基礎上去「望今制奇」。可見，前五篇與後五篇實際存在著《文心》全書最高層次上的體用關係，是《文心》結構在最高層次上的「前後相銜」。面對這樣且進且深的聯繫，我們越讀越能發現劉勰的體系是多麼厚重，《文心》理論架構是多麼象層巒疊嶂、蜿蜒起伏的崔嵬群山啊！

曹學佺已經看到《文心》上下篇開頭幾篇的對應關係，淩雲本《文心雕龍序》稱：「其《原道》以心，即運思於神也；其《征聖》以情，即《體性》於習也。《宗經》詘緯，存乎風雅；《詮賦》及餘，窮乎『通變』。良工心苦，可得而言」。由於理論剖析能力有限，他當然很難真正體味劉勰的「良工心苦」，而且機械地在上下篇之間找出對應關係，有時也不免失之牽強，但他能看到《原道》、《征聖》、《宗經》與《神思》、《體性》、《通變》等篇的某種聯繫，則還是有眼力的。

可見，加強對《文心》研究整體性的認識是何等重要和緊迫。這種整體性既是《文心》理論固有特點使之然，也是爲我們完整地科學地把握《文心》的目標所決定。只要我們找到了《文心》各個部分之間的內在聯繫，尤其是能夠抓住各個部分與它們背後的《文心》整體之間的關節會通所在，那麼我們就有可能把體大慮周的這部大書逐漸讀活讀通。

又次，我們究竟怎樣把握《文心》整體呢？依我的膚淺體會，這項綜合性的探討目前似應從以下三個方面去努力：一、要從《文心雕龍》本身去挖掘這個體系存在的內在依據；二、必須重新認識《文心》的根本宗旨是什麼，劉勰探討「爲文用心」究竟要解決什麼問題；三、真正瞭解《文心》宗旨以後，就可找到劉勰據此建構其理論體系的確切途徑，並逐步揭開《文心》體系的面紗。我們且依次言之。

一、《序志》篇表明，劉勰極其虔誠地崇敬孔子，認爲「敷贊聖旨，莫若注經」，但因早有「馬鄭諸儒，弘之已精，就有深解，未足立家」，於是想到「唯文章之用，實經典枝條」才「搦筆和墨，乃始論文」。雖然「近代之論文者多矣」，但在劉勰看來，它們都是缺乏根基和系統之談，他連用兩個「泛舉」「泛議」來批評他們論點的不周全不深刻不精要不集中，連對他影響最大最直接的《文賦》也被譏爲「巧而碎亂」，明顯是批評陸賦之沒有系統。劉勰認爲從考慮問題的目光來說，他們都是「各照隅隙，鮮觀衢路」，缺乏通盤考慮，沒有抓住根本；從方法上說，又都是「未能振葉以尋根，觀瀾而索源」，所論都是枝枝節節破碎無序，自然是「不述先哲之誥，無益後生之慮」了。劉勰明確告示後人，他的《文心》異乎尋常之所在，正是他從根基上立論的系統性。

劉勰頗爲自詡地把《文心》系統性完整地陳述在他的「長懷序志」裏：「蓋文心之作也，……位理定名，彰乎大易之數，其爲文用，四十九篇而已。」── 雖則他顯然不可能有今天「體系」的概念，但說得非常清楚的一點是，《文心》的五十個單篇是一個結構完整、條貫分明的整體，其中《序志》篇總馭衆篇，其餘四十九篇是對「爲文用心」的具體分析和論述，因此說它是一個明顯合乎「大衍之數」的理論整體。

這種從整體上把握事物的方法貫穿于《文心》全書之中。如《附會》篇雲：「夫才童學文，宜正體制，必以情志爲神明，事義爲骨髓，詞采爲肌膚，宮商爲聲氣」，並稱「首尾周密，表裏一體」爲「附會之術」。這與《鎔裁》篇強調通過「練鎔裁」而達到「首尾圓合，條貫統一」是一樣的意思，都將每篇作品視爲一個有機整體。他在上篇對衆多作品進行分類考察時，又分明有一個「原始以表末、釋名以章義、選文以定篇、敷理以舉統」的系統有序的「史」的框架。他在《時序》篇裏集中考察和總結文學的發展流變及其規律，更是通過「蔚映十代、辭采九變」這樣通鑒古今的宏觀視野進行了系統的歷史考察，從而得出了「時運交移，質文代變」的普遍結論。他在上述關於全書結構的完整交待以後，接著就說：「銓序一文爲易，彌綸群言爲難」，那麼他把《文心》看作是一個「彌綸群言」的整體是不待言了。自重其書的劉勰甚至還十分自得地突出他的「彌綸群言」之作是「按轡文雅之場，環絡藻繪之府，亦幾乎備矣。」已經接近包羅萬象的「完備」了，還能不是一個探討爲文用心的有序整體嗎？

二、在《文心》體系的探討過程中，以對這個體系性質的不同理解最爲重要。一種看法把《文心》認作文學理論體系，另一種則認爲是文章學體系。前者把「剖情析采」部分視爲全書精華，並認「論文敘筆」部分在內容上已失去重要性。而主張是「文章學體系」的看法，又始終認爲「論文敘筆」部分才是劉勰要解決的主要問題，因此劉勰才說它是《文心雕龍》的「綱領之言」，而「剖情析采」不過是其「毛目」而已。

兩類看法一重「剖情析采」，一重「論文敘筆」，共同點則是都把《文心》上下篇視爲不相關連的，《文心》理論的整體性就這樣被人爲地割裂了。

看到占全書五分之二以上篇幅的「論文敘筆」的重要是對的，甚或認爲劉勰通過「論文敘筆」是示人以寫作法則也沒有錯（這和陸機所謂「操斧伐柯，雖取則不遠」是相同的用意），但劉勰的「論文敘筆」有著遠爲豐富的內容，它的四個部分是一個整體，總結寫作法則僅是其中的一環，如果以偏概全，就把「論文敘筆」的文學史內容抽空了，這也就從根本上抽掉了他在下篇「剖情析采」作理論昇華的客觀依據。同樣，看不到「論文敘筆」的作用，忽略了《文心》上下篇關係的緊密聯繫，同樣會使自己關注的理論總結部分失去了「史」的考察的基礎。必須指出的是，不論輕視「論文敘筆」的作用還是片面誇大它的重要性，還會在不經意間掩蓋了劉勰「論文敘筆」的更深用心，而這是必須從《文心》的寫作目的上才能看出個究竟的。

我們就從一個簡單事實入手，剖析劉勰爲什麼要寫作《文心雕龍》，他是如何爲自己的體系確定最終目標的？有兩段極爲要緊的話，使我們看到了劉勰思想深處最爲不滿和必欲大力糾偏的現像是什麼。《序志》篇認爲「唯文章之用，實經典枝條」，但有著如此重要使命的「文章」卻被六朝淫靡文風破壞了，劉勰指斥他們「去聖久遠，文體解散，辭人愛奇，言貴浮詭，飾羽尚畫，文繡鞶帨，離本彌甚，將遂訛濫」。《定勢》篇對此有更爲鞭撻入裏的論述：「自近代辭人，率好詭巧，原其爲體，訛勢所變。厭黷舊式，故穿鑿取新，察其訛意，似難而實無他術也，反正而已，……密會者以意新得巧，苟異者以失體成怪。舊練之才，則執正以馭奇，新學之銳，則逐奇而失正，勢流不反，則文體遂弊。」這是劉勰深懷激憤聲討「近代辭人」「訛勢」的檄文。劉勰強調指出其根本危害在於「失體成怪」、「離本彌甚」、「文體解散」、「文體遂弊」，一切文體的正統，即源於經典、古已有之的各種文體的自身規定性，各種文體固有的體制已被破壞殆盡。因此，對策被明確無誤地規定在《宗經》篇，即所謂「楚豔漢侈，流弊不還，正末歸本，不其懿歟」。這「正末歸本」正是劉勰憤起「言爲文之用心」的根本宗旨。「末」，顯然是指當世形式主義的文學「末」流，而他亟欲返歸之「本」，就是恢復傳統的各種文體的根本體制，「正體」二字可說是《文心》全書的命脈所在。

這樣，我們沿著劉勰「正末歸本」的基本思路，就有可能找到《文心》各部分的內在聯繫，並由此進一步探尋《文心》體系形成的整體脈絡。

先看「文之樞紐」。在這個部分，「體乎經」顯然處於「樞紐」中心，在劉勰看來，「經」爲各體之本、之母、之正源，是「正體」工程的範本，以「經」爲「體」乃是他「正末歸本」的最高原則。他的「變乎騷」也是以「經」爲「體」以「變」爲「用」，最終完成了他對文變的考察和規範。這個「樞紐」整體，體現了《文心》「正體」工程的標準、原則和方法。

「論文敘筆」部分實際上仍是從「經」本位觀出發，爲各種文體正名、定格。從對各種文體的產生和演變考察開始，再上升到理論高度來重建各種文體的體統，他想把每種文體的基本體制、寫作規則和要求都規定得嚴實無縫，後人就無從再越出雷池一步。劉勰以此來防範和糾正「文體」之凋弊和解散，實在是用心良苦。我們也由此看到了「文之樞紐」所規定的「正體」原則正是「論文敘筆」的指導思想，而「論文敘筆」的分體規範又是上述「正體」原則的具體落實。

至於「剖情析采」，則是在分體規範基礎上進行了總體的規範。前者接近于「史」，後者爲「論」，「史」是「論」的基礎，「論」是「史」的規律性昇華。劉勰在下篇「商榷文術」，自《神思》篇的思維規律探討開始，到《定勢》的「昭體」定法收煞，體現了劉勰探尋「正末歸本」之道的一個完整思考過程和救弊方案。在「論文敘筆」中還只是一種就文體論文體的「正體」規範，到「商榷文術」之時，劉勰就把靜態的分體規範推向更爲深入的領域，即在創作過程中進行了「正體」的動態追尋，找出了創作的規律和原理，便可以進一步把文學活動納入「正體」軌道中去，最終完成「正體」工程的攻堅任務。

繼「摛神性」一組之後的「閱聲字」各篇及《時序》、《才略》、《知音》、《程器》這兩組的內容，均與「正末歸本」目標緊密相關。「閱聲字」一組講的是「剖情析采」的具體方法、寫作手法，劉勰於此確立各種方法的「恒理」原則，仍可看作是「正體」工程的有機組成部分。而劉勰的批評鑒賞理論，其指導思想也仍以「宗經」、「正體」爲核心，他用以品鑒、評價作家作品得失的首要標準就是「位體」，這個思想貫穿各篇始終，這一組文章實際是他「正體」工程在更爲廣泛領域的延伸。

因此，抓住了「正體」這個《文心》大樹的主幹，我們的探索之路就通暢了。

三、借助這個觀測點的引導入門，我們究竟從何處下手進一步登堂入室，把《文心雕龍》理論體系看個明白呢？

六、

如果說《詩品》是一部以純文學眼光撰就的五言詩史和五言詩學，《文心雕龍》就是在「論文敘筆」的寬泛範圍內，集史、論、評於一身的一個綜合的文學學體系。《詩品》專注於五言一體，以探求其流別規律、品鑒其詩作工拙爲宗旨，而《文心》則是以對各種文體進行「正體」爲中心的。最大的不同在於，他們雖是站在同一營壘裏，高擎「吟詠情性」大旗，捍衛「緣情文學」的發展，鍾嶸是純情的，他完全沈浸在「自然」新潮的洗禮中，把目光始終專注於在「直尋」「自然英旨」中追求藝術的「真美」，

《詩品》的中心就是「感蕩心靈」四個大字，「情」乃是它的核心範疇；而劉勰在竭力維護由《詩經》開創的文學傳統，推動緣情文學健康發展的同時，又把緣情文學最終納入宗經的軌道，因而「體」與「情」成了《文心》最基本的範疇，其他範疇由此而派生。

我們認識一個體系，總要找出比較系統的概念和範疇，正是這些概念和範疇錯綜複雜地形成各種聯繫和關係，從而構成了有序的、由相關原理組合起來的有機整體。構成體系自然也與作者結構體系的思維方式、思理特點和邏輯路數相關，還要考慮產生這個理論的歷史、社會和文學的背景，考慮它們適應著怎樣的時代潮流，它有怎樣的針對性等等，必須對這個理論體系的方方面面作多層次的綜合探討。

現在我們就來看「體」，看「情」，看「體」與「情」的關係，從《文心》的範疇中樞漸入其「體系」之殿堂。

劉勰「正體」工程的主要範疇自然是「體」。「體」是什麼呢？《體性》雲，「童子雕琢，必先雅制」。《定勢》雲，「夫情致異區，文變殊術，莫不因情立體，即體成勢也」，「模經爲式者，自入典雅之懿，……」「章表奏議，則准的乎典雅，賦頌歌詩，則羽儀乎清麗，……必循體而成勢，隨變而立功者也」。可知劉勰的「體」常指一定的文體和它所特有的基本美學特性。正因爲作爲藝術形式的「體」有它自身相對獨立的規定性，作家在創作之初「因情立體」即選擇體裁的時候，便不能不尊重這種體裁固有的美學性能。不僅進入創作過程時要精心選擇，而且就在「童子雕琢」之時便要注意「學慎始習」，「必先雅制」。劉勰告誡作家固然應當順著性之所近來培養自己的才情，但首先必須參酌各種具有不同美學性能的標準體制來進行練習，熟練掌握它們的內在規律，才可把自己的才能有效發揮出來，這樣就能做到「會通合數，得其環中」，做到「沿根討葉，思轉自圓」，這也就是劉勰把「摹體以定習，因性以練才」作爲「文之司南」的道理。

這種對「體」的重視貫穿于《文心》全書。所謂「敷理以舉統」，「舉統」就是標舉各種文體的體統。他也把這種體統稱爲「大體」、「大較」、「大要」。比如《詮賦》篇在「舉統」部分總結了「立賦之大體」以後，便不留情面地斥責了那些「蔑棄其本」的「逐末之儔」，說他們「雖讀千賦，愈惑體要，遂使繁華損枝，膏腴害骨，無貴風軌，莫益勸戒」，根本大錯是錯在「惑」了本體，背離了「體要」原則。《頌贊》在「舉統」部分規定了它們的「大體所底」之後，便將班固《北征頌》篇和傅毅《西征頌》之寫成褒獎過度的長篇散文，批之爲「謬體」。劉勰對魏晉的頌體評價不高，只說它們「鮮有出轍」，但卻點名批評陸機頌作的出軌，即使他較爲突出的《功臣頌》，也由於把褒貶不恰當地混雜在一起，而被譏爲「末代之訛體」。《雜文》篇稱「對問」「七發」「連珠」三體爲「文章之枝派，暇豫之末造」，雖意有所輕，但還是具體指出了它們「立體之大要」。在「敘筆」部分，首篇《史傳》即以規定其「大綱」爲旨歸，文體論各篇幾乎都以確定各體體統爲最終目標。

在「剖情析采」各篇中，同樣把「體」放在首位，所不同的是，到了這一部分，劉勰把「情」放到了與「體」並行的位置給予了突出的強調。下篇頭篇《神思》篇雲：「人之稟才，遲速異分；文之制體，大小殊功」，這是說由於作家「才性」（情）的不同和所選文體的不同而使他們的成就各不相同；他指出是由於「情數詭雜，體變遷貿」兩方面因素決定了各自作品不同的體性風貌。緊接著便轉入由「情」（性）與「體」構成的風格現象繼續他對創作規律的探討。其後在《風骨》篇中更申「洞曉情變，曲昭文體，然後能孚甲新意，雕畫奇辭」之義，稱「情與氣偕，辭共體並，文明以健，珪璋乃聘」。《通變》篇強調「設文之體有常」，《定勢》篇更是開宗明義稱「因情立體」，痛斥「苟異者以失體成怪」。到了《鎔裁》篇創「三准」說，更突出地規定「履端於始，則設情以立體」。

爲什麼劉勰把「體」放在首位，又把「情」放到突出的位置予以強調呢？任何體系的產生都離不開它們賴以產生的社會和文學運動的背景。文學發展到魏晉南北朝，已經進入了以緣情文學爲主流的「自覺」時代，文學已經漸漸擺脫了爲經學役使的附庸地位。但是守舊派和趨新派卻從不同的極端阻礙著緣情文學的發展，劉勰在復古主義與形式主義唯美主義思潮的夾擊下，堅持了緣情文學健康發展的方向。

劉勰奮起抗衡的武器自然是「宗經」，但到了文學「自覺」的時代，「宗經」的目的說到底是爲了弘揚「文」的需要，「情」才成爲他「商榷文術」的中心。他在探討「爲文用心」時不能不把「情」放在最突出的位置，並以「情深風清」爲宗經文學之首義，他沐浴新潮，主「情真」，主「感物吟志」的清新自然，更以「爲情而造文」貶斥「爲文而造情」，「情真」幾乎成爲一切有價值文學作品的根本標誌。從創作過程看他把「設情以位體」放在首位，文學鑒賞和批評也是先看這一條。尤其是深入到想像構思、孕育形象和物化形象的創作過程中，他首先突出這個過程始終伴隨著強烈的感情活動，更以「神用象通，情變所孕」這個嶄新的美學命題，揭示了在「神與物遊」過程中，由外部的「物象」與主體的「志」「意」相結合的基礎上昇華出「意象」來，而這種「以少總多，情貌無遺」（《物色》）的意象的產生，恰恰是由「情變所孕」，作家的情感因素成了「神用象通」的酵母。可見他的「感物吟志，莫非自然」的文學反映論在創作各領域的探討都取得了突破，劉勰對緣情文學本質認識達到的深度，決非傳統「言志」說可比。

問題在於，既把「體」放在全書的中心，又把「情」放在最突出的位置，一方面反復強調「設情以位體」，「情理設位」，似乎「體」也要爲「情」而設，另一方面卻堅持以「體」制「情」，以「摹體」制「才性」。或換一個說法，劉勰一面執著地以「宗經」原則爲本體去考察文學活動，一面又不得不面對「情」這個文學創作過程中最活躍最重要的基本元素。他如何在「設情位體」與「以體制情」的矛盾中做出選擇呢？這種無可奈何的矛盾無疑暴露了劉勰文學思想深處的保守一面，說到底是他哲學根柢的致命缺陷造成的。之所以把「經」視爲「恒久之至道，不刊之鴻教」，就是堅定的儒家信仰使他確信有個永恆不變的形而上本體高懸著，而這個形而上的本體精神被「妙極生知，睿哲惟宰」的聖人神領並寫到五經裏去了，「宗經」才成了他考察爲文用心的根本原則，「情」的作用也就相應產生了位移。《文心》體系本來就存在著既「超越自然」又「面向自然」的二元性，這就使劉勰一方面把「因情設體，即體成勢」視之爲「自然之趣」，另一方面又把以「名理有常」「 名理相因」的原則去爲各種文體正名定位奉爲圭臬，這樣，「自然」的實際內容已被「名理」沖淡；他既主「設情位體」，又欲以體制情，這樣，「自然」只好讓位給「名理」了。劉勰論文雖然受到儒、道各家的影響，但他的「自然」理想之始終沒有成爲《文心》支配思想的原因就在於此，我們正可由此看到了劉勰文學思想保守面的底數。我們不可能要求劉勰懂得，僅從「文體」著眼來解釋文風的蛻變是一種形而上學的觀念，他也不可能找到淫靡文風造成「失體成怪」的真正原因。

總而言之，劉勰的理論體系是他那個時代的產物，他非常直率而痛心地承認，文學發展到他的時代，正處於「由質及訛」乃至「文體遂弊」的沒落頹化、幾近崩潰的過程之中。爲了力挽狂瀾，他竭力推崇古代經典作品（五經）作爲「確乎正式」的最高範本，最終完成了「參古定法，望今制奇」的救弊方案，這種以永恆的最高範本制約最富生氣、「日益其業」的文學創造活動的定見，恰恰是他的理論所以如此豐富又如此錯綜複雜的最終根由。

我們現在終於可以力難從心地對他的體系提出自己的引玉之見了，雖則也不過是從遠處對這座巍巍寶山作一次粗略的面面觀而已。

一、劉勰針對當世文壇浮靡頹風的訛濫蔓延，抓住其「失體成怪」的要害，以宗經觀爲理論核心，進行了一場旨在「正末歸本」的「正體」規範。他在「定位」觀思想武器指導下，在對淵源於五經的各種文體進行了分類歷史考察的基礎上，又深入到文學創作和批評等更爲重要的領域進行了總體的規範。這就是《文心雕龍》的宗旨和使命，也是他「言爲文之用心」的基本內容和大體輪廓。

二、在《文心》範疇體系中，「體」與「情」是最基本的一對範疇。它們不僅是「論文敘筆」與「剖情析采」部分的主範疇，也是劉勰反對復古派與趨新派、捍衛緣情文學沿著「吟詠情性」的正確道路健康發展的強大武器。裴子野嚴厲指摘六朝人作詩的「罔不擯落六藝，吟詠情性」（《雕蟲論》，《全梁文》卷五十三），而劉勰突出「情」的中心位置，深刻闡發「情」的作用，正是對復古倒退論的迎頭痛擊；面對趨新派的大膽衝破束縛放膽言情卻失去自製，劉勰力主以「體」制「性」，也未始不是一種有力的針砭。這樣，我們又可以說，強調「情」的作用與強調以「體」制「情」，是各有各的作用，各有各的批判性和針對性，劉勰不覺得有什麼矛盾。何況，他的以體制情畢竟同漢人的以禮節情有著根本的不同，劉勰鍾嶸一派堅決捍衛緣情文學的歷史功績和理論貢獻是不可磨滅的。

三、劉勰與鍾嶸的一個不同之處在於，劉勰有著揮之不去的儒家信仰，他重「情」而兼顧「名理」，鍾嶸卻專務新潮，嚮往「自然」。劉勰在《明詩》篇訓「詩」爲「持」，說「詩」是「持人情性」的，這是他對緣情文學新質的可貴認識，但他對儒家傳統的「言志」說又未能忘懷，因此，他鑄成「情志」新語，這是他在傳統「言志」說與新潮「緣情」說之間「唯務折中」的典型表現。而在非常重要的藝術表現領域，劉的「唯務折中」也一樣發揮得淋漓盡致:「宗經」觀使他把四言的《詩經》視爲「正體」，而把實際已經處於緣情文學主流位置的新興的五言詩稱之爲「流調」，認定「四言正體，則雅潤爲本；五言流調，則清麗居宗」，所以他又把「典雅」與「清麗」合二爲一，極富深意地鑄成「雅麗」新語，這正是他對緣情詩歌審美品位的全新規定。

四、因此之故，劉勰的「唯務折中」不是消極意義上的所謂「調和」，不是無原則的抹泥和掩蓋矛盾和對立，更應看到這是一種兼取和並蓄，是從內涵到外延的理論擴張和深化。由於這種「折中」使人們對文學（詩）的本質的認識超越了傳統的「言志」說和純粹的「緣情」說，由於這種「折中」，更使人們對文學（詩）審美品格的體悟，超越了四言五言的囿別，甚至超越了劉勰自己的「宗經」藩籬，把「正體」與「流調」的審美特質熔於一爐，劉勰終於開始把「傳統」熔到「當世」中去了。這是一種了不起的突破和超越，是對《文心》體系審美內涵的豐富和提升。劉勰本人未必意識到這種突破是不以人的主觀願望爲轉移的，因爲那個時代的文學畢竟大大發展了，文學（詩）的功能顯現和美感魅力與日俱增，人們的文學觀念和審美意識也就不會一成不變。「雅麗」終於成爲《文心》最深層次的審美範疇，體現著劉勰嚮往的最高藝術境界，決不是偶然的。

五、我們就從劉勰最看重的審美新語入手，嘗試著歸納一下他的體系：

劉勰以「體」與「情」爲核心範疇，用「唯務折中」的方法論探討了「爲文之用心」，確立了文學（詩）的最高審美準則即在總體上追求「雅麗」，做到情與采的統一，文與質的兼顧，華與實的並重，雅與俗的相酌，以阻遏唯美主義的輕重本末倒置。在風格上，要以「典雅」一體爲榜樣，強固「風清骨峻」的剛健內質，並融合「清麗」一體清新秀麗的優美辭風，力主感情的真摯自然，反對矯情造作。在創作上傾向上，堅持「執正以馭奇」以糾正「新學之銳」的「逐奇而失正」。在表現形式上，要求精約體要，反對形式主義的繁雜失統、膏腴害骨。在文學發展上，要求「曉變」服從於「昭體」，以「參古定法」去規範、約束「望今制奇」，以「名理相因」的「有常之體」去統馭「通變無方」的「文辭氣力」。這就是一個產生於距今一千五百餘年、既重縝密的文體規範又爲「吟詠情性」留有廣闊創造空間的嚴謹有序的文學學體系，它的博大精深在世界文學理論批評史和美學史上是罕見的。——這樣的勾勒或許仍是一個窺探《文心》體系的基本觀測點，如果可望引起諸位同道高明的注意和指教，爲什麼還要遲疑，還要慮及己見的淺陋和粗疏呢？

（丁亥清明節前寫畢）

《文心雕龍》究旨

吳武雄

摘要

國立臺中技術學院應用中文系三年級選修《文心雕龍》，課程開成，由我講授，於是我要好好準備。授課一年下來，有些心得，因此將自己之經歷作一番省思。本論文從緣起開始談，說明任課之緣由與過程，繼則進入自己準備工作，搜集有關參考資料，目的在增進學生對《文心雕龍》之理解與信心。正式授課時，則從〈序志〉篇開始講，以了解《文心雕龍》全書組織結構；然後講〈原道第一〉，擬定綱要，以掌握文意主題；由〈神思第二十六〉則採用直解，以闡明各章節之精義。因此，一年下來，除〈序志〉篇外，皆依全書順序，擇選篇目講解，共講十七篇。《文心雕龍》五十篇，約講三分之一。應用中文系與中文系有些不同，以實用爲主，所以學生每週要交讀書報告一篇，進一步從事文學創作。

關鍵詞：道　聖人　經典　人文　文學創作

一、緣　起

我會講授《文心雕龍》是平生之奇蹟。

我有幸膺命《文心雕龍》講課一年，對於年逾花甲的我，確實是一大鮮事。授課一年，雖然對《文心雕龍》仍感生硬，但理解上已經有所深入。

在王師更生教授之門生中，我算是異類，也一直以未親炙老師《文心雕龍》之教誨，未在課堂上親自聽課爲憾。老師當年肯接受我，這個從東海來的怪獸，指導我碩士論文，這是承蒙老師之慈悲，把我收在門下，乃人生最大之榮幸。想當初還算年輕，轉眼之間，至今已經是滿頭白髮，垂垂老翁矣；現在我已退休，以前未能聽到老師講授《文心雕龍》爲憾，今後我時間充裕，所以每週上台北，親聆老師教誨，聽老師講《文心雕龍》，重溫學生之夢。

國立臺中技術學院應用中文系成立於 2003 年，爲國立學校之首例，本系原有國文老師三十二位，大家的心情是既興奮又緊張，經過幾年的籌備，終於美夢成真。今日，時代進步，競爭激烈，學術以實用爲主，應用中文系也因此應運而生，故有別於傳統之中文系；然而，談應用中文，必先有中文才能應用，離開中文之根柢又將何以爲用？這也是應用中文系所必須重視的。更何況，目前中文系爲因應社會急遽之變化，也增加許多傳統以外之課程，來幫助學生畢業後有更寬廣的路，而適應時代之需要。

應用中文系第三年安排《文心雕龍》課程，當課程委員徵詢任課意見時，我因年紀老大推說盡量安排年輕老師，增加年輕人之經驗，則幾年後也會成爲新課程的專家。臺中技術學院原爲專科學校，僅有國文課，每位老師都只教國文，未能有所發展；到應用中文系成立，國文老師終於有自己的家，能夠教一些自己大學有興趣及專精的科目，所以讓年輕的老師去發揮是應該的。當課程委員問我時，我並無意在應用中文系任課，只說有年輕老師要教就排給他們教，不必考慮到我，真沒有人要教才排我好了。課程委員把開課的各科一個一個問，當問我《文心雕龍》可不可以教時，我內心非常遲疑。如果我說不，實在有愧師門，故我只得說可以，就這樣應用中文系三年級選修《文心雕龍》開成，安排我講課。學生選課在二年級下學期結束前確定，我接到消息，就專心研讀《文心雕龍》之內容，準備接受這門新課程之挑戰。

《文心雕龍》在中文系也是選修，我讀中興大學中文系修過這門課，也有興趣，在寫作論文時都會引用到《文心雕龍》之理論與精義。然而，當我接下這門新課程，對我來講，是一件艱辛的工作，我的心情一直戰戰兢兢，不敢掉以輕心。終於我講授《文心雕龍》一學年，共講十七篇。我講《文心雕龍》時，自己本無把握，因爲未曾深入研究，能使學生受益否？我不敢想這個問題；但是，一年下來，我的理解確實長進不少，因此藉此機會檢討一番，以就教於專家學者。

二、講課前之準備

劉勰《文心雕龍》凡五十篇，條理連貫，組織縝密，是中國文學理論集大成之作，在歷史上爲曠世之巨構，以當今視之，似乎尚未有出其右者。

王師更生教授沉浸於《文心雕龍》三四十年，著作專精而豐厚，作品流傳於海內外，在學術界極受尊崇。二十幾年前，爲撰寫碩士論文，登師門求益，接受老師之薰陶，因此對《文心雕龍》頗有印象，但對於全書之理解仍然極爲膚淺。因此，爲講授這門課，我必須好好讀《文心雕龍》，對其內容有所掌握，所以我用老師《文心雕龍讀本》做功課，一邊研讀，一邊鉤畫出重點與關鍵句子。如〈原道第一〉，劉勰開頭曰：

文之為德也，大矣！

開始就肯定文之有德，而且是大德。此言正如達巷黨人曰：「大哉孔子。」一樣，是對孔子崇高之贊揚。文是大德，這是肯定句，故《文心雕龍》之作，於焉可知其重要性。劉彥和之所以「夜夢執丹漆之禮器，隨仲尼而南行」（〈序志〉），遂立志述聖人之意，「於是搦筆和墨，乃始論文」（同前），劉彥和著作之本意在此。《文心雕龍》首篇〈原道〉，終篇〈序志〉，前後立意相貫。〈原道〉又曰：

惟人參之，性靈所鍾，是謂三才。為五行之秀氣，實天地之心生，心生而言立，言立而文明，自然之道也。

人與天地爲參，稱爲三才。人稟賦天地之美質，是天地之心所生成，爲自然之道。是故，有天道，有地道，有人道，人兼之而言立，言立而後文明，故曰：

道沿聖以垂文，聖因文以明道。（同前）

至此，〈原道〉篇主旨確立，劉彥和述聖人之志因此而明曉。〈徵聖第二〉曰：

夫作者曰聖，述者曰明，陶鑄性情，功在上哲，夫子文章，可得而聞，則聖人之情，見乎辭矣。

夫子即孔子，聖人之情，見於文章。天地之道依聖人而垂文，聖人因文而明道，此爲聖人創作之意，述者稱之爲明，故明道之後，繼之以徵聖。又曰：

是以論文必徵於聖，窺聖必宗於經。（同前）

論文必須徵聖，聖人之情，見於經典，故窺聖必須宗經；原道，徵聖，宗經，源流連貫。孔子刪述《六經》，宗經是論文之根本。故〈宗經〉列於第三，文之爲德自〈原道〉而來，道因聖人而明，故繼之以〈徵聖〉，窺聖必須宗經，故〈宗經第三〉曰：

> 三極彝訓，其書曰經。經也者，恒久之至道，不刊之鴻教也。

天、地、人爲三才，是三極，其常道曰經，乃永恆不變之道。經書是恒久之至道，永不磨滅之真理，天地間不可缺少之偉大教化。故贊曰：

> 三極彝訓，道深稽古。致化惟一，分教斯五。性靈鎔匠，文章奧府。淵哉鑠乎！群言之祖。（同前）

〈宗經〉總結：天、地、人三才永恆之訓誨，從考察古代經典得知道理非常精深。發揮教化是以道爲根源，教導內容分別存在五經之中。經書是鎔鑄人類性靈之巧匠，也是文學創作之奧妙府庫。精深博大啊！光輝燦爛啊！爲後世群言之宗祖。在《中國古代文學理論的秘寶－文心雕龍》，師曰：

> 〈原道〉之後繼之以〈徵聖〉、〈徵聖〉之後又繼之以〈宗經〉。這就是劉勰所謂的「論文必徵於聖，窺聖必宗於經」的根本要義。（頁 75）

至於〈正緯第四〉之問題頗令人迷惑，緯書非經故不正，劉勰欲正之故謂正緯，這是劉勰「酌乎緯」（〈序志〉）之主張，師曰：「酌採緯書的優點，以爲文學創作之張本也。」（《讀本》上篇頁 49）目的在於創作之發展。是故，其旨曰：

> 按經驗緯，其偽有四：……經顯，聖訓也；緯隱，神教也。

有經之正，可以驗緯之僞，緯書不明顯，故謂神教，孟子曰：「聖而不可知之之謂神。」（〈盡心下〉）超乎聖而無法知道的是神化，猶如我們看民間之祭拜，實則不可知，不可見，然而或智或愚，人人拜之。又曰：

事豐奇偉，辭富膏腴，無益經典，而有助文章。

緯書之內容，在文學創作上則有所助益。何況經是直線，緯是橫線，是織布時所不能少，故正緯對宗經也有輔佐之功。〈辨騷第五〉曰：

自風雅寢聲，莫或抽緒，奇文鬱起，其離騷哉！

屈原作〈離騷〉以自述際遇，有憂憤哀怨之聲，奇文突發，遂創後世辭賦之發展，爲文學之新聲，文學創作又開闢出一條宏闊之源流。劉勰提出〈辨騷〉是以〈離騷〉代表《楚辭》，指文學另一種創作之新貌。

大致上，在研讀《文心雕龍》時，鉤畫出每篇篇旨所在，以便掌握全書之大意，講課時一一指出。台中技術學院是技職體系，應用中文系學生皆來自高職，一般不重視文科，對《文心雕龍》這種高深文學理論專書，一片茫然，能開這門課，實在感到意外，全班三十九位學生中竟有十八位選修，實在難得，所以必須先引導學生來看看《文心雕龍》是怎樣的一本書？

其次，對於《文心雕龍》之評價又如何呢？這一點也是必須讓學生認識的。所以必須找文史資料作印證，總共收集有三十二則之評論；當然，應該不止這些。標題爲〈認識文心雕龍〉，分五項歸納：一、文心雕龍之意義；二、文心雕龍之作者；三、文心雕龍之內容；四、文心雕龍之時代；五、文心雕龍之價值等來介紹：如孟瑤老師《中國文學史》中說：

這一部文學批評名著，不僅前無古人，至今，我們也還沒有產生一部作品，能與之比肩。（頁206）

讀中興大學時，以孟瑤老師著作爲教材，是對《文心雕龍》開始接觸的印象。而趙則誠等主編《中國古代文學理論辭典》則說：

《文心雕龍》是總結我國南齊以前的豐富的文學經驗寫成的一部理論專書，它的議論精深、體系完整、結構嚴密、文辭優美，在我國文學理論批評史和世界美學史上具有重要的地位。（頁 212）

肯定《文心雕龍》在世界美學史上有重要之地位。莊嚴出版社編《簡明插圖中國文學史》中說：

除〈序志〉一篇乃全書的序文以外，其餘各篇的內容，可以歸納為以下三個部分：第一是文學概論，……；第二是文體分析，……；第三是創作及批評的理論。……這三個部分所談的理論，後世大都引用，至今在文學批評上仍有不可忽視的價值。全書文字美麗，是用駢體文字寫的一部論著。（頁 56）

這是指內容而言。游國恩等主編《中國文學史》說：

從西晉到宋齊，文學創作又經歷了幾次較大的變革，創作的經驗和教訓更加豐富了。在文學批評方面也增加不少的著作，所有這些，都為劉勰《文心雕龍》這部總結性的文學批評巨著打下了更充實的基礎。（頁 361）

這是就時代意義而言。羅立乾新譯《文心雕龍》導讀中說：

三萬七千多字的《文心雕龍》，一方面建立起了一個由總論、體裁論、創作論、文學發展論、批評鑑賞論等部分組成的文學理論批評體系；另一方面，全書運用優美的駢文，來闡述它博大精深的理論內容。（頁 27）

在結語中再次強調全書之內容架構。

這是講課前之準備，分成三個步驟：一、仔細研讀《文心雕龍》之課文；二、鉤畫出每篇之篇旨；三、搜集各家之評論。當然還有一件極重要的工作，這一點應該是每位上《文心雕龍》的前輩共同之困擾；《文心雕龍》共五十篇，劉勰寫作此書，編排上用意極深，故曰：

> **位理定名，彰乎大衍之數，其為文用，四十九篇而已。**（〈序志〉）

四十九篇是指〈序志〉篇以外的，而〈序志〉篇是講《文心雕龍》必須先講的，實則五十篇都非常重要，故上《文心雕龍》五十篇都必須講，但是，不可能！所以預計一學期講八篇，全學年共講十六篇。是故，總觀全書各篇，則先選出第一順位要講的有：〈原道〉、〈徵聖〉、〈宗經〉、〈明詩〉、〈史傳〉、〈諸子〉、〈論說〉、〈神思〉、〈風骨〉、〈情采〉、〈章句〉、〈麗辭〉、〈夸飾〉、〈養氣〉、〈知音〉、〈序志〉等十六篇。再選出第二順位要講的有：〈通變〉、〈鎔裁〉、〈事類〉、〈練字〉、〈物色〉、〈才略〉等六篇，是準備進度順利，有時間的話再講的。

三、先講《文心雕龍．序志》篇

〈序志第五十〉是《文心雕龍》最後一篇，正如司馬遷《史記》最後一篇〈太史公自序〉與王充《論衡》最後一篇〈自紀篇〉一樣，是全書完成後之總序。〈序志〉篇就像《文心雕龍》的一把鑰匙，是打開《文心雕龍》的關鍵。

〈序志〉是劉勰寫《文心雕龍》之自序，亦即說明全書寫作內容之安排，是進入《文心雕龍》之門戶。〈序志〉篇揭示四個重點：一、書名之由來；二、寫作動機；三、全書組織架構；四、創作之感言。

劉勰一開始就解釋書名。這個《文心雕龍》的名稱實在難懂，劉勰似乎感覺到了，若就四字名書而言，實在漂亮極了；然而，就四字成義來看，則甚難解。是故，劉勰取書名，是分開二字二字解釋：

夫文心者，言為文之用心也。

古來文章，以雕縟成體，豈取騶奭之群言雕龍也！

文心易懂，即作文如何運用心思（指表達美妙思想）；雕龍頗玄奧，重點在「雕縟成體」意思是雕琢修飾成爲一篇好文章，如騶奭修飾騶衍之文若雕鏤龍文。

劉勰寫《文心雕龍》似乎是「天將降大任於斯人也」，是命運如此。不然，以劉勰之才，必然有輝煌之成就，但除《文心雕龍》外，卻僅留下兩篇文章，而《文心雕龍》又對後世影響深遠。劉勰七歲夢彩雲若錦攀而採之，三十歲後又夢執丹漆禮器隨孔子而南行，這兩個夢已隱隱約約有《文心雕龍》的色彩。劉勰創作一則是「樹德建言」，以見君子之處世立家，而名垂於不朽；再則是：

去聖久遠，文體解散，辭人愛奇，言貴浮詭，飾羽尚畫，文繡鞶帨，離本彌甚，將遂訛濫。

是對當代文風崇尙虛浮華美，違離常道，訛濫不實的反動。所以《文心雕龍》可以說是中國文學至六朝時的總檢討，含有反對唯美文學的用意，對於雕飾過分，違反自然的文學表示不滿。劉勰指近代之論文者漸多，缺點在：

並未能振葉以尋根，觀瀾而索源。不述先哲之誥，無益後生之慮。

這些論文僅談枝葉末節，皆未能尋根索源，也就是不闡述古代聖賢的典誥，對後生晚輩的思想沒有任何幫助。劉勰寫作動機是經過全盤考量，不是片面暫時之興會，可以說是富有時代之使命感。

蓋《文心》之作也，本乎道，師乎聖，體乎經，酌乎緯，變乎騷，文之樞紐，亦云極矣。

劉勰接著指出全書組織架構，卷一五篇是文學思想的源頭，乃文學之基本原理，簡稱「文原論」。體乎經就是宗經，體為體驗之意，經典是文學之本，必須涵溶其中，故宗經為中心，有連貫上下之意義。《文心雕龍》分上篇五卷二十五篇和下篇五卷二十五篇；上篇除文原論五篇外，其餘二十篇，劉勰曰：

原始以表末，釋名以章義，選文以定篇，敷理以舉統，上篇以上，綱領明矣。

六朝唯美文學稱有韻為文，無韻為筆，劉勰未強為之分，敘述中自然包括其中，是故二十篇當中有文體、流變、定義、作家、作品、特點等等皆已綱舉目張，條理分明，上篇結構就是如此。下篇主要談文學創作與鑒賞：

摛〈神（思）〉〈（體）性〉，圖〈風（骨）〉〈（定）勢〉，苞〈（附）會〉〈通（變）〉，閱〈聲（律）〉〈（練）字〉，崇替於〈時序〉，褒貶於〈才略〉，怊悵於〈知音〉，耿介於〈程器〉，長懷〈序志〉，以馭群篇，下篇以下，毛目顯矣。

這裡共舉下篇中之十三篇，而〈序志〉篇是最後以深長情懷寫成的，目的是控制全書之關鍵，下篇二十五篇的篇目這樣就很明顯了。《文心雕龍》五十篇的組織架構涵蓋在敘述中，不用繁舉，而「綱領」與「毛目」一目了然。

末了申述創作之感言，表明自己取材之態度與原則，先談創作之困難：

夫銓序一文為易，彌綸群言為難；雖復輕采毛髮，深極骨

髓，或有曲意密源，似近而遠，辭所不載，亦不可勝數矣。

銓序是評論，彌綸是綜論，這是文學之難易，評一文爲易，論各家之言爲難。《文心雕龍》一路寫來，至此接近尾聲，劉勰必然倍感艱辛，有得有失，若指《文心雕龍》是一部中國文學流變史或無不可，文學發展至六朝皆涵蓋於論述之中，其間或有精妙者，或有深遠者，難免有所遺漏，掛一漏萬，所未談到的，不可勝數。而取材上之同與異，原則在：

同之與異，不屑古今，擘肌分理，唯務折衷。

取材是則是，非則非，故不忌古今，對於作品深入剖析其內容，務求折衷於至當之真理所在，不偏不倚。總結：

贊曰：生也有涯，無涯惟智。逐物實難，憑性良易。傲岸泉石，咀嚼文義。文果載心，余心有寄！

劉勰借《莊子·養生主》開言以寄慨，「吾生也有涯，而知也無涯」，故要追逐無窮的知識實難，能利用自己個性才情來創作比較容易。好書一卷在手，逍遙自在於山水之間，好好品嚐玩味文義，是人生最快樂之享受。至此《文心雕龍》完成了，文真能載心，我的心意就有寄託吧！

講解〈序志〉篇時，課文之解釋不可免，以上是濃縮其精要，言之如此。

四、首篇〈原道〉起，擬定授課綱要

劉勰文學原理本於自然，自然就是道。

老子開宗明義章曰：「道可道，非常道。」而成爲道家的始祖。孔子曰：「吾道一以貫之。」而創立儒家。道在中國是個普遍的觀念，又是極高深的義理。實則道就是路，常言說：「路是人走出來的。」或者說：「路是給人走的。」

劉勰《文心雕龍》之前有《淮南子・原道訓》，之後韓愈又作〈原道〉一文，故道在文學思想上是重要的指導原則，是故《文心雕龍》以「道」爲根源。

〈原道第一〉起，擬定綱要以掌握全文，故分：一、道；二、文原於道；三、人文肇自太極；四、聖人創作之傳承；五、道與文之關聯等五項。道字之構形，以首代表人，走在路上，所以許慎解曰：「道，所行道也。」段注：「道者，人所行。」（《說文解字注》）這是直解，就道之本義是人走的路。因爲路是每天要走的，走了一輩子，就有一條無形的路 — 人生之道，聖賢將人生之道創立一套理論，故「形而上者謂之道」，成爲高深的義理。

劉勰〈原道〉篇就文言道，主張文原於道，道是自然，故曰：

> 文之為德也，大矣！與天地並生者，何哉？夫玄黃色雜，方圓體分，日月疊壁，以垂麗天之象；山川煥綺，以鋪理地之形。此蓋道之文也。

文與天地並生，故有天地就有文，上則日月之光彩，下則山川之地形，這是「道之文」，自然充滿著美麗之文彩，劉勰論文自此開始。

惟人參之，性靈所鍾，是謂三才。爲五行之秀氣，實天地之心生，心生而言立，言立而文明，自然之道也。

人爲萬物之靈，與天地並稱三才，綜合五行之美質，實爲天地之心所生，人有心意思想而創立語言文字，終於言立而文采章明，這是自然之道。萬物生生不息，爭彩鬥妍，聲光變化，氣象萬千，是美麗之伊甸園，光輝之樂土。劉勰曰：

> 夫以無識之物，鬱然有采，有心之器，其無文歟？

以反詰語氣，言性靈高貴之人，難道可以無文嗎？是故，人文亦是由自然而來。

人文之始，肇自太極，幽贊神明，易象惟先。

中國人文之歷史悠久，自太極而來，即來自於宇宙本體，太古時代開始，有天地就有，而真正闡揚神明自然之道的，是以《易經》之卦象爲最早。人文本於太極，而易象爲其先驗，皆因自然發展而來。

聖人創作之傳承，自三皇五帝開始，而倉頡造字，始放出光芒，歷唐堯、虞舜、夏禹、商、周而孔子出焉，故曰：

夫子繼聖，獨秀前哲，鎔鈞《六經》，必金聲而玉振；雕琢情性，組織辭令，木鐸啟而千里應，席珍流而萬世響，寫天地之輝光，曉生民之耳目矣。

在這裡已爲下篇〈徵聖〉預做伏筆。孔子降生於周代，曰：「周監於二代，郁郁乎文哉，吾從周。」（《論語・八佾》）孔子順時代而降生，因周代之文興盛，孔子認爲與有榮焉，此語雙關。周代文盛，文亦自孔子而發展，子畏於匡曰：「文王既沒，文不在茲乎！天之將喪斯文也，後死者不得與於斯文也；天之未喪斯文也，匡人其如予何！」（〈子罕〉）這是孔子對中國文化之使命感，以天下之文存在己身，自己負有天下文化存亡之使命。是故，孔子刪述《六經》，成爲中國文學發展之淵源。《六經》爲集大成，必金聲而玉振之，孟子曰：「孔子之謂集大成。集大成也者，金聲而玉振之也。金聲也者，始條理也；玉振也者，終條理也。始條理者，智之事也；終條理者，聖之事也。」（〈萬章下〉）孔子智且聖，綜述《六經》，使文化發展體系一貫，成爲聖人之道，不僅精煉人類之至情至性，且嚴謹組織文辭義理，孔子之教化，像木鐸之警世，千里響應，如山珍海味之宴席，萬世留香，這正是天地之光輝，使人耳目清新，洞曉事理。

最後論道與文之關聯，指出〈原道〉之本意。孔子繼承歷來聖人之道統，述而不作且發揚光大之，故曰：

玄聖創典，素王述訓，莫不原道心以敷章，研神理而設教。

中國道統自堯舜禹湯文王武王而來，至孔子有德而無位，稱素王。司馬遷曰：「自天子王侯，中國言六藝者，折中於夫子，可謂至聖矣。」（〈孔子世家〉）六藝即《六經》，推崇孔子爲至聖。聖人皆是本於自然之心而鋪陳文章，窮究神明之理，以立說設教，這就是道統，孔子創立人文之教化，乃曰：

故知道沿聖以垂文，聖因文以明道，旁通而無涯，日用而不匱。

因此可知，自然之道依賴聖人智慧垂示文章，聖人藉著文章闡明自然之道，這樣就能觸類旁通，無邊無際，取之不盡，用之不竭。故曰：

辭之所以能鼓天下者，迺道之文也。

文章辭彩能夠鼓動天下之人心，是因爲合於自然之文，孔子將道之文引導爲人爲之文，中國道統自此由道而通向文，後世尊稱爲大成至聖先師孔子。

職是之故，原道之後，繼之徵聖，〈徵聖第二〉曰：

夫作者曰聖，述者曰明，陶鑄性情，功在上哲，夫子文章，可得而聞，則聖人之情，見乎辭矣。

創作文明制度的稱爲聖人，明辨事理闡揚大道的稱爲賢人，古聖先賢之功在於陶冶民性改善社會風氣，孔子以《六經》設教授徒，聖人之情則存於其文辭之中。徵聖即徵驗於孔子。是故，擬定〈徵聖第二〉之綱要爲：一、聖；二、徵聖貴文實例；三、周公、孔子是典範；四、徵聖必須宗經。聖之本義爲通達之人，許慎曰：「聖，通也。」段注：「聖從耳者，謂其耳順。」（《說文解字注》）古聖先王皆有德在位，施教化於天下之人，子貢曰：「如有博施於民，而能濟眾，何如？可謂仁乎？」子曰：「何事於仁？必也聖乎！堯舜其猶病諸？」（《論語．雍也》）博施濟眾，造福天下，是聖人之功，與自己品德之仁無關，使天下人皆得安樂，即如堯舜之帝王亦有所不能，堯舜時代一樣有貧困苦難之人。然而，聖人定義至周公、孔子而變質，韓愈曰：「由周公而上，上而為君，故其事行；由周公而下，下而為臣，故其說長。」（〈原道〉）周公、孔子不是君，故以理論教化影響天下。

徵聖貴文實例，指孔子所論贊：其一、贊堯「煥乎，其有文章」（《論語．泰伯》）與周代「郁郁乎文哉」，是政化貴文之徵；其二、命弟子記載鄭簡公因子產立辭為功與宋大夫向戌多文舉禮，是事績貴文之徵；其三、褒美子產「言以足志，文以足言」與論君子「情欲信，辭欲巧」，是修身貴文之徵。由這些實例，因此〈徵聖〉繼曰：

> 然則志足而言文，情信而辭巧，迺含章之玉牒，秉文之金科矣。

玉牒與金科合在一起，即為金科玉律，指重要完美之法則。由孔子褒贊之實例可知意志堅毅然後言而有文，性情真摯然後措辭巧妙，這是裁章作文之金科玉律。

文學由經典而來，聖心之精微與《六經》之縝密，因此建立文學四大原則：一、簡言以達旨；二、博文以該情；三、明理以立體；四、隱義以藏用。舉經典之例證明：一、《春秋》之褒貶與喪服舉輕包重，是簡言以達旨；二、〈邠〉詩聯章積句與〈儒行〉縟說繁辭，是博文以該情；三、〈夬〉卦明斷，〈離〉卦明麗，文字記載明確如〈夬〉與章法清新效〈離〉，是明理以立體；四、卦象有實象、假象、義象與用象等四象，《春秋》有五例（一曰微而顯，二曰志而晦，三曰婉而成章，四曰盡而不汙，五曰懲惡而勸善），故四象之曲隱與五例之婉晦，是隱義以藏用。是故，其結果：

> 繁略殊制，隱顯異術，抑引隨時，變通適會，徵之周、孔，則文有師矣。

文章規範師法於經典之體制、技術、時宜、適切等，則萬變不離其宗，而合於聖人之道。周公、孔子之教化影響非常深遠，爲後世之師法。

> 是以論文必徵於聖；窺聖必宗於經。

此處亦成爲下文〈宗經〉之伏筆。論文必須徵聖，徵聖必須宗經，劉勰《文心雕龍》自〈原道〉而〈徵聖〉而〈宗經〉，一脈相承。

> 《易》稱：「辨物正言，斷辭則備。」《書》云：「辭尚體要，不惟好異。」　故知正言所以立辨，體要所以成辭，辭成則無好異之尤，辨立則有斷辭之美。

以上二例，是經典中談論到爲文之道。辨明事物則可以正確言論，斷辭就完整無誤；作文注重體察切要，不在於標新立異。因此可知，正言是由立辨而來，辨立則斷辭精美；體要就能出口成章，文辭通暢，無好異之缺點。作文至此，則其精義隱現，而微辭婉轉可知，故曰：

> 體要與微辭偕通，正言共精義並用；聖人之文章，亦可見也。

體要與微辭可以兼通，正言和精義也能共用，那麼聖人之文章，於此可見一斑。論文必徵於聖，徵聖必宗於經，聖人爲文之道至明。是故，結語曰：

> 天道難聞，猶或鑽仰；文章可見，胡寧勿思？徵聖立言，

> 則文其庶矣。

庶是接近之意，即近於聖人之道。天道不可測，而歷來鑽研者多；至於聖人文章取之在手，爲何勿思？若能徵聖而立言，則作文或可達到聖人之要求。

上學期講到〈諸子第十七〉，其綱要分五項：一、諸子之意義；二、諸子源流及派別；三、諸子雜說之去取；四、諸子各家之特色；五、諸子之衰微。子字構形，象首與身，而雙手高舉，實指襁褓中小兒，後借爲男子之尊稱。諸子百家，蠭起雲湧，爭鳴於世，這是戰國時代學術之盛況。子書是對諸子著作之總稱，而子學是指其學術思想。在劉勰之前談論諸子的有劉歆的〈諸子略〉與班固《漢書．藝文志諸子略》中的「九流十家」，劉勰就文學談諸子，首曰：

> 諸子者，入道見志之書。太上立德，其次立言。百姓之群居，苦紛雜而莫顯；君子處世，疾名德之不章。唯英才特達，則炳曜垂文，騰其姓氏，懸諸日月焉。

開始指諸子入道見志，即各有獨特之思想與抱負。子原是男子美稱，後來諸子名家稱其人亦稱其書名，如《老子》、《莊子》、《孟子》、《荀子》等。聖人立德，賢人立言，這是聖賢並世的時代。諸子英才特達，不同凡響，以其優越思想留傳於世，如日月之懸於天，爲後人所景仰。

> 昔風后、力牧、伊尹，咸其流也。

這是諸子最早之淵源。風后與力牧皆人名，黃帝臣，班固《漢書．藝文志諸子略》載有《風后》十三篇，《力牧》二十二篇，《伊尹》五十一篇等，是上古的傳說，至戰國時代有人僞託所記成書。

> 至鬻熊知道，而文王諮詢，餘文遺事，錄為《鬻子》，子

> 自肇始，莫先於茲。

這是子書之開端。後世流傳有《鬻子》一卷十四篇，《四庫提要》稱僞書。及孔子問禮於老聃，伯陽傳《道德經》五千言，爲百氏之冠。

> 然則鬻惟文友，李實孔師，聖賢並世，而經子異流矣。

鬻熊爲文王之友，老子實爲孔子之師，聖賢雖同一時代，然而經子自此而分開。至於孟軻繼承儒家，莊周繼承道家，墨翟自創墨家，尹文開始有名家，野老取地利爲農家，騶衍好談天爲陰陽家，申、商重刑罰爲法家，鬼谷逞口舌爲縱橫家，尸佼總雜術爲雜家，青史街談巷語爲小說家。百家爭鳴，這是戰國學術興盛之概況。及秦皇焚書坑儒，而不及諸子，故子書傳於世。

> 逮漢成留思，子政讎校，於是《七略》芬菲，九流鱗萃，殺青所編，百有八十餘家矣。

劉向字子政，漢成帝命之校群書，後其子劉歆繼承父業，完成《七略》，即：〈輯略〉、〈六藝略〉、〈諸子略〉、〈詩賦略〉、〈兵書略〉、〈數術略〉、〈方技略〉等，班固歸納爲九流十家，九流爲小說家除外，編成諸子一百八十九家，留下芬芳光輝之作品。魏晉時代，偶而出現子書，諸子之多，可謂整車也載不完。

諸子著作多而繁雜，劉勰歸納爲兩種，曰：

> 然繁辭雖積，而本體易總，述道言治，枝條《五經》。其純粹者入矩，踳駁者出規。

諸子學說雖多，然而其思想之總括，談論治道之見解，都是由《五經》發展而來。其內容有二：一爲思想純粹的合於經典；二爲思想錯亂駁雜的不合正道。像《禮記・月令》也取法《呂氏春秋》十二月紀之首章，《禮記・三年問》也依據《荀子・禮論》

三年之喪寫成的，這是屬於純粹之類。

> 若乃湯之問棘，云蚊睫有雷霆之聲；惠施對梁王，云蝸角有伏尸之戰；列子有移山跨海之談；淮南有傾天折地之說。此踳駁之類也。

子不語：「怪、力、亂、神。」（《論語．述而》）經典皆常理常道，怪異之說皆駁雜而不正，故以上所舉者皆非正道。殷《易》曰歸藏，記嫦娥奔月亦非常理，商鞅、韓非棄孝非仁，一則車裂，一則藥死，其遭遇不虛，公孫龍白馬非馬論是妄說，至於司馬遷《史記》也都記兵謀戰爭之事，諸子多雜詭術，是故，劉勰曰：

> 然洽聞之士，宜撮綱要，覽華而食實，棄邪而採正，極睇參差，亦學家之壯觀也。

這是學者應有的風度。掌握學術之綱領要義，鑑賞其文采而玩味其真義，拋棄邪說而取其純正之論，放眼看各家之異同，這才是做學問的人應有之偉大胸襟。

諸子各有獨特見解，其文學特色，劉勰曰：

> 研夫孟、荀所述，理懿而辭雅；管、晏屬篇，事覈而言練；列御寇之書，氣偉而采奇；鄒子之說，心奢而辭壯。

孟子與荀子理論華美，文辭雅正；管仲與晏嬰文理切當，言辭精練；列御寇文氣雄偉，辭采奇妙；鄒衍學說誇誕，文辭恣肆等，及墨翟、隨巢；尸佼、尉繚；鶡冠；鬼谷；文子；尹文；慎到；韓非；呂氏；淮南等共十八家，列舉各家文學之優點，曰：

> 斯則得百氏之華采，而辭氣之大略也。

如此綜覽諸子著述，流派雖多，以上十八家代表諸子思想之精華，而其文辭華采也大概涵蓋其中。其他尚有陸賈《新語》、賈誼《新書》、揚雄《法言》、劉向《說苑》、王符《潛夫》、崔寔《政論》及：

仲長《昌言》、杜夷《幽求》，或敘經典，或明政術，雖標論名，歸乎諸子。何者？博明萬事為子，適辨一理為論，彼皆蔓延雜說，故入諸子之流。

劉勰認爲這八家也應該歸入諸子。因爲八家之書有的闡述經典之至道，有的談論治國之方法，其理論應屬於諸子。大抵闡明事理的稱子，專門辨析一種道理的稱論，而各家之枝節旁伸，思想駁雜，應該歸入諸子之列。

諸子學說後世衰微，其原因有二，劉勰曰：

自六國以前，去聖未遠，故能越世高談，自開戶牖。

戰國時代，去聖未遠，諸子眼光超越當世，高談闊論，思想自由，所以可以自立門戶。然而：

兩漢以後，體勢浸弱，雖明乎坦途，而類多依採。

漢代以後，武帝用董仲舒之議，獨尊儒術，思想定於一尊，體勢衰微，雖然皆守儒家之正道，但學者採摘陳言，而無所發揮。最後則肯定諸子之不朽。

標心於萬古之上，而送懷於千載之下，金石靡矣，聲其銷乎！

諸子衷心仰望萬古之聖賢，而將自己思想精華寄託於千載之後世，雖然堅固之金石或者會糜爛，但諸子之令名美譽難道會真的消失嗎！

上學期講到〈諸子〉篇，〈論說〉一篇因請喪假，未講。

五、自〈神思〉篇起，順章節而直解

下學期自〈神思第二十六〉開始講，採用直解，略別於語譯。如〈神思〉曰：

古人云：「形在江海之上，心存魏闕之下。」神思之謂也。

直解：莊子說：「人雖然隱居在江海之外，心卻常想著朝廷的功名富貴。」這就是思想的奇妙。故講解文句後就直解，或許文氣上比較連貫。

神思是作文構思之重要依據，這就是神奇的想像力。劉勰解題後，繼曰：

文之思也，其神遠矣。

文學創作，從無到有，想像力之運用本來就高深莫測，故稱爲神思。《易經・繫辭上傳》曰：「陰陽不測之謂神。」思想神奇，變化莫測，故曰：

寂然凝慮，思接千載；悄然動容，視通萬里；吟詠之間，吐納珠玉之聲；眉睫之前，卷舒風雲之色。

一個人靜靜地集中思想，就會跟千年以上的古人相通；看他默默不言卻臉色大變，是他看到萬里之外的景象；在低聲吟詠的時候，不知不覺地發出珠玉般美妙的聲音；揚眉瞬目之際，眼前展現著風雲變化的景象。運思入神，情境非常奇特。

神思之發展，神與物遊，精神與景象交會相通，而由意志情感來引導創作，然後遣辭造句用文字表達出來。神思進行時，有兩項注意之原則：

陶鈞文思，貴在虛靜；疏瀹五藏，澡雪精神。

五藏即五臟，用來指身體。第一、培養文思，貴在於虛靜；第二、身心要通暢，而精神清爽。疏瀹是疏通，澡雪爲清淨。培養運思之條件有四：

積學以儲寶，酌理以富才，研閱以窮照，馴致以繹辭。

一、積學儲寶來豐富學識，二、辨別事理來增強才情，三、讀書閱歷來看透人生，四、順著情意來作文造句。文學創作，一則靠才學豐富，一則靠閱歷廣博。

此蓋馭文之首術，謀篇之大端。

這就是作文的第一要務，謀篇的重要原則。接著指運思之情況，曰：

夫神思方運，萬塗競萌，規矩虛位，刻鏤無形，登山則情滿於山，觀海則意溢於海，我才之多少，將與風雲而並驅矣。

萬塗競萌，指千頭萬緒都湧現於腦際。當構思開始時，各種想像都會不斷地湧現，作者必須將空洞的內容釐清，並且琢磨出適當的文辭，若登山則情緒充滿於山中，若觀海則心意洋溢於海上，不論才華如何，我的心思都要與輕風浮雲一起飛揚。神思之初，並未定形，必須細心斟酌；至於下筆之時，又會言不由衷，思隔千里。人由構思而創作，其間有許多障礙。劉勰曰：

是以養心秉術，無務苦慮，含章司契，不必勞神也。

文原於道，道就是自然，劉勰主張自然成文，故保持精神清爽，則言之成理。因此作文時，必須虛靜養心，把握作文之技巧，順理成章，就不必苦心積慮，依規範來行文布局，就不必太勞神傷情了。

文思有快有慢，慢者如司馬相如含著筆，毫毛都爛掉了；揚雄輟翰小臥，竟驚夢自己五臟出於地；桓譚也因苦思而生病等；快者如淮南王一早上就完成〈離騷賦〉，枚皋也應詔立刻成賦，曹植作文好像背熟而直接抄下來等。

若夫駿發之士，心總要術，敏在慮前，應機立斷；覃思之人，情饒歧路，疑在慮後，研鑒方定。機敏故造次而成功，鑒疑故愈久而致績。難易雖殊，並資博練。

博練就是博學與練達，在文學創作上非常重要。思想敏捷的人，內心已經把握創作之要領，機鋒敏銳，不必思索，就可以當機立斷；深思之人，思緒非常複雜，如在十字路口徘徊，幾經疑慮研討之後才確定重點。這兩種人表現不同，機敏的人倉卒之間就寫好文章，鑒疑的人必須時間愈久才能得到好成績。雖然難易不同，但都必須有真才實學。作文之二病與治療：

臨篇綴慮，必有二患：理鬱者苦貧，辭溺者傷亂；然則博見為饋貧之糧，貫一為拯亂之藥，博而能一，亦有助乎心力矣。

作文構思時，一定有兩種缺失：一是思緒不通者爲學淺所苦，一是文辭散漫者就會雜亂無章；那麼解決之道是增廣見聞爲補救學淺之糧，思想一貫爲拯亂之藥。文學創作，博見而能一貫的話，對於神思有很大的幫助。

最後劉勰強調創作修飾之重要，神思至創作，創作至達意，中間都是作者苦心經營，得失寸心知。子曰：「巧言令色，鮮矣仁。」（《論語・學而》）又曰：「剛毅木訥，近仁。」（〈子路〉）文章出苦心，故劉勰曰：

若情數詭雜，體變遷貿，拙辭或孕於巧義，庸事或萌於新意；視布於麻，雖云未費，杼軸獻功，煥然乃珍。

文學創作就像用麻織布一樣，劉勰這個比喻非常好。若進而言之，作者情思特別，文體之變化多端，有的拙辭卻可能蘊藏巧義，有的庸事卻可能萌生新意；就像人們用麻織布，一樣用麻作材料沒有花費什麼，經過機杼加工就能製成鮮艷的布匹；是故，巧義與新意經過潤飾，一樣可以構成佳篇。至於要言不繁，意在言外，變化無窮，也就非文字所能涵蓋，所能講的，到此爲止。

伊摯不能言鼎，輪扁不能語斤，其微矣乎！

伊摯就是伊尹，伊尹說商湯曰：「鼎中之變，精妙微纖，口弗能言，志弗能喻。」（《呂氏春秋・本味》）輪扁謂桓公曰：「斲輪，徐則甘而不固，疾則苦而不入；不徐不疾，得之於心而應於手，口不能言。」（《莊子・天道》）鼎味在於吃，斧頭之力在於手，口不能言，作文微妙，亦如是乎！

> 贊曰：神用象通，情變所孕。物以貌求，心以理勝。刻鏤聲律，萌芽比興。結慮司契，垂帷制勝。

總結：神思與景象交流，然後產生感情變化。景象是看得到的，再加上心意的理解，運用比興的技巧把外在的律動刻畫出來，這就是文學創作。所以，構思時，必須把握作文原則，加上好好讀書，增廣見聞，才能穩操勝算。

〈風骨〉是指風韻骨力，就是文章中令人振奮的感染力。師曰：『何謂「風骨」？蓋指文章的感染力也。夫感染力之來源有二：一是氣韻流動，二是內容充實。』（《讀本》下篇頁 33）風與骨就物質言是具體的東西，所謂撓萬物者莫疾乎風，而骨者為動物之支架，但文學上之風骨則已經屬於美學範圍，理論極深，〈風骨第二十八〉首曰：

> 《詩》總六義：〈風〉冠其首，斯乃化感之本源，志氣之符契也。

劉勰從《詩經》六義說起，六義即〈風〉、〈雅〉、〈頌〉、賦、比、興等；前三者指內容，賦比興指作法。十五國風列於《詩經》前面，為各地之歌謠，所以這裡指風，是移風易俗的本源，人們心意中最貼切的證據，劉勰繼曰：

> 是以怊悵述情，必始乎風；沉吟鋪辭，莫先於骨。故辭之待骨，如體之樹骸；情之含風，猶形之包氣。結言端直，則文骨成焉；意氣駿爽，則文風生焉。

因此詩人失意抒情時，必以風味為開端；歌詠陳辭之際，則無不以骨氣爲先。下面用明喻，故文辭必有骨力，就如骨骸樹立起身體；情意必含風韻，正如活人必須有精神。作文造句正直莊重，則文章就有骨力；文意氣勢清爽峻利，則文章就有風韻。劉勰言風骨之切要，舉重若輕，將抽象之美學原理若身體中之骨氣，一喻而明。風骨是文學之主要特色，可以代表作者之文學風格，如老蘇之沉穩，大蘇之英發與小蘇之練達，各自不同。若文采華麗，風骨不飛，就會有氣無力。

> 故練於骨者，析辭必精；深乎風者，述情必顯。捶字堅而難移，結響凝而不滯，此風骨之力也。

此正面言。所以熟練表達骨力的人，用辭造句必然精確；深諳風韻使用的人，表情達意必然突顯。鍊字堅實然後一字難移，聲調雄厚而讀起來順暢，這就是文章中有風骨之功效。反面說，堆砌文字，內容貧乏，雜亂無章，就是沒有骨；思緒散亂，索然無味，就是沒有風。所以風骨實在是文章主要的內涵。

說明風骨之定義與重要性之後，劉勰舉例印證。

> 昔潘勗錫魏，思摹經典，群才韜筆，乃其骨髓峻也；相如賦仙，氣號凌雲，蔚為辭宗，乃其骨力遒也。

漢獻帝冊曹操爲魏公，加九錫，潘勗作〈冊魏公加九錫文〉，文意摹仿經典，使當時文士擱筆，就是文中之骨氣峻利；司馬相如〈大人賦〉中之神仙，漢武帝讀後飄飄有凌雲之氣，成爲士林之辭宗，就是文章之骨力遒健。

> 故魏文稱：「文以氣為主，氣之清濁有體，不可力強而致。」故其論孔融則云：「體氣高妙」；論徐幹則云：「時有齊氣」；論劉楨則云：「有逸氣」。

曹丕〈典論論文〉說：「文章以骨氣爲主，骨氣或清或濁，比重不同，不能勉強得到。」論孔融就說：「骨氣表達高妙」；

論徐幹就說：「時常表現舒緩之氣」；論劉楨就說：「有飄逸之氣」。又舉劉楨言孔融有「異氣」，非一般人所能及。

> 夫翬翟備色，而翾翥百步，肌豐而力沉也；鷹隼乏采，而翰飛戾天，骨勁而氣猛也。文章才力，有似於此。

雉雞羽毛華麗，卻只能低飛百步，是肉多而力沉，飛不起來；鷹隼羽毛灰暗，卻高飛戾天，是骨力強壯而氣猛。論作文之才力，與此相同。

> 若風骨乏采，則鷙集翰林；采乏風骨，則雉竄文囿；唯藻耀而高翔，固文章之鳴鳳也。

如果只有風骨沒有文采，就像鷙鳥群集翰墨文苑，不倫不類；有文采沒有風骨，就像雉雞亂竄於文囿，滑稽可笑；只有文采華麗又風骨飄逸，就如鳴鳳之雅音，才是傳世不朽的文章。文學創作，內容之風骨正是文采之根源。

最後劉勰強調，風骨之峻利，華采之清爽，乃爲文之道。先言準備工夫：

> 若夫鎔鑄經典之範，翔集子史之術，洞曉情變，曲昭文體，然後能孚甲新意，雕晝奇辭。昭體故意新而不亂，曉變故辭奇而不黷。

俗云：「行家一出手，便知有沒有。」作文是才學的表現，尤其劉勰所談的文章乃傳世之佳構，不同平凡。鎔鑄指創作而言，翔集是群鳥擇枝而棲，引申爲採擇。曲昭是完全明白，孚甲即萌生，黷是過分之意。至於創作能把握經典之法則，又能取法於子史之技巧，曉暢情意之變化，完全明白文體內容，然後就會萌生新意，雕琢出奇辭。因爲文體明白故情意翻新而不亂，通曉情變故造辭奇妙而不過分。至於有人隨意創新，不守法規，雖有巧意也會失敗；堆砌奇字，錯誤連篇，不可能成爲好作品；今人講求浮華，隨俗侈靡，漫無歸心，缺點都是如此。

> 若能確乎正式，使文明以健，則風清骨峻，篇體光華。能研諸慮，何遠之有哉！

劉勰「文原自然」、「文重自然」的觀念，幾乎隨處可見。至此是結論，指出作文若能嚴守正確文體，使文章明暢而剛健，就會風韻清新，骨力峻爽，整篇文章光輝燦爛。文學創作，能夠好好考慮每個重點，寫出富有風骨之作，又有何遠呢！

> 贊曰：情與氣偕，辭共體並。文明以健，珪璋乃騁。蔚彼風力，嚴此骨鯁。才鋒峻立，符采克炳。

總結：情意與骨氣配合，言辭和文體一致。文章明白而剛健，如珪璋光輝，才力得以完全之馳騁。使文章之風力豐富，骨氣就嚴謹剛正。作者崇高的才華發揮出來，像美玉紋理溫潤，文采自然光艷照人。風骨是文章之精髓，以經典為規範，擇取諸子與史傳之優點，知所變化，適當發揮，或許離聖人之道不遠。

下學期講課順利，又講了第二順位〈通變〉與〈鎔裁〉二篇。

〈通變第二十九〉是文學創作更深一層的理論，劉勰接著〈風骨〉而言〈通變〉，是文學創新之重要發展。〈通變〉解題，師曰：「通變者，通即繼承，變即創新，則通變云者，繼承傳統，變化舊體，而使之推陳出新之謂。」（《讀本》下篇頁 47）是故，講此文時，我開玩笑對學生說，原來通變就是我們應用中文系，學生傻然；我解釋說通就是把中文讀好，變就是把中文好好應用，應用中文系可以朝此方向發展。

通變是繼承與創新，繼承中國傳統，創新未來文學，這是一條艱辛的路，劉勰在六朝如此，今日二十一世紀更難。通變就文義理解不難，就理論來說不易。是故，劉勰此文並不解題，而是就文章之通變立說，首曰：

> 夫設文之體有常，變文之數無方。何以明其然耶？凡詩、賦、書、記，名理相因，此有常之體也；文辭氣力，通變則久，此無方之數也。

文體建立以後就永恆不變，而作文方法之變化無窮無盡。爲什麼知道是這樣呢？大致上，詩、賦、書、記等文體，名稱和理論代代相襲，這是永恆不變的文體；文辭之創作風格，能夠通古而創新就會歷久不衰，這是作文方法變化無窮。名理相因指文體名稱與寫作理論代代因襲，文辭氣力指文章之風格。文體不變，必須依據古人之常規；通變無方，必須配合當代之新聲，文學因此可以不斷地發展。

> 故論文之方，譬諸草木，根幹麗土而同性，臭味晞陽而異品矣。

這裡又是一個巧喻。所以談到文學創作的方法，就比如我們看到的草木，草木根幹都附著於泥土來生長，但草木有各種味道，吸收陽光後都長成不同的品種。此喻就通變而言，即通是自泥土生長，吸收養分；變是長成不同品種，例如含羞草旁邊也會長蒲公英。是故，通變是文學發展的自然現象，一代有一代之文，這是文學正常之軌跡。接著引證。

> 是以九代詠歌，志合文別。黃歌斷竹，質之至也；唐歌載蜡，則廣於黃世；虞歌卿雲，又文於唐時；夏歌雕牆，縟於虞代；商、周篇什，麗於夏年；至於序志述時，其揆一也。

因此之故，黃帝、唐、虞、夏、商、周、漢、魏、晉等九代詩歌，情意相同而文風有別。黃帝斷竹歌，文辭極樸質；唐堯載蜡歌，就比黃帝時進步；虞舜卿雲歌，又比唐堯時更有文采；夏代雕牆歌，比虞舜時繁縟；到商、周的詩歌，比夏代更華麗。各朝代詩歌都因抒情感時而發，道理都是一致的。其他，《楚辭》由《詩經》演變而來，漢賦影寫楚世，魏篇追慕漢風，晉代仰望魏采；大致上，古代淳而質，至魏、晉演變為淺而綺，劉宋時訛而新，故曰：

從質及訛，彌近彌澹，何則？競今疏古，風末氣衰也。

訛原為錯誤之意，訛而新指崇尚新奇怪誕之內容。從上古淳質至今日之怪誕，文學變化越來越淺薄，為什麼呢？這是競今疏古之弊，標新立異，只知變不知通，正像颱風尾巴一樣，沒氣了。

六朝文學淺薄，是只看到今日，而忽略古人所造成。下面就是例證，曰：

今才穎之士，刻意學文，多略漢儒，師範宋集，雖古今備閱，然近附而遠疏矣。

今天才華之士，都能用心學文，卻常常忽略漢朝以前的人，一味學習劉宋時人的詩文，雖然讀書古今都讀到，學習態度免不了偏愛近代而疏遠古人了。

桓君山云：「予見新進麗文，美而無採；及見劉、揚言辭，常輒有得。」此其驗也。

這就是證明。桓譚為後漢時人，指出當代文章華麗，卻美而不足取；前代劉向及揚雄言辭，讀後有得。這是當代作品只是形式優美，而缺乏內容，不如劉、揚言辭之紮實，內容豐富。故曰：

矯訛翻新，還宗經誥。斯斟酌乎質文之間，而檃括乎雅俗之際，可與言通變矣。

糾正近代怪誕浮淺之文風，還是要以經典訓誥為正宗，能這樣在質文之間斟酌恰當，而且在雅俗之際也能控制適切，就可以和他談通變之道了。通變之術自漢代以文辭誇張取勝，例如：

枚乘〈七發〉云：「通望兮東海，虹洞兮蒼天。」相如〈上

> 林〉云：「視之無端，察之無涯，日出東沼，入乎西陂。」馬融〈廣成〉云：「天地虹洞，固無端涯，大明出東，月生西陂。」

〈七發〉言曲江之大可以遠望東海，水面遼闊連接天邊。〈上林賦〉指上林苑湖泊看不到盡頭，細察也無邊際，太陽出於東沼，而落入西山中。〈廣成頌〉說池沼之大像天地那麼廣闊，看起來無邊無際，太陽出於東，月亮生於西，與天地相合。揚雄與張衡皆擅長誇飾，故曰：

> 此並廣寓極狀，而五家如一。諸如此類，莫不相循，參伍因革，通變之數也。

這些都是以廣寓意極端形容之辭，而五家都是一樣的。諸如此類，都是互相因襲，交錯變化，正是通變之技巧。

最後仍然就文章談通變，指出做學問之工夫，才是爲文通變之道。

> 是以規略文統，宜宏大體：先博覽以精閱，總綱紀而攝契；然後拓衢路，置關鍵，長轡遠馭，從容按節，憑情以會通，負氣以適變，采如宛虹之奮鬐，光若長離之振翼，迺穎脫之文矣。

這是正面指導。因此之故，規劃文章創作之結構，應該注意文體之宏大：首先，由博覽進而精心閱讀，把握文章綱領而且抓住要點；然後開拓寬闊大道，安排文章重點，如駕車時放寬轡頭奔馳，從容不迫地順著節奏前進，依照情意且會通前賢，憑藉自己才氣而適當變新，寫成佳篇，其文采如彩虹之光輝，也像鳳凰羽毛之亮麗奪目，這就是絕色出眾之文。反之，以偏概全，傲慢自負，侷促一偶，哪能寫出什麼好文章呢？

> 贊曰：文律運周，日新其業。變則堪久，通則不乏。趨時

必果，乘機無怯。望今制奇，參古定法。

通變總結：文學創作不斷變化，每天都有新作品出現。知道變化就能長久，會通古今就能源源不絕。與時代配合必能寫出好作品，利用時機，表現大無畏之精神。看看當代出奇制勝，訛新淺薄，拯救風末氣衰之弊，必須斟酌古人來確定創作方法。是故，通變是時代所趨，劉勰之審視可以做爲當代文學之箴砭。

六、《文心雕龍》之讀書報告與習作

我在國中教國文十二年，當時分好班與普通班，在好班每天一小考，三天一大考，是平常的事。後來，在中部各大專院校專兼任，命題考試皆不能免；並且五專聯招時，也連續入闈十幾年，考試是評定學生成績之主要依據。早些時，大學考試常在禮堂混合考，許多老師平時很少見面，但每學期因期中與期末考，總會碰面兩次，彼此寒喧；有一次系主任走過來聊天，看到試卷，談我出的考題不時興，大學生不喜歡。因此，我有所覺悟，從此就改考申論題。申論題還是以課文內容爲主，期中考前講四課，期末考也講四課，每課出一題，從頭到尾都考，我抓關鍵句，問此話怎講？前因後果如何？只要上課用心聽，大概都會振筆直書，寫到手發麻，下課鐘打了，學生大喊：「老師，等一下。」甚至於一張寫不夠，再要一張來寫，如此考試，終於師生盡興，皆大歡喜。陶淵明「好讀書，不求甚解」，我忽然有所領悟。

開學上課，要講授《文心雕龍》了，一個老問題盤旋於腦際，怎麼考試呢？以前，在中興大學選修《文心雕龍》時，老師也是命題考試，考什麼忘記了；現在面對自己教學生《文心雕龍》，要不要考試呢？我考慮很久，最後取巧，第一節上課，問學生要寫讀書報告還是考試？學生大聲說寫報告，每個星期要寫一篇，學生說好，就決定了。標題爲「文心雕龍知見錄」，一星期一篇。

今天資訊時代，網路無遠弗屆，有一位老師自己架設書蟲網站，屢次教我上網查看，但至今仍然未養成上網的習慣，在這方面學生是高手，所以我要他們上網找資料，結果學生列印的報告無奇不有，五花八門，甚至於把王師更生之名也印出來了，令我涕笑皆非。上網查資料有一個正面的好處，就是《文心雕龍》在這幾十年來是一門顯學，海峽兩岸都有很好的成績，可以使學生印象深刻；但是，缺點是學生沒有好好消化，未能真正吸收營養。下面摘錄幾則，以見一斑。

> 上了一學年的文心雕龍，我覺得文心雕龍真的是一部很好的作品，它讓我在文章的寫作、欣賞和批評上有了很多的收穫和新發現，所以我覺得要寫作文章，要把文章寫好，這是一部必讀的作品。（江生）

這是實話，也是對《文心雕龍》的基本常識。這位是全班三位男生中比較用功的一位，報告大都自己的心得與看法，這份報告有二頁，最後結論：

> 總之，劉勰在中國古典文學史上，是有崇高地位的文學批評家。他一面總結前人的經驗，一面提高發展，關於文學各方面作了系統的論述，將文學批評，推向到一個新的階段，對於後代很有影響。他對於藝術形式，作了肯定；但對於片面追求形式，又進行了批判；他強調內容、形式的並重和統一。同時，也著重指出文學與社會環境的密切關係，從而建立比較正確的批評理論，這些都很有進步意義。但他的理論中仍存在著儒家傳統思想上的局限；在某些論點上還未能擺脫形式主義的影響，美中不足。（同前）

此生提出個人見解，認爲劉勰是站在儒家思想立說的，這一點沒錯，劉勰自〈原道〉，而〈徵聖〉，而〈宗經〉就明確指出《文心雕龍》是以儒家爲立場，目的在於糾正當時玄學盛行，「競今疏古，風末氣衰」之弊病，而回到儒家聖人之道。現在的教育開放，課程由各校自訂；三年修訂一次，應用中文系已在去年修訂新課程，把《文心雕龍》改爲文學批評，以後就沒這門課了。

> 《文心雕龍》寫成于齊代。就其本來意義說，這是一本寫作指南，而不是文學概論。書名的意思，「文心」謂「為文之用心」，「雕龍」取戰國時騶奭長於口辯、被稱為「雕龍奭」典故，指精細如雕龍紋一般進行研討。合起來，「文心雕龍」等於是「文章寫作精義」。討論的物件，是廣義的文章，但偏重于文學。書的本意雖是寫作指導，但立論從文章寫作的一系列基本原則出發，廣泛涉及各種問題，結構嚴謹，論述周詳，具有理論性質。它的系統性和完整性是前所未有的。（徐生）

劉勰解釋「雕龍」曰：「豈取騶奭之群言雕龍也！」顯然是以反詰語氣來強調，不是肯定句，此生直接講出來，這樣也是一種心得。其結論：

> 總之，《文心雕龍》雖在宗經的原則上顯示出保守意識，但在關於文學創作、文學史、文學批評的眾多問題上，在總結前人經驗的基礎上有了顯著的提高，提出了相當系統而富於創新的意見，成為中國古代文學理論一次空前的總結，其成就十分重大。（同前）

此生措辭尙缺乏嚴謹，但也是自己的見解。應用中文系原有台灣語文概論，是必修；新課程修訂，又增加當代西洋文學理論，也是必修。這似乎把應用中文系看得太重要了，現在年輕人都認爲保守意識是落伍的，而反對傳統。

> 通變，它揭示了宇宙萬物間變化和靜止、對立和聯繫、個別和一般的關係，揭示了事物運動發展的特徵是新舊更替和新舊貫通的統一。劉勰的文學通變觀，就是他辯證地分析文學的繼承和革新、規範和創造、法則與變化等關係的基本觀點。面對南朝矜新誇異、追艷逐奇的文壇，劉勰以通變思想為司南，探索文學創造和文學發展的規律，把握文學創作的正途和文學批評的準則，正顯示了鮮明的時代感和深邃的歷史感，表現了力挽潮流的勇氣和凌爍古今的眼光。（邱生）

此生造句可作爲新新人類的代表，其中有兩個詞可能弄錯了，我查了辭書還是有些疑惑；司南即指南車，有指南之意；凌爍則無，《辭海》有凌轢，是欺壓之意，故凌爍古今疑爲振古鑠今之訛。繼承與創新雖頗有相對之意，但劉勰通變以「通則堪久，變則不乏」爲重點，學生論述大都自創出來的。

《文心雕龍》沒有習作，但劉勰理論與實際兼顧，對文學創作的影響甚大，而且，要改變時代文學之流弊，必須從創作做起，所以我鼓勵學生寫作，開始練習自己的筆力，至於內容形式不拘，如吳生記：

> 老爸，最近你還是晚回家，是在故意考驗我們的耐性嗎？然而，哀莫大於心死，如果想要老媽安靜下來，不嘮叨，我想，除了老爸你徹底改過以外，就是老媽心已經死了，這樣，她就會安靜下來，就不會有人吵你了！況且，老媽真的不甘願啊，一天二十四個小時，都完全獻給了家，不懂得充實，卻換來被家人取笑，家裡的小孩從青春期到長大，問題都特別多，尤其像我，固執的最是難搞，老媽都要一一承擔小孩的教育問題。

此生習慣寫家庭瑣事，以前看三毛作品大都如此，卻極受年輕人喜歡。洪生記：

最近又看了《潛水鐘與蝴蝶》，這本書的初版於 1997 年 10 月，由於上市受到眾人的矚目，因此初版 15 刷於 1998 年 8 月，足可證明這薄薄的一本書對我們的心靈造成多大的震撼！這本《潛水鐘與蝴蝶》是我多年前的藏書，而《最後的 14 堂星期二》也同樣在我的藏書之中。這兩本書雖然論述的內容不同，但是卻讓我們可以看到作者他們面對病痛、死亡的正面態度。我覺得從它這本簡短的文章中，帶給我的體悟是如此的多。

此生對書中內容有詳細介紹，共寫了三張，是自己的讀書心得，屬於文評類，也值得好好地發揮。趙生寫新詩，〈偽裝〉：

帶上面具後，／我將不再是我，／曾以為真心對待他人／應該可以獲得相同的回報，／誰知人心叵測，／不知何時早已傷痕累累，／看不見他人的真心，／只留下不斷的揣測及謊言，／很想假裝無視，／就算到處碰壁也無所謂，／但我想我錯了，／於是，／徹底偽裝自己，／不再輕易被看穿，／躲藏在面具之後的我，／從此將沉睡，／直到心的疙瘩，／能獲得痊癒之藥。

此詩並無分節，一口氣直寫，看起來，詩的味道不夠，但很能反應社會的現實面，是寫詩的起步，而值得鼓勵。所謂「詩言志」，能夠將自己在現實社會的感觸寫出來，就有文學的「真」，足以照映時代。

七、檢討與省思

退休後，到師大旁聽老師講《文心雕龍》，每週上台北，感到很溫馨，做學生真幸福，尤其當老師的學生是一種享受。老師上課，隨手拈來，都是珍品，《文心雕龍》就在老師的手掌中。劉勰夜夢孔子，老師有所感觸地說，怎麼劉勰都不來入夢，事實上最親近的人是不在夢中，而在當前，老師可說是劉勰的化身，能夠深入《文心雕龍》之中的，老師大概是第一人吧！每次講課，一個辭，一個字，在書中的哪裡，跟現在講的，前後對照，哪裡也有，老師都要大家找出來看看，三萬七千多字，都在老師腦中，而劉勰前後立論都是一貫的。以前，讀過李清照〈金石錄後序〉曰：

> 余性偶強記，每飯罷，坐歸來堂烹茶，指堆積書史，言某事在某書某卷第幾葉、第幾行，以中否角勝負，為飲茶先後。中即舉杯大笑，至茶傾覆懷中，反不得飲而起。（《宋文彙》頁 336 頁）

這是李清照閨房記樂，與趙明誠鴛鴦眷屬之生活，李清照所以成爲詞家女傑，就在她讀書之熟與深，某事在某書中，記得清清楚楚。老師對《文心雕龍》就是如此，早在二十幾年前就該去聽老師的課，那麼我在講授《文心雕龍》時，必然不同，一定會有更好的表現，可是沒有機會了。

我教書三十幾年，教了很多科目，實在「膽大妄爲」；我教過數學，教過地理，教過體育。當我考上研究所，去向校長報告，消息已傳出，一見面，校長就說：「我不會趕你走，沒問題的話，可以繼續留下來教書。」所以，上研究所第一年沒辭職，但排課除還有國文外，其他就是大雜燴，預防我突然辭職，代課就可以分出去。我教體育，太誇張了；我帶學生跑操場，跳繩子，做活動，看到真正體育老師，三三兩兩在樹蔭下「放牛吃草」，我則與學生玩得滿頭大汗。後來，到專科學校教本行，下課一位同學跑來問我：「老師，你是教體育的，怎麼也會教國文。」原來是一位國中的學生，我教他體育，哈！還真像。最近五六年，學校開「文學欣賞」，教材自編，既然要欣賞就講唯美的，教材有四部分：即《詩經》、唐詩、唐宋詞、現代詩等，挑喜歡的講，常能神入其中，自得其樂。這次講《文心雕龍》卻備嚐辛苦，教的盡心盡力，效果微乎其微，這只能怪自己。自己還在生吞活剝，哪能調理出什麼美味呢？自〈原道〉篇起擬定綱要，這是受老師書中的啓發，老師在課文中，每段眉上有段落大意，我的講授綱要：如一、道，先言構形之本義，再言形上義，則引用老子、孔子、淮南子與韓愈之言；二、文原於道，先肯定文爲大德，是道之文。次言人與天地爲三才，天地之心生人，而言立，而文明，故由人，而言，而文，是自然之文；最後強調人文之重要，用反詰，「有心之器，其無文歟」，人不可無文，人文由自然而來。至〈諸子〉篇皆擬定綱要來講解，發現有些支離破碎，文氣不貫，經過寒假的思索，從〈神思〉篇起改用直解，即順課文直解內容，是故文句講解後則直解，如〈情采〉篇：

> 聖賢書辭，總稱文章，非采而何！夫水性虛而淪漪結，木體實而花萼振，文附質也。虎豹無文，則鞹同犬羊；犀兕有皮，而色資丹漆；質待文也。若乃綜述性靈，敷寫器象，鏤心鳥跡之中，織辭魚網之上，其為彪炳，縟采名矣。

直解：聖賢留下文辭總稱文章，不是指文采是什麼？像水本質無形無色而風吹過就泛起漣漪，木幹結實至花開而隨風搖曳，這是文采附於實物。虎豹無皮毛之花紋，就其肉體像狗羊一樣；犀兕之皮堅韌，然而漆上紅色，皮革就更實用，這是實物等待文采來裝飾。至若作文時，是綜合抒寫人的性情表現，鋪陳器物之景象，把心意用文字刻畫出來，將言辭寫在紙張上，文章於是光彩煥發，稱之爲縟采了。

> 故立文之道，其理有三：一曰形文，五色是也；二曰聲文，五音是也；三曰情文，五性是也。五色雜而成黼黻，五音比而成韶夏，五性發而為辭章，神理之數也。

所以作文的方法，其道理有三：第一是形文，指五色之文；第二是聲文，指五音之文；第三是情文，指五性之文。五色交織構成禮服之彩色圖案，五音調和構成韶夏之優美音樂，五性興發構成感人之文章，這是自然演化所造成的。

採用直解，或有些未盡之意，則在講解課文說明，直解以精要爲主。翻譯本是一件苦差事，故有人提出信、達、雅三字，但要十全十美很難。從事翻譯，將外文譯成中文，或古文譯成今文，都是功德無量，至少在文化傳播上盡心盡力，可以促進交流與提升理解。老師上課時，以板書爲主，加上圖表的綜合，使學生印象深刻，筆記做好了，一目瞭然，可惜，我的功力不夠，做不到。一年講課下來，深感精疲力竭，剩下一線游絲，就此而退休了。

參考書目（依照本論文引用順序）

文心雕龍讀本　王師更生注譯　文史哲出版社　1985年

中國古代文學理論的秘寶

　　── 文心雕龍　王師更生著　黎明文化公司　1995年

四書引得　哈佛燕京學社編纂

中國文學史　孟瑤師著　大中國圖書公司　1974年

中國古代文學理論辭典　趙則誠等主編　吉林文史出版社　1985年

簡明插圖中國文學史　莊嚴出版社編輯　莊嚴出版社　1977年

中國文學史　游國恩等主編　五南圖書公司　1990年

新譯文心雕龍　羅立乾注譯　三民書局　2004 年
史記　司馬遷撰　臺灣東華書局　1968 年
王充論衡　王　充著　宏業書局　1993 年
莊子淺說　陳啓天著　臺灣中華書局　1971 年
老子探義　王師淮注釋　臺灣商務印書館　1969 年
淮南子　漢高誘注　世界書局　1974 年
韓昌黎文集校注　馬其昶校注　世界書局　1988 年
說文解字注　段玉裁注　藝文印書館　1966 年
易經集註　仿宋精印　文化圖書公司　1969 年
呂氏春秋　秦呂不韋撰　臺灣中華書局　1973 年
宋文彙　方遠堯編纂　中華叢書編審委員會　1967 年

由《文心雕龍》「隱語」論《紅樓夢》燈謎的面與底

高雄中山大學　龔顯宗

前　言

「隱語」一詞在《文心雕龍-諧隱》中又稱「讔言」，運用「遯辭以隱意，譎譬以指事」，至鮑照作〈井字詩〉[1]，化為謎語。《紅樓夢》第二十二回、五十回具備面與底的春燈謎有十三首，筆者擬將劉勰論及「隱語」的文字來談這些燈謎，以見曹雪芹「預告」、「警示」的讖語意味。

一、從廋辭到燈謎

隱語古稱「廋辭」，《國語、晉語五》雲：「**有秦客廋辭於朝，大夫莫之能對也。**」廋有「隱意」，廋辭即「隱伏詭譎之言」（韋昭注），所以劉勰說「遯辭」、「隱意」、「譎譬」。周密《齊東野語》更說：「古之所謂廋辭，即今之隱語，而俗所謂謎。」

1 鮑照有〈字謎〉三首，其一為〈井字詩〉：「二形一體，四支八頭，四八一八，飛泉仰流。」宋程大昌《演繁露》釋雲：「飛泉仰流也者，垂綆取水而上之，故曰仰流也。一八者，井字八角也。五八者，折井字而四之，則其字為十者四也。四十，即五八也。」鮑照另二首為〈龜字謎〉和〈土字謎〉，參見《鮑參軍集》頁二十三，《漢魏六朝百三名家集》（張溥編）頁二七九三，臺北永和市：文津出版社，六十八年八月初版。

劉勰認為荀卿〈蠶賦〉已兆其體[2]。

《荀子第二十六篇・賦》云：「儳儳狀，屢化如神，功被天下，為萬世文。禮樂以成，貴賤以分，養老長幼待之而後成。名號不美，與暴為鄰。功立而身廢，事成而家敗，棄其耆老，收其後世，人屬所利，飛鳥所害，……此夫身好而頭馬首者與？屢化而不壽者與？善壯而拙者與？有父母而無牝牡者與？冬伏而夏游，食桑而吐絲，前亂而後治，夏生而惡暑，喜濕而惡雨；蛹以為母，蛾以為父，三俯三起，事乃大已，夫是之謂蠶理。」以隱語提示讀者「此物」的形狀、特性、功能，即所謂「謎面」，最後再揭開謎底一原來是「蠶」。

劉勰說：「**謎也者，迴互其辭，使昏迷也。**」[3]所以謎語俗稱「昏子」或「悶兒」。因為謎面「迴互其辭」，難免令猜射者納悶、疑惑、昏迷。謎語「或體目文字，或圖象品物」[4]，因而有「文字謎」與「畫謎」之分，後世甚至增加了圖章謎、實物謎、動作謎和故事謎。

漢魏至唐，以文字謎為主，重在離析會合字形字義，宋代「商謎」更趣味化、娛樂化，出現了實物謎、畫謎；又承漢朝元宵張燈之習，進一步將謎面貼在燈上，讓人猜射，這是燈謎的由來。周密《武林舊事・燈品》雲：「**有以絹燈剪寫詩詞，時寓譏笑，及畫人物，藏頭隱語，舊京諢語，戲弄行人。**」所謂「譏笑」、「戲弄」，與劉勰說「謬辭詆戲」[5]（註五）意同，而謎面用文字製作外，又以圖畫完成。

2 楊明照〈諧隱〉《文心雕龍校注》頁 104，臺北：河洛圖書出版社，69 年 8 月初版。
3 同註 2。
4 同註 2。
5 同註 2。

明初錢塘人楊景言最善製謎，杭州一地猜謎風氣甚盛。《錢塘縣志》記萬曆時上元節「張燈五夜，或黏藏頭詩於燈上，揣知者揭去。」所謂「藏頭詩」即以詩句爲謎面，每一句或兩句中暗藏一字，供人猜射，故又稱詩謎。李開先稱燈謎爲「詩禪」，猶劉勰雲：「辭欲隱而顯」[6]，隱語一旦曉喻，就像佛徒禪悟祛惑，豁然貫通，發揮了「曉惑」[7]的功能。

清代集前人之大成，不僅出現了動作謎，謎題形式多樣化，也開始有謎格的著作，包羅萬象，「語甚典博，上自經文，下及詞曲，非學問淵博者不能中。」（見〈燕京雜記〉）猜中者獲獎品，俗謂「打燈虎」，臺灣則稱爲「文虎」或「燈猜」。

《紅樓夢》第二十二回〈聽曲文寶玉悟禪機 製燈謎賈政悲讖語〉雲：

> 忽然人報，娘娘差人送出一個燈謎兒，命你們大家去猜。猜著了每人也作一個進去。四人聽說忙出去，至賈母上房。只見一個小太監，拿了一盞四角平頭紗燈，專為燈謎而製，上面已有一個，眾人都爭看亂猜。

猜燈是一種上自宮廷，下至民間的全國活動，「爲燈謎而製」的四角紗燈則沿用宋代以來的習俗，因當時已有專供猜謎而造的四角、六角、八角絹燈。

二、由隱語看《紅樓夢》燈謎

《紅樓夢》十三首面、底俱全的燈謎分散在第二十二回和第五十回中，前者八首，後者五首，本節從隱語的角度來談。

---

6 同註 2。
7 同註 2。

（1）賈環：大哥有角只八個，二哥有角只兩根。大哥只在床上坐，二哥愛在房上蹲。

謎底是枕頭、獸頭。

當時枕頭有六面，凡八角。屋簷上的獸頭上有兩角，俗稱螭吻，傳說可消弭火災。

（2）賈母（史太君）：猴子身輕站樹梢。（打一果名）

謎底是荔枝。

謎面意為「立枝」，「立」與「荔」同音。

（3）賈政：身自端方，體自堅硬。雖不能言，有言必應。（打一用物）

謎底是硯臺。

首句描寫形狀，次述質地，末言功用。謎面「言」與硯、「必」與筆諧音。

（4）賈元春：能使妖魔膽盡摧，身如束帛氣如雷。一聲震得人方恐，回首相看已化灰。

謎底是爆竹。

首言功能，次述其形狀、聲氣，末點出此物一響而散，轉瞬間灰飛煙滅。

（5）賈迎春：天運人功理不窮，有功無運也難逢。因何鎮日紛紛亂，只為陰陽數不同。

謎底是算盤。

「運」固指命運，亦有運轉之意，先天註定的運途加上人力的施為，正似算盤撥來撥去，數理永無窮終。若只靠個人算計盤弄，命數不佳，還是生不逢辰。而命運和個性關係密切，猶若珠子數目紛亂難理，陰陽之數的變化實在很難預測掌握。陰陽寓含男女、夫婦、天地、奇偶之意。

（6）賈探春：階下兒童仰面時，清明妝點最堪宜。遊絲一斷渾無力，莫向東風怨別離。

謎底是風箏。

首句點出此物在天上高處，次指放風箏的時節，繼言箏線，最後以「東風」呼應「清明」。

（7）賈惜春：前身色相總無成，不聽菱歌聽佛經。莫道此生沈黑海，性中自有大光明。

謎底爲海燈。

前兩句暗示此物在佛寺，「不聽菱歌」表示棄絕紅塵情愛，後半似反實正，似暗實明，所謂「曖曖含光」，正言若反也。

（8）薛寶釵：朝罷誰攜兩袖煙，琴邊衾裏總無緣。曉籌不用雞人報，五夜無煩侍女添。焦首朝朝還暮暮，煎心日日復年年。光陰荏苒需當惜，風雨陰晴任變遷。

謎底爲更香。

更香是爲打更而製的線香，因燃盡一支正好一更，故名，又稱百刻香。首句「煙」隱寓「香」，次言其功用、特性與位置。頷聯提示猜射者它的功能不煩人力。頸聯描述更香燃燒的情況。

以上八首出自第二十二回，下面五首在第五十回內。

（9）李紈：觀音未有世家傳。（打四書一句）

謎底爲「雖善無徵」。

觀世音菩薩法號妙善，行善度人救世，但不立文字，不得「世家傳」，所以說「雖善無徵」。

（10）李紈：一池青草草何名？

謎底是蒲蘆。

蒲蘆一作蒲盧，即蒲葦，易於生長，其成尤速。

（11）李紋：水向石邊流出冷。（打一古人名）

謎底是山濤。

濤與潮都有「大波」之意。《說文解字》釋「山」字雲：「有石而高，象形。」積石曰山。水在山上向石邊流，故曰山濤。

（12）李綺：螢。（打一個字）

謎底是花。

古人雲：「腐草為螢。」俗誤以爲螢由「艸」「化」成，故謎底爲花。

（13）史湘雲：溪壑分離，紅塵遊戲，真何趣？名利猶虛，後事終難繼。

謎底爲「耍的猴兒」。

耍的猴兒富然遠離山林溪壑，到紅塵遭人戲弄，雖常穿官服，富貴名利總是一場空，「後世終難繼」指它的尾巴被剁掉了。

三、由燈謎看《紅樓夢》的預警作用

劉勰認爲謎語「纖巧以弄思，淺察以衒辭，義欲婉而正」，《紅樓夢》的燈謎利用這種特性發揮了讖語的功能，以下討論這些謎語哪幾首具有預警的作用。

（1）賈環是賈政庶子，趙姨娘所生，性愚魯，他所作的謎語太直又庸俗，元妃認爲「不通」（二十二回），脂硯齋乾隆庚辰本和戚蓼生序本的評注一面說：「可發一笑，真環哥之謎，諸卿勿笑，難為了作者摹擬。」一面又說：「虧他好才情，怎麼想來。」都諷刺貶抑賈環胸無點墨、人物鄙陋，同時也讚美曹雪芹的摹擬功夫。

枕頭八角，謎面竟說「只」，真是不通！謎底是「枕頭、獸頭」，曹雪芹暗諷賈環是「草料」，「一代不如一代」，枕頭是「腹內原來草莽」；獸頭即螭吻，好吞好望，能吃火吐水，雖是龍的第二子，卻龍首魚身，「箕裘頹墮」，龍生九子，皆不成龍。《紅樓夢》的作者將賈環謎置於前頭，當有深意。

（2）賈母是榮國府的精神領袖，賈代善夫人，娘家是金陵史侯，亦稱史太君。他的一言一行是賈府的指標，所做燈謎雖通俗，但有情趣，庚辰本和戚序本評注雲：「所謂樹倒猢猻散是也。」甲辰本「猢」本作「猴」，餘同。

猴子站在樹梢，終非持久、久立之道，賈母猶如立於高處的老猢猻，謎面的「荔」與「離」諧音，離了枝頭，眾「猻」四散，各奔前程，「身輕」暗喻立身不牢，勢衰人微，預告賈府的運途。

（3）賈政謎下，庚辰本雲：「包藏賈府祖宗自身，必字隱筆字。」戚序本「隱」上多「暗」字。

賈政爲人確「端正方直」，他字存周，孔子說：「周監於兩代，鬱鬱乎文哉，吾從周。」（《論語．八佾篇》）可見他較其兄賈赦守禮知書。「體自堅硬」既可說身體健康，也可指剛硬固執，不知變通，正符合其性格。謎底的「硯」，脂本評語的「筆」，都顯示賈政的好學。「言」與「驗」音近，隱語暗示賈政的話和想法都是會應「驗」的。

（4）賈元春謎下，庚辰本曰：「纔得僥倖，奈壽不長，可悲哉！」戚序本於「可悲」上多一「深」字，甲辰本作「惜哉」，餘同。

元春是賈政長女，因賢孝才德，入宮作女史，晉封鳳藻宮尚書，加封賢德妃，庇蔭賈府，「烈火烹油，鮮花著錦」，表面榮華富貴，令人歆羨，其實內心淒涼痛苦，告訴娘家宮中是「不得見人的去處」。她省親時點戲《一捧雪》，伏賈家之敗；第二齣《長生殿》伏其自身之亡。《紅樓夢》第五回〈紅樓夢曲．恨無常〉雲：

喜榮華正好，恨無常又到。眼睜睜把萬事全拋，夢悠悠芳魂消耗，望家鄉路遠山高，故向爹娘夢裏相尋告，兒今命已入黃泉，天倫啊，須退步抽身早。

她雖受到「聖眷隆重」的恩寵，惜年壽不永，繁華燦爛如炮竹煙灰消逝得無影無跡。

（5）庚辰本和戚序本於迎春謎下曰：「此迎春一生遭際，惜不得其夫何？」

迎春是賈赦庶女，有「二木頭」之稱，個性懦弱，不與人爭，一向息事寧人，常看《太上感應篇》，嫁給惡夫孫紹祖，謎語喻她遇人不淑，終日心神紛亂不寧，如算盤珠子雜亂難整理。判詞雲：「子係中山郎，得志便倡狂。金閨花柳質，一載赴黃粱。」（第五回）前兩句說孫紹祖，後半惋惜迎春結婚年餘，受盡折磨虐待，鬱鬱而卒。

〈喜冤家〉亦雲：

中山郎，無情獸，全不念當日根由。一味的驕奢淫蕩貪還構。覷著那，侯門艷質同蒲柳，作踐的，公府千金似下流。嘆芳魂艷魄，一載蕩幽幽。（第五回）

侯門艷質，公府千金全被無情獸作踐而死，是傳統的惡姻緣，在那個時代只有認命的份兒！

（6）庚辰本、戚序本、甲辰本於探春謎下俱雲：「此探春遠適之讖也。」

謎語成了讖語，這是典型的例子，難怪賈政看了生悲興嘆。探春是其次女，爲趙姨娘所出，《紅樓夢曲・分骨肉》雲：

一帆風雨路三千，把骨肉家園，齊來拋閃。恐哭損殘年。告爹娘：休把兒懸念，自古窮通皆有定，離合豈無緣？從今分兩地，各自保平安。奴去也，莫牽連。（第五回）

放風箏最佳時節是清明前後，東風定向，最適合妝點觀賞。謎面「遊絲一斷渾無力，莫向東風怨別離。」點出探春將會「遠適」，和曲子所說的「一帆風雨路三千，把骨肉家園，齊來拋閃」（第五回）、正冊題詠的「清明涕淚江邊送，千里東風一夢遙」（第五回）相合。這位精明冷靜、志高能幹的姑娘已覺察處於「末世」，有抽身遠離的打算，而其命格也不錯。第七十回寫眾人清明時節在大觀園放風箏，探春的是鳳凰箏，另一鳳凰也來絞線，不可開交之際，又一門扇大的玲瓏喜字帶響鞭來絞，三線齊收，三箏「飄飄搖搖都去了」。果然後來鎮海總督周瓊替子求婚，遠嫁海疆，探春〈南柯子〉自雲：「**空掛千千縷，圖垂絡絡絲。也難綰繫也難羈，一任東西南北各分離。**」（七十回）她勸父母「休懸念」，窮通早定，離合皆緣，各保平安，「奴去也，休牽連」，個性、運途在第五回和二十二回已預告讀者了。

（7）庚辰本、戚序本於惜春謎下雲：「此惜春為尼之讖也，公府千金至緇衣乞食，寧不悲夫！」

佛前海燈就是長明燈，指惜春剃度，長年永世面對青燈古佛。他是寧國府賈敬之女，賈珍之妹。賈敬雖是寧國公，卻沉迷於仙道，「餘者一概不在心上」（第二回）。賈珍則恣意尋歡作樂，荒淫揮霍。她幼年喪母，與嫂子尤氏又合不來，生性孤介清高，體氣嬌弱，擅棋畫，與妙玉較為投契，可說是夙緣，（正冊題詠之七）雲：「勘破三春景不長，緇衣頓改昔年妝；可憐綉戶侯門女，獨臥青燈古佛旁。」（第五回）林黛玉丫頭紫鵑隨她遁入空門。

〈虛花悟〉雲：

將那三春看破，桃紅柳綠待如何？把這韶華打滅，覓那清淡天和。說什麼，天上夭桃盛，雲中杏蕊多。到頭來，誰

> 把秋捱過了？則看那，白楊村裡人嗚咽，青楓林下鬼吟哦。更兼著，連天衰草遮墳墓。真的是，昨貧今富人勞碌，人榮秋謝花折磨。似這般，生關死劫誰能解？聞說道，西方寶樹喚婆娑，上結著長生果。（第五回）

她出家緣於看破名利富貴，與寶玉懺情不同、妙玉小時候非自願入佛門有異，和父親賈敬求長生也大大有別。

（8）薛寶釵這首燈謎是隱語，也是讖語；表面上句句寫更香，實則句句預言寶玉出家後她淒苦孤寂煩愁的心境與情懷。所以〈終身誤〉雲：

> 都道是金玉良緣，俺只念木石前盟。空對著，山中高士晶瑩雪；終不忘，世外仙姝寂寞林。嘆人間，美中不足今方信：縱然是舉案齊眉，到底意難平。（第五回）

這首曲子用寶玉的口吻唱出，婚後他念念不忘的仍是黛玉，終至離家，「歸彼大荒」（第二回），寶釵守的是一輩子活寡。

她出身於皇商之家，母親是京營節度使、九省都檢點王子騰之妹，與寶玉是姨表，親上加親，想不到換來的徒具虛名的「終身誤」婚姻，〈正冊題詠之一〉雲：「可嘆傷機德……金簪雪裡埋。」一位賢妻像更香似的朝朝焦首，日日煎心！

第五十回「蘆雪庵爭聯即景詩 暖香塢雅製春燈謎」後半最先提到李紈二謎，其堂妹李紋、李綺各一，這四首融合了《四書》和詩詞，較爲典雅，隨後是一枝淺俗的史湘雲《點絳唇》。

（9-10）李紈是國子祭酒李守中之女，賈政長媳，夫賈珠二十歲即卒，她出身書香世家，具有傳統婦德，一心撫養孤子賈蘭。她第一首謎語洩漏了內心的焦慮，子幼學業未成，唯恐不得世祿，則積善之家無餘慶也。又《中庸》雲：「夫政也者，蒲盧也。」以人立政，就像以地種樹，很快就有成果。屠喬孫、項琳《十六國春秋·前秦錄》雲：「其先，有扈氏之苗裔，其後家池生蒲，長五丈，時鹹異之，謂之蒲家，因以為氏焉。」李紈希望其子如青草蒲蘆，速速成長，克紹箕裘。〈正冊題詠之十〉雲：「桃李春風結子完，到頭誰似一盆蘭；如冰水好空相妒，枉與他人作笑談。」（第五回）說得更是明白。後來賈蘭中了第一百三十名舉人，〈晚韶華〉雲：「雖說是，人生莫受老來貧，也須要陰騭積兒孫。氣昂昂，頭戴簪纓；光燦燦，胸懸金印；威赫赫，爵祿高登。」（第五回）一掃李紈的焦慮，應了蒲蘆之驗。

（11-12）紋兒、綺兒是李紈寡嬸之女，在李守中的影響下，族中男女必讀詩書，女子須閱《女四書》、《列女傳》，這兩位堂妹工於針黹外，亦通文墨，所作謎語雖非讖語，用典仍有本有原。

（13）史湘雲是忠靖侯史鼎侄女，太君侄孫，〈正冊題詠之四〉雲：「富貴又何為？繈褓之間父母違。轉眼弔斜暉，湘江水逝楚雲飛。」（第五回）可見她從小沒了爹娘，寄養在賈府，個性卻開朗，胸襟又灑脫，〈樂中悲〉曰：「英豪闊大寬宏量，從未將兒女私情，略縈心上，……廝配得才貌仙郎，博得地久天上。准折得幼年時坎坷形狀，……這是塵寰中消長數應當，何必枉悲傷。」（第五回）不同於黛玉的小心眼，她能苦中作樂，悲境生喜，「耍的猴兒」這首謎逗得眾人哈哈笑，說：「他編個謎兒也是刁鑽古怪的。」（第五十回）可見她有時調皮搗蛋，很有喜感。眾人想了半日都不對，寶玉卻一猜就著。

第二十二回說元宵賞燈取樂，在賈政看寶釵謎後，賈母要他安歇，他退出後，「早見寶玉跑至圍屏燈前，指手畫腳，滿口批評，這個這一句不好，那一個破的不恰當，如同開了鎖的猴子一般。」想見寶玉不在嚴父跟前平常的淘氣模樣。湘雲此謎有可能是開他玩笑，但無意中點出其前世與今生。寶玉原是大荒山青埂峰下「無才補天」的頑石，幻化入世，本性猶存，不喜仕途，所謂「天下無能第一」（第三回），無法肩負光耀賈府的重責大任，聰明的湘雲平日冷眼旁觀，早知他頂不起來，果然他看破紅塵，淡於榮利，跟著茫茫大士、渺渺真人永遠的去了！

結　論

從文本來看，《紅樓夢》的作者和背景固是個謎，書中的人、時、地、事、物、景更是無數個謎，燈謎則是謎中之謎，書中第一回自雲：「將真事隱去，用假語村言」，謎語、隱語便是創作的一種方式，表達主題的一種策略。第二十二回前半寫寶玉聽曲文而悟禪機，後半緊接著述賈政觀燈謎而悲讖語，必非無因。

常言道：「當局者迷」，身為製謎者的賈政看了燈謎之後卻清醒的感到一種警示作用：

> 娘娘所作爆竹，此乃一響而散之物。迎春所作算盤，是打動亂如麻。探春所作之風箏，乃飄飄浮蕩之物。惜春所作海燈，一發清淨孤獨。今乃上元佳節，如何皆作此不祥之物為戲耶？（第二十二回）

在歡樂時無意中作不祥語，難怪當家者「心內愈思愈悶」，再看完寶釵的〈更香〉後，賈政更感煩悶悲戚：

此物還倒有限，只是小小之人作此詞句，更覺不祥，皆非永遠福壽之輩。（第二十二回）

賈氏四女和未來媳婦年紀輕，作出來的謎語竟老成淒涼，使得賈政「回至房中只是思索，翻來覆去竟難成寐，不由傷感悲慨」（第二十二回），這五個人的運途後來全應驗了。她們的燈謎正如劉勰所說的，用隱語以譎譬指事。

戚序本於二十二回末總批雲：「作者具菩提心，提筆現身設（案：當作說）法，每於言外警人，...…其先以莊子爲引，及偈曲句作醒悟之意，以員警世人，猶恐不入，再以燈謎伸詞致意。」燈謎而外，《紅樓夢》作者還運用了文、詩、歌、戲曲、賦、聯語、酒令、圖、牙牌令、花名簽、詞、讚、偈，以伸言外之意、意外之旨，正如《文心雕龍．隱秀篇》所說的：「隱也者，文外之重旨者也，……隱以複意爲工，……深文隱蔚，餘味曲包，辭生互體，有似變爻。」[8]猜商《紅樓夢》的燈謎、隱語，確有點參禪的味兒。

8 〈隱秀〉《文心調龍校註》頁 259-261。

劉勰賦論之管窺蠡測

浙江大學人文學院　韓泉欣

摘　要

本文在列述劉勰賦論的主要觀點之後，著重討論了劉勰賦論的意義延展，主要涉及賦與詩文的關係，以及賦的審美性與政教作用之糾葛。在賦與詩文之間，存在著交互影響`雙向互動的關係。就賦體言，其不變的因素，一在敷陳之辭，主要得之與文；一在抒寫情志和比興之旨，主要來自於詩。賦的生存與發展，除了必得保留其形式特徵外，更須堅持其詩性精神，故本文主張以「賦體詩心」規定賦的性質。關於賦的審美性與政教作用，劉勰在闡發「原道」、「征聖」、「宗經」三位一體文學觀時，重新整合了兩者的關係。他強調賦的政教功能，同時認爲此種功能之發揮，必須經過審美的仲介。這兩方面問題的討論，貫穿在兩千年賦的發展流變之中，劉勰的賦論可謂影響深遠。

關鍵字：「體」之三義　賦體詩心 審美性 政教作用

今茲探討劉勰賦論，乃以《文心・詮賦》爲主要依據，並及《文心雕龍》有關各篇。內容包括兩個方面：一、劉勰賦論的主要觀點；二、劉勰賦論之意義延展。

劉勰《文心・詮賦》的寫作，遵「原始以表末，釋名以章義，選文以定篇，敷理以舉統」[1]（《序志》）的基本思路，即運用「史」、「評」、「論」相結合的方法，以「史」、「評」爲立論的基礎和前提，其核心在它的論，這也足以代表劉勰文體論的一種特色。

按諸劉勰《文心》，其所論文體之「體」，蓋有三義焉：一曰體裁，二曰體貌，三曰體要。這裏採用了前輩學者徐複觀先生的說法，但在對「體」之三義的具體闡釋上，與徐先生相較，又有一些不同[2]。大抵據我的理解，體裁之「體」是指一種文體的形式結構與表現特徵，比較具有客觀性；體貌之「體」是指特定作家作品之存在形態所體現的一種特質，其義略同於今天所謂風格，無論從作家的創作實踐說，或者從作品的欣賞接受說，都更帶主觀性；體要之「體」則指一種文體的創作原則與寫作規範，它既是歷史經驗的總結，又擔著指導創作的責任，反映了特定時代理論家的審美認知。《文心・詮賦》的論述基本上就是依著此一順序展開的。下麵略說我對《文心・詮賦》及劉勰賦論的管窺蠡測。

一、

首說賦之體裁。據彥和所述，約爲三點。一曰「鋪采摛文，體物寫志」。其說本于摯虞：「賦者，敷陳之稱，所以假像盡辭，敷陳其志。」[3]可知文采、物象、情志乃是構成賦體的三大要素，其中文采一項尤爲賦家所重。所當注意者，「鋪采摛文」一語，

1 本文所引《文以雕龍》原文均據範文瀾《文心雕龍注》，人民文學出版社，1958 年版。

2 參徐複觀《文心雕龍的文體論》，《中國文學精神》，上海書店出版社 2004 年版，第 129-141 頁。

3 摯虞《文章流別論》，嚴可均輯《全晉文》卷七十七，中華書局影印本，1958 年版。

不僅指一般的鋪陳文采，而是要求作者以極度誇張的手法描寫物象，做到鋪張揚厲、盡態極妍。彥和以一言賅之，曰「極聲貌以窮文」。這是賦之爲賦的一個主要特點，而在漢賦中表現得最爲突出。《漢書・揚雄傳》有雲：「雄以爲賦者，閎侈鉅衍，競於使人不能加也。」[4]當然「鋪采摛文」本身並非目的，「以爲賦者，將以風也」，作者還必須寄寓一點諷諫的意思在裏邊。提法比較狹隘和功利，劉勰改爲「體物言志」，含義則要寬泛得多。紀評有曰：「『鋪采摛文』，盡賦之體；『體物言志，盡賦之旨。」[5]認爲這兩句話，把賦的表現特點和藝術功用都概括進去了。二曰「不歌而誦」。《漢書・藝文志》：「傳曰：不歌而誦謂之賦。」[6]所引本于劉向《別錄》。這是初始階段，賦區別於詩的一個特點。因「先秦之作，詩三百篇全爲樂歌，楚詞則有入樂者，有不入樂者，及於漢代，純資諷誦之長篇賦體乃出」。程千帆先生說：「就音節言，不歌而誦一語，顯示賦乃不入樂之韻文，同時複具有不可諷誦之音節。此事對於文學作品脫離音樂而創建其本身節奏之美，關係頗大。」[7]後來連詩歌也脫離音樂而獨立，有歌的音節變而爲吟的音節，詩與賦的區別在這點上不明顯了。賦的發展，其後又經歷駢賦、律賦、文賦幾個階段，但不管怎樣變化，作爲一種韻文，在講究用韻和追求節奏之美上，始終未變。三曰「述主客以首引」，這是賦在組織形式上的特點，多采主客問答之辭，以爲全篇綱領。程千帆先生說：「此本戰國遊說之風，而舊題屈宋之《卜居》、《漁父》、《高唐》、《神女》諸作皆用之，旁

4 《漢書》卷八十七《揚雄傳》，中華書局 1962 年版。
5 範文瀾《文心雕龍注》引，第 136 頁。
6 《漢書》卷三十《藝文志》。
7 程千帆《先唐文學源流論略》（之二），《武漢師範學院學報》（哲社版），1981 年第 2 期第 26 頁。

衍而爲對問諸支，亦用其法。問答之體，最便反復敷陳，賦之沿用說士此式，殆以此故。」[8]這是賦體的三個特點。《詮賦》推究賦體的淵源，認爲漢賦之興，遠承古詩之賦義，近得楚人之騷體，故曰「受命於詩人而拓宇于楚辭也」，至於漢賦的成立，實因于屈、宋的努力：「爰錫名號，與詩畫境，六義附庸，蔚成大國。述客主以首引，極聲貌以窮文，斯蓋別詩之原始，命賦之厥初也。」在賦體的三個特點中，彥和以爲敷陳之辭和問答之體最爲重要。

次說賦之體貌，體貌略同於風格。《詮賦》在做了「原始以表末，釋名以章義」的工作以後，即有一大段文章用來討論賦的體貌，其文略雲：「若夫京殿苑獵，述行序志，並體國經野，義尚光大。既履端於唱序，亦歸餘於總亂。序以建言，首引情本；亂以理篇，寫送文勢。按《那》之卒章，閔馬稱「亂」，故知殷人輯《頌》，楚人理賦，斯並鴻裁之寰域，雅文之樞轄也。至於草區禽族，庶品雜類，則觸興致情，因變取會；擬諸形容，則言務纖密；象其物宜，則理貴側附；斯又小制之區畛，奇巧之機要也。」所論爲大賦與小賦的不同體貌，此體貌之不同，又與不同的時代風會相關。從風格來說，文體風格與時代風格均屬於風格的共性方面，而任何共性都是通過個性來顯現的，無個性即無共性，所以文學風格的研究又以作家的個人風格爲基礎。《詮賦》下面一段即列舉十八家，以爲個案分析的例證：「觀夫荀結隱語，事數自環；宋發誇談，實始淫麗。枚乘《菟園》，舉要以會新；相如《上林》，繁類以成豔；賈誼《鵩鳥》，致辨於情理；子淵《洞簫》，窮變於聲貌；孟堅《兩都》，明絢以雅贍；張衡《二京》，迅發以宏富；子雲《甘泉》，構深瑋之風；延壽《靈光》，

8 程千帆《先唐文學源流論略》（之二），《武漢師範學院學報》（哲社版），1981年第2期第29頁。

含飛動之勢：凡此十家，並辭賦之英傑也。及仲宣靡密，發篇必遒；偉長博通，時逢壯采；太沖、安仁，策勳於鴻規；士衡、子安，底績於流制，景純綺巧，縟理有餘；彥伯梗概，情韻不匱：亦魏、晉之賦首也。」

作家的個人風格是通過一個個作品來呈現的，因之它總是具體的，感性的，變動不居的。但並不是不能把握的。按照《文心·體性》的觀點，在作家的才性與作品的體貌之間，存在著內外表裏的關係，作品風格的千姿百態，植根于作家的才氣、學習的不同和創作個性的差異。彥和分析十八賦家的不同風格，就有見於作家個性與作品體貌之間的此種深層聯繫，不過他不可能說得面面俱到，大抵舉其一端而言之，把其中最最突出之點揭示出來。如論司馬相如雲：「相如《上林》，繁類以成豔。」《誇飾》亦雲：「自宋玉、景差，誇飾始盛；相如憑風,詭濫愈甚。故上林之館，奔星與宛虹入軒；從禽之盛，飛廉與鷦鷯俱獲。」又《物色》雲：「及長卿之徒，詭勢瑰聲，模山范水，字必魚貫，所謂詩人麗則而約言，辭人麗淫而繁句也。」此種物色之形成，顯然與其個性、才情相關。《史記》和《漢書》上有許多故事，記載他爲人狂放，不拘禮法。《體性》雲：「長卿傲誕，故理侈而辭溢」，可爲佐證。其論揚雄則曰：「子雲《甘泉》，構深瑋之風。」《漢書》本傳說揚雄「默而好深湛之思，清靜亡爲，少耆欲」。[9]劉勰以之與其創作相聯繫，在《體性》中說：「子雲沈寂，故志隱而味深。」彥和嘗以相如與子雲相較，認爲兩人的共同特點是「奇」，即《辨騷》所說「馬、揚沿波而得奇」的「奇」。但一者縱橫自在，筆端有如雲湧峰簇的氣概；一者雕刻鍛煉，古腴雅峭而徒盡

9 同注 4。

人爲之巧而已。所以《才略》有說：「相如好書，師範屈宋，洞入誇豔，致名辭宗。然覈取精意，理不勝辭，故揚子以爲『文麗用寡者長卿』，誠哉是言也！王褒構采，以密巧爲致，附聲測貌，泠然可觀。子雲屬意，辭義最深，觀其涯度幽遠，搜選詭麗，而竭才以鑽思，故能理贍而辭堅矣。」這種不同，既關乎才性，亦源於風會。彥和所謂「然自卿、淵以前，多俊才而不課學；雄、向以後，頗引書以助文；此取與之大際，其分不可亂者也。」講個人風格需要感受，需要分析；論文體風格，則須大量作品做梳理歸納的工作，從內容和形式相統一的意義上概括出共同的特質。如《詮賦》所說「麗詞雅義，符采相勝」，如《定勢》所說「賦頌歌詩，則羽儀乎清麗」等。對賦家創作而言，只是一個最大的公約數；具體到特定作者、特定作品，其體貌還是千姿百態，千差萬別。

次說賦的體要。其辭有雲：「原夫登高之旨，蓋睹物興情。情以物興，故義必明雅；物以情觀，故詞必巧麗。麗詞雅義，符采相勝，如組織之品朱紫，畫繪之著玄黃。文雖雜而有質，色雖糅而有本，此立賦之大體也。然逐末之儔，蔑棄其本，雖讀千賦，愈惑體要；遂使繁華損枝，膏腴害骨，無貴風軌，莫益勸戒：此揚子所以追悔於雕蟲，貽誚於霧縠者也。」紀昀對其評雲：「篇末側注小賦一邊言之，救俗之意也。舍人洞見癥結，針對當時以發藥。」[10]這種傾向，在漢賦創作中已有明顯表現，至於齊梁而愈演愈烈。李調元《賦話》卷一曾言及魏晉南北朝賦風變化之漸：「鄴中小賦，古意尚存。齊梁人爲之，琢句愈秀，結字愈新，而去古亦愈遠。沈休文《桐賦》喧密葉於鳳晨，宿高枝於鸞暮，即

10 周振甫《文心雕龍注》引，人民文學出版社 1981 年版，第 82 頁。

古變爲律之漸矣。」[11]可見就當時賦作的流弊來說，並不在賦之爲賦的特徵的缺失，而在於對形式和技巧的過度追求，把賦的內容給消解了，並使其諷諫作用不能得到正常的發揮。以此之故，劉勰必須從情物關係的高度來立論，強調指出三點：（一）「情以物興」，「物以情觀」，以情物並舉，情志兼包。但體物所以寫志，辭賦創作仍當以表現情志爲主。（二）賦家之情志，來自於深刻的觀察和真切的體驗。所謂「原夫登高之旨，蓋睹物興情」，「情以物興，故義必明雅;物以情觀,故詞必巧麗」，也即《文心・情采》主張的「爲情而造文」，反對「爲文而造情」。（三）首先是蟻歸雅正，再上辭必巧麗。「麗詞雅義」，這才如同玉的美質，和文采配合得很好，爲辭賦創作樹立一種典範。由此三點，可知彥和提出的創作原則陳義甚高，對於當時真有導正方向的意義。

二、

劉勰賦論的要點略如上述。有關討論並涉及賦與詩文的關係以及賦的審美性與政教作用之糾葛，這兩個問題在《詮賦》中未及充分展開，因此有必要聯繫《文心》有關各篇，作進一步的分析。而且揆諸千年賦史，這些問題一直是各家關注的熱點，彥和的觀點在爭論中多有意義上的延展，對其後的辭賦創作產生了積極的影響。

賦與詩文關係的探討，首先牽涉到賦體的性質。籠統的提法，是說賦是介乎詩文之間，或者半詩半文的一種文體。它與詩文究竟是怎樣一種關係，則眾說紛紜，莫衷一是。從淵源說，「賦也

11 李調元《賦話》卷 1，《叢書集成初編》本。

者，受命於詩人而拓宇于楚辭也」。那麼它首先是詩之流裔。但章學誠早就指出，賦同時也受諸子和縱橫家的影響。所著《校讎通義》卷三《漢志·詩賦第十五》有雲：「古之賦家者流，原本詩騷，出入戰國諸子。假設問對，莊列寓言之遺也。恢廓聲勢，蘇張縱橫之體也。排比諧隱，韓非《儲說》之屬也。徵材聚事，《呂覽》類輯之義也。雖其文逐聲韻，旨存比興，而深探本原，實能自成一子之學，與夫專門之書，初無差別。」[12]近人胡小石提出一種很形象的說法：「賦之特點約分四種：一、想像豐富；二、藻采誇飾；三、侈陳形勢；四、抑客伸主。由以上四端，就可以推到賦體之來源，想像與藻采兩樣，是從楚詞來的。侈陳形勢與抑客伸主，又是從縱橫家而來的。由楚詞與縱橫家言，結婚所產生的兒子，就是賦。」[13]可見它所受文的影響亦不能低估。從流變說，一種是賦的旁衍，如《文心·雜文》所列對句、七、連珠之屬，皆賦體支流。另種是賦對詩文諸體的輻射和滲透。已故程千帆先生曾經指出：「然賦在漢世，最爲大國，故兩京之文，若符命、論說、哀悼以及箴、銘、頌贊之作，凡挾鋪張揚厲之氣者，莫不與賦相通。」[14]劉勰《文心》注意及此。如《頌贊》：「原夫頌惟典懿，辭必清鑠。敷寫似賦，而不入華侈之區；敬慎如銘，而異乎規戒之域。」又《哀悼》：「夫吊雖古義，而華辭末造；華過韻緩，則化而爲賦。」象賈誼之《吊屈原》，相如之《吊二世》，揚雄之《反離騷》，都屬於這種情況。至於杜詩的鋪陳排比，韓愈的以文爲詩，則可以作爲賦體影響及於詩的例證。就賦

12 葉瑛《文史通義校注》，中華書局 1985 年版，第 1064 頁。

13 《胡小石論文集續編》，上海古籍出版社，1991 年版，第 54 頁。

14 程千帆《先唐文學源流論略》（之二），《武漢師範學院學報》（哲社版），1981 年第 2 期第 36 頁。

體自身的演變來說，從古賦而駢賦而律賦而文賦，由詩靠向文，複由文靠向詩，一直在詩文之間搖擺。宋人項安世對此作過一個總結：「嘗讀漢人之賦，鋪張閎麗。唐至於本朝，未有及者。蓋自唐以後，文士之才力盡用於詩，如李杜之歌行，元白之唱和，序事叢蔚，寫物雄麗，小者十餘韻，大者百餘韻，皆用賦體作詩，此亦漢人之所未有也。予嘗謂賈誼之《過秦》、陸機之《辯亡》，皆賦體也。大抵屈宋以前，以賦為文，莊周荀卿子二書體義聲律，下句用字，無非賦者。自屈、宋以後為賦，而二漢特盛，遂不可加。唐至於宋朝，復變為詩，皆賦之變體也。」[15]所論或未盡準確，但頗能揭示賦與詩文之間交互影響、雙向互動的關係。《文心·通變》有言：「文律運周，日新其業。變則堪久，通則不乏。」從劉氏通變觀看來，賦體與詩文之相互影響和滲透是必然的。文學恒久的生命力，即在文學自身日新月異的變化發展之中。但文學還有先後傳承的一面。一種文體，一旦形成之後還有其相對的穩定性。賦體一方面處在變化發展之中，但變中自有不變者在，其不變的因素，一在敷陳之辭，此乃賦之為賦的主要特點。「賦者，鋪也。」雖然作為「六義」之一，賦也是詩人作者經常運用的一種方法，但體的「鋪采摛文」，其影響主要得之于文。對此前人論之已詳，不勞我的辭費。一在抒寫情志和比興之旨，這方面的影響主要來自於詩。何以見得呢？我覺得劉勰對辭賦創作不良傾向的批評透露了此中消息。批評集中在兩點。一是批評「繁采寡情」。如《文心·情采》雲：「昔詩人什篇，為情而造文；辭人賦頌，為文而造情。何以明其然？蓋風雅之興，志思蓄憤，而吟詠情性，以諷其上，此為情而造文也；諸子之徒，心非郁陶，

---

15 項安世《項氏家說》卷八《詩賦》，《四部叢刊》本。

苟馳誇飾，鬻聲釣世，此爲文而造情也。故爲情者要約而寫真，爲文者淫麗而煩濫。而後之作者，采濫忽真，遠棄風雅，近師辭賦；故體情之制日疏，逐文之篇愈盛。」劉勰對此十分不滿，在他看來，詩賦在表達情志上是相通的，不同只在它的表達方式：一者感物，一者體物；一者吟志，一者寫志。因之劉勰把雅正的情志視爲詩賦創作的基礎。無此基礎，作品從何而來？又如何能夠動人？《情采》中好有一比：「夫桃李不言而成蹊，有實存也；男子樹蘭而不芳，無其情也。夫以草木之微，依情待實；況乎文章，述志爲本。言與志反，文豈足征?」對於爲文造情的辭賦作品，他不但不滿，甚至採取一種鄙棄的態度。「繁采寡情，味之必厭」，認爲這樣的作品根本是沒有生命力的。二是批評「興義銷亡」。此意於《比興》、《物色》兩篇多有闡發。《比興》雲：「楚襄信讒，而三閭忠烈，依《詩》制《騷》，諷兼比興。炎漢雖盛，而辭人誇毗，詩刺道喪，故興義銷亡。於是賦頌先鳴，故比體雲構，紛紜雜遝，倍舊章矣。」「夫比之爲義，取類不常：或喻於聲，或方於貌，或擬於心，或譬於事。……若斯之類，辭賦所先，日用乎比，月忘乎興，習小而棄大，所以文謝于周人也。至於揚班之倫，曹劉以下，圖狀山川，影寫雲物，莫不織綜比義，以敷其華，驚聽回視，資此效績。」又《物色》：「是以詩人感物，聯類不窮；流連萬象之際，沉吟視聽之區；寫氣圖貌，既隨物以宛轉；屬采附聲，亦與心而徘徊。」因此在表達上，往往能一言窮理，兩字窮形，以少總多，情貌無遺。「及離騷代興，觸類而長，物貌難盡，故重遝舒狀，於是嵯峨之類聚，葳蕤之群積矣。及長卿之徒，詭勢瑰聲，模山范水，字必魚貫」，這就到了「比體雲構」而「興義銷亡」的時代。

但我們在這裏要提出一個問題：賦、比、興乃詩之三法。其中「賦」法是最基本的、普遍使用的手法，比興當然也經常使用，但所涉及者只能是一首詩的某一部分或某些部分，賦則可涉及一首詩的全篇[16]。那麼何以比興，特別是興，後來被提到那麼重要的地位？彥和在《比興》中對此似有解釋：「詩文弘奧，包韞六義，毛公述傳，獨標興體，豈不以風通而賦同，比顯而興隱哉！故比者，附也；興者，起也。附理者切類以指事，起情者依微以擬議；起情故興體以立，附理故比例以生。比則蓄憤以斥言，興則環譬以托諷，蓋隨時之義不一，故詩人之志有二也。」這樣的解釋雖然還未脫詩的政教功能的羈絆，但對比興手法的藝術特徵畢竟有了比較深入的認識。他之強調「興」法，雖然因爲「興」法較之「比」法更加含蓄，更加能夠觸人聯想，因之更具一種感發的力量。所以《贊》語有曰：「詩人比興，觸物圓覽。物雖胡越，合則肝膽。擬容取心，斷辭必敢。攢雜詠歌，如川之澹。」主張將比興方法交織在詩賦中，使之收到更好的藝術效果。大概因爲漢魏以來五言詩創作經驗的積累，加上哲學上「意言之辨」的推動，在魏晉南北朝時期，對比興的重視幾乎成爲普遍的理論傾向。摯虞《文章流別論》有雲：「賦者，敷陳之稱也；比者，喻類之言也；興者，有感之辭也。」[17]認爲「興」是詩人內心受到外物感動所發之辭，而把「喻」直接歸屬於「比」。鐘嶸《詩品序》以「文以盡而意有餘」釋「興」，除寄寓傳統的比喻義之外，更強調「興」的感發義。故其論「興」，重在形象與意興，重在對美的事物和美的情感的抒寫與欣賞，以期引起無盡的審美體驗。鐘嶸還改變了賦、比、興的原有排序，置「興」法於最前，

---

16 參程千帆《韓愈以文爲詩說》注 26，《古代文學理論研究叢刊》第一輯，上海古籍出版社 1979 年版，第 215 頁。

17 同注 3。

對詩歌藝術的表現方法起到一種總的籠罩的作用[18]。也就是說，不僅比興，真正成功的「賦」法，也應收到有餘不盡的效果。這對以後的辭賦創作與理論批評產生了深遠的影響。清人程庭祚說：「賦能體萬物之情狀，而比興之義缺焉。蓋風、雅、頌之再變而後有《離騷》，騷之體流而成賦。賦也者，體類於騷而義取乎《詩》者也。」[19]晚近劉熙載於此更多精闢之見。一則曰：「李仲蒙『敘物以言情謂之賦，索物以托情謂之比，觸物以起情謂之興。』此明賦比興之別也。然賦中未嘗不兼具比興之意。」這是由賦本身而言。一則曰：「風詩中賦事，往往兼寓比興之意。鐘嶸《詩品》所由竟以寓言寫物爲賦也。賦兼比興，則以言內之實事，寫言外之重旨。故古之君子上下交際，不必有言也，以賦相示而已。不然，賦物必此物，其爲用也幾何！」這是拿風詩中賦以爲賦兼比興的佐證。一則曰：「春有草樹，山有煙霞，皆是造化自然，非設色之可擬。故賦之爲道，重象尤宜重興。興不稱象，雖紛披繁密而生意索然，能無爲識者厭乎？」又曰：「賦以象物，按實肖像易，憑虛構象難。能構象，象乃生生不窮矣。唐釋皎然以『作用』論詩，可移之賦。」[20]這兩條進一步討論到辭賦創作中賦、比、興方法的具體運用，其意可與彥和「物色」「隱秀」之論相發明。

總起來說，抒寫情志和比興之旨兩條更能夠代表賦體的詩性特質，相比之下，駢賦和律賦中講究的諸如對偶、聲韻之類的形式因素，表面看起來接近於詩，實際上並不顯得那麼重要。唐代律賦大盛，所產甚夥，但傳世之作並不爲多。宋朝的秦觀，作賦

18 陳延傑《詩品注》，人民文學出版社 1961 年版，第 2 頁。
19 程庭祚《騷賦論》，《金陵叢書》本《青溪集》卷三。
20 劉熙載《藝概》卷三《賦概》，上海古籍出版社 1978 年版。

基本上走傳統的路子，鋪采摛文，音律諧婉，與楚辭以來之賦體相近，李廌《師友談記》頗記秦觀作賦甘苦之言，其中有一條說：「少遊言：『賦之說，雖工巧如此，要之，是何等文字？』廌曰：『觀少遊之說，作賦正如填歌曲爾。』少遊曰：『誠然。夫作曲，雖文章卓越，而不協於律，其聲不和。作賦何用好文章，只以智巧飣餖爲偶儷而已；若論爲文，非可同日語也。朝廷用此格以取人，而士欲合其格，不可奈何耳爾。』」[21]可見，對偶、聲律之束縛人的思想性情，這樣做出來的賦恐怕也難有詩情畫意可言。他對律賦基本上採取否定態度。他的前輩歐、蘇等，則承韓、柳古文運動的餘緒，大倡文賦創作，使宋人之賦逐漸走上散文化的道路。他們的代表作《秋聲》、《赤壁》被陳後山譏爲「一片之文，押幾個韻者耳。」[22]但二賦既保持了賦體主客問答、抑客伸主的傳統格局，又呈現出散體文字的流動之美，由此反而增強了賦的抒情意味。

從創作實踐的角度看，賦的生存與發展，除了必得保留其形式特徵之外，還須堅持一種詩性精神。劉熙載論賦，嘗曰：「詩爲賦心，賦爲詩體。」[23]今易言之：「賦體詩心。」從賦的性質說，是否更切近呢？

賦的審美性與政教作用，是必然地聯繫在一起的，但又經常發生矛盾。漢賦大家之一的揚雄使這種矛盾激化，甚至把它推向極端。前引《漢書·揚雄傳》說到：「雄以爲賦者，將以風也，必推類而言，極麗靡之辭，閎侈鉅衍，競於使人不能加也，既乃歸

---

21 李廌等《師友談記　曲洧舊聞　西塘集耆舊續聞》，中華書局 2002 年版，第 21 頁。

22 李調元《賦話》卷五，商務印書館《叢書集成初編》本。

23 同注 19。

之於正，然覽者已過矣。往時武帝好神仙，相如上《大人賦》，欲以風，帝反飄飄有淩雲之志。由是言之，賦勸而不止，明矣。又頗似俳優淳於髡、優孟之徒，非法度所存，賢人君子詩賦之正也，於是輟不復爲。[24]揚雄早年熱衷於辭賦創作，是司馬相如的熱烈崇拜者，四十以後才由辭賦家變爲哲學家，並且轉到批判辭賦的立場上。問題發源於漢賦的內容與形式之間存在的尖銳矛盾，其作者過分地侈陳形勢和追求藻繪，結果使賦作由諷至於勸，勸而不止，乃沒其諷諭之意。揚雄走過司馬相如所走的同樣的道路，對此體會深切，故反戈一擊，立中要害，指出了賦在其發展過程中形成的根本缺失。揚雄之後，特別是東漢末年，對漢賦的批判成爲社會批判的一大熱點。著名思想家王充、王符都加入到批判的行列，他們對辭賦採取根本否定的態度。《論衡・定賢》說：「以敏於賦頌，爲弘麗之文爲賢乎？則夫司馬長卿、楊子雲是也。文麗而務巨,言眇而趨深,然而不能處定是非，辯然否之實。雖文如錦繡，深如河、漢，民不覺知是非之分，無益於彌爲崇實之化。」[25]其實揚雄與這種崇實尙用的功利主義態度是不同的，他在理論上並未主張廢止辭賦創作。他認爲賦有兩種：「詩人之賦」與「辭人之賦」。其共同點是「麗」；所不同者，「詩人之賦麗以則，辭人之賦麗以淫」。所謂「麗以則」，就是「事辭稱則經，足言足容，德之藻矣」，其文足以飾言，又足以用之，合於儒家的標準和有助於諷諫的目的。所謂「麗以淫」，則是藻繪太過，辭采之美把思想內容給淹沒了。按照儒家的文質觀，揚雄主張文質統一，而以質爲先，認爲必先有才德充實於內，然後文采發揚於外，同時他又把「文」提到無文即「無以見聖人」的高

24 同注 4。
25 黃暉《論衡校釋》，中華書局 1990 年版，第 1117 頁。

度。他說「女有色，書亦有色」，問題只在於不當「以華丹亂窈窕，以淫辭涠法度」。所以把揚雄的觀點歸納到一點，其實就是提倡「詩人之賦麗以則」，反對「辭人之賦麗以淫」[26]。揚雄的觀點經過皇甫謐、摯虞等人的闡發，基本上爲劉勰所接受，並且在新的歷史條件下有所發展。

所謂新的歷史條件，我想是指南朝文風的新變和復古派與趨新派的理論論爭。南朝文風的新變，從文學史實說，可略舉數端，如玄言的消退和山水的興起，永明聲律論提出及其對詩文創作的影響，宮體的出現等；從文學思想說，由於建安以來，文學擺脫了儒學的束縛，從群體的工具變爲個體生命意識的表現，個性化和抒情化的傾向愈益明顯。元嘉之後，抒情的同時，越來越把形式美變成一種有意義的追求。所以沈約等提出永明聲律論，其意義實不在對文學的社會功能的關照，而在文學自身特徵之張揚。齊梁之後，一方面是自然真摯的抒情文學的繼續發展，與之同時更多作家的創作由抒情轉向娛樂，文學的消閒性質被大大突出，發展到頂峰就是宮體詩的出現。在文學脫離政教而回歸自身的過程中，不同文學思潮互爲消長，同時交織著不同理論觀點的碰撞與紛爭。裴子野是復古派的代表，寫了一篇《雕蟲論》，根本否定文學的特徵，批評當時詩賦作者「擯落六義，吟詠情性」，認爲文學乃王化之本，理應用於「勸善懲惡」，竭力把文學拉回到爲政教服務的軌道[27]。與之對立的是蕭綱，認爲「裴氏乃是良史之才，了無篇什之美」，對文學是不懂的。他在《答湘東王和受試詩書》中，主張抒情言志的詩文應以比興爲法，以風騷爲則；

26 揚雄《法言》卷二《吾子》，上海書店影印《諸子集成》本。
27 參嚴可均輯《全梁文》卷五十三，中華書局影印本，1958 年版。

對文學發展強調古今不同，倡是今而非古。這些見解皆有可取[28]。但其所倡「立身僅重，文章放蕩」之說，以及在一通書信中對描寫女子體態與心理的作品的肯定，均有悖於強調文學爲政教服務的傳統觀念，實際上起到了爲宮體文學張目的作用[29]。劉勰與裴子野年歲相若，比蕭綱則要大三十五、六。但蕭、裴之間的紛爭作爲文學思潮和理論趨勢業已形成，不妨作爲我們解讀劉勰《文心》的背景來看；也可以說文學的審美性和政教作用之矛盾在齊梁朝代有新的表現，而且各走一偏。依裴氏之見，則文學只能委身於統治者的政治訴求或道德說教，那在事實上也就取消了文學本身。如果循著蕭綱的思路，一味地強調張揚個性，強調文學回歸自身，割斷文學與時代社會的聯繫，讓作家完全陷在以自身爲中心的死胡同裏，那也決不是文學的出路。六朝文學在初唐時大受撻伐，當然事出有因。因此，如何處理文學的審美性與政教作用的矛盾，確實是劉勰所面對並且需要給以回答的問題。

案之劉勰賦論，第一，他承認審美性和政教作用的矛盾；第二，認爲應該使二者得到統一。答案是兩句話，即《詮賦》讚語所說：「風歸麗則，辭剪荑稗。」指出一方面要保持賦體文辭華麗，同時使其內容合乎法度。什麼叫合乎法度呢？請看「麗辭雅義，符采相勝」一段，與《法言・吾子》中揚雄的話比較，可知他的闡釋內容寬泛得多，不像揚雄那樣拘執於儒家之見。有鑒於當時賦作的流弊是「繁華損枝，膏腴害骨，無貴風軌，莫益勸戒」，主張象剗除雜草一樣刪除這些多餘的不必要的東西。

劉勰的賦論之所以能夠成立，與《文心》的整體理論構建有

---

28 《梁書》卷四十九《庾肩吾傳》，中華書局 1973 年版。

29 蕭綱《誡當陽公大心書》、《答新渝侯和詩書》，分見《藝文類聚》卷二十三、卷五十八，汪紹楹校本，上海古籍出版社 1999 年版。

關。在《文心》的總論部分，劉勰從形而上的觀點或者說哲學的高度，論述了文與道的關係，今檢《原道》、《征聖》、《宗經》原文，覺得有三點甚可注意：一、劉勰所論「道」，既指儒家社會人事之道，亦包道家天地自然之道，故其論文，每以循自然爲原則，而並非時時處處以周公、尼父之言是從。二、劉勰認爲文學的體道，必須經過主體的性靈，滲透了作者的感情。其崇尚性靈的思想貫徹於理論批評的始終。三、他極重文采，因文采亦出諸自然。這樣，他在闡發原道、征聖、宗經三位一體文學觀的過程中，重新整合了政教與審美的關係，使其文學批評不致落入實用功利的泥淖，同時又實現了與當時文學主潮相銜接。他對辭賦創作中「爲文造情」，「采濫忽真」（《情采》），「繁華損枝，膏腴害骨，無貴風軌，莫益勸戒」的傾向施以猛烈的抨擊；但這並不影響他對辭賦駢化傾向的肯定。《文心》中諸多專篇對駢體語言諸要素（如對偶、辭藻、聲律、用典）的研究，可證他是駢體文學的熱烈擁護者和宣傳家。

其次，我們注意到，在批評實踐中，劉勰把對一種思潮、一種傾向的分析，與具體作家、具體作品的評價，加以適當的區分。例如司馬相如，彥和在《體性》、《誇飾》、《物色》、《才略》等篇中，對其虛辭濫說多有批評，但《風骨》則曰：「相如賦仙，氣號淩雲，蔚爲詞宗，乃其風力遒也。」《詮賦》特舉《上林》，表示他對相如賦巨麗之美的肯定和欣賞。《才略》論及東漢桓譚，略謂：「桓譚著論，富號猗頓，宋弘稱薦，爰比相如，而《集靈》諸賦，偏淺無才，故知長於諷諭，不及麗文也。」肯定他作爲思想家的社會批判精神。至其辭賦，則內容偏淺，殊乏文采，只能加以否定，亦是實事求是的態度。彥和對文學風格學有深刻研究，其論歷代賦家，只要不背賦體大要，對各種體貌的作品能相容並包，好處說好，壞處說壞。多有精闢之見。如所評魏晉八家，簡明扼要，語語中的，常爲史家稱引。當然須把相關論述聯繫起來，以見其全。如曰「太沖、安仁，策勳於鴻規」，其實對左思還另有看法。《才略》雲：「左思奇才，業深覃思，盡銳於《三都》，拔萃于《詠史》，無遺力矣。」認爲真正代表左思藝術成就的是其《詠史》，《三都賦》用力甚勤，但勞而無功。又謂「士衡、子安，底績於流制」，但於陸機，亦時露不滿。《才略》雲：「陸機才欲窺深，辭務索廣，故思能入巧，而不制繁。」這些分析都相當細緻到位，較好地貫徹了把審美性和政教作用結合起來的意圖。

文學和政治，包括文學的審美性與政教作用，大概可以算是一個永恆的話題，千百年來聚訟紛紜。現在也還有人呼籲讓文學回歸自身，不要過多地去承擔文學以外的任務，以至文學越來越不像文學。這籲請當然不無道理，但是不是可以反過來說，文學一旦拒絕一切社會承擔，完全回到私人化空間，就一定萬事大吉了，不會變成另外一處悲劇呢？這很值得研究。一位著名的學者曾經很鄭重地說：「文學如果脫離社會，過於自我，一味向純藝術發展，最後的結果一定是走向衰弱。不信你們看！我對文學史作過研究，六朝文學就是教訓。」[30]如此看來，劉勰關於文學審美性和政教作用的理論探討和批評實踐，雖然並不充分，更難稱周洽，但對我們來說，應該不無啓發吧。

---

30 劉緒源《殷健靈：給問題少女“精神擺渡”》，《中華讀書報》2007 年 4 月 4 日。

《文心雕龍》「文筆」說辨析

—— 附論「集部」之分類沿革

中國人民大學國學院　詹杭倫

摘　要

本文辨析六朝以劉勰《文心雕龍·總術》爲中心的「文筆」觀念，主張把「文筆」的討論置於中國目錄學「集部」沿革的背景之上。認爲劉勰與顏延之、蕭繹在對「有韻爲文，無韻爲筆」的概念體認上，基本一致；劉勰與顏延之的分歧建構在是否「宗經」之上，劉勰與蕭繹的分歧建構在是否「重文輕筆」之上。六朝的「文筆」觀念對唐代科舉考試中的「雜文試」頗有影響。

關鍵詞：劉勰　集部　文筆說　顏延之　蕭繹　雜文試

以劉勰《文心雕龍》「文筆」說爲中心的六朝「文筆」觀念，得到近現代學者的關注，已經討論了將近一百年。各家主要的意見，可以參考馮源的〈二十世紀「文筆」說研究述評〉一文[1]。檢討近百年以來關於「文筆」說的學術爭議，可以知道，各家見解分析頗大，圍繞《文心雕龍》「文筆說」的一些基本問題，仍然未能得到很好地釐清。二十世紀「文筆」說的研究狀況無疑還存

1 河南鄭州：《南都學壇》（人文社會科學學報），第 25 卷第 3 期，2005 年。

有不少缺憾，其原因正如馮源所指出的那樣，一方面是由於「文筆之辨，繳繞糾纏」[2]，因而專門對之研究的學者並不是很多；另一方面是由於研究者大多以西方文學觀念來闡釋六朝的「文筆」說。而現實情況是，中西兩套文論話語並不能在一個邏輯層面準確對接，中國古代文論範疇有著遠非西方文論的語匯和邏輯所能全部表達的豐富內容，完全用西方觀念來關照「文筆」說勢必會割裂、遺漏「文筆」說固有的內涵與特色。筆者以爲，「文筆」概念分辨不清，除了上述兩個原因之外，還與研究者未能將「文筆」辨析置於中國目錄學「集部」分類沿革背景上有關。有鑒於此，筆者重新檢閱有關『文筆』說的基本文獻，提出個人的一些見解，以就正於學術界。

一、劉勰與顏延之的「文筆」說

要解析《文心雕龍》的「文筆」說，首先必須釐清的一個概念是：《文心雕龍》的「文」與「文筆」之「文」是兩個有聯繫的，但是不能等同的概念。《文心雕龍》之「文」，與陸機《文賦》之「文」、蕭統《昭明文選》之文一樣，是一個廣義的概念，它相當於「集部」的概念（更廣義的概念指文字之「文」，即所謂凡著於竹帛者皆曰文）；而「文筆」之文，是一個狹義的概念，它只是「集部」之中的「有韻」的文章。欲明乎此，我們先引《文心雕龍·總術》篇的論述如下：

> 今之常言，有文有筆，以為無韻者筆也，有韻者文也。夫文以足言，理兼詩、書，別目兩名，自近代耳。
>
> 顏延年以為：「筆之為體，言之文也；經典則言而非筆，

2 黃侃:《文心雕龍劄記》，第 212 頁。上海:上海古籍出版社，2000 年。

傳記則筆而非言。」請奪彼矛，還攻其楯矣。何者?《易》之〈文言〉，豈非言文？若筆果言文[3]，不得云經典非筆矣。將以立論，未見其論立也。

予以為發口為言，屬筆曰翰，常道曰經，述經曰傳。經傳之體，出言入筆，筆為言使，可強可弱。六經[4]以典奧為不刊，非以言筆為優劣也。

筆者將這段話分成三段，逐段闡釋如下：

第一段「今之常言」的「今」，牟世金注：「指晉、宋以來。」[5]而「文以足言」，牟氏無注。按：此語出自《左傳·襄公二十年》：「仲尼說：『《志》有之，言以足志，文以足言。不言誰知其志？言而無文，行而不遠。』」又《孔子家語》卷九《正論解第四十一》：「孔子聞之，謂子貢說：『《志》有之，言以足志，文以足言，不言誰知其志？言之無文，行之不遠。晉為鄭伯入陳，非文辭不為功，小子慎哉。』」從文獻出處，可以明顯看出，「文以足言」之「文」指的是表現言語、形諸文字的文章，它是一個自古而來的廣義的概念，也就是《文心雕龍》研究的廣義之文；而「文筆」之「文」，只是近代以來，從廣義之「文」中分化出來的一個狹義的概念，僅僅指的是「有韻者」。

第二段，顏延之的意思是說，筆這種體裁，是經過文飾的言語；經典是聖人言語的直接記錄，所以不屬於筆；傳記是經過文飾的言語，應該屬於筆類文體。很明顯，他的意圖是要將經典排除在「筆」類文體的範疇之外。劉勰反駁說，《易》中有〈文言〉

3 「果」原作「不」，據王利器《文心雕龍校證》（上海：上海古籍出版社，1980 年）改。

4 「六經」原作「分經」，據黃侃《文心雕龍劄記》（北京：中華書局，1962 年）改。

5 陸侃如、牟世金:《文心雕龍譯注》,齊魯書社，1990 年。

篇，說明經典也是經過文飾的言語，所以經典也應當放在「筆」的範疇之內。

王更生先生認爲：「顏延年在文筆以外,又增『言』類,認爲:『筆之爲體,言之文也;經典則言而非筆,傳記則筆而非言.』劉勰卻又反對這種『文』，『筆』，『言』三分法。」[6]我們認爲，顏延之並沒有所謂「言、文、筆」的三分法，因爲集部的「文筆」，並不能與經典相等同，他只是企圖將「文、筆」，與「經」相區隔，而僅僅放在「集部」的範圍之內來討論。再看其它的材料，顏延之的確主張「文筆」可以與「經子」相區隔。據《南史·顏延之傳》：「帝嘗問以諸子才能。延之說：『竣得臣筆，測得臣文，奐（chòu）得臣義，躍得臣酒。』何尚之嘲說：『誰得卿狂？』答說：『其狂不可及。』」[7]所謂「奐得臣義」之「義」，有學者解爲「指談論之才」[8]，這是把「義」字辨識成「清議」之「議」。我們認爲這裡的「義」字如果不用通假之法，恐怕也可以理解爲「義理」之「義」，因爲「經子」是「義理」之淵藪，顏延之將四位兒子所得自己之學，分別立論，也表明他有把「文筆」之學與「經子」之學相分別的趨向。

第三段，劉勰正面闡述他自己的見解，認爲經傳「出言入筆」，與集部的「筆」有不可分的關係，所以，經傳也可以納入「文筆」的範圍來加以討論。

由上可見，顏延之的觀點，其實質意義是，既然經、史、子、集已經分部，那麼，再討論集部的「文筆」問題時，可以不涉及

6　王更生：〈魏晉南北朝散文研究的重要意義〉，河南：許昌師院學報，2004年。

7　《南史》卷三十四〈顏延之傳〉，又見《宋書》卷七十五〈顏竣傳〉。

8　王運熙、楊明：《魏晉南北朝文學批評史》，第 192 頁。

經傳；而劉勰的觀點，其實質意義是，雖然經、史、子、集已經分部，但是，六經是一切文章的淵藪，因此，在討論集部的「文筆」問題時，也不可以置經典於不顧，否則容易發生迷失根本、斷港絕潢的錯誤。這與劉勰在《文心雕龍·序志》篇中所說「不述先哲之誥，無益後生之慮」，立論的基點完全是一致的。

經過這樣的分析，我們應該明白了，顏延之是從文獻分類的觀念出發的，主張討論「文筆」問題應當與經傳分離；劉勰是從宗經的觀念出發的，主張討論「文筆」問題，也應該從經傳說起，以便飲水思源，不離根本。由此可見，顏延之與劉勰在「有韻爲文，無韻爲筆」的認知上並無矛盾，只是顏延之站在「文士」的立場上，主張討論「文筆」應與經典相分離；劉勰站在「宗經」的立場上，主張討論「文筆」不能脫離經典。何以說顏延之是基於「文士」的立場，劉勰是基於「宗經」的立場呢？《昭明文選》卷五十七錄顏延之《陽給事誄》，序云：「惟永初三年十一月十一日，宋故甯遠司馬濮陽太守彭城陽君卒。……末臣蒙固，側聞至訓，敢詢諸前典，而爲之誄。」《宋書·索虜傳》載，陽瓚戰死，少帝下詔追贈爲給事中，「文士顏延之爲誄焉」。這說明時人把顏延之視爲「文士」。在南朝宋時代，顏延之和謝靈運並稱「顏謝」。「爰及宋氏，顏謝騰聲」（《宋書。謝靈運傳》），「顏謝重葉以鳳采」（《文心雕龍·時序》），「爰及江左，稱彼顏謝」（裴子野《雕蟲論》），從這些南朝人的評論都可以看出顏延之在當時文壇上的地位。而劉勰在《序志》篇中，明確聲明：「敷贊聖旨，莫若注經，而馬鄭諸儒，弘之已精，就有深解，未足立家。唯文章之用，實經典枝條，五禮資之以成，六典因之致用，君臣所以炳煥，軍國所以昭明，詳其本源，莫非經典。而去聖久遠，文體解散，辭人愛奇，言貴浮詭，飾羽尚畫，文繡鞶帨，離本彌甚，將遂訛濫。蓋《周書》論辭，貴乎體要；尼父陳訓，惡乎異端；辭訓之異，宜體於要。於是搦筆和墨，乃始論文。」這說明劉勰的確是站在「宗經」的立場上論文的。由於「宗經」的需要，劉勰《文心雕龍》論文，先要列出「文之樞紐」五篇，即〈原道〉、〈征聖〉、〈宗經〉、〈正緯〉、〈辨騷〉；然後才按照「論文敘筆，則囿別區分」的方案，把其文體論分爲文筆兩個部分。其中屬於「有韻之文」者，有〈明詩〉、〈樂府〉、〈詮賦〉、〈頌贊〉、〈祝盟〉、〈銘箴〉、〈誄碑〉、〈哀吊〉等九篇，屬於「文筆夾雜」的有〈雜文〉、〈諧隱〉兩篇，屬於「無韻之筆」者，有〈史傳〉、〈諸子〉、〈論說〉、〈詔策〉、〈檄移〉、〈封禪〉、〈章表〉、〈奏啓〉、〈議對〉、〈書記〉等十篇。這種結構，正是體現了「宗經」的觀念。

在上述的分析中，我們引進了「集部」的概念，作爲討論顏延之和劉勰觀點的背景基礎，因爲在顏延之和劉勰的時代，四部分類法已經基本確立，要明白這一點，需要從目錄學上「集部」的成立說起。

二、「集部」之分類沿革

「集部」雖然是「文學」的淵藪，但「集部」著錄的文獻並非全部屬於西方的所謂「純文學」，這要從「文學」概念的出現說起。「文學」一詞出現很早，孔子教育弟子分德行、言語、政事、文學四科。《論語・先進》說：「文學：子游、子夏。」皇侃《論語義疏》：「範寧說：『文學，謂善先王典文。』侃案：文學指博學古文。」根據這樣的解釋，在先秦孔子時代，文學不過是熟悉古代文獻典籍之學，而子游、子夏就是在文獻典籍方面有專長的孔門弟子。《史記・太史公自序》說：「漢興，蕭何次律令，韓信申軍法，張蒼爲章程，叔孫通定禮儀，則文學彬彬稍進。」這說明，漢代的文學概念，也不過泛指學術典章文化而言。儒家經師，《史記》有《儒林列傳》專門記載，《漢書》等史書因之。大約東漢才開始有專以詩賦文章自名一家的文士，晉範曄的《後漢書》乃在《儒林傳》外，別立《文苑傳》，這是文士地位受到重視的一項標誌。魏晉南北朝時期，致力於詩賦創作的文士愈來愈多，而目錄學上文集自成一部，確立四部分類之架構，更是中國學術發展史上的一大關鍵。

（一）「集」字釋義

「集」的本字作「雧」。《說文解字·雥部》說：「雧，群鳥在木上也。從雥木。集，雧或省。」

按照《說文解字》的解說體例，凡象形字，即用「象形」，或用「象某某形」。例如：「屮，艸木初生也，象丨出形。」形聲字，則用「從某，某聲」。例如：「誅：從言，朱聲。」會意字，則用「從某某」。雧字爲「從雥木」，說明是會意字。雥是群鳥。桂馥《說文義證》說：「《禽經》說：『獨鳥曰隻，眾鳥曰集。』」《詩經·周南·葛覃》說：「黃鳥於飛，集於灌木，其鳴喈喈。」是用「集」字的本義。

集的引申義爲聚、會。段玉裁《說文解字注》說：「引伸爲凡聚之稱。」《爾雅·釋言》說：「集，會也。」邢昺疏：「經典通謂聚會爲集。」《廣雅·釋詁三》說：「集，聚也。」

再引申之，將單篇的文學作品匯輯整理成一部書，稱爲集。曹丕《與吳質書》說：「昔年疾疫，親故多離（罹）其災。徐，陳，應，劉，一時俱逝，痛可言邪！」爲了紀念朋友，於是「撰其遺文，都爲一集。」又說：「觀其姓名，已爲鬼錄。」[9]彙聚作品，記載姓名，稱之爲「集」。這恐怕是作爲文集之義的「集」字現在所能見到的最早文獻實例。

「集」有「別集」與「總集」之分，別集是個人的專集，總集是多家作品的合集。二者各有不同的起源。

（二）別集起源

《隋書．經籍志》說：「別集之名，蓋漢東京之所創也。自靈均已降，屬文之士眾矣，然其志尙不同，風流殊別。後之君子，欲觀其體勢，而見其心靈，故別聚焉，名之爲集。辭人景慕，並自記載，以成書部。年代遷徙，亦頗遺散。其高唱絕俗者，略皆具存。多依其先後，次之於此。」

《隋書．經籍志》著錄的別集，《魏太子文學徐幹集》以上，凡有 43 部，屬於東漢以前的別集（包括西漢以前的《荀況集》、《宋玉集》）就 17 部。說東漢始創別集，敘釋與著錄內容自相矛盾。其所著錄東漢杜篤諸人之集，又與《後漢書·文苑傳》所載全不相應。可見東漢創別集之說，是靠不住的。把單篇作品編次爲集，出現在建安之後。凡建安以前人物的別集，其實皆爲後人編集追題。

《四庫全書總目》卷一四八《集部．別集類一》說：「集始於東漢，荀況諸集，後人追題也。其自製名者，則始張融《玉海集》；其區分部帙，則江淹有《前集》，有《後集》；梁武帝有《詩賦集》，有文集，有別集；梁元帝有集，有小集；謝朓有集，有逸集；與王筠之一官一集，沈約之《正集》百卷，又《別選集

9　《昭明文選》卷四十二。

略》三十卷者，其體例均始于齊、梁。蓋集之盛，自是始也。」四庫館臣以為「荀況諸集，後人追題」，見解正確；但謂「集始於東漢」，乃承《隋書·經籍志》之說；所稱「自製名者」，皆為齊、梁時人，與所說「集始於東漢」，則時代相隔甚遠，難以自圓其說。

據《晉書．陳壽傳》載：「司空張華愛其才，以壽雖不遠嫌，原情不至貶廢，舉為孝廉，除佐著作郎，出補陽平令。撰《蜀相諸葛亮集》，奏之。除著作郎，領本郡中正。」《蜀相諸葛亮集》是目前所能考知的最早編集「別集」的史料。時間是在陳壽「出補陽平令」時。據錢大昕《廿二史考異》卷二二考證，陳壽編集《蜀相諸葛亮集》大致在晉武帝泰始十年（274）前後。《三國志·蜀志·諸葛亮傳》裴松之注屢引《諸葛亮集》，則時代又早于齊、梁，在南朝宋或齊以前。章學誠《文史通義·文集》因此認為：「自摯虞創為《文章流別》，學者便之，於是別聚古人之作，標為別集。則文集之名，實昉於晉代。」

（三）總集起源

按照今人一般的認識，《詩經》是第一部詩歌的「總集」，《楚辭》是第一部辭賦的「總集」。《四庫全書總目·楚辭章句提要》說：「劉向裒集屈原《離騷》、《九歌》、《天問》、《九章》、《遠遊》、《卜居》、《漁父》，宋玉《九辨》、《招魂》，景差《大招》，而以賈誼《惜誓》，淮南小山《招隱士》，東方朔《七諫》，嚴忌《哀時命》，王褒《九懷》，及向所作《九歎》，共為《楚辭》十六篇，是為總集之祖。」這種認識固然不錯，但從學術史的角度來看，彙聚文學作品的總集產生在經、史、子、集四部分類法確立之後。《詩經》被歸入經部，《楚辭》雖然歸在集部，但它只是單一體式作品的合集，還不算彙聚各家詩文作品的總集。

《隋書·經籍志》著錄的總集，以摯虞《文章流別集》爲首，敘釋說：「總集者，以建安之後，辭賦轉繁，眾家之集，日以滋廣。晉代摯虞苦覽者之勞倦，於是採摘孔翠，芟剪繁蕪；自詩賦下，各爲條貫，合而編之，謂爲《流別》。是後文集總鈔，作者繼軌。屬辭之士，以爲覃奧而取則焉。今次其前後，並解釋評論，總於此篇。」

這段話談到幾層意思：第一，建安之後，文學繁盛，「眾家之集」（別集）愈來愈多。第二，總集的出現是讀者市場的需要，各家別集太多，瀏覽不完，讀者希望一編在手，可以總覽全局，摯虞考慮到讀者的需要，於是有總集之編纂。第三，總集的編纂是要經過編者選擇的，總要採集精華，刪削繁蕪。第四，總集編纂需要制定編次體例。摯虞此書將詩、賦分別編次，注重條例貫通，體例比較完備。第五，摯虞此書促進了總集編纂，後來大量總集相繼出現，爲文學之士探索取則提供了極大的方便。

《晉書·摯虞傳》說：「又撰古今文章，類聚區分，爲三十卷，名曰《流別集》。」《隋書·經籍志》著錄《文章流別集》則云：「梁六十卷。」可能是把與本集配合的《文章流別志》（作家傳記）和《文章流別論》（作品評論）都包括在內。[10]

章太炎認爲，杜預《善文》在摯虞《文章流別集》之前，總集不始于摯虞（見《太炎文錄》卷一《文例雜論》）。屈守元先生認爲，這個說法值得商榷。因爲，第一，摯虞的生活年代與杜預同時，他曾與杜預討論「諒陰」之制，載《晉書》本傳。所以，

10 參見鄧國光：《摯虞研究》，香港：學衡出版社，1990 年。

難以判定兩人編書孰先孰後。第二，杜預《善文》五十卷，《隋志》也有著錄，則作志之人並非不知有此書，但他們並沒有將其列爲首位。第三，《史記·李斯列傳》的《集解》和《高祖本紀》的《索隱》引秦辯士《遺章邯書》，謂在《善文》中。可知《善文》所錄，本非集部之文，而是勸善的文章材料。劉向《說苑》有《善說》篇，《善文》所收的材料也許與此類似。根據上列三個理由，用《善文》來取代《文章流別集》的總集之始地位，是不妥當的。

（四）「集部」之分類沿革

集部的分類沿革，梁阮孝緒之〈七錄序〉談得最爲清楚，今引於次：

> 夫子既亡，微言殆絕，七十並喪，大義遂乖；逮於戰國，殊俗異政，百家競起，九流互作，嬴政嫉之，故有坑焚之禍。
>
> 至漢惠四年，始除挾書之律，其後外有太常、太史、博士之藏，內有延閣、廣內、祕室之府，開獻書之路，置寫書之官。至孝成之世，頗有亡逸，乃使謁者陳農，求遺書於天下，命光祿大夫劉向及子俊（疑作伋）、歆等，讎校篇籍，每一篇已，輒錄而奏之。會向亡喪，帝使歆嗣其前業，乃徙溫室中書於天祿閣上，歆遂總括群篇，奏其《七略》。及後漢蘭臺，猶為書部，又於東觀及仁壽闥撰集新記，校書郎班固、傅毅，並典祕籍，固乃因《七略》之辭，為《漢書·藝文志》。其後有著述者，袁山松亦錄在其書。
>
> 魏晉之世，文籍逾廣，皆藏在祕書中外三閣。魏祕書郎鄭默，刪定舊文，時之論者，謂為朱紫有別。晉領祕書監荀

> 勖，因魏《中經》，更著《新簿》，雖分為十有餘卷，而總以四部別之。惠懷之亂，其書略盡，江左草創，十不一存，後雖鳩集，淆亂已甚。及著作佐郎李充，始加刪正，因荀勖舊簿四部之法，而換其乙、丙之書，沒略眾篇之名，總以甲乙為次。
>
> 自時厥後，世相祖述，宋祕書監謝靈運、丞王儉、齊祕書丞王亮、監謝朏等，並有新進，更撰目錄。宋祕書殷淳，撰《大四部目》。儉又依別錄之體，撰為《七志》；其中朝遺書，收集稍廣，然所亡者，猶大半焉。齊末兵火，延及祕閣，有梁之初，缺亡甚眾。爰命祕書監任昉，躬加部集；又於文德殿內，別藏眾書，使學士劉孝標等，重加校進。乃分「數術」之文，更為一部，使奉朝請祖[日恒]，撰其名錄。其尚書閣內，別藏經史雜書，華林園又集釋氏經論，自江左篇章之盛，未有踰於當今者也。
>
> 孝緒少愛墳籍，長而弗倦；臥病閑居，傍無塵雜；晨光纔啟，緗囊已散；宵漏既分，綠袟方掩，猶不能窮究流略，探盡秘奧。每披錄內省，多有缺然。其遺文隱記，頗好搜集，凡自宋齊已來，王公搢紳之館，苟能蓄聚墳籍，必思致其名簿。凡在所遇，若見若聞，校之官目，多所遺漏；遂總集眾家，更為新錄，其方內經史，至於術伎，合為五錄，謂之內篇；方外佛道，各為一錄，謂之外篇；凡為錄有七，故名《七錄》。[11]

漢劉歆《七略》和班固《漢書・藝文志》，將圖書分爲六大類，其中，「詩賦略」著錄各家詩賦；宋王儉《七志》和梁阮孝

---

11 載於《廣弘明集》（《四部備要》本）卷三。

緒《七錄》承襲「七略」的分類系統，其中，《七志》有「文翰志」，《七錄》有「文集錄」，均屬此一類別而加以增廣。晉荀勖《中經新簿》首開四部分類之先例，各家文類之作收錄在「丁部」；晉李充《晉元帝書目》因而未改，仍稱「丁部」。目錄學上的這種情形說明，在南朝劉宋之前，四部分類法已經基本確立。至於「集部」名稱的確立，實經過宋王儉《七志》、梁阮孝緒《七錄》，直到《隋書．經籍志》三個階段，始確立「文集錄」之名，阮孝緒說：「王（儉）以詩賦之名，不兼餘制，故改爲〈文翰〉。竊以頃世文詞，總謂之集，變翰爲集，於名尤顯，故序〈文集錄〉爲內篇第四。」唐人修《隋書·經籍志》，專門收錄各家文類作品的類別最終定名爲「集部」。《隋書·經籍志·集部總序》說：「班固有『詩賦略』，凡五種，今引而伸之，合爲三種，謂之『集部』。」這說明「集部」的分類，淵源於「詩賦略」；至於名之爲「集」，則從《七錄》「文集錄」之名演變而來。

清章學誠說：「荀勖《中經（新簿）》有四部，詩賦、圖贊與汲塚之書歸『丁部』；王儉《七志》以詩賦爲『文翰志』，而介於諸子、軍事之間：則集部之漸日開，而尙未居然列專目也。至阮孝緒撰《七錄》，惟『技術』、『佛』、『道』分三類，而『經典』、『紀傳』、『子兵』、『文集』之四錄，已全爲唐人經、史、子、集之權輿：是集部著錄，實昉于蕭梁，而古學源流，至此爲一變，亦其時勢爲之也。」[12]所謂「集部著錄，實昉于蕭梁」，意謂梁阮孝緒之「文集錄」，已經確立後來「集部」的分類名稱和內容。

---

12 章學誠：《文史通義》卷三《文集》。

（五）集部與文學之關係

傳統圖書分類裏的「集部」，其內容博雜，性質不一，與「文學（純文學）」的觀念頗有差異，不可不加以辨別。

學者所撰述的學術專書，通常根據其書之性質歸類於經部、史部或子部之中；專書以外，撰寫的其他詩賦、奏疏、書信、序跋或墓誌銘等，便歸結爲一「集」。如任昉《王（儉）文憲集序》說：「昉以筆劄見知，思以薄技效德，是用綴緝遺文，永爲世範。所撰《古今集記》、《今書七志》爲一家言，不列於集。」[13]同爲王儉之作，《古今集記》和《七志》等「爲一家言」，既然成爲專書而單獨流傳，便不再收入其別集。章學誠更指出：「經學不專家，而文集有經義；史學不專家，而文集有傳記；立言不專家（即諸子書也），而文集有論辨。後世之文集，舍經義與傳記、論辨三體，其餘莫非辭章之屬也。」[14]

別集或總集之中，固然有文筆兩類作品，卻也不乏經義、傳記、論辨之文，就其性質而言，其實也屬於經學、史學或子學領域，唯其尚未成專書，所以才編入集中。正如張蓓蓓所說：「集部所收作品雖然多是文學，但並非全屬文學。即表奏、書記、碑誄之類，其實本是應用文字，並非純文學。另外，集中亦常收錄作者的短篇論辨、雜說之類，論其性質，多近乎思想而遠于文學。某些短文甚至竟是簡潔的經史考據。所以『集部』的內容並不僅限於文學，有時反與經、史、子相關。同時，經、史、子籍中的若干優美段落，常被後世文學專家選摘出來作爲學文範本。」[15]但

13 《昭明文選》卷五十二。
14 《文史通義》卷 1《詩教上》。
15 張培培：《認識國學》，第 228 頁。

需要注意的是，南北朝時期，有的文士對於經、史、子闌入文集之中的情況甚爲不滿。如顏之推《顏氏家訓．勉學篇》記載：「吾初入鄴，與博陵崔文彥交遊，嘗說《王粲集》中難鄭玄《尚書》事，崔轉爲諸儒道之，始將發口，懸見排蹙云：『文集只有詩賦銘誄，豈當論經書事乎？且先儒之中，未聞有王粲也。』崔笑而退，竟不以《粲集》示之。魏收之在議曹，與諸博士議宗廟事，引據《漢書》，博士笑曰：『未聞《漢書》得證經術。』收便忿怒，都不復言，取《韋玄成傳》，擲之而起。博士一夜共披尋之，達明，乃來謝曰：『不謂玄成如此學也。』」[16]顏之推所舉這兩個例子，是想説明某些學者學識簡陋，思想呆板，不能融會貫通經、史、子、集；但同時也證明了當時的確有一批學者有嚴格區分經、史、子、集畛域的思想傾向。

三、劉勰與蕭繹的「文筆」說

根據以上敍述，南朝蕭梁時期目錄學上四部分類法已經基本確立，討論「文筆」問題，理應規範在集部的範圍之內，時人應該是以有韻或無韻來區分文或筆的。那麼，有人認爲梁元帝蕭繹《金樓子·立言》篇之說是一種新的文筆觀[17]，就是値得商榷的了。

蕭繹《金樓子．立言》說：

> 古之學者為己，今之學者為人。學而優則仕，仕而優則學，古人之風也。修天爵以取人爵，獲人爵而棄天爵，末俗之風也。古人之風，夫子所以昌言。末俗之風，孟子所以扼腕。然而古人之學者有二，今人之學者有四。夫子門徒轉

16 王利器：《顏氏家訓》卷三《勉學》。

17 逯欽立：〈說文筆〉，載《漢魏六朝文學論集》，第 366 頁：西安：陝西人民出版社，1984 年。

> 相師受，通聖人之經者，謂之儒；屈原、宋玉、枚乘、長卿之徒，止於辭賦，則謂之文。今之儒，博窮子史，但能識其事不能通其理者，謂之學。至如不便為詩如閻纂，善為章奏如伯松，若此之流，泛謂之筆；吟詠風謠，流連哀思者，謂之文。而學者率多不便屬辭，守其章句，遲於通變，質於心用；學者不能定禮樂之是非，辯經教之宗，徒能揚榷前言，抵掌多識，然而挹源知流，亦足可貴。筆退則非謂成篇，進則不云取義，神其巧惠，筆端而已。至如文者，維須綺縠紛披，宮征靡曼，唇吻遒會，情靈搖蕩。而古之文筆、今之文筆，其源又異。

其實蕭繹的文筆之分，與劉勰的「有韻爲文，無韻爲筆」之說並無矛盾之處。要明白這一點，需要了解在蕭繹的時代，經、史、子、集四部的劃分已經既成事實，蕭繹所謂「古之學者有二，今之學者有四」，指的是古代的儒者和文士，分解成今之儒、學、文、筆四者。今之「儒」是指通經的學者，今之「學」是指博通子、史的學者，那麼，他所討論的「文」與「筆」，仍然可以歸納在集部的範疇之內。「文、筆」合稱，才是當時人的集部觀念，也就是當時人的文學觀念。蕭繹討論「文」的特徵時，只是說的「有韻之文」，並未將「無韻之筆」排除在「集部」之外，因此，說蕭繹已經有「純文學」觀念，恐怕是不正確的。另外，需要提請注意的是，這段引文之上，蕭繹還有一段話：「古之學者爲已，今之學者爲人。學而優則仕，仕而優則學，古人之風也。修天爵以取人爵，獲人爵而棄天爵，末俗之風也。古人之風，夫子所以昌言。末俗之風，孟子所以扼腕。」由此可見，蕭繹其實也是堅持厚古薄今觀念，不能認定他已經有所謂先進的純文學意識。

有人認爲，蕭繹所說「古之文筆、今之文筆，其源又異」，是表明他的「文筆」觀代表「文筆」論發展的新階段。這恐怕也是望文生義的見解，因爲貫通上下文來看，蕭繹的這句話其實只是對上文所論的一個小結。所謂「古之文筆」即上「古人之學者有二」，就是說古代分爲通經的儒士與擅長詩賦的文士。所謂「今之文筆」，即指今人「集部」之學中的「文、筆」而言。由於古代是儒士、文士二分法，今天是經、史、子、集四分法，所以說二者「其源又異」。

再聯繫劉勰《文心雕龍·總術篇》所論來看，劉勰所說「今之常言，有文有筆，以爲無韻者筆也，有韻者文也」，就是蕭繹所說的「今之文筆」；劉勰所說「夫文以足言，理兼《詩》《書》」，也就是蕭繹所說的「古之文筆」。兩人所持見解，其實沒有大的差別。

王運熙、楊明已經指出：「劉勰、蕭繹關于文筆的說法其實基本上是一回事，「文筆」說也無所謂前期後期，傳統革新之別。」[18]王、楊認爲梁元帝所講的「吟詠風謠，流連哀思」系指抒情詩，當亦包括樂府民歌如吳聲、西曲之類。他們解釋說，這種觀點應當也是當時一般人的看法。而此種看法與有韻爲「文」的說法並不矛盾，只不過是將抒情詩歌視作「文」之中最主要的部分提出來罷了，並無將詩以外的押韻製作如銘、誄、箴等排除在外。按照他們的思路，則「綺縠紛披，宮徵紛披，唇吻遒會，情靈搖蕩」所概括的當爲抒情詩歌的特徵，而非與「筆」相對的「文」的特徵。王、楊的說法，可供參考，但不可忽略的是，蕭繹是在「集部」的範圍內討論「文筆」問題，集部中首要的應該是詩賦，蕭繹自己曾說：「余好爲詩賦及著書，宣修容敕旨曰：『夫政也者，

18 王運熙、楊明：《魏晉南北朝文學批評史》，第 198 頁。上海：上海古籍出版社，1989 年。

生民之本也，爾其勖之。』余每留心此處，恒舉燭理事，夜分而寢。余六歲能爲詩，其後著書之中，唯《玉韜》最善。」[19]所以，蕭繹在這裏所討論的應當是詩賦，而不應當只是指抒情詩。

筆者何以再三強調蕭繹是在「集部」的範圍內討論「文筆」問題？這是因爲蕭繹在記載他自己所著書時，明確地以四部分類，《金樓子》卷五〈著書篇〉：

> 《連山》三袟三十卷，《金樓秘訣》一袟二十二卷，《周易義疏》三袟三十卷，《禮雜私記》五袟五十卷右四件，一百三十二卷，甲部。
>
> 《注前漢書》十二袟一百一十五卷，《孝德傳》三袟三十卷，《忠臣傳》三袟三十卷，《丹陽尹傳》一袟十卷，《仙異傳》一袟三卷，《黃妳自序》一袟三卷，《全德志》一袟一卷，《懷舊志》一袟一卷，《研神記》一袟一卷，《晉仙傳》一袟五卷，《繁華傳》一袟三卷右一十一件，二百一十一卷，乙部。
>
> 《孝子義疏》一袟十卷，《玉韜》一袟十卷，《貢職圖》一袟一卷，《語對》三袟三十卷，《同姓同名錄》一袟一卷，《式苑》一袟三卷，《荊南志》一袟二卷，《江州記》一袟三卷，《奇字》二袟二十卷，《長州苑記》一袟三卷，《玉子訣》一袟三卷，《寶帳仙方》一袟三卷，《食要》一袟十卷，《辯林》二袟二十卷，《藥方》一袟十卷，《補闕子》一袟十卷，《譜》一袟十卷，《夢書》一袟十卷右一十八件，一百六十卷，丙部。
>
> 《安成煬王集》一袟四卷，《集》三袟三十卷，《碑集》

19 《金樓子》卷六〈雜記篇〉。

十袟百卷，《詩英》一袟十卷右四件，一百四十四卷，丁部。

《內典博要》三袟三十卷已上六百七十七卷。

我們觀察蕭繹所著書[20]，丁部的《詩英》屬於有韻之文，《碑集》屬於無韻之筆，而《安成煬王集》和《集》則應當是文與筆兼而有之。從他按照甲、乙、丙、丁四部著錄的體例來看，應當是採用晉李充《晉元帝書目》的著錄體例。

劉勰與蕭繹對「文、筆」的體認，雖然基本一致，沒有概念上的不同，但兩人對待「文」與「筆」的態度，卻有輕重之分。劉勰全面地「論文敘筆」，對「文」、「筆」二體，同等看待；蕭繹則流露出「重文輕筆」的思想傾向。他的這一段話「筆退則非謂成篇，進則不云取義，神其巧惠，筆端而已；至如文者，維須綺縠紛披，宮征靡曼，唇吻遒會，情靈搖蕩」，顯然不應當理解爲他認識到了「純文學」的特徵，而可以理解爲他有「重文輕筆」的傾向。觀邱悅《三國典略》所載：「齊魏收以溫子昇、邢紹不作賦，乃云：『會須作賦，始成大才，唯以章表自許，此同兒戲！』」[21]魏收對溫子昇、邢紹能筆不能文的批評，與蕭繹對閻纂「不便爲詩」，伯松「善爲章奏」的批評其實是一樣的，都是「重文輕筆」思想的表現。

四、「文筆」之分與唐人的「雜文試」

六朝的「文筆」觀念，尤其是「重文輕筆」的思想，對唐人

20 《金樓子》著錄蕭繹所著書，與《梁書》本紀、《隋書·經籍志》所著錄，有詳略異同，可參見傅剛《昭明文選研究》上編第三節〈漢魏六朝著書、編集撰人例論〉，中國社會科學出版社，2000 年。

21 轉引自《太平御覽》，卷五八七。臺北：商務印書館影印本，1974 年。

的科舉考試產生了深遠的影響。

考察唐代科舉考試中的「雜文」，其實就是「有韻者爲文」之「文」。唐人體認的「文、筆」有哪些文體？這在《文鏡祕府論》西卷引《文筆式》中說得非常清楚：「製作之道，唯筆與文：文者，詩、賦、銘、頌、箴、贊、吊、誄等是也；筆者，詔、策、移、檄、章、奏、書、啓等也。即而言之，韻者爲文，非韻者爲筆。文以兩句而會，筆以四句而成。文系於韻，兩句相會，取於諧合也；筆不取韻，四句而成，在於變通。故筆之四句，比文之二句，驗之文筆，率皆如此也。」[22]在「文」類之中，「詩賦」是具有代表性的文體；在「筆」類之中，「策」是具有代表性的體裁。

唐代科舉之進士科，早先只試策。唐杜佑《通典》云：「自是士族所趣向，唯明經、進士二科而已。其初止試策，貞觀八年（634），詔加進士試讀經史一部。」[23]王定保《唐摭言》云：「進士科與雋、秀同源異派，所試皆答策而已。……有唐自高祖至高宗，靡不率由舊章。……後至調露二年（即永隆元年，680），考功員外劉思立奏請加試帖經與雜文，文之高者放入策。尋以則天革命，事複因循。至神龍元年（705），方行三場試，故常列詩賦題目於榜中矣。」[24]。所謂三場，即帖經、雜文和策。唐代科舉，在貞觀八年之前「止試策」，說明當時朝廷只是注重專長「筆」類文體的實用性人才。到神龍元年以後，進士科施行三場考試[25]，

22 引自王利器《文鏡祕府論校注》，北京：中國社會科學出版社 1983 年。
23 杜佑《通典》卷十五《選舉三》。
24 王定保：《唐摭言》卷 1〈試雜文〉，上海：古典文學出版社，1957 年。
25 陳飛認爲，《唐摭言》所雲神龍元年行三場試的說法不夠準確，開元二十五年（737）的《條制考試明經進士詔》，才是唐代進士科「三項試」制度確立的法令標誌。見《唐代進士科「止試策」考論〉，北京：《歷史研究》2002

說明朝廷開始注重既有經史功底，又擅長「文筆」的人才。

雖然在考「雜文」之前，舉子按例得先通過「帖經」一關，但天寶初年已有「贖帖」的權宜措施，可讓文名高而帖經不合格者以試詩補救[26]，進士科以文學爲去取標準已見端倪。杜佑《通典》記載：「天寶元年，明經停《老子》，加習《爾雅》。十一載，進士所試一大經及《爾雅》，帖既通而後試文（引者按：「文」當作「詩」）試賦各一篇，文通而後試策，凡五條。三試皆通者爲第。」[27]看來，終玄宗之世，還是以雜文爲次場。不過中唐以後，情況便改觀了。例如李觀爲德宗貞元八年（792）進士，其於〈帖經日上侍郎書〉云：「昨者奉試〈明水賦〉、〈新柳詩〉，平生也，實非甚高。」[28]足見雜文考試在帖經之前；而唐末牛希濟的〈貢士論〉亦明言：「天子制策，考其功業辭藝，謂之進士。……。大率以三場爲試：初以詞賦，謂之雜文，復對所通經義，終以時務爲策目。」中唐以後，朝廷索性將進士科「雜文」一場調至「帖經」之前，成爲頭場把關的要衝，《唐摭言》甚至記載了黎逢、李程因律賦而榮登狀元的故事[29]，正如趙匡〈舉選

年第 3 期。

26 封演《封氏聞見記》卷三〈貢舉〉：「天寶初，達奚珣、李岩相次知貢舉，進士文名高而帖落者，時或試詩放過，謂之『贖帖』。」

27 《通典》卷十五《選舉三》。

28 《全唐文》卷五三三。北京：中華書局，1996 年。

29 王定保《唐摭言》卷五「以其人不稱才，試而後驚」條：「黎逢氣貌山野，及第年，初場後至，便於簾前設席。主司異之，誚其生疏，必謂文詞稱是，專令人伺之，句句來報。初聞雲：『何人徘徊』，曰：『亦是常言』；既而將及數聯，莫不驚歎，遂擢爲狀元。」又卷八「已落重收」條：「貞元中，李繆公先牓落矣。……於陵深不平，乃於故策子末繕寫而斥其名氏，攜之以詣主文，從容紿之曰：『侍郎今者所試賦，奈何用舊題？』主文辭以非也。於陵曰：『不止題目向有人賦，次韻腳亦同。』主文大驚。於陵乃出程賦示之，主文贊賞不已，於陵曰：『當今場中若有此賦，侍郎何以待之？』主文曰：『無則已，有則非狀元不可。』於陵曰：『苟如此，侍郎已遺賢矣，乃

議〉所說：「主司褒貶，實在詩賦，務求巧麗，以此爲賢」[30][。這種狀況顯示出由六朝發端的「重文輕筆」思想在唐代發酵，愈演愈烈。

結　論

經過本文的考查和申論，可以得出幾點明確的結論：

其一，以劉勰《文心雕龍·總術》篇爲中心的「文筆」說，建構在中國目錄學「集部」發展沿革的背景之下。只有在「集部」的範圍內討論「文筆」文體，才不會枝蔓旁出，莫衷一是。

其二，討論「文筆」文筆，應當把握「文」字有廣義和狹義之分。《文心雕龍》的「文」與「文筆」之「文」是兩個有聯繫的，但是不能等同的概念。《文心雕龍》之「文」是一個廣義的概念，它相當於「集部」的概念；而「文筆」之文，是一個狹義的概念，它只是「集部」之中的「有韻」的文章。同理可知，「筆」字也有廣義和狹義之分，玆不俱論。

其三，劉勰與顏延之對「有韻爲文，無韻爲筆」的體認，並無歧義，顏延之也並無言、文、筆的三分法。顏、劉的不同僅在於，顏延之站在「文士」的立場上，主張討論「文筆」問題，可以與經典分開；劉勰則站在「宗經」的立場上，認爲既然要振葉尋根，討論「文筆」問題，就不能脫離經典。

其四，劉勰與蕭繹對「文筆」概念的體認，基本一致，蕭繹也是在「集部」的範圍內討論「文筆」問題的，他的「文筆」觀

李程所作。』亟命取程所納面對，不差一字。主文因而致謝於陵，於是請擢爲狀元。」

30　《全唐文》，卷 355。參見簡宗梧、遊適宏〈律賦在唐代「典律化」之考察〉，載《逢甲人文社會學報》第 1 期，第 1-16 頁 2000 年 11 月。

並不能視爲「文筆」發展的新階段，也沒有所謂「純文學」的涵義。蕭繹與劉勰的不同僅在於他的「文筆」論述，體現出一種「重文輕筆」的思想傾向。

其五，六朝與以劉勰爲中心的「文筆」說，對唐代科舉考試影響頗大。唐代進士考試中的「雜文試」，就是沿襲六朝「有韻爲文」的文類標準。唐代進士考試中以「詩賦」爲「文」類的代表，以「策」爲「筆」類的代表。進士「三場試」的確立，以及「詩賦」考試變爲首場和錄取與否之關鍵，反映了「重文輕筆」思想在唐代的發展與深化。

〈辨騷〉〈明詩〉的列錄次序

鄭州大學名譽教授　李景溁

摘　要

劉勰《文心雕龍》，體大思精，苞羅群籍，抉摘靡遺。筆者曾於民國五十六年，撰有《文心雕龍新解》一書。近年曾閱讀班固《漢書》，就中對屈原之批評，有「苟欲求進，強非其人，不見容納，忿恚自沉」等語，爰就《文心・辨騷》參考彥和之所論，而以彥和原意，其篇次應列在〈明詩〉之後。於是就〈明詩〉及〈辨騷〉二篇之內容分析，〈辨騷第五〉、〈明詩第六〉之次序，可能因失察而前後顛倒。並列舉〈辨騷〉及〈明詩〉二篇之原句，以供參考，並請指正。

〈辨騷〉〈明詩〉的列錄次序

劉舍人《文心雕龍》五十篇，「苞羅群籍，多所折中」，體大思精，抉摘靡遺。研讀之士，代不乏人。然於白璧無瑕之編，則益發人琢磨之情志矣！

筆者偶閱班固《漢書》，有「露才揚己，怨懟沈江」之句，以批屈騷，進且曰：「苟欲求進，強非其人，不見容納，忿恚自沉。」諸語。就文才而論，俗皆以爲屈原「虧其高明，而損其清潔。」然孟堅以史筆評隲其人，但於屈騷之文，亦有客觀之褒贊，以現代眼光視之，屈原似乎不諳政治手腕：

此所以孟堅於〈離騷贊序〉亦曰：「屈原以忠信見疑，憂愁幽思而作《離騷》……其爲眾賢所悼悲，故傳於後。」

固知《楚辭》者，體慢於三代，而風雅於戰國。乃雅頌之博徒而辭賦之英傑也。〈辨騷〉（第五）。

戰國是諸子百家與遊說之徒的「天下」所以「風雅於戰國」，似乎有些「落伍」，因此，只能算是「雅頌之博徒」。但卻不失爲「辭賦之英傑」是否因此就把〈辨騷〉（第五）列在〈明詩〉（第六）之前呢，且看〈宗經〉（第三）所說的。

詩列四始……而建言修辭，鮮克宗經，是以楚艷，漢侈！

這明說「鮮克宗經」的乃是「楚艷」和「漢侈」：不知爲何反把〈辨騷〉列在〈明詩〉之前。

茲就舍人於〈辨騷〉〈明詩〉二篇之內容，以別其序次所在，就教於大雅君子！

自風雅寢聲，莫或抽緒，奇文鬱起，其〈離騷〉乎！固已軒翥詩人之後，奮飛辭家之前。

既云「詩人之後」，則已認爲〈離騷〉確在詩後，即使〈離騷〉之文，可與「日月爭光」，似亦不必在次序上，列於〈明詩〉之前。又謂「奮飛辭家之前。」則荀況以辭賦體裁，發抒其思想言論，又豈在屈原之後乎？

舍人採淮南王安敘〈離騷傳〉之文：

以為國風好色而不淫，小雅怨誹而不亂，若〈離騷〉者，可謂兼之！

但其矛盾在於「蟬蛻穢濁之中，浮游塵埃之外」，則其與「不淫」「不亂」，相距亦遠矣，所以班固〈離騷序〉謂「斯論似過其真！」

班固以為露才揚己，忿懟沉江，羿澆二姚，與左氏不合，

> 崐崘懸圃非經義所載。

案班固〈離騷序〉謂：「……及至羿，澆少康、二姚、有娀，佚女。皆各以所識有所增損；然猶未得其正也（指淮南王安之敍）。……且君子道窮，命矣！故潛龍不見而無悶。〈關雎〉哀周道而不傷，蘧瑗持可懷之智、寧武保如愚之性，咸以全命避害，不受世患。故〈大雅〉曰：「既明且哲，以保其身。」斯爲貴矣！今若屈原露才揚己，競乎危國，羣小之間，以離讒賊。

然責數懷王，怨惡椒、蘭，愁神苦思，強非其人，忿懟不容，沈江而死，亦絜狂狷，景行之士……謂之兼《詩書．風雅》而與日月爭光過矣！

班固說明了屈原並非「政治人物」，甚至連「政客」都不是。但這並不代表他不欣賞屈原的才華。所以又說：「然其文弘博雅麗，爲辭賦宗，後世莫不斟酌其英華，自宋玉、唐勒、景差之徒。」

漢興、枚乘、司馬相如、劉向、楊雄騁極文辭，好而悲之，自謂不能及也，雖非明智之器，可謂妙才者也。

而彥和在〈辨騷〉篇中，完全與班固相對地贊揚屈原的〈離騷〉，結論是：

> 固知楚辭者，體慢於三代，而風雅於戰國，乃雅頌之博徒而詞賦之英傑也……故能氣往轢古，辭來切今，驚采絕豔，難與並能矣！

屈原豈只是「雅頌之博徒」，爲了「酌奇而不失其真」，卻更是《山海經》之博徒。至於「翫華而不墜其實」，則竟可媲美《天方夜譚》了，只是因爲屈原的「忿懟沉江」，就更能「證實」的確是「不墜其實」了。

談其文難免要論其人，我是贊同班固對屈原的看法！

秦世不文，而繼《詩經》之後的文學也只有《楚辭》，以〈離騷〉爲首倡，帶動了漢賦的發展。

唯因如此！所以在時代也好，在文學史的「倫理」上也好，更應該以劉勰〈宗經〉（第三）的精神，把〈明詩〉列在〈辨騷〉之前。

再看〈明詩〉（第六）所說的：

> 昔葛天氏〈樂辭〉……黃帝（雲門）……堯有〈大唐〉之歌，舜造〈南風〉之詩……及大禹成功〈九序〉惟歌，太康敗德〈五子〉咸怨……自商暨周雅頌圓備，四始彪炳，六義環深。
>
> 子夏監絢素之章，子貢悟琢磨之句，故商、賜二子，可與言詩，自王澤殄竭，風人輟采……逮楚國諷怨，則〈離騷〉為刺……

自葛天氏至商周所敘，歷經八代，就中列後的周世也有八百多年。上溯葛天氏，不知有幾千年之久，在「時間」上，〈詩〉明明是〈離騷〉之「祖」，同時也揭示了「鋪觀列代，而情變之數可監」，可見〈明詩〉（第六），本應列〈辨騷〉（第五）之前，纔不和〈宗經〉（第三）的論述，自相抵觸。

是否其次序，經過後人的抄寫和印刷，逕自顛倒了呢！案《文心雕龍》唐寫本〈辨騷〉即列（第五），亦在〈明詩〉（第六）之前。

宋本《太平御覽》引《文心雕龍》，在〈宗經〉（第三）後，缺「正緯」（第六），《辨騷》（第五），而〈明詩〉亦爲（第六），元至正本《文心雕龍》、〈辨騷〉（第五）、〈明詩〉（第六），一如唐寫本《文心雕龍》之次序。職是可證其次序原書即係如此，乃不能不以爲彥和之意，乃特別提誇屈原之〈離騷〉所致。

劉勰既精思於文學理論與批評，旁及歷史，又精於釋典之邏輯。其《文心雕龍》之撰寫，在〈序志〉（第五十）中，且再強調：

> 蓋《文心》之作也，本乎道，師乎聖，體乎經，酌乎緯，變乎騷，文之樞紐，亦云極矣……上篇以上，綱領明矣！

今如依彥和〈序志〉（第五十）所叙，則〈明詩〉正直列於〈辨騷〉之前。如此方能合乎〈序志〉（第五十）之「綱領」，以俾後之撰寫文學流變及文學史家有所「遵循」。

〈明詩〉（第六）與〈辨騷〉（第五），次序之未合史時，能不謂彥和之偶然「失察」乎，白圭皆難免有玷，然仍不失其爲美玉，筆者不過一抒研讀《文心雕龍》之管見而已，此請鑒正。

重要參考書目

1.《文心雕龍》　黃叔琳校本　臺灣開明書店　民國五十二年版。
2.《文心雕龍新解》　李景濚著　臺南翰林出版社　民國五十六年版。
3.《文心雕龍集校合編》　林其錟、陳鳳金校編　暨南出版社　民國九十一年版。
4.《文心雕龍之文學理論與批評》　沈　謙著　華正書局　民國七十九年七月再版。
5.《文心雕龍探秘》　張文勳著　業強出版社　一九九四年版。

義貴圓通，辭共心密
——《文心雕龍》之「論」體風格初探

國立花蓮教育大學中國語文學系　溫光華

摘　要

《文心雕龍》久享文論經典之譽，在體系結構、思理或文采等方面，均有卓絕成就，然而若著眼於其文章風格的表出，當可發現其書另一面向的獨特性。《文心雕龍》暢論文章之理，五十篇各篇均設專題，並針對主題詳加闡析，綜理要則，五十篇專文性質頗近於「彌綸群言，研精一理」的「論」體。故本文從風格的角度進行探究，以論體的基本特質爲出發點，進而考察《文心雕龍》在文辭經營（形文）、音律調協（聲文）、情志表現（情文）上所透顯的文章風采，並與劉勰所揭舉的文體風格理想檢視對應，期能更確切界定《文心雕龍》的文章風格，並歸結其書在論體風格方面的時代意義與成就。

關鍵字：劉勰、文心雕龍、文體、風格、論體風格

一、前　言

風格的探索，一向是文學研究上的重要議題。對作者來說，講求風格是展現自我特性，以求自我樹立，區己別他的重要途徑；對賞讀者來說，概括風格則爲進行深入鑑賞、表述作家創作才情

及作品審美質性的必然要件。

《文心雕龍》是在特殊的時空下所產生的一部奇書，其書旨在「論文」，或探文學之源，或究文學之體，或論析文學創作之術，或闡述文學批評之理，雖以論理爲主，並非純粹的文藝作品，然劉勰也在六朝文學自覺的趨勢下，極力追求評論文字的表述美感，在自己書中具體實踐文章的寫作藝術。在他高度創作才華的巧筆揮灑下，篇篇辭采雅麗可觀，面貌獨具，在中國文學理論批評發展史上自成一家，可謂兼顧文章理論與創作實踐的佼佼者[1]。歷來文家對《文心雕龍》風貌頗有賞評，如云「體大而慮周」[2]，或者「理精意密，字順文從」[3]等，係從其書的論理成就立論；而「文藻翩翩」[4]、「辭旨偉麗」[5]、「爲文亦稱贍雅」[6]等，則就文辭藻采特點上著眼。諸家所予《文心雕龍》的概評，對於此書風貌特質之掌握，已有大致輪廓。其實《文心雕龍》，不僅在體系結構、思理或文采等方面卓絕群倫，與其他文論著作面貌有別，其文章風格方面的特性，亦是此書獨步千古的重要因素，當予以評估考量。清劉澐在比較司空圖《詩品》與劉勰《文心雕龍》、鍾嶸《詩品》三家論著時曾指出：「《詩品》之作，耽思旁訊，

1 如辛剛國雲：「《文心雕龍》很難得地用駢體寫就，這就意味著作者同陸機一樣要同時完成兩種任務：一是批評理論著作，一是文學作品。在兩者的融合方面，《文心雕龍》可以說臻於完美。」見辛氏：《六朝文采理論研究》（北京：中國社會科學出版社，2005 年），第 5 章，頁 207。

2 語見章學誠：《文史通義．詩話篇》。

3 語見李執中：〈劉彥和文心雕龍賦〉，引自楊明照：《增訂文心雕龍校注．下．品評第二》（北京：中華書局，2000 年），頁 660。

4 語見胡維新：《兩京遺編．序》，引自楊明照：《增訂文心雕龍校注．下．品評第二》（北京：中華書局），頁 646。

5 語見沈津：〈百家類纂劉子新論題辭〉，引自楊明照：《增訂文心雕龍校注．下．品評第二》（北京：中華書局，2000 年），頁 647。

6 語見史念祖：〈俞俞齋文稿初集文心雕龍書後〉，引自楊明照：《增訂文心雕龍校注．下．品評第二》（北京：中華書局，2000 年），頁 659。

精騖神遊，乃司空氏生平最得力處。有劉舍人之精悍，而風趣過之；有鍾中郎之詳贍，而神致過之。」[7]旨雖在推贊司空圖《詩品》於「風趣」、「神致」上的特長，但其實也間接認定了《文心雕龍》「精悍」的風貌。然何以「精悍」？何處「精悍」？除了論文之體本身應有的「精悍」或者「嚴密」、「圓通」等風貌之外，如何更確切辨析並界定《文心雕龍》的文章風格？此實爲值得進一步探索的課題。

《文心雕龍》暢論文章之理，五十篇各篇均設專題，並針對主題詳加闡析，綜理要則，五十篇專文如同劉勰所自云「適辨一理爲論」[8]（〈諸子〉），性質實近似「論」體。[9]故欲進一步探求《文心雕龍》的文章風格，從「論」體著眼，正能得到充分的印證，如此闡論不但名實相符，另也可作爲檢視劉勰文論自我落實的重要依據。是以本文嘗試從風格的角度進行探究，由論體的基本特質爲出發點，進而考察《文心雕龍》在文辭經營（形文）、音律調協（聲文）、情志表現（情文）上所透顯的文章風采，並與劉勰所揭舉的文體風格理想檢視對應，從中歸結出其書在論體風格方面的時代意義與成就。

二、論體的基本特質與風格

體裁與風格之間的關聯，一直以來就受到文論家關注。曹丕

7 語見劉氏〈詩品臆說序〉，引自郭紹虞：《詩品集解．附錄》（北京：人民文學出版社，1963 年），頁 70-71。

8 本論文所引《文心雕龍》內文，概依王師更生註譯：《文心雕龍讀本》（臺北：文史哲出版社，1985 年）爲準，以下皆同，不再一一註明。

9 如穆克宏〈談《文心雕龍》的表現形式的特點〉一文即雲：「《文心雕龍》的體裁，按其性質來說，應屬於『論』。」見穆氏：《文心雕龍研究》（廈門：鷺江出版社，2002 年），頁 184。

在〈典論論文〉中提出：「奏議宜雅，書論宜理，銘誄尚實，詩賦欲麗」，首先從前人寫作實踐中大致歸結出文體的寫作要點，「雅」、「理」、「實」、「麗」實有指涉風格之意；其後陸機在〈文賦〉更進而揭舉出十種文體的風格：「詩緣情而綺靡，賦體物而瀏亮，碑披文以相質，誄纏綿而淒愴，銘博約而溫潤，箴頓挫而清壯，頌優游以彬蔚，論精微而朗暢，奏平徹以閑雅，說煒曄而譎誑。」可見體裁其實也是影響風格表現的一項要素，不過兩者之間關係也未必完全對等，王元化先生對此分析云：

> 不同的體裁具有其本身所要求的不同風格，作家的創作不能違反風格的客觀因素，…不過，體裁衹是規定結構的類型和作品風格的基本輪廓。不同作家由於創作個性的差異，在寫同一體裁作品的時候，仍然會烙印下每個作家的創作個性特徵，顯示他所獨具的風格的共同基調。[10]

風格同時受主觀因素與客觀因素影響，作家本身的才性特質即主觀因素，至於體裁則屬客觀因素，是在「結構的類型和作品風格的基本輪廓」上予以大致的規範。

因此，不同體裁在不同的內容需要與寫作要求下，或者同一體裁在不同特質作家的手上，其風格美感都會呈現些許差異。

「文體風格」可說是「該類文學體裁中許多代表作品風貌的概括。」[11]從〈典論論文〉的「書論宜理」，到《文賦》的「論精微而朗暢」，再至蕭統《文選・序》則綜合上述二者提出：「論則析理精微」，可見「論」之核心精神在「理」，且理應求「精

---

10 引見王元化：〈釋體性篇才性說－關於風格：作家的創作個性〉，《文心雕龍講疏》（上海：上海古籍出版社，1992 年），頁 130。

11 參見楊成鑒：《中國詩詞風格研究》（臺北：洪葉文化事業，1995 年），第 1 章，頁 19。

微」。關於「精微」，《文選》李善注：「論以評議臧否，以當爲宗，故精微朗暢。」[12]劉熙載《藝概》則更進一步對「論精微而朗暢」之說推闡云：

> 精微以意言，朗暢以辭言。精微者，不惟其難惟其是；朗暢者，不惟其易惟其達。[13]

凡此皆從以往論體作品風貌的概括，而漸成爲論體寫作特質的共同規範。是故「以當爲宗」以及「惟其是」、「惟其達」，可看作多數文家對論體寫作要求的普遍認知。再從《文心雕龍》本身對於「論」體寫作要則的觀點來看，如〈論說〉提出「論」之定義云：

> 論也者，彌綸群言，研精一理也。

對「論」體寫作要領，指出：

> 論之為體，所以辨正然否；窮於有數，追於無形，鑽堅求通，鉤深取極，乃百慮之筌蹄，萬事之權衡也。故其義貴圓通，辭忌枝碎，必使心與理合，彌縫莫見其隙；辭共心密，敵人不知所乘，斯其要也。

可知「論」之寫作，首先要能參稽眾說，彌綸群言，作爲「研精一理」的基礎；其次，應有定見，辨正事理的是非然否，以作爲衡量的標準；再者，要用鑽堅、鉤深的態度，掌握事理關鍵；最後，論之表達要領，在義理方面，貴能圓備通達；在文辭方面，要避免支離破碎，如此，辭與理皆精審嚴密，方能使人無可乘之隙。至於「論」之理，有正曲之別：

> 論如析薪，貴能破理。斤利者，越理而橫斷；辭辨者，反

---

12 見《文選．卷十七．文賦》李善注。

13 見劉熙載：《藝概．文概》（臺北：漢京文化事業，1985 年），卷 1，頁 43。

> 義而取通。覽文雖巧，而檢跡如妄。唯君子能通天下之志，安可以曲論哉？

意謂「論」雖如「析薪」的利斧，砍斫可以無往不利；然若「越理而橫斷」、「反義而取通」，一味強詞奪理，妄加武斷，違逆客觀規律，則其文乍看雖精巧，卻僅能曲人之口而未必能服人之心，此即所謂「曲論」。此仍以「理」立論，正好也回應了曹丕「書論宜理」的觀點。[14]是以紀昀曾指出：「彥和論文多主理，故其書歷久獨存。」[15]

劉勰身處南朝，正好是玄理清談風氣盛行的時代，當時清談所採用的辯說方法，也連帶影響文章的表達形式，所謂「因談餘氣，流成文體」（〈時序〉），故上所述論之表達亦與辯論術同趣，皆強調「理」與「辭」的契合，使辭能達切理饜心的要求，其意正如劉熙載所云：「論不可使辭勝於理，辭勝理則以反人爲實，以勝人爲名，弊且不可勝言也。」[16]

論以「義貴圓通，辭忌枝碎」爲基本寫作要求，可見涵蘊內容的「文義」與表現形式的「文辭」，均成爲影響論體風格表現的關係要素。先從文義層面來看，「圓通」是劉勰所提出的文體特點要求，他對揚雄〈劇秦美新〉亦曾有「體製靡密，辭貫圓通」（〈封禪〉）之評，故知「圓通」可兼指內容或形式的圓備通達，

---

14 如柯慶明先生謂：「他還是從儒家的『唯君子能通天下之志』的立場，反對『越理而橫斷』，『反義而取通』的曲論，其重點似乎又回到了曹丕的『書論宜理』。」參柯氏：〈論、說作爲文學類型之美感特質的探究－中古文學部分的考察〉，《廖蔚卿教授八十壽慶論文集》（臺北：裏仁書局，2003年），頁9。

15 紀評見黃叔琳：《文心雕龍輯注．論說第十八》（臺北：台灣中華書局），卷四。

16 語見劉熙載：《藝概．文概》（臺北：漢京文化事業，1985年），卷1，頁43。

姑不論此一詞彙與佛學義理之間的關聯，更重要的是怎樣的文章內容方可謂圓備通達？日本興膳宏先生以爲「圓通」即「圓滿的完全性」或「理論的一貫性」[17]。可見恪守「研精一理」精神的論理之文，集中於某一論點，進行全面考量，詳加闡論，並使所論首尾圓合，脈絡貫通，即接近「圓通」的規準，故內容的圓通也就成爲風格表現的要素。再就文辭的表現來看，「枝碎」是章句經營無方所致，在銳精細巧之下，辭理顯得凌亂無章，缺乏統貫之序。論文應以論點、論據爲要，當所有材料無法彌縫得體，在尺接寸附的手法之下，易使「辭」與「理」之間發生裂隙，既無法突出論點，也無法達到「心與理合」、「辭共心密」的要求。而欲免除此弊，仍當從「理」與「辭」之整體表達上著手，使言能成理，語各有倫，此即劉勰所謂「眾理雖繁，而無倒置之乖；羣言雖多，而無棼絲之亂」（〈附會〉）。劉勰在〈宗經〉提到「文能宗經，體有六義」的觀點，其中「義貞而不回」意謂持理之內涵雅正而不枉曲，「體約而不蕪」則謂體製要約而不蕪雜；前者可與「義貴圓通」相應，皆強調內涵之通達，後者則與「辭忌枝碎」相應，著重辭理的倫序，可見劉勰認爲宗經之文，可同時有助於內涵與辭理的呈現，是理想風格的最佳代表。

三、《文心雕龍》論體風格蠡探

風格最能體現作家才性與作品的特徵，雖較爲抽象虛渺，有某種程度的不確定感，難以具體並確切評述，然而在文章美感的鑑賞上，仍屬不可或缺的環節。風格體現作家的個性，其顯示了作品的總體風貌與格調，故鑑賞過程，也當從整體考量，若局限

---

17 見興膳宏：《興膳宏文心雕龍論文集》（濟南：齊魯書社，1984 年），頁 55。

於片段，就難免以偏概全之病[18]，而整體風格的鑑賞，仍應以細微局部爲基礎，方得以進觀全局。蔣伯潛《文體論纂要》曾歸結文章風格可分別從具體方面如文辭、筆法、章句形式、格律、境界等，以及聲調、色味、神態、氣象等抽象方面予以辨別[19]，其舉列相當詳晰，可見文章具體或抽象諸要素與風格之間的聯繫，然此較適用於純詩文之賞評，若一一據以析述《文心雕龍》的文章風格，則難免繁複，也未盡切合。且創作多貴變，所謂「文章有多樣，才有變化，有變化才能光景常新，風格獨具」[20]，因此風格的表現也就很難僅就單一角度予以評定。劉勰曾提出的「立文之道，其理有三」，係從整體、多元角度來看文章的文采表現，他說：

> **一曰形文，五色是也；二曰聲文，五音是也；三曰情文，五性是也。**（〈情采〉）

形文與聲文，爲文章表現形式的文采，情文則爲作者才情格調的展現，這三類文采的表現形態，涵括「義」與「辭」，當可作爲風格鑑賞的切入點。誠如朱榮智教授所云：「形文與聲文，是屬於文章的技巧；情文是屬於作者的生命才調。作品的風格，是緣於這兩方面的結合。」[21]故本節也試以此三種文采爲基準，檢視《文心雕龍》在文辭經營、音律調協、情志表現上的特色，期能蠡見其論體之文的多元風采。

---

18 參見薑岱東：《文學風格概論》（濟南：山東教育出版社，1996 年），頁 143。

19 詳參蔣伯潛：《文體論纂要》（臺北：正中書局，1959 年台 1 版），19-20 章，頁 201-218。

20 引見王師更生：《重修增訂文心雕龍導讀》（臺北：華正書局，1993 年），頁 55。

21 引見朱榮智：《文氣與文章創作關係研究》（臺北：師大書苑，1988 年），第五章〈文氣與文章風格〉，頁 154。

（一）形文之剛柔與雅麗

小從字句的斟酌，大至篇章的經營，寫作手法的濃淡巧拙，都是構成形文的一部分。散與駢爲文章主要組成形態，體製雖異，但其實本非對立，正如清孫德謙所謂：

> 駢體之中，使無散行，則其氣不能疏逸，而敘事亦不清晰。駢文之中，苟無散句，則意理不顯。[22]

可見散體顯然較駢體更宜於敘事表意。從文氣表現來看，散體文句錯落，注重自然氣韻，追求文氣壯盛，而駢體則務求文句整練，氣韻曼妙，情致顯得婉約[23]，其間區別則如孫德謙以爲：

> 文氣貴分清濁，尤宜識陰陽之變，近世古文家，其論文氣也，有陽剛陰柔之說，立論最確當不易。以吾言之，六朝駢文即氣之陰柔者也。…六朝文體蓋得乎陰柔之妙矣。[24]

此本姚鼐所謂剛柔之說，指出駢文偏於陰柔風格。劉勰謂：「情理設位，文采行乎其中。剛柔以立本，變通以趨時」，（〈鎔裁〉）又謂：「剛柔雖殊，必隨時而適用」，（〈定勢〉）指出作家才性氣質之剛柔確立作品文采表現之基調，但仍應隨實際狀況變通，而這正是作品「體變遷貿」（〈神思〉）的要因。姚鼐以爲天地間陰陽二端，「糅而偏勝可也，偏勝之極，一有一絕無，與夫剛不足爲剛，柔不足爲柔者，皆不可以言文」（〈復魯絜非書〉），又以爲「陰陽剛柔並行而不容偏廢」（〈海愚詩鈔序〉），可見陰陽相反相成，對立卻統一的關係，亦適用於文章之理。是

---

22 引見孫德謙：《六朝麗指》（臺北：新興書局，1963 年），頁 37、50。

23 如張仁青謂：「散文主文氣旺盛，則言無不達，辭無不舉。駢文主氣韻曼妙，則情致婉約，搖曳生姿。」見張氏：《中國駢文析論》（臺北：東昇出版事業，1980 年），頁 27。

24 引見孫德謙：《六朝麗指》（臺北：新興書局，1963 年），頁 14-15。

故行文中將散駢交互參雜，蓋即「隨時而適用」，避免「偏勝之極」，也是剛柔相濟的一種創作表現。[25]《文心雕龍》行文以駢儷爲主，其措辭求美的意向相當明顯，但劉勰也配合論理之實際需要，適時參用單行散句作爲調節，使篇製在「迭用奇偶，節以雜佩」（〈麗辭〉）中，無呆板單調之病而有錯綜變化之妙。茲舉《文心雕龍》文句爲例，如〈事類〉篇中一段：（加底線者爲駢句）

> 夫經典沈深，載籍浩瀚，實群言之奧區，而才思之神皋也。揚班以下，莫不取資，任力耕耨，縱意漁獵，操刀能割，必裂膏腴。是以將贍才力，務在博見，狐腋非一皮能溫，雞蹠必數千而飽矣。是以綜學在博，取事貴約，校練務精，捃理須覈，眾美輻輳，表裏發揮。劉劭趙都賦云：「公子之客，叱勁楚令歃盟；管庫隸臣，呵強秦使鼓缶。」用事如斯，可稱理得而義要矣。故事得其要，雖小成績，譬寸轄制輪，尺樞運關也。或微言美事，置於閑散，是綴金翠於足脛，靚粉黛於胸臆也。

此段中「經典沈深」與「載籍浩瀚」兩句、「群言之奧區」與「才思之神皋」兩句、「任力耕耨」與「縱意漁獵」兩句、「狐腋」與「雞蹠」兩句，均單句相對；其後「綜學在博」等連用四句排偶，「眾美輻輳，表裏發揮」又爲一組駢句；接著舉劉劭趙都賦中兩則典實爲例，亦用雙句對；最後「寸轄制輪」兩句、「綴金翠」兩句，則皆取譬爲對。可見駢句爲主要句型，在一路鋪排之下，頗覺整練，然其間又雜用若干單行散句作爲調節，或開啓

25 如曾祖蔭概括陽剛之美與陰柔之美兩種風格典型時有謂：「這兩種美固然有所偏重，可是卻又互相滲透，而形成一種剛柔相濟之美。」見曾氏：《中國古代文藝美學範疇》（臺北：文津出版社，1987 年），頁 373。

下文，或承上收束，或作一般敘述，因而使整練中也有錯落之感。本段在奇偶交互之間，文意承接順當暢達，句型也顯得靈活有變化。關於這樣的體勢，清包世臣指出：

> 討論體勢，奇偶為先，凝重多出於偶，流美多出於奇。體雖駢，必有奇以振其氣；勢雖散，必有偶以植其骨，儀厥錯綜，致為微妙。[26]

可知駢散錯綜，使剛柔交替，凝重與流美兼具，如此有氣有骨，文勢自能超逸不凡。故清劉開所謂《文心雕龍》有「馳驟之勢」[27]，大體正緣於此。

另外，劉勰堅持情采並重的文學觀念，意即作品之內容與形式應兼顧，而其審美極致的代表，則首推經典。在劉勰眼中，經典是聖人以絕佳創作力，在雅正的思想規準之下追求華麗的成品，所謂「聖文之雅麗，固銜華而佩實者也」（〈徵聖〉），為內涵之「雅」與形式之「麗」的完美結合體，故能成為「雕琢其章，彬彬君子」（〈情采〉）的典型。因而「雅麗」，不僅是劉勰評價作品的標準，也自然成為他自己經營辭章所追求的理想風格。在六朝唯美的文風之下，追求「麗」已是普遍創作現象，但要兼顧「雅」，則必須對辭采有所節制，以免「采濫辭詭」（〈情采〉）而流為「淫麗」。因此，劉勰以「稟經以製式，酌雅以富言」（〈宗經〉）為創作理念的宗經觀，必然影響其文章風格的呈現，所謂「模經為式者，自入典雅之懿。」（〈定勢〉）劉勰在〈體性〉篇中歸納文章風格類型時，將「典雅」列為八體之首，

---

26 見包世臣：《藝舟雙楫．文譜》（臺北：台灣商務印書館，國學基本叢書），頁 1。

27 劉開雲：「以駢儷之言，而有馳驟之勢，含飛動之采，極瓌瑋之觀，其惟劉彥和乎！」見《劉孟塗駢體文．卷二．書文心雕龍後》，引自楊明照：《增訂文心雕龍校注．下．品評第二》（北京：中華書局，2000 年），頁 653。

並定義云：「典雅者，鎔式經誥，方軌儒門者也。」可見典雅一格主要以宗經爲思想基礎，但若加以推衍，則如黃季剛所云：「義歸正直，辭取雅馴，皆入此類。」[28]王師更生亦謂：

> 因其鎔鑄經典，取法訓誥，納軌範於儒家的門牆，所以思想上必須義理正大，形式上必須辭取雅馴。...以典為雅者，善用史事經誥…彥和以「典雅」連文，則知文之屬於此體者，能融會古人之用心，開拓當前之意境，出絢爛於平淡，化陳腐為神奇。以會通求超勝，以涵泳為創新。[29]

可知從事義與文辭兩方面，正足以檢視《文心雕龍》論體的典雅風格。

先從事義方面說明。爲文必有中心思想，這中心思想會影響材料的揀擇，而所選用材料的取向則易造成作風的殊異，三者之間的關聯性其實相當密切。劉勰《文心雕龍》以「敷讚聖旨」、「益後生之慮」（〈序志〉）爲著書旨意，因此在「鎔鑄經典之範」（〈風骨〉）的創作理念下，立意取材大致切合經典雅正之風。就實際行文現象來看，或時見援引經典文句以資佐證者，如〈徵聖〉云：

> 是以論文必徵於聖，窺聖必宗於經，《易》稱：「辨物正言，斷辭則備。」
>
> 《書》云：「辭尚體要，不惟好異。」

即引《周易・繫辭》、《尙書・畢命》之文句，揭陳爲文當徵聖宗經之理。又〈程器〉開篇：「周書論士，方之梓材，蓋貴

---

28 引見黃侃：《文心雕龍劄記・體性第二十七》（臺北：文史哲出版社，1973年），頁 98。

29 引見王師更生：〈劉勰的風格論〉，《文心雕龍新論》（臺北：文史哲出版社，1991 年），頁 59。

器用而兼文采也。」藉《尚書・周書》之語，引出文行並重之理。或有鎔鑄經典語句以裨益行文者，如〈麗辭〉追溯麗辭之發展源流云：

> 唐虞之世，辭未極文，而皋陶贊云：「罪疑惟輕，功疑惟重。」益陳謨云：「滿招損，謙受益。」豈營麗辭，率然對爾。易之文繫，聖人之妙思也。序乾四德，則句句相銜；龍虎類感，則字字相儷；乾坤易簡，則宛轉相承；日月往來，則隔行懸和：雖句字或殊，而偶意一也。至於詩人偶章，大夫聯辭，奇偶適變，不勞經營。

首先從唐堯虞舜之世談起，然後引據《尚書・大禹謨》所載皋陶語「罪疑惟輕，功疑惟重。」以及益之贊語云：「滿招損，謙受益。」說明早期著作中之對偶文句，並非刻意經營，而是「率然對爾」；另「序乾四德」、「龍虎類感」、「乾坤易簡」、「日月往來」等，則分別就《周易・乾卦・文言》、《周易・繫辭》中取例，列舉對偶之各種句式；最後就《詩經》、《左傳》、《國語》等書中詩人、大夫之偶章聯辭現象，歸納出對偶之產生實為循順自然，隨機應變的觀點。段中取例皆出自《書》、《易》、《詩》等經典，剪裁鑄新的功力極強，且其論述有理有據，表達精覈圓密，確為徵聖立言的雅正典型。又例如〈物色〉云：「皎日嘒星，一言窮理；參差沃若，兩字連形。」即從《詩經・王風・大車》「有如皦日」、《詩經・召南・小星》「嘒彼小星」、《詩經・周南・關雎》「參差荇菜」、《詩經・衛風・氓》「桑之未落，其葉沃若」等文句中取用詞彙，以歸結圖貌寫物的原則，其化用無跡，卻字字有來歷。其他據事類義、援古證今之例尚眾，茲不詳舉，然從而可見用典確有藉「摭拾鴻采來造成文章典雅的風格」[30]的效果。另外，或有根據經典體要進行論評者，如對於四言及五言詩之體製，歸結云：

四言正體，則雅潤為本；五言流調，則清麗居宗，華實異用，惟才所安。

故平子得其雅，叔夜含其潤，茂先凝其清，景陽振其麗；兼善則子建仲宣，偏美則太沖公幹。（〈明詩〉）

以「正體」與「流調」對比，反映出「模經為式者，自入典雅之懿」方為正統的一種審美觀，而以「雅」「潤」「清」「麗」分評諸作家主要風格，並確指其中「兼善」與「偏美」者，評斷語意堅確，具有相當程度的概括性及權威性，可見其以經典體要為主導的文學識略。

再從文辭方面來看。劉勰曾謂：「史論序注，則師範於覈要」（〈定勢〉），可知論之行文詞彙應以精確扼要為基本原則。《文心雕龍》練字務求雅達，造句則力避冗贅，因此文章除了精確扼要，「忌枝碎」之外，也頗覺典雅凝鍊。關於字句之錘鍊，劉師培以為：

欲求文潔，宜先謀句勁。造句從穩字入手，力屏浮濫漂滑，由穩定再加錘鍊，則自然可得勁句。句勁文潔，光彩自彰。[31]

可見字句的錘鍊選用對於文章風格所造成之影響。從《文心雕龍》幾則遣辭用字實例來看：

漢初詞人，循流而作，陸賈扣其端，賈誼振其緒，枚馬播

30 參見黃永武：《字句鍛鍊法》（臺北：洪範書店，1986 年），「怎樣使文句華美－用典」，頁 82-83。

31 引見劉師培：《漢魏六朝專家文研究》（臺北：台灣中華書局，1982 年），頁 56。

其風，王揚騁其勢。（〈詮賦〉）

金錫以喻明德，珪璋以譬秀民，螟蛉以類教誨，蜩螗以寫號呼，澣衣以擬心憂，卷席以方志固。（〈比興〉）

爰至有漢，運接燔書，……自獻帝播遷，文學蓬轉，……詩必柱下之旨歸，賦乃漆園之義疏。（〈時序〉）

第一例列舉了漢初辭賦大家，劉勰用「扣」、「振」、「播」、「騁」等動詞概括其功，與「端」、「緒」、「風」、「勢」搭配成詞，點出諸家在辭賦發展史上啓引開端、振奮緒業、傳播風氣及馳騁機勢的貢獻與地位，裁量的語意相當雅鍊扼要。第二例列舉了《詩經》中使用的「比義」實例，各句所用「喻」、「譬」、「類」、「寫」、「擬」、「方」六字，其實皆與比擬同義，然不但能完全迴避重出，而且搭配賅當，毫無牽強之感，充分體現其酌字鍊句的絕妙功力。第三例中分別以「燔書」代稱秦代、「蓬轉」喻指文人流徙漂泊、「柱下」代指老子、「漆園」代指莊子等，運用借代喻指之法，不以通用語彙逕稱，頗有求典雅、避凡俗的效果。由此可見劉勰對於字句的錘鍊相當講究，或用字扼要，或避字重出，或取代通俗，字字皆經反覆推敲，鍊字則字少而意足，此實有裨於行文之雅馴富贍。

由上述可見《文心雕龍》在事義與文辭表達上，力求典雅，與其駢體求美之華麗本色相搭配，正能形成雅麗之風，所以王運熙教授謂：

《文心雕龍》全書語言優美，富有文學性，可說就是實踐了他的主張，風格雅麗的一部創作。[32]

可見劉勰行文結合雅麗的修辭表現，與他所秉持的創作理念

32 引見王運熙：〈文心雕龍的宗旨、結構與基本思想〉，收錄於《文心雕龍研究論文選》（濟南：齊魯書社，1988 年），頁 254。

能相互照應。

（二）聲文之錯綜與婉轉

劉勰謂「形立則文生，聲發則章成」（〈原道〉），可見形與聲是文章必然具備的要素，隋陸法言也說：「凡有文藻，即須明聲韻。」[33]注重聲律表現是駢儷文的重要特點，《文心雕龍》當然也不會忽略。《文心雕龍》雖未像標準駢儷講究嚴格精細的平仄規律，要求字字精工，也不如一般散文的靈活自由，然仍於行文之際，以暢論文理為要，秉持「音以律文」（〈聲律〉）之則，使抑揚抗墜自然合節。與六朝駢儷相較，《文心雕龍》之聲文表現顯然自具風貌，獨樹一格。劉勰謂：「聲畫妍蚩，寄在吟詠，滋味流於下句，風力窮於和韻。」（〈聲律〉）可知要賞評聲文之表現，當透過吟味諷詠，而吟詠之際，最能直接感受到句型和協韻所帶來的文章風采。以下即試從句型與協韻兩方面進一步說明。

在句型方面，《文心雕龍》奇偶迭用、駢散並行的行文特點，使文氣靈活暢達，此已於前述及；而《文心雕龍》句式以四言、六言為基調，又適時參入五言、七言等雜言句型，避免百句不遷所造成的單調昏沈之感，如此不但符合「四字密而不促，六字裕而非緩。或變之以三五，蓋應機之權節也」（〈章句〉）的組句原則，也是使聲文在和諧中帶有錯綜之感的調節手法。如〈論說〉其中一段：

> 暨戰國爭雄，辨士雲湧；從橫參謀，長短角勢；轉丸騁其巧辭，飛鉗伏其精術；一人之辨，重於九鼎之寶，三寸之

33 見〈切韻序〉，附於《宋本廣韻》（臺北：黎明文化事業），頁13。

舌，強於百萬之師；六印磊落以佩，五都隱賑而封。至漢定秦楚，辨士弭節，酈君既斃於齊鑊，蒯子幾入乎漢鼎；雖復陸賈籍甚，張釋傅會，杜欽文辨，樓護脣舌，頡頏萬乘之階，詆戲公卿之席，並順風以託勢，莫能逆波而泝洄矣。

此段大致以連續的對偶句式組成，首先是「四—四」之對，接著爲「六—六」之對，再來是「四六—四六」之雙句對，然後爲「六—六」、「七—七」之對，最後在四言排比、六言對、五言對中結束上文。全段除起首「暨戰國爭雄」兩句以及中間「至漢定秦楚」兩句作爲過渡未對之外，其餘句句成對，相當工整典麗，雖無散句錯雜其中，但以句型的變化作爲調節，或四言、六言的單句對，或是四六間隔作對，或五、七言交雜，在多樣組合中，變化有致，避免了連續對偶所易產生的呆板之感。另外，句中音節的參差，也可發揮調節辭氣的作用，如〈通變〉之首段：

夫設文之體有常，變文之數無方，何以明其然耶？凡詩賦書記，名理相因，此有常之體也；文辭氣力，通變則久，此無方之數也。名理有常，體必資於故實；通變無方，數必酌於新聲：故能騁無窮之路，飲不竭之源。然綆短者銜渴，足疲者輟塗，非文理之數盡，乃通變之術疏耳。故論文之方，譬諸草木，根幹麗土而同性，臭味晞陽而異品矣。

段中先後以「六—六」、「四四六－四四六」、「四六—四六」、「五—五」、「六—六」、「七—七」等對偶句式組成，相當靈活多變。五言句中，節奏或爲「一、四」，如「騁／無窮之路，飲／不竭之源」，或爲「三、二」，如「綆短者／銜渴，足疲者／輟塗」；六言句中，節奏或爲「四、二」，如「設文之體／有常，變文之數／無方」，或爲「一、三、二」，如「體／

必資於／故實」、「數／必酌於／新聲」，或爲「一、四、一」，如「非／文理之數／盡，乃／通變之術／疏」。關於此，穆克宏先生指出：「這些句子字數相同，而節奏不同，交錯使用，形成一種節奏之美。」[34]從而可見節奏形式配合句型調節，或作奇頓，或爲偶頓，文章讀來參差有節，頗具錯落的韻律感。

在協韻方面，《文心雕龍》正文雖不用韻，但繫於各篇之末的四言贊語，則完全爲字數固定、句式整齊的韻文，近似「論文之詩」。文章論理於前，贊語宣誦於後；前爲主體，後爲附屬；前無韻，後有韻；前爲駢散合轍，後爲四言之體。這樣駢、散、韻共帙一體的設計，和諧而婉轉，自能構成琅琅可誦的篇製。[35]

《文心雕龍》各篇贊語均由四言八句之體式組成，偶數句句尾用韻，故有四處韻腳，其韻腳若依六朝當時用韻狀況來看，大致呈現出一韻到底或協韻通押的情形[36]。這隔句用韻、一韻到底的體式，正具有往而復返、迴環相應的效果，此即劉勰所謂「盤桓乎數韻之辭」（〈頌贊〉），既能免除句句用韻的拘牽迫促之感，又不致產生兩韻輒易的「微躁」之病，可說是相當均勻合度的用韻方式。劉勰說：「同聲相應謂之韻。」（〈聲律〉）朱光潛先生以爲韻的最大功用在「把渙散的聲音聯絡貫串起來，成爲一個完整的曲調。」[37]點出用韻可將聲音聯貫，使篇製產生前後應和的效果。茲舉〈物色〉的贊語爲例綜合說明：

---

34 引見穆克宏：〈談《文心雕龍》的表現形式的特點〉，《文心雕龍研究》（廈門：鷺江出版社，2002 年），頁 202。

35 可詳參拙著：〈文心雕龍贊語的修辭策略與藝術〉，《修辭論叢》第六輯（臺北：洪葉出版社，2004 年），頁 720-737。

36 有關各篇贊語韻部的分析，請詳參韓耀隆：〈文心雕龍五十篇贊語用韻考〉，《文心雕龍研究論文集》（臺北：淡江文理學院中文研究室，1970 年），頁 33-70。

37 見朱光潛：《詩論》（臺北：漢京文化事業，1982 年），頁 195。

山沓水匝，樹雜雲合。目既往還，心亦吐納。

春日遲遲，秋風颯颯。情往似贈，興來如答。

此贊以「合」、「納」、「颯」、「答」四字爲韻，均屬《廣韻》入聲第二十七合韻。首聯以「山」、「水」、「樹」、「雲」來代表自然景物，描摹出一幅詩情畫意，令人陶醉的美景。人流連其中，觸景生情，所謂「情以物遷，辭以情發」，因此在欣賞之餘，訴諸吟詠，形之文辭，此即次聯所云：「目既往還，心亦吐納。」第三聯「春日遲遲，秋風颯颯」，言季節更迭，「物色」之感動人心；末聯「情往似贈，興來如答」，則喻示作家之情與自然之景間情往興來、互相贈答的微妙。整則贊語，自然成對，文辭優美，意境高雅，在情景交融間，闡發了物色對於作家的影響，所以紀昀曾對此贊給予高度的肯定與讚賞，評曰：「諸贊之中，此爲第一。」[38]呂永先生亦謂：

書中 50 篇「結言於四字之句，盤桓乎數韻之辭」的篇末贊語，有不少就是一首音律、辭采與情理完美統一的好詩。[39]

可見這樣的贊語用在論理文章之末，以近似詩圓潤的形製，迴環的韻律，來回顧正文意旨，完足文勢，可謂音律、辭采與情理兼備，在理性思辨的智慧之外，讀誦之時，亦頗能讓人感受到婉轉流暢的詩意風采。[40]王利器先生曾指出：

《文心》的每篇文章連後面的贊語，所運用的語言及句子

---

38 見黃叔琳注、紀昀評：《文心雕龍輯注．物色篇》（臺北：台灣中華書局四部備要本），卷十。

39 見呂永：〈文心雕龍的思維方式、結構方式、表述方式〉，《湘潭大學學報》（哲學社會科學版），23 卷，1999 年第 2 期，頁 48。

40 如朱清華〈從文心雕龍的贊曰看劉勰對詩經傳統的通變〉文中謂：「《文心雕龍》的贊語，以詩歌的文體寫得文采飛揚，寓抽象的論理於形象的言語之中，理性思辨詩意化了。」文見《寧夏大學學報》（人文社會科學版），第 24 卷，2002 年第 2 期，頁 51。

的結構，基本上是求駢儷聲律之美的。[41]

是知和諧、錯綜而又婉轉的聲文，對於《文心雕龍》論文風格之呈現，顯然具有一定程度的影響作用。

（三）情文之蘊藉與穎秀

形文與聲文的風格大致可從文辭的表現形式來感知；而情文則必須從內容涵蘊來探索。劉勰謂：「吐納英華，莫非情性」（〈體性〉）可知「情性」常是主導作家作風的關鍵因素。劉勰在南朝「體情之製日疏，逐文之篇愈盛」（〈情采〉）的文風下撰著《文心雕龍》，情性不但是其持以衡量作品優劣的審美標準，也是在樹德建言、敷贊聖旨等內外動機的自我期許，因此劉勰藉《文心雕龍》來寄託真情實感的這一特點，顯然與純粹論理的文章有別，而這也正可作爲情文之風的探索起點。所謂：「好的文學作品，具有理想風格的文學作品，必然是真性情，能夠表現真我的作品。」[42]是以從《文心雕龍》字裡行間體會其「散鬱陶，托風采」（〈諸子〉）的情性，當能從「披文入情」過程中，略見其文章風格。

《文心雕龍》篇幅多不甚長，但文末常用疑問、反詰或感嘆的方式作結[43]，使文章似終而意仍未止，更具言外之餘韻，例如〈宗經〉文末：

建言修辭，鮮克宗經，是以楚豔漢侈，流弊不還，正末歸

---

41 見王利器：《文心雕龍新書・序錄》（臺北：宏業書局）。

42 引見朱榮智：《文氣與文章創作關係研究》（臺北：師大書苑，1988 年），第五章〈文氣與文章風格〉，頁 155。

43 據統計，《文心雕龍》以詰問或感歎語氣作結者，約計二十一篇，這二十一篇爲：〈宗經〉、〈頌贊〉、〈祝盟〉、〈銘箴〉、〈諧讔〉、〈史傳〉、〈諸子〉、〈論說〉、〈章表〉、〈議對〉、〈神思〉、〈風骨〉、〈通變〉、〈定勢〉、〈鎔裁〉、〈聲律〉、〈章句〉、〈物色〉、〈才略〉、〈知音〉及〈序志〉等。

本，不其懿歟！

「楚豔」，係指《楚辭》所呈現的華豔風格；「漢侈」則是賦中大肆渲染與過度虛飾，所造成盡情驕奢的創作習氣。文風一旦流於「豔」、「侈」，弊端也將接連叢生，故此重申「正末歸本」的主張，期能回歸經典雅正之體以廓清文弊。最後「不其懿歟」四字收束全文，反詰語氣卻兼有規戒、歎惋之意，流露出劉勰濟世與憂世的情懷。又如〈定勢〉文末云：

舊練之才，則執正以馭奇；新學之銳，則逐奇而失正；勢流不反，則文體遂弊。秉茲情術，可無思邪？

此謂老練的作家，掌握雅正的原則，尚能駕馭文辭，並推陳出新；而急於出鋒頭的新銳，則往往只顧追逐新奇，而漸偏離正道，而文章體式敗壞之勢也如江河日下，一去不返。因此，深曉文情文術的作家們，面對此一訛勢，又怎能不詳加思量呢？「可無思邪」，既是劉勰對時人文士們的衷心呼籲，也頗具對自身責任反思鑑戒之意，筆端蘊含了無限的互勉之情。

另外，劉勰行文擅於設喻，除了文句因而生動多姿之外，其借此喻彼的間接手法，也頗有曲達事理，使情思更顯得婉轉含蓄的作用。黃亦真先生對此分析云：

使用比喻法，尤其是「借喻法」，能使文章意旨含蓄。因為借喻法，祇寫「喻依」，不寫「喻體」，本意寄託於比喻文字中，是不直接表達的。[44]

設喻雖是形文表現中常用的寫作技巧，但將「本意寄託於比喻文字中」，實有間接傳情敘理表意的效果。以下從幾則用喻之例來說明：

---

44 引見黃亦真：《文心龍比喻技巧研究》（臺北：學海出版社，1991 年），第五章，頁 180。

> 故比類雖繁，以切至為貴，若刻鵠類鶩，則無所取焉。（〈比興〉）
>
> 若掠人美辭，以為己力，寶玉大弓，終非其有。全寫則揭篋，傍采則探囊，然世遠者太輕，時同者為尤矣。（〈指瑕〉）
>
> 若夫器分有限，智用無涯，或慚鳧企鶴，瀝辭鐫思；於是精氣內銷，有似尾閭之波；神志外傷，同乎牛山之木。（〈養氣〉）

第一例借「刻鵠類鶩」爲喻，來間接指涉不夠切至的比喻之病；第二例論及爲文抄襲剽竊之病，分別徵引《春秋》、《莊子》之典，所謂「寶玉大弓，終非其有」、「揭篋」、「探囊」其實皆「抄襲」之意，但在設喻用典的筆法下，「掠人美辭」之語意便顯得相當委婉而不直接；第三例中，「慚鳧企鶴」化用《莊子‧駢拇》「鳧脛雖短，續之則憂；鶴脛雖長，斷之則悲」之典，以喻一般人嫌棄自己才智淺薄，羨慕他人才識高深的心態，因而創作時極力洗鍊文辭，刻畫情思，如此過度消耗精神意志，其結果自如同日夜不停流洩的「尾閭之波」，以及砍伐殆盡的「牛山之木」，不但違反自然之理，而且事倍功半，神疲氣衰，此處連續用借喻、明喻之法，其顯得生動具體，但語氣仍相當婉曲，似隱寓鍼砭時俗文士「爲情而造文」的言外之旨。[45]

以上所述疑問、反詰或感嘆的結尾方式，以及設喻曲達的寫作手法，皆大致顯現了《文心雕龍》情思蘊藉的一面。至於與蘊藉含蓄相對而言的獨拔穎秀之情文風格，則可從劉勰在評斷詮解

---

45 此依據王師更生所雲：「我們細繹篇中，一則曰鑽礪過分，再則曰爭光鬻采，三則曰慚鳧企鶴，四則曰瀝辭鐫思，其鍼砭當世文士，苦思求工，以鬻聲名，釣利祿之意，更見諸文辭之外。對爲文造情的作者而言，不啻是一記當頭棒喝啊！」參見《文心雕龍讀本‧養氣第四十二‧解題》（臺北：文史哲出版社，1985 年），下冊，頁 232。

時的行文特點來觀察。先從〈序志〉來看：

> 及其品評成文，有同乎舊談者，非雷同也，勢自不可異也；有異乎前論者，非苟異也，理自不可同也。同之與異，不屑古今，擘肌分理，唯務折衷。
>
> 按轡文雅之場，環絡藻繪之府，亦幾乎備矣。

此處劉勰自述《文心雕龍》一書取材的基本態度，他不刻意求新，也不隨聲附和，異同取捨之間，全憑「折衷」之理，不以古今爲斷，故態度顯得相當平允客觀。因此，劉勰認爲只要掌握《文心雕龍》一書，便足以在文場筆苑上縱橫馳騁，「亦幾乎備矣」一語，當是對自己著書的自信與自負，故紀昀謂：「結處自負不淺。」[46]可見劉勰對於《文心雕龍》之論有高度的信心，然這自信並不意味咄咄逼人的滔滔雄辯，而是經過審慎分析考量之後的理性思辯，這也是「論」之精神的展現。進一步而言，在《文心雕龍》中，劉勰持論以「彌綸群言」、「唯務折衷」爲基礎，行文時見穎絕特出的論文觀點，尤其篇中的警語秀句更常是畫龍點睛之筆，具有陸機〈文賦〉所謂「立片言而居要」的效果。劉勰謂：「秀也者，篇中之獨拔者也。」（〈隱秀〉）精心鍛鑄、獨創秀拔之語句，一方面可振舉文意，煥發論旨，另也當有展現特識，自求樹立的企圖。如下列所選錄的各篇名句：

> 論文必徵於聖，窺聖必宗於經。（〈徵聖〉）
>
> 宋初文詠，……情必極貌以寫物，辭必窮力而追新，此近世之所競也。（〈明詩〉）
>
> 情以物興，故義必明雅；物以情覩，故詞必巧麗。（〈詮賦〉）
>
> 凡說之樞要，必使時利而義貞，進有契於成務，退無阻於

46 紀評見黃叔琳：《文心雕龍輯注．序志第五十》（臺北：台灣中華書局），卷十。

榮身。（〈論說〉）

臨篇綴慮，必有二患：理鬱者苦貧，辭溺者傷亂。（〈神思〉）

童子雕琢，必先雅製，沿根討葉，思轉自圓。（〈體性〉）

練於骨者，析辭必精；深乎風者，述情必顯。（〈風骨〉）

繁采寡情，味之必厭。（〈情采〉贊）

必使理圓事密，聯璧其章，迭用奇偶，節以雜佩。（〈麗辭〉）

才為盟主，學為輔佐，主佐合德，文采必霸。（〈事類〉）

才童學文，宜正體製，必以情志為神明，事義為骨髓，辭采為肌膚，宮商為聲氣。（〈附會〉）

摛文必在緯軍國，負重必在任棟梁。（〈程器〉）

類似的要言佳句，《文心雕龍》各篇頗不少見。上列各句或屬對工整，或設喻精切；或揭舉思想樞紐，或概括文體特色，或歸結寫作要點，或表達文學理念，其用語凝鍊，思理清晰，筆力不凡，尤其諸句中均用「必」字（此行文之例其實相當眾多），綴用在篇製之中，可使文章語意顯得更爲堅定強勁，此不但充分展現劉勰對自己論點的自信，也頗具權威感，因而多成爲後世文家學者口誦心儀的不刊格言。所謂「理形於言，敘理成論」（〈論說〉贊），劉勰在彌綸與博觀的基礎上，把文章基本原理深化爲「籠罩群言」的文論，除了發前人未言或未及言，透闢獨到，充分發揮論體「師心獨見，鋒穎精密」之長，而其真知灼見，亦可謂是「思合自逢」、「才情之嘉會」（〈隱秀〉）下之碩果，從此正可見其論體風格中獨拔穎秀的一面。

四、《文心雕龍》論體風格之時代意義與成就

風格是作家成熟作風的展現[47]，也是區己別異的重要因素，

---

47 如王之望以爲：「風格成熟的首要標誌，是它的獨特性。……作家由於各自

而文體風格的建立，則是文學發展成熟的必然結果。劉勰執文學之筆，一面建構完密的風格理論，另一方面也在寫作上嘗試具體實踐，因此《文心雕龍》所樹立的作風，所呈現的獨特風采，自與他人他書有別。曾國藩嘗謂：「凡大家名家之作，必有一種面貌，一種神態，與他人迥不相同。……若非其貌其神迥絕群倫，不足以當大家之目。」[48]

《文心雕龍》流傳一千五百餘年，所以能迥絕群倫，劉勰能成為文論中的大家名家，自與風格之建樹有關聯性。故以上述論體風格之表現為基礎，可進而歸結其時代意義與成就主要有三：

第一，以雅麗之風實踐宗經的審美理想。宗經是貫串《文心雕龍》全書的重要文學觀，其目的不在於守舊復古，而在於「參古定法」（〈通變〉），為日趨「采濫辭詭」的文風求得新的生機。故所謂：「聖文之雅麗，固銜華而佩實者也」（〈徵聖〉），或者「經典沈深，載籍浩瀚，實群言之奧區，而才思之神皋也」（〈事類〉），可說是相當具有針對性的文學觀點。劉勰認為「雅麗」是理想文章的風格境界，也是美感的極致，因而創作力主宗經。是故在創作上若奉「稟經以製式，酌雅以富言」為準則，不但將如「即山而鑄銅，煮海而為鹽」，有取用不竭的效益，更有樹立正則、導正務華棄實之文風的作用。從實際行文上來看，劉勰一方面盡致發揮南朝駢儷的美文特點，追求形製之精致巧麗，一方面仍處處秉持「鎔式經誥」的精神，以情緯文，堅守典雅之風，因此其文章在麗而不靡，雅而能博的作風下，能「雅」

的精神個體性的獨特性，　在對象化、客觀化過程中，必然產生出獨特的色澤、情調、識度、韻味和旋律的產品。」見王氏：《文學風格論》（臺北：學海出版社，2004 年），第六章，頁 119-120。

48 引見《曾文正公家訓・諭紀澤・同治五年十月十一日》（台南：大東書局，1964 年），頁 51。

「麗」共存，和諧而不衝突。故學者謂：

> 劉勰駢文在詞色上主要是特色是精美巧麗，同時又沒有華而不實之弊。既講究文采，用心修飾；又不過於雕琢，因詞害義，真正達到了文質彬彬的境界。[49]

可見情采相濟、文質彬彬的文章創作實績，無異是對宗經之審美理想的奉行實踐。

第二，以風格之多元區別南朝綺麗文風。六朝文壇駢儷風行，詩文辭賦、章表奏啓、史傳書牘等各體文章，皆沾染了纖巧駢儷之氣。劉勰身處其中，亦採行駢儷時文之體從事論文之作。他承續了傳統詩文中駢偶表現手法的優點，並施展才學，使《文心雕龍》全書諸篇，能於當時「錯金鏤采」、「雕繢滿眼」[50]的風習中，獨樹一幟。駢儷文一般較受對偶、聲律、用典等重重限制，不利於析事論理，然劉勰以駢儷從事，力圖突破束縛，「在論理析事上深切明著，細致精微，反覆曲暢，鞭辟入裡，完全克服了駢體文中常見的滯澀不暢之弊，言隨意遣，無不如意」[51]，追求論體之表達效果，故在風格上呈現多元的面貌。學者所謂：

> 優秀作家的風格不會是平板單調，往往會色彩繽紛，絢麗多姿，具有極大的豐富性。這種豐富性是風格的多側面性的表現。[52]

是以如前節所述形文之剛柔與雅麗、聲文之錯綜與婉轉，以

49 引見于景祥、陸雅慧：〈劉勰在駢文創作上的傑出成就〉，《社會科學輯刊》2000 年 4 期（總 129），頁 138。
50 兩用語分別出自沈約：《宋書．顏延之傳》及鍾嶸：《詩品．序》。
51 引見于景祥、陸雅慧：〈劉勰在駢文創作上的傑出成就〉，《社會科學輯刊》2000 年 4 期（總 129），頁 139。
52 引見董岱東：《文學風格概論》（濟南：山東教育出版社，1996 年），頁 24。

及情文之蘊藉與穎秀，即可見《文心雕龍》其書形聲情文兼具且多側面性之一斑。明原一魁推讚爲「六朝之高品」[53]，清劉開則指出：

> 自永嘉以降，文格漸弱，體密而近縟，言麗而鬥新；藻繪沸騰，朱紫夸耀，蟲小而多異響，木弱而有繁枝；理詘於辭，文滅其質。求其是非不謬，華實並隆，以駢儷之言，而有馳驟之勢，含飛動之采，極瓌瑋之觀，其惟劉彥和乎！[54]

可知在纖靡繁麗的文風趨勢下，《文心雕龍》獨具「華實並隆」，以及「馳騁之勢」、「飛動之采」、「瑰瑋之觀」等不同的風貌特點。故所謂「獨照之匠，自成一家」[55]之譽，不僅是對其理論體系成就之標榜，對其驚采絕艷之論體風貌而言，這樣的肯定也相當切合實情。

第三，以風格實踐照應論體之文體寫作原則。《文心雕龍》不僅在理論層面提出合理具體的寫作理則，在行文風格上也力求實踐照應。就以劉勰所設定的論體寫作原理與寫作特色來看，《文心雕龍》各篇章大多首尾圓合，前後照應，脈絡貫通，彌縫無隙，具有圓備通達之「圓通」精神；又劉勰爲使敘議周延，窮本竟源，旁搜博采，可見其「彌綸群言」之功；而擘肌分理，理論之針對性強，可見其「研精一理」之旨；至於所論或破或立，皆秉「辨正然否」之旨，力求獨出己裁，每能發前人未言或未及言，故多

53 見〈兩京遺編後序〉，引自楊明照：《增訂文心雕龍校注．下．品評第二》（北京：中華書局，2000 年），頁 646。

54 見《劉孟塗駢體文．卷二．書文心雕龍後》，引自楊明照：《增訂文心雕龍校注．下．品評第二》（北京：中華書局，2000 年），頁 653。

55 語見譚獻：《復堂日記》，引自楊明照：《增訂文心雕龍校注．下．品評第二》（北京：中華書局，2000 年），頁 657。

透闢精審，可見其「師心獨見，鋒穎精密」之長。《文心雕龍》將「論」體特質發揮得淋漓盡致，故篇篇均可獨當一面，成為優秀的單篇專論，合而並觀，則是陶冶萬彙、組織千秋的煌煌論著。其論體之寫作風格與寫作要求照應相當緊密，由此可見，劉勰提出的理論，也多能自我落實，並非脫離實際、空談高論者，故其不僅是理論家、批評家，還是個身體力行的實踐家。[56]

結　語

「論」本身作用在於析事論理，並提出可信論點，而不在追求文學的藝術表現，然「論」要使理與辭契合無間，以發揮析理精微、以理服人的效果，則必然自我樹立，展現與眾不同的特色，這自然也就形成了論體的風格。

《文心雕龍》久享文論經典之譽，在體系結構、思理或文采等方面，均有卓絕成就，然若著眼於其文章風格的表出，當可發現其書另一面向的獨特性。故本文從形文、聲文與情文三種文采作為立論之基礎，檢視《文心雕龍》在文辭經營、音律調協、情志表現上的特色，如形文之剛柔與雅麗、聲文之錯綜與婉轉，以及情文之蘊藉與穎秀等，雖僅從局部舉例，然而由小見大，可從中略見其論體之文所呈現的多元風采。所謂「文情難鑒，誰曰易分」（〈知音〉），風格亦確屬「難鑒」之情，又筆者目前對於《文心雕龍》行文風格的體會仍相當有限，闡析或許未能明確盡致，是故本文之作，僅屬初探，用意在拋磚引玉，引發更多後續的深探，以期能在當前《文心雕龍》研究的進展上略盡一己棉薄之力。

---

56 參見蔡師宗陽：〈由劉勰六觀析論文心雕龍〉，《文心雕龍探賾》（臺北：文史哲出版社，2001 年），頁 221。

文體即性體
─ 徐復觀〈文心雕龍的文體論〉之接受美學研究

慈濟大學東方語文學系　蕭鳳嫻

摘　要

本文從接受美學探討徐復觀〈文心雕龍的文體論〉主張，從讀者與作品互相對話的角度，學術史、接受史的方向，探討其產生《文心雕龍》中文體即人性本體此一結論，其中的先存經驗、投射問題、閱讀答案的過程。

關鍵詞：徐復觀、《文心雕龍》、接受美學

一、前　言

徐復觀先生文學批評著作中，〈文心雕龍的文體論〉一文重新詮釋《文心雕龍》文體論概念，認爲《文心雕龍》即我國的文體論，書中文體概念，並非歷來學者詮釋之「文類」概念。而是以哲學本體爲主軸，視文體爲人性本體（才性本體、道德本體）之再現，並將文體區分爲體裁（製）、體要、體貌三方面意義，形成之三次元系統，由體裁（製）→體要→體貌的昇華歷程。徐

先生詮釋《文心雕龍》文體論的新意義、新評價，在台灣《文心雕龍》學界很具影響力、也頗具爭議性[1]。

就影響力而言，徐先生的詮釋方法，爲台灣《文心雕龍》文體論研究引進新的典範（paradigm）[2]，如賴麗蓉先生《從思維形式探究六朝文體論》、〈文心雕龍文體一詞的內容意義及文體的創造〉[3]即爲此典範詮釋系統成果。就爭議性而言，龔鵬程先生以語言文字形式結構定義文體，質疑徐先生心性本體再現說[4]。顏崑陽先生以文學史時間辯證發展、客觀形式規範、主體性情空間三方辯證融合說，質疑徐先生之心性本體再現說、龔先生語言文字形式結構說[5]，最爲人知。中國大陸學者王守雪博士論文《人心與

---

1 劉渼《台灣近五十年來文心雕龍學研究》指出：徐復觀提出的文體論是台灣近四十年來不斷討論的重要議題，影響深遠。參見劉渼《台灣近五十年來文心雕龍學研究》臺北：萬卷樓出版公司，民國 90 年。

2 典範（paradigm）是孔恩（Thomas Khun）從博蘭尼的「默會致知」（tacit knowledge）發展出的觀念，典範有兩種意義，一方面，它代表一特定共同體成員所共有的信念、價值、技術等等所構成的整體；另一方面，它表示這個整體中的一種元素，被作爲模型或範例使用的具體謎題解答，能夠替代明顯的規則，以作爲常規科學其他謎題解答之基礎。孔恩的典範觀念，雖然原本是用來解釋科學研究方法論，不過孔恩本人認爲典範觀念本來就是從其他學科中輾轉借來，不反對別的學科使用。本文此處借用解釋自徐復觀以降，使用此模型詮釋《文心雕龍》文體論之共同體及其成員。詳細資料請參見 Michael Polanyi Harry Prosch 原著，彭淮棟譯《意義》臺北：聯經出版公司，民國 73 年，第二章〈個人知識〉頁 23-52。Thomas Khun 原著，王道還等譯《科學革命的結構》臺北：遠流出版公司，1991 年。頁 234、251、269。

3 賴麗蓉《從思維形式探究六朝文體論》臺北：國立台灣師範大學國文研究碩士論文，民國 76 年。賴麗蓉〈文心雕龍文體一詞的內容意義及文體的創造〉，收於中國古典文學研究會主編《文心雕龍綜論》臺北：台灣學生書局，民國 77 年，頁 125-155。

4 龔鵬程〈文心雕龍的文體論〉臺北：中央日報副刊版，民國 77 年 12 月 11、12、13 日。

5 顏崑陽〈論文心雕龍「辯證性的文體觀念架構」── 兼辨徐復觀、龔鵬程「文心雕龍的文體論」〉，收於中國古典文學研究會主編《文心雕龍綜論》臺北：台灣學生書局，民國 77 年，頁 73-123。

文學 — 徐復觀文學思想研究》，則以建立中國的文體論爲題，專章論述徐先生〈文心雕龍的文體論〉之大義[6]。

縱觀上述論述（包括徐復觀先生本人作品），皆以分析《文心雕龍》或徐復觀先生的原義爲論述重點，強調個人所詮釋之作品（《文心雕龍》、《文心雕龍》文體論）「正確」意義。卻無人論述由徐復觀先生建立此《文心雕龍》論述典範中，讀者感知經驗，決定作品意義與價值的重要性。因此，本文以接受美學（Aesthetics of reception）[7]爲方法論，分析徐復觀先生先存經驗（Preceding experience），即對「文學作品的認識、對文學傳統的理解、批評方法的訓練、學術思潮的認同、個人的經歷等等[8]」，如何影響及形成其《文心雕龍》文體論主張。下文將從徐復觀先生閱讀方法入手，分析其先存經驗、投射問題、對話內容、作品意義間的關係。

二、人的自覺：閱讀的起源

徐復觀先生批評其師黃侃先生《文心雕龍》研究缺失爲：「黃先生本人的文章，清勁流麗，但因其反理學、反古文之成見甚深，故其《札記》除《總術》篇論述文筆問題，能突破阮元以來之繆

6 王守雪《人心與文學 — 徐復觀文學思想研究》鄭州：鄭州大學出版社，2005年9月。

7 接受美學（Aesthetics of reception）理論盛行於60年代德國，認爲研究者在賦予作品意義、價值的同時，早有一先存經驗（Preceding experience）存在，作品的價值意義來自於研究者閱讀，研究者者以其先存經驗不斷重新認識作品、尋找答案。參見 Robert C.Olub 著董之林譯《接受美學理論》臺北：駱駝出版社，1994年。

8 參見容世誠〈竇娥冤的接受歷史〉一文，收於陳國球、王宏志、陳清僑編《書寫文學的過去 — 文學史的思考》臺北：麥田出版公司，1997年3月，頁303-307。

說，特可見其卓識外，凡對有關鍵處的解釋，多未能與原義相應，尤以《原道》、《風骨》、《定勢》諸篇爲甚[9]」。這段話其實反映了徐復觀先生《文心雕龍》批評方法的源流，以及批評的標準。徐復觀先生師承黃侃先生，黃侃先生《文心雕龍札記》一書，爲中國現代《文心雕龍》研究典範，後起之學者幾乎多出自於黃門。徐復觀先生從黃侃典範中認識《文心雕龍》、理解《文心雕龍》，繼而質疑黃侃典範，以一己批評方法的訓練、學術思潮的認同論述《文心雕龍》，重見新論述典範，這是顯而易見的結論。所以徐復觀先生以其黃侃傳承者、現代大學學術訓練傳承者的立場，一方面稱讚黃侃先生的研究成果，超越同是注重駢文、反對桐城古文的先輩阮元等人。另一方面卻也以桐城古文家（業師王葆心）、新儒家傳承者（業師熊十力）的立場，質疑黃侃先生之追慕選學、排斥桐城、排斥道德意識，因此對文章思想、對文章義法（體要），多未能與原義相應。而且因爲他的立場在桐城、在新儒，他的質疑因此偏向《文心雕龍》篇章中，著力點在思想詮釋的篇章部分。

但是問題不僅是如此，還關係著現代中國學術界、現代中國文學歷史記憶中，「魏晉風度」、「六朝散文」此文化符號內容問題。這與五四以來現代中國知識分子，遙承清儒典範，卻又批判清儒典範，高舉「魏晉風度」、「六朝散文」典範，試圖建立現代化學術典範間的糾葛，有莫大關係[10]。以黃侃先生師承來說，其師劉師培、章太炎，本就「著力批評桐城之不學與不文，又廣

9 徐復觀〈謹按〈評章太炎對中國文化的認識〉（韋政通著）〉，收於李明輝主編《徐復觀雜文補編》第一冊，臺北：台灣學生書局，2001 年 6 月，頁 537-538。

10 參見陳平原《中國現代學術之建立 ── 以章太炎、胡適之爲中心》臺北：麥田出版公司，2000 年 5 月，頁 382-383。

泛接受西學，黃侃論文接近劉申叔，但間採太炎師的意見[11]」。可以這麼說，桐城與選學之爭，在黃侃先生的詮釋視野中，本就不只是爭論散、駢孰優孰劣而已，還是舊中國學術地位之爭、學術典範之爭、六朝散文、桐城古文典範地位之爭。而黃侃先生在北京大學這現代學術殿堂，以「積字成句，一字之義果明，則數字之義亦必無不明[12]」，傳統字句釋義之法、辭章學角度論述《文心雕龍》，建立現代中國學術視野中，《文心雕龍》代表古代中國文學理論典範的地位，也開創了詮釋古代中國文學批評史的新路，用「舊學新知」接續傳統。

「舊學新知」先存經驗，在徐復觀先生身上，也清晰可見，他承認《文心雕龍》典範地位，質疑黃侃典範所預設視野是「文學自覺」，他說：

> 所以文學的自覺，同時必表現為文體的自覺。中國把文學從作為道德、政治之手段的附屬地位解放出來，而承認其有獨立價值的自覺，可以用曹丕的〈典論論文〉作代表，而文體的觀念，恐怕也是在這一篇文章中才正式提出的。[13]

徐復觀先生用「魏晉風度」典範，來質疑黃侃先生「六朝散文」典範，用魏晉子類議論文章理念，質疑黃侃先生辭章學文學理念，因此從談自覺、談文學自覺始，建立其文體自覺新典範。

中國現代學術界視魏晉時期爲「文學自覺」的年代，始於魯迅民國十七年在廣州演講〈魏晉風度及文章與藥及酒之關係〉，他說：「他（曹丕）說詩賦不必寓教訓，反對當時那些寓訓勉於

11 參見陳平原《中國現代學術之建立 ── 以章太炎、胡適之爲中心》臺北：麥田出版公司，2000 年 5 月，頁 381。

12 黃侃《文心雕龍劄記．章句》上海：上海古籍出版社，2000 年 11 月。

13 徐復觀〈文心雕龍的文體論〉，收於徐復觀《中國文學論集》臺北：台灣學生書局，民國 79 年 3 月，頁 3。

詩賦的見解，用近代的文學眼光看來，曹丕的一個時代可說是『文學自覺的時代』，或如近代所說爲藝術而藝術（Art for Art』s Sake）的一派[14]」。魯迅此一說法幾乎成爲文學史上典範性論述，廣爲人知。魯迅此主張可看出其預設文學自主性、擺脫儒家道德教化、強調純文學、強調個人價值的詮釋視野，但魯迅並未詳細詮釋其「文學自覺」主張定義、內容，因此引起其後學者們的諸多不同論述。

徐復觀先生新典範的詮釋方法，是繼承了魯迅主張，但將「文學自覺」一詞定義、內容，導向「文體的自覺」、「情性的自覺」、「人的自覺」。他說：

> 有文學即有文體，……文學中的藝術性的自覺，必表現為形相的自覺……。文體即是人，……文體是出自於人的情性，……氣乃由內在之情性通到外在之文體的橋樑。[15]

由此可見其詮釋主軸乃是「文學自覺」即人的情性之自覺，偏重於人與人的主體性、群體意識與個體意識的自覺下，展現之魏晉風度與文學形相（文體），與其中介物「氣」（指血氣、辭氣、神氣的傳統的完成）在文章中之展現。

此種詮釋方法，其實是將「文學」視爲「人學」意義下的產物，促成文學賴以發生的主體性根源[16]，也就是偏重於人文精神的考察，成爲以「人文」爲中心的「文學自覺」。而《文心雕龍》因此也成爲以人文爲中心的哲學書籍，代表中國的文體論，而不只是文學理論、辭章理論。

---

14 魯迅〈魏晉風度及文章與藥及酒之關係〉，收於魯迅《魯迅全集》第三卷，北京：人民出版社，1995 年，頁 501-529。

15 同註 13 文，頁 20、42、44、48。

16 參見黃偉倫《魏晉文學自覺論題新探．人的覺醒與個體自覺》，臺北：台灣學生書局，2006 年 7 月，頁 60。

三、辨別性體：詮釋的角度

當徐復觀先生閱讀《文心雕龍》，已經先設了「人的自覺」觀念，辨別《文心雕龍》中文體論不是文類論，因此成了重要論題。辨別文體也不僅是文章辨體，而是辨別性體了，辨別性體因此成了他對《文心雕龍》所投射的問題、尋找的答案、詮釋的評價。

其基本詮釋策略，是以西方哲學主體（subject）觀念，輔以先秦諸子道德善惡學來論人性（道德主體），或是魏晉《人物志》美學的觀點，來詮釋人之才性或情性（才性主體）的種種姿態論述，用來詮釋中國古典文學理論或作品，這是熊十力三大弟子——牟宗三、唐君毅、徐復觀，詮釋中國古典文學理論或作品的共同策略——人性的文學。與魯迅反對儒家道德思想下之「文學自覺」觀念、強調個人價值的詮釋視野，，實則大異其趣。

但是三人實際詮釋方法並不相同。如牟宗三以才性三品論、氣之清濁之體美學概念，詮釋賈寶玉、林黛玉、薛寶釵三人才性，認為《紅樓夢》是生命情性不為世人所瞭解的寶玉、黛玉，當生命離其自己，過一種非生活的悲劇生活，是為生命情性的悲劇。遺憾寶玉可以用儒家的淑世理想，道家、佛家的出世理想，來解脫生命情性與周遭世界衝突後的悲劇，但寶玉卻始終討厭儒家經濟之道，故終於走上佛家的路[17]。唐君毅以西方哲學學科視野，建構其「人性的哲學」裡中國文學精神境界，認為「中國的人生哲學中，差不多只有道德哲學，所以中國文學所受於中國哲學的第一點影響，就是以善為文學之歸宿。……中國的人生哲學重視

---

17 參見蕭鳳嫻〈生命情性的悲劇——牟宗三紅學觀研究〉臺北：鵝湖月刊，民國 94 年 2 月，頁 56。

和諧中庸、不爲己甚的人生態度，……所以中國的人生哲學影響到中國文學的第二點，就是中國文學比其他任何國之文學特別注重含蓄。……中國對偶文學之盛，是受了中國形而上學的影響。……假如有所謂哲學的文學批評 — 那麼中國的文學批評，真可算哲學的了。中國文學批評，據郭紹虞先生說，不是道論，便是神氣說。這話我覺得非常之對。但是我們看無論道之觀念、神或氣之觀念，那一個不是自中國哲學上來的[18]」？換言之，唐君毅從其「人性的哲學」思維方式切入中國哲學，判斷出道德、善、和諧中庸、與自然合一、重禮、中國形而上學這些命題，去會通文學、轉化文學，建構其「人性的文學」思想中的文學本質論[19]。

徐復觀先生除了西方哲學主體觀念，才性主體、道德主體基本詮釋策略外，還使用了桐城派文章辨體方法，支撐其詮釋策略。一方面分辨文類、文體，批判阮元之流文章聲色主張。另一方面建立其體裁（製）、體要、體貌三次元系統文體觀中，體裁（製）、體要、體貌三者，確實存在於中國古典文論傳統。他說「文體一詞，多只保持體裁（製）、體要意義，體貌的觀念，在古文系統反漸漸隱沒了，但這只是觀念上的隱沒，而不是事實上的隱沒。故其論方望溪、姚姬傳認爲他們強調「義法」即是強調體要，談文章形貌即是體貌、即是彥和所謂文體。他們所把握到的文章的體貌，主要在聲色方面，達到了無體之體的文學極詣，但姚氏不知他之謂形貌，及六朝人之所謂文體，而襲誤承訛仍以體與類爲

---

18 唐君毅《中華人文與當今世界補編上·中國哲學對於中國文學之一般的影響》臺北：學生書局，民國 79 年 7 月，頁 7-14。

19 參見蕭鳳嫻〈「人」的現代性與文學 — 唐君毅文學思想研究〉臺北：鵝湖月刊，民國 95 年 8 月，頁 22-29。

一物[20]」。如此一來，發掘六朝以來隱沒的文體觀念、建立無體之體文體觀、掌握聲色以外文體完整面貌、辨別文類與文體的訛誤，便要靠從才性主體、道德主體來詮釋《文心雕龍》文體觀了。

故其定義文體爲形體、形相，體與形互用，強調的卻是從低次元到高次元、體裁（製）、體要、體貌三次元昇華的文體藝術性觀念，形成一套三次元哲學主體性（subjectivity），以及人做爲主體的昇華、實踐歷程。他說：

> 定勢篇讚謂形生勢成，此即體與形互用之一證，也即是文體的最基本內容，也即是前面所說的藝術的形相性。但此形體，應分為高低不同的次元。低次元的形體是由語言、文字的多少長短排列而成的，……此種由語言文字之多少所排列而成的形相，乃人所最易把握到的，這便是一般所說的體裁或體製。但僅有這種形相，並不能代表作品中的藝術性，所以體裁之體，是低次元的，它必須昇華上去，而成為高次元的形相，這在《文心雕龍》，又可分為體要之體，與體貌之體。體要之體與體貌之體，必須以體裁之體為基底，而體裁之體，則必在向體要與體貌的昇華中，始有其文體中藝術性的意義。……所以若將文體所含的三方面的意義排成三次元的系列，則應為：體貌←體要←體裁的昇華歷程。有時體裁可以不通過體要，而逕昇華到體貌……再就昇華的內容看，昇華的歷程，乃是向人的性情、精神昇進的歷程。體裁之體，可以說未含有作者的人的因素。在體要中，而始可以看出人的智性經營之跡。至體貌始有作者的性情，有作者的精神狀貌。所以這才是文學完

20 同註 13 文，頁 74-76。

成的形相。[21]

就三次元的主體而言，是西方哲學主體性定義下的和合，主體性在西方哲學界，本就是是夾纏不清的名詞，它可以同時指涉四種不同意義，「同一性：個人內在統一的自我或靈魂，或是群體身分認同。獨立性：個人或群體是獨立而不依賴。自律性：個人或群體爲自身立法能力。主觀性：以自身意識爲出發點，認識、把握、理解客體，或內省自身的特定視角[22]」。徐復觀先生的解釋中，體裁（製）有其獨立性，但不具有同一性，必須在向體要與體貌的昇華中，同一性才會實踐，而此實踐的歷程，是由具有自律性、主觀性的人（作者），予以完成，人透過知性、理性、審美能力實踐昇華的歷程，而此完成即是作者主體性的完成，亦是作品的完成、文學完成的形相。

就主體性在中國哲學、文學中、《文心雕龍》裡，才性主體、道德主體的實踐而言，徐復觀先生舉出人物品鑑例子，認爲是由人體的形相，成爲知人才性的窗口，而魏以前出於實用，魏晉之際一變爲藝術的欣賞態度，人體的藝術性於是確立，由人的品鑑轉化爲文學品藻，便是文體的自覺。就劉勰而言，他提出體要之體，較一般人提到體貌之體，更爲完整。體要之體是來自五經系統，體貌之體是來自楚辭系統。他的目的是爲了矯正當時過於重視體貌所發生的流弊[23]。實則徐復觀先生不僅爲中國哲學、文學、《文心雕龍》建立主體性價值，他本身就在爲自己的主體性建立價值、鼓吹的目的、存在的關懷，其基本核心價值是人性與自覺，

---

21 同註 13 文，頁 18-20。

22 參見吳豐維〈何謂主體性？一個實踐哲學的考察〉臺北：思想季刊，2006 年 12 月。

23 同註 13 文，頁 24-27。

以此爲核心之主體轉化之創造（subject-transformative creation）。由人性之學，自覺其自我之心性或才性，成爲道德實踐主體、認識主體、美學主體、技術主體，完成主體的現代化。

新儒家哲學常被稱爲「哲學史的哲學」，他處理的是歷史上的中國裡，種種哲學理念的處理，以及會通西方思想，轉化成合於現代價值體系、現代社會需要的可能性。因此會通西方思想檢視歷史上中國的思想，建立一己「新」的詮釋成果，成爲必要之研究方法。徐復觀先生詮釋策略亦然，因此，人性文學理論書籍《文心雕龍》，其人性之主體性會通、建構於焉形成後，剩下的便是以現代文學理論，論證此一系統文學層面之合理性，圓滿完成系統建構。

四、會通中西：詮釋的合法

徐復觀先生〈文心雕龍的文體論〉一文中，最受爭議的莫過於西方文學理論的引用。據王靖獻先生的回憶：

> 關於文體論的文章發表後在台灣學術界掀起了很大的風潮，各種辯駁批判的文字不斷出現，而徐先生也不厭其煩地一一為文答覆，乃加深了大家對他喜歡打筆戰的印象。我知道他對這篇文章極為重視，而且可以說是非常得意的，所以當他後來要我詳讀以提出意見的時候，我只敢指出他文中所引述的西方文學觀念並不正確 —— 徐先生的西方學術幾乎全依賴日譯以及日本人的解說 —— 然而他還是相當不悅[24]。

不懂英文、法文、德文，不懂西方文學（學術）觀念，誤用

24 王靖獻〈動亂風雲人文激盪 —— 敬悼徐復觀先生〉，收於《徐復觀教授紀念文集》，臺北：時報文化出版公司，1984 年，頁 257-258。

觀念詮釋。其實一直到現在都是學術界論爭的焦點，其背後有中國學術現代化歷程中，種種複雜的糾結過程，以及知識分子糾結的心態，文化帝國主義的姿態，詮釋社群（interpretive community）的紛爭。[25]本文在此擱置這些複雜問題不做處理。但由王靖獻先生的看法，最少可知用西方學術做爲詮釋方法論，是歷經現代化洗禮的詮釋社群必要之工具、必然之價值、必然被批評之處，亦是批評別人之處。

他所使用之西方學術理論，觀諸全文實有四大類，其一爲人學專著卡西勒（E.Cassirer）《人論》，其二爲西方文學、藝術論著，如莫爾頓（R.G. Moulton）《文學的近代研究》、歧約（J.M. Guyaun）《從社會學看藝術》。其三爲文體學，其四爲修辭學。而佔據詮釋方法中心位置的其實是卡西勒《人論》，並不是一般人所爭議之文體學。換言之，他其實是從卡西勒《人論》先設觀念，去搜索、探詢西方論藝術、文體學、修辭學中的答案。他說：

> 正如卡西勒所說：科學家是事實和法則的發見者，而藝術家則是自然之形相的發見者。所謂自然形相的發見，乃是將自然的形相，表現於藝術作品之中，以成為藝術作品的形相，這是美學的基本規定，站在純文學的立場來講，它是以美學為基本原理，所以作為文學總根源的詩，是「通過形相來說話的」[26]。

當他透過卡西勒藝術家（人）是自然之形相的發見者之眼，提出問題、搜索西方學術尋求答案時，歧約說：「通過形相來說話的」，自然合乎問題的答案。所以在文體學文體（style）三層內容「文體（指說話或寫作的格調）、語域（指一個特殊群體所

25 詮釋社群指一批有共同詮釋策略的讀者。轉引自註 8 文，頁 340。
26 同註 13 文，頁 2。

使用的特殊語言變體）、風格（特有的說話或寫作方式）[27]」中，語域部分他的確沒有討論，文體、風格的部分，他加上卡西勒所論的藝術家（人）、他所主張的人性本體，並概括為三次元形相系統。進而討論藝術家（人）的文體、風格論，人性本體的文體、風格論。也是帶著這樣的眼光，他首先對相同的詮釋社群提出問題，尋找他們的答案。結果發現無論是中、日有關文學史著作，鈴木虎雄《支那詩論》、青木正兒《支那文學概論》、劉大杰《中國文學發展史》、郭紹虞《中國文學批評史》，都沒有讀出他所界定的文體本義，都誤讀為文類。他將原因界定為誤讀，誤讀西方文體觀念、誤讀《典論論文》，誤讀中國明清時代錯誤的文體觀，掩蓋中國魏晉、六朝、唐代的文體本義[28]。換言之，他認為就詮釋策略與作品意義的相對關係而言，這些和他具有共同閱讀策略的讀者，所閱讀的成果通通都錯誤，批評他們沒有辨識能力。但就接受美學先存經驗的角度來看，鈴木虎雄、青木正兒、劉大杰、郭紹虞、中國明清時代的文論家，先存經驗與徐復觀先生本就完全不同，自然讀不出徐復觀先生的文體意義。

至於對西方修辭學的質疑，亦是如此。徐復觀先生認為修辭學的效用不彰，無法教人學文與文學批評，批評修辭學沒有訓練能力。其實修辭學關注的是語言學層次，提出如何用藝術手法，增強言辭、文句效果，加深別人認識自己的效果、抒發個人情緒的問題。與徐復觀先生的文體意義完全不同，想要達成的效果亦完全不同，自然達不成徐復觀先生要求的寫作意義，也無所謂「文

---

27 參見劉世生、朱瑞青編著《文體學概論》北京：北京大學出版社，2006 年 12 月，頁 4。

28 同註 13 文，頁 4-12。

體論在中國的發展，實比歐洲佔先一步[29]」。

批評相同詮釋社群，其實只是論證一己先存經驗、詮釋策略的合法性、有效性，讓他可以對《文心雕龍》提出問題，尋找出《文心雕龍》體性篇代表人性本體八種基型，理想的文體是從此八種基型所提煉出來的精粹。繼而談文體與人的思維活動（神思）、文體與人的生命氣質（情性）、人的生命性質在文章的呈現（風骨）。最後談如何從文體以學文，即是先培養作爲文學主體的心靈，然後摹體、然後通變、然後通過文體來做文學批評[30]，完成其《文心雕龍》人性文學理論書籍，由先存經驗→提出問題→產生答案的意義建構過程。

結　論

本文從接受美學理論入手，著重於分析徐復觀先生《文心雕龍》閱讀中，研究者的先存經驗、投射問題、對話內容、作品意義間的關係、產生意義的過程。而不是討論徐復觀先生關於《文心雕龍》之理論是否正確，故本文對於徐復觀先生文體論中，關於《文心雕龍》原文之論證，並未詳細論證。

從此研究方向探討，本文舉出徐復觀先生閱讀的先存經驗爲：人的自覺、辨別性體、會通中西。其中並包涵了對黃侃、魯迅、桐城、新儒家典範的繼承與反轉，當代詮釋社群合法性的尋求。從學術史、接受史的角度，探討其產生《文心雕龍》中文體即人性本體的先存經驗、投射問題、閱讀答案，以及徐復觀先生對什麼是文學？什麼是文學批評？如何寫作的先存經驗、投射問題、閱讀答案。如此的作法是嘗試從讀者與作品對話的角度、詮

29 同註 13 文，頁 74。
30 同註 13 文，頁 42-49、61-74。

釋方法轉換演變的角度，重看徐復觀先生《文心雕龍》文體論論述，試圖拓展不同於前人既有研究之詮釋意義。

本文的詮釋，未曾詳論徐復觀先生〈中國文學中的氣的問題 — 文心雕龍風骨篇疏補〉一文，是因為這是徐復觀先生思想史研究、文學理論研究中，更大的系統性問題，故在文體論中予以帶過，期待在之後的研究中，能更完整的理解此一問題，詮釋徐復觀先生文學思想。

參考書目（以出版時間排列）

（一）原始文獻

1. 徐復觀：《中國文學論集》台北：台灣學生書局，民國 79 年 3 月。
2. 李明輝主編：《徐復觀雜文補編》第一冊，台北：台灣學生書局，2001 年 6 月。

（二）近人論著

1. 《徐復觀教授紀念文集》，台北：時報文化出版公司，1984 年。
2. 中國古典文學研究會主編：《文心雕龍綜論》台北：台灣學生書局，民國 77 年。
3. 唐君毅：《中華人文與當今世界補編上》台北：學生書局，民國 79 年 7 月。
4. 魯迅：《魯迅全集》第三卷，北京：人民出版社，1995 年。
5. 陳國球、王宏志、陳清僑編：《書寫文學的過去 — 文學史的思考》台北：麥田出版公司，1997 年 3 月。

6. 陳平原：《中國現代學術之建立 — 以章太炎、胡適之爲中心》台北：麥田出版公司，2000 年 5 月。
7. 黃侃：《文心雕龍札記》上海：上海古籍出版社，2000 年 11 月。
8. 劉渼：《台灣近五十年來文心雕龍學研究》台北：萬卷樓出版公司，民國 90 年。
9. 王守雪：《人心與文學 — 徐復觀文學思想研究》鄭州：鄭州大學出版社，2005 年 9 月。
10.黃偉倫：《魏晉文學自覺論題新探》，台北：台灣學生書局，2006 年 7 月。
11.劉世生、朱瑞青編著：《文體學概論》北京：北京大學出版社，2006 年 12 月。

（三）翻譯論著

1. Michael Polanyi Harry Prosch 原著，彭淮棟譯：《意義》臺北：聯經出版公司，民國 73 年。
2. Thomas Khun 原著，王道還等譯：《科學革命的結構》臺北：遠流出版公司，1991 年。
3. Robert C.Olub 著董之林譯：《接受美學理論》台北：駱駝出版社，1994 年。

《文心雕龍》與袁枚性靈說詩論

蘇州大學　王英志

摘　要

「《文心雕龍》一書，爲吾國文學批評之先河」，其衣披後世，非一代也。清代著名詩學理論袁枚性靈說，就深受《文心雕龍》之思想影響。袁枚在其著作中多次提到劉勰或引用《文心雕龍》的文字，可見袁枚對劉勰及《文心雕龍》內容十分熟悉。袁枚性靈說「性靈」一詞即源于《文心雕龍》，而性靈說詩論由真情論、詩才論、個性論構成，從這三方面來探討《文心雕龍》的思想滲透，可以發現《文心雕龍》之《原道》、《宗經》、《明詩》、《神思》、《體性》、《通變》、《熔裁》、《附會》等篇章的相關思想，在袁枚性靈說詩論中都能找到反映。從這個角度看，可以說《文心雕龍》是袁枚性靈說詩論的重要思想淵源。

關鍵詞：劉勰《文心雕龍》　袁枚　性靈說　淵源　影響

「《文心雕龍》一書，爲吾國文學批評之先河，其識見之卓越，文辭之瑰麗，自古莫不稱善」[1]，其衣披後世，非一代也。明

1 范文瀾《文心雕龍注》，人民文學出版社 1978 年版，《校記》，鈴木虎雄《黃叔琳本〈文心雕龍〉校勘記》。

清時期，《文心雕龍》尤其得到重視，影響空前：其一是版本眾多，校勘、批註者甚夥，如明弘治本、嘉靖本、萬曆本、楊慎批點本、楊升庵批點本、何焯校本，清黃叔琳輯注本、紀昀評本、吳伊仲校本、張松孫輯注本、黃丕烈校本、馮舒等校本，等等[2]，使《文心雕龍》日趨完善。其二則是《文心雕龍》得到高度重視，章學誠之評頗具代表性：「《詩品》之於論詩，視《文心雕龍》之於論文，皆專門名家、勒爲成書之初祖也。《文心雕龍》體大而慮周，《詩品》思深而意遠。蓋《文心》籠罩群言，而《詩品》深從六藝溯流別也。」[3]文論家多從《文心雕龍》中汲取思想，豐富自己的理論。清代著名詩學家袁枚乃突出的一例，其性靈說詩論深受《文心雕龍》思想之影響。嘗鼎一臠，分析《文心雕龍》對袁枚的沾溉，可以窺探《文心雕龍》在清代文壇被接受之一斑。

檢袁枚著作至少 6 次提到劉勰或引用《文心雕龍》的文字，可見袁枚對劉勰及《文心雕龍》內容十分熟悉，這是探討本論題的先決條件：

「高僧乞劉勰爲師，元子望嘉賓入幕。」[4]據《梁書·劉勰傳》，劉勰與僧侶關係密切，先是「依沙門僧佑，與之居處，積十餘年，遂博通經論，因區別部類，錄而序之。今定林寺所藏，勰所定也」，後是出仕後，因「爲文長於佛理，京師寺塔及名僧碑誌必請勰制文。有敕與慧震沙門于定林寺撰經」。袁枚所謂「高僧」當指慧震。此言說明袁枚對劉勰生平並不陌生，對劉勰也甚敬佩。

2 范文瀾《文心雕龍注》，人民文學出版社 1978 年版，《校記》，鈴木虎雄《黃叔琳本〈文心雕龍〉校勘記》。

3 章學誠《文史通義》，中華書局 1985 年版，第 59 頁。

4 《陳古漁〈詩概〉序》，《小倉山房外集》卷二，《袁枚全集》本，江蘇古籍出版社 1997 年版。

「劉勰云：『富於萬篇，貧於一字。』」[5]引文見於《文心雕龍》之《練字第三十九》。《隨園詩話》卷二亦雲：「劉彥和所謂『富於萬篇，窘於一字』，真甘苦之言。」[6]惟「貧」字寫成「窘」字。

「夷吾澤四經之學，彥和標七觀而談。」[7]「七觀」乃「六觀」之誤，見於《文心雕龍》之《知音第四十八》：「是以將閱文情，先標六觀……」

「輦卷來呈劉彥和，焚香細讀香山叟。」[8]「呈劉彥和」指李義堂呈《文心雕龍》，也可見《文心雕龍》也為其他詩人所重。

「第『改章難於造篇，易字艱於代句』，劉勰所言，深知甘苦。」[9]引文見於《文心雕龍》之《附會第四十三》。

「或問：劉勰言陸機『亦有鋒穎，而腴詞不剪，終累文骨』。近日才人……」[10]引文見於《文心雕龍》之《議對第二十四》，「不」原作「弗」，「終」原作「頗」。

此外，《書〈顧覬之傳〉後》也提及「劉勰」，但此「劉勰」與文論家劉勰無關[11]。此條可不計。

5 《與楊蓉裳兄弟書》，《小倉山房外集》卷四。

6 《隨園詩話》，鳳凰出版社 2000 年版。

7 《金賢村太守詩序》，《小倉山房外集》卷七。

8 《岑溪令李君義堂猥蒙佳贈兼索和章，舟中卻寄》，《小倉山房詩集》卷三十，《袁枚全集》本，江蘇古籍出版社 1997 年版。

9 《隨園詩話》，卷八，卷十，卷二，卷四，卷六，卷六，卷十四，卷十五。

10 同註 9。

11 袁枚《書〈顧覬之傳〉後》："……尚書顧覬之議張忍行鴟剞腹，子副又不禁止，論母子棄市。劉勰爭之不能得，詔如覬之議，垂為科例。"（《小倉山房文集》卷二十三）考《宋史·列傳第四十一·顧覬之傳》，顧覬之卒于宋明帝泰始三年（467），而文論家劉勰約泰始元年（465）前後才出生，兩人不可能有瓜葛。且《宋史》中的"劉勰"為"三公郎"，文論家劉勰未曾任過此職。

一

袁枚不僅熟知《文心雕龍》，而且比較廣泛地汲取了其中的文學觀點，融入性靈說詩論之中，從而構建了其性靈說詩論的內容。

關於袁枚性靈說詩論的淵源，間接的淵源可溯及《莊子》，茲姑不談。其直接淵源，論者如鈴木虎雄、顧遠薌先生皆因《隨園詩話》卷一引用了楊萬里「風趣專寫性靈，非天才不辦」之言，而探源至宋楊萬里，鈴木虎雄又探源到晚唐溫庭筠。張少康先生則指出「鍾嶸實已開後來袁枚『性靈說』之先河」，獨出新意，打破成說。[12]因為袁枚批評「夫己氏」（翁方綱）時說過：「抄到鍾嶸《詩品》日，該他知道性靈時。」[13]《詩品》無疑與《文心雕龍》一樣是袁枚所推崇的並深受影響的文論著作。袁枚之所以道出「性靈」與《詩品》的直接關係，當是借用《詩品》所揭櫫的「陶性靈，發幽思」、「吟詠情性」、「直尋」與「羌無故實」，以及反對「競須新事」的詩歌主張，以批評翁方綱以考據為詩。不過這並不意味《詩品》是袁枚性靈說唯一的或主要的淵源。

其實，《文心雕龍》才是袁枚詩學思想最早的、主要的淵源。包括筆者在內，論者以前似乎都忽略了《文心雕龍》與袁枚性靈說的這層重要關係。事實是寫于南朝齊的《文心雕龍》不僅比寫于南朝梁的《詩品》先出，而且其對袁枚性靈說詩論的沾溉也比《詩品》廣泛得多。

我們首先要注意到的是袁枚性靈說之「性靈」，這個如同賈

12 以上詳參拙著《袁枚評傳》南京大學出版社 2002 年版，第 383-386 頁。
13 《仿元遺山論詩》其三十八，《小倉山房詩集》卷二十七。

寶玉命根子「通靈寶玉」一樣重要的詩學概念，是來自《文心雕龍》而不是其他著作。據現存資料看，古代典籍或者說文論著作中的「性靈」二字，溯本追源乃在《文心雕龍》。有了《文心雕龍》之「性靈」，才有了以後文論中的「性靈」。「性靈」在《詩品》中只出現了 1 次，而在《文心雕龍》中出現了 5 次，其對袁枚的衝擊顯然是「連珠炮」式的，袁枚的印象不能不深：

> 仰觀吐曜，俯察含章，高卑定位，故兩儀既生矣。惟人參之，性靈所鍾，是謂三才。[14]
>
> 故象天地，效鬼神，參物序，制人紀，洞性靈之奧區，極文章之骨髓者也。[15]
>
> 性靈熔匠，文章奧府。[16]
>
> 若乃綜述性靈，敷寫器象，鏤心鳥跡之中，織辭魚網之上，其為彪炳，縟采名矣。[17]
>
> 夫宇宙綿邈，黎獻紛呈，拔萃其類，智述而已；歲月飄忽，性靈不居，騰聲飛實，製作而已。[18]

考上引之「性靈」有二義：一是才智，此爲性靈的本義。第五條的「性靈」與「智述」爲同義反復，指人「肖貌天地，稟性五才，擬耳目于日月，方聲氣乎風雷，其超出萬物，亦已靈矣」[19]，突出的是人性之靈慧。「性靈所鍾」亦然。二是性情，此爲性靈的引申義。如「綜述性靈」，因與「情采」相連，故有抒寫性情之義；「性靈熔匠」則指五經有熔鑄、改變人性情的功能。

---

14 《原道第一》。
15 《宗經第三》。
16 《宗經第三》。
17 《情采第三十一》。
18 《序志第五十》。
19 《序志第五十》。

袁枚詩論中用「性靈」一詞則更是不勝枚舉，重要的一句是《隨園詩話》卷五所云「凡詩之傳者，都是性靈」。袁枚對「性靈」一詞的主要涵義有明確的解說：

今人浮慕詩名而強爲之，既離性情，又乏靈機。[20]

可見「性情」與「靈機」（才智）相合即是性靈，或者說「性靈」具有「性情」與「靈機」兩層含義，與上引劉勰之「性靈」的意思幾乎無二致。此爲袁枚性靈說直接承繼劉勰的有力證明。

以上是從詞語意義上初步考察袁枚性靈說詩論與《文心雕龍》的淵源關係。

二

我們更應該考察的是袁枚性靈說詩論的具體思想頗多來源於《文心雕龍》之處。

筆者在《袁枚「性靈說」內涵新探》中曾概括袁枚性靈說爲：

> 「性靈說」的理論核心或主旨是從詩歌創作的主觀條件的角度出發，強調創作主體必須具有真情、個性、詩才三方面要素。[21]

因此本文也主要從真情論、詩才論與個性論三個方面來探討《文心雕龍》對袁枚詩論的影響，或者說袁枚性靈說與《文心雕龍》的淵源關係。

《文心雕龍》之《宗經第三》主張爲文要學習儒家經典的創作規範，稱「文能宗經，體有六義」，意謂就各種文體來說，其有六點長處。而其「一則情深而不詭」，「情深」主要是指詩歌一體。劉勰從「宗經」的高度強調深情的重要性，深情自然是真

---

20 《錢璵沙先生詩序》，《小倉山房文集》卷二十八。

21 詳參拙著《清人詩論研究》，江蘇古籍出版社 1986 年版，第 200 頁。

情。《情采第三十一》又對「文章」提出總的要求：「文附質」。而此「質」就是此篇所謂「綜述性靈」之「性靈」、「附乎性情」之「性情」，於詩歌來說，即所謂「真宰」、真性情。此乃爲針砭當時「辭人好奇，言貴浮詭。飾羽尚畫，文貴鞶帨，離本彌甚，將遂訛濫」[22]之「繁采寡情」[23]的形式主義詩風而發的。

《明詩第六》既指出詩的本質在於「情性」：「詩者，持也，持人情性」；又強調詩人創作的先決條件，在於具有自然、真實的情志：「人稟七情，應物斯感，感物吟志，莫非自然。」應物而感的情志，不是無病呻吟，當然是真性情。《物色第四十六》乃著眼於物、情、辭的關係，闡釋「應物斯感」之真情。三者之中情是核心，物是媒介，辭是手段，所謂「情以物遷，辭以情發」。首先，「春秋代序，陰陽慘舒，物色之動，心亦搖焉」，人情感的變化是四時物色的變化引發的，並激起創作欲望，所謂「目既往還，心亦吐納」；其次，「寫氣圖貌，既隨物以宛轉；屬采附聲，亦與心而徘徊」，詩人創作的意象要根據物色的宛轉而變化，而其採用什麼辭藻與聲律則取決於心情或情感，亦即「綴文者情動而辭發」[24]。要之，情制約辭，或者說文附於質。

《情采第三十一》則以對比的方法強調創作者必須具備真情，以演繹真情觀：

> 昔詩人篇什，為情而造文；辭人賦頌，為文而造情。何以明其然？蓋風雅之興，志思蓄憤，而吟詠情性，以諷其上，此為情而造文也；諸子之徒，心非鬱陶，苟馳誇飾，鬻聲釣世，此為文造情也。故為情者要約而寫真，為文者淫麗

22 《序志第五十》。
23 《情采第三十一》。
24 《知音第四十六》。

> 而煩濫。而後之作者，采濫忽真，遠棄風雅，近師辭賦，故體情之制日疏，逐文之篇日盛。

詩人「為情而造文」與辭人「為文而造情」之區別正在於有無真情：《詩經》中「國風」與大小雅作者乃「志思蓄憤，而吟詠性情」，以真情為「質」，而「造文」附之；辭賦家心無真情，「苟馳誇飾」，以文采為「質」，而「造情」附之。詩人「為情」而「寫真」，故所作是「體情之制」；辭人「為文」而「忽真」，故所作是「逐文之篇」。而詩惟具有真情才「足征」，才有「味」，才感人，否則「味之必厭」。[25]可見真情之極端重要。

袁枚性靈說詩論的主旨就是宣導真情論，同樣是為針砭康乾詩壇形式主義詩風而發的，如其批評王士禛「主修飾，不主性情」[26]、沈德潛追隨明七子「專唱宮商大調」[27]之盛唐格調、翁方綱「將詩當作考據」[28]之「無情」[29]考據詩等。

袁枚於《隨園詩話》卷一開宗明義標舉性情：

> 楊誠齋曰：「從來天分低拙之人，好談格調，而不解風趣，何也？格調是空架子，有腔口易描；風趣專寫性靈，非天才不辦。」餘深愛其言。須知有性情，便有格律；格律不在性情之外。《三百篇》半是勞人思婦率意而言情之事，誰為之格？誰為之律？

楊誠齋之「性靈」亦兼具性情與才智的意思，此處袁枚則主要取其「性情」或「情」的意思，以反對格調詩、宣傳主情觀。

---

25 《情采第三十一》。

26 《隨園詩話》，卷八，卷十，卷二，卷四，卷六，卷六，卷十四，卷十五。

27 《隨園詩話》，卷八，卷十，卷二，卷四，卷六，卷六，卷十四，卷十五。

28 《隨園詩話》，卷八，卷十，卷二，卷四，卷六，卷六，卷十四，卷十五。

29 《續詩品》，《小倉山房詩集》卷二十，《博習》，《崇意》，《即景》，《用筆》，《精思》，《著我》。

袁枚主情當然是標舉真性情，其所謂「性情得其真」[30]，「情以真而愈篤」[31]。而其《續詩品》專門寫了《葆真》一詩，「葆真」固然與《莊子・田子方》有關，但作爲詩學思想袁枚《續詩品・葆真》之「真」就是《文心雕龍・情采第三十一》「采濫忽真」、「要約而寫真」以及「真宰弗存」之「真」與「真宰」，即真性情，其直接接受《文心雕龍》主真情思想的影響是極其明顯的，主張詩人與其詩應該具有真性情，也就是「爲情而造文」。同時《續詩品・葆真》反對詩人「爲文造情」的「僞笑佯哀」，批評無真情的作品是「畫美無寵，畫蘭無香」。徒有辭采而無真宰的作品，用劉勰的話說是「繁采寡情」，用袁枚的話說是「多辭寡意」[32]，而後者顯然是前者的翻版。

袁枚對情與「物」、辭的關係的看法也與《文心雕龍》相通。如《續詩品・即景》雲：「混元運物，流而不注。」指出天地萬物是不停地運行變化的，也就是「春秋代序」。《續詩品・神悟》又說「鳥啼花落，皆與神通」，萬物與詩人的心靈相通，詩人「應物斯感」，則「即景成趣」[33]，被眼前景物感發而產生情趣，並進入創作過程。《答祝芷塘太史》雲：「必須山川關塞、離合悲歡，才足以發抒性情，動人觀感」[34]，就是說「山川關塞」等客觀景物感發了詩人的性情，使詩人產生了創作的激情。而袁枚又

---

30 《寄程魚門》詩七首其六，《小倉山房詩集》卷六。

31 《答尹相國》，《小倉山房尺牘》卷三，《袁枚全集》本。

32 《續詩品》，《小倉山房詩集》卷二十，《博習》，《崇意》，《即景》，《用筆》，《精思》，《著我》。

33 《續詩品》，《小倉山房詩集》卷二十，《博習》，《崇意》，《即景》，《用筆》，《精思》，《著我》。

34 《小倉山房尺牘》卷十。

說「詩者，由情生者也」[35]，是說「情」決定了「詩」之辭采、聲律等表現形式，也就是「屬采附聲，亦與心而徘徊」了。

當然袁枚性靈說詩論對真情的強調力度遠超過劉勰。袁枚倡言真情不止是于質與文、意與辭、內容與形式的關係上強調以前者爲本，而且其情的內涵與劉勰已大不同。其主情已不爲儒家的「禮義」所限制，甚至具有「載道」意義的古訓「詩言志」，也被他異化爲「言詩之必本乎性情也」[36]，「志」被剔除了「禮義」或「持人」的詩教意義，他說「『志』字不可看殺也」[37]。所以朱自清說「詩緣情」的傳統直到這時代才抬起頭來[38]。尤有甚者的是袁枚把男女之情也納入其真情論：「且夫詩者，由情生者也，有必不可解之情，而後有必不可朽之詩。情所最先，莫如男女。」所以他不肯「刪集內緣情（愛情）之作」，認爲「雖賤而真」。[39]袁枚真情論具有馮夢龍所說的「借男女之真情，發名教之僞藥」[40]的反道學的鋒芒。這是袁枚性靈說對劉勰真情論的發展，具有時代精神。

《原道第一》認爲人因「性靈所鍾」，而與天、地構成「三才」，「爲五行之秀，實天地之心」，所以劉勰很重視作者的靈性或才智。《文心雕龍》以「才」論文可謂俯拾即是，如「才」、「才思」、「才學」[41]，「才力」、「才性」、「才氣」[42]，「才

35 《答蕺園論詩書》，《小倉山房續文集》卷三十，《袁枚全集》本。
36 《隨園詩話》，卷八，卷十，卷二，卷四，卷六，卷六，卷十四，卷十五。
37 《再答李少鶴》，《小倉山房尺牘》卷十。
38 《詩言志辨》，華東師範大學出版社 1996 年版，第 42 頁。
39 《答蕺園論詩書》，《小倉山房續文集》卷三十，《袁枚全集》本。
40 《序山歌》，《明清民歌時調集》，上海古籍出版社 1986 年版，《山歌》卷首。
41 《事類第三十八》。
42 《體性第二十七》。

分」[43]，「才情」[44]，等等，不勝枚舉。《文心雕龍》更設《才略第四十七》，其褒貶歷代作家，標準之一就是才。因爲「人之稟才，遲速異分」[45]、「才有庸俊」[46]，各人的才是不同的。故劉勰讚揚「賈誼才穎，陵軼飛兔」，「魏文之才，洋洋清綺」，「子建思捷而才俊」，「仲宣溢才，捷而能密」，「左思奇才，業深黠覃」，「陸機才欲窺深，辭務索廣」，「孟陽、景陽，才綺而相埒」；反之，則批評桓譚「偏淺無才」；還爲「俗情抑揚，雷同一響，遂令文帝以位尊減才」而抱不平。最後，則感歎：「才難，然乎？」可見「才」是劉勰筆下十分重要的概念。而劉勰於《事類第三十八》又借探討才與學的關係推崇「才」：「才自內發，學以外成」，「是以屬意立文，心與筆謀，才爲盟主，學爲輔佐。」才的主導地位非常明確。但劉勰認爲，「文章由學，能在天資」[47]，「才有[由]天資」，「才力居中，肇自血氣」[48]。所謂「天資」、「血氣」，都意味才是天生的。應該承認才不無先天因素，但劉勰此處的說法顯然未強調後天的努力。劉勰關於才的觀點對袁枚都產生了影響。

袁枚詩才論的核心就是重視「性靈」之「靈機」或曰「靈性」[49]。《隨園詩話補遺》卷二云：「筆性靈，則寫忠孝節義，俱有生氣；筆性笨，雖詠閨房兒女，亦少風情。」「性靈」與「性笨」

---

43 《附會第四十三》。
44 《隱秀第四十》。
45 《神思第二十六》。
46 《體性第二十七》。
47 《事類第三十八》。
48 《體性第二十七》。
49 《隨園詩話》卷四：“……雲竇禪師作偈曰：‘一兔橫身當古路，蒼鷹才見便生擒。後來獵犬無靈性，空向枯樁舊處尋。’……雖禪語，頗合作詩之旨。”

相對，顯然是指聰慧、才智，于詩人而言就是詩才。所以袁枚也極看重「才」，其《蔣心餘藏園詩序》云：

> 作詩如作史也，才、學、識三者宜兼，而才為尤先……詩人無才不能役典籍、運心靈，才之不可已也如是夫！[50]

此處強調詩人在創作過程中表達感情、運用典籍，必須具有才情與才智。

袁枚對《文心雕龍》之主才觀有很大發展，賦予了新的、具體的涵義，貢獻是很大的。

首先，袁枚把才與情相連，所謂「無情不是才」[51]，「才者情之發，才盛則情深」[52]。這樣詩才論與真情論就相輔相成了。袁枚認爲才是創作激情，有才者容易產生創作靈感、激發創作熱情以「役典籍、運心靈」。袁枚對創作靈感特徵有比較全面的論述，其中認爲靈感醞釀時，詩人創作往往處於虛靜的心境，其《靜裏》詩雲：「靜裏工夫見性靈，並無人汲夜泉生。」[53]強調「靜」的構思狀態，這正與劉勰論創作「是以陶鈞文思，貴在虛靜，疏瀹五藏，澡雪精神」[54][5 4]的觀點相通。

其次，袁枚認爲才是「筆性靈」，即詩人具有「用筆構思」的傑出能力，主要是指非凡的想像能力，其所謂「星月驅使，華獄奔馳」[55]，「惟思之精，屈曲超邁。人居屋中，我來天外」[56]，

---

50 見《小倉山房文集》卷二十八。《隨園詩話》卷三又雲：“作史三長：才、學、識缺一不可。餘言詩亦如之，而識詩最爲先。非識，則才與學俱誤用矣。”這似乎說明袁枚論詩有矛盾之處，但前條指創作過程中“才”的重要。而此條指創作前“識”的重要。要之，袁枚對才與識都甚注重。

51 《偶作五絕句》其五，《小倉山房詩集》卷十九。

52 《李紅亭詩序》，《小倉山房外集》卷二。

53 《小倉山房詩集》卷二十六。

54 《神思第二十六》。

55 《續詩品》，《小倉山房詩集》卷二十，《博習》，《崇意》，《即景》，

皆是形容詩人的想像奇特、豐富。這個思想顯然承繼了劉勰《文心雕龍·神思第二十六》「文之思也，其神遠矣。故寂然凝慮，思接千載；悄然動容，視通萬里」之說。

袁枚于才與劉勰一樣，有時過於強調天賦因素，如云：「詩文之道，全關天分。聰穎之人，一指便悟。」[57]「用筆構思，全憑天分。」[58]其《隨園詩話》卷一引用楊萬里「風趣專寫性靈，非天才不辦」，也是此意。說「全關」、「全憑」，未免絕對化，有其局限性。但實際上袁枚又與劉勰一樣，並未反對後天學習。劉勰《事類第三十八》提出「才為盟主，學為輔佐」，就是認為在創作在有才的前提下，還要靠學問輔助。袁枚承繼此思想，《隨園詩話》卷五曰：「余續司空表聖《詩品》，第三首便曰《博習》，言詩之必根於學，所謂『不從糟粕，安得精英』是也。」《續詩品·博習》認為「詩之與書，有情無情」，詩與書是兩回事，不可像翁方綱那樣以「無情」之「書」代替「有情」之「詩」。但是多讀書可以「助我神氣」[59]，所謂「役使萬卷書，不汩方寸靈」[60]。這就與翁方綱考據詩劃清了界線。

王夫之曰：「心靈人所自有，而不相貸。」[61]可見性靈是有個性的，或者說性情是各不相同的。《文心雕龍·體性第二十七》就談到個性：「然才有庸俊，氣有剛柔，學有深淺，習有雅正，並情性所鑠，陶染所凝，是以筆區雲譎，文苑波詭者矣。故辭理

《用筆》，《精思》，《著我》。

56 《續詩品》，《小倉山房詩集》卷二十，《博習》，《崇意》，《即景》，《用筆》，《精思》，《著我》。

57 《隨園詩話》，卷八，卷十，卷二，卷四，卷六，卷六，卷十四，卷十五。

58 《隨園詩話》，卷八，卷十，卷二，卷四，卷六，卷六，卷十四，卷十五。

59 《隨園詩話補遺》，卷一，卷七，卷四，卷二。

60 《改詩》，《小倉山房詩集》卷十五。

61 《薑齋詩話》卷二，人民文學出版社 1981 年版。

庸俊，莫能翻其才；風趣剛柔，寧或改其氣；事義淺深，未聞乖其學；體式雅正，鮮有反其習：各師成心，其異如面。」所謂「情性」是指性格或個性，不同的「情性」可形成不同的才、氣、學、習，可見個性實際是才、氣、學、習的綜合，也可知個性甚爲重要。而個性或曰才、氣、學、習，又關乎辭理、風趣、事義、體式的不同。所以作者是憑著自己的「成心」或曰個性進行寫作的，應該是「師心獨見」[62]，各不相同，具有獨特性的，所謂「其異如面」。劉勰又認爲，「才性異區，文辭繁詭」，才情與個性的區別，造成了文辭風格的多樣化。其把風格分爲「八體」：典雅、遠奧、精約、顯附、繁縟、壯麗、新奇、輕靡，作家「吐納英華，莫非情性」；其具有何種風格是由其個性決定的，「表裏必符」[63]。

袁枚性靈說同樣強調個性，其「性靈」一詞有時就包含個性的意義，這是劉勰的「性靈」所無的，如「性靈獨出」[64]、「獨寫性靈」[65]。而且袁枚的個性論，受晚明啓蒙思潮的影響，具有追求人的個性自由、尊重人的自我價値的近代色彩；同時還是批判擬古、缺乏個性詩歌之僞古典主義的武器。這與劉勰一般的重視個性又不一樣。

袁枚論個性主要是推崇個性的獨特性、創作的獨創性，特別強調「我」字，即獨我所有，與人迥異。首先是「有自得之性情」[66]，「性情遭遇，句句有我在焉，不可貌古人而襲之，畏古人而拘之也。」[67]這是強調詩的內容要有個性。而「字字古有，言言

62 《論說第十八》。
63 《體性第二十七》。
64 《隨園詩話補遺》，卷一，卷七，卷四，卷二。
65 《隨園詩話補遺》，卷一，卷七，卷四，卷二。
66 《答施蘭垞論詩書》，《小倉山房文集》卷十七。
67 《答沈大宗伯論詩書》，《小倉山房文集》卷十七。

古無。吐故納新，其庶幾乎」[68][6 8]，「但須有我在，不可事剽竊。」[69]這是強調形式不可模仿古人，而要自出機杼，進行創新。

袁枚既然提倡詩人具有個性，對風格自然也承認「文辭繁詭」，風格多元。其論唐詩云：「廟堂典重，沈、宋所宜也，使郊、島爲之，則陋矣。山水閒適，王、孟所宜也，使溫、李爲之，則靡矣。邊塞風雲，名山古跡，李、杜所宜也，使王、孟爲 之，則薄矣。撞萬石之鐘，鬥百韻之險，韓、孟所宜也，使韋、柳爲之，則弱矣……天地間不能一日無諸題，則古今來不可一日無諸詩，人學焉而各得其性之所近。」[70]此論一是說明唐詩題材、風格的多樣性，二是說明風格決定于詩人之「性」即個性。

《文心雕龍》主「變」的文學發展觀，對袁枚性靈說詩論也影響極大。《辨騷第四》實際是「變乎騷」[71]，「從《楚辭》中研究文學的變化的」[72]。劉勰對「自風雅寢聲，莫或抽緒，奇文鬱起」之《離騷》給予了高度評價，認爲無論是 「敘情怨」、「述離居」、「論山水」、「言節候」的內容，還是「朗麗」、「綺靡」、「瑰詭」、「耀豔」之「自鑄偉辭」的辭采，都「氣往轢古，辭來切今，驚采絕豔，難與並能」，是對《詩經》的變化與超越，如《時序第四十五》所謂「籠罩《雅》《頌》」也。另有《通變第二十九》是談文學繼承與新變問題的，由於劉勰此篇旨在矯正「魏晉淺而綺，宋初訛而新」的文風，所以正文中對新變的強調不如對「矯訛翻淺，還宗經誥」之繼承的強調力度大。

---

68 《續詩品》，《小倉山房詩集》卷二十，《博習》，《崇意》，《即景》，《用筆》，《精思》，《著我》。

69 《書所見》六首其五，《小倉山房詩集》卷十四。

70 《再與沈大宗伯書》，《小倉山房文集》卷十七。

71 《序志第五十》。

72 周振甫《文心雕龍選譯》，中華書局 1980 年版，第 41 頁。

但其贊云「文律運周，日新其業。變則其久，通則不乏。趨時必果，乘機無怯。望今制奇，參古定法」，對健康的新變還是大力推崇的。此外，《時序第四十五》還論述文學是不斷隨著時代的變化而演變著的，所謂「文變染乎世情，興廢系乎時序」，是指文學的演變、文壇的興衰，與社會政治、學術風氣及君主宣導等緊密聯繫；又說「歌謠文理，與世推移，風動於上，而波震於下者」，指詩歌的文采與情理和時代一起發展變化，政治的盛衰與社會的治亂都會在詩歌中反映出來；而「時運交移，質文代變」，是說時代在變化，文風的質樸與華麗也是不同的。總之，「蔚映十代，辭采九變。樞中所動，環流無倦。」「變」是「文」的發展規律。

清代沈德潛論詩分唐界宋，片面恪守盛唐格調而貶低宋詩，就是不懂「歌謠文理，與世推移」之「文變」的規律。袁枚性靈說則深契「文律運周，日新其業」的「文變」之理。《答沈大宗伯論詩書》就是借批評沈德潛闡發「文變」的道理：

> 今之鶯花，豈古之鶯花乎？然而不得謂今無鶯花也。今之絲竹，豈古之絲竹乎？然而不得謂今無絲竹也。天籟一日不斷，則人籟一日不絕。孟子曰：「今之樂，猶古之樂。」樂即詩也。唐人學漢、魏變漢、魏，宋學唐變唐。其變也，非有心於變也，乃不得不變也。使不變，則不足以為唐，不足以為宋也。子孫之貌，莫不本于祖父；然變而美者有之，變而醜者有之。若必禁其不變，則雖造物有所不能。先生許唐人之變漢、魏，而獨不許宋人之變唐，惑也。且夫先生亦知唐人之自變其詩，與宋人無與乎？初、盛一變，中、晚再變，至皮、陸二家，已浸淫乎宋氏矣。風會所趨，聰明所極，有不期然而然者……變唐詩者，宋、元也；然

學唐詩者莫善於宋、元，莫不善於明七子。何也？當變而變，其相傳者心也；當變而不變，其拘守者跡也。

袁枚巧妙地採用以子之矛攻子之盾的戰術，以沈氏推崇的唐詩爲例，指出唐詩本身就是變漢、魏詩的結果，可見「變」是文學創作的必然規律，「必禁其不變」是「不能」的；而沈氏否定「變唐」的宋詩是毫無道理的。而且進一步指出一代唐詩也經歷了初、盛、中、晚之變。袁枚更指出，變不是主觀「有心」人爲的，而是有其「不得不變」的客觀原因，雖未詳說，但其言「風會所趨」，顯然是指劉勰所說的「世情」、「時序」、「時運」。此處袁枚還提出「變」是「聰明所極」，根據「心」也即性靈發展的；而「不變」是拘守「跡」即形式、格調而凝固。袁枚的主變觀自有其性靈說的發展。

從以上袁枚性靈說真情論、詩才論、個性論三個方面與《文心雕龍》文學思想關係的考察，已足以證明袁枚性靈詩論說是深受《文心雕龍》之影響的。其實，袁枚汲取《文心雕龍》思想還不限於上述，如其《續詩品・理氣》強調詩人創作時應先調暢體氣，就是汲取了《文心雕龍・養氣第四十二》「清和其心，調暢其氣」的思想；《續詩品・固重》「固而存之，骨欲其重」，主張詩應堅固氣骨，使之凝重有力，還注重詩歌「有生氣」[73]以感人，則與《風骨第二十八》「辭之待骨，如體之樹骸，情之含風，猶形之包氣」的觀點有關；《續詩品》之《矜嚴》、《割忍》要求寫作簡約、刪棄，與《熔裁第三十二》之要求「規範本體」、「剪截浮詞」靈犀相通；而《隨園詩話補遺》卷二稱「改詩難於作詩」，則幾乎是對《附會第四十三》「改章難於造篇，易字艱

73 《隨園詩話補遺》，卷一，卷七，卷四，卷二。

於代句」的「抄襲」；如此等等，不一而足。

當然，袁枚性靈說詩論對《文心雕龍》的思想，並不是全盤照搬，而是根據其自身需要給予了有了新的發揮，有所發展，可謂「學《文心雕龍》者莫善於袁枚也」。而且袁枚性靈說詩論汲取了歷代文論著作有益的思想，不止是《文心雕龍》而已。

劉勰關於文學語言藝術的理論思考

復旦大學 蔣 凡

摘 要

劉勰《文心雕龍》有關文學語言的藝術本質的論述，全面而深刻。但學界至今重視不夠。本文意在拋磚引玉，以期引起對劉勰語言觀的討論。在《文心雕龍》中，劉勰不僅從形而下的角度具體討論了「修辭」（其中包括語法、修辭和邏輯）而且結合語境和文化環境，把有關語法、修辭和邏輯三位一體的認識，提到形而上的層面作全面、深刻而辯證的理論思考。

關鍵字：《文心雕龍》 語法 修辭 邏輯 三位一體

劉勰《文心雕龍》，是我國古文論的經典之作，有關研究，著述如林，已成熱潮，從生平思想到理論體系的方方面面，都有深入的挖掘和發現。但是，劉勰《文心雕龍》中對於文學語言的藝術本質的獨特認識和論述，除了個別探索者的足跡外，幾乎是一片尚待開發的處女地。《文心雕龍》中，不僅創設了《情采》《鎔裁》《聲律》《章句》《麗辭》《誇飾》《事類》《練字》等專篇加以討論，而且理論散見於其他篇章，內容豐富多彩。遺憾的是，這個不爭的事實，卻沒有引起研究者足夠的重視。前賢偶有嘔心之作，所論雖在個別語言元素方面頗富精光卓識，但若從全方位的文學語言——即語法、修辭、邏輯三位一體的語言藝術角度，來加以綜合辯證、全面考察，則仍然有待于系統的開發和新的理論概括。在此，本文聊作拋磚引玉之鳴而已。

一、自然之文，雲蒸霞蔚

《文心雕龍·原道》（按：以下只稱篇名）開篇首唱雲：「文之爲德也大矣，與天地並生者何哉？夫玄黃色雜，方圓體分，日月迭璧，以垂麗天之象；山川煥綺，以鋪理地之形：此蓋道之文也。……（人）爲五行之秀，實天地之心。心生而言立，言立而文明，自然之道也。……故形立則章成矣，聲發則文生矣。夫以無識之物，鬱然有采；有心之器，其無文歟？」作者因此斷言，「人文之元，肇自太極。……言之文也，天地之心哉」。文章開篇即運用了大量形象如畫的修辭比喻，生動地說明了人類文明根源于自然之道的道理。而文章之學的語言文采，正是天地之心的自然體現，是宇宙精華的集中反映。這裏所稱的「文」有三義：一指「自然之文」，如日月垂麗，山川煥綺，虎豹炳蔚，雲霞雕色；一指人類社會的文化文明，如玉版金縷之實，丹文綠牒之華；一指包括應用文章在內的廣義的文學及其語言的修辭文采 —— 即文學語言，如古代的「制《詩》緝《頌》」，金聲玉振，雕琢性情，組織辭令。和今人接受西方影響而形成的純文學觀念不同，齊梁時的劉勰，持的是廣義的雜文學觀念，因此，他心目中的文學語言，當然是經史諸子及應用文章也包含在認識的範圍之內。其所以稱「文」，雖然各篇重點或有所偏，但大體說來，實是三義活用，互有牽聯。《原道》篇就清楚地說明了文學語言的藝術光采，直接肇源於「道之文」，這是語言藝術本質之所以存在和發展的最高哲學根據。試想，缺乏語言藝術光采的文章，能夠成爲動人的文學作品嗎？而文學語言的藝術優劣之表現，關鍵就在於「自然」二字，意思是源于自然、表現自然而又高於自然。大自然是文學藝術家最好的老師。偉大的宇宙自然，形立章生，文采斐然而無待外飾。而有靈性的人類，與天、地並稱「三才」，「爲五行之秀，實天地之心」，人本身就是一種創造文明的特殊「自然」。自然有文，則人豈能無文？所以說是「心生而言立，言立而文明」。人是一種能思維會說話又善於運用勞動工具的「動物」，人與人之間關係錯綜複雜，構成了人類社會，在一起共同生活和發展。這樣，人與人之間就需要感情交流和思想溝通，而語言就成了人類思維交流的載體和傳媒。而隨著語言的誕生，人類那內在的抽象思想和熾熱感情，就通過文學及其語言藝術，外化爲可感可聽、有形有象的文章辭采。文章辭采之動人，肇源于「自然之道」（包括社會人生）本身屬性的外現，而非來自於本質扭曲的虛僞矯飾。「自然」本身就是活榜樣，它是文學的語言藝術之所以光彩照人的活水源頭，滾滾滔滔，奔騰不息，哺養了千秋萬代的文學家。

二、聖人之辭，鼓動天下

但是，作爲宇宙自然最高本體之道，雖然無所不在，卻是無形無跡，難以追蹤，因此老、莊及魏晉玄學家王弼、何晏，又稱之爲「無」。既然道是「無」，那麼本體之「無」又是如何化爲萬物之「有」而讓人認識、體悟的呢？劉勰認爲，只有睿哲之人，才能感悟無形之道的自然光采。所以《原道》篇又說，聖人「莫不原道心以敷章，研神理而設教。……發揮事業，彪炳辭義。故知道沿聖以垂文，聖因文而明道，旁通而無滯，日用而不匱。《易》

曰:『鼓天下之動者存乎辭』。辭之所以能鼓天下者，乃道之文也。」聖人之道及其言辭 — 即廣義的文學語言藝術，原是「道之文」的生動體現，因此，道不朽，聖人所垂示的具體之文當然也因之不朽。而聖人之文之所以不朽，同時又是借助了文辭的藝術表現力量。古人有「太上有立德，其次有立功，其次有立言」的「三不朽」之說（《左傳》襄公二十四年），從而批判了先秦奴隸社會中以世卿世祿為榮的做法。其實，即使是「立德」和「立功」，也必須通過「立言」來加以傳達，方能傳之不朽而家喻戶曉。有鑒於此，所以劉勰概括為「發揮事業，彪炳辭義」二句，同時又稱《易》而大聲疾呼：「鼓天下之動者存乎辭」。先秦時代言、辭與文不分。於此可見當時對於文學語言的藝術力量及其社會功用的重視。不過這裏成為不朽的「言」，或是鼓動天下的「辭」，並非一般的文章言辭，而是「聖因文而明道」的言辭文采，因為「聖人之情，見乎文辭」(《征聖》)。從文學的創作角度來看，「征之周孔，則文有師矣」（《征聖》），原道、征聖、宗經是文學創作三位一體的樞紐工程。反映在文學語言的創造中，「征聖立言，則文其庶矣」（《征聖》）。因為聖人之言是「精理為文，秀氣成采。鑒懸日月，辭富山海」（《征聖》讚語），是激情的藝術體現。因此，聖人的生命雖已消逝，但其言辭文采卻是影響巨大而「千載在心」，永遠為後人所師範。

三、建言修辭，文必宗經

今人認為，文學語言的創造，應該首先在現實生活的語言實踐中汲取營養，熱情向人民群眾學習。但是，古代士大夫劉勰，他不可能有此認識。他認為文源於道，而道又通過聖人的經典之文來生動顯示。所以，作家的文學語言要雅正，就必須既重「原道」，同時又必須積極「征聖」和「宗經」。由於古今創作主體及文學物件的變化，古今人對於文學語言的理論觀念也自然不同。《原道》雲：「至夫子繼聖，獨秀前哲，熔鈞六經，必金聲而玉振；雕琢性情，組織辭令，木鐸啓而千里應，席珍流而萬世響。寫天地之輝光，曉生民之耳目矣。」《征聖》篇雲：「是以論文必征於聖，窺聖必宗於經。」他認爲聖人的文章，是「銜華而佩實」的優秀之作，所以文學家對於語言藝術的錘煉，同樣必須具體落實到向聖人經典作品學習的語言層面上來運作。在《宗經》篇，他又具體分析了《尙書》和《春秋》二經，其語言的藝術風格並不一樣，「《尙書》則覽文如詭，而尋理即暢；《春秋》則觀辭立曉，而訪義方隱。」原來《尙書》大多是三代遺留的朝廷文告，因時代久遠的歷史隔閡，後人感覺其文字艱深難懂，語言屈曲聱牙，給人色彩斑斕而風格詭異之感。但是，如果具有一定的文字訓詁及古音韻學的知識，熟悉《爾雅》、《說文》等古代辭書，深入加以鑽研，就會發現《尙書》所表達的思想義理是明白曉暢的。至於《春秋》，作者孔子，年代較晚，其語言風格是「觀辭立曉」── 即一看就懂，但這僅是語言風格的表面；如果讀者深入一層，去挖掘掩藏在語言文字背後的那「一字褒貶」的微言大義，自會發現《春秋》思想深邃，義理精奧，必須下功夫艱苦探索，才能有所收穫，那種淺嘗輒止的讀者，是無法得到這種精神享受的。劉勰由此推斷：「此聖文之殊致，表裏之異體者也。」這是由於聖人諸體文章，因其需求不同而表達方式各異，因而造成了語言風格和內容表述出現了不同的藝術面貌。但是，作爲語言藝術取之不盡、用之不竭的寶藏，儒家的經典作品是異中見同，具有共同的價值和特點：「至根柢盤深，枝葉峻茂，辭約而旨豐，事近而喻遠。是以往者雖舊，餘味日新。後進追取而非晚，前修久用而未先」，其影響及於千秋萬代。最後，劉勰在《宗經》篇的「贊」語中，以詩性的語言，來讚美「五經」的語言藝術：「性靈熔匠，文章奧府。淵哉鑠乎，群言之祖。」經典作品是鑄造人類靈魂的洪爐，又是文章語言的藝術寶庫。它的淵深懿美，是文學家的文章辭采的始祖。

四、辭人愛奇，言貴浮詭

劉勰從形而上方面立論，提出了明道、征聖、宗經的理論，這不僅是一般的文學原理，而且是語言藝術回歸哲學之道的根本原則。在今人看來，或以爲是復古保守、虛泛不實之論；但對劉勰來說，卻是爲糾正當時不良文風而發，具有一定的針對性和現實性。

魏晉六朝，由於時代原因，文風丕變。文學日趨自覺，面貌日新月異，這是大好形勢；但是文人或競今疏古，或脫離現實，創作重在獵奇鬥豔，如《明詩》篇所說：「儷采百字之偶，爭價一句之奇，情必極貌以寫物，辭必窮力而追新。」又《序志》篇雲：「而去聖久遠，文體解散，辭人愛奇，言貴浮詭，飾羽尙畫，文繡鞶帨，離本彌甚，將遂訛濫。」於是從追求奇詭靡麗的語言 文采開始，形成了空虛不實而浮豔靡麗的不良文風，這是其弊端。爲了拯溺糾弊，劉勰認爲必須從源頭根本入手，於是開出了上述形而上的藥方。在這裏，劉勰打通了文、史、哲的界限，其卓識符合古代文化發展實際。語言藝術孕育于自然之道的內在文采。聖人不僅是政治家、思想家，同時是文壇的經典作家；因而儒家經典作品，不僅是思想理論著作，同時也是優秀的文學著作。《宗經》篇從文學立場出發，提出了文能宗經，則文章可以取得合乎「六義」之美的藝術成就：「一則情深而不詭，二則風清而不雜，三則事信而不誕，四則義貞而不回，五則體約而不蕪，六則文麗而不淫。」其中一、三、四項是從內容方面考察，而風清、體約、文麗三項則是從語言風格及其形式方面著眼。在這裏，劉勰沒有把聖人當作天上的神仙來崇拜，也不將儒家經典當作思想迷信的教條，而是把它從虛無縹緲的天上，落實到腳踏實地的人間，並且轉換視角，從文學的角度立論。因爲儒家《詩》《書》五經，「義既埏乎性情，辭亦匠于文理」（《宗經》），無論性情或辭采，都成爲歷代文家共同學習的典範。這無疑是對於傳統經學模式的一種突破，也可說是一種新發展，以經典作品那風清骨峻、麗而不淫的雅正之言，來糾正當時浮豔綺靡的文風，在文學史上當然是有一定進步意義的。

在《定勢》篇中，劉勰嚴厲批判了近代文家因其詭巧求奇心態而造成了文學語言的解體和破壞：「自近代辭人，率好詭巧，原其爲體，訛勢所變，厭黷舊式，故穿鑿取新，察其訛意，似難而實無他術也 — 反正而已。故文反『正』 爲『乏』，辭反正爲奇。效奇之法，必顛倒文句，上字而抑下，中辭而出外，回互不常，則新色耳。夫通衢夷坦，而多行捷徑者，趨近故也；正文明白，而常務反言者，適俗故也。……新學之銳，則逐奇而失正；勢流不反，則文體遂弊。」針對近代文家故意「顛倒文句」「常務反言」，不顧語法和邏輯而濫用修辭的現象，表面似呈「新色」，實則因其語言的怪誕，令人不知所云。這樣的「新奇」，實際是一種「適俗」之舉，破壞了語言肌體的健康，並因其語言藝術的怪誕反常，直接造成了文體語言的解散。

但是不要誤會，劉勰並不因此而反對修辭新奇的綺麗語言，「密會者以意新得巧」，但關鍵在於「執正以馭奇」，只要立腳於經典語言的雅正基礎，文學語言站在一個健康的出發點上，則語法、修辭、邏輯三者靈活創新而無往不達。如《正緯》篇雲：「（緯書）事豐奇偉，辭富膏腴，無益經典而有助文章。是以後來辭人，采摭英華。」你看，對於緯書，那「有助文章」的奇偉英華之辭，仍然肯定其藝術價值。又《辨騷》篇亦稱：「若能憑軾以倚《雅》、《頌》，懸轡以馭楚篇，酌奇而不失其貞，玩華而不墜其實，則顧盼可以驅辭力，欬唾可以窮文致。」在文學語言的雅正與新奇之間，劉勰有較爲辯證而全面的認識，因而爲文學的創造活力，開拓出一片可供自由馳騁的新疆場。于此可見，劉勰的「文之樞紐」，並非空泛的嚇人裝飾，而是爲文學語言的健康而奮鬥，具有切實可行的針對性和現實性。又如《情采》篇，以《莊子》的「辯雕萬物」，《韓非子》的「豔乎辯說」爲例，熱情地加以肯定，說：「綺麗以豔說，藻飾以辯雕，文辭之變，於斯極矣。」文采的綺麗豔說本身也是一種受人歡迎的美言，關鍵在於文家的認識和駕馭，只要能「擇源於涇渭之流，按轡於邪正之路」，自然就能保證語言藝術的健康發展。

五、言為心聲，情信辭巧

下面從形而下的角度來討論文學語言的藝術表達。《書記》篇稱引揚雄的話說：「言，心聲也；書，心畫也。聲畫形，君子小人見矣。」也就是說，語言文字是人們發自內心的聲音。《物色》篇有「情以物遷，辭以情發。……屬采附聲，亦與心而徘徊」之語。又，《體性》篇雲：「夫情動而言形，理發而文見。」《指瑕》篇雲：「夫立文之道，惟字與義。」《鎔裁》篇雲：「萬趣會文，不離辭情。」在這裏，「辭情」並稱，說明人的思想感情激蕩於內，言辭文采則發表于外，文學作品的精義，只能通過語言文字來實現。但是，文學的語言藝術又包含了哪些方面呢？《情采》篇雲：「立文之道，其理有三：一曰形文，五色是也；二曰聲文，五音是也；三曰情文，五性是也。」所謂「形文」，是人們所見的自然物色及現實生活的語言表述，是從視角形象方面著眼。所謂「聲文」，是人的語言對於自然聲音（包括人聲）的描述，這是從聽覺藝術方面來考察。而「情文」之「情」，指的是人的內在心靈的「五性」── 即《大戴禮記·文王官人》所說的喜、怒、欲、懼、憂等具體情感。所謂「情文」，則是運用語言的聲音色彩，來形象地描繪人的內在情感波瀾和思想變化，也就是讓人具體品嘗人生況味。形、聲、情三者之「文」，有機聯繫、辯證統一而靈活運用，反映了文學的語言藝術的諸方面。當然，三者之間，外在的「形文」和「聲文」，是受內在「情文」的驅動，「情文」是語言藝術辯證法的矛盾主導方面。先秦時代，情、志合一，所以劉勰根據孔子「情欲信，辭欲巧」（見《禮記·表記》）之言，在《征聖》篇中說：「然則志足而言文，情信而辭巧，乃含章之玉牒，秉文之金科矣。」提倡在真情實感的基礎上來建構修辭藝術，這是作家「秉文之金科」,是寫作的典範。他又在《情采》篇中明確指出：「夫鉛黛所以飾容，而盼倩生於淑姿；文采所以飾言，而辯麗本於情性。故情者文之經，辭者理之緯；經正而後緯成，理定而後辭暢：此立文之本源也。」語言本身是沒有階級性的，不論富貴貧賤等級差別，誰都可以應用。但是，文學又是一種特殊的意識形態，屬上層建築，是情感的藝術。因此，語言一旦作爲傳達思想情感的文學載體，則又是文學家內在激情的自然噴發。可以斷言，三「文」之中，是「情文」作先導，率領「形文」和「聲文」，構成了聲文並茂、情理齊輝的語言藝術交響曲。

六、吐納英華，八體屢遷

不過，人類的思想感情豐富多彩，變化萬端，因而「情文」的修辭表現，自然也是五彩紛呈，瞬息變幻。不僅是各別的個人之間「情文」千差萬別，就是同一個人在不同時期、甚至是同一天的朝夕之間，「情文」的語言表述也有不同。所以說是「怨怒之情不一，歡謔之言無方」（《諧讔》）。其實，何止是「歡謔」之言，怨恨、悲痛、感激、平和以及歡樂種種言辭，同樣是內心激情的自然外現。這就是形成語言藝術風格多樣化的內在根據。如《書記》篇雲：「及七國獻書，詭麗輻輳；漢來筆劄，辭氣紛紜。觀史遷之《報任安》，東方之《難公孫》，楊惲之《酬會宗》，子雲之《答劉歆》，志氣槃桓，各含殊采：並杼軸乎尺素，抑揚乎寸心。……嵇康《絕交》，實志高而文偉矣；趙至《敘離》，乃少年之激切也。至如陳遵占辭，百封各意；禰衡代書，親疏得宜。」如西漢末陳遵，「贍于文辭，性善書，與人尺牘，主皆藏去以爲榮」。他赴河南太守任時，給京師故舊寫信，口授筆追，「書數百封，親疏各有意，河南大驚」（《前漢書》卷九二《陳遵傳》）。書信語言的藝術風格，即使是同一個人，也因收信物件的不同，數百封信，「親疏各有意」。如果不是因爲作者與收信人關係、交情各有變化，激起了創作熱情的漲落起伏，那麼一時之間，又豈能寫出數百封「親疏各有意」的好文章呢？又如《體性》篇雲：「氣以實志，志以定言，吐納英華，莫非情性。是以賈生俊發，故文潔而體清；長卿傲誕，故理侈而辭溢；子雲沈寂，故志隱而味深；子政簡易，故趣昭而事博；孟堅雅懿，故裁密而思靡；平子淹通，故慮周而藻密；仲宣躁競，故穎出而才果；公幹氣褊，故言壯而情駭；嗣宗俶儻，故響逸而調遠；叔夜俊俠，故興高而采烈；安仁輕敏，故鋒發而韻流；士衡矜重，故情繁而辭隱。觸類以推，表裏必符，豈非自然之恒資，才氣之大略哉！」在這裏，劉勰以文學的歷史發展爲例，在充分的事實基礎上，說明了不同作家的性情不同，因而語言愛好及其藝術風格有異，這就直接導致了豐富多樣的個性化藝術語言的出現。這一理論，與魏晉南北朝玄學清談中有關才性論的討論有關。時代生活的變化發展，促進了作家內在氣血秉性的不同，具有生動活潑的各異面貌。而不同的氣質才性和個性特徵，又直接決定了語言藝術和文章風貌。比如同樣是西漢的大賦作家，司馬相如不改其文人風流性情狂傲，故其作品情理誇誕而辭采鋪張；揚雄則兼有思想家的學者氣質，性情沉靜澹泊，因而作品語言平和內斂而意味深長。又如同時竹林七賢，阮籍放蕩不羈，所以語言自由超逸而風調深遠；嵇康則性情俊偉豪俠，情致奔放高蹈，則文章自然是辭采峻烈。語言風貌之變化，實與作家的氣血資質和個性特徵密切相關，所以劉勰有「表裏必符，豈非自然之恒資」之言。

但是，文學語言的豐富多樣及其個性化的藝術特徵，並非雜亂無章，而是自有一定的規律可尋。《征聖》篇說是「文成規矩，思合符契。或簡言以達旨，或博文以該情，或明理以立體，或隱義以藏用」。文學語言風格的或簡或博、或隱或顯，雖然豐富多變，但深入探索，自能發現其「文成規矩」的藝術規律。比如哀悼之文，其《哀悼》篇雲：「哀者，依也，悲實依心，故曰哀也」。「原夫哀辭大體，情主於痛傷，而辭窮乎愛惜。……隱心而結文則事愜，觀文而屬心則體奢。奢體爲辭，則雖麗不哀；必使情往會悲，文來引泣，乃其貴耳。」哀悼之文，是爲了寄託哀思，抒發悲情，所以其優秀之作，「情往會悲，文來引泣」，其語言修辭，必然具此藝術特點。如果片面追求文辭的觀賞性而虛擬悲泣，則因感情矯飾而顯得浮誇，必然失去感人魅力。又如頌體之文，《頌贊》篇雲：「原夫頌惟典懿，辭必清鑠，敷寫似賦，而不入華侈之區；敬慎如銘，而異乎規戒之域。」風格典雅美好，文辭清明光采，是其語言藝術特點。不僅如此，他還進一步以相接近的賦、銘文體作比較，以人所熟知之事務，來說明人所生疏之事物。頌、賦、銘各有其藝術特點。不同文體，自有不同的語言藝術要求。因此，文學語言的豐富多彩，不僅來自作家的鮮明個性特徵，而且因其敘寫物件的千姿萬態，以及不同文體各異旨趣的藝術要求，也是個中原因。劉勰根據「辭爲肌膚，志實骨髓」（《體性》）的原則，調動了靈動的理論思辨，運用「八體屢遷」加以概括，如《體性》篇雲：「然才有庸俊，氣有剛柔，學有淺深，習有雅鄭，並情性所鑠，陶染所凝，……各師成心，其異如面。若總其歸途，則數窮八體：一曰典雅，二曰遠奧，三曰精約，四曰顯附，五曰繁縟，六曰壯麗，七曰新奇，八曰輕靡。典雅者，熔式經誥，方軌儒門者也；遠奧者，馥采典文，經理玄宗者也；精約者，覆字省句，剖析毫釐者也；顯附者，辭直義暢，切理厭心者也；繁縟者，博喻釀采，煒燁枝派者也；壯麗者，高論宏裁，卓爍異采者也；新奇者，擯古競今，危側趣詭者也；輕靡者，浮文弱植，縹緲附俗者也。故雅與奇反，奧與顯殊，繁與約舛，壯與輕乖，文辭根葉，苑囿其中矣。」八體之中，分爲矛盾對立的四組，比較系統地概括了文學語言的多樣藝術風風貌及其動態的運動變化。雖然劉勰本人，比較強調熔式經誥的典雅之體，而對新奇、輕靡二體，稍帶貶意。但作爲一個理論家，他並不以個人愛好來代替衡文的客觀尺規，所以篇末又說：「八體雖殊，會通合數，得其環中，則輻輳相成。」語言的修辭藝術雖然變化多姿，但大致加以概括，則「八體屢遷」，八種修辭風格雖然各異其面，但卻自有共通的藝術規律貫串其間，就像車輪的軸心，構成了眾多輻條彙聚用力的中心一樣。

七、辭富山海，秀氣成采

劉勰非常重視語言之修辭藝術。他在《才略》篇中說：「趙衰以文勝從饗，國僑以修辭捍鄭，子太叔美秀而文，公孫揮善於辭令，皆文名之標者也。」國僑即春秋時鄭國的公孫僑，字子產。當時的盟主晉國指責鄭國侵陳，子產以生動修辭作譬，據理抗爭，從而捍衛了鄭國的尊嚴。可見修辭在經世治國方面起了重要作用。他又在《知音》篇中說：「書亦國華，玩繹方美。」如果不重修辭，著作文章就會缺乏耐人賞玩的語言藝術之美。劉勰本身是個文章聖手、修辭內行。其《文心雕龍》雖為理論著作，但論其文筆修辭，則仍光彩照人，藝術不減于作家。現僅以《物色》篇為例。如描繪自然景色，辭貴簡練，「使味飄飄而輕舉，情曄曄而更新」。「飄飄」狀韻味油然而生，「曄曄」繪情采之清新光鮮，何其形象。又如描繪古代《詩》人修辭藝術的聯類不窮之妙，雲：「寫氣圖貌，既隨物以宛轉；屬采附聲，亦與心而徘徊。故『灼灼』狀桃花之鮮，『依依』盡楊柳之貌，『杲杲』為出日之容，『瀌瀌』擬雨雪之狀，『喈喈』逐黃鳥之聲，『喓喓』學草蟲之韻。『皎日』、『嘒星』，一言窮理；『參差』、『沃若』，兩字連形：並以少總多，情貌無遺矣。雖複思經千載，將何易奪？」理論分析，繪聲繪影，如詩如畫，非洞悉修辭三昧者何以竟其功！又如《通變》篇雲：「憑情以會通，負氣以適變，采如宛虹之奮鬐，光若長離之振翼，乃穎脫之文矣。」形容文辭如彩虹高掛雲天，若朱鳥鼓翅飛翔，比喻何其生動！正因劉勰本身是個修辭行家，故所論洞見內裏，有力地揭示了文學語言的修辭藝術之本質。

最近讀臺灣師範大學蔡宗陽教授《〈文心雕龍〉的修辭義》一文（見《文心雕龍研究》第五輯，河北大學出版社，2002年版），頗受啓迪。蔡先生從修辭的譬喻義、引用義、倒裝義、藏詞義諸方面，一一例舉，予以論述。如譬喻義一目中，又可分爲詳喻義、明喻義、隱喻義、略輕義、借喻義諸項，資料翔實，說理暢達，可資參閱。由於劉勰本人，既熟悉古代著作文章，又在文學語言的藝術實踐中深有體悟，因而所論修辭，大多符合古代的創作實際而切中肯綮。

劉勰認爲，寫作必須推敲語言文字，講究修辭藝術。故《征聖》篇有「精理爲文，秀氣成采，鑒懸日月，辭富山海」之言，那蘊含精深事理的文章，必須通過作家靈氣抒發的言辭文采加以生動展現，所以說是聖賢文章，「非采而何」（《情采》）。即使對於屈原楚辭，劉勰雖因其思想內容「異乎經典」而有所譏貶，但對其語言藝術，則仍是讚美有加，如評《離騷》、《九章》，雲：「氣往轢古，辭來切今，驚采絕豔，難與並能矣。」（《辨騷》）而屈原騷體文學的語言藝術，離不開修辭成就。如漢王逸《離騷經序》雲：「《離騷》之文，依《詩》取興，引類譬喻。故善鳥香草，以配忠貞；惡禽臭物，以比讒佞；靈修美人，以媲於君；宓妃佚女，以譬賢臣；虯龍鸞鳳，以托君子；飄風雲霓，以爲小人。其詞溫而雅，其義皎而朗。」可以斷言，在文學的語言藝術方面，劉勰著重修辭，他因此而特設《比興》專篇，細緻地揭示了「比顯而興隱」的不同藝術本質。故《比興》篇有雲：「故比者，附也；興者，起也。附理者，切類以指事；起情者，依微以擬議。起情，故興體以立；附理，故比例以生。比則畜憤以斥言，興則環譬以托諷。」修辭因詩人之情志，隨時義而不一，所以修辭手法自然也就有或用比或用興的不同，修辭手段之異，是為了適應詩人情志及作品內容變化的需要。他進一步具體論及比與興不同的修辭藝術特點：「觀夫興之托喻，婉而成章；稱名也小，取類也大。關雎有別，故後妃方德；尸鳩貞一，故夫人象義。義取其貞，無從於夷禽；德貴其別，不嫌於鷙鳥。……何謂為比？蓋寫物以附意，揚言以切事者也。故金錫以喻明德，珪璋以譬秀民，螟蛉以類教誨，蜩螗以寫號呼，浣衣以擬心憂，席捲以方志固：凡斯切象，皆比義也。至如『麻衣如雪』，『兩驂如舞』：若斯之類，皆比類者也。」《詩》人之後，屈原「諷兼比興」，所以屈騷的語言藝術成就很高；而入漢以後，賦頌先鳴，比體雲構，因其「諷刺道喪，故興義銷亡」，手法單調浮淺，故其語言修辭藝術，有所缺欠而不及《詩》《騷》。他因此批評了六朝文壇時風之弊，說是「建言修辭，鮮克宗經」（《宗經》），不合文學樞紐的雅正原則，指出六朝文學「情必極貌以寫物，辭必窮力而追新」的痼疾。為此，他開出的 治病良方是「修辭立誠，在於無愧」、「立誠在肅，修辭必甘」（《祝盟》）。這就與《諧讔》篇所說「遁辭以隱意，譎譬以指事也。……義欲婉而正，辭欲隱而顯」是同一意思，即修辭必先立誠，最終必合情志之雅正。這就對語言修辭藝術提出了很高的要求。

另外，對於修辭的類別及其眾多手法，劉勰多是深刻鑽研其藝術。如創立《誇飾》篇，討論誇張修辭藝術。《誇飾》篇雲：「形器易寫，壯辭可得喻其真」，「故自天地以降，豫入聲貌，文辭所披，誇飾恒存」，指出自有文章寫作以來，誇飾修辭就是被文家廣泛運用，可說是淵遠流長，合乎自然。「是以言峻則嵩高極天，論狹則河不容舠（刀），說多則子孫千億，稱少則民靡孑遺，襄陵舉滔天之目，倒戈立漂杵之論，辭雖已甚，其義無害也。且夫鴞音之醜，豈有泮林而變好？荼味之苦，甯以周原而成飴？並意深褒贊，故義成矯飾。大聖所錄，以垂憲章，孟軻所雲，『說《詩》者不以文害辭，不以辭害意』也。」文學語言的誇大修辭，深刻揭示了文學的藝術本質，同樣合乎「修辭立誠」的雅正原則。

又如創立《隱秀》篇，發展了修辭藝術。《隱秀》雖爲殘篇，但可窺見作者之用心良苦。文雲：「文之英蕤，有秀有隱。隱也者，文外之重旨者也；秀也者，篇中之獨拔者也。隱以複意爲工，秀以卓絕爲巧。……夫隱之爲體，義生文外，秘響旁通，伏采潛發，譬爻象之變互體，川瀆之韞珠玉也。故互體變爻，而化成四象；珠玉潛水，而瀾表方圓。」；「『朔風動秋草，邊馬有歸心』，氣寒而事傷，此羈旅之怨曲也。凡文集勝篇，不盈十一；篇章秀句，裁可百二。並思合而自逢，非研慮之所課也。……故自然會妙，譬卉木之耀英華；潤色取美，……隱篇所以照文苑，秀句所以侈翰林，蓋以此也。」按：「隱篇」、「秀句」二句，原作「秀句所以照文苑」，此據詹瑛《文心雕龍義證》（上海古籍，1989年版）改。在六朝文壇，駢儷、比喻、誇張、事類等，是一般文學創作共同運用的修辭藝術手法，而《隱秀》篇所論之隱與秀，則是更爲高級的修辭藝術和寫作技巧，這就不是一般世俗作家作品所具有的，而是只有成功作家的優秀作品才能有的。就這樣，《文心雕龍》一步步地把修辭藝術的討論引向深入。

八、章句貴順，辭忌失朋

這裏討論的是文章寫作中的語法問題。劉勰在《文心雕龍》中，並未提到「語法」一詞，但實際上，古代的文章著作，早已存在大量具體的語法現象，劉勰在研讀中不僅發現了語法現象的存在，而且進一步超越了具體和個別的詞與句，研究了詞法運用和造句規則，從而探索了語法規律，以便指導具體的文章寫作。他特立《章句》篇加以討論。但現代語法因受西方語法理論影響，只包括詞法和句法兩大部分，而劉勰則受傳統文章學的影響，從中國語言的民族實際出發，進一步擴大到篇章之法。故其所論，或有溢出于現代語法範圍的成份，這是正常的。《章句》篇開宗明言：「夫設情有宅，置言有位；宅情曰章，位言曰句。……夫人之立言，因字而生句，積句而成章，積章而成篇。篇之彪炳，章無疵也；章之明靡，句無玷也；句之清英，字不妄也：振本而末從，知一而萬畢矣。」很明顯，劉勰所稱「字」，通於辭，實即今之「詞」，字辭之用法，也即今之詞法。但無論是詞法、句法或章法，統統都是爲篇章寫作服務的，這與今之「語法」概念同中見異。故又雲：「夫裁文匠筆，篇有大小；離章合句，調有緩急；隨變適會，莫見定準。」也就是說，從文章的總體藝術而言，是「章句無常」，故語言必須靈活運用；但從具體寫作而言，卻是「字有條數」，具有一定的語法規範，而不可以隨心所欲地追求獵奇，自造生詞或句法。他說：「句司數字，待相接以爲用；章總一義，須意窮而成體。……尋詩人擬喻，雖斷章取義，然章句在篇，如繭之抽緒，原始要終，體必鱗次。啓行之辭，逆萌中篇之意；絕筆之言，追媵前句之旨；故能外文綺交，內義脈注，跗萼相銜，首尾一體。若辭失其朋，則羈旅而無友，事乖其次，則飄寓而不安。是以搜句忌於顛倒，裁章貴於順序，斯固情趣之指歸，文筆之同致也。」這段總論章句之法，有以下多層意思：一是由字辭而生句，又積句而成篇章，文章之作，離不開章句的語言藝術；一是章句的 組織結構，是在長期的語言實踐中自然形成的，「外文綺交，內義脈注」，有其內在的語法脈絡存在，這是通往成功的語言藝術的必經之途；一是合理的語法安排是不可抗拒的，寫作時不僅要注意詞與詞、句與句之間的關係，還要兼顧到段落之間的呼應，所以說是「原始要終，體必鱗次」。但是，當時的六朝文家，爲了追新獵奇，故意「事乖其次」來創造轟動效應，這必然導致作品情志「飄寓不安」的嚴重局面。他明白指出：「是以搜句忌於顛倒，裁章貴於順序」，只有注意語法安排，才能達到情趣有旨歸的文筆同致之境界。這一意見，在《定勢》篇中追究原因而有具體的發揮，他說：「自近代辭人，率好詭巧，原其爲體，訛勢所變，厭黷舊式，故穿鑿取新，察其訛意，似難而實無他術也 —— 反正而已。故文反『正』爲『乏』，辭反正爲奇。效奇之法，必顛倒文句，上字而抑下，中辭而出外，回互不常，則新色耳。」許多六朝文家在文章中，爲了適世媚俗而「常務反言」並「顛倒文句」，故意破壞自然語法，於是「失體成怪」而「文體遂弊」，終爲千古詬病而不可效法。對於當時解散文體、顛倒文句的破壞正常語法結構弊病進行的批判，正是爲語言的健康發展而奮鬥。他認爲「立文之道，惟字與義」（《指瑕》），「改章難於造篇，易字艱於代句」（《附會》），所以，從務實的角度出發，他要求文章語言必須做到「意少一字則義闕，句長一言則辭妨」（《書記》），「句有可削，足見其疏；字不得減，乃知其密」，「善刪者字去而意留，善敷者辭殊而義顯。字刪而意缺，則短乏而非核；辭敷而言重，則蕪穢而非贍」（《鎔裁》）。在這裏，劉勰結合了修辭和邏輯來論語法，無論字句 —— 也即詞法和句法，都必須一絲不苟，馬虎不得。

在詞法方面，人們一般重實（詞）輕虛（詞），但劉勰則超越一般，他不僅重實詞，而且只眼獨具，非常重視虛詞的靈活運用。從詞法言，實詞見其內容，虛詞突出神氣。如《章法》篇雲：「又詩人以『兮』字入於句限，《楚辭》用之，字出句外。尋『兮』

字成句，乃語助餘聲。」探討「兮」字用在句中與句尾的語氣變化。「至於『夫』、『惟』、『蓋』、『故』者，發端之首唱；『之』、『而』、『於』、『以』者，乃劄句之舊體；『乎』、『哉』、『矣』、『也』者，亦送末之常科。據事似閑，在用實切。巧者回運，彌縫文體，將令數句之外，得一字之助矣。外字難謬，況章句歟！」在這裏，劉勰首先清楚地表達，「外字」——也即虛詞中的助詞等，表面是「據事似閑」，似乎沒有什麼實際的意義，但實質卻是「在用實切」，在語法詞法關係中，是通過語氣來表達情緒赫神氣。他在《頌贊》篇中謂贊之為文，「並揚言以明事，嗟歎以助辭也」，對於助詞中感歎詞的作用，予以點明突出。他又在《碑誄》篇中舉春秋實例說：「尼父之卒，哀公作誄，觀其憖遺之辭，嗚呼之歎，雖非睿作，古式存焉。」在魯哀公悼念孔子的誄文中，運用了「嗚呼」等語首感歎詞，渲染氣氛，使誄文哀悼之情大增，頗為感人，所以說是「古式存焉」。其次，劉勰對助詞進行分類研究：「發端之首唱」，就是句首助詞，如「夫」、「惟」、「蓋」、「故」等；「送末之常科」，即為句尾助詞，如「乎」、「哉」、「矣」、「也」等；「劄句之舊體」，實際上指夾在句中的連接助詞、轉折助詞等，如「之」、「而」、「於」、「以」等。各類虛詞助詞的靈活運用，巧妙地將文章聯結為有機統一的整體，氣韻流貫，生氣勃勃，這就是他所說的「將令數句之外，得一字之助矣」，虛詞語助，不可或缺，於此見其重要性。

九、條理首尾，內在脈注

這裏討論的是有關語言藝術中的邏輯問題。現今大學教育，語法學中只有詞法和句法，並不包括邏輯。邏輯學成為哲學系的課程。但在中國古代的文章著作中，實際是語法、修辭、邏輯彼此不可或離而三者渾然合一。語言文字如若缺乏邏輯條理，豈有可能寫出一篇絕妙好辭？因此，文學離不開邏輯，是顯而易見的。劉勰對此很明白，因而他很重視文學語言中的邏輯應用問題。在《論說》篇中，他開宗明義地說：「論者，倫也，倫理無爽，則聖意不墜。」這裏的「倫理」，不是道德範疇的人倫綱常，而是指語言表達的有條理。在這裏，他指出論說之文，其所議論首先必須文有條理而不出差錯，這樣才能把聖人的思想感情準確地表達出來。其實，何止是論說文如此，其他一切文體皆然。如《史傳》篇雲：「至於尋繁領雜之術，務信棄奇之要，明白頭訖之序，品酌事例之條，曉其大綱，則眾理可貫。」他認爲史傳文的寫作，頭緒紛繁，所以必須見其起訖條例的內在脈絡條理，然後才能綱舉目張，邏輯秩序羅羅清疏而「眾理可貫」，然後紋理呈現而一目了然。《章表》篇末贊曰：「肅恭節文，條理首尾。君子秉文，辭令有斐。」文章藝術的言辭文采，離不開語言的「條理首尾」，邏輯層次的清晰明白，是文學語言成功的重要因素。在駁議文體的寫作方面，他曾舉例說明：「漢世善駁，則應劭爲首；晉代能議，則傅咸爲宗。然仲瑗博古，而銓貫有敘（序）；長虞識治，而屬辭枝繁。」後漢的應劭字仲瑗，西晉的傅咸字長虞。應、傅二人，都擅長駁議之文，但相比而言，應劭之文，「銓貫有敘」，條理貫通，秩序井然，因而富有邏輯力量；而傅咸之文，則是「屬辭枝繁」，文辭囉嗦而不省淨，缺乏內在的邏輯聯繫，因而藝術上顯的蕪雜而要領不明。應、傅二人駁議之文，因其內在邏輯因果關係的精粗高低而顯其優劣。在《鎔裁》篇中，討論的是敷敘情理及謀篇佈局之道，於是提出了著名的創作「三准」之說，雲：「凡思緒初發，辭采苦雜，心非權衡，勢必輕重。是以草創鴻筆，先標三准:履端於始，則設情以位體；舉正於中，則酌事以取類；歸余於終，則撮辭以舉要。然後舒華布實，獻替節文。繩墨以外，美材既斫，故能首尾圓合，條貫統序。」不管是履端設情，篇中酌事，或篇末的撮辭舉要，都一樣離不開邏輯層面的的「首尾圓合，條貫統序」。在《附會》篇中又說:「使眾理雖繁，而無倒置之乖；群言雖多，而無棼絲之亂。……首尾周密，表裏一體。」總之，要尋找語言的文脈意緒，道理的內在邏輯關係，使之首尾相接而表裏一致，語言文辭自然富於藝術光采。相反，如果意旨有倒置之誤，群言見棼絲之亂，內在邏輯混亂一片，則言辭自然全失光采而創作歸於失敗。這一正一反的事例，引發了人們的邏輯考量。故《附會》篇末之贊總結說：「原始要終，疏條布葉。道味相附，懸緒自接。如樂之和，心聲克協。」心聲指文章之言辭。揚雄《法言・問神》篇有「故言，心聲也」之言。像音樂和諧動人那樣，言辭的協調統一，是必須依賴於統貫有序的邏輯安排的，自始至終有條不紊地佈置內容，就像枝條扶疏的綠葉舒展一樣層次井然，於此可見邏輯語言的藝術力量。比如論說文的寫作，「義貴圓通，辭忌枝碎，必使心與理合，彌縫莫見其隙；辭共心密，敵人不知所乘，……是以論如析薪，貴能破理。斤利者，越理而橫斷；辭辨者，反義而取通；覽文雖巧，而檢跡知妄。」在這裏，劉勰從正、反兩方面來說明邏輯的力量之所在。要做到論說的道理圓通，心與理合，辭堅意深，無所不達，作者就必須洞明文章內在的意趣脈絡和邏輯發展，這樣才能高瞻遠矚，讓論敵無機可乘，找不到一處缺口可以發動攻擊。邏輯力量是作者議論立於不敗之地的一個重要保障。相反，如果僅僅倚靠自己的「斤利」── 即權勢利益的佔有者身份，其論辯居高臨下，用權勢壓人；或是因其「辭辨」── 即能言善辭、巧舌如簧地混淆是非，雖可能取得一時的世俗附和，但時過境遷，這些巧言令色之徒的議論，因其「越理橫斷」，像劈柴一樣不是隨順自然紋理而橫刀逆斷，這樣必然柴碎刃傷，怎麼可能像《莊子·養生主》篇寓言中庖丁的刀刃使用十九年仍然「新發於硎」而遊刃有餘呢？辭辯之徒雖具「反義取通」的本領，也即故意歪理正說而顛倒黑白，這是以權壓人，以力服人，而與合乎邏輯的語法修辭無關。一旦環境改變，讀者「覽文雖巧，而檢跡知妄」，自會發現其違背邏輯的虛妄不實之處。這同樣從正、反兩方面說明了文章內在邏輯運用的力量與重要。

十、寫實追虛，理論思辨

劉勰對於文學語言的認識和探討，並沒有停留在孤立具體和個別的形而下的階段，而是深挖語言藝術的本質，從形而上的視角出發，來進行高瞻遠矚的理論思考。司馬遷那「究天人之際，通古今之變」（《報任少卿書》）的史官意識，給劉勰以有益的思辨啓迪。故其語言思想，必然結合具體語境、甚至是發言作文的整個文化環境來思考。

首先，劉勰建立在對於文學語言諸多元素整體思考、統一駕馭的全局認識和整體觀。與有的學者機械割裂語法、修辭和邏輯不同，他不僅具體深入到語法、修辭和邏輯的內部，而且入於其中而又能出於其外，高屋建瓴地發現三者之間的有機聯繫。

劉勰在《章表》篇中說：「章者，明也。《詩》雲『爲章於天』，謂文明也。其在文物，赤白曰章。」與近代西方純文學觀念不同，他立足于中國傳統，從大文化的角度來理解文章文采——也即語言藝術。中國古代早有「修辭」之稱，而無「語法」或「文法」之名，《文心雕龍》亦然。是不是中國的古代文學文章沒有語法現象存在呢？當然不是這樣，我們在本文第八節「章句貴順，辭忌失朋」中已有論述，可參閱《章句》篇。實際上，與現代語言學的語法與修辭機械相分不同，中國古代文章是語法、修辭與邏輯三者合一。統統用「修辭」名稱加以概括。今之語法不講或少講駢文律詩的「修辭」之法，但在古代文學家必須考究，駢體詩文也自有其語法文法和種種修辭手段，其語法或修辭，皆渾然一體，而具內在的行文邏輯。《文心雕龍》就專設《麗辭》、《聲律》和《事類》諸篇加以討論，很顯然，劉勰是從中國語言的民族特徵和歷史發展實際來討論問題。傳統漢語不是拼音文字，而多具單音孤立的特點，因此可組成音節整齊的對偶句，語言自然具有一定的順序性、整體性、複雜性、簡易性和音樂性，此種種「性」，構成了漢語特點，何謂無「法」？實際是「法」在「修辭」的概括之中。西洋因拼音文字的關係，無法寫出駢儷對偶的文章。但中國的文章則有駢文律詩，甚至古文中也多排偶句，自然成對。《尚書》中的「滿招損，謙受益」，就是率然而對，合乎自然的語言現象。故《麗辭》篇雲：「造化賦形，支體必雙，神理爲用，事不孤立。夫心生文辭，運裁百慮，高下相須，自然成對。……至於詩人偶章，大夫聯辭，奇偶適變，不勞經營。」這是上古時代的語言現象。但發展至魏晉時代，則在繼承傳統的基礎上加以發展，「麗句與深采並流，偶意共逸韻俱發」，駢偶併發，一氣流貫。「至魏晉群才，析句彌密，聯字合趣，剖毫析厘」，契機入巧，則從具體的語言現象中探索章句修辭及其內在的邏輯聯繫和藝術規律。《麗辭》中提到是四對，即言對、事對、反對、正對，從廣義上說，就說對比修辭，如反對的「理殊趣合」，正對的「事異義同」，又何嘗無「法」？又稱「言對事對，各有反正，指類而求，萬條自昭然矣」，對比之中，又自有邏輯條理貫串其中。所以劉勰進一步指出：「必使理圓事密，聯璧其章。迭用奇偶，節以雜佩，乃其貴耳。」這裏的「理圓事密」，正見語法、修辭與邏輯三者不可分的關係，分析語言藝術，應具整體觀，站在全局的高度來加以駕馭和把握。故《附會》篇雲：「總文理，統首尾，定與奪，合涯際，彌綸一篇，使雜而不越者也。」文章的言辭文采豐富而不雜亂，除了修辭因素外，更有「總文理，統首尾」的高屋建瓴之思，彌綸縫合之功，佈局謀篇之時的連綴聚合內容與文辭，自然同時離不開語法與邏輯，文辭之功，超然越乎個別與具體之上而顯語法、修辭與邏輯三者合一的混沌之態。在《誄碑》篇中，劉勰據此提出了文辭必須「寫實追虛」的藝術原則，以寫實著稱的誄文碑傳，同時必須有虛有實，其文辭既敘有形之言行，同時必須寫出意在言外的無形風神。這樣「寫實追虛」，就不是語法、修辭或邏輯能夠分開單獨完成的任務，而是必須三者渾然一體，來共同完成這「文外曲致」（《神思》）的語言藝術。故《奏啓》篇中用「氣流量中」而「聲動簡外」來形容，並譽之爲「絕席之雄」。

其次，劉勰認爲，文學語言與時代相適應而發展變化，其語言思想具有深沉的歷史意識。中華傳統文化，具有深厚的史官意識，故有「六經皆史」之言。上古奴隸社會，學在王官，巫史爲首。因此，力求「通古今之變」的史官文化及其歷史意識，當然會影響到社會的各個領域各個學科，文學文章的語言文采，也必然受其浸潤。劉勰《文心雕龍》所體現出來的語言觀，就明顯富有濃厚的歷史意識，大約表現在以下幾個層次：

一是爲了文學的不朽，傳之久遠，所以非常重視語言的藝術創造，態度嚴肅，目標明確，這與古人所謂立德、立功與立言的「三不朽」觀念（《左傳》襄公二十四年魯國叔孫豹之言）相一致。故《諸子》篇歎美道：「嗟夫！……標心於萬古之上，而送懷於千載之下，金石靡矣，聲其銷乎！」文學語言那深厚綿遠的歷史內涵，穿越了時間隧道，影響了千秋萬代。他又在《詔策》篇中具體舉例加以說明：「王言之大，動入史策，其出如綍，不反若汗。是以淮南有英才，武帝使相如視草；隴右多文士，光武加意於書辭：豈直取美當時，亦敬慎來葉矣。……策封三王，文同訓典，勸戒淵雅，垂范後代。」漢武帝時，淮南王劉安有文才，因此武帝給他的回信就很慎重，特地請了大賦家司馬相如來審閱文稿；光武帝時，因爲隴西隗囂幕府多文士，光武致函，特別注重修辭文采。這是因爲文章不僅具有取美「當時」的因素，更有認真思考言辭文采具有「敬慎來葉」、「垂范後代」的功用，於此可見文學語言那穿透千古的歷史力量。

一是強調文學語言有「古今之變」，應該善於適時變化，才能跟上時代的步伐，符合寫作的需要。其《詔策》篇雲：「《詩》雲：『有明自天。』明命爲重也；《周禮》曰『師氏詔王』，明詔爲輕也。今詔重而命輕者，古今之變也。」他以「詔」、「命」二概念爲例，說明古今辭彙用法變化，在特定時期具有一定的歷史內容，不可混淆。所以《時序》篇說：「故知歌謠文理，與世推移，風動於上，而波震於下者也。春秋以後，角戰英雄，六經泥蟠，百家飆駭。……唯齊、楚兩國，頗有文學。齊開莊衢之第，楚廣蘭台之宮，孟軻賓館，荀卿宰邑，故稷下扇其清風，蘭陵鬱其茂俗，鄒子以談天飛譽，騶奭以雕龍馳響，屈平聯藻于日月，宋玉交彩于風雲。觀其豔說，則籠罩《雅》、《頌》，故知煒燁之奇意，出乎縱橫之詭俗也。」文學語言的發展，其藝術風格的變化確是「與世推移」，具有真實而深刻的時代原因和歷史內容。戰國諸子百家的文學之所以能夠「籠罩《雅》、《頌》」──也即超越《詩》《書》的經典藝術而另具煒燁之「豔說」，這是與戰國「縱橫詭俗」的時代風氣分不開的，是當時百家爭鳴形勢的需要使然。從語言藝術歷史發展的角度看，《時序》篇在總結了文壇的歷史經驗以後，說是「蔚映十代，辭采九變」，又稱「文變染乎世情」，認爲文風辭采是隨時代推移而變化，這的確是合乎實際的歷史之必然。

一是認爲文學語言的藝術創造，必須在學習前賢成就的基礎上，日新其業而創造發展。語言藝術中自然也有繼承與創新的問題。《通變》篇說：「名理有常，體必資於故實；通變無方，數必酌於新聲。」文章運用語言抒寫名理情志，這是人所共知的道理，所以必須沿著前賢的軌跡繼續前進；而文章的語言風格及其文采，則又因人因地因時之異而發展變化，並沒有固定的框框和程式，因而必須「酌於新聲」── 也即向現當代的作家作品學習，以便創新發展。故《通變》篇末贊曰：「文律運周，日新其業。……望今制奇，參古定法。」意在總結創作法則，但其中也包括了語言藝術的發展。學習古昔前賢，是爲了今後的創新。所以《辨騷》篇以屈原騷辭成就爲例，說明其「骨鯁所樹，肌膚所附，雖取熔經旨，亦自鑄偉辭」，強調繼承中的日新與創造。這與《議對》篇所說的「采故實於前代，觀通變 於當今」，道理是一樣的。《頌贊》篇也說：「鏤影摛聲，文理有爛。年積愈遠，音徽如旦。降及品物，炫辭作玩。」所論充滿了歷史意識，學習古人不是爲了「炫辭」── 即文字遊戲，而是爲了新的創造。語言藝術的創新，離不開傳統的薰陶。所以《啓奏》篇說是「雖新日用，而舊准弗差」，學習優秀傳統，目的是爲了語言藝術的光景常新。他在《封禪》篇中就明下斷言：「雖複道極數殫，終然相襲，而日新其采者，必超前轍焉。」雖然道理與方法有時會說完用盡，或有相襲之處，但是只要明白歷史的運行永遠是向著新的未來進發，努力在「日新其采」的方面下功夫，以保證文章語言那富有藝術個性的創新性，那麼就必然會超越前賢創造而為歷史做出自己的新貢獻。

歷史是流動的，語言是發展的。「往者雖舊，餘味日新」（《宗經》），劉勰此言，言簡意賅，思深旨遠。歷史從過去走向現在並邁向永久的未來，語言的藝術發展與之相適應，在繼承民族傳統特徵的同時，又光景日新，各有時代的創造，從而在動態的發展中豐富了語言藝術的歷史內涵。

第三，巧於運用語言藝術的辯證觀。對於此項，劉勰所論大概有以下幾層意思：

一是「斟酌乎質文之間」（《通變》），認為若「愛典惡華，則兼通之理偏」，這猶如射箭時的弓與矢，「執一不可以獨射」（《定勢》），必須兼顧矛盾雙方的辯證統一，才有語言藝術發展的美好明天。所以他強調語言文采的「華實異用，惟才所安」（《明詩》），文辭的質樸與華麗，要看作者的才性和行文的實際需要。語言風格的質樸與華麗是一對矛盾，但又各有需要，而不能相互排斥，二者之間，具有辯證統一的關係。他以《楚辭》為例，指出屈原辭賦的語言是絕佳的藝術典範，劉勰因此提出了「酌奇而不失其貞（正），玩華而不墜其實」的辯證統一的藝術原則。奇、正相生，華、實並用，這樣就達到「顧盼可以驅辭力，欬唾可以窮文致」的藝術高境。人或以聖人經典文辭雅正質樸，來否定後世文辭的「巧麗」。劉勰則提出了「文采所以飾言，而辯麗本於情性」（《情采》），文辭的「辯麗」，只要是來自於真實的性情，同樣是合乎「風歸麗則」（《詮賦》）文風雅正要求的。故《詮賦》篇具體發揮說：「情以物興，故義必明雅；物以情觀，故詞必巧麗。麗詞雅義，符采相勝。」文學語言的麗辭雅義，如果靈活運用，則如百川入海，同樣歸趨於辯證統一之正途。巧麗之辭，何嘗傷雅？他在《雜文》篇明確指出：「負文餘力，飛靡弄巧。枝辭攢映，嘒若參昴。」辯麗工巧，辭采飛揚，正與經典之雅正交相輝映，都爲文壇不可或缺。其對文辭，矛盾辯證，議論令人嘆服。

一是要求「隱括乎雅俗之際」（《通變》），如果唯典（雅）是求，則同樣因不明矛盾的辯證法而歸於一偏之見。「隱括」，原是木匠矯正曲木的工具，這裏指代矯正糾偏使歸於善。文學語言的雅與俗，是一對矛盾，孰優孰劣，古今爭論紛然。直至近現代，專取典雅而斥俗者，固爲傳統偏見；但如胡適強調俚辭俗諺，認爲只有俗文學才算活文學，是發展的方向，古代傳統詩文則屬貴族文學，因其典雅而爲死文學，應該一概否定打倒，這同樣違反了語言藝術發展的辯證法。而劉勰則去其極端而調和折衷，態度較爲辯證，強調矛盾雙方各有需要，不可偏忽。如《書記》篇討論俗諺時說：「諺者，直語也。……《太誓》曰：『古人有言：牝雞無晨。』《大雅》雲『人亦有言：惟憂用老。』並上古遺諺，《詩》《書》所引者也。至於陳琳諫辭，稱『掩目捕雀』，潘嶽哀辭，稱『掌珠伉儷』，並引俗說而爲文辭者也。夫文辭鄙俚，莫過於諺，而聖賢《詩》《書》，采以爲談，況逾於此，豈可忽哉！」劉勰因其宗經傾向，貴重經典雅正之言，但可貴的是，他心中有辯證法，所以並不否定俗說謠諺的語言藝術，雅與俗之間，取的是辯證統一的態度。

一是要求語言藝術創造中運用靈活的原則，不可執一偏之見，而要看到矛盾雙方相反相成的另一面。因爲文章爲「情數詭雜，體變遷貿」，作者情思複雜多變，文章的語言風格也隨之變幻色彩，這就不能執一偏之見來驅遣文辭，聰明的文學家，常是「拙辭或孕於巧義，庸事或萌於新意」（《神思》），具有辯證的觀念。表面上拙樸之辭，有時是真性情的流露，是作者巧妙構思中有機的一環；粗看似乎是平庸的事類，其中萌生了新穎是意趣，拙與巧，庸事與新意，矛盾雙方相反相成，保證了的文學語言之藝術生命的新鮮活潑，出人意表。所以他又在《風骨》篇中總結說：「洞曉情變，曲昭文體，然後能孚甲新意，雕畫奇辭。昭體故意新而不亂，曉變故辭奇而不黷。」辭奇不黷，意新不亂，多麼辯證，有味哉斯言！

綜上所述，劉勰不僅從形而下的層面具體討論了文學的語言藝術，從《章句》、《麗辭》到《聲律》等，具體細緻地深入到古代文章寫作中存在的語言現象的方方面面；而且進一步從形而上的哲學之道的層面，對語言藝術的本質及其民族特徵諸問題，進行了尋本探源的討論和概括，從而超越了語法、修辭及邏輯的具體與個別，在分析作家作品及其創作原則時，三者渾然一體，從而獲得了理論的昇華。劉勰對語言藝術的探討和總結，是在語言發展的動態歷史中實現的，它既辯證靈活又系統全面。文學是語言的藝術。因此，劉勰的語言思想自然是其「體大思精」的文論體系中不可或缺的有機組成部份，在具體論述語言藝術的同時，又具有自覺地總結過去、啓迪未來的理論思考，非常值得重視，以資後世借鑒。

《文心雕龍》的譬喻類型

國立臺灣師範大學國文系　蔡宗陽

摘　要

修辭學不止與文字、聲韻、訓詁、文法攸關[1]，亦與校勘息息相關。如《文心雕龍・神思》：「是以秉心養術，無務苦慮。」「秉心養術」，郭晉稀《文心雕龍譯注十八篇》依一般常理，校改爲「養心秉術」。殊不知「秉心養術」是「養心秉術」的錯綜，旨在顯新奇，這是修辭學與校勘密不可分的明證。錯綜係修辭格的一種，其作用在於新奇。郭氏未諳修辭學的錯綜，以致誤校。傅隸樸《脩辭學・錯互》云：「江淹〈恨賦〉：『或有孤臣危涕，孽子墜心。』涕不得言危，心不得言墜，故爲錯綜，以顯新奇。又〈別賦〉：『使人心折骨驚。』本應爲心驚骨折，同上用意一樣。《昭明文選・序》：『未嘗不心遊目想。』本爲心想目遊，故意倒亂，以成錯綜。」[2]本文探析《文心雕龍》的譬喻類型，分爲基本類型、變化類型兩大類，再分爲若干類，有些類又細分爲若干類。譬喻既有助於譯注，又有益於洞悉文義。

關鍵詞：《文心雕龍》、譬喻類型、基本類型、變化類型

---

1 詳見蔡宗陽《修辭學探微》，頁 1-69，臺北：文史哲出版社印行，2001 年 4 月出版。

2 見傅隸樸《脩辭學・錯互》，頁 129，臺北：正中書局印行，1969 年 3 月初版，1977 年臺修一版。

前　言

研究《文心雕龍》譬喻的專書，有黃亦真《文心雕龍比喻技巧研究》將譬喻分為基本類型、變化類型兩大類。基本類型分為明喻法、隱喻法、借喻法三類。[3]變化類分為起筆斷章型、首尾圓合型、連山疊嶂型、承上綴下型、繁略互見型、正反對照型、請客對主型、鑲嵌排比型八類。[4]黃亦真變化類型似依文章作法或文句內容，而加以分類。研究《文心雕龍》修辭言及譬喻的專著，有沈謙《文心雕龍與現代修辭學》將譬喻分為明喻、隱喻、略喻、借喻、博喻、諷喻六類。[5]胡仲權《文心雕龍之修辭理論與實踐》將譬喻分為明喻、略喻、借喻、博喻、倒略六類。[6]李昌懋《文心雕龍辭格美研究》將譬喻分為明喻、隱喻、略喻、借喻、博喻五類。[7]研究《文心雕龍》譬喻類型者，雖有黃亦真、沈謙、胡仲權、李昌懋諸位先生，由於分類迥異，各有千秋，各有特色；但各照隅隙，鮮觀衢路，是以本文振葉尋根、觀瀾索源，以修辭為主，將譬喻類型，分為基本類型、變化類型兩大類，再各分為若干類，有些類又細分為若干小類，此分法與黃氏、沈氏、胡氏、李氏分類，大相逕庭。

壹、基本類型：黃亦真將基本類型分為明喻、暗喻、借喻三類，

---

3 見黃亦真《文心雕龍比喻技巧研究》頁 105-111，臺北：學海出版社印行，1991 年 2 月初版。

4 同注 3，頁 114-134。

5 見沈謙《文心雕龍與現代修辭學》，頁 35-128，臺北：益智書局印行，1990 年 6 月初版。

6 見胡仲權《文心雕龍之修辭理論與實踐》，頁 228-241，1998 年 5 月印行，東吳大學中國文學系博士論文。

7 見李昌懋《文心雕龍辭格美學研究》，頁 75-79，2002 年 5 月印行，南華大學文學研究所碩士論文。

本文分爲明喻、隱喻、略喻、借喻四類。

一、明喻：凡是在語文中，具備本體、喻詞、喻體的一種譬喻修辭手法，叫做明喻，又叫直喻或顯比。[8]「本體」，朱自清《略讀指導舉隅》稱爲「喻體」[9]，以往我的老師黃慶萱教授採用「喻體」[10]，如今黃教授與鄙人皆採用大陸說法「本體」[11]。「喻體」，朱自清稱爲「喻依」，昔疇黃教授採用朱自清說法，目前黃教授與鄙人皆採用大陸說法[12]。《文心雕龍》運用明喻者綦多，如〈詮賦〉云：「寫物圖貌，蔚似雕畫。」此言辭賦描繪景物、刻畫形貌的文采像雕刻繪畫一樣美妙無比。「寫物圖貌蔚」係本體，「似」係喻詞，「雕畫」係喻體，因此全句是明喻。又如〈頌贊〉云：「音徽如旦。」此言頌贊的嘉言美音，如旭日東昇一樣的亮麗。以「旦」比喻「音徽」。「音徽」係本體，「旦」係喻體，「如」係喻詞，因此全句是明喻。又如〈哀弔〉云：「敘事如史傳。」此言記敘事蹟，好像史傳。以「史傳」比喻「敘事」。「敘事」係本體，「如」係喻詞，「史傳」係喻體，因此全句是明喻。又如〈雜文〉云：「嘒若參昴。」此言雜文作品宛如參星、昴星，散發微弱光芒。「嘒」係本體，「如」係喻詞，「參昴」係喻體，因此全句係明喻。又如〈奏啓〉云：「《禮》疾無禮，方之鸚猩。」

---

8 參閱蔡宗陽《高級中學文法與修辭》下冊，頁 10，臺北：三民書局印行，2002 年 2 年初版。

9 朱自清稱爲「喻體」，見其大作《略讀指導舉隅》，頁 91。臺北：臺灣商務印書館印行，1969 年 3 月臺 1 版。

10 黃師慶萱教授採用「喻體」，見《修辭學》，頁 231，臺北：三民書局印行，1975 年 1 月初版，1986 年 12 月增訂初版。

11 當下黃師慶萱教授與蔡宗陽皆採用大陸學者黎運漢、張維耿的說法「本體」，見其大作《漢語修辭學》，頁 103，商務印書館香港分館印行，1986 年 8 月初版。

12 如今黃師慶萱教授與蔡宗陽皆採用黎運漢、張維耿的說法「喻體」。

「《禮》疾無禮」係本體，「方」係喻詞，「鸚猩」係喻體，因此全句是明喻。此言《禮記．曲禮上》憎恨無禮的人，把這種人比作能說話而不離飛鳥走獸的鸚鵡、猩猩。《禮記．曲禮上》云：「鸚鵡能言，不離飛鳥；猩猩能言，不離禽獸；今人而無禮，雖能言，不亦禽獸之心乎？」旨哉斯言。又如〈風骨〉云：「其爲文用，譬征鳥之使翼也。」此言文章的情感、文辭、結構所產生的作用，就好像遠飛的鳥在運用堅強有力的翅膀。「其爲文用」係本體，「譬」係喻詞，「征鳥之使翼」係喻體，因此全句是明喻。此外，尚有〈奏啓〉云：「孟軻譏墨，比諸禽獸。」此言孟軻譏評墨子，將墨子比喻爲無父無君的禽獸。以「禽獸」比喻「墨子」。本體係「孟軻譏墨」，喻詞係「比」，喻體係「禽獸」，因此全句係明喻。又如〈練字〉云：「善酌字者，參伍單複，磊落如珠矣。」此言善於推敲文字的作者，必定將筆畫多和筆畫少的字交錯搭配，使繁簡的字形，連接得十分圓轉如珠玉。「磊落」係本體，「如」係喻詞，「珠」係喻體，因此全句係明喻。又如〈比興〉云：「宋玉〈高唐〉云：『纖條悲鳴，聲似竽籟』，此比聲之類也；枚乘〈菟園〉云：『猋猋紛紛，若塵埃之間白雲』，此比貌之類也。」「纖條悲鳴聲」、「猋猋紛紛」係「本體」，「似」、「如」係喻詞，「竽籟」、「塵埃之間白雲」係喻體，因此二句係明喻。又云：「王褒〈洞簫〉云：『優柔溫潤，如慈父之畜子也』，此以心比聲者也。」「優柔温潤」係本體，「如」係喻詞，「慈父之畜子」係喻體，因此全句係明喻。又云：「青條若總翠。」此言青綠的枝條，像聚集的翡翠羽毛。「青條」係本體，「若」係喻詞，「總翠」係喻體，因此全句係明喻。又如〈指瑕〉云：「浮輕有似於胡蝶。」此言飄浮輕盈好像蝴蝶。以「蝴蝶」比喻「浮輕」。本體係「浮輕」，喻詞係「似」，喻體係「胡蝶」，因此全句係明喻。又如〈附會〉云：「駟牡異力，而六轡如琴。」此言駕車的四匹馬雖然力氣不同，但步調一致，像琴音般的和諧。以「琴」比喻「六轡」。本體係「六轡」，喻詞係「如」，喻體係「琴」，因此全句係明喻。又如〈總術〉云：「列在一篇，備總情變，譬三十之輻，共成一 轂。」此言集中在這一篇中，全面考慮文章寫作的情理變化，好像三十根條輻，都聚積在一個車轂上，相輔相成，相得益彰，車輪才能運轉自如。「列在一篇，備總情變」係本體，「譬」係喻詞，「三十之輻，共成一轂」係喻體，因此全句係明喻。又如〈序志〉云：「予生七齡，乃夢彩雲若錦。」此言作者在七歲時，曾經夢見一片像錦繡般的五彩祥雲。以「錦」比喻「彩雲」。「彩雲」係本體，「若」係喻詞，「錦」係喻體，因此全句係明喻。以上這些句子皆是明喻。

二、隱喻：凡是在語文中，具備本體、喻詞〔「是」、「變成」、「即」、「成」（含有「好像」之意，係準繫語，而非繫語）等字〕[13]、喻體的一種譬喻修辭手法，叫做隱喻，又叫暗喻、隱比。《文心雕龍》運用隱喻者，不乏其例。如〈徵聖〉云：「聖文之雅麗，固銜華而佩實者也。」此言聖人的文章，既有雅義又有麗詞，本來就含有如花一樣的華美文辭，又兼有似果實一樣的豐贍內容。[14]「……也」，含有「好像」之意。[15]「聖文之雅麗」，

---

13 一般人誤以爲含有「好像」之意的「是」，係繫語，又叫繫詞。殊不知未含有「好像」之意的「是」，才是繫語，屬於判斷句，如「我是老師」、「他是學生」。而「是」含有「好像」之意，係準繫語，又叫準繫詞，屬於準判斷句，如「人生是朝露」、「爸爸是太陽」。二者大相逕庭，宜分辨清晰，切勿混淆。

14 《論語．子罕》：「苗而不秀者，有矣夫！秀而不實者，有矣夫！」朱熹注：「穀之始生曰苗。吐華曰秀。成穀曰實。」按：「華」，「花」的古字。如「春華秋實」，見於《顏氏家訓．勉學》：「夫學者，猶種樹也。春玩其華，

即本體；「固銜華而佩實」，即喻體，「……也」，即喻詞；因此全句係隱喻。在文法上，屬於準判斷句。修辭學之功能，不止賞析文辭美妙，亦兼顧詞義、句義之訓詁，以洞悉其真諦，進而玩賞其內容豐茂；於此可見一斑。[16]又如《正緯》云：「蟲葉成字。」此言《漢書・五行志》記載蟲啃柳葉，變成文字；這是陰陽五行，記述災害變異。「蟲葉」，是本體；「成」，即「變成」，含有「好像」之意，是喻詞；「字」，即「文字」之意；因此這句屬於隱喻。如「揮汗成雨」，即屬隱喻；「揮汗如雨」，則屬明喻。「成」、「如」一字之差，隱喻、明喻即昭然若揭。又如〈麗辭〉云：「若兩言相配，而優劣不均，是驥在左驂，駑爲右服也。」此言假如兩個典故，一個美妙，一個拙劣，如此對仗，不相勻稱，就像駕車一樣，將千里馬放在左邊，把劣馬擺在右邊，這樣會難以配合而相稱。「若兩言相配，而優劣不均」，係本體；「是」，含有「好像」之意，係準繫語，屬喻詞；「驥在左驂，駑爲右服。」，係喻體；因此全句屬於隱喻。又如〈麗辭〉云：「若夫事或孤立，莫與相偶，是夔之一足，趻踔而行也。」此言假若僅有一個孤零零的典故，沒有一個能跟它相稱的典故，就像夔獸，只有一隻腳，就會重心不穩，一步一步地向前跳著走了。

秋登其實。講論文章，春華也；修身利行，秋實也。」又《文心雕龍・原道》雲：「草木賁華，無待錦匠之奇。」其中「華」，即「花」的古字。

15 沈謙《修辭學》上冊雲：「在文言文中，隱喻的喻辭，『是』、『爲』也可以由『……也』取代。只要喻體與喻依在形式上是結合的關係，即屬隱喻。」見該頁 28，國立空中大學印行，1991 年 2 月初版。按：「喻辭」，即今「喻詞」。「喻體」，即今「本體」。「喻依」，即今「喻體」。「……也」，如《孟子・滕文公上》：「君子之德，風也；小人之德，草也。」是其證也。

16 海峽兩岸研究《文心雕龍》學者，多以敘述句譯注：「聖文之雅麗，固銜華而佩實也」。鄙人才疏學淺，膽大妄爲，以「修辭學之隱喻」、「文法學」（又叫語法學）之「準判斷句」詮證之，敬祈 方家前輩不吝誨正，匡我不逮，曷勝銘感之至。

「若夫事或孤立，莫與相偶」，係本體；「是」，含有「好像」之意，係準繫語，係屬喻詞；「夔之一足，跉踔而行」，係喻體；因此全句是隱喻。又如〈指瑕〉云：「全寫則揭篋。」此言作文倘若全都抄襲別人的文句，就像搬整箱財物的大盜。「全寫」，係本體；「則」，係「就是」，「是」含有「好像」之意，屬準繫語；「揭篋」，係喻體；因此全句是隱喻。又如〈指瑕〉云：「傍采則探囊。」此言作文假如部分抄襲他人的文句，就像摸別人口袋的小偷。「傍采」，就是部分抄襲別人文句，屬本體；「則」，係「就是」，「是」含有「好像」之意，屬準繫語；「探囊」，係喻體；因此全句是隱喻。此外，尚有〈比興〉云：「纖綿絡繹，范蔡之說也。」「纖綿絡繹」係本體，「.....也」（含有「好像」之意）係喻詞，「范蔡之說」係喻體，因此全句係隱喻。

三、略喻：凡是語文中，省略喻詞（如），僅剩下本體、喻體一種譬喻修辭手法，叫做略喻。《文心雕龍》運用略喻者甚夥，如〈原道〉云：「日月疊璧。」此句當作「日月（如）疊璧」。此言日月好像兩個圓圓的重疊璧玉，懸掛照耀著天空，呈現燦爛絢麗的天空景象。「日月」，係本體；「疊璧」，係喻體（璧，圓形的玉）；省略喻詞「如」；因此全句是略喻。又如〈徵聖〉云：「鑒周日月。」此句當作「鑒周（如）日月」。此言聖人能夠全面觀察整個自然界，就像日月遍照大地，無遠弗屆。將聖人的「鑒周」比喻作「日月」的普照自然界，無所不明；省略喻詞「如」；因此全句是略喻。又如〈神思〉云：「玄解之宰，尋聲律而定墨；獨照之匠，闚意象而運斤。」此句當作「玄解之宰，尋聲律而定墨：（如）獨照之匠，闚意象而運斤」。此言洞悉深奧道理的心靈，依照創作的原則，來擬定文稿；就像一個具有獨特慧眼的工匠，依據自己想像中的形像，來運用斧頭，製造器具一樣。將「玄解之宰」比方作「獨照之匠」，「尋聲律」比方作「闚意象」，「定墨」比方作「運斤　」；省略喻詞「如」；因此全句是略喻。又如〈風骨〉云：「文明以健，珪璋乃騁。」此句當作「文明以健，（如）珪璋乃騁」。此言文章寫得十分鮮明而剛健，才能像珍貴的寶玉一般，受到重視。本體係「文明以健」，喻體係「珪璋乃騁」，省略喻詞（如），因此全句係略喻。又如〈通變〉云：「若乃齷齪於偏解，矜激乎一致，此庭間之迴驟，豈萬里之逸步哉！」此句當作「若乃齷齪於偏解，矜激乎一致，此（如）庭間之迴驟，豈萬里之逸步哉」。此言假如作者局限於偏頗的見解，驕傲偏激而炫耀於自己的一得之見，這就像騎著一匹駿馬，在窄狹的庭院中來回跑馬，那能在萬里的長途上奔跑呢？本體係「齷齪於偏解，矜激乎一致」係本體，「庭間之迴驟，豈萬里之逸步哉」係喻體，省略喻詞（如），因此全句係略喻。此外，尚有如〈情采〉云：「采濫辭詭，則心理愈翳，固知翠綸桂餌，反所以失魚。」此句當作「采濫辭詭，則心理愈翳；（如）固知翠綸桂餌，反所以失魚。」又如〈麗辭〉云：「炳爍聯華，鏡靜含態。」此句當作「炳爍聯華，（如）鏡靜含態。」又如〈隱秀〉云：「互體變爻，而化成四象；珠玉潛水，而瀾表方圓。」此句當作「互體變爻，而化成四象；（如）珠玉潛水，而瀾表方圓」。又如〈隱秀〉云：「動心驚耳，逸響笙匏。」此句當作「動心驚耳，（如）　逸響笙匏。」又如〈指瑕〉云：「斯言之語，實深白珪。」此句當作「斯言之語，（如）實深白珪」。又如〈序志〉云：「人肖貌天地。」此句當句「人肖貌（如）天地」。又如〈序志〉云：「識在缾管。」此句當作「識在（如）缾管。」又如〈徵聖〉云：「百齡影徂。」此句當作「百齡（如）影徂」。以上這些句子皆是略喻。

四、借喻：凡是在語文中，省略本體、喻詞，僅剩下喻體的一種譬喻修辭手法，叫做借喻。《文心雕龍》運用借喻者，如〈正緯〉云：「朱紫亂矣。」此句當作「（以假亂真）（如）朱紫亂矣」。「以假亂真」，係本體；「如」，係喻詞；「朱紫亂矣」，係喻體；省略本體、喻詞，因此全句是借喻。又如〈通變〉云：「綆知者銜渴。」此言不能繼承傳統的作家，好像口渴的人想喝水；但由於繩短井深而無法取水，只好望水興歎。此句當作「（不能繼承傳統的作家）（如）綆知者銜渴」。省略本體、喻詞，僅剩下喻體，因此全句是借喻。又如〈通變〉云：「足疲者輟塗。」此句當作「過分重視傳統而忽略推陳出新的作家」（如）足疲者輟塗」。省略本體、喻詞，僅剩下喻體，因此全句是略喻。此言過分重視傳統而未能創新的作家，好像行萬里路的人，由於腳力不足，以致半途而廢。又如〈神思〉云：「視布於麻，,雖云未貴[17]，杼軸獻功，煥然乃珍。」此句當作「（具有巧妙的義理、新穎的意境而詞不達意之作品，稍加潤色，可以成爲上乘之作）（如）視布於麻，雖云未貴，杼軸獻功，煥然乃珍」。省略本體、喻詞，僅剩下喻體，因此全句是借喻。又如〈定勢〉云：「枉轡學步，力止壽陵。」此句當作「（假如不走正路而盲目地學習新奇）（如）枉轡學步，力止壽陵」。省略本體、喻詞，僅剩下喻體，因此這全句是借喻。此言倘若學正途而盲目地追求當下的錯誤的傾向，其結果就邯鄲學步的壽陵人，毫無所成。又如〈序志〉云：「雖復輕采毛髮，深極骨髓。」「毛髮」，比喻文章細微末節的小問

---

17 劉永濟《文心雕龍校釋》：「『費』疑當作『貴』」，見該書頁九九，臺北：華正書局印行，1974 年 10 月臺 1 版。又王利器《文心雕龍校證》：「『費』，徐、何校作『費』，梅六次本、張松孫本作『貴』。」見該書頁一九。臺北：明文書局印行，1982 年 4 月初版。

題。此句當作「（文章細微末節的小問題）（如）毛髮」。省略本體、喻詞，僅剩下喻體，因此這是借喻。「骨髓」，比喻文章的核心問題。此句當作「（文章的核心問題）（如）骨髓」。省略本體、喻詞，僅剩下喻體，因此這是借喻。

貳、變化類型：黃亦真將變化類型分爲起筆斷章型、首尾圓合型、連山疊嶂型、承上綴下型、繁略互見型、正反對照型、請客對主型、鑲嵌排比型八類。本文將變化類型分爲倒喻、詳喻、博喻、合喻四類。

一、倒喻：凡是在語文中，喻體在前，本體在後的一種譬喻修辭手法，叫做倒喻。《文心雕龍》運用倒喻者有二：

（一）明喻式倒喻：所謂明喻式倒喻，是指以明喻方式組成倒喻的一種譬喻修辭手法。如〈比興〉云：「金錫以喻明德，珪璋以譬秀民，螟蛉以類教誨，蜩螗以寫號呼，澣衣以擬心憂，卷席以方志固；凡斯切象，皆比義也。」「金錫」、「珪璋」、「螟蛉」、「蜩螗」、「澣衣」、「卷席」，皆是喻體。「明德」、「秀民」、「教誨」、「號呼」、「心憂」、「志固」，皆是本體。「喻」、「譬」、「類」、「寫」、「擬」、「方」，皆是喻詞。因此，這六分句，就個別言，係明喻式倒喻；就整體言，則是明喻式倒喻的合喻。

（二）略喻式倒喻：所謂略喻式倒喻，是指以略喻方式組成倒喻的一種譬喻修辭手法。如〈通變〉云：「練青濯絳，必歸藍蒨；矯訛翻淺，還宗經誥。」此句當作「矯訛翻淺，還宗經誥；（如）練青濯絳，必歸藍蒨」。喻體「練青濯絳，必歸藍蒨」在前，本體「矯訛翻淺，還宗經誥」在後，省略喻詞（如），因此全句係略喻式倒喻。將「矯訛翻淺」比喻「練青濯絳」，把「經誥」比喻「藍蒨」。又如〈定勢〉云：「通衢夷坦，而多行捷徑者，趨近故也；正文明白，而常務反言者，通俗故也。」此句當作「正文明白，而常務反言者，通俗故也；（如）通衢夷坦，而多行捷徑者，趨近故也」。將「正文明白」比喻「通衢夷坦」。喻體「通衢夷坦，而多行捷徑者，趨近故也」在前，本體「正文明白，而常務反言者，適俗故也」在後，省略喻詞（如），因此全句是略喻式倒喻。又如〈情采〉云：「鉛黛所以飾容，而盼倩生於淑姿；文采所以飾言，而辯麗本於情性。」此句當作「文采所以飾言，而辯麗本於情性；（如）鉛黛所以飾容，而盼倩生於淑姿」。「文采所以飾言，而辯麗本於情性」係本體，「鉛黛所以飾容，而盼倩生於淑姿」係喻體，省略喻詞（如），因此全句是略喻式倒喻。又如〈鎔裁〉云：「百節成體，共資榮衛；萬趣會文，不離辭情。」此句當作「萬趣會文，不離辭情；（如）有節成體，共資榮衛」。以「百節成體」比喻「萬趣會文」，「榮衛」比喻「辭情」。喻體「百節成體，共資榮衛」在前，本體「萬趣會文，不離辭情」在後，省略喻詞（如），因此全句略喻式倒喻。又如〈總術〉云：「夫驥足雖駿，纆牽忌長，以萬分一累，且廢千里；況文體多術，共相彌綸，一物攜貳，莫不解體。」此句當作「文體多術，共相彌綸，一物攜貳，莫不解體；（如）驥足雖駿，纆牽忌長，以萬分一累，且廢千里」。將「文體」比喻「驥足」。喻體「驥足雖駿，纆牽忌長，以萬分一累，且廢千里」在前，本體「文體多術，共相彌綸，一物攜貳，莫不解體」在後，省略喻詞（如），因此全句是略喻式倒喻。又如〈事類〉云：「山木爲良匠所度，經書爲文士所擇。」以「山木」比喻「經書」、「良匠」比喻「文士」，省略喻詞，因此全句係略喻式倒喻。《文心雕龍》運用略喻式倒喻較多，明喻式倒喻僅有〈比興〉，而隱喻式倒喻未之見也。

二、詳喻：凡是在語文中，具備本體、喻詞、喻體、喻解[18]的一種譬喻手法，叫做詳喻。《文心雕龍》運用詳喻者綦多，又可分為明喻式詳喻、隱喻式詳喻、略喻式詳喻、借喻式詳喻四項。

（一）明喻式詳喻：所謂明喻式詳喻，是指以明喻方式組成詳喻的一種譬喻修辭手法。如〈宗經〉云：「道心惟微，聖謨卓絕，牆宇重峻，吐納自深；譬萬鈞之洪鍾，無錚錚之細細響矣。以「萬鈞之洪鍾」比喻「道心惟微，聖謨卓絕，牆宇重峻，吐納自深」。「無錚錚之細響矣」，係喻解。「譬」，係喻詞。因此，全句係明喻式詳喻。又如〈詮賦〉云：「麗詞雅義，符采相勝，如組織之品朱紫，畫繪之差玄黃，文雖雜而有質，色雖糅而有儀，此立賦之大體也。」以「組織之品朱紫，畫繪之差玄黃」比喻「麗詞雅義，符采相勝」。「文雖雜而有質，色雖糅而有儀，此立賦之大體」，係喻解。「如」，係喻詞。因此，全句是明喻式詳喻。又如〈通變〉云：「論文之方，譬諸草木，根幹麗土而同性，臭味晞陽而異品矣。」以「草木」比喻「論文之方」。「根幹麗土而同性，臭味晞陽而異品」，係喻解。「譬」，係喻詞。因此，全句係明喻式詳喻。又如〈定勢〉云：「愛典而惡華，則兼通之理偏，似夏人爭弓矢，執一，不可以獨射也。」以「夏人爭弓矢」比喻「愛典而惡華」。「似」，係喻詞。「執一，不可以獨射也」，係喻解。因此，全句是明喻式詳喻。又如〈章句〉云：「章句在篇，如繭之抽緒，原始要終，體必鱗次。」以「繭」比喻「章句」。

18 「喻解」一詞，見同注 11，頁 102；朱自清採用「意旨」，見同注 9；如今吾師黃慶萱教授與以往鄙人皆採用「喻旨」，鄙人於本文採用「喻解」。黃教授採用「喻旨」，見其大作《修辭學》，頁 338，臺北：三民書局印行，2002 年 10 月增訂三版。蔡宗陽採用「喻旨」，見〈「修辭格」的辨析原則與命題技巧〉，發表於《中等教育》，45 卷 6 期 58 頁（全文頁 56-65），國立臺灣師範大學中等教育輔導委員會印行，1994 年 12 月出版。

「如」，係喻詞。「原始要終，體必鱗次」，係喻解。因此，全句是明喻式詳喻。又如〈麗辭〉云：「自揚馬張蔡，崇盛麗辭，如宋畫吳冶，刻形鏤法，麗句與深采並流，偶意共逸韻俱發。」以「宋畫吳冶」比喻「揚馬張蔡」。「如」，係喻詞。「麗句與深采並流，偶意共逸韻俱發。」，係喻解。因此，全句是明喻式詳喻。此外，尚有〈鎔裁〉云：「辭如川流，溢則氾濫。」以「川流」比喻「辭」，「溢則氾濫」係喻解；因此這亦是明喻式詳喻。

（二）隱喻式詳喻：所謂隱喻式詳喻，是指在語文中，以隱喻方式組成詳喻的一種譬喻修辭手法。如〈定勢〉云：「若雅鄭而共篇，則總一之勢離，是楚人鬻矛楯，譽兩難得而俱售也。」以「楚人鬻矛楯」比喻「雅鄭而共篇」。「是」，含有「好像」之意，係喻詞。「譽兩難得而俱售」，係喻解。因此，全句是隱喻式詳喻。

（三）略喻式詳喻：所謂略喻式詳喻，是指以略喻方式組成詳喻的一種譬喻修辭手法。如〈正緯〉云：「辭富膏腴，無益經典，而有助文章。」「辭富膏腴」，當作「辭富（如）膏腴」，係略喻。「無益經典，而有助文章」係喻解，詮解緯書文章辭采豐贍，雖無益經典，但有助文章。因此，全句是略喻式詳喻。又如〈情采〉云：「心定而後結音，理正而後摛藻，使文不滅質，博不溺心，正采耀乎朱藍，間色屏於紅紫，乃可謂雕琢其章，彬彬君子矣。」此句當作「心定而後結音，理正而後摛藻，使文不滅質，博不溺心，（如）正采耀乎朱藍，間色屏於紅紫，乃可謂雕琢其章，彬彬君子矣。」以「正采耀乎朱藍，間色屏於紅紫」比喻「文不滅質，博不溺於心」。「雕琢其章，彬彬君子」，是喻解，詮詁文質彬彬，然後君子。因此，全句是略喻式詳喻，又如〈鎔裁〉云：「篇章戶牖，左右相瞰。」「篇章戶牖」，當作

「篇章（如）戶牖」，係略喻。「左右相瞰」，係喻解，解說文章的首尾與長短的安排，宜如門戶、窗子左右對稱。因此，全句是略喻式詳喻。又如〈序志〉云：「歲月飄忽，性靈不居，騰聲飛實，制作而已。」「歲月飄忽」當作「歲月（如）飄忽」，係略喻。「性靈不居，騰聲飛實，制作而已」，係喻解，解析時光快速消失，人的才智不能永存，要傳揚名聲於後世，惟有立言罷了。因此，全句是略喻式詳喻。

（四）借喻式詳喻：所謂借喻式詳喻，是指在語文中，以借喻方式組成詳喻的一種譬喻修辭手法。如〈宗經〉云：「根柢槃深，枝葉峻茂，辭約而旨豐，事近而喻遠。」「根柢槃深，枝葉峻茂」，當作「（五經的思想），（如）根柢槃深，枝葉峻茂」。省略本體（五經的思想）、喻詞（如），僅剩下喻體「根柢槃深，枝葉峻茂」，這是借喻。「辭約而旨豐，事近而喻遠」，係喻解，詮詁五經思想的內容與特色。因此，全句是略喻式的詳喻。又如〈辨騷〉云：「金相玉式，豔溢錙毫。」「金相玉式」，當作「（屈原〈離騷〉情采兼備之美），（如）金相玉式」。「金相玉式」，係借喻。「豔溢錙毫」，係喻解，詮釋屈原〈離騷〉之美，如黃金美玉一樣完備，即使極細微地方的片言隻語，都充滿著豔麗。因此，全句是借略式詳喻。

三、博喻：凡是在語文中，具備本體、喻詞、喻體而喻體兩個或兩個以上的一種譬喻修辭手法，叫做博喻。《文心雕龍》運用博喻者甚夥，又可分爲明喻式博喻、隱喻式博喻、略喻式博喻、借喻式博喻、詳喻式博喻、略喻式倒喻之博喻、略喻式詳喻之博喻七項。

（一）明喻式博喻：所謂明喻式博喻，是指以明喻方式組成博喻的一種譬喻修辭手法。《文心雕龍》運用明喻式博喻綦多，如〈鎔裁〉云：「裁則蕪穢不生，鎔則綱領昭暢，譬繩墨之審分，斧斤之斲削矣。」以「繩墨」、「斧斤」比喻裁辭鎔意。本體係「裁則蕪穢不生，鎔則綱領昭暢」，喻詞係「譬」，兩個喻體係「繩墨之審分」、「斧斤之斲削」，因此全句是明喻式博喻。又如〈聲律〉云：「練才洞鑒，剖字鑽響，識疎闊略，隨音所遇，若長風之過籟，南郭之吹竽耳。」以「長風過籟」、「南郭吹竽」比喻「識疏闊略，隨音所遇」。本體係「練才洞鑒，剖字鑽響，識疎闊略，隨音所遇」，喻詞係「若」，兩個喻體係「長風之過籟」、「南郭之吹竽」，因此全句是明喻式博喻。又如〈章句〉云：「其控引情理，送迎際會，譬舞容迴環，而有綴兆之位；歌舞靡曼，而有抗墜之節也。」以「舞容」、「歌舞」比喻「情理」。本體係「控引情理，送迎審會」，喻詞係「譬」，兩個喻體係「舞容迴環，而有綴兆之位」、「歌聲靡曼，而有抗墜之節」，因此全句是明喻式博喻。又如〈事類〉云：「事得其要，雖小成績，譬寸轄制輪，尺樞運關也。」以「寸轄制輪」、「尺樞運關」比喻「事得其要」。此言引用典故要領，有如寸轄制輪，尺樞運關。本體係「事得其要，雖小成績」，喻詞係「譬」，兩個喻體係「寸轄制輪」、「尺樞運關」，因此全句是明喻式博喻。又如〈附會〉云：「何謂附會？謂總文理，統首尾，定與奪，合涯際，彌綸一篇，使雜而不越者也。若築室之須基構，裁衣之待縫緝矣。」以「築室」、「裁衣」比喻「附辭會義」；「若」係喻詞；兩個喻體係「築室之須基構」、「裁衣之待縫緝」，因此全句是明喻式博喻。又如〈附會〉云：「夫能玄識腠理，然後節文自會，如膠之粘木，石之合玉。」以「膠之粘木」、』「石之合玉」比喻「節文」。本體係「節文自會」，喻詞係「如」，兩個喻體係「膠之粘木」、「石之合玉」，因此全句是明喻式博喻。

（二）隱喻式博喻：所謂隱喻式博喻，是指以隱喻方式組成博喻的一種譬喻修辭手法。《文心雕龍》運用隱喻式博喻者，如〈宗經〉云：「若禀經以制式，酌雅以富言；是即山而鑄銅，煮海而為鹽也。」以「山」、「海」比喻五經。本體係「禀經以制式，酌雅以富言」，喻詞「是」（含有「好像」之意，屬準繫語），兩個喻體係「即山而鑄銅」、「煮海而為鹽」，因此全句是隱喻式博喻。又如〈事類〉云：「或微言美事，置於閑散，是綴金翠於足脛，靚粉黛於胸臆也。」以「金翠」、「粉黛」比喻「微言美事」。本體係「微言美事，置於閑散」，喻詞係「是」（含有「好像」之意，係準繫語），兩個喻體係「綴金翠於足脛」、「靚粉黛於胸臆」，因此全句隱喻式博喻。

（三）略喻式博喻：所謂略喻式博喻，是指以略喻方式組成博喻的一種譬喻修辭手法。《文心雕龍》運用略喻式博喻者，如〈事類〉云：「是以將贍才力，務在博見，狐腋非一皮能溫，雞蹠必數千而飽矣。」以「狐腋」、「雞蹠」比喻「才力」，省略喻詞（如），本體係「將贍才力，務在博見」，兩個喻體係「狐腋非一皮能溫」、「雞蹠必數千而飽」，因此全句是略喻式博喻。又如〈通變〉云：「通變無方，數必酌於新聲；故能騁無窮之路，飲不竭之源。」本體係「通變無方，數必酌於新聲」，喻詞（如）省略，兩個喻體「騁無窮之路」、「飲不竭之源」，因此全句是略喻式博喻。又如〈養氣〉云：「玄神宜寶，素氣資養；水停以鑒，火靜而朗。」此句當作「玄神宜寶，素氣資養；（如）水停以鑒，火靜而朗」。以「水」、「火」比喻「玄神」、「素氣」。本體係「玄神宜寶，素氣資養」，省略喻詞（如），兩個喻體「水停以鑒」、「火靜而朗」，因此全句是略喻式博喻。又如〈總術〉云：「凡精慮造文，各競新麗，多欲練辭，莫肯研術。落落之玉，或亂乎石；碌碌之石，時似乎玉。」本體係「凡精慮造文，各競新麗，多欲練辭，莫肯研術」，省略喻詞（如），兩個喻體「落落之玉，或亂乎石」、「碌碌之石，時似乎玉」，因此全句是略喻式博喻。

（四）借喻式博喻：所謂借喻式博喻。是指以借喻方式組成博喻的一種譬喻修辭手法。《文心雕龍》運用借喻式博喻者，如〈宗經〉云：「太山徧雨，河潤千里。」此句當作「（五經思想對後世學術文化的影響），（如）太山徧雨，河潤千里」。以「泰山」、「黃河」比喻五經思想。省略本體、喻詞，僅剩下兩個喻體「太山徧雨」、「河潤千里」，因此全句是借喻式博喻。又如〈指瑕〉云：「無翼而飛者，聲也；無根而固者，情也。」以「無翼而飛」、「無根而固」比喻文章可傳久遠，易於引起讀者共鳴。省略本體、喻詞（如），僅剩下兩個喻體係「無翼而飛者，聲也」、「無根而固者，情也。」，因此全句是借喻式博喻。又如〈序志〉云：「振葉以尋根，觀瀾而索源」。以「葉」、「瀾」比喻「文章」，「根」、「源」比喻「經典」，因此全句係借喻式博喻。

（五）詳喻式博喻：所謂詳喻式博喻，是指以詳喻方式組成博喻的一種譬喻修辭手法。《文心雕龍》運用詳喻式博喻者，如〈定勢〉云：「勢者，乘利而爲制也。如機發矢直，澗曲湍回，自然之勢也。」以「機」、「澗」比喻「勢」。本體係「勢者，乘利而爲制也。」，喻詞係「如」，兩個喻體係「機發矢直」、「澗曲湍回」，喻解係「自然之勢」，因此全句係詳喻式博喻。又如〈定勢〉云：「斷辭辨約者，率乖繁縟，譬激水不漪，槁木無陰，自然之勢也。」以「激水」、「槁木」比喻「斷辭辨約」。本體係「斷辭辨約者，率乖繁縟」，喻詞係「譬」，兩個喻體係「激水不漪」、「槁木無陰」，喻解係「自然之勢」，因此全句是詳喻式博喻。

（六）略喻式倒喻之博喻：所謂略喻式倒喻之博喻，是指以略喻式倒喻方式組成博喻的一種譬喻修辭手法。《文心雕龍》運用倒喻式博喻者，如〈附會〉云：「夫畫 者謹髮而易貌，射者儀毫而失牆；銳精細巧，必疏體統。」此句當作「銳精細巧，必疏體統；（如）畫者謹髮而易貌，射者儀毫而失牆」，係略喻式倒喻。本體係「銳精細巧，必疏體統」，喻詞（如）省略，兩個喻體係「畫者謹髮而易貌」、「射者儀毫而失牆」；因此，全句是略喻式倒喻之博喻。又如〈原道〉之：「龍鳳以藻繪呈瑞，虎豹以炳蔚凝姿；雲霞雕色，有踰畫工之妙；草木賁華，無待錦匠之奇；夫豈外飾，蓋自然耳。」以「龍鳳」、「虎豹」、「雲霞」、「草木」比喻「自然」。此句當作「夫豈外飾，蓋自然（文采）耳（如）龍鳳以藻繪呈瑞，虎豹以炳蔚凝姿；雲霞雕色，有踰畫工之妙；草木賁華，無待錦匠之奇」，係略喻式倒喻。以四個喻體比方「自然（文采）」，因此全句是略喻式倒喻之博喻。又如〈情采〉云：「夫水性虛而淪漪結，木體實而花萼振；文附質也。」此句當作「文附質也；（如）水性虛而淪漪結，木體實而花萼振」，係略喻式倒喻。以「水」、「木」比喻「質」；以「淪漪」、「花萼」比喻「文」。由於兩個喻體，因此全句是略喻式倒喻之博喻。此外，尚有〈情采〉云：「虎豹無文，則鞹同犬羊；犀兕有皮，而色資丹漆；質待文也。」以「虎豹」、「犀兕」比喻「質」，「鞹」、「丹漆」比喻「文」，是略喻式倒喻，因此全句係略喻式倒喻的博喻。

（七）略喻式詳喻之博喻：所謂略喻式詳喻之博喻，是指以略喻式詳喻方式組成博喻的一種譬喻修辭手法，如〈隱秀〉云：「夫心術之動遠矣，文情之變深矣；源奧而派生，根盛而穎峻；

是以文之英蕤，有隱有秀。」以「源奧」、「根盛」比喻「心術」、「文情」。本體係「心術之動遠矣，文情之變深矣」，喻詞（如）省略，兩個喻體係「源奧而派生」、「根盛而穎峻」，喻解係「文之英蕤，有隱有秀」，因此全句係略喻式詳喻之博喻。

四、合喻：所謂合喻，是指在語文中，運用兩個或兩個以兩個以上相同譬喻的一種修辭手法。《文心雕龍》運用合喻者孔多，又可分爲明喻式合喻、隱喻式合喻、借喻式合喻、明喻式詳喻之合喻四項。

（一）明喻式合喻：所謂明喻式合喻，是指運用兩個或兩個以上明喻方式組成合喻的一種譬喻修辭手法。《文心雕龍》運用明喻式合喻者綦多，如〈誄碑〉云：「觀風似面，聽辭如泣。」此言看文中死者的風範，好像面見其人；聽描述哀傷的文辭，好像感傷得潸然淚下。本體係「觀風」、「聽辭」，喻詞係「似」、「如」，喻體係「面」、「泣」。由兩個明喻方式組成的合喻，因此全句係明喻式合喻。又如〈詔策〉云：「王言之大，動入史策，其出如綍，不反若汗。」此言君王發號施令，不可改變好像大繩索，不可收回好像流汗。」「其出」、「不反」係本體，「如」、，「若」係喻詞，「綍」、「汗」係喻體，由兩個明喻方式組成的合喻，因此全句係明喻式合喻。又如〈檄移〉云：「聲如衝風所擊，氣似欃槍所掃。」此言檄文的聲威，好像暴風襲擊萬物，氣勢好像彗星掃蕩天空。本體係「聲」、「氣」，喻詞係「如」、「似」，喻體係「衝風所擊」、「欃槍所掃」，由兩個明喻方式組成合喻，因此全句係明喻式合喻。又如〈神思〉云：「子建援牘如口誦，仲宣舉筆似宿構。」此言曹植拿紙創作，好像早已背熟似地信手寫成；王粲提筆創作，好像謄錄早已寫好的底稿。本體係「子建援牘」、「仲宣舉筆」，喻詞係「如」、「似」，喻體係「口誦」、「宿構」；由兩個明喻方式組成的合喻，因此全句係明喻式合喻。又如〈風骨〉云：「辭之待骨，如體之樹骸；情之含風，猶形之包氣。」以「體」比喻「辭」、「形」比喻「情」。本體係「辭之待骨」、「情之含風」，喻詞係「如」、「猶」，喻體係「體之樹骸」、「形之包氣」；由兩個明喻方式組成的合喻，因此全句係明喻式合喻。又如〈定勢〉云：「湍迴似規，矢激如繩。」以「規」比喻「湍迴」、「繩」比喻「矢激」。「湍迴」、「矢激」係本體，「似」、「如」係喻詞，「規」、「繩」係喻體；由兩個明喻方式組成的合喻，因此全句係明喻式合喻。又如〈比興〉云：「麻衣如雪，兩驂如舞。」以「雪」比喻「麻衣」、「舞」比喻「兩驂」。「麻衣」、「兩驂」係本體，兩個「如」係喻詞，「雪」、「舞」係喻體，由兩個明喻方式組成的合喻，因此全句係明喻式合喻。又如〈事類〉云：「皜如江海，鬱若崐鄧。」以「江海」比喻「皜（即水勢廣大）」、「崐鄧（即崐山、鄧林）」比喻「鬱」（即蘊藏豐富）」。「皜」、「鬱」係本體，「如」、「若」係喻詞，「江海」、「崐鄧」係喻體；由兩個明喻方式組成的合喻，因此全句係明喻式合喻。又如〈隱秀〉云：「自然會妙，譬卉木之耀英華；潤色取美，譬繒帛之染朱綠。」以「卉木」比喻「自然」、「繒帛」比喻「潤色」。「自然會妙」、「潤色取美」係本體，兩個「譬」係喻詞，「卉木之耀其華」、「繒帛之染朱綠」係喻體；由兩個明喻方式組成的合喻，因此全句係明喻式合喻。又如〈附會〉云：「善附異旨如肝膽，拙會者同音如胡越。」以「肝膽」比喻「善附者」、「胡越」比喻「拙會者」。「善附者異旨」、「拙會者同音」係本體，兩個「如」係喻詞，「肝膽」、「胡越」係喻體；由兩個明喻方式組合的合喻，因此全句係明喻式合喻。又如〈附會〉云：「絕筆斷章，譬乘舟以振楫；會詞切理，如引轡以揮鞭。」「絕筆斷章」、「會詞切理」係本體，「譬」、「如」係喻詞，「乘舟以振楫」、「引轡以揮鞭」係喻體；由兩個明喻方式組成的合喻，因此全句係明喻式合喻。又如〈總術〉云：「執術馭篇，似善弈之窮數；棄術任心，如博塞之邀遇。」以「善弈」比喻「執術馭篇」、「博塞」比喻「棄術任心」。「執術馭篇」、「棄術任心」係本體，「似」、「如」係喻詞，「善弈之窮數」、「博塞之邀遇」係喻體；由兩個明喻方式組成的合喻，因此全句係明喻式合喻。又如〈序志〉云：「擬耳目於日月，方聲氣乎風雷。」以「日月」比喻「耳目」、「風雷」比喻「聲氣」。「耳目」、「聲氣」係本體，「擬」、「方」係喻詞，「日月」、「風雷」係喻體；由兩個明喻方式組成的合喻，因此全句係明喻式合喻。

（二）隱喻式合喻：所謂隱喻式合喻，是指運用兩個或兩個以上隱喻方式組成合喻的一種譬喻修辭手法。《文心雕龍》運合隱喻式合喻者甚夥，如〈神思〉云：「博見爲饋貧之糧，貫一爲拯亂之藥。」以「糧」比喻「博見」、「藥」比喻「貫一」。「博見」、「貫一」係本體，兩個「爲」（含有「好像」之意，準繫語）係喻詞，「饋貧之糧」、「拯亂之藥」係喻體；由兩個隱喻方式組成的合喻，因此全句係隱喻式合喻。又如〈風骨〉云：「風骨乏采，則鷙集翰林；采乏風骨，則雉竄文囿。」「風骨乏采」、「采乏風骨」係本體，兩個「則」（即「就是」、「是」含有「好像」之意，準繫語）係喻詞，「鷙集翰林」、「雉竄文囿」係喻體；由兩個隱喻方式組成的合喻，因此全句係隱喻式合喻。又如〈鎔裁〉云：「一意兩出，義之駢枝也；同辭重句，文之肬贅也。」以「駢枝」比喻「一意兩出」、「肬贅」比喻「同辭重句」。「一意兩出」、「同辭重句」係本體，兩個「……也」（含有「好像」

之意，準繫語）係喻詞，「義之駢枝」、「文之肬贅」係喻體；由兩個隱喻方式組成的合喻，因此全句係喻式合喻。又如〈夸飾〉云：「言峻則嵩高極大，論狹則河不容舠，說多則子孫千億，稱少則民靡孑遺。」以「嵩高極天」比喻「峻」、「河不容舠」比喻「狹」、「子孫千億」比喻「多」、「民靡孑遺」比喻少。「言峻」、「論狹」、「說多」、「稱少」係本體，四個「則」（含有「就像」之意，準繫語）係喻詞，「嵩高極天」、「河不容舠」、「子孫千億」、「民靡孑遺」係喻體；由四個隱喻方式組成的合喻，因此全句係隱喻式合喻。又如〈附會〉云：「情志爲神明，事義爲骨鯁，辭采爲肌膚，宮商爲聲氣。」以「神明」比喻「情志」、「骨鯁」比喻「事義」、「肌膚」比喻「辭采」、「聲氣」比喻「宮商（即聲情）」。「情志」、「事義」、「辭采」、「宮商」係本體，四個「爲」（含有「好像」之意，準繫語）係喻詞，「神明」、「骨鯁」、「肌膚」、「聲氣」係喻體；由四個隱喻方式組成的合喻，因此全句係隱喻式合喻。又如〈總術〉云：「視之則錦繪，聽之則絲簧，味之則甘腴，佩之則芬芳。」此言文章氣勢，閱讀此文辭，好像五彩的錦繡；聆聽其聲律，好像樂器演奏的音樂；品賞其事義，好像甜美的佳肴；領會其情志，好像芬芳的香花。「視之」、「聽之」、「味之」、「佩之」係本體，四個「則」（即「就像」之意，準繫語）係喻詞，「錦繪」、「絲簧」、「甘腴」、「芬芳」係喻體；由四個隱喻方式組成的合喻，因此全句係隱式合喻。

（三）借喻式合喻：所謂借喻式合喻，是指運用兩個或兩個以上借喻方式組成合喻的一種譬喻修辭手法。《文心雕龍》運用借喻式合喻者，如〈夸飾〉云：「倒海探珠，傾崑取琰。」此句當作「夸飾語文的困難」，（如）倒海探珠；增飾文辭的困難，如傾崑取琰」。省略本體、喻詞，僅剩下兩個喻體「倒海探珠」、「傾崑取琰」；由兩個借喻方式組成的合喻，因此全句係借喻式合喻。又如〈指瑕〉云：「羿氏舛射，東野敗駕。」此句當作「（智者爲文，難免有失誤），（如）羿氏舛射；（有傑出才能的作家爲文，難免有失誤），（如）東野敗駕。」省略本體、喻詞，僅剩下兩個喻體「羿氏舛射」、「東野敗駕」；由兩個借喻方式組成的合喻，因此全句係略喻式合喻。又如〈序志〉云：「各照隅隙，鮮觀衢路」。」此句當作「只觀察文章的細微末節」，（如）各照隅隙；（很少注意文章整體性、全面性），（如）鮮觀衢路」。省略本體、喻詞，僅剩下兩個喻體「各照隅隙」、「鮮觀衢路」；由兩個借喻方式組成的合喻，因此全句係略喻式合喻。

（四）明喻式詳喻之合喻：所謂明喻式詳喻之合喻，是指運用兩個或兩個以上明喻式詳喻方式組成合喻的一種譬喻修辭手法。《文心雕龍》運用明喻式詳喻之合喻者，如〈宗經〉云：「子夏歎《書》，昭昭若日月之代明，離離如星辰之錯行，言照灼也。」以「日月」比喻「昭昭」（即《尚書》論事明暢）、「星辰」比「離離（即《尚書》內容清晰）」。「昭昭」、「離離」係本體，「若」、「如」係喻詞，「日月之代明」、「星辰之錯行」係喻體，「言照灼也」係喻解，詮解《尚書》論事明暢、內容清晰；由兩個明喻式詳喻方式組成的合喻，因此全句係明喻式詳喻之合喻。又如〈離騷〉云：「虬龍以喻君子，雲蜺以譬讒邪，比興之義也。」以「虬龍」比喻「君子」、「雲蜺」比喻「讒邪」。「君子」、「讒邪」係本體，「喻」、「譬」係喻詞，「虬龍」、「雲蜺」係喻體，「比興之義」係喻解；由於兩個明喻式詳喻組成的合喻，因此全句係明喻式詳喻之合喻。又如〈頌贊〉云：「敷寫似賦，而不入華侈之區；敬慎如銘，而異乎規戒之域。」以「賦」

比喻「敷寫」、『銘』比喻「敬慎」。「敷寫」、「敬慎」係本體，「似」、「如」係喻詞，「賦」、『銘』係喻體，「不入華侈之區」、『異乎規戒之域』係喻解；由兩個明喻式詳喻組成的合喻，因此全句係明喻式詳喻之合喻。又如〈諧讔〉云：「心險如山，口壅若川，怨怒之情不一，歡謔之言無方。」以「山」比喻「心險」、「川」比喻「口壅」。「心險」、「口壅」係本體，「如」、「若」係喻詞，「山」、「川」係喻體，「怨怒之情不一，歡謔之言無方」係喻解；由兩個明喻式詳喻方式組成的合喻，因此全句係明喻式詳喻之合喻。

結語

《文心雕龍》運用譬喻的基本類型，有明喻、隱喻、略喻、借喻四種；變化類型有倒喻、詳喻、博喻、合喻，此外尚有反喻，如〈比興〉云：「比類雖繁，以切至爲貴；若刻鵠類鶩，則無所取焉。」喻體「刻鵠類鶩，則無所取焉」，係主體「比類雖繁，以切至爲貴」的反面譬喻，「若」係喻詞，因此全句係明喻式反喻。又如〈銘箴〉云：「有佩於言，無鑒於水。」此句當作「有佩於言，（如）無鑒於水。」此句當作「有佩於言，（如）無鑒於水」。喻體「無鑒於水」，係本體「有佩於言」的反面譬喻，省略喻詞（如），因此全句係略喻式反喻。又如〈指瑕〉云：「丹青初炳而後渝，文章歲久而彌光。」此句當作「文章歲久而彌光，（如）丹青初炳而後渝」，這是略喻式的倒喻。喻體「丹青初炳而後渝」，係「文章歲久而彌光」的反面譬喻，省略喻詞的「如」，因此全句係略喻式倒喻的反喻。又有較喻，如〈養氣〉云：「神志外傷，同乎牛山之木。」以喻體「牛山之本」，比喻本體「神志外傷」；「同乎」係差比詞；因此全句係較喻中的等喻。再有疑喻[19]，如〈指瑕〉云：「永蟄頗疑於昆蟲。」「永蟄」，係本體；「頗疑」，係似是而非、疑非疑是的喻詞；「昆蟲」，係喻體；因此全句係疑喻。一言以蔽之，《文心雕龍》運用譬喻的變化類型有七種。

19　「疑喻」一詞，詳見唐松波、黃建霖主編《漢語修辭格大辭典》，頁 19，北京：中國國際廣播出版社印行，1989 年 2 月初版。

《文心雕龍》論「繁縟」

國立台灣師範大學國文學系　呂武志

摘　要

本文旨在探討劉勰《文心雕龍》對「繁縟」的看法。前言、結語之外，凡分四節，分別論述「『繁縟』以文采爲本質」、「劉勰對『繁縟』文風的肯定與否定」、「劉勰對『繁縟』作家的褒貶」、「劉勰論爲文的『尋繁領雜之術』」。蓋緣於《文心雕龍．體性》談風格，有「繁縟」之體，前人持說不一，或謂並無輕視之意，或謂實有鄙薄之見；經由考察，得知劉勰視「繁縟」爲文學的特質，其文采之日益華麗，乃自然而然。再者，聖人行文有「博文以該情」之手法，所謂「繁略殊制」，可以靈活運用；顧三代由樸質而臻雅麗，楚、漢以後，轉爲侈豔，乃至齊、梁之訛濫，足見「繁縟」文風雖可取，仍應有節。故劉勰於「繁縟」得當之作家則褒之，「繁縟」過份之作家則貶之。此外，《文心雕龍》復從積極面，提出「尋繁領雜」的方法，主張「貫一爲拯亂之藥」，要求「剪截浮辭」，重視「情志」，提倡「風骨」，方能寫出「繁縟」恰當的好文章。

關鍵詞：劉勰、文心雕龍、體性、八體、風格、繁縟

一、前　言

劉勰〈定勢〉云：「斷辭辨約者，率乖繁縟。」〈體性〉談風格八體，也說：「繁與約舛」，其「繁縟」與「精約」，兩相對立。「精約者，覈字省句，剖析毫釐者也。」考察《文心雕龍》全書，於茲每多標舉，如〈銘箴〉：「文約爲美」，〈論說〉：「要約明暢，可爲式矣！」〈宗經〉則歌頌經典「辭約而旨豐」，又說爲文能宗經，必有「體約而不蕪」之美；前有拙作〈文「約」爲美 — 論《文心雕龍》的一個重要觀念〉詳之[1]。至於「繁縟者，博喻醲采，煒燁枝派者也。」考察劉勰之論，於其利病得失，時有褒貶；其精論要語，散見各篇，不加整理辨析，難明劉勰看待「繁縟」之真象；爰繼踵前作，補其不足，申其未備，分四節言之。

二、「繁縟」以文采為本質

文學者，須雕琢縟采；故《文心雕龍・序志》云：「古來文章，以雕縟成體。」〈明詩〉云：「英華彌縟，萬代永耽。」〈情采〉亦云：

> 聖賢書辭，總稱文章，非采而何！夫水性虛而淪漪結，木體實而花萼振；文附質也。虎豹無文，則鞹同犬羊；犀兕有皮，而色資丹漆；質待文也。若乃 綜述性靈，敷寫器象，鏤心鳥跡之中，織辭魚網之上，其為彪炳，縟采名矣。

所謂「縟采」，即「繁縟的文采」，文采縟麗，所以稱爲「文章」。可見文學所具的特質，就如同水面之有漣漪，樹木之有花

1 見《中國學術年刊》第十七期，頁 157-164。國立臺灣師範大學國文研究所。

蕚，虎豹之毛有斑紋，犀兕之皮待朱漆；此乃宇宙萬象之所常見，人倫日用之所當備，皆自然而然，斐然成章，蔚然成采。所以劉勰接而言：「故立文之道，其理有三：一曰形文，五色是也；二曰聲文，五音是也；三曰情文，五性是也。五色雜而成黼黻，五音比而成韶夏，五性發而爲辭章，神理之數也。」從這個角度看，劉勰對「繁縟」並不排斥；蓋文學即以縟麗文采爲特質。參之〈原道〉，也可得到印證，如云：「日月疊璧，以垂麗天之象；山川煥綺，以鋪理地之形。」「旁及萬品，動植皆文；龍鳳以藻繪呈瑞，虎豹以炳蔚凝姿；雲霞雕色，有踰畫工之妙；草木賁華，無待錦匠之奇。」「至於林籟結響，調如竽瑟；泉石激韻，和若球鍠。」總括以上，得到一個結論：「夫以無識之物，鬱然有采；有心之器，其無文歟？」充分肯定人類「心生而言立，言立而文明，自然之道也。」因情而立文，自有繁采可觀。

三、劉勰對「繁縟」文風的肯定與否定

從〈情采〉、〈原道〉看，劉勰認識到文學的本質，即因「繁文縟采」之可觀。故〈徵聖〉推崇周、孔之行文「或簡言以達旨，或博文以該情，或明理以立體，或隱義以藏用。」此「簡」、「博」、「明」、「隱」，即聖人爲文的四種表達手法；所謂「繁略殊制，隱顯異術，抑引隨時，變通適會。」四種手法隨機應變，靈活運用，其間並無輕重褒貶之意在。所謂五經之「〈邠詩〉聯章以積句，〈儒行〉縟說以繁辭，此博文以該情也。」乃讚頌《詩經·豳風·七月》凡分八章，章十一句，全詩長達三百八十三字。《禮記·儒行》由各種不同的角度，講儒者所特有的人格與道德，分爲自立、容貌、備豫、近人、特立、剛毅、仕、憂思、寬裕等十

六種，文辭宏富，皆不以爲病。可見「博文以該情」既爲聖人行文之所常有，亦可作後世取法之準繩。又〈宗經〉亦推崇《詩經》「藻辭譎喻，溫柔在誦，故最附深衷矣！」對於歷代文風，劉勰〈通變〉講：「夏歌〈雕牆〉，縟於虞代；商周篇什，麗於夏年。」〈原道〉說：「夏后氏興，峻業鴻績，九序惟歌，勳德彌縟；逮及商周，文勝其質，〈雅〉、〈頌〉所被，英華日新。」可見夏代文學比之唐虞，已漸臻繁縟，到了商周，更到達「麗而雅」的理想境地[2]，此即〈徵聖〉所揭「聖文之雅麗，固銜華而佩實」的完美典型。故「繁縟」之可取，即〈宗經〉「六義」所謂的：「文麗而不淫」，此即「雅麗」的風格。「繁縟」之可棄，即〈通變〉講的：「楚漢侈而豔，魏晉淺而綺」的「綺豔」風格。〈養氣〉說：「三代春秋，雖沿世彌縟，並適分胸臆，非牽課外才也；戰代技詐，攻奇飾說；漢世迄今，辭務日新，爭光鬻采，慮亦竭矣！」從夏、商、周，到戰國、兩漢、魏、晉、齊、梁，整體文風就是從質樸邁向華麗，其醇厚和澆薄的分別，就在緣於真情實性或務求爭新鬥奇；而不在於縟采本身。就詩風而言，〈明詩〉亦評論：「晉世群才，稍入輕綺，張、潘、左、陸，比肩詩衢，采縟於正始，力柔於建安。或析文以爲妙，或流靡以自妍。」到了南朝宋以後，「儷采百字之偶，爭價一句之奇，情必極貌以寫物，辭必窮力而追新。」這就是「繁縟」發展至於末流之弊了！所以劉勰揭文體寫作要求，其〈議對〉云：「文以辨潔爲能，不以繁縟爲巧。」〈詮賦〉批：「逐末之儔，蔑棄其本，雖讀千賦，愈惑體要；遂使繁華損枝，膏腴害骨。」〈物色〉也鄭重援引揚雄之說：「所謂『詩人麗則而約言，辭人麗淫而繁句』也。」，說明了繁

2 見《文心雕龍・通變》。

縟之過度發展，必然流於淫靡。故〈序志〉直陳六朝文風之通病，爲「飾羽尚畫，文繡鞶帨，離本彌甚，將遂訛濫。」其弊正在於繁縟之過分而乏節制。

四、劉勰對「繁縟」作家的褒貶

劉勰提到「繁縟」的作家，其稱讚者不多；〈鎔裁〉云：「張駿以爲艾繁而不可刪」，晉代的謝艾算是繁縟得當的典型；至如「相如〈上林〉，繁類以成豔。」[3]「景純綺巧，縟理有餘。」[4]「禰衡之〈弔平子〉，縟麗而輕清」[5]「子長純史，而麗縟成文。」[6]「鄒陽之說吳、梁，喻巧而理至。」[7]「韓非著博喻之富。」[8]通觀《文心雕龍》所舉，在寫作上能「繁縟」得當的作家甚寡，而欠妥者甚多，如云：「溫嶠〈侍臣〉，博而患繁」[9]，「王濟〈國子〉，引多而事寡。」[10]「潘岳〈乘輿〉，義正而體蕪。」[11]「王朗雜箴，乃寘巾履，得其戒慎，而失其所施。觀其約文舉要，憲章戒銘，而水火井灶，繁辭不已，志有偏也。」[12]「趙壹之辭賦，意繁而體疎」[13]「孫綽爲文，志在碑誄，溫、王、郄、庾，辭多枝雜。」[14]「揚雄之〈誄元后〉，文實繁穢。」[15]「陳思叨名，而體實繁緩，

---

3 見《文心雕龍・詮賦》。
4 同3。
5 見《文心雕龍・哀弔》。
6 見《文心雕龍・才略》。
7 見《文心雕龍・論說》。
8 見《文心雕龍・諸子》。
9 見《文心雕龍・銘箴》。
10 同9。
11 同9。
12 同9。
13 同6。
14 見《文心雕龍・誄碑》。

〈文皇誄〉末，百言自陳，其乖甚矣！」[16]「敬通之說鮑、鄧，事緩而文繁」[17]「張衡摘史、班之舛濫，傳玄譏《後漢》之冗煩。」[18]「長虞識治，而屬辭枝繁。」[19]其中備受劉勰抨擊者，厥爲陸機。《文心雕龍》一再提及，如云：「士衡才優，而綴辭尤繁。」[20]「士衡矜重，故情繁而辭隱。」[21]「陸機之〈弔魏武〉，序巧而文繁。」[22]「及陸機〈斷議〉，亦有鋒穎，而腴辭弗剪，頗累文骨。」[23]

五、劉勰論為文的「尋繁領雜之術」

劉勰批評陸機，說他「才欲窺深，辭務索廣；故思能入巧，而不制繁。」[24]又感嘆「巧猶難繁，況在乎拙？」[25]可見「制繁」是很難達到的寫作境界，吾人在行文之際，雖同樣「情苦芟繁」[26]，而如何割愛，不至於像陸機那樣「腴辭弗剪，頗累文骨」，是該用心學習的事！所以〈總術〉講：「博者該贍，蕪者亦繁。」除冗之法，就在於「乘一總萬」，才能「舉要治繁」。這個要領，也就是〈神思〉爲「辭溺者傷亂」所開的救病之方：「貫一爲拯亂之藥。」關於這點，劉勰屢屢言之，例如〈奏啓〉：「夫奏之爲筆，治繁總要，此其體也。」套句〈史傳〉說的：「尋繁領雜

---

15 同 14。
16 同 14。
17 同 7。
18 見《文心雕龍・史傳》。
19 見《文心雕龍・議對》。
20 見《文心雕龍・鎔裁》。
21 見《文心雕龍・體性》。
22 同 5。
23 同 19。
24 同 6。
25 同 20。
26 同 20。

之術」，蓋不惟切用於史料整理，即爲文亦所當講求。如何「貫一」？〈附會〉說：「附辭會義，務總綱領，驅萬塗於同歸，貞百慮於一致；使眾理雖繁，而無倒置之乖，羣言雖多，而無棼絲之亂。」才能「首尾周密，表裏一體。」而〈鎔裁〉於此亦有精闢的論述：

> 立本有體，意或偏長；趨時無方，辭或繁雜。蹊要所司，職在鎔裁，隱括情理，矯揉文采也。規範本體謂之鎔，剪截浮辭謂之裁。裁則蕪穢不生，鎔則綱領昭暢。

意即在寫作上，爲了趨時追新，容易形式「繁雜」，這時就有待「裁」來糾正辭采蕪蔓的毛病了！劉勰又說：「凡思緒初發，辭采苦雜，心非權衡，勢必輕重。」「若術不素定，而委心逐辭，異端叢至，駢贅必多。」「游心竄句，極繁之體；謂繁與畧，適分所好。引而申之，則兩句敷爲一章。」「思贍者善敷」、「善敷者辭殊而義顯」、「辭敷而言重，則蕪穢而非贍。」一旦「辭」能夠「裁」，則文藻簡潔；而「同辭重句，文之肬贅」的弊病也將消失於無形，這便是「情周而不繁，辭運而不濫」的最佳表現了！故該篇最末贊曰：「辭如川流，溢則氾濫」、「芟繁剪穢，弛於負擔」。這些看法，也另見於其他篇中，如指出「議」體的寫作：「文以辨潔爲能，不以繁縟爲巧。」[27]講「賦」體：「風歸麗則，辭翦荑稗。」「繁華損枝，膏腴害骨。」[28]其看法是一致的。至於〈風骨〉亦提出：「若豐藻克贍，風骨不飛，則振采失鮮，負聲無力。」「若瘠義肥辭，繁雜失統，則無骨之徵也。」所謂：「茲術或違，無務繁采。」可見「情之含風」和「辭之待骨」，於「繁縟」之當否十分切要。此和〈情采〉：「爲情者，

---

27 同19。
28 同3。

要約而寫真；爲文者，淫麗而煩濫。」「繁采寡情，味之必厭。」道理相通。又〈比興〉云：「比類雖繁，以切至爲貴。」〈物色〉云：「物色雖繁，而析辭尚簡。」「凡摛表五色，貴在時見；若青黃屢出，則繁而不珍。」〈書記〉則強調「隨事立體，貴乎精要，意少一字則義闕，句長一言則辭妨，並有司之實務，而浮藻之所忽也。」〈章表〉且提出「懇惻者辭爲心使，浮侈者情爲文屈，必使繁約得正，華實相勝，脣吻不滯，則中律矣。」〈議對〉指陳：「若不達政體，而舞筆弄文，支離構辭，穿鑿會巧，空騁其華，固爲事實所擯，設得其理，亦爲遊辭所埋矣。昔秦女嫁晉，從文衣之，晉人貴媵而賤女；楚珠鬻鄭，爲薰桂之櫝，鄭人買櫝而還珠；若文浮於理，末勝其本，則秦女楚珠，復存於茲矣！」此皆可見劉勰制繁之多方，去冗之有術！

結　語

黃侃論〈體性〉，認爲：「彥和之意，八體並陳，文狀不同，而皆能成體。了無輕重之見存於其間。」又說各體：「塗轍雖異，樞機實同；略舉畛封，本無軒輊也。」[29]范文瀾則認爲：「彥和於新奇、輕靡二體，稍有貶意，大抵指當時文風而言。」[30]兩人都視劉勰於「繁縟」並無輕視之意。邇來大陸學者或不以爲然，如張可禮、俞元桂都認爲劉勰貶抑「繁縟」之體[31]；牟世金則以爲黃侃以降，「對此疑信雜陳，迄無定論。鄙見以爲：單以辭意的褒貶來窺測劉勰的態度有一定的困難，因『繁縟』、『輕靡』

29 見《文心雕龍劄記・體性第二十七》，頁 98，文史哲出版社。
30 見《文心雕龍註・體性第二十七》，頁 507，明倫出版社。
31 詳參張可禮〈《文心雕龍・體性篇》「八體」辨析〉、俞元桂〈劉勰對文章風格的要求〉；見《文心雕龍學綜覽》評述，頁 120，上海書店出版社。

等可以作多種解釋。」[32]涂光社也認爲：「繁縟是繁富博雅方面的美，但過份就走向美的反面。」確信劉勰「不一概否定繁或繁縟」。[33]

「將覈其論，必徵言焉。」[34]總括以上各節，足證劉勰重視「繁縟」，認爲文學以文采爲特質，缺乏繁富縟麗的辭采，不足以爲文；此與天地間萬物之具備華采同其道理，皆自然而然。所謂「古來文章，以雕縟成體」是也！故考察商、周以前，經典之行文，有所謂「博文以該情」，乃聖賢常用之表達手法，固知「繁縟」爲周、孔之所不廢；自楚、漢、魏、晉，到宋、齊、梁，由「侈而豔」、「淺而綺」，以至「訛而新」[35]，此「繁縟」之過份，所以劉勰特加針砭，主張「矯訛翻淺，還宗經誥。」[36]通觀《文心雕龍》所揭，繁縟得體的作家有謝艾、司馬相如、郭璞、禰衡、司馬遷、鄒陽、韓非；繁縟失當的作家有溫嶠、王濟、潘岳、王朗、趙壹、孫綽、揚雄、曹植、馮衍等，其中最受抨擊者爲陸機；可見「制繁」之不易。是以劉勰高揭「貫一」、「拯亂」的「尋繁領雜之術」，要求作家「爲情而造文」[37]，「剪截浮辭」，突顯「風骨」，善用「比興」，酌採「物色」等等，都可見劉勰「爲文之用心」、「雕龍」之有術，於「繁縟」之論，折衷適當。

---

32 見《文心雕龍研究》第六章第三節，頁 346，人民文學出版社。

33 見〈劉勰的簡繁隱顯之論 —— 兼及文學傳達中一種傳統的審美取向〉，《論劉勰及其《文心雕龍》》，頁 329，學苑出版社。

34 見《文心雕龍・辨騷》。

35 同 2。

36 同 2。

37 見《文心雕龍・情采》。

從劉勰到袁中道：明代風格論對《文心雕龍》的發展

武漢大學中文系　陳文新

摘　要

「文體風格」顯示體裁對於風格的制約作用。本文在追溯劉勰《文心雕龍》等的古典風格論的前提下，評述了明代詩學有關文體風格的幾個中心議題，如時代風格、各家詩風異同、個性與風格的關係、個性與規則的對立統一等，以顯示明代詩學在風格論方面的發展。

關鍵字：劉勰　《文心雕龍》　風格論　明代詩學

風格是一個作家成熟的標誌。對很多作家來說，貫穿其整個創作歷程的往往只是其風格。在不同的體裁和題材中，其風格反復出現，有時是隱約的，有時是明顯的，有時是時隱時現的，有時突出，有時淡化，有時集中，有時分散。但無論屬於哪一種情況，作家的風格總是要表現出來的。體裁和題材，大家都可以用，甚至思想和感受，也可以由私人的空間進入公共領域。唯有風格，它是真正屬於作家個人的。即令有人襲用，那也只是摹仿。所以，一個作家的成熟，只能以其創作是否具有獨特的風格作爲標誌。

風格的形成，有賴於作家的創作個性。創作個性與生活個性是兩個不同的範疇。現實的自我是人格的現實形式；藝術的或稱理想的自我，則是在一定現實條件下對於現實的自我的突破與超越，是藝術個性也是人格發展的方向。有時，在作品中具有重大意義的印象和經驗，在作家的日常生活中可能是微不足道的；與此形成對照，某些在日常生活中強烈體驗過的情緒、感受，在作品中的位置可能並不重要。因此，我們考察作家個性與風格的聯繫，必須注意生活與藝術的適當的距離與區別。

從文體的角度來看，風格是文體呈現的最高範疇。中國古代所說的「文體」，有兩重含義，一是指體裁，二是指風格。比如，劉勰《文心雕龍》有《體性》篇，「體」，指體貌、風格，「性」指作家才性與個性。「若總其歸途，則數窮八體」云云，正是就八種風格而言。劉勰等人的這種用法，其內在依據是體裁與風格之間的密切聯繫。可以這樣說：風格的形成是某種文體完全成熟的標誌，是文體的最高體現。

作家個性與作品風格之間的關係，曹丕《典論·論文》已做出比較明確的闡述，由此形成了中國早期的風格論。其言曰：「文以氣爲主，氣之清濁有體，不可力強而致。譬諸音樂，曲度雖均，節奏同檢，至於引氣不齊，巧拙有素，雖在父兄，不能以移子弟。」曹丕所說的「氣」，兼指才與氣而言：「清」是俊爽超邁的陽剛之氣，「濁」是凝重沈鬱的陰柔之氣。作家氣質、個性不同，其創作風格也就各具特徵，不容互相取代或混淆。比如徐幹「時有齊氣」，應瑒「和而不壯」，劉楨「壯而不密」，孔融「體氣高妙」。他們的創作風格據此得到解釋和說明。

劉勰《文心雕龍》中的《體性》、《風骨》二篇標誌著中國古代風格論的成熟。在他看來，風格的產生有個由隱至顯、因內符外的過程，風格是作家內在精神特徵和外在文體風格的協調與統一，即所謂「情動而言形，理發而文見，蓋沿隱以至顯，因內而符外者也」。他將作品的外在風格，如辭理的庸俗或俊美，風趣的剛健或柔婉，事義的深刻或浮淺，體式的雅正或華靡，一律溯源於先天的才氣與後天的涵養，藉以表明：每個作家按照自己的個性來寫作，作品的風格就像各人面貌一樣彼此不同。

《體性》篇還從風格的角度將各種文章區分為八種類型：「一曰典雅，二曰遠奧，三曰精約，四曰顯附，五曰繁縟，六曰壯麗，七曰新奇，八曰輕靡。」這八種風格，根據其相反相成的關係，又可分為四組，如精約與繁縟、遠奧與顯附、典雅與新奇、壯麗與輕靡，「八途而包萬舉」，構成一個嚴整而渾然的體系。在此基礎上，《風骨》不再泛泛羅列各種風格，而是高屋建瓴，樹立了一個理想的風格標準：「風骨」。劉勰之後，受這一理論指導，總結漢魏文學而提出的「建安風骨」、「漢魏風骨」等，一向是作家們反對輕豔綺靡文風的旗幟，對中國古代詩歌的健康發展起了有力的促進作用。

隋唐以降，關於詩歌風格分類的探討呈現出百家爭鳴的狀況，各家意見頗不統一。比如：李嶠《評詩格》將風格分為「形似」、「質氣」、「情理」、「直置」、「雕藻」、「影帶」、「宛轉」、「飛動」、「情切」、「精華」等十體；王昌齡《詩格》將風格分為「高格」、「古雅」、「閑逸」、「幽深」、「神仙」等五種「趣向」；皎然《詩式》提出了「辨體」（區分風格）「一十九字」，即：「高、逸、貞、忠、節、志、氣、情、思、德、誡、閑、達、悲、怨、意、力、靜、遠」；司空圖《詩品》將風格分為二十四種，即：雄渾、沖淡、纖穠、沈著、高古、典雅、洗練、勁健、綺麗、自然、含蓄、豪放、精神、縝密、疏野、清奇、委曲、實境、悲慨、形容、超詣、飄逸、曠達、流動；嚴羽的《滄浪詩話》將風格分爲九類：「曰高，曰古，曰深，曰遠，曰長，曰雄渾，曰飄逸，曰悲壯，曰淒婉。」以上諸家，大抵依據主觀感受分類，帶有較大的隨意性。

明代的風格論有其自身的特點。對詩的風格從總體上作分類概括的並不多見，但比較注重對時代風格的描述，即許學夷《詩源辯體》所謂「論字不如論句，論句不如論篇，論篇不如論人，論人不如論代」。這種風格描述較多史家的韻味，長於揭示時代精神在作家文體上留下的烙印，有助於我們把握作家與文學風尚之間的聯繫。其中許多意見是相當精彩的。

首先考察他們對唐代不同時期詩風的描述。這方面，明初高棅的《唐詩品彙總序》頗具代表性。高棅將唐詩劃分爲四個時期：其初唐、盛唐，相當於《滄浪詩話》的唐初體、盛唐體；其中唐，約略對應於《滄浪詩話》的大曆體，但大曆體僅就大力十才子之詩而言，此則兼包韋、劉、皇甫、秦系諸人，範圍較廣；其晚唐，大致對應於《滄浪詩話》的元和體及晚唐體，但在元和體、晚唐體之外，兼包韓、柳、張、王諸人，範圍也要廣些。

一個作家的風格總是與他的時代聯繫在一起的。雪萊說過：「我避免摹仿當代任何作家的風格。但是，在任何時代，同時代的作家總難免有一種近似之處，這種情形並不取決於他們的主觀意願。他們都少不了要受到當時時代條件的總和所造成的某種共同影響，雖然在一定程度上說來，每個人之所以周身浸透著這種影響，畢竟是他自己造成的。」[1]雪萊所談論的，其實就是時代精

1 雪萊：《〈伊斯蘭的起義〉序言》，伍蠡甫主編：《西方文論選》下卷，上海：上海譯文出版社 1979 年 11 月版，第 49 頁。

神的問題。「時代精神」是一個用來分析歷史上各個先後承續的時期所獨具的特點的名詞。不同時代之間存在著不同的趣味標準。《詩經》時代的趣味不同於《離騷》時代的趣味。六朝的趣味不同于唐代的趣味。每個時代都有它自己的基調和色彩，準確地描繪出一個時代的特徵，使之與其他時代鮮明地區別開來，會給關心這一問題的人帶來許多快樂。明人熱心於這一問題並取得了令人不能忽視的成就。他們常用「氣運」一類的詞來表示時代精神的特徵及其不可抗拒的影響，如：「初盛中晚，區分域別。故以古律唐，則工拙難見；以唐律唐，則盛衰可言。大都初唐以氣馭情，情暢而氣愈完；中晚以情役思，思苦而氣彌衰。要之，朝陽暮露，春卉寒英，咸各有致，甯容植本而損枝，舉首而遺尾？」（馮時可《唐詩類苑序》）「盛唐前，語雖平易，而氣象雍容；中唐後，語漸精工，而氣象促迫，不可不知。」（胡應麟《詩藪》內編卷三）「張子容『海氣朝成雨，江天晚作霞』，李嘉祐『朝霞晴作雨，溼氣晚生寒』，二語極相似，而盛唐、中唐分焉。」（陳繼儒《佘山詩話》卷上）唐詩之所以被劃分爲四個時期，正在於四者之間「界限斬然」。

但同時代的作家，又各有其不同的個性。現代歷史意識強調：考察過去，應當把承認個性與意識到歷史的變化發展結合起來。二者是相輔相成的。因爲，沒有一系列的個性就不存在真正的歷史發展，認識不到歷史的發展也不可能真正理解一系列的個性。明人在勾畫出「氣運」的變遷時，也注意各個詩人的獨特面貌，表現出歷史研究者所應具備的良好素質。譬如，同爲盛唐作家，「李翰林之飄逸，杜工部之沈鬱，孟襄陽之清雅，王右丞之精致，儲光羲之真率，王昌齡之聲俊，高適、岑參之悲壯，李頎、常建之超凡」（《唐詩品彙總序》），即各具丰采。「詩人這個字眼是什麼意思呢？詩人是什麼呢？他是向誰講話呢？我們從他那裏得到什麼語言呢？ — 詩人是以一個人的身份向人們講話。他是一個人，比一般人具有更敏銳的感受性……能更敏捷地表達自己的思想和感情，特別是那樣的一些思想和感情，它們的發生並非由於直接的外在刺激，而是出於他的選擇，或者是他的心靈的構造。」[2]詩人是富於個性的，個性化是詩的魅力的主要來源之一。在揭示詩人的個性方面，明代詩學常有睿智的評析。比如，關於王維詩與禪的相通之處，其討論就遠較唐、宋、元深入，而清代在這一題目上似也瞠乎其後。先將明人的話引在下面：

> 空同子曰：……王維詩，高者似禅，卑者似僧，奉佛之應，人心繫則難脫。（謝榛《四溟詩話》卷二）
>
> 右丞精神，其詩玄詣。（屠隆《唐詩類苑序》）
>
> 王右丞邃於禅旨，取維摩詰作名字無論，以禪旨爲詩，得上乘神密。即諸題詠，雖壯麗新巧，而精遠澹逸，往往悟禪於言外。（李維楨《大泌山房集》卷一二九）
>
> 太白五言絕自是天仙口語，右丞卻入禪宗。如：「人閑桂花落，夜靜深山空。月出驚山鳥，時鳴春澗中」、「木末芙蓉花，山中發紅萼。澗戶寂無人，紛紛開且落」，讀之身世兩忘，萬念皆寂。不謂聲律之中，有此妙詮。（胡應麟《詩藪》內編卷六）
>
> 摩詰以淳古淡泊之音，寫山林閒適之趣，如輞川諸詩，真一片水墨不著色畫。（胡震亨《唐音癸籤》卷五引《震澤長語》）
>
> 摩詰五言絕意趣幽玄，妙在文字之外。摩詰《與裴迪書》略云：「夜登華子岡，輞水淪漣，與月上下，寒山遠火，

---

[2] 華茲華斯：《〈抒情歌謠集〉1800 版序言》，伍蠡甫主編：《西方文論選》，上海：上海譯文出版社 1979 年 11 月版，第 10-11 頁。

明滅林外；深巷寒犬，吠聲如豹；村墟夜舂，複與疏鐘相間。此時獨坐，僮僕靜默，每思曩昔攜手賦詩，儻能從我遊乎？」摩詰胸中滓穢淨盡，而境與趣合，故其詩妙至此耳。（許學夷《詩源辯體》卷十六）

以禪入詩，大抵有三種途徑。一是闡述佛理，如白居易的《贈草堂宗密上人》：「吾師道與佛相應，念念無爲法法能。口藏宣傳十二部，心台照耀百千燈。盡離文字非中道，長往虛中是小乘。少有人知菩薩行，世間只是重高僧。」堆砌佛教術語，讀來興味索然。二是大量運用佛教語彙，如繩床、錫杖、蓮花、貝葉、朝梵、夜禪、須彌、恒沙、色空、寂滅等，像楊慎的《感通寺》：「岳麓蒼山半，波濤黑水分。傳燈留聖制，演梵聽華云。壁古仙苔見，泉香瑞草聞。花宮三十六，一一遠人群。」嵌入許多佛教字眼，也經不住玩索。

王維的詩代表了第三種途徑：作品集中表現空寂的境界，既不大談禪理，又不運用佛教語彙，但字裏行間，筆墨之外，卻蕩漾著無窮的禪意。

禪宗的核心是「無念」，即心不爲外境所動。《壇經》說：「汝之本性，猶如虛空，了無一物可見，是名正見。無一物可知，是名真知，無有青黃長短，但見本源清靜，覺體圓明，即名見性成佛，亦名如來知見。」視外境爲幻相，保持心的清靜，這便是佛。

中國的禪宗偏愛空寂的氣象，王維對淡墨、寒色、幽景也有明顯的偏愛。採用淡墨寫景的，如《漢江臨眺》：「江流天地外，山色有無中。」《終南山》：「白雲回望合，青靄入看無。」採用寒色入詩的，如《華嶽》：「積翠在太清……白日爲之寒。」採用幽景入詩的，如《山居即事》：「寂寞掩柴扉，蒼茫對落暉。」

《歸嵩山作》：「荒城臨古渡，落日滿秋山。」從藝術表現看，李白那樣大聲鞺鞳的山水詩在王維的集子裏極爲少見，一般都是節奏舒緩、語調平和的；從抒寫的情緒看，閒適恬淡，自我解脫，寧靜優雅，清淨澹泊，構成其主體部分；從審美效果看，這類作品並不引導讀者進入亢奮、激越的狀態，而是令人身心俱忘，忘卻塵世，忘卻繁華，忘卻紛爭，漸漸地、慢慢地沈入幽深澄明之境，如夢如幻，如霧如煙。這是一個遠於俗情的世界。可以這樣說，把握住了王維詩中的禪意，也就把握住了王維詩的主要風格特徵。明人的眼光堪稱犀利。

明人對杜甫的評價亦極見功力。李、杜並稱，向來如此。但二人的詩風差異甚大。蓋李白、王維、孟浩然、高適、岑參等，以其不同的個性共同體現了「盛唐之音」，呈現出豪邁、飄逸的氣象，洋溢著青春活力以及對未來的熱烈憧憬。而杜甫雖與李白等爲同輩人，其創作的全盛期卻在「安史之亂」期間和「安史之亂」以後，其作品的風貌，與其他盛唐詩人形成鮮明對照。明人看出了這一點並著力予以揭示，對讀者啓發甚大。如高棅《唐詩品彙·七言詩敘目》：

> 盛唐作者雖不多，而聲調最遠，品格最高。若崔顥，律非雅純，太白首推其《黃鶴》之作，後至《鳳凰》而仿佛焉。又如賈至、王維、岑參《早朝》唱和之什，當時各極其妙，王之衆作尤勝諸人。至於李頎、高適，當與並驅，未論先後，是皆足爲萬世程法。……少陵七言律法獨異諸家，而篇什亦盛。如《秋興》等作，前輩謂其大體渾雄富麗，小家數不可仿佛耳。

胡應麟《詩藪》內編卷四：

> 盛唐一味秀麗雄渾，杜則精粗、巨細、巧拙、新陳、險易、

淺深、濃淡、肥瘦靡不畢具，參其格調，實與盛唐大別。其能薈萃前人在此，濫觴後世亦在此。

經由與盛唐詩人的整體對比，高棅、胡應麟成功地凸顯出了杜甫的個性。研究文學史的人，如果不能把握這一事實，對詩壇前後的流變是不可能準確地加以描述的。

明人對本朝詩人的創作個性也同樣關注。其中，王世貞做得最爲出色。他在《藝苑卮言》卷五中，先全文引錄了敖陶孫對歷朝詩人風格的描述，接下來，他自出機杼，系統評述了「國朝前輩名家」的詩風，包括高啓、劉基等一百餘人，計 2400 餘字。對一個時代的詩人作如此全面的風格評述，這在歷代詩學中是極爲罕見的，至少是前無古人。他的評述，勝見疊出，令人有行山陰道上、目不暇接之感。評劉基一例就足以顯示其卓越的批評眼光。在明代（含明清之際），對劉基加以品評的主要有兩位，即王世貞和錢謙益。錢謙益的《列朝詩集小傳》一一爲明代詩人作傳，應該說是不同尋常的文化工程，但他所作的事情，並不能掩蓋或取代王世貞的貢獻。比如，錢謙益評劉基，大體限於知人論世，著重闡述劉基前後期創作的變化情形。其言曰：

公自編其詩文曰《覆瓿集》者，元季作也；曰《犁眉公集》者，國初作也。公負命世之才，丁有元之季，沈淪下僚，籌策齟齬，哀時憤世，幾欲草野自屏。然其在幕府，與石抹艱危共事，遇知己，效馳驅，作爲歌詩，魁壘頓挫，使讀者僨張興起，如欲奮臂出其間者。遭逢聖祖，佐命帷幄，列爵五等，蔚爲宗臣，斯可謂得志大行矣。乃其爲詩，悲窮歎老，咨嗟幽憂，昔年飛揚硉矹之氣，澌然無有存者，豈古之大人志士義心苦調，有非旂常竹帛可以測量其淺深者乎!嗚呼，其可感也。孟子言誦詩讀書，必曰論世知人。

余故錄《覆瓿集》列諸前編，而以《犁眉集》冠本朝之首。百世而下，必有論世而知公之心者。（《列朝詩集小傳》甲前集）

比較而言，王世貞的風格批評則另有其精微之處。劉基的詩在元末明初佔有顯赫地位。清代的沈德潛、周準編《明詩別裁集》，選入劉基詩共二十篇，在同時詩人中，入選數量之多僅次於高啓（21篇）。其評語云；「元季詩都尙辭華，文成獨標高格，時欲追逐杜、韓，故超然獨勝，允爲一代之冠。樂府高於古詩，古詩高於近體，五言近體又高於七言。」《四庫全書總目提要》也說；「其詩沈鬱頓挫，自成一家，足與高啓相抗。」

但是，讀劉基的詩，總覺比高啓稍遜，原因何在呢？《四庫全書簡明目錄》提供了一個答案：「其學術經濟似耶律楚材、劉秉忠，而文章則在二人上。其詩沈著頓宕，自成一家，可亞高啓。其文亦宋濂之亞。所不能突過二人者，神鋒諮露而已。」所謂「神鋒諮露」，即辭氣過於奔放、暢達，因而豐神意態不夠本色，王世貞說他儘管「事力既稱，服藝華整」，但見了「王謝衣冠子弟」，仍「不免低眉」，正指其豐神意態不足而言。胡應麟《詩藪》續編卷一：「大概婺諸君子沿襲勝國二三遺老後，故體裁純正，詞氣充碩，與小家尖巧全別。惟其意不欲以詩人自命，以故豐神意態，小減當行，而吳中獨擅。今海內第知其文矣。」這裏的「婺諸君子」，指劉基等；「吳中」，指高啓等。以胡應麟的評點與王世貞之語相比照，也許能進一步體會出其措辭的貼切。

王世貞之後，顧起綸《國雅品》專就風格品評明代詩人，亦具特色。「士品」類計「國初迄洪武，凡二十五人」；「永樂迄成化凡二十一人」；「弘治迄正德凡三十有三人」；「嘉靖迄今凡五十有三人」。「閨品」類計「洪武迄嘉靖凡十九人」，「自嘉中迄今凡三人」。「仙品」類計「洪武迄嘉靖凡七人」；「自嘉中迄今凡一人」。「釋品」類計「洪武迄嘉靖凡十三人」；「自嘉中迄今凡一人」。「雜品」類「嘉中凡二人」；「嘉隆間凡一人」。其評語側重於風格描述，如評高季迪：「始變元季之體，首倡明初之音。發端沈鬱，入趣幽遠，得風人激刺微旨。」評楊孟載：「才長逸蕩，興多雋永，且格高韻勝，渾然無迹。」評劉伯溫：「公伊呂之祖，文其緒餘耳。故駿才鴻調，工爲綺麗。古風如《思歸引》《思美人》，近體如《古戍》，並出《騷》、《雅》，亦足以追步《梁父》，憑陵燕公矣。」評徐昌穀：「豪縱英裁，格高調雅，馳騁于漢、唐之間，婉而有味，渾而無迹。」顧起綸識力不足，故其評語較少畫龍點睛的精采，但他對詩人風格的注重還是值得稱道的。

胡應麟《詩藪》也不乏論詩人風格的片斷。其續編專論明詩，如卷一：「國初稱高、楊、張、徐。季迪風華穎邁，特過諸人。同時若劉誠意之清新，汪忠勤之開爽，袁海叟之峭拔，皆自成一家，足相羽翼。」「高太史諸集，格調體裁不甚逾勝國，而才具瀾翻，風骨穎利，則遠過元人。」「季迪下，劉青田才情不若楊孟載，氣骨稍減汪忠勤，以較張、徐諸子，不妨上座。絕句小詩特多妙詣，但未脫元習耳。《旅興》等作，有魏、晉風，足爲國朝選體前驅。」胡應麟長於從比較中揭示各家的創作特徵，加上他廣涉書史，學問淹博，故所論中肯。

明代詩學不僅注意到各家詩風的差異，由此深入，還將作家的創作個性與藝術風格聯繫起來加以考察。這樣，風格論便進入了一個新的層次。

美國康奈爾大學教授邁·霍·艾布拉姆斯在他 1953 年出版的《鏡與燈：浪漫派理論和批評的傳統》一書的首章《批評理論的

方向》中，根據藝術批評的不同座標，提出了文學四要素的理論，即：作品；藝術家；世界；讀者。批評家往往傾向于從其中一種成份中引出他判斷作品價值的主要標準，以及解釋、區別和分析藝術作品的主要範疇。其中，注重作品與世界的關係的，強調藝術實質上是對世界某些方面的模仿，形成批評理論中的類比說；注重作品與讀者的關係的，強調藝術作品是達到目的的手段，完成某事的工具，而且往往根據作品實現這一目標的成功與否來判斷它的價值，這就是批評理論中的實用說（由此發展出接受美學）；注重作品與作者的關係的，強調作品內容和詩人內心的一致性，形成批評理論中的表達說；第四類在解釋作品時孤立地考慮作品本身，把它看作一個獨立存在的整體，其意義和價值決定於作品本身而不涉及作品本身以外，這就是批評理論中的客體說。

在討論作家的創作個性與藝術風格的關係時，我們將採用表達說的視角，著重考察作家的創作過程及其心理機制。表達說理論的基本傾向可以這樣概括：詩是感情的表達或傾訴；作爲感情的最純粹的表達方式，抒情詩比敍事詩更富於詩的氣質；詩人的感情支配條例和規則，而不是規則和條例制約詩人的感情。

在這樣一種重情感而不重規則的視角中，徐禎卿的「因情立格」論具有重要的考察價值。他在《談藝錄》中說：

> 詩家名號，區別種種。原其大義，固自同歸。歌聲雜而無方，行體疏而不滯，吟以呻其鬱，曲以導其微，引以抽其臆，詩以言其情，故名因象昭。合是而觀，則情之體備矣。夫情既異其形，故辭當因其勢。譬如寫物繪色，倩盼各以其狀；隨規逐矩，方圓巧獲其則。此乃因情立格，持守圜環之大略也。
>
> 夫任用無方，故情文異尚：譬如錢體爲圓，鉤形爲曲，箸

> 則尚直，屏則成方。大匠之家，器飾雜出。要其格度，不過總心機之妙應，假刀鋸以成功耳。……若夫款款贈言，盡平生之篤好；執手送遠，慰此戀戀之情。勖勵規箴，婉而不直；臨喪挽死，痛旨深長。……此詩家之錯變，而規格之縱橫也。

徐禎卿提出「因情立格」，主要是針對李夢陽的「因格立情」。李夢陽承認並尊重詩的抒情原則，但認爲感情的抒發應受到某些規則的制約，即必須根據格調的需要來確定抒發哪一種感情。

李夢陽所謂格調的需要，即高華風格的需要。崇高由積聚而產生，渺小因分散而造成。高華的風格宜於表達那種具有普遍性的重大感情，氣象閎麗與日常情趣難以共存。所以，李夢陽詩論中的「情」往往與我們所說的私人化的感情差異甚大，因爲它是類型化的，其性質經由對「杜樣」（指杜甫的「雄闊之體」）的推崇而作了事實上的規定，所謂「因格立情」就是這種規定的表徵。他備極推崇杜甫而置王維、孟浩然於不顧，他偏愛杜詩的格調，其熱忱和風格影響了弘、正時期的整個詩壇。如陳束《蘇門集序》所說：「成化以來，海內和豫，縉紳之聲，喜爲流易，時則李（東陽）、謝（遷）爲之宗。及乎弘治，文教大起，學士輩出，力振古風，盡削凡調，一變而爲杜詩。」楊慎《升庵詩話》也說：「自李、何二子一出，變而學杜，壯乎偉矣。」其實，李夢陽、何景明對杜甫的態度是有所不同的。李傾心于杜詩的壯闊風格、多變句式，以杜詩爲不二法門。何對杜詩則頗有微詞，曾在《明月篇序》中批評杜詩「博涉世故，出於夫婦者常少，致兼《雅》《頌》，而《風》人之義或缺」，又在《與李空同論詩書》中批評李夢陽的創作「間入于宋」，「似蒼老而實疏鹵」，隱含有譏杜詩開宋人習氣的意味。[3]所以，王世貞《藝苑巵言》卷一在評述明人學杜的情形時，就沒有提到何景明：「國朝習杜者凡數家，華容孫宜得杜肉，東郡謝榛得杜貌，華州王維楨得杜一支，閩州鄭善夫得杜骨，然就其所得，亦近似耳。唯夢陽具體而微。」李夢陽既是明代開學杜風氣的人，在學杜的創作實績方面也最有成就。並且，作爲文壇領袖，他以氣魄宏偉自許，有志於統一文壇的風尚，因而，李夢陽在他本人矢志習杜的同時，也要求別的詩人一概如此，何景明即因詩風俊逸受到他的嚴厲指責。這樣看來，「因格立情」的底蘊是，只有一種風格（即杜甫的「雄闊之體」）被認可，只有這種風格能容納的感情被認可。這無異於泯滅詩人的個性，無異於扼殺「杜樣」之外的種種風格。有鑒於此，徐禎卿提出「因情立格」，即根據詩人的不同個性來確定採用什麼樣的風格。情有多方，故格亦多體。以情爲本，他的格調說與李夢陽差別甚大。李夢陽的格調說指向單一的風格，徐禎卿的格調說指向多樣化的風格。

作品風格是作家創作個性的呈現或標記。在討論與這一命題相關的明代詩學時，引述英國詩人和批評家托·斯·艾略特（1888～1965）的看似相反的見解是必要的。他在《傳統與個人才能》一文中說：「詩不是放縱感情，而是逃避感情，不是表現個性，而是逃避個性。自然，只有有個性和感情的人才會知道要逃避這種東西是什麼意義。」「一個藝術家的前進是不斷地犧牲自己，不斷地消滅自己的個性。」艾略特這些話是什麼意思呢？他其實是在強調作家的生活個性與創作個性的區別。他反復地告誡讀

3 何景明從總體上說仍是尊杜的。楊慎《升庵詩話》："何仲默枕藉杜詩，不觀餘家，其於六朝初唐未數數然也。與余及薛君采言及六朝初唐，始恍然自失，乃作《明月》、《流螢》二篇擬之，然終不若其效杜諸作也。"

者：「詩人沒有什麼個性可以表現，只有一個特殊的工具，只是工具，不是個性，使種種印象和經驗在這個工具裏用種種特別的意想不到的方式來相互結合。對於詩人具有重要意義的印象和經驗，在他的詩裏可能並不佔有地位；而在他的詩裏是很重要的印象和經驗，對於詩人本身，對於個性，卻可能並沒有什麼作用。」「詩人所以能引人注意，能令人感到興趣，並不是為了他個人的感情，為了他生活中特殊事件所激發的感情。他特有的感情盡可以是單純的，粗疏的，或是平板的。他詩裏的感情卻必須是一種極複雜的東西，但並不是像生活中感情離奇古怪的一種人所有的那種感情的複雜性。」

生活個性與創作個性的區別，其產生原因是多種多樣的。其中很重要的一點是，一個詩人在創作時，不僅有他所處時代的文學背景，還有從《詩經》、《離騷》以來的整個中國古典詩的背景，這就是詩人所無從回避的傳統。他的個人才能是以傳統為前提而發揮出來的。「詩人，任何藝術的藝術家，誰也不能單獨的具有他完全的意義。他的重要性以及我們對他的鑒賞就是鑒賞對他和已往詩人以及藝術家的關係。你不能把他單獨的評價；你得把他放在前人之間來對照，來比較。」正是在這樣一種意義上，每個詩人的創作都要以現存的藝術經典作為參照；如果他的創作僅僅只是追隨經典，即使他表達的感情完全真實、所表現的個性一點兒也不虛假，也不是一個真正的新作品，因為他沒有為藝術增加新的東西。所以，藝術的感情在某種程度上是非個人的。「這種感情的生命是在詩中，不是在詩人的歷史中。」

由此看來，創作個性的形成與深厚的藝術涵養是密切相關的。所謂藝術的涵養，主要表現在：一個詩人懂得他的前輩詩人之所以不朽，也懂得一件新作品之「新」，不在於它剛剛產生，而在於它真正爲藝術經典增加了新的成分、新的活力。創作個性是與傳統聯繫在一起的，而不僅僅與詩人的生活聯繫在一起。艾略特說「不斷地消滅自己的個性」，這裏的「個性」指生活個性。艾略特說「誠實的批評和敏感的鑒賞，並不注意詩人，而注意詩」，目的是突出創作個性而忽略生活個性：「創作個性」呈現於詩中，「生活個性」則與詩人直接聯繫在一起。

考察詩人的創作個性，重心是考察其詩作；對詩作的考察，目光所注是其風格。在這個問題上，明代詩學是把握得比較好的。謝榛《四溟詩話》卷三說：「自古詩人養氣，各有主焉。蘊乎內，著乎外，其隱見異同，人莫之辨也。熟讀初唐、盛唐諸家所作，有雄渾如大海奔濤，秀拔如孤峰峭壁，壯麗如層樓疊閣，古雅如瑤瑟朱絃，老健如朔漠橫鵰，清逸如九皐鳴鶴，明淨如亂山積雪，高遠如長空片雲，芳潤如露蕙春蘭，奇絕如鯨波蜃氣，此見諸家所養之不同也。」「所養」就詩人的素質而言，側重於性格及與之相關的學養；「雄渾」、「秀拔」、「壯麗」、「古雅」云云，描述的是一種風格特徵，並不是指作品所表現的內容（如題材等等）。吳處厚《青箱雜記》卷五曾說：「山林草野之文，其氣枯碎。朝廷台閣之文，其氣溫縟。晏元獻詩但說梨花院落、柳絮池塘，自有富貴氣象；李慶孫等每言金玉錦繡，仍乞兒相。」「氣象」是風格的另一表述，它比題材（「所言之物」）更值得注意，「狷急人之作風，不能盡變爲澄澹；豪邁人之筆性，不能盡變爲謹嚴」[4]。謝榛所論，即著眼于初、盛詩人的不同氣象。相似的例子，明代詩學中所在多有，如：

《劉長卿集》淒婉清切，盡羈人怨士之思，蓋其情性固然，

---

4 錢鍾書：《談藝錄》，北京：中華書局 1984 年 9 月版，第 163 頁。

非但以遷謫故，譬之琴有商調，自成一格。若柳子厚永州以前，亦自有和平富麗之作，豈盡爲遷謫之音耶？（李東陽《麓堂詩話》）

明詩流談漢、魏者徐昌穀，談六朝者楊用修，談盛唐者顧華玉。三君自運，大略近之。然昌穀才本麗而澄之使清，故其爲漢、魏也，間出齊、梁，用修才本穠而炫之以博，故其爲六朝也，時流溫、李；華玉持論甚當，見亦甚超，第主調不主格，又才不逮二君，故但得唐人規模，而骨力遠矣。（胡應麟《詩藪》外編卷四）

李東陽和胡應麟都對知人論世的批評套路不感興趣。個中原因在於，「知人論世」與用史事來附會詩作之間並無不可逾越的鴻溝，而且會導致題材決定論，這是明代主流詩學所極力反對的一種傾向。他們寧可關心「風格」、「氣象」、「格調」，這些都是較之史事、題材更難把握的東西，弄不好還會被鄙薄爲「詩中無人」、「縹緲無著」、「膚廓」。因爲詩歌一旦與歷史隔絕，極易流於情感的公式化。然而，這卻在深刻的層面上把握住了「文」與「人」之間的內在的溝通脈絡。

關於個性與風格這一題目，公安派大筆揮灑，若干見解遠較七子派奔放不羈。袁中道《淡成集序》坦率承認：「楚人之文，發揮有餘，蘊藉不足。然直攄胸臆處，奇奇怪怪，幾與瀟湘、九派同其吞吐。大丈夫意所欲言，尙患口門狹，手腕遲，而不能盡抒其胸中之奇，安能嗫嗫嚅嚅，如三日新婦爲也？不爲中行，則爲狂狷；效顰學步，是爲鄉愿耳。」由此形成了公安派與七子派的一個重要區別：七子派雖然也重視作家個性對作品風格的決定作用，但他們所能接受的作家個性必須經過古典審美理想的規範，逾越了這一規範，則被認爲與詩應有的格調不合；公安派眼中的個性具有獨立的不容橫加規範的地位，古典審美理想及古典人格乃是公安派所抨擊的對象。所以，儘管同是討論個性與風格的聯繫，但他們對個性的描述，其側重點區別顯然。

綜上所述，本文的結論是：《文心雕龍》的風格論和明代的風格論代表了古典風格論的最高成就。前者堂廡闊大，後者精密周詳，後者是對前者的發展與豐富，並因相互照應而相得益彰。

2000 年 10 月三稿

2007 年 1 月改定

劉勰的風格論與布封的《論風格》

張　燈

摘　要

本文從內容、深度、影響這三個方面，剖析劉勰風格論與布封《論風格》的同異。內容豐富，論證精闢，它們在中西文論史上均具有突破性的、里程碑式的意義。劉說的影響局限在中華文化圈內，《論風格》則在世界範圍內廣泛傳佈，但是，前者卻又比後者早問世一千二百多年。

關鍵字：劉勰　布封　風格論　《論風格》

這是一個饒有趣味的論題。

我們的中華文化，起碼有五千年的文明發展史，她是博大的，精深的，璀璨的。而西方的文明，發展歷史雖不及我們久遠，但伴隨著社會和經濟的發展，結合民族的自然環境和生存條件，同樣創造了極其豐富極具特色的文化財富。尤其是資本主義世界崛起以後，西方文化更趨於多元的格局，呈現出異彩紛披的獨特風姿。

中外文化是可以比較的，也是應該比較的。比較的目的，不是爲了你壓倒我，我取代你，而是爲著交流溝通，融會互補。排外的作法，媚外的態度，都是不足取的，那是盲目自尊或自卑帶來的弊病。另一方面，又應作切實的比照，有科學的分析、辨證和評述。這裏需要的，是真正的比起來較起來，單舉一端而輕忽乃至避開另一端，都不免要偏頗失確。所以，我們選擇了一個「點」，就是題目所示的：劉勰的風格論與布封的《論風格》（見《布封文鈔》，下文引《寫作藝術》語出處同）。

一

我國齊梁時代成書的文論巨著《文心雕龍》，有《體性》一篇是關於風格問題的專論。「體」即言風格，「性」則指作家個性，這就是說，作者劉勰當時雖未用「風格」一語，卻已切切實實地論述了這一課題。

不計算標點符號，《體性》全文 569 字，卻包容了相當豐富的內容。它首先指出作品風格與作家的才情秉性緊密相關。而這個「性」，又由作家的才分、氣性、學養、習尚四個方面組合而成：「然才有庸俊，氣有剛柔，學有淺深，習有雅鄭，並情性所鑠，陶染所凝，是以筆區雲譎，文苑波詭者矣。」（引文據清黃叔琳《文心雕龍輯注》，中華書局 1957 年版。下引同）他列舉了十二名作家作品的例子，充分說明作家個性與作品風格始終呈互顯互動的依存關係，如：「是以賈生俊發，故文潔而體清；長卿傲誕，故理侈而辭溢」、「嗣宗俶儻，故響逸而調遠；叔夜俊俠，故興高而采烈」等等。作品風格的千差萬別，蓋源於作家的「性」，所謂「各師成心，其異如面」，說的正是這個意思，用今天的術語來述說，即言風格應是作家個性的外射。反過來，作家秉性氣質又在作品風格中得到了充分的映照。這是毫不淺泛的論述。如果據此而將劉勰的風格說冠以「唯心」二字，則是天大的冤枉。

才、氣、學、習主要的固然多屬精神層面的東西，但劉勰又是將其視作爲一種客觀存在的嘛。

在闡述來源根由之後，《體性》又作出類的區劃，將風格分剖爲典雅、遠奧、精約、顯附、繁縟、壯麗、新奇、輕靡等的八種類型，劉勰稱之爲「八體」。這是從我國上古以來文學創作實踐中梳理歸納出來的類別，既顯準確且又全面，這一點應是毋庸置疑的。試想，劉勰身後的種種創作，包括後起小說戲劇上天入地的浪漫，現當代一些作品的光怪陸離，乃至西方現代派小說的意識流動，又有哪一件的氣韻品味可以超越這「八體」的範圍？這就是說，《體性》篇還作出了風格多樣性的表述。「文辭根葉，苑囿其中矣。」各種風格形態都植根於文壇藝苑之中，且都有其特立獨行的存在價值。當然，品種多樣並不意味著分量等同，劉勰有其倡導的側重點。他說：「故童子雕琢，必先雅製，沿根討葉，思轉自圓。」他指出的是一條以典雅爲本的風格通途。就這樣，短短一文的論述又是相當完備的了。

布封的《論風格》同樣具有經典的意義。

這是一篇演講詞，是布封當選爲法蘭西學士院院士，在爲他舉行的入院典禮上的講話。作爲法國啓蒙運動時期傑出的自然科學家、思想家和文學家，布封創建性地指出了文學風格與創作主體即作家之間的關係：同樣要包容「知識、事實與發現」的創作，但在不同作家手裏，有的「寫得無風致，無天才，毫不高雅」而「湮沒無聞」，有的則是「高超的，典雅的，壯麗的」，具有永恒的性質。所以他說：「風格卻就是本人。」後人簡縮爲「風格就是人」，成爲風格論的警句名言。這也就是說，作家的氣質稟賦，應是造就文學風格最根本的、最具決定性意義的主觀因素。布封所論與劉勰所述，幾乎是完全同一的定性。

除了揭示風格形成的內在緣由，即作家主觀能動作用而外，《論風格》還充分論述了風格賴以確立的客觀基礎。布封指出：「風格是應該刻劃思想的」，「祇有意思能構成風格的內容」。於是，他對前人的創作進行了一系列的對照比較。他認爲，那些「冗散的，鬆懈的，拖沓的」寫作，根由在思謀的不足，內容的貧弱，僅僅用一些詞句將意思接續起來，因而作者務須「把他的思想嚴密地貫串起來」，「造成一個整體、一個體系」，使作品的風格「變得堅實、遒勁而簡練」；他不贊成光憑運用纖巧的文思，浮豔的文筆、濫用警語等等的寫法，那樣做祇會使文章「愈少筋骨，愈少光明，愈少熱力，也愈沒有風格」；真正有價值的風格，應當是「在堅固不拔的基礎上建立起不朽的紀念碑」。他再三說明，風格是必須以思想題材的內容爲支撐的，「一個優美的風格之所以優美，完全由於它所呈獻出來的那些無量數的真理」。由此可見，布封的論述也是精當而全面的。他還主張「摹仿大自然」，也即言從生活的實際出發，追求一種「既自然而又流暢」的風格。所以，布封的《論風格》儘管尚未區劃風格的類別，但卻清晰地指出了正確風格應當具備的標準和尺度，而且，非常明確地將風格問題納入了現實主義美學的範疇。

二

劉勰的風格論和布封的《論風格》，都是對前人風格說的繼承、概括和提升，而且是一種具有飛躍意義的提升。

孔子論及過《詩》，司馬遷評價過《騷》，關涉到風格問題，但都從內容情味著眼。至魏文帝曹丕的《典論·論文》，纔有了真正意義上的關於風格的視點和論述。當時不用這個語詞，曹丕稱之爲「氣」：「文以氣爲主，氣之清濁有體，不可力強而致。」

這裏主要指作家的個性氣質。論及作家創作，曹丕又說：「王粲長於辭賦，徐幹時有齊氣，然粲之匹也。如粲之《初征》《登樓》《槐賦》《征思》，幹之《玄猿》《漏巵》《圓扇》《橘賦》，雖張、蔡不過也。然於他文，未能稱是。琳、瑀之章表書記，今之雋也。應瑒和而不壯，劉楨壯而不密。孔融體氣高妙，有過人者，然不能持論，理不勝辭，以至乎雜以嘲戲。及其所善，揚、班儔也。」（《中國歷代文論選》上冊，郭紹虞主編，中華書局1962年版，第124頁）這就將作家氣性和作品風味聯繫了起來。劉勰的《體性》正是在這樣的基礎上，也即在找到關聯卻尚未剖析得明確清晰的基礎上，第一次確認並闡明了二者之間存在著的「二而一」、「一而二」的密切關係，因而具有里程碑式的性質和意義。

布封的《論風格》，在西方文論的發展史上，也有著與《體性》非常相像的價值。或因「風格」一詞源於拉丁文的「刻字刀」一語，故西方學者很早就使用了這一詞語。但是，對於「風格」概念的認知，卻還停留在相當膚淺的階段，缺乏明確的界定。比如古希臘的亞里斯多德，古羅馬的賀拉斯，或以爲風格僅僅是正確運用語言文字的產物，祇要求做到表述的「明晰而不流於平淡」（見亞里斯多德《詩學》），或要求描寫的「統一、一致」（見賀拉斯《詩藝》）。我們自然不會去苛責這兩位哲人。藝術創造的初始階段，其成品不免幼稚，作爲藝術成熟標誌的風格問題，自然也還不能推到人們的面前。在這樣一種藝術實踐的背景條件下，布封《論風格》顯然也就具有了突破性的意義，更何況他對風格形成的主客觀因素又論析得那樣的精闢！

劉勰和布封的風格論，又都具有明確的針對性。與布封反對神學世界觀相一致，他的《論風格》又是爲抨擊當時虛假矯情的貴族文學而發的，批評的語詞甚至顯得相當犀利相當尖刻。布封說，「喜歡運用纖巧的思想，追求那些輕飄的、無拘束的、不固定的概念」，不過是「淺薄的、浮華的才調」；有的人「在文章裏到處佈置些警語」，或者「化了這樣多的工夫錘煉字句的新的音調」，結果仍然「講一些人云亦云的話」，那又祇堪稱作是「賣弄才情」或「塗抹空言」。面對諸多的弊端，布封深深地感歎：「七拼八湊的作品纔這樣多，一氣呵成的作品纔這樣少。」於是，他反復讚頌大自然造物的完美，大力呼籲創作的完整完善。事實的、理論的依據充分而有力，他的臧否因而採用了毫不含糊的筆調，甚至對於資深的學士院院士如孟德斯鳩、瑪利佛，新進作家狄德羅等的批評，也未作淡化式的表述。顯然，圍繞風格問題，又已有了擴大深化的論述和闡發。

當然，劉勰的風格論也是精湛的，同樣沒有局限在單一的論題範圍內。《序志》篇說：「去聖久遠，文體解散，辭人愛奇，言貴浮詭，飾羽尚畫，文繡鞶帨，離本彌甚，將遂訛濫。」整部《文心雕龍》，正是爲批評糾正魏晉以來日趨靡麗的時弊爲出發點的。《體性》也不例外。所舉八體平行而列，這是因爲它們各具特色有著獨立並存的風格意義。另一方面，在劉勰看來，八體又不能等量齊觀無分軒輊的。僅就他解述八體各自特徵的用語，就見出它們之間應是高低有別輕重互殊的。如「典雅者，熔式經誥，方軌儒門者也」，而其他的，「新奇」體是「擯古競今，危側趣詭者也」，「輕靡」體又爲「浮文弱植，縹緲附俗者也」。所以，他引導童蒙學子首先學習雅正文章，並且要「摹體以定習，因性以練才」，其實是不走歪路子的意思。存在價值和重視提倡是兩個不同的概念，作者的態度十分的明朗，論述因而也就不帶有片面性了。布封的《論風格》也一樣，他一方面說「風格既不能脫離作品，又不能轉借，也不能變換」，另外在《寫作藝術》

一文中又指出：「真正的才調祇有題目本身纔能提供出來」，「隨著不同的對象，寫法就應該大不相同」。這種關於風格定中有變、變而有定的認識，與《文心雕龍·定勢》篇論述文勢無定而又有定的辯證關係極爲相似。

由此可見，兩位大家的論述不僅與淺泛偏執無緣，相反，全面透闢的深度和力度，還使他們的立論超越了風格論的範疇，進一步闡發了許多有關創作的重要規律與法則。面對他們所處的特有的文化環境，更都還獲得了切中時弊，振衰興微，引導文風文業健康發展的積極意義。

三

二者之論自然又還是有些區別的。

首先是「風格」二字的界定，二者是有明顯的距離的。劉勰所稱的「風格」，是一個純粹意義上的概念，指文章文學所呈現的思想藝術方面的特徵。他評介作家作品，幾乎一律都從風格入手，均以其獨異的藝術光彩作爲論析剖述比照的主要依據。如說漢賦，他說：「枚乘《兔（即『菟』）園》，舉要以會新；相如《上林》，繁類以成豔；……孟堅《兩都》，明絢以雅贍；張衡《二京》，迅拔以宏富……。」（《詮賦》）論諸子，他又說：「研夫孟荀所述，理懿而辭雅；管晏屬篇，事覈而言練；列御寇之書，氣偉而采奇；鄒子之說，心奢而辭壯；……鶡冠緜緜，亟發深言；鬼谷眇眇，每環奧義……。」（《諸子》）每一位作家及其作品的氣韻都躍然紙上。

劉勰風格論的細密處還在於他又將風格的要求分成了三個層次。前文所舉各例，都屬同一個層次，專指作家作品個體的風範格局，應是最具個性色彩的，或曰乃爲最高檔次的風格要求。在

《定勢》篇中，作者進而指出，同一體類的文章，應有大致共通的體勢特徵，可稱是另一個層次的風格要求。王元化先生說：「劉勰提出體勢這一概念，正是與體性相對。體性指的是風格的主觀因素，體勢則指的是風格的客觀因素。」（《文心雕龍講疏》，上海古籍出版社 1992 年版，第 131 頁）相對前一層次來說，即對具體作家具體作品體現的風格個性而言，這應具有共性的性質，但對於其他體類，則又是該體個性特徵的體現。另還有《風骨》一篇，劉勰又強調指出，不論何種文體的文章，都應具有風力和骨力：「若風骨乏采，則鷙集翰林；采乏風骨，則雉竄文囿。唯藻耀而高翔，固文筆之鳴鳳也。」這裏用的是比喻，且具有抽象意味，故「風」、「骨」二字不宜拆開作刻板狹仄的理解，應是具備某種風采、神韻、力度的表述，也即是創作風格形成的最基本的共同標尺，所以我們又將其視作是再一個的層次。

布封的《論風格》並無這樣的剖述。我們並不是在求全責備；一篇演講詞，不可能面面俱到。但是，差異是可以也是應當指出的。

布封使用的「風格」概念，似乎與劉勰所論不盡相同。他說：「壯麗之美祇有在偉大的題材裏纔能有」，「筆調不過是風格對題材性質的切合，一點也勉強不得；它是由內容的本質裏自然而然地產生出來的」。這些都是警論要語。但他又說：「文章風格，它僅僅是作者放在他的思想裏的層次和調度。」這就將風格要求限制在某些單純的藝術手段手法的範圍之內，尚未將其視作是創作達到成熟境界的標誌，與作者說的「風格卻就是本人」的名言也不太合榫。所以，有的翻譯家將題目譯成「論文筆」。就論證的具體內容看，《論風格》更多地注目於題材的表達和文筆的運用方面，說布封重在論文筆似乎更確切一些。十九世紀寫實主義大師福樓拜就說過：「我曾經很驚訝，我在布封先生《論文筆》的箴言裏發現了我們不折不扣的藝術理論。」（見《布封文鈔》引言）或者可以說，布封是在論題材論文筆的基礎上構築其風格論的。

其次，劉勰風格論和布封《論風格》對於後世的影響，也有相當大的差距。

《論風格》篇幅不大，中譯文本約七千字左右，但影響甚巨，流傳至今始終被奉爲圭臬。一方面，固然源於布封的論述確實精到絕倫，尤其是那句名言。另一方面，又得力於該文傳播的廣泛。講演發表引起的轟動效應且不說，此後黑格爾、馬克思都徵引過布封的名言，充分肯定創作主體所發揮的精神力量，這就有力地張揚了布封的風格理論。以後如左拉《論小說》講的不能「沒有個性表現」，別林斯基在《1843 年的俄國文學》中說「文體（按，即指風格）和個性、性格一樣，永遠是獨創的」等等，也都沒有逸出「風格卻是本人」的基點。在世界範圍內，文壇藝苑的學人恐怕沒有人不知道布封說過的這句名言吧！

劉勰《文心雕龍》的影響也是深遠的。它經歷過一個先晦後顯的過程，唐代以後開始流傳，宋代有了板本，明清以降研究者不斷，如今已使「龍學」成爲了一門顯學。作爲全書精粹部分的風格理論，其樣板作用則尤爲明顯。魏晉往後，史家文家常常徵言於劉勰，效法於劉勰，往往從作家氣性作品韻味入手品評文藻，使我國文論史的發展始終貫穿著一條風格論的主幹主線，首功自然應當歸於劉勰了。但是，劉勰畢竟沒有布封幸運，他的影響主要的還祇是局限在中國文化藝術的圈子內。自然也有向外的傳揚，唐朝時的日僧空海著有《文鏡祕府論》，顯然受《文心雕龍》的影響頗深，但這祇是很少見的個例。此中原因應是多方面的，我國古代文化的封閉性質，以及漢語言使用表形文字不利交流想是兩個主因，致使《文心雕龍》這顆璀璨的明珠蒙塵受屈，難以在世界文壇上大放異彩。

以上我們從內容、深度並影響的三個方面，粗略比較了劉勰的風格論和布封的《論風格》。它們各有勝處，堪於比肩，都具有經典的意義，可惜的是傳佈範圍卻大顯懸殊。但是，千萬不可忽略：劉勰寫出風格之論比起布封作《論風格》的講演，整整早了一千二百多年。

劉勰「神與物遊」析論

台灣師範學革語文學科　吳福相

摘　要

劉勰「神與物遊」內涵豐富，意蘊深遠，可從儒、道、玄、佛諸家思想闡述其旨意；如再藉康德《判斷力批判》之審美思想及其契機予以顯發、闡揚，則足以加深其內容，增廣其意涵。今條分縷析，詳加論述，期使東西二哲相互顯揚，前後輝映，體悟妙諦，則可謂「古之人不我欺也」。

關鍵字：神與物遊、審美契機、文心雕龍、判斷力批判

前　言

劉勰《文心雕龍》所述及「神思」或「神與物遊」之內容，涵攝著儒、道、玄、佛各家之思想，後人多以「虛靜說」視之，其與康德《判斷力批判》中所述及之審美四個契機，多能相互顯發其要義或微旨，令人體悟東西聖哲所言，雖多不同，然而條分縷析，細加揣摩，兩家多有異曲同工之妙，足以相互顯發，前後輝映。余不揣簡陋，詳加試析，以就教於先進。

劉勰「神與物遊」之內涵豐富，意蘊繁多，頗具多義性之特

點，前輩學者多所推論者，往往多定於一家之言。今不此之圖，而擬四面出擊，推而廣之，另闢蹊徑，使其不僅及於儒、道、玄、佛四家之淵源或說法，更擬借用西洋哲學補足、詮釋或顯發之，以期獲得更加全面，更加深刻之認識。茲分述如下：

一、儒家思想

《文心雕龍・神思》云：

積學以儲寶，酌理以富才，研閱以窮照，馴致以懌辭。[1]

意謂：累積學問，以充實知識的寶庫；明辨事理，來豐富寫作的才識；體驗實際的生活，以增進觀察的能力；順應情感的發展，以演繹美妙的文辭。嚴格地說，此四句只是平時學問之積累與準備之工作，並非「思理爲妙，神與物遊」[2]之藝術構思的境地。雖末句強調語言技巧，與創作構思相關連，然而所強調者，畢竟是彥和採取儒家勤學之精神用之於語言技巧訓練，實是「陶鈞文思，貴在虛靜。」[3]的前提和準備條件。此四句就其表象之意蘊，既多無關於「神思」之本身，何以置於〈神思〉之中，且置於「貴在虛靜，疏瀹五藏，澡雪精神」[4]之後，吾以爲從康德之「審美契機」，或可顯發其旨，得其妙諦。

蓋「積學之儲寶」後，容易自以爲是的執著於感官的「快適的愉悅」[5]與理性的「美的愉悅」[6]，以至於與「利害」結合；亦

1 劉勰《文心雕龍》，範文瀾注，（台灣維明書局，民國72年9月初版），頁493。

2 同註1，頁493。

3 同註1，頁493。

4 同註1，頁493。

5 康得《判斷力批判》，鄧曉芒譯，（台灣聯經出版社，民國93年），頁40。

6 同註5，頁42。

即其將成爲與一個對象的實存的表象結合著有利害感的愉悅，故必須要「虛靜」之、「疏瀹」之、「澡雪」之，然後才能進入藝術構思的審美鑑賞判斷。因爲「那規定鑑賞判斷的愉悅是不帶任何利害的」[7]一旦有了利害感，則易流於「認識」或「邏輯」之判斷，而非「審美」判斷，亦即流於日常生活的認識和感知，而非審美體驗的精神活動，非神與物遊之化境。

「酌理以富才」，由於「富才」之「酌理」，容易流於客觀的、邏輯的判斷，使對象之評判先於鑑賞判斷之愉快感，以致失去普遍客觀的有效性。因爲藝術構思或「神與物遊」的審美判斷是「一種不是基於客體概念（哪怕只是經驗性的概念）之上的普遍性，完全不是邏輯上的，而是感性上的；亦即不包含判斷的客觀的量，而只包含主觀的量。」[8]是以在擁有「富才」、「酌理」之後，「神與物遊」之前，必先對其所「富」、所「酌」，有所「虛」之、「靜」之，而後才能進入「神與物遊」之化境。蓋「神與物遊」之「美」，「是那沒有概念而普遍令人喜歡的東西」[9]

「研閱以窮照」，體驗實際生活，來增進觀察的能力，這樣容易將目的看作愉悅的根據，「就總是帶有某種利害，作爲判斷愉快對象的規定性根據。」[10]以致失去審美契機因爲沒有任何主觀目的可以作爲鑑賞判斷的根據，也沒有任何客觀目的的表象，或任何善的概念，可以規定審美判斷。蓋「神思」者是審美判斷，不是認識判斷。故在「窮照」之「研閱」，不應依賴於刺激和激動的「生活體驗」，而要將主觀合目的性建在愉快情感上，不然

7　同註 5，頁 38。
8　同註 5，頁 51。
9　同註 5，頁 56。
10 同註 5，頁 56。

將失之於野蠻，而非文明之審美。

「馴致以懌辭」容易因概念而流於無條件的客觀必然，反而自以爲自己演繹出美妙之文辭；實則審美鑑賞之美「是那沒有概念而被認作一個必然愉悅的對象的東西。」[11]蓋鑑賞判斷必具有一條主觀原則，這條原則只通過情感而不通過概念，今「馴致」矣，其間是否參雜了「概念」，是否以共通感的理念爲必然性之條件[12]，故宜「虛」其概念，「靜」其共通感，而後始入審美之化域。

故吾以爲上述四句置於〈神思〉，除表達藝術構思應具備的修養，如「積學」二句爲充實「物」、「神」的妙方，「研閱」句言培養敏銳的直覺與識見，「馴致」句言順應情感的發展來創作。此四句雖未直接逕言「神思」之道，然而置之於「虛靜」、「疏瀹」、「澡雪」之後，或其意謂此四句爲學日益所造成的有欲望之「利害感」、「概念」及與經驗結合之「目的」等，皆宜以爲道日損而「虛」、「疏」、「澡」之，而後才能進入審美之化域，達成神與物遊之妙境。

二、老莊思想

《文心雕龍・神思》云：

> 神與物遊……是以陶鈞文思，貴在虛靜。[13]

此「虛靜」淵源自《老子・十六章》云：「致虛集，守靜篤。」[14]及《莊子・天道》云：「言以虛靜，推於天地，通於萬物。」[15]

---

11 同註 5，頁 81。

12 同註 5，頁 78。

13 同註 1，頁 493。

14 《老子》。見吳怡《新譯老子解義》，（台灣三民書局，民國 87 年 9 月），頁 106。

是知其本始之義，乃指虛靜是與天地萬物相溝通之精神狀態。莊子以為「虛靜」之後，即可「推於天地，通於萬物」，使精神能「推」、能「通」，而合於「天地萬物」之自然。故《莊子・天道》又云：

> 聖人之靜也，非曰靜也善，故靜也；萬物无足以鐃心者，故靜也。水靜則明燭鬚眉；平中準，大匠取法焉。水靜猶明，而況精神！聖人之心靜乎！天地之鑑也，萬物之鏡也。[16]

意謂「靜」不僅只有「善」知道德意義，不僅只是「萬物无足鐃心」，不僅只是「明燭鬚眉」，更重要者乃是其能使人精神昇華，進入審美的感知和觀照，反映事物深刻的規律和本質，故彥和以之為「馭文之首術，謀篇之大端」[17]。然而吾人所欲深入了解者，為何「虛靜」即能「使人精神昇華」，進而「進入審美的感知和觀照」，甚而「反映出事務深刻的規律和本質」耶？吾以為以康德之審美契機，足以顯發此旨。

蓋所謂「神思」或「神與物遊」，就審美意義言，乃指人的想像力與知解力自由協調而感受審美之心意狀態，而這種知解力在審美判斷中不是作為一個認識的功能，而是作為這種判斷和它的不依賴概念的表象規定的功能。[18]若此「不依賴概念的表象規定的功能」，故吾人需要「虛靜」，唯有「虛靜」才能「不依賴概念」，才能體悟第二個契機「美是那沒有概念而普遍令人喜歡

15 郭慶藩《莊子集解》，（台灣河洛圖書出版社，民國 63 年 3 月 1 版），頁 463。
16 同註 15，頁 457。
17 同註 1，頁 493。
18 朱志榮《康得美學思想研究》，（安徽人民出版社，2004 年 9 月 2 版）頁 124。

的東西」[19]及第四契機「美是那沒有概念而被認作一個必然愉悅的對象的東西。」[20]此「美」正是藝術構思之美，「神與物遊」之美。蓋知解力「虛靜」之後，足以「無爲」，終至於「無不爲」矣。相對的想像力在此時，即能深刻地反映出事物的規律或本質。蓋此審美屬於反思判斷，故須「虛靜」，以期在僅有的特殊中，求得包含特殊的一般規律，乃是一種主體情感對對象的價値判斷，爲與情感相聯繫的主觀的、審美的判斷，而非將特殊對象，歸之於預先給定的法則或原理之中，作認識性、概念性、邏輯性的判斷，「因爲它的規定根據不是一個概念，而是在那心意諸能力的活動中的協調一致的情感。」[21]即使知解力不根據一個概念，而又讓其與想像力能協調一致，並讓它馳騁地自由活動，是知彥和所云：「貴在虛靜」，實爲至理。

綜上所述，吾人知神與物遊之所以需要虛靜，有下列理由：

一、因爲藝術構思不需要依賴概念的表象規定的功能，以免因此反成爲邏輯判斷而非審美判斷。若此「不需要依賴概念的表象規定的功能」，即「虛靜」也。

二、審美對象的表象「必須具有想像力，以便把多樣的直觀集合起來，也必須具有悟性，以便由概念的統一性把諸表象統一起來」[22]若此「將諸表象統一起來」須靠「虛靜」的「知解力」。

三、唯有「虛靜」才能先有對象的審美判斷，而後才有快樂的情感；不然，可能將先有快感，而後再發生判斷，則成爲感官快適矣。23

19 同註 5，頁 56。
20 同註 5，頁 81。
21 康得《判斷力批判》上卷，宗白葦譯，（商務印書館，1964 年版）頁 66-67。
22 同註 21，頁 55。
23 同註 5，頁 53。

正因爲有上述理由，故「神與物遊」需要「虛靜」，始能升華精神，體悟審美，發現規律。

《文心雕龍·神思》云：

疏瀹五藏，澡雪精神。[24]

此源自《莊子·知北遊》云：「汝齊戒，疏瀹而心，澡雪而精神，掊擊而知！夫道，窅然難言哉！」[25]意謂齊戒汝之心迹，戒慎專誠，洗濯身心之所執，清淨精神意識，打破孔子的思想概念。因爲孔子宗法道德之思想，多政治倫理之概念，成就了日常生活與世俗之意識，必須「掊擊」之，才能使其「疏瀹」之「心志」，「澡雪」之「精神」，入之於「道」。彥和將「而心」改爲「五藏」，實爲強調因「感官」所產生之世俗雜念或功利欲望，而鬱之於「五內」者，必須「洗濯」之，進而清靜精神意識，拋棄世俗的、現實的、功利的觀念或目的，才能進入審美境界。

爲什麼彥和會提出「疏瀹五藏」作爲「虛靜」之要點呢？因爲我們要求「神與物遊」，要作藝術構思以求「美」，「這取決於我怎樣評價自己心中的這個表象，而不是取決於我在哪方面依賴於該對象的實存。每個人都必須承認，關於美的判斷只要混雜有絲毫的利害在內，就會是很有偏心的，而不是純粹的鑑賞判斷力了。」[26]此鑑賞判斷即爲藝術構思之「美的判斷」，既不得混雜有絲毫的利害，故須「疏瀹」之，以免因爲利害、慾求、偏心，以致使我們把利害感與一個對象的實存的表象結合著，成爲了感官或理性之判斷。

---

24 同註 1，頁 493。
25 同註 15，頁 741。
26 同註 5，頁 39。

爲什麼「澡雪精神」亦是「虛靜」之要點呢？因爲藝術構思之「神與物遊」，不是以自己的認識能力，去把握合乎規律，合乎目的的對象，而是「把主體中所給予的表象與心靈在其狀態的情感中所意識到的那全部表象力相對照。」[27]「爲避免這種」「對照」是完全合乎理性，而失去與主體的情感相關，故須「澡雪」之，使「精神」是愉悅的、感性的、審美的；亦即只把一個對象的表象聯繫於主體，並且不要注意對象之性質，只注意到對象使主體有關的情感相聯繫。

「疏瀹五藏」、「澡雪精神」之後，因爲沒有任何利害，既沒有感官的利害，也沒有理性的利害；亦即「虛靜」了感官與邏輯之認識能力的理性，就足以進入「神與物遊」之化境，成就藝術「美」的構思；亦即成就了感性的、審美的鑑賞判定。蓋「鑑賞是通過不帶任何利害的愉悅或不悅而對一個對象或一個表象方式作評判的能力。一個這樣的愉悅的對象就叫做美。」[28]

陳詠明云：「他（案：指劉勰）認爲審美體驗是與世俗雜念和功利欲望相對立的，必須拋棄一切現實的、功利的觀念，割斷一切世俗意識，才能進入審美境界。如果把上引《莊子》中的『道』（案：指〈知北遊〉「夫道窅然難言哉」句）換成『美』，就可知劉勰用典是多麼高明和精采了。」[29]所言甚是！如果說此處莊子的「道」可以換成彥和的「美」，吾以爲如以康德的美學思想言，似亦可以換成在審美判斷的先驗基礎上之「共通感」。因爲它是人們主觀上共同具有的，具有必然性、普通性，亦爲人們內

27 同註 5，頁 46。
28 同註 5，頁 37。
29 陳詠明《劉勰的審美思想》，（臺北文津出版社，民國 81 年 12 月）頁 44。

在共同的根源，具有假設的先天原則，故云：「窅然難言哉」。之所以如此，實因吾人無法界定此共通感的先驗基礎。蓋其為吾人想像力與知解力的自由協調，以適應對象評判的心意狀態，既不涉及利害，亦不涉及概念，而多充滿情感的、審美的；一如前述莊子的「道」，陳氏所論，可以取而代之的「美」。

《文心雕龍．神思》云：

然後使玄解之宰，尋聲律而定墨。[30]

此「玄解之宰」，或淵源自《莊子．齊物論》云：「若有真宰，而特不得其眹。」[31]〈養生主〉云：「安時而處順，哀樂不能入也。古者謂是帝之懸解。」[32]依〈齊物論〉所言，吾人不知「所為使」者，即是「真宰」。「宰」有「主宰」之意。「眹」為徵象，「不得其眹」即看不到任何「真宰」的形象。依〈養生主〉言，所謂「懸解」即「安時處順，哀樂不入」之謂。綜此而言彥和的「玄解之宰」，殆意謂懸解於日常生活之經驗的、感官的、概念的、有目的的功利意識，而獲得主觀的、宰制的、合目的性的、鑑賞的審美情感，然後就能「哀樂不入」的從事藝術構思的「神與物遊」之妙境，以至於「尋聲律而定墨」。蓋以庖丁之「不解之解」的「解刀」，即「玄解」之刀來解牛，則能達成「以神遇而不以目視，官知上而神欲行。依乎天理。」[33]之化境，亦即足以進入審美鑑賞與判斷，尋其「神遇」、「神行」、「天理」之「聲律」而「定墨」矣。

就康德之美學思想來闡發上述「不解之解」，正符合其審美

30 同註 1，頁 493。
31 同註 15，頁 55。
32 同註 15，頁 128。
33 同註 15，頁 119。

契機「无目的的合目的性」[34]。蓋「不解」正指「无目的」，亦即客觀上，「神與物遊」之美不是有用的，而其審美亦是无利害的，亦不涉及到概念，更不強求對象本身之完美或完滿性；而「不解之解」之後「解」字却又是主觀，是有目的的，是合目的性的，這種合有目的性正是主觀的想像力與知解力的審美之心意狀態的感情形式。此「合目的性」不是吾人日常生活所言之目的，而是具有感性的、主觀的、獨創性的、理想的。故康德云：「美是一個對象的合目的性形式，如果這形式沒有一個目的的表象而在對象身上被知覺到的話。」[35]此「美」或可以「神與物遊」之「美」釋之。而彥和之所以用「聲律」言之，或有在審美之意象中，聆聽「存有的震動」[36]之旨，故按一「尋」字，有「尋」而後能「定」矣。

三、玄學思想

《文心雕龍．神思》云：

> 意授於思，言授於意，密則無際，疏則千里。……至於思表纖旨，文外曲致，言所不追，筆固知止。至精而後闡其妙，至變而後通其數。伊摯不能言鼎，輪扁不能語斤，其微矣乎？[37]

此「言意之辯」實淵源自魏晉玄學。如何劭《荀粲傳》云：

> 粲子奉倩。粲諸兄並以儒術議論，而粲獨好言道。常以為子貢稱夫子之言性與天道不可得聞，然則六籍雖存，固聖

34 同註 21，頁 130。
35 同註 5，頁 77。
36 趙衛民《莊子的道》，（臺北文史哲出版社，民國 87 年 1 月），頁 129。
37 同註 1，頁 494-495。

人之糠粃。粲兄俣難曰：「《易》亦云，聖人立象以盡意，係辭焉以盡言，則微言胡為不可得而聞見哉？」粲答回：「蓋理之微者，非物象之所舉也。今稱立象以盡意，此非通於意外者也；系辭焉以盡言，此非言乎系表者也。斯則象外之意，系表之言，固蘊而不出矣」。及當時能言者不能屈也。[38]

荀俣主張「言盡其意」，並引《繫辭》「立象以盡意，系辭焉以盡言」爲證，其或以爲象和意，辭和言的關係，就好像聲和響，形和影之關係。響是應聲的，影是隨行的，響不能同聲分開，影不能和形分開。是知「立象以盡意」之「意」爲人的思想內容之反映，亦就是吾人所述之名與言。名與言不能和「意」分別開來，所以說言就是意，不能說言不盡意，要不然如何有無聲之響與無影之形耶？荀粲主張「言不盡意」，蓋言語所能表達的，只是一些粗糙的東西，細微的理，或言外、意外的事理，如性命、天道等不能用言語表達的。

劉勰借用玄學思想的「言意之辯」之邏輯思維方式，故云：「思表纖旨，文外曲致……至精而後闡其妙，至變而後通其數。」以爲能獲得「至精」、「至變」的「虛靜」，即「神與物遊」的審美感知狀態，就能「密則無際」的「闡其妙」、「通其數」。不然，「言所不追，筆固知止」的「性命天道」，將一如伊摯、輪扁之不能言鼎、語斤矣。前者「至精至變」之說概指「言盡其意」，後者「言所不進」之論蓋指「言不盡意」。

彥和「至精」、「至變」之說或可以康德審美判斷之「共通感」顯發之。所謂「共通感」蓋指想像力與知解力的自由協調以

38　《三國志・魏書》卷十〈荀彧傳〉注引。

適應對象評判的心意狀態，便是人們主觀上共同具備的。[39]想像力和知解力自由協調。經由感官的、認識的、經驗的「概念」、「形象」或「意象」，以至於進入具有「共通感」之「神與物遊」的「神思」狀態，即能言人之所欲言，言人之所不能言。蓋此時之「共通感」已「不是理解爲外在的感覺，而是以我們的認識能力的自由活動來的結果。」[40]而且「在哪里能夠先驗地認爲每個人將感到對予這個被我稱爲美的對象的這種愉快。」[41]此「愉快」即爲能「神與物遊」以致「言盡其意」、「闡妙通數」之「愉快」也。

性命天道以及伊摯、輪扁所不能言之言外、意外之理，何以「言不盡意」邪？蓋其雖爲必然普遍之概念，却多屬於嚴密推理之邏輯或無法證實之概念；雖亦可以具有「无利害感」、「无目的而合目的性」，然而却多永遠無法令人在「沒有概念」的情況下，將其認作一個普遍而令人喜歡的美；也就是說它們不符合康德審美的第二、第四契機，讓人在沒有概念的情況下，有普遍而必然的愉悅；亦即是以性命天道等爲對象，則必然多以概念、邏輯去理解，以致無法進入審美感知與判斷，故其「言」不能「盡其意」也。此夫子之所以不言者，蓋此時知解力由想像力在它的自由中喚醒，却無法使其「沒有概念地把想像力置予一合規則游戲之中，這時表象傳達著自己，不作爲思想，而作爲心意的一個合目的狀態的內里的情感。」[42]亦即知解力失去了審美判斷和它的不依賴概念的表象規定的功能。

---

39 同註 18，頁 124。
40 同註 21，頁 76。
41 同註 21，頁 75。
42 同註 21，頁 140。

陳詠明云：「當達到『至精』、『至變』的程度以後，自然能以有限的筆墨把握『言所不追』的意蘊。彥和是將言意之辯移用在文學理論上的第一人，開創了一個重要的文學理論議題。」[43]是知「至精」「至變」者，審美判斷之「共通感」也。彥和將言意之辯移用至文學理論，就審美之認知與判斷而言，確實開創了一個重要的議題，爲美學思想之議題。

陳氏又云：「劉勰所謂的至精至變，不可能有其他解釋，只能是指思維的狀態，精神的狀態。他認爲只要達到至精至變的狀態，就是以隨心所欲地表達一切難以言傳的思緒和感情，使文學形象具有含蓄、雋永的美感，使有限的言辭包涵無盡的餘味。這種理論得力於玄學邏輯。」[44]此「思維狀態」、「精神狀態」，即指想像力與知解力的自由協調以適應對象評判的心意狀態。因爲是人們主觀上所共同具備的，故一旦呈現此狀態，則能隨心所欲的表達一切難以言喻的思想情感。是知際此馳聘想像，並對物象充滿感情，得以作出完善之審美判斷，使意象深刻雋永，形象生動活潑，言辭清新有趣，而又餘味無窮。

四、佛教思想

《文心雕龍，神思》

故寂然疑慮，思接千載；悄焉動容，視通萬里。[45]

此四句雖亦接近老莊或玄學之理論，然而就句法、文意、意蘊而言，恐怕更應淵源自佛家思想。如東晉僧肇《般若無知論》云：

---

43 同註 29，頁 47。
44 同註 29，頁 48。
45 同註 1，頁 493。

> 聖人以無知之般若，照彼無相之真諦。真諦無兔馬之遺，般若無不窮之鑒。[46]

此「聖人以無知之般若，照彼無相之真諦」豈非「寂然凝慮，思接千載」之旨邪？蓋其「慮」已「寂」矣、「凝」矣，豈非「無知般若」之旨？而其「思」既可接於千「載」，豈非「照彼無相之真諦」耶？不燃「無相之真諦」如何鑒照？「千載之聖賢」又如何「思接」耶？「真諦無兔馬之遺」正爲「悄焉動容」之旨，蓋「悄焉」足得「真諦」，而「動容」自然「無兔馬之遺」矣。「般若無不窮之照」正爲「視通萬里」之旨，蓋其「視」既有「無知般若」之智慧，達於「不窮之照」，自然足以「通萬里」矣。因爲一切事物的本質只是自性空，所以能夠觀照無相之真諦的無知般若之聖智也就能夠映現所有形象，窮盡一切事物。

僧肇《般若無知論》云：

> 是以智彌昧，照逾明；神彌靜，應逾動。[47]

此「智彌昧，照彌靜」正「寂然凝慮，思接千載」之旨，蓋「寂然凝慮」者，「智彌昧」也，因其智彌昧，其慮始能「寂然」、「凝」也。「思接千載」者，「照逾明」也，因其照逾明，故其思始能上接千載也。「神彌靜，應逾遠」正「悄焉動容，視通萬里」之旨，蓋其「神」「悄」焉，則其「動容」也「彌靜」；其「視」「應」焉，則其「通」也及於「萬里」之「逾遠」。就佛理言，事物的真諦或實相是絕對的空虛靜寂，所以人爲心智的「彌昧」，精神意識的逾虛靜，就逾能鑒照、反映以絕對靜寂爲實相的萬法萬動。此爲彥和「神與物遊」之所本。

「寂然凝慮」兩句既以「聖人以無知之般若」兩句、「以智

---

46 僧肇《般若無知論》。
47 同註 46。

彌昧」兩句爲要義，則與康德審美第一契機：「鑑賞是通過不帶任何利害的愉悅或不悅而對一個對象或一個表象方式作評判的能力。一個這樣的愉悅的對象就做美。」[48]足以相互顯發。蓋「通過不帶任何利害的愉悅」即爲「寂然」、「無知」、「彌昧」之意，而「對一個對象或表象方式做評判的能力」正「思接千載」、「照無相之真諦」、「照逾明」之愉悅・亦即彥和之神思得以獲得審美判斷之美。

「情焉動容」兩句即以「真諦無兔馬之遺」兩句、「神彌靜」兩句爲要義，則與康德審美判斷之第三契機：「美是一個對象的合目的性形式，如果這形式是沒有一個目的表象而在對象身上被知覺到的話。」[49]足以相互顯發。蓋「悄焉」、「真諦」、「神彌靜」正是指「沒有一個目的的表象而在對象身上被知覺到」，故「悄」之、「無」之、「靜」之。「視通萬里」、「不窮之鑒」、「應逾動」正指「其美是一個對象的合目的性形式」，故「通」之，「鑑」之、「動」之。

「寂然凝慮」四句即以「聖人」四句、「以智彌昧」四句爲要義，則與審美判斷之第二契機：「美是那沒有概念而普遍令人喜歡的東西。」[50]與第四契機：[51]「美是那沒有概念而被認作必然愉悅的對象的東西」。[52]足以相互顯發。蓋前引彥和四句有關「神與物遊」之內容與東晉僧肇並皆在「沒有概念」之下，而體物或照見「普遍而必然令人愉悅的東西」，亦即二家之法並皆能進入

48 同註 5，頁 46。
49 同註 5，頁 77。
50 同註 5，頁 56。
51 同註 5，頁 77。
52 同註 5，頁 82。

審美之道，而直觀「存有的震動」[53]，體悟「審美的愉悅」。

《文心雕龍，神思》云：

獨照之匠，闚意象而運斤[54]

此「獨照」蓋源自僧肇《般若無知論》云：

內有獨鑒之明，外有萬法之實。萬法雖實，然非照不明。[55]

是知「獨照」蓋指獨自鑒照之意，如以審美判斷而言，則上引文即指內有獨自鑒照之明，外有萬法萬相之實。然此萬法萬象之實，非經獨自鑒照之審美判斷，則其鑒照不明，唯有在獨自鑒照這種想像力與知解力的自由協調以適應對象評判的心意狀態之「共通感」的匠心獨運，始能窺得經由想像力所形成的審美意象，而表現出美的觀照。

康德云：「審美的判斷只把一個對象的表象聯繫于主題・並不讓我們注意到對象的性質，而只讓我們注意到那決定與對象有關的表象諸能力底合目的的形式。」[56]此「只把一個對象的表象聯繫于主體」即「內有獨鑒之明」、「獨照」之意；「不讓我們注意到對象的性質」即「外有萬法之實」之旨；「只讓我們注意到那決定與對象有關的表象諸能力底合目的的形式」正是「非照不明」、「闚意象運斤」之旨。故吾人可謂「獨照」者，即「審美判斷」矣。唯有運此「判斷」之「獨照」，始能獲得審美判斷之共通感，而闚得審美意象，並由其想像力「強有力地以真的自然所提供給他的素材裡創造出像似另一自然來。」[57]故云：「此

53 同註 36，頁 129。
54 同註 1，頁 493。
55 同註 46。
56 同註 21，頁 66。
57 同註 21，頁 160。

蓋馭文之首術，謀篇之大端」[58]矣。

結　論

二家之美學思想足以相互顯發、印證，經由上述之剖析，可以證成之。

就儒家思想言，「積學以儲寶，酌理以富才」爲充實「物」與「神」之妙方：「研閱以窮照」則爲培養敏銳直覺與識見之道，「馴致以懌辭」則爲順應感情之發展來從事創作。此四句雖未逕言「神與物遊」之道，然全文置於「虛靜」之後，殆欲吾人在「積學」等四句之後，因其所形成或執著之「利害感」、「概念」及與經驗結合之「目的」，皆宜「虛」之、「靜」之，以期進入審美之化域。

就道家思想言，「神與物遊」之所以需要虛靜，最主要原因．實因藝術構思不需要依賴概念的表現規定的功能，以免因此反而成爲邏輯判斷而非審美判斷。

彥和之所以提出「疏瀹五臟」、「澡雪精神」作爲「虛靜」的要點，前者是欲求吾人「疏瀹」利害、欲求、偏心等，以免吾人將利害感與一個對象的實存的表象結合者，以致失去了審美，反而成爲感官或理性之判斷。後者是欲求吾人不以自己認識能力，來把握合乎規律、目的之對象，而應把一個對象的表象聯繫于主體，只注意到對象與主體有關的情感相聯繫，以成就審美判斷。

就玄學思想言：彥和借用玄學思想的「言意之辯」之邏輯思維方式，以獲得「至精」、「至變」之審美感知，即爲康德審美

58 同註 1，頁 493。

判斷之「共通感」，乃人們主觀上所共同具備的。藝術構思經由此「共通感」即能「言盡其意」矣；如論及性命天道，因其論斷多盡是「概念」的不完全敘述，以致吾人不能成就在「沒有概念」情況下，能讓人有必然而普遍的愉悅，故「言不盡意」矣。

就佛教思想言「寂然凝慮，思接千載」符合康德審美第一契機；「悄焉動容，視通萬里」符合第三契機；而「寂然凝慮」四句符合第二、第四契機。

彥和「獨照」與康德「審美判斷」頗有異曲同之之妙，前者可以「闚意像而運斤」，後者可以「從真的自然所提供給它的素材裏創造出像似另一個自然來」，二者並爲馭文首術，謀篇大端矣。

從劉勰到王船山的情景說

中原大學　通識中心　陳素英

摘　要

劉勰與船山，學植深厚，各緣時代背景，總結前代學說，長期潛心著述，發揮理論特色。在情景理論上，劉勰綜述前代，論《詩經》、《楚辭》、漢賦、古詩十九首、漢魏宋齊等詩篇情景特色。船山《詩譯》評《詩經》，《楚辭通釋》評《楚辭》情與景；另有《古詩評選》《唐詩評選》《明詩評選》作實際作品作家批評。其情景理論完整具體，彰顯詩學特色。劉勰身居空門，船山《相宗絡索》援釋論境，然二者皆不忘對文化思想之關懷，以文學著述爲階，抒發生命情懷並申理論特質。本文將透過情景，論述船山情景說如何運用《文心雕龍》相關觀點，並探索二者各具特色之理論開創及承繼轉變歷程。

劉勰與船山情景說之撰寫，或源個人因素；或因應創作推動理論需求；或源文學發展及時代背景。二者情景理論，前後輝映，當可相互參照。

關鍵字：劉勰、王船山、情景說、審美

一、寫作動機背景及意義

就個人因素而言：劉勰、船山皆抱持經天緯地博大情懷，載負沉重文學使命感。劉勰雖身居空門，人文關懷未曾稍減。平生以著述為職志，期能於文學領域總結前代，彌綸群言。若文能載心、則其心有寄。船山身處世代交替之際，具高度歷史文化意識與修養。中年後，歷經四十年隱居著述生活。期能以「追光躡影之筆」，抒「通天盡人」之懷。終其一生，雖未皈依佛門，然精研佛學方法論，運用於詩學領域，與劉勰治學有異曲同工之妙。

劉　勰

劉勰《文心雕龍・序志》說前代文論各照隅隙，鮮觀衢路。文學體系既付諸闕如，文學思想亦未能振葉以尋根，觀瀾而索源。《文心雕龍・序志》篇亦云：

嘗夜夢執丹漆之禮器，隨仲尼而南行[1]

表示闡揚儒家經典之決心；又在〈宗經〉篇進一步說明：若以經典為文學山海，可以達「即山鑄銅，煮海為鹽」之效，並希望藉此以豐富文學內涵。

〈原道〉篇從天文說到人文，透露文論家廣遠之宇宙觀、人生觀；兼含老莊以來「道法自然」的美學觀。劉勰並以《易經》作為參天緯地第一部經典。〈原道〉篇說：

人文之元，肇自太極。[2]

觀天文以極變，察人文以成化[3]

---

1 周振甫《文心雕龍譯注》頁 606，北京中華書局出版，臺北五南書局出版。民國 82 年 6 月。

2 周振甫《文心雕龍譯註・原道》頁 15。

3 周振甫《文心雕龍譯註・原道》頁 19。

寫天地之輝光，曉生民之耳目。[4]

在觀察大自然豐富天地中，作者性靈也受到感召。然而魏晉不同於漢代陰陽五行「天人相應」，魏晉不說人事吉凶，重在美感經驗體會與鑑賞層次。表現作家對有情天地觀察、融入環境、與情懷之抒發。因此，〈明詩〉篇說：

人稟七情，應物斯感，感物吟志，莫非自然。[5]

〈情采〉篇提及：

五性發而為詞章[6]

文學價值即在於能表現內心世界，並能將感受用文字表現，所以《文心雕龍．情采》說：

綜述性靈，敷寫器象。鏤心鳥跡之中，織辭漁網之上。[7]

文學家不僅被動接受天地召喚；更能以主動豐富心靈，吟詠情性，抒寫真情流露的作品。聖人則能「寫天地之輝光，曉生民之耳目。」因此〈原道〉〈徵聖〉〈宗經〉成爲《文心雕龍》開卷篇目，劉勰由文學弘揚經典之道，於此亦可昭然若揭。

就情景說而言，天地之情、聖人之情、天文、人文皆爲情感表達重要主題內容。而情感表達方式，則經由語言、文字、聲律、景物等媒介融入，可望創造詩歌藝境。

時代背景

情景說發展，除作家個人因素之外，時代環境及文學流變亦爲重要動力。魏晉以後，到劉宋初年，山水詩興起，寫景詩引人注目，寫景藝術要求精緻化。劉勰在〈明詩〉篇批評建安新興五

4 周振甫《文心雕龍譯註．原道》頁 17。
5 周振甫《文心雕龍譯註．明詩》頁 15。
6 周振甫《文心雕龍譯註．情采》頁 390。
7 周振甫《文心雕龍譯註．情采》頁 389。

言詩體，然後歷評正始、晉世、江左、宋初各代，在討論作家作品時，即以情志、辭采爲批評重點。劉勰於綜觀歷代創作中，論述文體變化、觀察山水詩興起現象、以及文學風氣興衰遞嬗。〈明詩〉篇說：

> 正始明道，詩雜仙心,何晏之徒，率多膚淺。唯嵇詩清峻，阮旨遙深，故能標焉，若乃應璩百壹，獨立不懼，辭譎義貞，亦魏晉之遺直也。[8]

劉勰是從作家的心志、作品語言風格呈現方面去作批評。接著他論晉代說：

> 晉世群才，稍入輕綺，張潘左陸，比肩詩衢，采縟於正始，力柔於建安，或析文以為妙，或流靡以自妍，此其大略也。[9]

是從文采、力度、文字表現著眼。論江左則云：

> 江左篇製，溺乎玄風，嗤笑徇物之志，崇盛忘機之談，袁孫以下，雖各有雕采，而辭趣一揆，莫能爭雄，所以景純仙篇，所以挺拔而為儁矣。[10]

論及玄言詩、遊仙詩之情致、詞采表現與理趣風格。最後論宋初詩壇：

> 宋初文詠，體有因革，莊老告退，而山水方滋，儷采百字之偶，爭價一句之奇，情必極貌以寫物，辭必窮力而追新，此近世之所競也。[11]

說明文體變化、文章情感的表現方式，重景物外貌的描摹，

---

8 周振甫《文心雕龍譯註・明詩》頁 80。
9 周振甫《文心雕龍譯註・明詩》頁 81。
10 周振甫《文心雕龍譯註・明詩》頁 81。
11 周振甫《文心雕龍譯註・明詩》頁 81。

寫作技巧的求新求變，最大的變化爲題材類別上，玄言詩結束，山水詩代興，影響文學形貌方面的追求。

正因爲創作技巧不斷推陳出新，不同的主題與景物湧入創作詩材，文論家亦以情景作爲相關主題評述。

至於評述方式，劉勰希望透過博觀、圓照、圓該的方式，期能以圓通之識，鑑照形理若鏡，《文心雕龍．論說篇》云：

> 夷甫裴頠，交辨於有無之域；並獨步當時，流聲後代。然滯有者，全繫於形用；貴無者，專守於寂廖；徒銳偏解，莫詣正理;動極神源，其般若之絕境乎？[12]

當時，王衍（夷甫）崇「無」，認爲從無中生陰陽化生萬物；裴頠著《崇有論》，認爲萬物從有產生，若清淨無爲，世事皆不成。劉勰對於文學觀念中，道與文、文質、虛實、通變、陰陽等轉化的規律，則表現「隨物圓覽」、「兼該遍含」之智慧，其論情采虛實相待、文質相待之理亦如是。

儒釋道經學哲學智慧，在其美學體系中，轉化爲兼解以會通之理論，隨時而適用，隨變而適會。

船　山

劉勰以前，玄言山水詩在語言、在景物方面，賦予情景理論相當發揮空間。船山之前亦爲山水詩興盛時期，明代從山水中品味生活，在旅遊人生中與生命場景相遇，不但視山水爲知音，亦以山水爲大地文章。藉此創造詩歌情景藝術特色，山水無處不呈現生命感；反之以山水情景角度批閱文字，文字化成山水，評點如遊人，評點的世界在他們筆下「文本化」。透過山水框架，檢視文學內心活動，文學創作的藝術性、文學價值、文學技巧表現

---

12 周振甫《文心雕龍譯注．論說》篇，臺北五南圖書出版有限公司，頁 229-230，民國 82 年 6 月。

等。在山水美學與人類性靈活動的文字美學中，發現許多結構價值值得交互研究的地方。我們看情景主題的評點若從這個層面去看，就會超越文字的侷限，這樣文章可以是案頭山水，山水是大地文字。甚至與他們生命相伴的山水，無一不是人生寫照，部份深有寄託的作者與評點者，在特殊身世背景、人文山水作品中，呈現自傳性創作與評點過程。

明清之際山水創作及情景討論者既多，理論方面自等待精闢學說作爲總結，船山因緣際會，情景說應運而生。

船山情景說理論及實際批評見於《薑齋詩話》中的《詩譯》、《夕堂永日緒論》《南窗漫記》《夕堂永日緒論外編》；另有《詩廣傳》《楚辭通釋》評《詩經》及《楚辭》；《古詩評選》《唐詩評選》《明詩評選》等評各代詩選之專著。

相較於劉勰的文論個人寫作因素：劉勰具文化使命感、志在承先啓後[13]、觀察時代脈動、通古變今、尋求知音心理；在山水詩興起時代，檢視情景產生的各種外緣內質因素，從而對創作批評、作品作家做出建議與針貶。

船山則多了一份個人命運與世代交會的音響，找尋千古的知音，爲山水作解人，文學作品帶著深厚的歷史感。寫作方式是條列式，斷代批評則就創作抒發個人見解。船山因經歷亡國之痛，出生入死，因此強調切身感受，強調景物心目相取，從內心感受與親身經驗出發。部份作品因寄託深，許多情景成爲自傳性，心聲表達式評點過程。

在船山的情景說中，顯現自身命運的特質，表現對生命景觀追求的期待，寄寓對景抒懷的理想。從屈原及前人作品中，發現

13 劉勰《文心雕龍·序志》雲：「茫茫往代既洗餘聞，渺渺來世，倘塵彼觀也。」見周振甫《文心雕龍譯註》，頁 611。

生命深處的原動力。設身處地爲古人著想，增補〈九昭〉以創作篇章代屈原滌雪申冤。船山在《詩經》情景中，發現書中作者溫柔敦厚的情感。在明代的作品中慨然「怨」情導致亡國，對屈原「忠情」特別有感於心，因此對屈原面對所述自然人文景觀也寄情深刻，認爲屈原天采矗發，遠非漢代其他辭賦作家所可比擬。他對〈遠遊〉寄託不得志之情，寄予同情，也試解讀漂泊文學之情。他常在評點中流連文本中風景，感受精神與自然合一的律動與節奏。以遺老的不死之心，遊歷情景作品化解鬱結之情。將命運與時代的壓力，交付與哲學的構思，與美學的陶染，學術的研究。他將歷代作家的作品視爲開放的文本，這些文本，本本都具有未定性、開放性、可詮釋性。評家本身就是好的讀者、創作者、解讀者，其中現象和本質、實境和虛境、都有待讀者在閱讀活動中加以具體化。

他反對讀者以「井畫」「株守」方式閱讀作品，也反對深文周納，陷入迷謬。讀者可以有不同理解與解釋權力，但又要能爲作品包容，要能「出于四情之外，以生四情」，「游于四情之中，情無所窒」。他突出了讀者理解與作品文本之間闡釋自由的關係；也提醒了創造者若能創造出觸發讀者興會形象的藝術，而略去特定的寄托，則更符合藝術的理想。在讀者作者間，試圖以情景爲媒介作創作與鑑賞之途徑。

時代背景

明代詩學，七子強調形式風格外在的一面，在格調上以古人爲法；而公安派強調內在性的一面，主張獨抒性靈不拘格套。船山處明末清初，他認爲詩歌應從性靈湧出，創作從要由興會而成。針對七子以形式風格定義雅俗，船山提出以有無性情作爲雅俗分界。要看關不關情，要看形式風格是否能融入感情？

> 關情是雅俗鴻溝，不關情者貌雅必俗。然關情亦大不易，鍾譚亦未嘗不以關情自賞，乃以措大攢眉、市井附耳之情為情，則插入酸俗為甚。情有非可關情者，關焉而無當于關，又奚足貴哉！[14]

情有非可關之情，乃針對竟陵派。他在對公安派肯定的前提下，也有修正與批評。他認爲袁宏道有自己個性才學，不像前後七子竟陵只是模擬，因此他以公安派性靈爲基礎，重性情抒心靈，慕才情，但去俗誕。又由於身遭亡國之痛，更加重視儒學「溫柔敦厚」詩教，因此結合著「曲寫性靈」與「動人興觀群怨」兩方面去說詩。但詩歌有詩歌的真理，絕不等同於經生之理。他認爲詩歌是「心之元聲」見《夕永堂永日緒論內編》序，又在《古詩評選》評王儉〈春詩〉，是元聲的體現。評梁元帝〈春別應令〉詩說：「中唐以興會爲主，雅得元音故也。」在詩中強調「心之元聲」和李贄的「童心」說有相通處，都強調文學應當是人內心真實感情的自然流露；與公安的獨抒性靈，不拘格套，也是一致的。在獨創性靈要求下，反對死法、格律，也反對格律死法形成的門戶之見。若由一首詩歌的構成來看，有景物的層面，有語言的層面，有思想情感的一面，若能「一用興會，標舉成詩，自然情景俱到。」[15]

在求真方面，他強調文學經驗，指出「身之所歷，目之所見」是文學創作的鐵門限[16]，在追求「真性情」、「真經驗」的同時，

---

14 王夫之著《船山全書》第十四冊，湖南嶽麓書社。《明詩評選》卷六，頁1510。王世懋《横塘春泛》評語。

15 王夫之著《船山全書》第十四冊《明詩評選》卷六，袁凱〈春日溪上書懷〉評語，頁 1478。

16 戴鴻森《薑齋詩話》箋注《夕堂永日緒論內編》頁 55，民國 71 年臺北木鐸出版社。

反對明以來文學領域的標榜門庭陋習和摹擬剽竊之弊，讚許湯顯祖、徐渭「沈酣自得」，不依傍門庭。他在《夕堂永日緒論內篇》批評高棅、李夢陽，何景明、李攀龍、王世貞、鍾惺、譚元春，說：

所尚異科，其歸一也。才立一門庭，則但有其局格，更無性情，更無興會，更無思緻，自縛縛人，誰為之解者?昭代風雅，自不屬此數公。[17]

而讚美湯顯祖、徐渭，各擅勝場、沈酣自得，要使光燄，熊熊莫能掩抑。他基于切身之感、亡國之痛，對屈原作品精神、感觸特深。不同意劉向、王逸的說法，認爲屈原以不見用爲怨懟，唯其如此，才能使山川同感，天地含情。因此《楚辭通釋》在取景、取材，作家品評上，一以性情爲風標。取景方面，主張以心目相取，重才性，以心靈之眼，融入主體人格，融入山川景物。取材方面，則取得屈宋遺風者爲主，其於《楚辭通釋·惜誓》云：

顧其文詞瑰瑋激昂，得屈宋之遺風，異於東方朔、嚴夫子、王褒、劉向、王逸之茸闒無情。……故今所存去，盡刪〈七諫〉、〈九懷〉以下諸篇，而獨存〈惜誓〉。[18]

又于《楚辭·惜誓》原文：

況賢者之逢亂世哉!

一句，文旁船山評注曰：

高響遏雲！[19]

凡此等處，船山讀此文時，感受深切，爲屈原辯解，《楚辭》

---

17 王夫之撰，戴鴻森點校《薑齋詩話箋注》卷 2，頁 99，民國 71 年臺北木鐸出版社。

18 見王夫之著《船山全書》第十四冊《楚辭通釋》卷 11，頁 429。

19 同前注《楚辭通釋》卷 11，頁 433。

文本也 似為船山做了註解，似為詮釋者作切身經歷作注解，形成一種時地相異，景況相類似的「詮釋學循環」[20]。文本與人本形成相互開放的空間，開放向真實苦難的深刻體驗之場域。

另外在景物上，船山因生于屈賦之鄉、長于沅湘之地，因此對風俗景物更能作深入考證。另就詞賦文體而言，他認為要把握的仍是「賦心」。

> 賦蕩情約志，瀏灕曲折，光燄瑰瑋，賦心靈警，不在一宮一羽之間。[21]

賦體理智收斂情感洋溢，文意曲折，風格華美，特色不在於形式上，主要仍在「情感」如何融入藝術形式的表現上。

因此在他的情景說裏，有因個人的遭遇而求知遇的心情。情感的詮釋裏有著感情、史情，事態人情，以及沅湘景物特有的風俗景物。他以選本為樞紐，向作者和讀者闡述自己的理解。藉著情景的方式與作者和讀者直接對話，揭示著詮釋者的背景時代，也讓讀者體會到他獨抒己見式的鮮明個性，以及楚文化特有的集體文學景觀。

意　義

劉勰情景說來自個人對儒教精神的宏願與理想，想隨聖賢寫天之輝光曉生民之耳目；也因文體代變，山水興起，文風轉變，

---

20 史萊爾馬赫最重要的貢獻是提出詮釋學循環（The Hermeneutical Circle）的見解。由於人們在詮釋某一作品之前，大都先有個全盤的看法，而這個全盤的看法，又和人們所領略到的作品的每一部分，及其枝節彼此呼應。全盤與部份的概念性理解與具體印證遂形成一種循環的關係。透過全盤的理解，導入部份的意義，而部份所提共的資源線索，又加強了對全盤的看法。好比一句中的每個字道出全句的意義，而全句的整個意義，則是其中每一個字所表達的全部。這種全盤與部分之間的相互呼應，及辯證關係，即是詮釋學循環。見廖炳惠譯著《裏科》，東大圖書公司，82 年，頁 67。

21 王船山《楚辭通釋》卷 1，頁 212。

引發對情景問題思考；更由於時代環境對環境美學的觀察，而將經典素材轉入文學領域研究。討論人與自然，人如何在自然中得到寫作方法的啓示。討論「群」情，將人類社會主體看作人生主體，將個體生命與宇宙生命融合爲一。景的氣韻生動可以傳達作家的構思與意緒，作家代山川立言亦表現人生社會縮影，個人生命企圖在天地之間定位延伸。將歷代表現情景的作品一一加以定位，並提供後來者情景的寫作經驗養份和構思方法，走出一條通古變今之路。王船山則因治天人之學，在情景方法論上，融入哲學美學的體系討論情景，更能全面系統總結情景。在理論架構上，突破情景靜態分析侷限，摒棄情景二分觀念，在主體客體間探索情景內涵，對情景關係之闡述、相生相合交融，形成以情景爲中心的美學體系，呈現個人美學思想，也體現古代美學藝術的基本精神。

二、情景說的內涵

（一）情的內涵

劉　勰

《詩經》《楚辭》已有豐富的抒情狀景的描寫，屈原〈橘頌〉說「發憤以抒情」，展現先秦人以情靈寫詩的認識與自覺。漢儒解釋《詩經》興的意涵。包括借物抒志抒情的詩歌創作主張。詩中情景論，淵遠流長。情有時稱志、思、意，指人的思想情感意念等一系列精神活動內容。以情感意緒爲基本內涵。景也稱物、物色、象、境，指自然界一切行、聲、象、事等。情景二者相對而稱，集中概括文學創作審美主客體活動是劉勰文心雕龍《文心雕龍・物色》所說的：

　　自近代以來，文貴形似。窺情風景之上，鑽貌草木之中。[22]

揭示情與景之間連結的奧秘。

情景問題的討論，魏晉以前重在創作前景對情的觸發作用；唐以後重在創作中景作爲情的載體，二者交融的狀況。「物感說」的：心與物、意與象，都化作「情」與「景」來討論。文心雕龍．明詩》採子夏〈詩大序〉說法：

　　在心為志，發言為詩。[23]

又持《詩緯含神霧》的說法：

　　故詩者，持也。持人情性。[24]

「言志」與「抒情」是詩歌重要的內容、主題類別、與性質作用。劉勰並描述詩歌創作過程過程是：

　　人稟七情，應物斯感感物吟志莫非自然。[25]

「景」觸發及情感，引起創作動機來「吟志」。而情的內涵爲何？「七情」根據禮記禮運篇解釋爲「喜怒哀懼愛惡欲，七者弗學而能」七情是與生俱來的，七情的表現充實了創作的內容。《文心．情采》云：

　　立文之道，其理有三：一曰形文，五色是也；二曰聲文，五音是也；三曰情文，五性是也。[26]

〈序志篇〉說：

　　夫人肖貌天地，稟性五才。擬耳目於日月，方聲氣乎風雷。其超出萬物亦以靈矣。[27]

---

22 周振甫《文心雕龍譯註．物色》，頁 561。
23 周振甫《文心雕龍譯註．明詩》，頁 75。
24 周振甫《文心雕龍譯註．明詩》，頁 74。
25 周振甫《文心雕龍譯註．明詩》，頁 75。
26 周振甫《文心雕龍譯注．情采》，頁 390。
27 周振甫《文心雕龍譯注．序志》，頁 604

「五才」是指「五常」，五種常情倫理綱常，屬詩教等內容。劉勰除了接受儒家「天生人性」之「性」外，並提出了天賦的才與氣，〈體性〉篇說：

才力居中，肇自血氣[28]

夫才有天資[29]

氣與才是天生具有，五才是五常之性，也是指創作過程中的個性。

文心以「性情」連言，並與文學其他條件一起討論，表現詩歌以請感爲本質的重要性。〈情采篇〉云：

文質附乎性情[30]

文學表現，主要在藉文字表現性靈。

綜述心靈，敷寫器象，鏤心鳥跡之中，織辭魚網之上。[31]

文創作構思，以情感安排最爲重要，〈熔裁〉篇說：

是以草創鴻筆，先標三準，履端於始，則設情以位體。[32]

〈附會〉篇說謀篇方法：

以情志為神明[33]

情感、寄託爲創作之精神所在，而典範作品，尤以真情爲貴。重在言之有物，〈情采〉云：

風雅之興，志思蓄憤，而吟詠情性以諷其上。[34]

寄託情志，吟詠情性爲「風」「雅」文學作用。同時真情當

28 周振甫《文心雕龍譯注．體性》，頁353。
29 周振甫《文心雕龍譯注．體性》，頁355。
30 周振甫《文心雕龍譯注．情采》，頁391。
31 周振甫《文心雕龍譯注．情采》，頁389。
32 周振甫《文心雕龍譯注．熔裁》，頁400。
33 周振甫《文心雕龍譯注．附會》，頁507。
34 周振甫《文心雕龍譯注》，頁392。

是有所感而發，並且以表現得自然才顯珍貴。〈情采〉篇云：

> 此為情而造文也…，為情者要約而寫真，為文者淫麗而煩濫。[35]
>
> 夫鉛黛所以飾容，而盼倩生於淑姿。文采所以飾言，而辯麗本於情性。[36]

「真情」來自有感而發，來自生活閱歷，表現性情。經典所以成爲文學典範，即在於內容修辭上表現自然。

至於性情關係，〈毛詩序〉說「情動於中，而形於言」「故變風，發乎情止乎禮義。發乎情，民之性也。」《文心雕龍》對性情的解說見〈詔策〉篇：

> 命之為義，制性之本也。[37]

此命爲天命，《中庸》說天命之謂性，彥和補充說：

> 命喻自天[38]

可知性指天性，《文心・體性》

> 夫情動而言形，理發而文現。蓋由隱以至顯，因內而符外者也。[39]

漢儒談性情重在哲學範圍，「性」重於「情」，魏晉「性情」作爲詩歌藝術主題，轉入文學審美領域，談作家性情與創作關係，《文心雕龍・體性》篇：

> 夫才有庸俊，氣有剛柔，學有淺深，習有雅鄭，並情性所鑠，陶染所凝。[40]

---

35 周振甫《文心雕龍譯注》，頁 392。
36 周振甫《文心雕龍譯注》，頁 391。
37 周振甫《文心雕龍譯注》，頁 242。
38 周振甫《文心雕龍譯注》，頁 242。
39 周振甫《文心雕龍譯注》，頁 350。
40 周振甫《文心雕龍譯注》，頁 350。

劉勰受儒家傳統薰陶，在重「情」的時代，「情」「性」並重，並以經典的雅鄭，作爲雅俗分界，提醒學慎始習。除了個人的學習創作之外，他也注意群體的情感，〈時序〉篇說：「文變染乎世情，興廢繫乎時序。」[41]世情是一種時代風氣、世態人情、情勢所趨，也都是文學整體環境興衰變革的動因。

對於情感類型，《文心雕龍·物色》篇說：

> 是以獻歲發春，悅豫之情暢。滔滔孟夏，鬱陶之心凝。天高氣清，陰沉之志遠。霰雪無垠，矜肅之慮深[42]

作家面對春夏秋冬時序，有悅豫之情、鬱陶之心、陰沉之志、矜肅之慮。詩人感物而動，喜怒哀樂豐富了詩篇情感。

對於歷代作家作品的情感，由經典到各體詩文都作評述。對於經典創作，〈原道〉篇說：

> 鎔鈞六經，必金聲而玉振，雕琢情性，組織辭令。[43]

〈宗經〉篇說：

> 詩主言志，…擿風裁興，藻辭譎喻，溫柔在誦，故最附深衷矣。[44]

文能宗經，則「情深而不詭」。宗經能達「義既埏乎性情」[45]之效。〈徵聖篇〉說聖人之情寫作能「博文以該情」[46]對古詩十九首評價，〈明詩篇〉云：

> 結體散文，直而不野，婉轉附物，怊悵切情。[47]

---

[41]周振甫《文心雕龍譯注》，頁 549。
[42]周振甫《文心雕龍譯注》，頁 556。
[43]周振甫《文心雕龍譯注》，頁 17。
[44]周振甫《文心雕龍譯注》，頁 38。
[45]周振甫《文心雕龍譯注》，頁 42。
[46]周振甫《文心雕龍譯注》，頁 28。
[47]周振甫《文心雕龍譯注》，頁 77。

評辭賦爲：楚辭「忠怨」之辭，同於風雅者也[48]。〈辨騷篇〉云：

敘情怨，鬱伊易感，述離居則愴快而難懷[49]

評〈樂府〉：

情感七始，化動八風。[50]

〈頌讚〉篇：

及三閭橘頌，情采芬芳。[51]

〈詮賦〉篇：

登高之旨，蓋睹物以興情，情以物興，故義以明雅；物以情觀，故辭必巧麗。[52]

〈誄碑〉云：

述哀情則觸類而長。[53]

〈哀弔〉篇：

哀辭大體情主於痛傷…情往含悲，文來引泣。[54]

〈諧隱〉篇：

怨怒之情不一，歡謔之情無方。[55]

〈史傳〉云：

任情失正，文其殆矣！[56]

〈章表〉篇：

---

48 周振甫《文心雕龍譯注》，頁 57。
49 周振甫《文心雕龍譯注》，頁 61。
50 周振甫《文心雕龍譯注》，頁 90。
51 周振甫《文心雕龍譯注》，頁 112。
52 周振甫《文心雕龍譯注》，頁 109。
53 周振甫《文心雕龍譯注》，頁 151。
54 周振甫《文心雕龍譯注》，頁 161。
55 周振甫《文心雕龍譯注》，頁 178。
56 周振甫《文心雕龍譯注》，頁 207。

表體多包，情偽屢遷，必雅義以扇其風，清文以馳其麗。[57]

評作家作品中性情表現云：

〈體性〉篇：

公幹氣褊，故言壯而情駭[58]。

士衡矜重，故情繁而辭隱[59]。

〈指瑕〉篇：

無根而固者情也，無翼而飛者聲也。[60]

〈聲律〉篇：

是以聲畫妍蚩，寄在吟詠，吟詠滋味，流於字句。[61]

標情務遠，比音則近。[62]

《文心雕龍》重視情感的處理，標舉經典具深情簡約的特色。《詩經》的情感表現溫柔敦厚而深刻，因此經典特色即在性情深厚不浮詭。古詩十九首的篇章結構、風格樸素雅正，委婉貼切，呈現抒情特色。書中討論辭賦的忠怨離別之情，悲情如何表現。《楚辭》中面對沉重鬱悶的特別情感，將呈現何種文學特色？〈橘頌〉欲表現理想追求，情采又該如何配合？個人才氣性情在情采的表現十分明顯。聲情吟詠對於情感的表達所產生推波逐瀾的作用。作家面對不同文體時，該如何表達適切之情。就整體論文敘筆而言，詩歌尤需注入聲情因素，以含蓄之情，表抒情特質。聲音與情感都是能傳之久遠的，創作應該特別謹慎。作家欲寫傳世不朽之作，抒情寫志之際，標舉情感，務求高遠，排比音韻，務

57 周振甫《文心雕龍譯注》，頁 283。
58 周振甫《文心雕龍譯注》，頁 353。
59 周振甫《文心雕龍譯注》，頁 353。
60 周振甫《文心雕龍譯注》，頁 489。
61 周振甫《文心雕龍譯注》，頁 409。
62 周振甫《文心雕龍譯注》，頁 414。

求協和。

綜觀全書主情說，不僅詮釋性情關係，標舉性情典範、論述情感類型，暢談聲情、情采、比喻技巧等相關因素的連結；而終其目的即在詮釋抒情詩動人之本 質，提供創作鑑賞的參考。

船　山

船山處明清之際，重經世致用，反對鑿空談玄，詩論中，對性情看法，見《夕堂永日緒論・外編》二九條所述：

有統性情而言者，四端之心是也。[63]

並承張子正蒙氣化論，認爲氣之化而人生焉，於《讀四書大全說》中云：

氣之化而人生焉，人生而性成焉。……就氣化成於人身，實有其當然者曰性[64]人生於天地之際，資地以成形而得天以為性，性麗於形而人亦理智著焉，斯盡人道之所必察也。[65]

人性爲氣化結果，人生而性成。《讀四書大全說》卷十〈告子〉上篇云：

性裡面自有仁義禮智信之五常。[66]

性與情的關係，性起主導作用。

貞亦情也，淫亦情也，情受於性，性其藏也，乃迨其為情，而情亦自為藏矣。…情上受性下授欲[67]

就文體與寫作特色而言，有情之性；性之情，內容由其他文

63 戴鴻森《薑齋詩話箋注》附錄《夕堂永日緒論外編》第 29 條，71 年，臺北木鐸出版社，頁 220。

64 《船山全書》，第六冊《讀四書大全說》，頁 1110-1111。

65 《船山全書》，《張子正蒙注》卷 1，頁 63。

66 《船山全書》，第六冊《讀四書大全說》，卷 10〈告子〉上篇，頁 1051。

67 《船山全書》，第三冊，《詩廣傳》卷 1〈邶風〉，10 論靜女，頁 327。

體表現。

> 詩以道性情，道性之情也。性中僅有天德、王道、事功、節義、禮樂、文章，欲分派與易書禮春秋去，彼不能代詩而言性之情，詩亦不能代彼也。[68]

情之性，爲易書禮春秋；道性之情爲詩。《薑齋詩話》又說：

> 陶冶性情別有風旨，不可以典冊、簡牘、訓詁之學與焉也。[69]

詩歌創作爲藝術美，「性之情」強調抒情本質；「情之性」爲：

> 孝子於親，忠臣於君，其愛沉潛，其敬怵惕，迫之而安，致命而已有餘， 歷亂而不渝，情之性也。[70]

創作活動與情性關係：

> 忠有實，情有止，文有函。然而非其匿之謂也。悠哉遊哉，輾轉反側，不匿其哀也。琴瑟友之，鐘鼓樂之，不匿其樂也，非其性之不止而文之不函也。匿其哀，哀隱而結；匿其樂，樂幽而耽。[71]

反映詩教的觀點，也注意到詩歌中適切的表達。關於藝術美的來源，他則上推於天。《詩廣傳》卷五〈商頌〉云：

> 天地之生，莫貴於人矣；人之生也，莫貴於神矣。神者何也？天之所致美者也。百物之精，文章之色，休嘉之氣，兩間之美也。函美以生，天地之美藏焉。天致美於百物而為精，致美於人而為神，一而已矣。求之者以其類，發之

68 《船山全書》，十四冊，《明詩評選》卷 5，徐渭嚴先生祠，頁 1440。
69 戴鴻森《薑齋詩話箋注》卷 1《詩譯》第一條，頁 1。臺北木鐸出版社。
70 《詩廣傳》，卷 2。
71 《船山全書》第三冊，《詩廣傳》卷 1，299 頁。

者以其物。是故精生神而神盛焉，神盛於躬而神明通焉，神明通而鬼神交焉，匪養弗盛也，匪盛弗交也。君子所以多取百物之精以充其氣，發其盛而不懈也。[72]

自然美的本質是精，人的本質是神，而精神都源于天，天造就了萬物，也造就了萬物之美，天地間美的存在，不外精、氣、神、色等幾個方面，彼此不是孤立的，是在自然變化中互動互感，相生相成。然而詩歌之本質仍在動人，《古詩評選》卷五，謝莊〈北宅秘園〉云：

兩間之固有者，自然之華，因流動生變，而成其綺麗。心目之所及，文情赴之，貌其本榮，如所存而顯之，即以華奕照耀，動人無際矣。古人以此被之吟詠，而神采即絕。[73]

詩歌情感的特徵具流動變化、往復、等特色，可賦以曲直顯隱等技巧變化，但必須在廣遠，修潔簡淨的風格中呈現整體感，勿爲內容或局部修辭所累。《古詩評選》卷二，陸機〈贈潘尼〉評語：

詩入理語，唯西晉人為劇。理亦非能為西晉人累，彼自累耳。詩源情，理源性，斯二者豈分轅反駕者哉？不以自得，則花鳥禽魚累情尤甚，不徒理理也。[74]

詩歌特質，主要在表達自得之情。不能把握詩歌本質自得之情，則將處處爲其所累。《古詩評選》卷四〈李陵與蘇武詩〉評語：

詩以道情，道之為言路也。情之所至，詩無不至；詩之所至，情以之至。…古人於此，乍一尋之，如蝶無定宿，亦

72 《船山全書》第三冊，《詩廣傳》卷 5〈商頌〉頁 513。
73 《船山全書》第十四冊，《古詩評選》卷 5，頁 752。
74 《古詩評選》卷 2〈陸機贈潘尼〉評語，頁 588。

無定飛，乃往復百岐，總為情止，卷舒獨立，情依以生。[75]

蝶無定宿、亦無定飛，而以情感洋溢，理智收斂爲導向，往復百岐表現流連忘返尋尋覓覓的特色，爲抒情做了更深入的特徵論述，如劉勰的聲情說，輔以音樂及時間的因素以助聲情，船山在《夕堂永日緒論內篇》也說：

長言詠歎，以寫纏綿悱惻之情，詩之本教也。[76]

《古詩評選》卷四〈上山採蘼蕪〉云：

詩則即事生情，即語繪狀，一用史法，則相感不在永言和聲之中，詩道廢矣。[77]

劉勰與船山在論述情感本質與特徵上，大抵相近。關於真情、性情、深情，經典的情感，各體的文情，聲情等，船山與劉勰多有論述。劉勰論真情，船山除真情外，更強調貞情。劉勰說性情，船山區分相對照的兩組文體寫法「性之情」，「情之性」，可以說是劉勰論文敘筆，敷理以舉統的縮影。對於真情動人的描述帶著蘇軾行雲流水初無定質的寫意，也帶著詞評婉約細緻美學來論述詩情。

劉勰船山關注作家對特定主題情感處理，諸如群情、私情、怨情、忠情、離情，這些深刻而強烈的情感若處理不當，影響作品的表現與評價將更明顯，《古詩評選》卷二船山評張衡〈怨篇〉云：

劉勰稱此詩曰「清曲可誦」。今不但求平子不得，正求解人如劉生，居然希矣。[78]

75　《古詩評選》卷 4，頁 654。
76　《夕堂永日緒論內篇》23 條，頁 88。
77　《船山全書》14 冊，《古詩評選》卷四評語，頁 651。
78　《古詩評選》卷 2，頁 573。

船山是從情感和聲情吟詠方面，贊同劉勰意見，認爲張衡對怨情的處理得宜。其他相關聲情並茂的作品，與劉勰有許多相承遞意見，可以參照。在聲情的處理上，如《古詩評選》卷一評鮑照〈代東門行〉云：

> 雖聲情爽豔，疑於豪宕，乃以視青青河畔草，亦相去無三十里矣。[79]

又評鮑照〈代東武吟〉云：

> 中間許多情事，平序初終，一如白樂天歌行然者。乃從始至末，但一人口述語耳，於琵琶行纔占得一段，而言者之平生，聞者之感觸，無窮無方，皆所含蓄。故言若已盡，而意正未發，自非唐宋人力所及，心所謀也。[80]

船山論篇章結構之法，如何開始，如何鋪敘，如何結束，如何首尾一貫，均在於心意中掌握。《文心雕龍·鎔裁篇》亦云：「履端於始，則設情以位體，舉正於中則酌事以取類，歸餘於終，則撮辭以舉要。」「是以屬意立文，心與筆謀，才爲盟主，學爲輔佐，主佐合德，文采必霸。」論及構思要件、人稱、感染力各方面。又〈古樂府歌行〉評曹操〈秋胡行〉云：

> 當其始唱，不謀其中；言之已中，不知所畢；已畢之餘，波瀾合一；然後知：始以此始，中以此中：此古人天文裴蔚、夭矯隱身之妙。蓋意符象外，隨所至而具流[81]

《船山全書》對詩歌論述，常以詩經、古詩十九首爲標準作爲對其他詩作品評，稱讚詩經古詩十九首對情景的描寫，對聲情的處理的例子很多，船山《古詩評選》卷四評〈行行重行行〉云：

---

79 《古詩評選》卷 2，頁 530。
80 《古詩評選》卷 2，頁 531-532。
81 《船山全書》第十四冊《古詩評選》卷 1，〈古樂府歌行〉，頁 499。

十九首該情一切，群、怨具宜，詩教良然，不以言著[82]。

這主要說明文學表現結構的整體感，若情感內容安排得宜，不止在文字上著力。

評〈迢迢牽牛星〉云：

始終詠牛、女耳，可賦可比，可理可事可情，此以為十九首。全於若不爾處設色。[83]

對詩歌「理」「事」「情」以興會的方式來處理，集中表現牛郎織女的主題上、技巧上，皆無入而不自得，是古詩十九首表現得有力度的原因。

評曹丕〈燕歌行〉云：

傾情傾度，傾色傾聲，古今無兩。從『明月皎皎入第七解，一徑酣適。殆天授，非人力。[84]

評曹丕〈別日容易會日難〉云：

所思為何者，終篇求之不得。可性可情，乃三百篇之妙用。蓋唯抒情在己，弗待於物，發思則雖在淫情，亦如正志，物自分而己自合也。嗚呼！哭死而哀，非為生者。聖化之通於凡心，不在斯乎？二首為七言初組，條達諧和，已自爾爾，始知蹇促拘轤如宋人七言，定為魔業。[85]

此處以三百篇為抒情典範，批評曹丕對生死之情的處理手法，對七言詩起典範的作用，皆加讚揚。其評曹丕〈秋胡行〉亦云：

因雲宛轉，與風回合，總以靈府為逵徑，絕不從文字問津

82 《古詩評選》卷 2，頁 644。
83 《古詩評選》卷 2，頁 647。
84 《古詩評選》卷 1，頁 504。
85 《古詩評選》卷 1，頁 504。

渡。[86]

又評曹丕〈善哉行〉云：

> 子桓論文，云「氣之清濁有體，不可力彊而致。」其獨至之清，從可知已。藉以此篇所命之意假手植、粲，窮酸極苦、磔毛竪角之色，一引氣而早已不禁。微風遠韻，映帶人心於哀樂，非子桓其孰得哉？但此已空千古。陶韋能清其所清，而不能清其所濁，未可許以嗣響。[87]

船山認爲曹丕用情婉轉，以性靈爲主來抒寫，不從表面文字寫作，而子桓倡氣之清濁有體的理論，一方面也在作品上自我實踐，能夠表現含蓄忍氣。不似曹植王粲太過直率，因此在風格上能以風韻取勝，輝映感情。另外順便比較了田園派詩人陶淵明、韋應物的作品在清濁上的表現。

就明代人而言，他認爲劉基的性情同於古詩十九首的詩情，認爲湯顯祖劉基的詩作充滿感情。如評劉基〈旅興〉「日暮登高台」一首云：

> 其韻其神其理，無非十九首者。總以胸中原有此理此神此韻，因與吻合。[88]

在以上幾則的評述中，我們可以看到船山對《詩經》「古詩十九首」的情感篇章構思鎔裁等看法；在作家批評方面，提出對子桓的評價高於子建的原因：情感處理是原因之一。他認爲子桓較能收斂情感。同時在聲韻節奏處理方面，他也較欣賞。

就篇幅內容而言，主題內容單一化，「理」「事」「情」方面自然融入，文字簡約、聲情豐富、情感自肺腑胸襟流出。主題

---

86 《古詩評選》卷 1，頁 505。
87 《古詩評選》卷 1，頁 504。
88 《明詩評選》卷 4，頁 1249。

精簡材料不複雜，才有時間推動聲韻。作者創作以完整聲情節奏成現時，讀者吟詠之際，才能感受言有盡意無窮之效。反之「時」「事」「意」不斷轉換，於音節，於內容均無法充份展開情感，過多之「時」「事」「意」亦將使內容紛亂。

由劉勰到船山，論情之內涵固有相承之處；但中間亦已多所轉變。由劉勰「七情」「五情」到船山「四情說」，經典中分說「興」「觀」「群」「怨」，至船山以「興」「觀」「群」「怨」連結成體。四種不同情感環環相扣的理論體系形成，經過了長期的演變，也表現了更完整而豐富的學說。以下以船山《楚辭通釋》爲例說明之：

1. 四情之內涵

王夫之四情說的內涵可以透過下列幾點來說明：1.「興」「觀」「群」「怨」源於情 2.四情分立而聯結 3.四情說之意義與價値來看。以下透過王夫之《楚辭通釋》對情的詮釋來了解他對四情說的內涵之詮釋。因爲《楚辭通釋》在他所有選本中，表現出了最執著深刻而有特色的情感。

王夫之的注釋之作可分爲兩類：一類是借注釋經學子學以闡發哲學思想，一類是疏正前人著作而通其語言文字，並在著述中隱含己意的作品，《楚辭通釋》釋屈原情志、記載典故、考証楚國史實，記述山川地理人物景物。對於情感的詮釋，從詩教的「溫柔敦厚」而來，但風格上因爲體裁的不同，更強調「盪情約志」，「光談瑰瑋」，而以「麗以則」爲要點。船山認爲創作者若能「閱物多、得景大，取精宏、寄意遠」[89]，做到「外周物理，內極才情」才能寫出更好的作品。以下分別論述他對四情內涵的詮釋。

---

89 王夫之撰，戴鴻森點校《薑齋詩話》箋注《夕堂永日緒論內編》（臺北木鐸出版社。1982 年），頁 239。

（1）興觀群怨源於情

船山認爲興觀群怨在真情中，其《古詩評選》阮籍詠懷〈開秋兆涼氣〉首評語：

> 唯此窅窅搖搖之中， 有一切真情在，可興、可觀、可群、可怨，是以有取於詩。然因此而詩，則又往往緣景緣事，緣以往緣未來，終年苦讀而不能自道。以追光躡景之筆寫通天盡人之懷，是詩家正法眼藏。[90]

興觀群怨充實了真情的內容，往往藉景，藉事，藉時間藉空間，透過種種努力的學習，也不一定能說清楚，但詩之可貴也正在此，能以追光躡景之筆寫通天盡人之懷。

其次，他把「興觀群怨」詩教定位爲「四情」。

> 詩可以興，可以觀、可以群、可以怨。盡矣。…於所興而可觀，其興也深，於所可觀而可興，其觀也審。以其群者而怨，怨愈不忘；以其怨者而群，群乃益摯。出于四情之外以生四情；遊于四情之中，情無所窒。作者用一致之思，讀者各以其情而自得。…人情之遊也無涯，而各以其情遇，斯所貴於有詩。[91]

興觀群怨，原出於孔子《論語》〈陽貨篇〉，用以總結詩歌的社會功能，船山以之爲取材標準、衡量標準、並討論藝術的感染力。在立意的部份也要符合興群怨的原則。就文學的潮流而言，以情的「自得」矯正李贄公安末流竟陵之弊，以「身之所歷，目之所見」補前後七子「擬古」之失。就文學創作而言，他以真情

90 《船山全書》第十四冊，《古詩評選》（湖南獄麓書社，1998 年 11 月）卷四，頁 681。

91 王夫之撰，戴鴻森點校《薑齋詩話》箋注《夕堂永日緒論內編》（臺北木鐸出版社。1982 年），頁 239。

寫「通天盡人之懷」，以道「作者之性情」，以動「讀者以興觀群怨」。

（2）四情分立與聯結

情感的興，包含著啓迪人們認識現實的思理，即「觀」，「興」才會深厚。鑑賞中想從詩中清晰認識「觀」，須依賴詩中的濃郁感情，鮮明的形象。詩要對社會發揮諷諭批判作用，就需注意創作是否能引起共鳴和交流情感思想，只有具有「群」的情感，才會使鑑賞者以「怨愈不忘」。創作者注入對社會、人生批評的深切內容即「怨」，才能增強人們情感聯繫，發揮詩歌的作用。他將興觀群怨視爲互相參照，相得益彰的統一整體，是他論情感的特色。

（3）四情說意義價值

四情說帶著抒發情感與作品的認識作用和社會效果，使情感更具普遍意義。

其次，揭示了深婉含蓄的藝術效果。但反對以「溫柔敦厚」詩教成爲批評或詮釋的束縛。這點在《楚辭通釋》中可以看出他的見解，他反對處處皆諷諭而牽強附會材料。

由創作和鑑賞來看，作者讀者遵循四情，作品中含蘊深邃情思，將啓迪無限遐想，可以從各種角度得到體會，揭示詩的豐富意蘊，領悟詩的真諦發揮作用。就作者而言，作者並非爲了個人遭遇抒發情感或壓抑情感，乃是爲了更關切群體的情感而作。因此屈原的作品才更具不朽的藝術價值。

2. 論情之特色

《楚辭通釋》在船山所有作品中，是表現得最爲「曲寫性靈」又強調興觀群怨的著作。《楚辭》中政治抒情的有〈離騷〉的身世感，〈天問〉末段一部份寫楚國祖先。哲理抒情有〈天問〉，祭祀抒情有〈九歌〉、〈二招〉，愛情抒情有〈九歌〉、〈少司命〉、〈湘君〉、〈湘夫人〉、〈河伯〉、〈山鬼〉。詠物抒情有〈招魂〉、〈大招〉，自我抒情的有〈九昭〉。抒情方式或借事、或借史、或借夢、神、人、借景、借神話、借回憶、借自然景觀。情感或直接自我表白，呼告天地，或間接抒情，情感蘊含深邃豐厚、個性鮮明、抒情方法多樣性。因此船山在分析品評時，也隨自然、江山之情，人文、歷史、社會人生之情而各有所得。其特色如下：

（1）論情感審美特質

《楚辭通釋》中每篇前有總論論述該篇所達何情，如忠貞之情、離別之情、山水之情、人神之情，珍惜、懷念、知遇之情等。以「九歌」爲例云：

> 但其情貞者其言惻，其志菀其音悲，則不期白其懷來，而依慕君父、怨悱合離之意致，自溢出而莫圉。…亦令讀者詠泆以遇於意言之表，得其低回沈鬱之心焉。[92]

其特色在表達生命現象之獨特情感，扣緊生命本質，深入詩心內蘊。情感本是最活耀的心理狀態，他透過鑑賞的方式，感受作者情性表現在作品風格上的特色，來建立審美感知理論。

（2）論情感類型作用

《楚辭通釋》中討論「生死之情」、「不遇之情」、「知遇之情」、「漂泊之情」、表現了生死抉擇的人生情懷，退隱文化的底蘊以及死而不朽的生命意義。

〈九昭〉注：

> 唯不昧之忠忱…死而不忘者此爾。

92 《船山全書》十四冊，《楚辭通釋》卷 2，頁 243。

故安死自靖，怨誹而不傷。[93]

〈離騷〉注：

遠游之旨，固貞士所嘗問津，而既達生死之理，則益不昧其忠孝之心[94]

〈九章〉

然而心終莫能自慰者，忠貞不見諒，君終於闇，國終於危，身沒而名絕也。[95]

〈九歌〉〈大司命〉注：

永訣之際，愴悽生心，不能自已。則依神佑以求永命，唯恐去己，情自不容於已也。[96]

〈悲回風〉：

自非當屈子之時，抱屈子之心，有君父之隱悲，知求生之非據者，不足以知其死而不亡之深念。[97]

《愛遠山》注：

以上備言山中之勝，乃有心不泯，則玩者無可玩，悅者無可悅，感者益深其感，雖曰愛山，亦寄焉而已。[98]

由生死抉擇的人生情懷，到「死而不亡」的深義，反襯了以文學延伸生命不朽的意義，因此對漂泊之情與知遇之情有更深層的體會與珍惜。由對屈原身世命運的關懷，也寫出對士大夫文學主題與人生的關注，反應了文化困境中生存的焦慮，流離失所的視境，回歸自我的重生，率真去僞的精神自主圖像。而後代的江

93 《船山全書》第十五冊，《薑齋文集》卷五〈九昭〉，頁 163。
94 十五冊，頁 242。
95 《船山全書》十五冊，頁 332。
96 《船山全書》十四冊，《楚辭通釋》卷 2，頁 259。
97 《船山全書》十四冊，《楚辭通釋》卷 2，頁 347。
98 《船山全書》十四冊，《楚辭通釋》卷 14，頁 449。

淹放黜爲開山長史，待罪三載，究識煙霞之狀，筆墨之勢，聊爲〈愛遠山〉一文。文章中云郢路遼遠，亦依屈子之心以自述其懷，其懷才不遇之心境，亦在有所寄托耳。

（3）論情感心理層面

以楚辭通識爲例，船山在相關的篇章注文中，詮釋了作者面對歷史事件如何追憶往事如何觸物而興。懷王無定情，而使屈原徘徊淤兩端含情難忍，去國之後情不能已，其內心世界船山加以深刻透視。《楚辭通釋》於〈抽思〉注文中云[99]

「因秋風之回旋無定，興懷王之輕喜易怒，橫奔失路。」將懷王輕於喜怒之情，無定情以謀國之狀，與〈抽思〉中作者回憶往事，觸景物而興、觸時序而興之心理層面加以詮釋。

〈思美人〉云：

總敘其懷忠而不得達之情。[100]

〈九辯〉注云：

思君子之情，歷變不渝，而君不知。故當食忘食，臨事忘事，其誠悃有如此者。[101]

〈漁父〉總云：

原感而述之，以明己非不知此，而休慼與俱，含情難忍，…漁父觸景起興[102]

〈九辯〉注云：

去國之後，情不能自已。

〈九辯〉第五段通釋總結云：

---

99 《船山全書》十四冊，《楚辭通釋》卷 4，頁 315。

100 《船山全書》十四冊，《楚辭通釋》卷 4，頁 326。

101 《楚辭通釋》卷 8，頁 377。

102 《楚辭通釋》卷 4，頁 311。

> 此章來回展轉，曲寫屈子兩端之情，辭若複而意自屬，非宋玉相知之深，未能深體而形容之如此。[103]

「含情難忍」、「不得已之情」、「臨事忘事」之誠懇心理，皆表現鑑賞者在情感上注意文學心理層面詮釋之特色。

另外，對屈原心理層面如何累積而成也有所解釋，〈離騷〉提到不忍離去係因為身為楚宗室貴族，重視品德修養，追求美政，〈哀郢〉中所見都城之親自感受，〈涉江〉段之楚境體驗，皆為重要因素。

（4）論情感社會定位

《楚辭》的情感，就正向而言，多忠、貞、直、志等；負向而言，多怨、怒、哀傷等，情感強烈而濃郁。《楚辭通釋》大抵從情感的性質、珍惜、傳達，文學手法表達的直接間接問題，私情與群情之分際等，就諸端展開討論。另外可參考《唐詩評選》藉評杜詩〈野望〉之例，說明「寄怨」之情與興群怨之間的方式來詮釋創作與審美之法則。《楚辭通釋》在〈愛遠山〉注中說：

> 屬文之道，以意為主；其情私者，其詞必鄙，…屈子忠貞篤於至性，憂國而忘生，故輪囷絜偉於山川，粲爛比容於日月，而漢人，…言同詛咒，清湘一曲，起泥淖之波，非但無病呻吟，如苦人所譏已也。[104]

認為江淹能曲達其情有溫柔寬厚之旨。同時他認為其情高潔與天地日月景物可相提並論。而「怨」情若不經過轉化，則非文學的理想表達方式。關於「怨」情的特徵，在《楚辭通釋》中大抵是：不被接納、時間很長，懷王不定之情、如秋風廻旋，輕言易怒，道路遼遠，使感受者不能自我排遣，疲於等待。若改易繩

103　《楚辭通釋》卷八，頁385。
104　《楚辭通釋》卷十四，頁449。

墨，則爲君子所鄙，心不能安，情不能釋。因此王船山在〈愛遠山〉注中論江淹擬騷異於漢人之怨尤遠矣，日夜不留，摧折令老，比擬楚事以自況，說明了他「怨」的性質動機，以及比興手法。因此怨必須要經過轉化，他在《古詩評選》評傅玄〈秋蘭〉篇云：

短歌行怨甚矣，尚有怨容。此無怨容，其怨益切。…忠孝人所自得，別有關心。[105]

又在溫子昇〈擣衣篇〉云：

結語可謂麗以則，「麗」可學，「則」不可至也。[106]

王夫之認爲「怨」是消極因素，亂用「怨」情，甚至導致亡國之禍。有感於明朝滅亡的歷史而發，認爲明詩多怨，造成離心離德，導致滅亡。而詩歌走入「怨」情，是很無奈不得已之事。然而作爲深情感嘆、感時，感世的文學家，對於文學和時代的意義正在其表現方式上，就屈原而言，王船山的評價大抵如下：

「原情重誼深」[107]，「懷忠貞之志，抱匡濟之具，含情子處，唯與小人群居。則離眾招尤」「實遭時之不幸也。」[108]「忠貞之士，處無可如何之世，置心澹定，以隱伏自處」「言己悲憤之獨心」[109]「反覆言其直道不容、所憂不釋之情。」[110]「違眾憂國以強諫之情」[111]「屈原情不可離，…命不可褻，…名不可辱」。[112]說明了屈原個人置身時代、與群情之間的處境。

105　《古詩評選》卷 1，頁 516。
106　《古詩評選》卷 1，頁 558。
107　《楚辭通釋》卷 1，頁 250。
108　《楚辭通釋》卷 1，頁 232。
109　《楚辭通釋》卷 1，〈離騷〉頁 223。
110　《楚辭通釋》卷 1，〈離騷〉頁 220。
111　《楚辭通釋》，〈離騷〉頁 216。
112　《楚辭通釋》，〈離騷〉頁 213。

就文學表現效果而言，船山認為屈原「其情貞者，其言惻，其志菀者，其音悲」[113]「令讀者泳泆以遇於意言之表，得其低回沈鬱之心焉。」[114]

就其表達方式而言，結合情景抒情較為理想。〈天問〉：「圖畫天地山川神靈」「非徒渫憤舒愁已也。」[115]〈九章〉「自道其憂國憂讒之意」「敘遷者之情」[116]

屈原所憂者「乃懷王辱死於秦，頃襄將為之繼也。小人之情，君子之冤，明白易見，不能覺察。…己不忍見，故決意沈湘。…豈以身之不遇為憤怒，如劉向諸人之所歎哉？」[117]

因此，船山認為屈原可與天地合德，[118]屈原所怨非一己之窮困。[119]在〈思美人〉中，船山不喜劉向王逸將屈原定位在怨情上，以不見用為怨，如此安可與日月爭光？認為屈原「死而不亡」[120]宋玉代屈原所悲者亦在為「離群而無友」[121]〈九章〉中船山亦認為屈原「離群為眾所不容」[122]努力為屈辯解。

另外，在文學技巧上，怨情濃烈積深，尤需轉化，認為「怨」情在文學表達上並非「詛咒式的宣洩」。《古詩評選》評陸厥〈中山孺子妾歌〉云：

可以群者，非狎笑也。可以怨者，非詛咒也：上下四旁，

113 《楚辭通釋》，〈九歌〉頁 243。
114 《楚辭通釋》，〈九歌〉頁 243。
115 《楚辭通釋》，〈天問〉頁 273。
116 《楚辭通釋》，〈九章〉頁 312。
117 《楚辭通釋》，〈九章〉頁 335。
118 《楚辭通釋》，〈九章悲回風〉，頁 346。
119 《楚辭通釋》，〈九章涉江〉，頁 309。
120 《楚辭通釋》，〈九章〉，頁 347。
121 《楚辭通釋》，〈九辯〉，頁 375。
122 《楚辭通釋》，〈九章〉頁 300。

古今人物，饒有動情之處。[123]

而《山中楚辭》則讚美江淹在悲放逐之士歸國無期，空山抱怨之情，是透過白露降、秋蘭萎、時序之變下寫的才可爲之嗚咽。[124]

在《離騷》中也說：「小雅怨誹而不傷，離騷有之」。[125]至於寫怨與興觀群怨解說得最具體的例子，是《唐詩評選》評杜甫〈野望〉詩說：

> 如此作自是野望絕佳寫景詩，只詠得現量分明，則以之怡神，以之寄怨，無所不可，方是攝興觀群怨於一鑪錘，為風雅之合調。俗目不知，見其有葉落日沈、獨鶴、昏鴉之語，輒妄臆其有國削君危、賢人隱、姦邪之意；審爾，則何處更有杜陵耶？六義中唯比體不可妄。[126]

他認爲杜甫〈野望〉詩「迢遞起層陰」，是絕佳奇景語，不可以部份文字如日沉、獨鶴、昏鴉便牽強附會篇題整體文義，讀者當於筆墨見情。參照此例，可以說明詩賦「寄意」有別。但鑑賞方式，不是以枝節的指陳影射爲要事，不是以局部阻礙了整體的審美，要以「俯仰物理而詠嘆之，用見理隨物顯，唯人所感，皆可類通」的方式，就這點而言是開啓了「神韻說」。所謂「現量」是現在、現成、顯現真實義、就欣賞與創作角度而言，如果離開詩興發的具體情況談文字是否本末倒置？「即景會心」,指的是特定情況下真實感受，若「牽強附會」「刻舟求劍」就遠離了「顯現真實」、「不參虛妄」。

---

123 《船山全書》14 冊，《古詩評選》，頁 540。
124 《船山全書》14 冊，《楚辭通釋》〈山中楚辭〉，頁 445。
125 《船山全書》14 冊，〈離騷〉，頁 227。
126 《船山全書》14 冊《唐詩評選》，頁 1018。

另外，以《楚辭通釋》中〈東皇太一〉來說，認爲「但言陳設之盛以徼神降，而無婉戀頌美之言，且如此篇，王逸寧得以冤結之意附會之邪?則推之他篇，當無異旨，明矣。」[127]主張「就文即事」「順理詮定，不取形似舛盭之說。」[128]因此在〈九歌〉中，船山大都以人神互動之情論之。

補充說明的是，「量」是一種相，「非量」是人心對過去事物的一種記憶。現量，是不緣過去作影的一種一觸即覺。「現量」的特徵：是一觸即覺，不做思量計較，顯現真實，當塵境與根合時，即知「如實覺知」的感性審美把握。興會之詩有三：所謂當下是指：經驗的瞬間，寫詩的瞬間、讀詩的瞬間。現量在時間上有當下瞬間的特性；也具有直接性，但 1.非「不顯見相」，2.非「思構所成相」3.非「錯亂所見相」，對景的直觀體會去寄意情懷，也非先有主觀成見堅持主體一己的情感強加於對象上

（5）聲情說以時間論述

聲情說係以音樂時間開展的方式融合空間情景。

王船山在《古詩評選》卷一評〈敕勒歌〉云：「詩歌之妙，原在取景遣韻，不在刻意也。」「寓目吟成，不知悲涼之何以生。」[129]「寓目」是視覺，「吟成」而生悲涼是聲情。實際品評中論鮑照〈代白紵舞歌詞〉「氣度聲情。」[130]認爲「樂府動人尤在音響。」[131]

評子桓〈樂府〉「引人於張樂之野。」曹丕〈燕歌行〉：「傾

127 《船山全書》14 冊，《楚辭通釋・東皇太一》，頁 246。
128 《船山全書》14 冊，《楚辭通釋・九歌》，頁 243。
129 《船山全書》14 冊，《古詩評選》，頁 559。
130 《船山全書》14 冊，《古詩評選》卷 1，頁 533。
131 《船山全書》14 冊，《古詩評選》，頁 528。

情、傾度、傾色傾聲，古今無兩。」[132]陸機〈塘上行〉「其聲其情，自然入人者甚。認爲陸機〈悲哉行〉，「音響節簇，全爲謝客開先。」[133]

船山聲情說的內涵，是要讓詩歌憑藉音樂的方式手段來展現詩人內在主體感受，並抒寫外部客體意象。以其抑揚頓挫的節奏，以其和諧鏗鏘的音律，抒發詩人內心對外物深切的感受。可以說是「詩言志，歌永言、聲依永」的傳統。

船山在《薑齋文集》卷五〈九昭〉序云：「故言以留聲，聲以出意，相逮而各有體。…意有疆畛，則聲有判合，相勤以貌悲，而幽鬱之情不宣。」[134]又在〈述病憶得〉中說：「借書還日，蓋知異制同心。搖蕩聲情，檠括于興群怨，然尙未即捐故習。」[135]

他的詩歌聲情美學著重與社會興觀群怨結合的藝術，既在「關情」上，又重「意象」。他說：「一片秋聲如秋風動樹未至而先已颯然。」聲情是意象的載體，意象的形成必須關情，這樣詩歌才能臻「情自無限」的意境。

在《楚辭通釋》中所論聲情，有些是時序的秋聲，有些是波聲悄然，有些是寂靜的聲音，以及無聲的回應等情境於〈九歌〉寫東君日神：

> 長太息兮將上，心低徊兮顧懷，羌聲色兮娛人，觀者憺兮忘歸」

船山注云：

> 並言聲者，破雲霞，出滄海，若有聲也。[136]

---

132 《船山全書》14 冊，《古詩評選》卷 1，頁 504。
133 《船山全書》14 冊，《古詩評選》卷 1，頁 519。
134 《船山全書》15 冊，頁 147。
135 《船山全書》十四冊，頁 681。
136 《船山全書》十四冊，《楚辭通釋》卷 2，頁 263。

於〈九辯〉釋秋氣云：

波聲幽悄也。…不言悲而孤曠無聊之情在矣。[137]

同章又云：

秋聲之形於虫鳥者如此。[138]

船山於〈九章〉釋〈悲回風〉時云：

仍，風聲相襲也。…任風之發，塞耳不忍聽也，目不欲視，耳不忍聽…而憂從中來，倏然而興，盪魂震魄，不可忍戢。俯仰無聊，唯整衣惝怳，抑志而赴江南。[139]

於〈九章〉原文：

路渺渺之默默，入景響之無應兮。

下注云：

登高山而回瞻故國，省想其聲容，不可得而見聞。[140]

寫回顧寂寥之情。於〈九章〉原文：

聲有隱而相感兮，物有純而不可為。

下注云：

聲隱相感，不必有聲，而若或愓之也。物，事也，純而不可為，若欲專有所為，而竦然起，已乃知其不可為也。[141]

〈九章〉此段以飄風之聲與沈默之響對比，寫聞聲有所感，追憶不可解之情。

從九歌九章所表現不同特色的聲情裏，或沉默之音、或有聲之響、或寂或靜或動皆表現了傷感或震人魂魄等情緒，聲情說在樂府詩中、在民歌中、在楚文學中，更顯出了聲情與體材之間的

137 《船山全書》十四冊，頁 375。
138 《楚辭通釋》卷 8，頁 376。
139 《楚辭通釋》卷 4，頁 341。
140 《楚辭通釋》卷 4，頁 343。
141 《楚辭通釋》卷 4，頁 343。

互動關聯性。前述楚辭中聲情表現；無論日神出滄海，波濤，或者是秋天的氣息，或者是蟲聲，或悄然，或風聲相襲，都讓人不忍聽聞。大凡作者內有其情，則外物必有其聲相感相應，交織成境。

（二）景的內涵

劉勰

劉勰在〈原道篇〉說：「日月疊璧以垂麗天之象」「山川煥綺以舖理地之形」[142]提出「形」「象」二字，並說明自然萬物的形貌聲色，都是詩人耳目感知的物象，創作則是情思醞釀的形象構思。

劉勰所言景物，重在自然景物，意兼含人文現象。〈原道〉論天文人文，〈宗經〉說「參物序，制人紀。」[143]包含人事景象，「事物」「事類」是創作中的事件與事理的通稱。

物色連言，指景物，〈物色〉篇說：「寫氣圖貌，既隨物以宛轉；屬采附聲，亦與心而徘徊。故灼灼狀桃花之鮮，依依盡楊柳之貌。」[144]以桃花之鮮，楊柳之貌表現「以少總多」[145]的詩中人情貌。物色呈現包括色彩聲音、形狀、光度、差別象等處理。也包括寫作時對取材的凝練文字，條暢事理的要求，更重要的是精神風貌的呈現。創作時如〈比興〉篇所說「擬容取心」[146]，閱讀時，亦當由表象深入作品的情性，才能洞性靈之奧區，極文章之骨髓。

142 周振甫《文心雕龍譯註》，臺北五南圖書出版公司，民 62.6 初版，頁 13。
143 周振甫《文心雕龍譯註》，頁 37。
144 周振甫《文心雕龍譯註》，頁 557。
145 周振甫《文心雕龍譯註》，頁 558。
146 周振甫《文心雕龍譯註》，頁 444。

劉勰除了分析情景相互感發現象外，並總結各時期文學作品的情景特色，《詩經》是「以少總多」，但能「情貌無遺」[147]，《楚辭》是「觸類而長，物貌難盡。」[148]寫景繁複。漢賦則寫景「模範山水，字必魚貫。」，對景物極盡舖陳能事。到宋齊寫景「如印印泥，不加雕刻，而曲寫毫芥。」[149]大體是由簡到繁的歷史發展，創作時當窺意象而運斤，才能準確下筆，情貌無遺。

在分析自然景物對作家影響時，他以《楚辭》爲例說明：「論山水則循聲而得貌；言節候則批文以見時，…」「吟諷者銜其山川」「童蒙者拾其香草。」[150]，認爲《楚辭》對於自然景物吟詠，節候交替變化的感興，以及山川草木細緻的觀察與描寫，都很有特色，是最佳的寫物吟詠圖卷。〈物色〉篇更從環境對文思的啓發，情感的召喚」方面說到：「若乃山林皋壤，實文思之奧府，……然屈平所以能洞鑑風騷之情者，抑亦江山之助乎！…」[151]

《文心雕龍》對景的創作提供了〈情采〉〈麗辭〉〈比興〉〈誇飾〉〈事類〉等篇爲修辭參考，〈隱秀〉提供風格的參考。而〈物色〉篇則將情景的互動詳加描述，〈神思〉篇更提供了神與物遊的構思美學。創作之際，心物的配合，形神的交流，才能深化情景，下筆之際，方能窺「意象」而運斤。若語言或透視景物的距離不同，景物協調性便出現差異，會產生「密則無際，疏則千里。」[152]現象。他談到作品中表現的自然景物外象，也談到自然景物與創作的關係，如借景抒情，需要「積學以儲寶，酌理

147 周振甫《文心雕龍譯註》，頁 558。
148 周振甫《文心雕龍譯註》，頁 558。
149 周振甫《文心雕龍譯註》，頁 561。
150 周振甫《文心雕龍譯註》，頁 61。
151 周振甫《文心雕龍譯註》，頁 561。
152 周振甫《文心雕龍譯註》，頁 341。

以富才，研閱以窮照，馴致以繹詞。」[153]

其中取景過程的觀察，生活經驗的汲取、臨場感的捕捉、景物類別的細緻化等，都是船山繼以強調的情景內容。而在技巧上，從興會比興取景、表現深化有神韻的情景，來擺脫宋以來以死法拘牽情景，更是船山繼續努力探索的課題。

船山

詩的情感，並非蟄伏在詩人心中不可捉摸的內在衝動，而是能夠向外顯發，取得感性外在形式的情感。是於「于往來動止縹渺有無之中，得靈蠁而執之有象」[154]的情感。是能夠訴諸自然、社會、人生的生動形象而被人欣賞與人交流的情感。因此在注重情感表達的同時，情感的具象化，景物的感性化是船山情景問題的重要內涵。

1. **取景之內涵**

（1）景的範圍與定義

景是抒情藝術作品蘊含的客觀因素，包括場景、物景、船山重自然環境對楚文學情感的啓發，不排除對自然、人生、死亡等深刻體驗和表達。

其所謂景，自然之景、如天地山川，自然、地理景物等，也包括人文景物，如人事、楚國祖先、神靈、文化風俗、歷史等。在寫作之前是現實的景物、事物。在寫作之後，是納入作品成爲藝術內容的景象。

先秦以「物」概括，宋明，以「物」「景」並用，王船山以「景」代物，明確說明審美對象和藝術對象，景起自詩人「身之

153 周振甫《文心雕龍譯註》，頁 341。
154 《古詩評選》卷 5，謝靈運〈登上戍石鼓山〉詩，頁 736。

所歷、目之所見」[155]，得之於詩人在「擊目經心，絲分縷合之際」[156]的感受體驗，與審美感興相連。而景的意義是形神兼備，氣韻生動，生意盎然，展示宇宙全幅節奏韻律，能喚起人們審美感受的生命形象。生意索然，江山氣短，求活得死，情不足興物，皆不足以稱景。

（2）景的類別

王船山論景的內涵包含了人事物，換言之，景的內涵涵蓋自然景觀、人文景觀、以及社會人情等內容。

船山於《古詩評選》卷一評曹植〈當來日大難〉詩云：

於景得景易，於事得景難，於情得景尤難。[157]

於景得景的景，是主體從大自然界取得的自然景色，如「高台多悲風」[158]，「池塘生春草」[159]等。於事得景，是指主體從社會人生遭遇獲得的生活景象，如「野老念童僕，倚仗候荊扉。」[160]「親朋無一字，老病有孤舟。」[161]能於情得景，是主體依據情感推想出來，存在於想像世界中的風光、世事、人物等各種景貌。「今日同堂，出門異鄉」是詩人遙想其然所造之場景。

於景得景，是將外在景物變成詩中的形象圖景，較爲容易。事景，是將具有歷時過程中的事，形象地寫入詩中比較困難。情景是將抽象的情感變成詩中的形象圖景抽離度度較大，因此就更難。「狀景狀事易，自狀其情難」，「知狀情者，乃可許之紹古」，

155 《夕堂永日緒論內編》第七條，頁 55。
156 《古詩評選》卷五，頁 736。
157 《船山全書》十四冊，《古詩評選》頁 511。
158 曹植雜詩。
159 謝靈運詩句。
160 王維詩句。
161 杜甫詩句。

「能于情得景」[162]，也就是到情景交融之境，作品表面上爲花鳥傳神，爲萬蟲寫照，代山川日月立言，給社會人生以縮影。實際上每一景都有人的感情意緒籠罩，抒情不是純粹自我表露；亦非直率心靈獨白；更非抽象理性認識。而是要將情感表現在一種情景交融的形象世界裏。凡情感所發，總有特色的自然景物，人生經驗，相伴隨相呼應相匯合。

《楚辭通釋》中所釋之景，有自然景物。有人、有事、有物。自然景物強調高大、壯麗、奇險，風格可多變化，事景中多歷史人物與現實人物景況對比，季節多秋天，寫回憶、夢幻、神話，都帶有敘事性質。風格上，九歌神話，虛而實、幻而真、奇而怪，麗景幻景交錯於真情流變之間。充滿空間的流動，與時間的進行，與事件流變的場景。

《楚辭通釋》中序例首先對自然環境，對文學情感影響作了總的提示如前所述。又於〈九章・涉江〉注云：

> 沅西之地，與黔、粵相接，山高林深，四時多雨，雲嵐垂地，簷宇若出其上。江北之人，習居曠敞之野，初至於此，風景幽慘，不能無感。況被讒失志之遷客，其何堪此乎？[163]

寫出了讀者之情，對《楚辭》環境及人文的詮釋。關於實景寫作之例，〈九辯〉原文：

> 去白日之昭昭兮，襲長夜之悠悠。[164]

寫出了晝恆陰，而夜益永的實景。幻景例見〈九昭〉原文：

> 幸曠古今兮良夜，輕千里兮命駕。結蘭佩兮擘摩羅袪，馳

162 以上引語見《明詩評選》卷一，頁 1154。
163 王船山《楚辭通釋》，頁 307。
164 《楚辭通釋》頁 378。

芳皋兮驅駟馬。夫杳靄奚其不可親兮，幾神會之無假。[165]

「引懷」段《通釋》云：

不得已之極思，意中生象。其與君相遇之幻景， 固篤志者情中必之情也。[166]

屬於幻景中的事景。

麗景

《文心雕龍·詮賦》篇說：「情以物興，義必明雅；物以情覩，詞必巧麗」麗是辭賦文學寫作特色。船山在楚辭寫景中也舉例說明麗景的特色，〈山中楚辭〉原文：

日華粲於芳閣，月金披於翠樓。

《通釋》云：

此言承祀自晨至暮祠宮之麗景。[167]

承祀之景，自晨至暮，在日夜兩種不同的光線下所呈現的祠宮麗景。

大景

船山在〈九昭〉一書中，舉了荒大的景象，呈現了觸目蒼茫的感受。〈九昭〉原文：

駭哀吟之宵鼯兮，鬱薄宵乎夕霚。虹半隱於叢薄兮，雨中岫而善淫。

《通釋》云：

此巴丘以南荒大之景也。

又於〈九昭〉正文：

耳迴寂其無聞兮，自改觀於異色。

165 《船山全書》十五冊，頁 154。
166 《船山全書》十五冊，《薑齋文集》卷 5〈九昭〉，頁 155。
167 《楚辭通釋》卷 13，頁 443。

《通釋》云：

湘沅之間，西連辰、酉，其荒大有如此。人踪絕而音響寂，但觸目蒼茫而已[168]

以回聲無聞，說明空間之大以人蹤絕音響寂，寫觸目蒼茫。

勝景

勝景是表現山川形勝之景，如〈九昭〉「違郢」原文：

凌漳滋兮及晨，邀余目兮天末。駿驛嶄屼兮，紆荊門之縹緲。

《通釋》云：

山自夔巫西來，至荊門而展…。此言郢都山川形勝有如此者。[169]

在楚都會所在，極目所望，山河開展，以形勢浩渺空間感說明景物盛況。

事景

船山取景原有事景一類，表現人事之景況，以〈九辯〉為例：

何曾華之無實兮，從風雨而飛揚。以為君獨服此蕙兮。羌無異於眾芳，閔奇思之不通兮，將去君而高翔。

《通釋》云：

曲盡事變之思。[170]

將人事變遷，遭遇寄託自然風雨草木種種現象；如追問何以華之無實，繼以風雨飛揚、結以將去君而高翔。寫歷經盡事變之思。

168 《船山全書》十五冊，頁 148。
169 《船山全書》十五冊，頁 151。
170 《楚辭通釋》卷 8，頁 381。

（3）取景之法與效果呈現

景是能引發情感的對象，是能夠表達情感的意象。它引起情；呈現情；也爲情所激發所塑造。當它充份被創造時，便是一幅有情有趣的形象圖畫，王船山說：「長安一片月，自是孤棲憶遠之情，影靜千官裏，自是喜達行在之情。」[171]

《楚辭通釋》中所論取景之法，大約有以下數項：一、興 1.觸景起興 2.興發因時。二、觸 觸景，觸象、觸目、觸類而廣。三、曲寫點染生情。四、關情，五、會事與情會等。

興

當情與景在不同時間點以興會方式遇合時，常以較理想的方式呈現，如〈漁父〉〈大招〉〈九章〉都不乏以興會方式表現情景的作品。

觸景起興

〈漁父〉：

> 漁父觸景起興。[172]

漁父在波浪中，反覆設問，一己將何去何從？

興發因時

《楚辭通釋．九辯》云：

> 宋玉感時物以閔忠貞。

《楚辭》原文：

> 悲哉秋之為氣也—蕭瑟兮草木搖落而變衰。憭慄兮若在遠行，登山臨水兮送將歸。

船山《通釋》云：

> 因時而感發也，人之有秋心，天之有秋氣，物之有秋容，

171　《夕堂永日緒論內編》，頁 72。
172　《楚辭通釋》卷 7，頁 371。

三合而懷人之情悽愴不容已矣。[173]

將自然的秋氣、秋物與感知主體的秋心，融合爲蕭索搖落之情。又〈大招〉原文云：

春氣奮發，萬物遽只。魂無逃只。魂兮歸來，無遠遙只。

《通釋》注云：

方春之時…萬物寒栗陰冽之氣盡矣，…可以安魂安魄，戒無遠逝，此因時起興。[174]

《楚辭通釋・九章》中更有：

憂從中來，倏然而興，盪魂震魄，不可忍戢。[175]

以上諸例舉證閔忠貞之情、登山林水之情、盪魂震魄之情、不可忍戢之情，來自於觸景感時而起；更說明了情感與時間瞬間結合的因素。

觸

作者一方面將情意化爲外象；一方面外在景物也以各種形貌打動作者內心，觸目興象都是情景交互引發的過程。

是意從象觸，象與心遷

《楚辭通釋・山中楚辭》云：

夫辭以文言，言以舒意，意從象觸，象與心遷。[176]。

藝術是表現人類情感的符號，符號能將抽象義含情感體驗提供人們思考、觀照。作品意象是生活和創作間的轉介，創造符號鑑賞符號的轉化，成爲作者讀者的詩歌意象，意象是心理活動過程的參予和表現。船山認爲江淹楚辭用意幼眇，言有緒而不靡，

173 《楚辭通釋》卷 8，頁 374。
174 《楚辭通釋》卷 10，頁 418。
175 《楚辭通釋》卷 4，頁 341。
176 《楚辭通釋》卷 13，頁 442。

不無病呻吟，情感上動人哀樂的原因，就在於意、言、象的特色。

至於意象之解釋，可以〈九辯〉荷衣爲例來說明，原文：

> 被荷裯之晏晏兮，然潢洋而不可帶。[177]

《通釋》云：

> 以荷葉為衣而服之，非不晏晏（色盛可觀），而侈張脆薄，束之則裂，辯言亂政，亦足誘人，而責之以實，則滅裂有似乎此。

取荷葉脆薄滅裂的特質以喻亂政；荷治之衣既不可做腰帶，亦不可收束，更不可服，形容其百般不可收拾之狀，意象鮮明。

觸目興懷：

《楚辭通釋・涉江》云：

> 涉江自漢北，而遷於湘沅，絕大江而南也。此述被遷在道之事。山川幽峭，灘磧險遠，觸目興懷。[178]

除〈涉江〉而外，屬於空間變化，引起觸目興懷的例子〈哀郢〉寫在途飄泊之情、下江不安之情、憂國憂讒之情，湛湛進忠之情，皆因楚遷都時，觸景興懷之作。《文心雕龍・物色》說「詩人感物，連類不窮，流連萬象之區；寫氣圖貌既隨物以宛轉，屬彩附聲亦與心而徘徊…漢賦代興，觸類而長，物色盡而情有餘者，曉會通也。」[179]景物擊目經心以後，最能以「以少總多」的方法，便是用意象去呈現。

曲寫、活寫

《楚辭通釋》有曲寫含情之法，真情活寫法，所謂曲寫活寫，即做到含蓄生動。曲寫實際上是通過別的事實，個人點點滴滴的

---

177 《楚辭通釋》卷八，頁 392。
178 《楚辭通釋》卷四，頁 309。
179 周振甫《文心雕龍譯註》，頁 558。

感受進行提煉。《楚辭通釋．九辯》

> 此章來回展轉，曲寫屈子兩端之情，辭雖複而意自屬，非宋玉相知之深，未能深體而形容之如此。[180]

《通釋》釋〈九歌山鬼〉云：

> 空山雷雨，猨鳴木落，思今日之歡而不得，徒離憂而已。曲寫山鬼之情。…此章纏綿依戀，自然為情至之語，見忠厚篤悱之音焉。[181]

〈九章．悲回風〉《通釋》云：

> 原至此不復名言其所愁者何事，而但自哽塞迷悶之如此。近死之哀鳴，與他篇抑別矣。[182]

此段原文不描述任何景物，但直抒其情，以聲情助愁，旁注云：「真情活寫」。

距離遠近

取景的效果有遠有近，遠近除了景的透視角度有大小遠近之外，有時也是作品給人的心理距離感受，以下這段文章形容大司命之神出現的狀況。《楚辭通釋．九歌大司命》云：

> 狀神之容在若有若無之間，紛綸旁薄，搏合陰陽，分劑各得，以立生人之壽命於無所為之中，而人莫能知也。[183]

此章在寫大司命之神，掌人類生命，在陰陽之間，在可見與不可見的世界裏，司人壽命之長短等，當神出現時，以「若有若無」筆法形容之。

事與情會

---

180 周振甫《文心雕龍譯註》，頁 385。
181 《楚辭通釋》卷 2，頁 269。
182 《楚辭通釋》卷 4，頁 341。
183 《楚辭通釋》卷 2，頁 258。

船山之景，既包括事景，因此他也談到事景呈現之法，在事與情會。《楚辭通釋．東君》：

> 日神也。此章之旨，樂以迎神，必驅祓妖氛之蔽而後可神聽和平，陽光遠照。其寓意於去讒以昭君之明德者，事與情會而因寄所感。[184]

以上諸法其效果在達到，自然，轉折無痕，進一步到情景交融，神餘字外，法外得神勢。

2. 取景的特色

船山取景理論的特色，概括如下：

（1）船山的情景說的人、事、情主題是葉燮說理、事、情的先聲。

（2）不從主客觀情景對分的立場看景。

（3）豐富了景的內涵，充實了景的文化義蘊與審美特色。

（4）論情景以整體生態調合過程去討論，突破前人靜態侷限過程的論述。

（5）討論景的形成、類別、揭示審美特徵、主客觀契合的進行，內涵完整而多元。

（6）表現悲喜亦於物顯的情感。

（7）綜合人本、文本探析寫景狀物、敘事繪人。

（8）就取景方法而言：從自然取景、從社會人生遭遇取生活景象，從主體情感推想世界中的風光、世事、人物、各種景觀取景。於情得景，非完全由耳目所見之實景。乃遙想其然，馳騁想像，代詩中人物以擬造的景象。

（9）對《楚辭通釋》特有的景物，包括多角度、多側面全方位的景觀，或闊大深邃或迫促之景、或奇險之景物多所討論；彰

---

184 《楚辭通釋》卷二，頁 265。

顯了《楚辭通釋·序例》中總綸「楚疊波曠宇以蕩遙情…推宕無涯，而天采矗發，江山光怪之氣莫能揜抑」[185]的楚國文學情景。

（三）情景關係

劉勰

情景關係，是由主觀的情感，與外在客觀的景物相應，經過相承、相生、相轉化的過程，形成情景相襯、或情景相反相成的效果。

劉勰《文心雕龍·詮賦》篇說：「情以物興，義必明雅；物以情觀，辭必巧麗。」[186]說明了物、情、辭、以興會相互融合，相互作用的關係。物小至草木鳥獸，大至山川自然，甚而宇宙天地，可細寫，亦可勾勒，但興象必須貼切。文《心雕龍·比興》說：比者，附也。…」「附理者，切類以指事，蓋寫物以附意，揚言以切事也。」「夫比之爲義，取類不常：或喻於聲，或方於貌，或擬於心，或譬於事…」[187]比興是透過物象、情感、文辭，而達情景心象比興要求。

《神思文心雕龍·神思》篇云：「神居胸臆，而志氣統其關鍵；物沿耳目而辭令管其樞機。」「樞機方通，則物無隱貌；關鍵將塞，則神有遁心。」[188]「然後使玄解之宰循聲律而定墨，獨照之匠窺意象而運斤。」[189]說明了創作精神與外物雙向互動的過程。〈神思〉篇讚說：「物以貌求，心以理勝，刻鏤聲律，萌芽

185 《楚辭通釋·序例》，頁 208。
186 周振甫《文心雕龍譯註》，頁 109。
187 周振甫《文心雕龍譯註》，頁 443。
188 周振甫《文心雕龍譯註》，頁 339。
189 周振甫《文心雕龍譯註》，頁 340。

比興。」[190]進一步說明情感、物象、音律美、文辭之間的聯結與感發作用。

《文心雕龍・物色篇》說到四時場景對感情的興發作用，詩人取景時要置身現場，「詩人感物，連類不窮，流連萬象之際，沉吟視聽之區。」[191]流連萬象，充份發揮視覺聽覺捕捉感覺。」〈物色〉：「寫氣圖貌既隨物以宛轉，屬采附聲亦與心而徘徊。」[192]既要把握物的神貌聲色，又要讓景物隨情感而變化。這是經詩人轉化過的情與景，其關鍵即在於「遊」的過程。

《文心雕龍・神思》篇說：「思理爲妙，神與物遊。」[193]在創作之際，除發揮視覺等感官捕捉意象外，精神與大化結合，深入構思活動的心象階段。〈神思〉篇又說：「登山則情滿於山，觀海則意溢於海。我才之多少將與風雲而並驅矣。」[194]說到臨場感受對想像力的激發作用。〈神思〉篇說：「敏在慮前，應機立斷。」[195]說明了寫作時的當下性時間感。〈物色〉篇說：「山沓水匝，樹雜雲合。目既往還，心亦吐納。」[196]由感物的基礎到心象合一的表達，已是深化了的情景。劉勰說的這種臨場感就是船山現量說的當下興會的特性之一，具有現在現成，顯現真實的感之作用。

船山

船山於《唐詩評選》卷三說：「悲喜亦于物顯」[197]，悲喜是

190 周振甫《文心雕龍譯註》，頁 346。
191 周振甫《文心雕龍譯註》，頁 557。
192 周振甫《文心雕龍譯註》，頁 557。
193 周振甫《文心雕龍譯註》，頁 339。
194 周振甫《文心雕龍譯註》，頁 341。
195 周振甫《文心雕龍譯註》，頁 344。
196 周振甫《文心雕龍譯註》，頁 563。
197 《唐詩評選》卷 3，評杜詩〈喜達行在〉，頁 1017。

情感，物是景物。船山《周易內傳》卷三云：「形開神發而情生焉」由形神到情感的產生是流動的。情感在船山審美心理體驗和表現中，佔有十分重要的地位和因素，是審美表現的內在動力。人情在與外界事物聯繫的過程中，所產生相互作用的動態過程，是情景關係的重要因素。藝術創造中的情景關係，表現了互爲對象、互爲內容、相互表現的性質，因此讓人看到「情不虛情，情皆可景；景非滯景，景總含情。」[198]（《古詩評選》卷五。）因此，一片風景就是一幅心靈的圖畫，一種情感就是一片風景的化身。但情感須藉助轉化的過程，才不會淪於孤立的抒情或寫景，如何「發現最深的情，透入最深的景。」[199]一直是理論家想探索的，所謂「情皆可景」，就是情感抒發要透入主體情感的景物描寫，所謂「景總含情」是景物描寫已經是形象化的情感存在。

船山　情景類型

（1）景中情

船山《唐詩評選》卷四〈首春渭西郊行呈藍田張二主簿〉[200]

回風度雨渭城西，細柳新花踏作泥。秦女峰頭雪未盡，胡公陂上月初低。愁窺白髮羞微祿，悔別青山憶舊溪。聞道輞川多勝事，玉壺春酒正堪攜。

船山評語：

起束入化。景中生情，情中合景．故曰景者情之景，情者景之情也。高達夫則不然，如山家村筵席，一葷一素。

景中情者，以情爲景，以寫景爲主，移情於物，讓感情通過所描寫的景物體現出。

198　《古詩評選》卷 5，頁 736。
199　《宗白華全集》，安徽出版社，1994 年，頁 300。
200　《唐詩評選》卷 4，頁 1083。

《楚辭通釋·東君》：

暾將出兮東方，照吾檻兮扶桑。撫余馬兮安驅，夜皎皎兮既明。駕龍輈兮忘歸。乘雷，載雲旗兮委蛇。長太息兮將上，心低迴兮顧懷。羌聲色兮娛人，觀者憺兮。

常太息句，旁附注勾勒情景句云：

妙於景中寫景，祝融觀日當知此景[201]

《楚辭通釋》注：

日出委蛇之容，乍升乍降，搖曳再三，若有太息低佪顧懷之狀。…此景唯泰、衡之顛及海濱日能得之。並言聲者…若有聲也。…此寫承祭時之景也。[202]

從審美意象創造基本結構來看，景中情是最基本層次，最自然的基礎。日出時升降搖曳再三之景，與情感的太息低迴還顧之動態變化之狀若合符契。

（2）情中景

情中寫景，係以抒情爲主，使客觀景物帶上主觀感情色彩，因此情中景尤難曲寫。船山《唐詩評選》評杜甫登岳陽樓「親朋無一字，老病有孤舟。」一聯云：

親朋一聯情中有景。[203]

《楚辭通釋·九章》正文：

愁鬱鬱之無快兮，居戚戚而不可解。心鞿羈而不形兮，氣繚轉而自締。穆眇眇之無垠兮，莽芒芒之無儀。聲有隱而相感兮，物有純而不可為。藐蔓蔓之不可量兮，縹綿綿之不可紆。愁悄悄之常悲兮，翩冥冥之不可娛。凌大波而流

201 《楚辭通釋》卷二，頁 263。
202 《楚辭通釋》卷二，頁 263。
203 《唐詩評選》卷三，頁 1017。

風兮，託彭咸之所居。[204]

《通釋》注：

情中之景，刻劃幽微，如此常愁，其可忍乎?。[205]

旁注云：

空窅之中，寫此一段實語，非冥心內炯者其孰能之。屈原曲寫此景，「凌波隨風決於自沉也」

基本上，情中景，是一種深層次的審美觀照，深入到內新生命節奏，主體精神去取景，所謂「卸開一步，取情爲景，詩文至此，但有一片神光，更無形跡矣。」

情景說建立在對情景人審美意象的有機建構上。 景中情與情中景是基本型，人中景與景中人是特殊型，景與與情語都將生命詩情揮灑安頓在山水自然中。

（3）景中人

景中人，是情景合一的另類型態，使生機盎然之景與鮮活躍動的人，相映成趣，人是情的高度凝聚，充份揮灑。《古詩評選》卷六評鮑至詩〈山池〉詩：

望園光景暮，林觀歇氛埃。[206]

船山認爲首二句

顯出景中有人[207]

《古詩評選》卷三劉令嫻〈美人〉詩云：

花亭麗景斜，蘭牖輕風度。落日更新粧，開簾對芳樹。

船山評云：

---

204 《楚辭通釋》卷 4，頁 343。
205 《楚辭通釋》卷 4，頁 343。
206 《古詩評選》卷 6，頁 841。
207 《古詩評選》卷 6，頁 841。

景中有人、人中有景，巧思遠出諸劉之上，結構亦不失。[208]

這是景中人，人中景雙取的狀況，船山並在《古詩評選》卷六庾信〈詠畫屏風〉中評云：

取景從人取之，自然生動。[209]

明代特別種文學的情感，人類當然是最富情感的，因此船山對人景特別關注。以下我們來看「人中景」之例：

（4）人中景

不同於由景去寫人的「景中人」；「人中景」更側重人去造景，人情與景，在更豐富的生命審美體驗上深刻主動結合。

《明詩評選》文徵明〈四月〉詩：

春雨綠陰肥，雨晴春亦歸。花殘鶯獨囀，草長燕交飛。香篋青繒扇，筠窗白葛衣。抛書尋午枕，新腠夢依微。

評語云：

只在適然處寫。結語亦景也，所謂人中景也。……看他起處，于己心物理上承授，翻翩而入，何等天然。[210]

（5）不景之景，非情之情

船山論杜審言〈登襄陽城〉提及不景之景，非情之情，云：

旅客三秋至，層城四望開。楚山橫地出，漢水接天回。冠蓋非新里，章華即舊台。習池風景異，歸路滿塵埃。

船山評云：

起聯即自然是登襄陽城語，不景之景，非情之情，知者希矣。[211]

---

208 《古詩評選》卷 3，頁 636。
209 《古詩評選》卷 6，頁 869。
210 《明詩評選》卷 5，頁 1386。
211 《明詩評選》卷 3，頁 988。

他對此詩含蓄知情的描寫極爲讚賞，在天時-秋天；地理-空間，楚地；事-易地而處；以及心情上-歸路滿塵埃。此詩，景語即情語，情即是景。

《唐詩評選》，船山評李白〈春思〉

> 燕草如碧絲，秦桑低綠枝。當君懷歸日，是妾斷腸時。春風不相識，何事入羅幃？

船山評曰：

> 字字欲飛，不以情：不以景；華嚴有兩鏡相入義，唯供奉不離不墮。五、六一即一切，可群可怨也。[212]

詠物詩的描寫，要不即不離，不黏不合，五六句春風不相似，何事入羅幃的怨情，透過前面幾句的景致，以含情不盡。然後出結語，所以說不景之景，不情之情，表面上說景，情在其中，說情時，又託諸景物。因此景是深刻的情，情由深刻的景物來烘托，因爲融成一體，所以不分彼此。

情景相輔相成

情之悲喜與景之榮悴有相輔相成者，或情樂景樂或情哀景哀，茲以後者爲例：

《楚辭・九章》通釋云：

> 至於悲回風之卒章，馳寫歿後之悲思，生趣盡而以焄蒿悽愴之情與日星河嶽互相融結，惟貞人志士神遇於霏微惝怳之中。[213]

〈九辯〉原文：

> 愴怳懭悢兮去故而就新，坎廩兮貧士失職而志不平。廓落兮羈旅而無友生，惆悵兮而私自憐。

212　《唐詩評選》卷 2，頁 952。
213　《楚辭通釋》卷 4，頁 298。

注云：

> 去故就新，江山之容非舊。失職羈旅，離群無友，遷客自憐之情，適與風景相會，益動其悲。玉代為屈子思，而念其憔悴也如此。[214]

情與景在此呈現相同的悲調。

情景相反相成

情景關係，有時呈現樂情哀景、或哀情樂景相反相成的狀況。《夕堂詠日內編》頁 11 第四條以詩經爲例，說明景樂情哀的狀況是：

> 昔我往矣楊柳依依，今我來思雨雪霏霏。
>
> 以樂景寫哀，以哀情寫樂，一倍增其哀樂。[215]

小雅〈采薇〉寫戰士出征時，心寒悲情，但景色則是楊柳依依的盛景，歸來時，心情歡愉，而景色則是雨雪霏霏，因此以相反相成之景來襯托情感[216]，樂情哀景，哀情樂景是兩種不同力的結構。以哀情樂景爲例：

〈九昭〉原文：

> 發江山之芊菓兮，回風被手嘉卉。青春脈其將闌兮，羌何情而愉此！

《通釋》：

> 春物可愉悅，而愁人不為之欣賞。[217]

景緻是芊菓、嘉卉，然而卻因主觀情感愁悶無法欣賞好景。屬於哀情樂景。〈愛遠山〉原文：

214 《楚辭通釋》，頁 375。
215 《詩譯》第四條，頁 11。
216 見《詩廣傳．小雅》卷 3，〈采薇篇〉，《船山全書》第三冊，頁 392。
217 《船山全書》十五冊，頁 147。

紫浦兮光水，江荷兮艷泉。香枝兮嫩葉，翡累兮翠疊。非郢路之遼遠，實寸憂之相接。

《通釋》〈愛遠山〉注：

以上備言山中之勝，乃有心不泯，則玩者無可玩，悅者無可悅，感者益深其感，雖曰愛山，亦寄焉而已。[218]

這則例子似爲愛山而寫，卻反襯了作者毫無心情觀賞盛景的狀況。

抒情詩的最高境界，是能體會萬物本身的悲愉，不止將我之悲愉相合的景物賦予物，使景物塗抹上我之色彩。自我悲傷時、攝入詩中的景物仍有其自身的悲愉，歡樂亦同，如此方可「其思不困，其言不窮。」使抒情有更大的自由度，不僅主客消融、物我兩忘，物我互襯，更能達物我互贈的境界。

船山論情景結構，有情景相同及情景相反的模式。情景關係，參照格式塔藝術心理學派的說法，是情和景皆存在一種力的結構。所有事物皆是力的圖示，人的情感基本上也是一種力結構。自然事物與推動感情的力，與作用整個宇宙普遍的力，雖然媒介不同，但都具有一定的方向性和強度性。

如果情感與外物在力的強度、方向、複雜度大體相似，就能創造出「情哀則景哀。」「情樂則景樂」的結果。如果意象與所表現的感情在力的方向上相反，創造出來的意境則表現爲「情哀景樂」「情樂景哀」的反襯關係。就力的方向而言，如果所要表現的感情具有積極肯定的性質，那麼意象力的方向一般是向前、向上、或向外擴張的。如果詩人所表現的是悲哀、痛苦、傷感、失望等消極否定的情感，意象的力的方向就是向後、向下或向內

218 《楚辭通釋》卷 14，頁 449。

的。阿恩海姆認爲物理藝術世界，生理心理活動，都是力的作用，借視覺形成力場，各種情感生活都有各自不同力的結構，產生于完全不同的媒界中。「一棵垂柳之所以看上去是悲哀的，並不是它看上去是一個悲哀的人，而是因爲垂柳條的形狀、方向和軟性本身傳遞了一重被動下垂的表現性。」[219]

而這種生命之情景究竟如何取得？在船山所寫的〈瀟湘十景〉詞的序中，也可看出他創作過程中，對景物的實際體會，和個人情志所托。〈瀟湘十景〉序云：

> 「湖南清絕地，萬古一長嗟」杜陵游蹟十七於神州而期茲萬古，豈徒然哉！…此五百里間，蹟不勝探，探其尤者，得十景焉。
>
> 情物各有因緣，歸宿不迷於萬古，視諸帆雁嵐雪，悠悠無擇地者，不猶賢乎？…吟際習為哀響，不能作和媚之音。…[220]

又於《瀟湘大八景》詞序云：

> 情者，非有區宇者也。有一可易情之區，移傺侘而昭蘇之，何為懷此都哉？余歌小八景來十六年矣。雲中眇眇，北渚愁予。九嶷修眉，煙秋不展。望里盈千，目飛無寄；續歌爰九，魂授尤勤。惆張樂之簫鐘，哀琴在御。追淚筠之粉翠，香酒忘尊。然則迷不一方，思横三楚，固其所矣。重吟大八景詞，複用瞿、辛、原體，旌初志也。雖然，已逾冥阨，南度秦城，西望雨雲之浦，東臨日夜之江，豈但此哉，而祇以寄情於畔岸耶？行且怨紫塞之歸禽，唁蒼山之弔鳥，於斯始

219 魯阿海姆《藝術與視知覺》北京，中國社會出版社。
220 《船山全書》15 冊，頁 800。

矣。[221]

〈瀟湘十景〉其三，朝陽旭影，在零陵瀟水側，去鈷鉧潭愚溪不遠，北十里爲湘口，是瀟湘合處，作者心中既有嚮往的山水，當生活中的山水寓目，自然情味深長，透過山水，不但能深深體會屈原、柳宗元之情，更能從山水情懷中，發現知識份子的困境、悲情和生活的空間，更能從中找到真實的自我，在同樣的生活空間、歷史困境中，體會個體生命間相互感通，相互契合的文化理想。那麼歷盡千山萬水的「情景交融」理論，就更具生命價值感的豐富意義。

船山除了實際創作經驗談外，批評時他也說到，要自生活場域，親身體物；並由心目相取。《薑齋詩話》《夕堂詠日緒論內編》云：

身之所歷，目之所見，是鐵門限。[222]

創作的經驗與觀察體物是必要的過程。

其次，評詠物能得物理性者，《詩繹》8 條云：

蘇子瞻謂「桑之未落，其葉沃若」，體物之工，非「沃若」不足以言桑，非桑言不足以當「沃若」，固也，然得物態，未得物理。「桃之夭夭，其葉蓁蓁」；「灼灼其華」、「有蕡其實」，及窮物理、夭夭者，桃之稺者也。桃至拱把以上，則液流蠹結，花不榮，葉不盛，實不蕃。小樹弱枝，婀娜妍為有加耳。[223]

這樣的評論，自來於實際生活中的景物觀察結果，才能有此心得。船山生於世代交替之際，大時代的風雨，個人的際遇，讓

221 《船山全書》15 冊，頁 796。
222 《夕堂詠日緒論內編》第 7 條，頁 55。
223 《薑齋詩話》《詩譯》8 條，頁 16。

他在文論上體會如何反映生活的重要性，唯有理念結合著體驗，才是深刻的情與景，才能表現個人特色的情與景，而在表達方面他重思意言的關係，基本上認爲言能盡意，關鍵在是否傳達準確的深情，才能創造心與境諧獨抒性靈。

就感知對象而言，主動及當下感是很重要的，《唐詩評選》卷三說：

立主御賓，顧寫現景。

《古詩評選》卷五說：

情感須臾，取之在己，不因追憶。若援昔而悲今，則為婦人泣矣[224]。

主即是創作之心，取之在己，是取決於創作者主動的觀照。今昔是時間，現景，是當下當場的瞬間。《明詩評選》卷六說楊慎〈丁丑九日〉詩「白露清霜日夜深。」句豳風小雅何以逾之哉？

真有關心，不憂其不能感物。[225]

關心是一種主動的態度。在表達上，《文心雕龍．神思》說：「言所不追，筆固知止。」船山也說：

景盡意止，意盡言息，不必強括狂蒐，捨有而尋無。在章成章，在句成句。[226]

說明思意言的關係，就整體篇章結構而言，在自然興會中完成結構。

現量情景

現量

王夫之在《夕堂詠日緒論內編》中提出「現量」一詞說：

---

224 《古詩評選》卷 5，頁 741。

225 《明詩評選》卷 6，頁 1502。

226 《唐詩評選》卷 3，頁 999。

> 因情因景，自然靈妙…；長河落日圓，初無定景；隔水問樵夫，初非想得：則禪家所謂現量也。[227]

《夕堂永日緒論內編》第5條及48條談及即景會心，因情因景的詩歌美學，提及禪家三量作爲參照，第5條說：

> 「僧敲月下門」，祇是妄想揣摩，如說他人夢，縱令形容酷似，何嘗毫髮關心？知然者，以其沈吟「推」「敲」二字，就他作想也。若即景會心，則或推或敲，必居其一，因景因情，自然靈妙，何勞擬議哉？「長河落日圓」，初無定景，「隔水問樵夫」，初非想得；則禪家所謂現量也。[228]

即景，即詩人面對眼前的客觀事物進行審美觀照。「會心」是指詩人在進行審美觀照時，就已把握住事物的內在意蘊，其間十分短暫，無須「妄想揣摩」地作邏輯推理，乃是一種藝術直覺，一種形象思維，對賈島在創作時「僧敲月下門」還是「僧推月下門」，舉棋不定，予以批評，認爲脫離客觀之「妄想揣摩，如說他人夢」。反之，王船山對王維〈使至塞上〉。「長河落日圓」與〈終南山〉「隔水問樵夫」倍加欣賞，只因爲這是「會景而生心」「體物而得神」之句，不是預先設想可得。如鍾嶸詩品序所說的「非補假，皆由直尋」，是「即目」「所見」而產生的，王船山又進而以禪論詩，把「即景會心」比作禪學的「現量」，何謂「現量」？他的解釋是：「現量，現者有現在義、有現成義、有顯現真實義。現在，不緣過去作影；現成，一觸即覺，不假思量計較；顯現真實，乃彼體性如此，顯現無疑，不參虛妄。」[229]《相

227　《夕堂永日緒論內編》5條，頁52。

228　《船山全書》15冊，頁52。

229　《船山全書》13冊，頁536。

宗絡索》三量：「現在不緣過去作影」、「顯現真實」喻「即景」直觀眼前景物；「現成一觸即覺，不假思量計較」，喻「會心」，是一種無須邏輯推理，對事物底蘊的剎那間把握，與佛學的「妙悟」「頓悟」相通，王夫之推重詩創作「即景會心」，因爲這可以達到「自然靈妙」的效果，避免「但于句求巧，則性情先爲外蕩，生意索然」之弊。

至於《夕堂詠日緒論內編》48 條則在討論詠物詩，達情之作，與匠氣之作。船山作結論云：

> 禪家有三量，唯現量發光，為依佛性；比量稍有不審，便入非量。況直從非量中施朱而赤，施粉而白，勺水洗之，無鹽之色，敗露無餘，明眼人豈為所欺邪？[230]

王船山《相宗絡索》三量條：「比量，比者，以種種事比度種種理：以相似比同，如以牛比兔，是同獸類；或以不相似比異，如以牛有角比兔無角，遂得確信。此量于理無謬，而本等實相原不待比，此純以意計分別而生。非量，情有理無之妄想，執爲我所，堅自印時，遂覺有此一量，若可憑可證。…若因聞至教，覺悟已性，真實與教契合，即現量。若以言句文身，思量比度，遮非顯是，即屬比量。若即著文句，起顛倒想，建立非法之法，即屬非量。」[231]以上爲佛教法相宗術語，船山借以論詩，大抵指詩中有人，情味深永，觸類而長者爲現量，模擬規劃事物氣象者爲比量；雕琢詞句，徵引故實，強相攀附，爲死法所束縛者爲非量。

王恩洋先生《相宗絡索》內容提要中，更從心理的各種功用去解釋，他說：「現量，是事理當前，實證親知，如其本來，不起增減的正確知識，如明眼見色，正智緣如，均爲現量。二、比

230　《夕堂永日緒論內編》48 條，頁 152。
231　《船山全書》十三冊，頁 536-538。

量：境不現前，不能親證，而根據正確的事理，由推測得來的真知識，如見煙而知有火，見所作而知無常，均為比量。三、非量：這是不正確的知識，如風撼繩動，見彼為蛇，沙漠鹿渴，見陽焰為木，為似現量；根據不真，論證不當，所得出的錯誤見解，名似比量。似現似比。總名非量。可作為參考。

若仔細推溯船山一部份詩論淵源，是來自佛學的啓發，船山常在廣博的閱覽中，發現學說的命題，而加以立論。

在印度佛教大乘學中，分中觀宗和瑜伽宗，瑜珈宗以研究諸法實相，討論一切事物的本來面目，和它的業用因果為一個重點，中國人將它稱為法相宗，簡稱相宗。相宗義理繁富，船山作《相宗絡索》，意在包羅貫串相宗全部的思想，內容分八識、四智、二十九章，著重對精神界事物，即心理方面的研究，可分為八個部門：一是心理的組成因素、二是它的生起因緣、三是它的各種功用、四是宇宙萬法的整體聯繫、五是有情生命的因果相續、六是迷悟差別、七是雜染根本、八是清淨轉依。其中心理的組成因素，宇宙萬法的整體聯繫，有情生命的因果相續，與詩論的關係密切。

以下就重要淵源部份舉例說明：如「末那」為第六意識的根，即「意」根，討論「意」為主體的啓發，如「阿賴耶」識具有能藏、所藏、執藏三種藏義，對于詩論中情景交會「能」「所」的啓示，能藏是攝藏諸法的種子，所藏是它被前七識熏習，凡人在生活中，一切經歷、經驗、一切行為動作，都將習氣儲藏在八識中，而且它還要承受六識一切行為所造成的結果，以之繼續生起不絕。它算得是諸法的根本，生命的源泉，因此，末那便長時間把它執藏以為自我。相宗認為它是最重要的識。

另外，相是目見之相，還是存有之相，靠想像產生的相？也就是情景說的景係真景或虛景的問題，也應有來源的，在相宗絡索的第十二、四分章，把每一心心所法，分爲四：一、相分；二、見分；三、自證分；四、證自證分。相分是見分直接所緣的境相，見分是對相分的瞭解，自證分是對見分的內證，證自證分又是內證自證分的。人們對每一事物現象起認識時，不但覺有彼事，還覺有覺彼事相的覺；但有些事物的認識是沒有外境的，如抽象的事物，回憶過去，設想未來，以及夢想幻想，疑神疑鬼等，都沒有現實客觀外境；它所見所覺所想所思，便都只是內心自起的相分。另一種是縱然在客觀現實的認識中外境確實有，而且沒有它便不能認識，但當它進入人們的認識時，並不是它的本身，只是它的影子，它的印象而已。心上所直接認識的也只是對它的反映，即印象。印象便是經過心的加工改造過的相分，如眼識去認識客觀的山川草木時，近看大些，遠看小些，更遠便更小些；左看是一個樣，右看是另一個樣；既不得其全形，也不得其實體，所得的只是照它的一些樣子所起的反映，相分而已。

在討論心理的生起因緣中，有四緣：一、因緣：各識自種；二、等無間緣：前念心對後念心，有開闢處所、引導生起的一定作用，是此緣義；三、所緣緣。即是所認識所瞭解的境界、或相分、或本質；它對心心所法的生起有決定的作用，同時它又被心心所法所認識所緣慮，是所緣之緣，故名所緣緣。此有二種：(一)親所緣緣，即相分；（二）疏所緣緣：即相分所仗的本質 —— 外境，有疏緣時必有親緣，但有親緣時，不一定有疏緣，如四分中所說。

至於談心理的各種功用，除了前述的三量之外，與情境相關的淵源還有「三境」：三境是性境、帶質境、獨影境。一、性境：客觀現實的事理，不隨能緣的心而改變，現量所證，名爲性境。

二、帶質境：一切錯覺，無非外境，而所見非真，如見繩爲蛇，蛇雖妄見，然帶彼繩質而生，名帶質境。三、獨影境：回憶過去，其境已滅；設想當來，境猶未生；夢中所見，色相宛然，而皆無實，純由心起，名獨影境，三境三量是互相聯繫的。此外，有情生命因果相續，以至於無窮，是佛教大小乘共有的有情生命相續觀，也是船山對詩歌抒情本質的闡述。宇宙萬法的整體聯繫，與船山有機體的說法，應該是可以參照的，詩論與哲學、美學在船山的意義，是他將生命的相續流轉，和人生實踐的最後歸宿，回歸到文學上作美論的觀照。

現量情景，從佛學現量應用到文學情景中，有三方面：現在，現成，顯現真實。現在，是當下的時間，抒情詩是由目前的直接感知而得，不依賴回憶；現成是現量情景由瞬間直覺而得，不需要概念…、過多的理性思考判斷介入；顯現真實，是對人情物理人生之道體悟過程。包括了時間的當下、空間場域的當下、

感受的當下，詩人即景會心富於洞見。而比量屬於歸納演繹分析綜合的抽象思維方式，非量屬於非理性的胡思亂想。三量之中唯現量發光，與詩性相通。因爲目見並不可靠，因此要心目相取。

結　論

劉勰船山懷抱文化使命感，援經學哲學美學入文學，潛心著述，發揮情景理論之幽光。二家各源時代背景，總結前代情景說，以充實文論內涵。就創作而言，《文心雕龍》本身即富創作性質；船山則以生死滄桑感，融入情景觀照，呈現個人美學思想之體悟，寄情學術之餘，並代古人申冤，增補〈九昭〉創作。

就情景內涵而言，劉勰「情」「性」並重，詮釋性情關係，

標舉性情典範，論述情感類型。暢談聲情、情采、比喻技巧等相關因素的連結；而終其目的即在詮釋抒情詩動人之本質，提供創作鑑賞的參考。

船山以性爲情之導，區分文體與寫作關係爲「性之情」，「情之性」，主張詩歌當以動人爲本質。論述情感特徵雖多樣化，創作仍重在呈現篇章整體風格。從傳統的詩教而來，將興觀情怨四情由分立至連結，體會情感以自得爲貴。既由個人創造性、心理層面、審美特質言情；亦肯定情之群體社會環境意義。以詩歌創造而言，尤重富麗聲情，以充份傳情達意。

就取景而言，劉勰注意到天文地理大景，也注意人事景，乃至重於鳥獸節候興替之動態景緻爲詩心之啓示。船山仍是沿廣義之景。更將情景結構剖分縷析，重在情景關係表現。以興爲情景表達最佳方式。情景類型有相輔相成即相反相成，總結出現量情景爲標的。

在實際批評方面，《詩經》《古詩十九首》爲二家批評情景之典範，並洞察地理環境對楚辭傷情麗景之影響。在怨情表達方面，船山直接讚美勰對張衡言情的意見，並引劉勰爲知音。對曹氏兄弟的情感聲情方面的表達，也有借鑑劉勰之處。另外，因爲重視忠貞之情融於景的表達，對明代詩人「興觀群怨」的「怨情」特別有感於心。引發崇正崇雅含蓄隱秀之探討，船山特別強調宛轉附物如聲情等。

在作家批評方面，劉勰常以情景爲主題，來批評當代詩壇文風遞變現象。船山也以情景處理批評爲要項，批評杜甫、湯顯祖、楊慎、等情景處理。

就方法論而言，二家研究天文自然與人文，易經相生相麗等概念於情景論中，予情景理論以生命、有機、整體之啓示。劉勰就景的協調性結構性論神思附會鎔材意象的貫一完整無限性，有定勢討論。船山則論畫龍、活龍。劉勰從佛典融入「遍該圓覽」論情采虛實相待，船山則由佛境三量論現量情景。

就情景主題討論重點轉變而言，魏晉以前重創作前景對情的觸發作用，唐以後重創作中景作爲情的載體，二者的交融狀態。物感說的心物亦與象化作情與景來討論。情景理論的興起也說明山水詩興衰，創作者以之爲漂泊或精神家園精神內質。

重要參考書目

《薑齋詩話》箋注《夕堂永日緒論內編》王夫之撰，戴鴻森點校，台北木鐸出版社，1982 年

《文心雕龍譯注》周振甫譯注，北京中華書局原出版，台北五南圖書出版有限公司，民國 82 年 6 月初一版

《文心雕龍校注拾遺補正》楊明照校著，江蘇古籍出版社，2001 年 6 月

《論劉勰及其文心雕龍》，中國文心雕龍學會編，北京學苑出版社，2000 年 2 月

《船山全書》王夫之著，湖南嶽麓出版社，1996 年初版

《宗白華全集》宗白華，安徽出版社，1994 年出版

文藝互明

—— 劉勰《文心》與石濤《畫語》

張敬國學基金會　林中明

摘　要

劉勰的《文心雕龍》是一門內容博大、文字精簡、重邏輯、有系統但是相對艱深的經典之作。然而在過去六十年，由於中外許多學者的共同努力，使得《文心雕龍》不僅成爲一門研究中華學術文化中的顯學，而且在研究有關資料的方法上，也建樹起一個良好的榜樣，可以用於會通研究其它相關的國學經典，如《孫武兵經》[1]，杜甫[2]、陶淵明[3]，詩的本質[4]等；以及延伸到重要的中華藝術人物及書法、繪畫理論，例如八大山人的詩書畫印款號書印款號六藝，和他在詩畫裏的〈諧讔〉[5]，以及他的人格〈程器〉

---

1 林中明〈劉勰、《文心》、與兵略、智術〉，《斌心雕龍》，臺北・學生書局，2003 年，第 84-85 頁。

2 林中明《杜甫諧戲詩在文學上的地位 —— 兼議古今詩家的幽默感》，杜甫 1290 年國際學術研討會論文集，2002.11.28 及 29 日，淡江大學。臺北・裏仁書局，2003.6.，pp.307-336。

3 林中明《陶淵明的多樣性和辯證性及名字別考》，第五屆昭明文選國際研討會論文集，學苑出版社， 2003 年 5 月，pp.591-511。

4 林中明《詩的本質與格式、聲韻、記憶、腦力的關係》，中國韻文學刊，2005 年第三期。第 80 至 89 頁。

5 林中明〈談諧讔 —— 兼說戲劇、傳奇裏的諧趣〉，《文心雕龍》1998 國際研討會論文集，《文心雕龍研究第四集》，北京大學出版社 2000.3，pp.110-131。《斌心雕龍》第 173 至 200 頁。

[6]，和石濤[7]《畫語錄》裏的藝術哲學思想。

今年是中華繪畫史上六藝全能的石濤逝世三百年，也是《文心雕龍》經師，王更生先生的八十大壽。作者後學，不自量力，試圖「以經解經」，用劉勰的《文心》來「格」石濤的《畫語》，以為長者壽，並為《文心雕龍》的研究和應用，開闢一條新的方向。 昔年揚州八怪之首的鄭板橋曾有畫跋論石濤曰：「石濤畫竹好野戰，略無紀律。而紀律自在其中。」本文倉促走筆，小受而欲大識，漫戰於野，其血玄黃，愚不可及，或可又博長者之一粲乎。

關鍵字：石濤與劉勰的四個夢、石濤苦瓜字號考、《石濤畫語錄》字數章數、《石濤畫譜》偽寫私改、《孫武兵經》、墨點線圈與音樂節奏

一、前　言

劉勰的《文心雕龍》是一門內容博大、文字精簡、重邏輯、有系統但是相對艱深的經典之作。然而在過去六十年，由於海峽兩岸，以及中外許多學者的共同努力，使得《文心雕龍》成為一門研究中華學術文化中的顯學。在臺灣，過去五十年來，《文心雕龍》的教學及研究，在王更生先生的老師們，以及他本人近四十年來的認真研究與教學，多種有關《文心》研究的書籍不斷地在臺灣出版，而且對於國際會議的熱心推動、大力支持與團隊參與，沛然形成了一種前所未見的治學風氣和累積了可觀的研究成

---

6 林中明〈從劉勰《文心》看八大山人的六藝和人格〉，《文心雕龍》2000 國際研討會論文集，北京．學苑出版社，2000，pp.574-594。

7 石濤，原名朱若極。法名原濟，字石濤，號：苦瓜和尚，瞎尊者，清湘老人，大滌子等等）

果。在臺灣，甚至於高中畢業生，對於《文心雕龍》這本書的重要性，也都莫不知曉。這真是令人欽佩的志行。今年是更生先生的八十大壽，我們在 1999 年於臺北召開的《文心雕龍》國際學術研討會的八年之後，又能集世界龍學老中青學者於高雄、花蓮，兩地一堂，這真是難得的龍學學術討論盛會。 我們在此特別要向更生先生賀壽，並希望年青的學者要以更生先生的治學方法和做人態度爲榜樣，繼續探討《文心》以及中華文化裏的大學問，加速中華文藝復興的來臨。

今年除了是臺灣有史以來的第二屆《文心》國際學術研討會，與龍學經師更生先生的八十大壽之外，也是中華繪畫史上六藝全能的大師石濤逝世三百年的紀念年。 劉勰寫《文心》的時候，擔心世無〈知音〉，文章不傳於後，曾有「金石靡矣，聲其銷乎」的疑問，同時也對自己的才能加以肯定。 石濤身爲前朝皇子之一，身心所受到的壓迫和生命所受到的威脅，更勝於劉勰庶人身份的進階困難。劉勰運用兵法，「以正合，以奇勝」，突破了庶人身份的限制，成功地「銷售」了他的《文心雕龍》，輔助改變了中華民族以犧牲動物祭祀天地神明的舊習，並且出任東宮御林軍的統領，三戰三勝。 而石濤則試圖突破傳統的仿古作風，想「去舊軌，以奇勝」，結果在燕京三年，受到傳統勢力的杯葛，被權威人士貼了「縱橫習氣」的標簽，鎩羽南回，「名不出揚州」，終老大滌洗心草堂。一代大師石濤，恐怕最能體會劉勰〈知音篇〉裏「（大作）知音其難哉！音實難知，知實難逢，逢其知音，千載其一乎！」的感受。 而這也是古今中外的先鋒「智識份子」所共嘆者。

劉勰〈知音篇〉又說：「……古來（俗人的所謂）知音，多賤同（代高手）而思古（代已有公論的名家），……貴古賤今，

（學派）崇己抑人。……（固執意識形態）東向而望，不見西牆[8]」。這又說到了石濤的痛處。石濤在北京遇到許多名家，包括王原祁和王石谷。二王也受托在石濤的畫作上補畫。還有鈕琇在他的書中記了一段傳說王原祁稱讚石濤爲「大江以南當推石濤第一，余與石谷皆所不及」的話[9]。此事許多人不加思考，就引之爲文，結果把這句傳言，變成了「事實」。其實很有可能就是二王和他們畫派門人妒嫉和詆毀石濤，給他安上「縱橫習氣」的惡名，把這個絕頂高手，擠出他們在北京壟斷的地盤。所以石濤曾藉題畫跋時說「此道有彼時不合眾意，而後世鑒賞不已者；有彼時轟雷震耳，而後時絕不聞問者。皆不得逕解人耳。」又說「我也無如之何，後世自有知音。」可見自幼好集古書的石濤對劉勰〈知音篇〉裏對人間俗子和學閥批評的衷心認同。石濤雖然因爲超越和嘲笑當代「傳統」畫家而受到「當權派」的排擠，但是「時間」最後還是站在能人高士的一邊。石濤的藝術，跨越時空，與八大的畫作，都受到現代世界藝術行家的喜好和敬佩。石濤三百年前似不經意所題寫的「筆墨當隨時代，猶詩文風氣所轉」，也成爲當代中華書畫運動裏最時髦而順口的口號[10]。然而「筆墨當隨時代」這句話，其實也是劉勰〈時序篇〉的警句「文變染乎世情，興廢

8　作者按：石濤《畫語錄·皴法章第九》曰："若夫面牆塵蔽而物障，有不生憎於造物者乎！"這可能也是受到《淮南子·氾論》、《僞孔氏傳》「人而不學，其猶正牆面而立」，和《文心雕龍·知音篇》等經典之作中類似的名句的影響。

9　朱良志〈石濤與二王"合作"因緣〉，《石濤研究》，北京大學出版社，2005年，第278-284頁。

10　"筆墨當隨時代"這一句話，自從1959年，因愛好石濤而改名爲"抱石"的傅抱石，在觀賞賀天健畫展之後，於8月25日在《人民日報》上發表了《筆墨當隨時代——看賀天健個人畫展有感》一文，從此這句話就成爲發展"現代藝術"的口號，在去年華梵大學舉辦（2006）的「2006當代書藝新展望」上，也一再地爲學者們所引用。

繫乎時序」，所變化出來的（圖・筆墨與文變）。至於「猶詩文風氣所轉」這句話，石濤則似乎也有一些類似《孫子・勢篇》「轉圓石於千仞之山」的看法。但他無往而非「出奇制勝」的戰略，和「無窮如天地，不竭如江河（《孫子・勢篇》）」的繪畫藝術創新，則「非佛、非儒、非道」，而是道道地地、信受奉行的「《孫子》門徒」。由於劉勰本身兼儒道釋諸子多家之學，而且在《文心雕龍》裏又采用融會了大量的《孫子兵法》，更在〈程器篇〉的最後第二段，旗幟鮮明地宣稱「孫武《兵經》，辭如珠玉」，慎重地把《孫子》的文章兵略提升到除聖人刪定的「五經」之外，書中諸子百家唯一列於「經」的崇高地位，而仲尼之師的《老子》一書，也只不過是稱之爲《道德》而已。所以我認爲以《文心雕龍》和《孫子兵法》來分析理解《石濤畫語錄》，有「轉圓石於千仞之山」的優勢，可以說是一種「以經解經」的方法，它們可以幫助我們瞭解石濤《畫語錄》裏的文藝與哲學思想，包括什麼是石濤的「畫之樞紐」？以及他如何取捨篇章數目及刪定全書的字數，甚至對天才人物的「夢境」和心理，也有類比會心的可能。

石濤的詩跋書畫各成一絕。他的歌行體詩，已故畫家陳子莊（石壺），甚至感性地認爲是「杜甫之後第一人」。他的畫，雖然變化多、意境深、真情隱，但是在視覺上切近現代人的口味和感情，觀者莫不喜歡，但如《老殘遊記》裏的王小玉唱歌，人們說不清好處何在，所以雖然易「受」，但是難「識」，我們大多是所謂的「小受小識[11]」是也（圖・蘆葦和詩）。他的書法再加

11　《石濤畫語錄・尊受章第四》：“受與識，先受而後識也。識然後受，非受也。古今至明之士，藉其識而發其所受，知其受而發其所識，不過一事之能。其小受小識也，未能識一畫之權擴而大之也。”

上題詩、附跋，可以說是「文達義、字達情、書達識」[12]的典範。他的八分行草任我橫行，成就不在繪畫以下。但是他的十八章《畫語錄》，文體在《老》、《莊》、內典之間，文字精簡奇特，如果對書法和繪畫沒有基礎，更不容易讀懂。 當代繪畫名家吳冠中，曾經批評畫家和藝術史家，讀不懂《畫語錄》，卻紛紛能說這是一本中華繪畫史上最重要的書。後來他在《我讀石濤畫語錄》中，說他終於讀懂了石濤：「我學生時代讀《石濤畫語錄》，不懂。也讀過別人的注釋，仍不懂。今下決心鑽研，懂了。石濤像是設了一個謎，這個謎底一經揭穿，才真正明悟石濤藝術觀之超前性。」他指出：「今天分析石濤的觀點其實就是說十九世紀後西方表現主義的觀點，直覺說、移情說等等現代美學上的立論（圖・胸無成竹 情移心摹），早在薄薄一冊《語錄》中萌芽，在三個世紀前的石濤的腦海中以及手的實踐中萌芽了。人們尊稱塞尙爲西方現代繪畫之父，石濤無疑是中國現代繪畫之父，豈止中國 — 既然他的立論和藝術創造在歷史長河中更處於塞尙的上游三百年！」但我認爲徐渭才是中華「現代藝術」的第一人，而且揚州八怪之一的李鱓（單旁）也說「寫意用筆之妙，…石濤可與青藤道人並駕齊驅，惜題跋視青藤而少遜耳。」 這是行家論大家的話，值得重視。

研究石濤其人和《石濤畫語錄》，也不能只靠繪畫的理解和文字的釋義就算完了。因爲石濤是一個多樣性的天才，所以需要借助於另外一位天才[13] — 劉勰和他的大作，以「雷射光映照金

12 林中明〈現代書法的能與不能：科技、文心與士人〉，現代・傳統書法國際學術研討會論文，臺灣華梵大學美術學院，臺北美術館，2007.5.19 & 20。

13 作者按：眾所周知，石濤是一個天才。而根據王更生先生的研究與談話，劉勰也是一個天才。2007.4.20.

剛鐕」的方式[14]，來加深對石濤和《石濤畫語錄》的理解。在 2000 年的《文心雕龍》研討會上，我曾采用以《文心》來理解中華藝術大師八大山人及其藝作，對他的藝術、諧讔與人格作了報告，並破解一首八大的詩畫讔謎。在大會的閉幕式上，龍學前修王元化先生也提出了要把《文心雕龍》的研究，推廣到藝術的研究上去，後來還發表了專文，呼籲研究《文心》的學者向這個方向邁進。

在 21 世紀，由於網絡科技的進步，不僅經濟自由化和全球化，其它的學問也莫不如此。經典文學的研究，也必須結合藝術、科技甚至國際關係，來看出人類文化的變化和差異。 研究現代書法理論及創作的邱振中先生就指出，「今天，一位書法藝術家已經不可能僅僅憑靠自己的感覺，而創作出真正有意義的作品。書法理論是與一位書法藝術家距離最近的思想研習所。[15]」同理，突破性的文學或藝術創作也不能只靠靈感。 我認爲，中華藝術的創新，可以從《文心》裏得到指導，而《文心》的研究，也可以藉由中外藝術的研究和應用，而得到更深刻的瞭解。 近年來，中國藝術市場隨經濟市場崛起，傳統的書畫，也重新受到注目。市面上買得到有關石濤的書籍（包括列舉的論文），不下十餘本[16]，甚至法國人也早在研究[17],[18]，但是新出的書，內容逐漸趨於大

---

14 林中明〈從劉勰《文心》看八大山人的六藝和人格〉，《文心雕龍》2000 國際研討會論文集，北京．學苑出版社，2000，pp.574-594。

15 邱振中《神居何所．前言》，人民大學出版社，2005 年。

16 1. 徐復觀《石濤之一研究》，能臺北民生評論社。2. 徐復觀《石濤生年問題 — 答李葉霜、王方宇各先生》，《大陸雜誌》第 39 卷第 7 期。3. 臺灣姜一涵先生 1965 年在文化學院藝術研究所的碩士論文及其後惠風堂第四版的專作，可能是藝術家研究石濤美學思想的較早較深入的專書。4. 張少康〈論石濤畫語錄的美學思想〉，《北京大學學報》，1986 年。5. 張長虹《六十年來中國大陸石濤研究綜述》，《美術研究》2000 年第 1 期，73-79 頁。

同小異，也尚未見專以《文心雕龍》來「格」《畫語錄》的論文書籍。因此，本文試圖再以《文心》及過去對《文心》與劉勰的研究為參考，來探討另一位文藝大師 — 石濤，提出一些以往尚未被討論及發表的重要題目[19,20]，譬如：石濤與苦瓜和尚的讔義；石濤藝術思想與《畫語錄》中的「道」、「聖」、「經」；石濤對《畫語錄》章數、字數的選擇；《畫語錄》與《畫譜》版本真偽；石濤與劉勰的四個夢；石濤繪畫中點、線、圈、團的音樂性等。為了輔助我的論點，除了文字之外，作者也添加一些自製的插圖、詩、跋，當作一種藝術理論討論的工具，也算是一種「筆墨文章不隨時代」的表現吧。以下從時間上先討論石濤的時代和生卒年，再談他和劉勰的四個夢等題目。

二、石濤的時代及其生卒年

中國歷史人物的生卒年月日多半不清楚。所以後人作年譜編撰，煞費功夫，而且要隨出土、面世的新資料不停地修訂。 通常是越晚的年譜，如果用了正確的最新資料，可信度就越大。石濤的年譜，最早是熱愛石濤，改名「抱石」的傅抱石先生在 1941 年所完成[21]。後來隨著發現的許多新舊資料，幾經辯論，現在一般認為他是明・崇禎十五年，1642 年在廣西出生；清・康熙四十

17 （法）達彌施（Hubert Damisch）《雲的理論：為了建立一種新的繪畫史》（Theorie du nuage: pour une histoire de la peinture , 1972），董強譯，臺灣・揚智出版社，2002 年。

18 （法）程抱一《虛與實：中國詩畫語言研究・第二部份・從石濤的作品看中國繪畫藝術》，塗偉群譯，江蘇人民出版社，2006 年，369-391 頁。

19 姜一涵《苦瓜和尚畫語錄研究》，臺北・文化學院出版社，1965 年。

20 張少康〈論石濤畫語錄的美學思想〉，《北京大學學報》，1986 年。

21 傅抱石《石濤上人年譜》1941 年完成，民國 37 年鉛印本，收入《傅抱石美術文集》，341-359 頁，江蘇文藝出版社，1986 年。

六年，丁亥，1707 年在揚州去世。但是石濤的生年，至今猶有爭議。 我個人偏向於石濤爲了避禍，曾經隱瞞了真正的年紀，同樣是壬午出生，但很可能自己減少了十二歲[22]。否則就常理而言，他不太可能在四歲左右就剃度，而且有些早年的詩，不太可能在十六、七歲就可能寫出來，二十多歲的人，口氣如此托大。再說，善於書畫的人，若無特別事故，一般比較長壽。石濤晚年終於安居大滌清心草堂，生活環境比徐渭、八大好得多。如果他竟然在六十六歲就去世，如同因水土不服，突然染病去世的蘇軾，那是比較奇怪的事。好在石濤的作品大多有年代可尋，而一個大畫家的生活時代和社會變化如果可知，他的生卒年的重要性是比較不重要的事。重要的是他如何思想，作畫，和「做夢」！以下就來談石濤和劉勰的四個夢，和他們的心路歷程。

（一）石濤和劉勰的四個夢

1. 記載的兩個夢： 許多研究陶淵明、劉勰、杜甫、八大、石濤的學者喜歡研究他們的祖先、家鄉和朋友。 但是最後沒有提出這些資料和陶淵明、劉勰、杜甫、石濤的作品和性格有什麼重要的關係，成了本末倒置的研究。 愛因斯坦曾指出，有能力作研究和開發的人，應該著力於重要問題的提出，而不是在「薄木板上打許多小洞」。

中華文化注重實效[23]，對於沒有實用的文學、美術、科學、數學沒有很大的興趣[24]。所以莊周夢蝶，黃梁大夢，都只是茶餘

---

22 楊成寅《石濤畫學 · 石濤生平事跡資料匯考》，陝西師範大學出版社，第 237-380 頁，2004 年。

23 林中明〈變與不變：魏晉南北朝儒道文化的返觀與迴顧〉，第三屆儒道國際學術研討會，臺北 · 師範大學中文系，2007 年 4 月 12-13 日。

24 作者按：1905 年，當 26 歲的愛因斯坦發表五篇震驚世界的科學論文時，27

飯後的助談資料。道家甚至有聖人無夢之說。但是《莊子》和《列子》都懂得夢和人的平日經歷與思想的關係。我想他們一定也常做夢，所以能從個人的經驗裏推出夢和腦的關係。近代心理學家從對腦的研究中，發現人類做夢是潛意識活動與記憶儲存的過程。人的志向思想，在夢中能得到一些解放而較自由地活動。所以古人說，日有所思，夜有所夢，這也是正確的觀察與歸納。作爲突破傳統，超越前修的大思想家和大藝術家，他們不僅晚上做夢，白天也繼續做「白日夢」。劉勰在《文心雕龍・序志》篇裏記述了他的兩個夢。一個是記述了一個七歲「天才兒童」的「天才之夢」，一個是他在三十歲「逾立」之後，決定立論創新，直承孔子之學，「立志成一家之言」的「〈梓材[25]〉之夢」。

石濤可能受到劉勰〈序志〉文章的啓發，也自述二夢，托李驎寫入自己的傳記《大滌子傳》，以見其專心畫藝，日有所思，夜有所夢。然後他還藉傳記指出，他因爲做「正向、積極」的夢，而將它們回綏到實際的「生活」裏，成了學養、〈養氣〉和「蒙養」[26]的一部份，因此提高了書畫的工力。石濤的夢，是發展型

歲的王國維在他那〈論哲學家與美術家之天職〉的經典短文中“憤然“指出：”世人喜言功用……且夫世之所謂有用者，孰有過於政治家及實業家者乎？……天下有最神聖、最尊貴而無與於當世之用者，哲學與美術是已。夫哲學與美術之所志者，真理也……而非一時之功績也。此亦我國哲學美術不發達之一原因也。夫然，故我國無純粹之哲學，其最完備者，惟道德哲學與政治哲學耳。”所以，純粹的數學、科學，在文化曾極先進的中國，不能生根，不能自立與成長。因爲過去的知識份子如此，當下兩岸的知識份子以及他們的父母親也還是如此。

25 《尚書・梓材》，指人材。見《文心雕龍・程器篇》末段，“……窮則獨善以垂文，達則奉時以騁績，若此文人，應〈梓材〉之士矣。”

26 《石濤畫語錄・筆墨章第五》：古之人有有筆有墨者，亦有有筆無墨者，亦有有墨無筆者。非山川之限於一偏，而人之賦受不齊也。墨之濺筆也以靈，筆之運墨也以神。墨非蒙養不靈，筆非生活不神。能受蒙養之靈，而不解生活之神，是有墨無筆也。能受生活之神，而不變蒙養之靈，是有筆無墨也。

的夢。它和「生活」循環相因，作用積極，富有教育意義。石濤雖然崇尚《莊子》的思想，但他的多夢，和莊周偶一爲之，消極又逍遙的夢蝶蝶夢，大不相同。 石濤開放、生長型的兩個夢，也和劉勰「結繩記事」、斬斷型的兩個夢不同。根據李驎《大滌子傳》的記載：「（石濤）又爲予言，平日多奇夢。」難怪石濤在庚辰年所作的《上元感懷》二首詩，題爲《夢夢道人手稿》。《大滌子傳》裏說：「（石濤）嘗夢過一橋，遇洗菜女子，引入一大院觀畫，其奇變不可記。」這說明石濤做夢都在學習觀賞名作。 而且他的興趣也在「奇變」的創作，對抄襲前人的作品，是沒有興趣的。至於他的第二個夢，就接近於劉勰的夢見聖人親自引導，並認可他的文論創作新方向。但是石濤的夢，氣魄更大，他竟然「又夢登雨花臺，手掬六日吞之，而書畫每因之變，若神授然。」這六個「太陽」，看來是代表六種新觀念或新技術，如《易經》的六爻，一步步在變化發展。但總而言之，創藝的大師，必然有夢。自古以來，文人畫家多矣。何以只有劉勰和石濤寫出經典之作的文論和畫論？這可能和他們善於利用潛意識和自暗示來加強他們的信心與想像力有關。很值得藝術心理學家再去深入研究。

2．破碎的兩個夢：有人說「夢」是用來破滅的。 雖然說法悲觀，但也有相當的案例基礎。 劉勰少有大志，他在《文心雕龍・程器篇》的末段，自述其志曰：「君子藏器，待時而動。摛文必在緯軍國，負重必在任棟梁。」頗有文人帶兵，出將入相的

山川萬物之具體，有反有正，有偏有側，有聚有散，有近有遠，有內有外，有虛有實，有斷有連，有層次，有剝落，有豐致，有飄緲，此生活之大端也。故山川萬物之薦靈於人，因人操此蒙養生活之權。

夢想[27]。可惜昭明太子早夭，劉勰沒能發揮他的軍事和政事長材，實踐他的夢想和理念。劉勰本來是孔子的門徒，最後焚髮出家，棄儒歸佛，燒焚了成爲像孔子一樣的通人和「大儒」[28]之夢。

石濤則本來懷著像他的祖師和老師受到順治禮遇的願望，希望去北京能得到康熙的召見和榮賜。但是石濤在北京，於宗教，於繪畫都沒有受到重視，生活也如庚午詩句「諸方乞食苦瓜僧」。在繪畫上，很可能還受到二王等保守畫派人士的打壓，所以他在辛未二月（1691 年，石濤五十歲或六十二歲），憤慨地寫下「道眼未明，縱橫習氣安可辨焉？ 猶盲人之示盲人，賞鑒云乎哉！」如果他曾有如劉勰「緯軍國，任棟梁」的「大有爲」理想，三年之後都一起成爲「夢幻泡影，如露如電（《金剛經》）」。其次，根據康熙朝，陳鼎所寫的《留溪外傳・瞎尊者傳》，石濤「國亡，即剃染爲比丘」。但是石濤自己說：「初得記莂，勇猛精進，愿力甚弘。後見諸同輩多好名鮮實，恥與之儔，遂自托於不佛不老間。」所以當他「夢斷長安」，從北京回到揚州之後數年，「忽蓄髮爲黃冠，題其堂爲大滌，同人遂以稱之。[29]」成爲《大滌子傳》末「韓昌黎送張道士詩」裏的「乃著道士服，眾人莫臣知」的正式道士。於是乎，幾乎一生念佛，又曾自號「苦瓜和尚」的

---

27 按：今人林其錟先生及夫人陳金鳳女士，注釋《劉子》，研究頗精。他認爲《劉子》一書講的是治國平天下，兼及兵法刑名，很可能是劉勰的著作。

28 《荀子・儒效篇第八》："大儒「以淺持博，以古持今，以一持萬；苟仁義之類也，雖在鳥獸之中，若別白黑；倚物怪變，所未嘗聞也，所未嘗見也，卒然起一方，則舉統類而應之，無所儗怍；張法而度之，則晻然若合符節。」

29 陶蔚《爨響・贈大滌老人（七律一首）》題下注："即苦瓜也。忽蓄髮爲黃冠，題其堂爲大滌，同人遂以稱之。" 按：徐復觀在《石濤之一研究》中有〈石濤晚年的棄佛入道的若干問題〉即引此詩及注。可謂發掘問題的見識在時人之先。朱良志先生 2006 年出版的《石濤研究・石濤晚年入道九證》，把問題說得更詳盡。

朱若極，放棄了「西天極樂世界」，回到「老莊」之道，和曾經自署的「石道人」等號裏的「道人」身份。石濤和劉勰一生各記二夢，各斷二夢，在晚年各自在宗教信仰上轉向，真是傳奇性的巧合。

（二）石濤畫語與劉勰文論的「指導」思想：三教合流，百家並用

討論一個大詩人或大畫家的思想，本來是很困難的事。回顧過去一個世紀，龍學學者對劉勰在《文心》裏，什麼是劉勰的主流思想？所做的多方面探討和極熱烈的辯論中，我們看到中國文化裏習慣於「定於一尊」的思路，與缺乏幽默感的陶冶。民國初年的追求「德先生」和「賽先生」，與其後兩岸的大小文化革命或官方先後提倡的文化復興，基本上走的還是「傳統」的老路子。但是如果我們放開框框，宏觀細究大思想家、大詩人或大畫家的思想和作品，就會發現他們都是多樣性的人物，吸收了多種學問，發展了多種的趣味，而且思想與作品，與時俱變。孔子說，吾不識，故藝。陶淵明會寫〈閑情賦〉，韓愈竟作〈毛穎傳〉，蘇東坡能帶兵，王陽明精射箭……。所以仔細研究劉勰以後，大家發現他寫《文心》雖以儒家思想為主，老莊諸子與佛學，也都涉獵，甚至連《孫子兵法》，也都消化後大量引用及運用。

所以，當我看石濤《畫語錄》時，只覺得他融會了儒、道[30]、釋[31]三家，而又有自己對藝術的特殊見解和表現的手法。雖然他

30 林中明〈道教文化對科技、創新與管理、藝術的影響〉，《文與哲學刊》，中山大學中文系出版，2006.12。

31 林中明《禪理與管理 — 慧能禪修對企管教育與科技創新的啓示》，禪與管理研討會論文集，臺灣・華梵大學工業管理學系，2003.5.3 pp.131-154。《臺灣綜合展望雙月刊・專論》2003.5, pp.6-33。

有意在一些關鍵文字上采取了「奇變」的戰術，但我並不覺得這比《老》、《莊》和翻譯的《金剛經》更難懂。可見得，先讀《文心雕龍》，再看《畫語錄》，然後再反復對照，並參酌近代西洋繪畫理論和作品，對於瞭解石濤的《畫語錄》，有開導和互明的好處。於是乎，一個本來似乎是研究石濤的大問題，對我而言，反而成了小問題。劉勰〈宗經篇〉說了許多「讀經」的好處。沒想到，一千五百年後，他自己的書也成了「經典」之作，而百家騰躍，卻也終於落入他的《文心》環中。

〈宗經篇〉說：「《尚書》覽文如詭，而尋理即暢。《春秋》則觀辭立曉，而訪義方隱。此聖人之殊致，表裡之異體者也。」石濤繪畫每出奇異，他寫詩跋文章，都通於古人，但《語錄》的用字卻故意不隨古人。所以一般人直接讀之，真是「覽文如詭」！而畫家好不容易從好的翻譯中瞭解了他的文辭，但是再一思索他所說的繪畫、筆法、觀山看海的理論，多半又是「訪義方隱」，方知方惑了。劉勰說：「往者雖舊，餘味日新」。我看天下經典之作，也莫不如此。「視覺藝術」能抓觀眾的眼球，但是它們的「半衰期」也不過幾秒鐘。劉勰爲〈宗經篇〉所寫的贊，「三極彝道，致化歸一。性靈熔匠，文章奧府」。其實也可以用於石濤融會天地人三極的常理，而創「一畫」之論。承古而開明的劉勰，竟然用非政治倫理的用語「性靈熔匠」來形容文字深奧的「五經」，很值得我們注意。其實這段贊語，更適合於一千年後的《畫語錄》。如此說來，劉勰竟是石濤在逆向時間軸上的知音了。

（三）《畫語錄》的「原道、徵聖、宗經」與其在字數、章數上的考量

根據李驎的《大滌子傳》，石濤「生始二歲，爲宮中僕臣負

出，逃至武昌，薙髮爲僧。年十歲，即好聚古書，然不知讀。或語之曰：「不讀，聚奚爲？」始稍稍取而讀之。……生平未讀書……或用「頭白依然不識字」之章，皆自道其實。」這些記載，我認爲半實半虛，似有爲師友隱的嫌疑。試想一個還在牙牙學語的娃兒，寺廟也能收容剃度嗎？這是可疑之一。廟裡的童僧，何來自由與金錢去集聚昂貴難尋的古書？這是可疑之二。石濤寫詩寫跋文，筆力上追陶、杜。如果讀書的方法是「稍取而讀之」，而且「頭白依然不識字」，那真是文學史上的奇跡了！當然我們都知道陶淵明也自稱「讀書不求甚解」，八大山人也有「技止如此」的印章。但那是他們自謙的幽默話，看官當真不得，而且要反過來看，纔能理解他們這種自豪的心態。不過，有趣的是，石濤剃度之後（我認石濤是少年剃度，不是童年薙度。收聚古書，只有靖江王府裡纔有此財力人力）依然喜歡收集古書，那豈不是和劉勰入定林寺，天天與古書爲伍，盡取寺內儒道釋諸子百家之書而讀之，是同一類的心態和行爲嗎？只是石濤最後捨佛入道，所以他晚年所寫的《畫語錄》應該是偏向道家，就像劉勰在壯年所寫的《文心雕龍》偏於儒家。但是石濤晚年已經融會了三教，所以我們不應該武斷地說他的「一畫論」是儒家的「一以貫之」，或只是佛家、禪宗[32]及華嚴宗的「一即一切，一切即一」，以及說根本是《老子》的「一生萬物」，或是說許慎《說文解字》裡說「一，惟初太極，道立於一，造分天地，化成萬物」，以及《淮南子》、宋代某人某書、陸游某詩[33]、元代某人說如何如何。因

32 《五燈全書・卷七三・本月傳》：問本月：「一字不加畫，是什麼字？」本月答曰：「文彩已彰」。林按：本月爲石濤師父。此句引自姜一涵先生《石濤畫語錄研究》。其餘研究石濤之書，多不見引此關鍵語。

33 陸遊詩：“無端鑿開乾坤秘，媧始羲皇一畫時”。

爲這個世界只有一個地球，一套宇宙法則，所以劉勰說「宇宙綿邈，黎獻紛雜，出粹拔類，智術而已」。我曾把這個道理用於統一文化與科技的研究，撰文曰〈智術一也〉，以爲《斌心雕龍》的序言。所以我認爲石濤說「一畫」，就像孔子說「仁」，因人因地因時而不同。如果一定要說何爲「一畫」，可能最好的解釋還是石濤自己的「藝則唯我」的「一畫之法，乃自我立」。石濤自立 「我石濤法」，隱然以自己爲畫「聖」[34]，爲藝不讓。但是他寫《畫語錄》時，我認爲書名借辭於禪宗的「語錄」[35]，「道」則法乎自然，而內容則偏於以《老子》爲「經」。所以我認爲，「細心」的石濤，晚年出釋入道之後，在《畫語錄》的文字數目和篇章數目的策劃上，很可能是以《老子》這本道家之「經」爲典範。

（四）《畫語錄》在字數、章數上的考量，與《石濤畫譜》的書寫刪變是僞寫私改

1.《畫語錄》在字數上的考量：石濤筆墨「瀟洒自如，殆古所稱逸品（在神品之上）者。卷尾所書近詩，又多奇句驚人[36]。」人們看石濤的畫，以爲他是隨意出筆，瀟洒用墨。但是親眼看到他繪畫的人，纔見識到他的謹慎。他的巨幅寫仇英的《百美爭艷圖》，「高過半丈，景長數丈（李光地跋）……此數丈長卷，近代諸家有所不爲，皆無此深想。惟石老無一怯筆，每逢巨幅，更

34 石濤有題跋曰：“絕於才人、詩人、奇人之畫者，真入畫之聖矣！”（見姜一涵《石濤畫語錄研究》第四版，2004 年，惠風堂， 第 24 頁。）

35 按：民初畫家陳子莊（石壺）在他的《石壺論畫語要》第五十頁中指出，“石濤所著《畫語錄》，指導思想是道家思想，沒有什麼佛家的。”這就是一種執著的看法。過去龍學研究者，也頗有類似者。

36 李驎《〈贈石公〉序》

有瀟洒之趣。（漁洋老人王士禎跋）」可見石濤繪畫能小能大，而且善於「經營位置」，若兵家之佈陣，首尾呼應，如常山之蛇。所以他藉以傳世的《畫語錄》，當然是仔細經營，原道宗經，於字數及章數，恐怕都有布置，只是自己隱其意，不說破而已。然而既然他宗的是「仲尼訪問，爰序《道德》，以冠百氏。李實孔師，聖賢並世，經子異流（《文心雕龍・諸子篇》）」的《老子道德經》，在字數上應該也以《老子》爲典範。 我根據網絡流行的《畫語錄》，大約計算了一下，發現《畫語錄》果然也是五千字出頭而已。我認爲這不是細心的石濤偶然寫出的字數，料想其它的版本，字數應該出入不大。

2.《畫語錄》在章數上的考量：劉勰思慮周密，寫書謀篇都有考量。 他在〈序志篇〉裡說「彰乎「大易」之數，其爲文用，四十九篇而已。」所以有些篇章是合二爲一，以確定全書符合「大易」之數。石濤繪畫題跋也很有布置，所以他的「傳諸古今，自成一家」的大作，在章篇數目上，一定也有其標準。可惜他在《畫語錄》裏沒有專寫一篇跋序。我們只能從傳統的「十八般武器」等數目去猜測石濤選用十八爲章數的原因。由於《畫語錄》很可能是以《老子》爲典範，那麼《老子》的常見版本有八十一章，《孫子》也據班固說有一種八十一篇的編本，劉勰〈正緯篇〉說緯書僞作，「八十一篇皆托於孔子」。如果老子和孫子都擅於辯證法，喜歡奇正相生，而石濤也特別喜歡出奇布置，而且在〈了法章第二〉裏也說：「世知有規矩，而不知夫乾旋坤轉之義，此天地之縛人於法。是一畫者，非無限而限之也，非有法而限之也。法障不參，而乾旋坤轉之義得矣，畫道彰矣，一畫了矣。」所以我猜測石濤是以《老子》的「八十一」章數目，「乾旋坤轉」，反轉之後，就得到「一十八」的數目（圖・《畫語錄》章名）。

然後再調節文章，譬如〈遠塵〉與〈脫俗〉原來可以是一章，最後變成兩章，顯然是爲配合這乾旋坤轉《老子》的章數後的數字的結果。然而以石濤的博識，這「一十八」的數目，一定還有其它在道教或道家裏的對應，只是石濤不想全盤托出，「留待文林細揣摩」[37]！

3.《石濤畫譜》的書寫刪變是偽寫私改：再看有真僞問題的《石濤畫譜》，它竟然用了石濤所鄙視的「畫譜」做書名！它又加了一些不似石濤口氣的儒家教條語，或精或簡地修改了一些句子，改變了一些原來的意思和口氣。而「類似」石濤「手書」的八分體書法，竟然出現不少不該錯的白字錯字而沒有像石濤習慣的打上刪號或加改正注，而且還省略了近六百個頗有意義，潤色解釋的字。其結果是《石濤畫譜》只剩下四千五百字左右，變成不復爲「五千言」。所以我認爲石濤寫《畫語錄》是法《道德》，自己還刪去不少有獨創見解的文字，譬如他論「點」的文字非常精彩，卻也刪去，以保持五千言。而《石濤畫譜》是僞寫私改，雖然偶有精簡之處，但我們還是應該避免引用後人私自添加的部份，和還原被私刪的有意義字句。

（五）石濤字號意義：何謂「苦瓜和尚」？為何「石濤」？】

陶淵明性格多樣，既能淡泊，也富熱情，其人幽默，擅於文字遊戲，就連他的名字，也很可能埋伏了隱義[38]。八大山人字號

---

37 八大山人《題畫》：“墨點無多淚點多，山河仍是宋山河。橫流亂石椏杈樹，留待文林細揣摩。”

38 林中明《陶淵明的多樣性和辯證性及名字別考》，《文選與文選學》，北京．學苑出版社，2003 年，第 591-611 頁。《斌心雕龍》，臺北．學生書局，第 201-238 頁。

不少，各有意思，爲他的畫作增加不少趣味，並注入額外的感情與感慨[39]。石濤佩服陶淵明和八大山人，而他的字號，也都有其感慨和意義。在陳鼎寫的《瞎尊者傳》裡，陳鼎給石濤的「瞎尊者」名號交待了它的涵義：「瞎尊者，前朝靖藩裔也。性耿介，不肯俯仰人。時而嘐嘐然，磊磊落落，高視一切。時而岸岸然，踽踽涼涼，不屑不潔，拒人千里外，若將浼之者。國亡……又自號曰「瞎尊者」。或問曰：「師雙眸炯炯，何自稱瞎？」答曰：「吾目自異，遇阿堵則盲然，不若世人了了，非瞎而何？」」但是何謂「苦瓜」？爲何字曰「石濤」？三百年來，「人不云，亦不云」，似乎沒有看到有人加以探討發表。劉勰寫〈序志篇〉，提出四項原則來論述每種文章體裁。其一、二項就是「原始以表末」和「釋名以章義」。孔子說「名不正則言不順。言不順則事不成。」研究「石濤」，如果我們不能瞭解他爲何自號「苦瓜和尚」，以及字號「石濤」，那麼我們就沒有學到儒家提倡的「慎思、審問」和「格物致知」的精神，與劉勰「原始以表末」和「釋名以章義」的方法。因爲「苦瓜和尙」這個號，用得頗多，所以我們應該好奇地問：何謂「苦瓜」？而「石濤」這個字，朱若極用以題畫，從出道到辭世，始終在用，所以我們研究石濤，更應該先問：爲何「石濤」？

（六）何謂「苦瓜」？

梁漱溟在《佛儒異同論之二》裏，指出《心經》三言其苦，《論語》開章，兩言其樂。似乎佛教的重點思想是是教人離苦得樂。清初文評大師金聖嘆因哭廟案被牽連，臨刑前，傳說留下兩

---

39 林中明〈從劉勰《文心》看八大山人的六藝和人格〉，《文心雕龍》2000國際研討會論文集，北京・學苑出版社，2000，pp.574-594。

句詩給家人：「蓮子心中苦，離兒腹內酸。」石濤幼年家破國亡，托身佛門，難怪他用「苦」字來代表他的經歷和心情。但是何謂「苦瓜」？而不是黃庭堅的〈苦筍〉[40]，周作人的「苦茶」，或「苦雨」、「苦果」、「苦行和尚」？三百年來，竟沒有一個人好奇嗎？所以我不得不探討一下，否則如何回答後人同樣的問題。如果回答不出，豈不是「復使後人而復問後人，復哀後人，復笑前人」？

其實解答這個問題，最簡單而且直接的方法，就是學王陽明「格竹」── 買幾個不同種的苦瓜，看看外皮顏色，摸摸它崎嶇不平的「疙瘩」，剖開來嘗一嘗味道，看一看瓜子的顏色，再請教一下臺粵湖廣都生活過的家庭主婦，就可以得到比較有意義和可能的答案！我有幾幅詩圖講這個事情，其中之一是〈石濤苦瓜和尚名號釋讔〉（圖），詩曰：「苦瓜疙瘩外皮青，人世崎嶇路不平。誰人破腹仔細看，朱紅種子藏內心。」小注：「青者清也，朱子明乎。」不知這個猜測識者以為當否？

（七）為何「石濤」？

研究「石濤」，不追究「苦瓜」的讔義，尚有可說。但是朱若極改名換姓若三國時的徐庶，那就不能不仔細地「原始以表末」和「釋名以章義」去推敲朱若極為何取名為「石濤」，以字為姓名？

最表面的原因當然是朱氏王朝的子弟，為了避免政治迫害，紛紛改名換姓，寄身釋道。但是一個畫家，以石濤為名，顯然有其用心。石濤剃度時有一位師兄名喝濤，和他往從甚密。我推測

40 黃庭堅〈苦筍賦〉。

喝濤很可能就是把朱若極從靖江王府「負出」的「宮中僕臣」之一。兩人都用「濤」字，可能是編造親屬關係，以掩人耳目的作法。喝濤法名釋亮，如果石濤早期法名原濟，則喝濤法名可能是「原亮」或「元亮」[41]。陶淵明字元亮，我曾撰文論其有效法諸葛亮的意思[42]。如果喝濤是靖江王府的忠臣，則號「元亮」就有效法諸葛亮輔佐幼年的「阿斗」劉禪的用心！ 只是換了或被誤爲一個「原」字，以免用意被文人閒客所告發。所謂「兄爲弟隱，子爲父隱，直在其中矣」。因此喝濤一生行事低調隱秘，正是證明了他的身份和用心！喝濤有一首〈友人游黃山歸詩以訊之〉，雖然友人之名不詳，但詩可能是給石濤（行吟水石長）的，內容也有讔義，「險絕、潛藏」皆「難兄皇弟」二人自道乎？待考。石濤早期用「小乘客」的號。1666 年在宣城，二十五歲（或三十七歲）時，贈詩梅清〈奉贈瞿山先生〉，署款「粵西僧超濟石濤」。似乎「石濤」的字號，是成年之後，成爲知名的詩人畫家之後，纔採用的字號。石濤幼時就喜歡繪畫，但我以爲不太可能就採用「石濤」爲字號，除非是喝濤爲他起的，以爲兄弟字名相同。

然而石濤雖然於繪畫，人物花鳥無一不能，但他特別喜歡畫山水風景。他在《畫語錄．資任章第十八》裏用了 66 次「任」，似乎是大玩文字遊戲。但是他也用了「山」和「川」與「水」有關的字各三十餘次，而且又有〈山川章第八〉，專論「山川」、「山水」的質飾形神。可見得他對「山川」的迷戀。所以他寫道：「我有是一畫，能貫山川之形神。此予五十年前，未脫胎於山川

41 朱良志〈關於喝濤的幾個問題〉，《石濤研究．第九章》，人民大學出版社，2005 年。

42 林中明《陶淵明的多樣性和辯證性及名字別考》，《文選與文選學》，北京．學苑出版社，2003 年，第 591- 611 頁。《斌心雕龍》，臺北．學生書局，第 201-238 頁。

也，亦非糟粕其山川，而使山川自私也，山川使予代山川而言也。山川脫胎於予也，予脫胎於山川也。搜盡奇峰打草稿也，山川與予神遇而跡化也。所以終歸之於大滌也。」石濤大聲地宣稱「山川脫胎於予也，予脫胎於山川也」，這等於是自己給自己一身所字號的「石濤」兩字下了定義，「釋名以章義」，免得後世「腐儒[43]」亂作解釋。 石濤最後的號是「大滌子」，所以此章的最後一句，「所以終歸之於大滌也」，特別把他一生的最後的一個名號，「大滌子」的來歷也一次講清楚。

石濤又恐怕後人把「山川」分別對立，所以在〈海濤章第十三〉裡，再把「山川」、「海濤」或是「石濤」統一起來，他寫道:「若得之於海，失之於山，得之於山，失之於海，是人妄受之也。我之受也，山即海也，海即山也。山海而知我受也，皆在人一筆一墨之風流也。」說明山川、海濤、石濤不可分，而大畫家「石濤」即「山川」、「海濤」，而亦「筆墨之風流也。」 可見石濤的解釋很有系統而圓轉，用心非常清楚。 但是三百年沒有解人，大概都被《畫語錄》的奇文異字所「障」，「役法於蒙，終不得其理之所存」，「不知夫乾旋坤轉之義」，「所以有是法（文字）不能了者，反爲法障也 （《畫語錄·了法章第二》）」，甚是可哀。

（八）石濤的墨點線圈與音樂節奏感

石濤和八大由於是朱明之後，爲了避禍，詩畫文字中多有「低迴吞吐，意不盡言[44]」之處。

43 石濤以奇士、豪士、高士、逸士自居。曾引陸遊詩集句題畫曰：“未應湖海無豪士，長恨乾坤有腐儒。”

44 乾隆·員燉〈畫跋談石濤其人〉，韓林德《石濤與《畫語錄》研究》，江蘇所以八大山人《題畫》有「墨點無多淚點多」的悲句。但石濤有許多精彩的題跋，本身就是高明的繪畫理論，可能因爲要堅持「五千言」，所以沒有收入他的《畫語錄》。其中之一就是他在康熙四十二年（1703 年）寫在爲劉石頭所畫山水畫上的題跋，專論他在山水畫裏「墨點」的作用。時賢論石濤的「點」與「線」，可能要數姜一涵先生的論文 1965 較早。其後如韓林德先生在 1986 年的書中也加以討論，但沒有提及姜先生的文章。2005 年朱志良先生 734 頁的大書中，在第三十章生動地討論了〈石濤的點與圈〉，把「點」的討論範圍擴大到「圈」，很有新意。但是他和韓林德先生一樣，於此題目沒有提到前賢和時人的論文。讓我想起朱光潛先生談美學，說了許多有關《孫子兵法》、《文心雕龍》應用於文藝的「名句」，似乎是他獨見首創。但是很遺憾的是，他絕口不提前賢和時人對這題目的先識早論，也不提朱自清對他的啓發[45]。胡適大談杜甫的幽默，卻不提金聖嘆早已說過這事。這些都是大師們爲爭「創新」時的軟弱處。 我們也發現石濤「絕口不談沈石田，也從不談陳老蓮」和徐青藤。這似乎是一個中華文化的「學風」或是《文心雕龍》所說的〈程器〉的問題。更可能是「文藝人」、「科技人」與「世界人」的通病。

石濤對於「點、圈、線、黑團」等的跋文詩句很多，可以順文字發揮，大作文章，所以此地我不再重復敘述前人已經多次敘述過的話。但是我認爲石濤處理畫面的方法雖然相當特殊，但是這與音樂的合奏似乎可以相通。我以爲，石濤繪畫中的「點」線、圈、團的作用有點像交響樂裏點放的打擊樂器、綿長幽雅的弦樂

美術出版社，第 105 頁，1989 年。

45 林中明〈劉勰、《文心》、與兵略、智術〉，《斌心雕龍》，臺北·學生書局，2003 年，第 84-85 頁。

管樂器，和柔繞噴雲吐霧，放圈散團的小、大金屬及木管樂器。有些畫，石濤一時興起，無處不點，自稱「萬點惡墨，惱殺米顛」，那就接近鋼琴協奏曲裏的鋼琴，無處不在，忽大忽小，方強又弱，與樂團或主或從，如「金聲玉振」。石濤有時也用「幾絲柔痕，笑倒北苑」，能用小提琴，「以線制面」。石濤晚期大片的沒骨渲染，黃賓虹稱之爲 「拖泥帶水皴」[46]，也類似一團團管樂器散出的德布西等印象派的「氤氳」。 把石濤的點、線、圈、團、面合起來看，也許可以和物理上的「粒子、場力線與波動圈」相對照。石濤說「筆墨當隨時代」，我們看石濤也應該「銓釋當隨時代」吧。梵谷用弧圈表現他對物體的感受，識而後受，不也像不可見的電磁場線嗎。《文心雕龍・聲律第三十三》說「古之佩玉，左宮右徵，以節其步。聲不失序。音以律文，其可忘哉？」說的就是以點擊而幽雅的玉佩撞擊所發出來的聲音，節制動態行爲。我想石濤用點、圈、線、團也是一種對畫面的節制與平衡。美國上世紀的潑油漆爲大畫的 Pollock，不是處處點滴，縱橫拉線嗎？ 石濤的繪畫，如吳冠中所言，果然是有領先世界兩百年之處。

（九）文化人的〈正緯〉、〈辨騷〉與〈程器〉和藝術家的容異、創新與人格

鄭板橋曾說「八大名滿天下，石濤名不出吾揚州何哉？八大用減筆，而石濤微茸爾。且八大無二名，人易記識。 石濤宏濟，又曰清湘道人，又曰苦瓜和尚，又曰大滌子，又曰瞎尊者，別號太多，翻成攪亂。八大只是八大，板橋亦只是板橋，吾不能從石

46 黃賓虹《虹廬畫譚》：「清湘老人所畫山水，屢變屢奇，晚年自署“耕心草堂”之作，則粗枝大葉，多用拖泥帶水皴，實乃師法古人積墨破墨之秘。」

公矣。」這個說法，乍聽之下，似乎是『一針見血』之論，讓人震撼。不過，我認爲鄭板橋很可能是爲石濤的氣節微恙，而「爲同鄉隱」。要不然，八大和石濤的畫藝各有千秋。雖然石濤名號多，八大名號也不少，何至于「八大名滿天下，石濤名不出吾揚州」呢？我認爲其中的關鍵之一是石濤書畫風格的多樣，對一般崇拜明星的俗人和市場，不能接受不可捉摸的風格。另一個可能是由於石濤的兩次恭接康熙皇駕[47]，而且還刻署了「臣僧元濟九頓首」的款，然後又北上燕京，「欲將以有所爲」。這些諂媚異族統治者的行爲，八大是寧可受凍挖野菜而幾乎餓死，也不願屈附異族。天下改朝換代本是常事，劉勰由齊入梁，完全沒有氣節上的負擔。但是對於一個朱明皇族子弟來說，這在中華傳統文化裏，是頗辱氣節的大事。在「揚州十日」屠城之後，人們不可能忘懷異族的殺辱。所以人們把石濤的藝術打了折扣。但是塞翁失馬，焉知非福。石濤在北京三年不受聖顧，失望地回到揚州之後，纔徹底醒悟：一個大藝術家的真正成就，不在於權威人士或當代俗人的認可，而在於自己是否真有可傳世的創新藝術作品和經典的「畫論」。石濤在 1696 年建成「大滌草堂」，自得其樂，開始用「大滌子」之號於畫上。「大滌子」終於〈遠塵〉、〈脫俗〉（《畫語錄》篇章），洗清和遠離了俗世塵埃，真正回歸自我。所以在 1699 年及 1705 年康熙又再兩度南巡揚州時，迎接皇駕的人群中沒有「大滌子」的身影，石濤也沒有歌功頌德的畫作和「臣石濤再叩首」之類的署款。旋病腕再病卒的朱若極，無懼地對朋友宣布了他的朱明皇子身份，無所愧地離開了這個崎嶇的世界。（圖．「金石靡矣，聲其銷乎」？）做爲一個藝術家，石濤無所

47 1684 年康熙南巡南京，訪長幹寺，石濤與寺僧共同接駕。1689 年康熙南巡揚州，石濤接駕於平山堂，作頌詩二首。

不學，可以說是得劉勰〈正緯〉篇的真義。 而就藝術創新來說，石濤對中華繪畫、詩跋與畫論的貢獻可以比擬另一位楚人 — 屈平[48]（《文心雕龍・辨騷篇》）。石濤在人生旅途最後一程的選擇，也像劉勰焚髮爲僧一樣，毅然脫離了政治圈、俗塵網，他們都像浮士德一般，終於擊敗了魔鬼的青春、權勢與智識的誘惑[49]，完成了自我提升的〈程器〉篇。

結　語

近六十年來學者們對《文心雕龍》的積極研究，把龍學又提高到一個新的水平和新的高原。莊子說知者止於不知。任何一門學問達到了高原之後，再要想突破前修，攀登新高峰，都是加倍地困難。今年是藝術大師石濤的逝世三百年，作者試圖藉著過去學者們所累積的一些《文心》研究，來探討一些有關石濤的基本問題 — 從他的名號，《畫語錄》以何爲「道、聖、經」？以及石濤如何策劃《畫語錄》的字數、章數，到他的點線圈團與音樂感的關聯，石濤與劉勰的四個夢，以及藝術家的創新與文化人的〈程器〉問題，簡略加以探討。但由於匆促爲文，未能討論文體與藝類、劉勰的書畫觀、文論與藝論的互明等大項目。 希望能在下一個學術討論會時再加以申述。最後，謹以此文爲臺灣龍學的奠基、開拓、教育及人格領導者 — 王更生教授祝賀他的八十大壽，和向他近四十年在《文心雕龍》上堅毅持續地教學、研究

48 林中明《科學與文藝的平衡：屈平、張衡、李善三典範》，2005「文選學與楚文化國際研討會」論文集，湖北・黃岡，2006.4.12-14。《許昌師範學報》2006 年 9、10、11 月三期連載。

49 林中明《點窺馮友蘭先生 — 六四前夕　三松堂訪談記思》*(A Perspective on Fung Yu-Lan)*，臺灣・鵝湖學刊，2003.8, pp. 18-24; 2003.9, pp.20-25。

和不斷地創新致敬。並且祝他身體健康，教研愉快。

插　圖

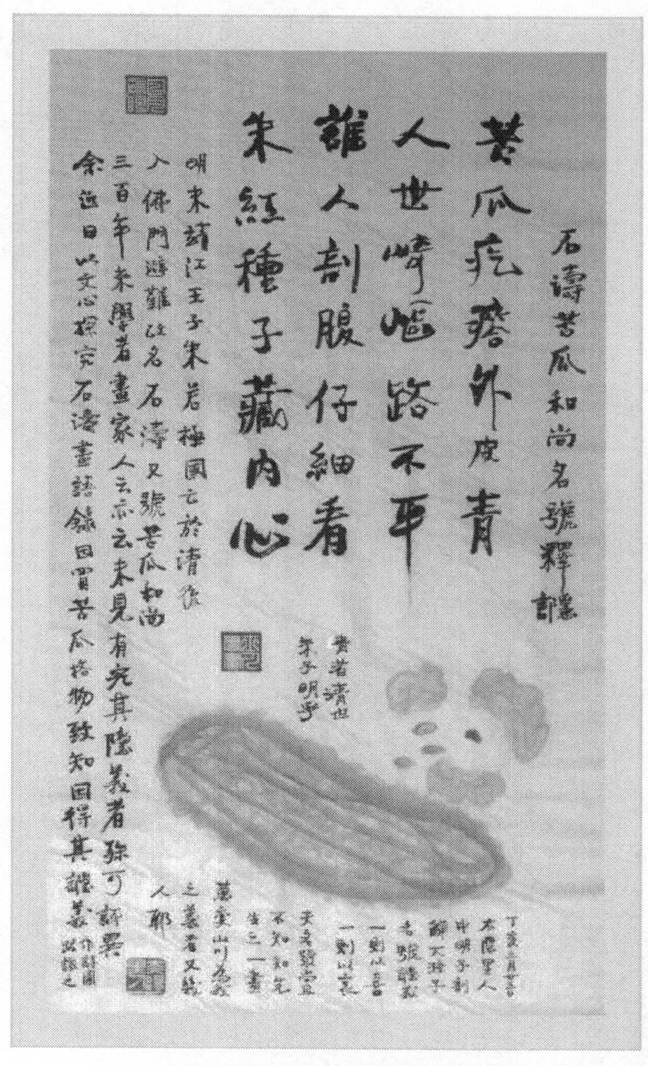

圖：苦瓜和尚名號釋譿

圖：石濤名字釋讖

圖：和石濤蘆葦
芒草詩圖

圖：人有代謝　草木蕃蕪　「金石靡矣　聲其銷乎」？

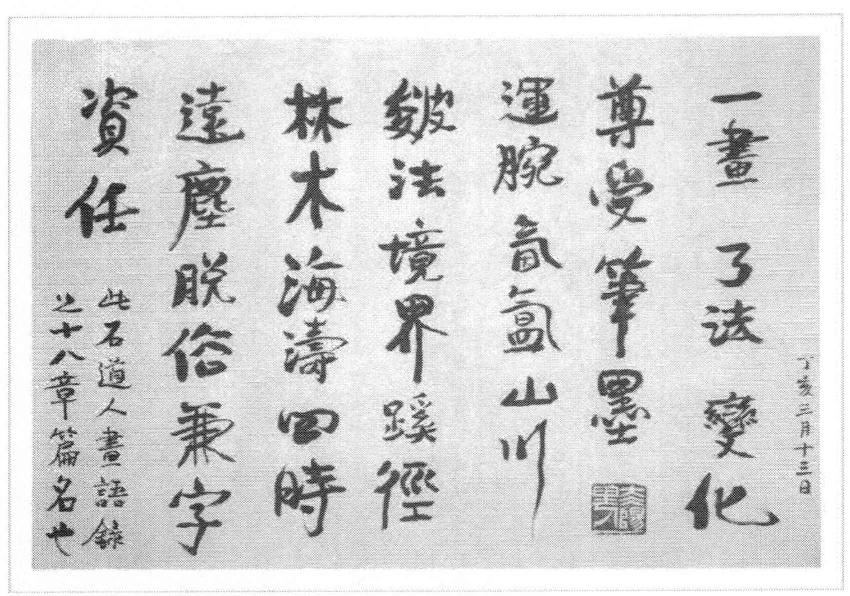

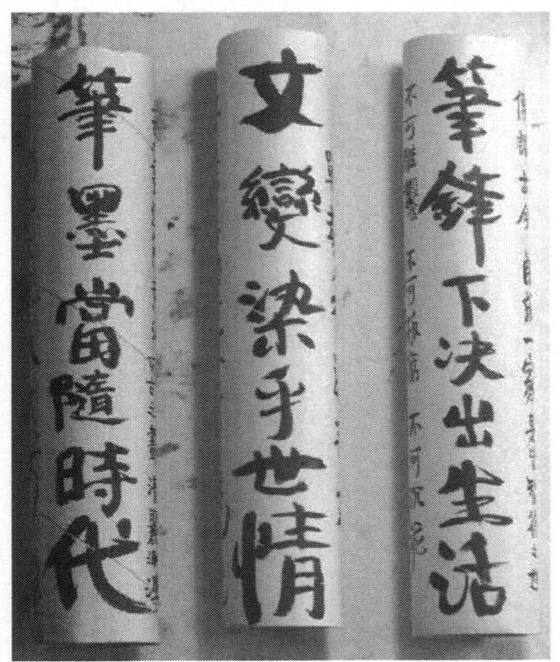

↑圖：敬書　石濤《畫語錄》一十八章　章名

←圖：石濤、劉勰：大師所見略同

圖：胸無成竹　情移心摹　謝赫六法　難得全蕪

圖：石濤云：「筆鋒下決出生活，墨海中立定精神」

《文心雕龍》與比較文學研究

四川大學 曹順慶 邱明豐

摘 要

當代的《文心雕龍》研究，有不少是從中西比較的角度，用比較文學的方法來進行研究的，如王元化《〈文心雕龍〉創作論》、汪洪章《〈文心雕龍〉與二十世紀西方文論》等專著及學界諸多論文。但《文心雕龍》與西方文論的比較，究竟可比性何在？怎樣的比較是恰當的？「龍學」界卻鮮有反思。本論文作者長期從事比較文學研究，著有《比較文學論》，並長期跟隨楊師明照先生研習《文心雕龍》，擬從比較文學的角度反思海內外《文心雕龍》研究現狀，提出以比較文學的學科理論來研究《文心雕龍》的具體路徑。如：影響研究的路徑：西方世界的《文心雕龍》、西方文論對當代「龍學」的影響；平行研究路徑：範疇研究等；跨學科研究，闡發研究，異質性研究，變異學研究。

關鍵字：《文心雕龍》；比較；異質性；變異學；

《文心雕龍》歷來被視爲中國文學理論的經典著作，其中包蘊對文學創作、文體、文學批評等多方面的深刻洞見，並且還具有較爲完滿的學理體系，因而也被冠以「體大慮周」的佳譽。學界對《文心雕龍》展開的研究也是角度眾多、意見紛呈的。這些研究是對《文心雕龍》學理內涵的挖掘以及在新時代的發展，但是紛呈的意見也造成了《文心雕龍》研究陷入困境。因此，《文心雕龍》研究召喚著新方法、新角度的出現，以便展示其新的內涵和世界性意義。近些年來，廣大學人從不同的途徑進行了積極的嘗試。其中，《文心雕龍》與比較文學研究的攜手成了重要的一個維度。將比較文學的方法運用到《文心雕龍》研究中，可以更加全面透視其中的深刻意蘊，諸如王元化《〈文心雕龍〉創作論》、汪洪章《〈文心雕龍〉與二十世紀西方文論》等專著及學界諸多論文,他們以比較文學的方法從不同的角度和層面揭示《文心雕龍》的內涵。多年以來，我們積極宣導用比較的方法來研究以《文心雕龍》爲代表的中國古代文論。在此，我們想通過這些年的研究經驗，從比較文學的角度反思海內外《文心雕龍》研究現狀，並提出以比較文學的學科理論來研究《文心雕龍》的具體路徑。

一、研究現狀

《文心雕龍》與比較文學研究不僅涉及到比較文學的學科理論的運用，而且是將《文心雕龍》放置到亞洲、歐洲等不同的文明圈中去考察。在現今關於《文心雕龍》與比較文學研究的成果當中，包含有《文心雕龍》與眾多國家的美學、文藝學等方面的比較。那麼，以「《文心雕龍》與比較文學研究」爲題，表面上就應該涉及到《文心雕龍》與各國有關層面的比較。但是，爲了更有針對性，我們主要探討的是《文心雕龍》與西方相關理論的比較。

《文心雕龍》在中外所取得的研究成果是卓著的，然而，就中國大陸而言，在1979年以前，成果主要集中在對《文心雕龍》本身的研究上，體現爲《文心雕龍》本身思想蘊涵的挖掘以及眾多「龍學」家對《文心雕龍》的校勘、注釋等方面。這些研究對《文心雕龍》文學、美學等諸多方面的思想進行了深刻的挖掘和闡釋，可以說爲此後的「龍學」研究提供了堅固的理論基礎和研究途徑。但是，此類研究卻難以足夠體現《文心雕龍》所具有的世界性意義，無法體現魯迅先生將中國的《文心雕龍》與西方的《詩學》並舉的深刻內涵。這時候就出現了「龍學」研究的一部力作——《〈文心雕龍〉創作論》，該書以嶄新的視角審視和發掘《文心雕龍》的豐富內涵和文學意義，在《文心雕龍》研究史中是不可忽視的。李平曾經這樣評價《〈文心雕龍〉創作論》：「王元化的《文心雕龍創作論》（1979）在本期理論研究方面影響最大，該書是黃侃《劄記》以來《文心》義理闡釋方面令人耳目一新的又一部力作。作者把熊十力『根底無易其固而裁斷必出於己』的警句作爲理論研究的指導原則，以三個結合（古今結合、中外結合、文史哲結合）爲具體研究方法，憑藉其深厚的國學修養和嫻熟的現代美學理論知識，通過嚴謹細緻的考證，全面深入的比較，將《文心雕龍》創作論上升到現代文藝理論的高度，作出了今天應有的科學『裁斷』，真正實現了《文心雕龍》闡釋由傳統向現代的轉型。因此，該書不僅爲《文心雕龍》研究，而且也爲古代文論研究開闢了一條新的道路。」[1]這一評價是客觀、中肯的，它合理地揭示了《〈文心雕龍〉創作論》所具備的研究意義和方法論意義。在此後的時間裏，以比較的方式來研究《文心雕龍》繼續得到了重要發展。2002年，王毓紅出版了《在〈文心

---

1 李平．20世紀中國〈文心雕龍〉研究的回顧與反思，文藝理論與批評，1999（5）。

雕龍〉與〈詩學〉之間》（學苑出版社）一書。作者通過對中西方兩部經典文本的解讀與比較研究，透析不同詩學之間的聯繫與區別。該書視野廣闊，在一定程度上超越了時空、語言、民族以及文化界限，對《文心雕龍》的世界性意義作了一次較爲深刻的探討和呈現。2005 年度，以比較的方法研究《文心雕龍》的又一部重要著作出版了，這就是汪洪章的《〈文心雕龍〉與二十世紀西方文論》（復旦大學出版社）。作者在本書當中試圖在《文心雕龍》與二十世紀西方文論的主要流派之間確立起一種「互證互釋」的比較研究框架。在第一部分中，作者主要就文學史觀、文學語言的審美特性、文學形式批評法，對比研究了劉勰與俄國形式主義、英美新批評的有關批評思想；第二部分以作品的意義闡釋爲角度，對比研究了劉勰的儒、釋、道批評觀與英加登、布萊、赫什、海德格爾、迦達默爾等人的現象學、解釋學理論。一定程度上，作者將《文心雕龍》在當代文論世界的意義作了有效的闡釋、指明。關於《文心雕龍》與西方有關文論的比較研究，還體現在許多學人的其他專著中，例如：曹順慶的《中西比較詩學》、《中外比較文論史》（上古時期）等。可以說，關於《文心雕龍》與西方理論的比較、闡釋，有許多的學人展開了這方面的研究與探討。我們所涉及的這些專著只是其中的一部分，但是它們也是具有代表性的一部分。

以比較的方法來研究《文心雕龍》，在形成風氣之後，成果卓著，其中論文是主要的形式。這些論文既有對《文心雕龍》思想內容的宏觀觀照，也有以《文心雕龍》中的一部分作爲研究物件或研究視角的。黃維樑在《〈文心雕龍〉與西方文學理論》（《文藝理論研究》1992 年第 3 期）一文中，以宏觀的視角對以下七個問題進行了深入研究：一、西方文學理論及其「危機」；二、學者用西方觀點看《文心雕龍》；三、《文心雕龍》與亞裏斯多德《詩學》的比較；四、《文心雕龍》與韋勒克、沃倫《文學理論》比較；五、「六觀」說和「新批評」理論；六、《文心雕龍·辨騷篇》是「實際批評」雛形；七、《文心雕龍》與其他西方當代文學理論。在這篇論文中，作者將《文心雕龍》與西方文論比較的主要幾條線索進行了較爲完整的呈現，是作者對《文心雕龍》研究狀況的綜合把握，體現出其敏銳的觀察力和高超的駕馭能力。李萬鈞則在《〈文心雕龍〉的世界地位》（《外國文學研究》1991年第3期）一文中，從這部書在四個文化圈中的地位、儒家文學著作的本色和理論精華、《時序》的樸素唯物思想等三個方面對《文心雕龍》的世界地位進行了揭示。並且，作者的揭示是建立在對《文心雕龍》本身內涵的挖掘之上的，是事實和邏輯的共同結果。

《文心雕龍》與西方文論的比較更多的是體現在微觀的層面，其中涉及到對某一具體問題的共鳴或不同意見，它更形象地展現出中西文論不同的文化內涵。學界從微觀層面以比較的方式研究《文心雕龍》不在少數，我們簡單列舉。想像和神思是中西文藝理論中涉及形象思維的主要範疇，而神思則是《文心雕龍》中的重要範疇之一，劉勰對此進行了深刻的分析。呂露和錢英經過認真的研究指出：「想像與神思作爲中西方文藝理論範疇，在不同的文化體系中雖然都是指一種具有高度活躍性思維現象的概念，但因彼此的思維模式、認知背景、承遞習慣、表達方式的側重點不同，其內涵所指、闡釋角度和演變軌跡等均有所不同。」[2] 關注這一問題的還有其他一些學者，他們也以論文的形式發表了

2 呂露，錢英．論想像與神思 — 中西文論兩個概念的比較思考，安徽大學學報，1997（5）。

自己的看法，如曹順慶在《神思與想像 — 中西文論比較研究》一文中，以劉勰的神思論與黑格爾之想像論爲主，系統地比較了中西文藝想像論與神思論的異同，並且說明中國與西方的藝術思維有著共同的客觀規律以及獨具的理論價值；劉慶璋則將劉勰的「神思」說置於中西總體詩學發展語境中，與西方古今論者相應範疇的見解作具體的比較研究，從而闡明從創作特殊思維這一理論命題的提出到創作特殊思維的意義、特點、內在機制的認識，劉勰都遠早於西方論者而提出了深邃較全面的認識（《中西總體詩學發展語境中的「神思」說》，《漳州師院學報》1999 年第 4 期）；此外還有李小林的《不同文化背景的創作構思論 — 關於神思與想像之管見》（《綏化師專學報》1999 年第 1 期）等。

關於《文心雕龍》與《詩學》之間的比較，除了上文提到的王毓紅的專著，還有跟多的論文。魏瑾從文藝的本源和發展、文藝的社會功用、文藝作品的內容標準等三個方面對劉勰與亞裏斯多德的功用詩學觀進行比較研究，發現它們理論上的共同之處和各自歷史文化傳統造成的差異，從而指出將各自的優勢與局限進行互補和整合，對發展世界文論無疑具有積極的意義（《劉勰與亞裏斯多德的功用詩學觀比較研究 — 〈文心雕龍〉與〈詩學〉比讀》，《雲夢學刊》2005 年第 4 期）。楊從榮在《〈詩學〉與〈文心雕龍〉比較研究三題》（《重慶師範大學學報》1987 年第 3 期）中，從文學價值論、文學特徵論、文學真實論三個方面呈現了《文心雕龍》與《詩學》的異同。董冰竹則以文采觀爲角度探究了《文心》與《詩學》的內涵（《從文采觀探劉氏與亞氏〈詩學〉》，《語文學刊》1993 年第 5 期）。

此外，還有一些從微觀層面對《文心雕龍》進行比較研究的論文。曹順慶通過《「風骨」與「崇高」》（《江漢論壇》1982

年第 5 期）一文，比較了劉勰的「風骨」說與郎吉弩斯的「崇高」說，從而指出它們有一個最根本的共同之處 —— 「力」，這是二者的基本特質。通過這種比較，爲解決當時關於「風骨」內涵的爭論提供了重要的建議，而且有效地從學理上溝通了中西詩學。

以比較的方式來研究《文心雕龍》爲「龍學」研究打開了嶄新的大門，《文心雕龍》的內涵得到了更加深入的探討，它所具有的文學、文化意義也更加顯明。以這種方式研究《文心雕龍》所取得的成果是重大的，而我們在這裏只是簡單地列舉了極少數的幾種。但是，通過這幾種研究成果，我們可以看到《文心雕龍》與比較文學研究之間存在重要的關聯。而且，它們所展現的比較角度、方式也可以爲我們更加深入地進行對比研究提供思考的素材。

二、具體路徑

從當前以比較的方法研究《文心雕龍》的有關成果看來，通過中西比較，《文心雕龍》的內涵和意義確實得到了新的呈現和挖掘。但是這種比較研究走過了這麼多年，學界仍然缺少對其本身的思考與反思。我們認爲應該對其進行相關的追問，其意義在於避免比較的氾濫與牽強。而追問主要涉及到的是兩個基本問題：西方文論與《文心雕龍》的比較，究竟可比性何在？怎樣的比較才是恰當的？

既然是以比較文學的方法來研究和審視《文心雕龍》，那麼我們必須要對當前比較文學的基本學科理論有清晰的認知和把握，否則我們的比較研究就沒有很強的說服力，畢竟任何的方法都有其自身的適用範圍。而且，當我們搞清楚比較文學的學科理論，就能夠較好地將其運用到《文心雕龍》研究中去。從世界範圍而言，比較文學的學科理論如今已經進入了第三個發展階段，在比較文學學科理論發展的過程中包含著幾次危機，是比較文學眾多學人進行不斷探索和調整來解決危機，實現比較文學學科理論的再生。在比較文學學科理論的第一個階段，主要是法國學派宣導的「影響研究」。在當時，由於歐洲一些著名學者（例如義大利的克羅齊）的反對，比較文學沒有將自己的核心定位在「比較」之上，而是說明研究各國文學之間的「關係」。法國學派學科理論的確立，拋棄了比較文學最根本的特徵——「比較」，「而僅僅著眼于文學關係的研究，拘泥於文學史的實證性研究。這種放棄了主要研究領域的學科範圍的收縮和退卻，雖然暫時擋住了克羅齊等人的攻擊，穩住了比較文學陣腳，但卻埋下了學科發展的重大隱患，不可避免地導致了比較文學學科嚴峻的危機」。[3]第二個階段是美國學派，他們宣導的是「平行研究」。由於法國學派在理論上的缺憾，比較文學學者們不斷地呼籲改革，美國學者韋勒克大膽批判這種學科範圍收縮的嚴重失誤，並寫作《比較文學的危機》一文。從此，比較文學又回到了「比較」，回到了無論有無影響關係的「比較」，即「平行研究」。但是，在批判法國學派的同時，美國學派的學科理論也潛伏著許多危機，尤其是他們的「無邊論」。它使比較文學學科難以界定自身的研究範圍，它至今仍然影響著比較文學的學科理論，成爲比較文學危機不斷的一個重大問題。這種影響也波及到中國的比較文學界，造成中國比較文學的嚴重失誤，即認爲比較文學無所不包。「尤其需要提出的是，這種比較文學的『無邊論』，至今在中國比較文學界依然甚爲流行，甚至一些權威的比較文學學者及比較文學概論教

3 曹順慶‧重新規範比較文學學科領域，中國比較文學，2005（2）。

材，也具有濃郁的『無邊論』傾向」。[4]

面對比較文學的諸多問題，臺灣學者鄭重提出了「闡發研究」。那什麼是「闡發研究」呢？古添洪和陳慧樺在《〈比較文學的墾拓在臺灣〉序》中指出：「在晚近中西間的文學比較中，又顯示出一種新的研究途徑。我國文學，豐富含蓄；但對於研究文學的方法，卻缺乏系統性，缺乏既能深探本源又能平實可辨的理論；故晚近受西方文學訓練的中國學者，回頭研究中國古典或近代文學時，即援用西方的理論與方法，以開發中國文學的寶藏。由於這援用西方的理論與方法，即涉及西方文學，而其援用亦往往加以調整，即對原理論與方法作一考驗，作一修正，故此種文學亦可目之爲比較文學。我們不妨大膽宣言說，這援用西方文學理論與方法並加以考驗，調整以用之于中國文學的研究，是比較文學的中國派」。[5]事實上，「闡發研究」在西方世界已經有所運用，但是它們幾乎是同一種文化系統中的運用，因此並沒有成爲比較文學。而當西方理論運用到與其有巨大文化差異的中國文學時，就構成了「跨異質文化」的比較文學研究。

大陸許多的比較文學學者也意識到了比較文學的危機，並不斷進行相關的探索，試圖找出解決的途徑。既然是「無邊論」造成比較文學的這次危機，那麼尋求解決途徑時必然要反思比較文學的學科邊界問題。要指出比較文學的一些根本特性，重新規範比較文學的學科範圍。在經過多年的探討和研究，「我們可以將比較文學的學科特徵歸結爲一個最基本的核心 — 跨越性。它一方面說出了所謂開放性或者邊緣性所具有的涵義，另一方面也最

---

4 曹順慶．重新規範比較文學學科領域，中國比較文學，2005（2）。

5 古添洪，陳慧樺合編．比較文學之墾拓在臺灣，臺北：東大圖書公司，1976，1-2。

爲恰當地表達了比較文學真正的學科特徵」。[6]但是學界對這個跨越性到底應該是什麼樣的具體狀況仍然存在著巨大的爭議。一般來講，學界認爲這種跨越指向五個方面：跨國家、跨民族、跨語言、跨學科、跨文化。眾多學者根據自己的理解和研究，從不同的角度來界定這些跨越，但大致的範圍都沒有脫離其中。但是，跨民族與跨語言在學理上存在著一些明顯的缺憾。例如：就跨民族而言，現在國家多數是多民族的國家，如果同一國家內的民族文學之間的比較都納入比較文學的研究範圍，勢必造成比較文學研究領域的混亂；就跨語言而言，語言和國家的界限是很不吻合的，英語是當今世界許多國家的共同語言，那麼它們之間的文學比較又怎麼看待呢？綜觀這些因素，我們認爲，比較文學的跨越性有一套比較穩固的研究範圍：跨國研究、跨學科研究、跨文明研究。堅持跨國研究是爲了承認比較文學法國學派的理論實踐和比較文學的「世界性的」學科胸懷；跨學科研究在比較文學美國學派那裏也作出了充分的說明，並且它取得了很多的研究成果，拓展了文學研究的視野，作爲比較文學研究，它已經有了穩固的學科範式；跨文明研究的提出則與中國比較文學的理論實踐和知識資源密切相關，是中國比較文學對比較文學研究的新發展。事實上，當西方背景的比較文學研究進入非西方背景的異質文化的時候，跨國研究已經難以解釋文學內部的很多特徵。於是，曹順慶在 1995 年提出了「跨異質文化研究」，將其視爲比較文學中國學派的基本學科特徵。「跨異質文化研究」與「跨文化研究」具有很大的不同，它更加重視中西文化之間的差異性。最終，「跨異質文化研究」發展成了「跨文明研究」，成了比較文學中國學

---

6 曹順慶主編·比較文學學，成都：四川大學出版社，2005，21。

派的一個重要學理標示。因此，在比較文學中國學派中，包含有跨學科研究、異質性研究、變異學研究等具體層面。

通過簡單勾畫比較文學學科理論的發展進程以及當前比較文學的基本狀況，我們可以發現，比較文學研究呈現出世界性的學術胸懷和開放的學術視野。那麼，當我們將《文心雕龍》放置到比較文學研究的視野中，就會產生影響研究、平行研究、跨學科研究、闡發研究、異質性研究、變異學研究等不同的研究途徑。

影響研究是比較文學傳統的研究方法或方式，而且也是比較文學研究的最基本研究途徑。在比較文學的法國學派那裏，影響研究是指法國文學對他國文學的影響，隨著比較文學的發展，影響研究已經走向更行之有效的範圍。影響研究已經不再是法國學派的那種單一、片面的探討，而是可以雙向的。就《文心雕龍》與比較文學研究而言，具體展開爲：西方世界的《文心雕龍》和西方文論對當代「龍學」的影響。西方的《文心雕龍》研究的是《文心雕龍》向西方的傳播情況以及對西方文論的影響。所運用的方法要涉及到比較文學研究的流傳學、淵源學和媒介學等等。這樣可以較好地呈現《文心雕龍》在西方世界的基本狀況。四川大學博士生陳蜀玉的博士論文《〈文心雕龍〉法譯全譯本及中法文論比較研究》、劉頤的《英語世界的〈文心雕龍〉研究》等就對這一課題進行了探討。而西方文論對當代「龍學」的影響，涉及到的是西方文論如何影響當代的「龍學」研究。探討一下西方文論爲我們提供了什麼樣的方法以及新的研究範式。這方面的研究還需加強，尤其要強調影響研究的實證性，如此才具有較強的說服力。

平行研究是通過比較文學美國學派的積極宣導而發展起來的，它在一定程度上彌補了影響研究的缺憾。它不像影響研究那樣注重實證性，而是通過類同性來勾連不同物件，並進一步闡明它們之間的異同。在《文心雕龍》與比較文學研究方面，平行研究較為典型的就體現為範疇研究。《文心雕龍》提供了中國古代文論的眾多範疇，在「龍學」研究中，許多範疇的內涵不夠顯明。而通過對中西方相似範疇的比較與總結，《文心雕龍》中那些範疇的具體內涵以及本質特徵卻能夠獲得更好的認知。比如「崇高」與「風骨」、「想像」與「神思」的比較等等。但，僅僅是範疇研究是不夠的，還應當深入到中西話語層面，從言意關係、意義的生成方式、話語言說方式等方面進一步將比較向縱深拓展。《中國古代文輪話語》一書（巴蜀書社 2001 年版）即在這方面做了有益的探索。

跨學科研究的學理依據在於「人類各種藝術、各門學科之間，曾經具有一種同源共生的關係，而在人類知識進化的過程中，它們逐漸擁有了自己獨立的領域，相互間具有了異質性，但仍然保持著千絲萬縷的聯繫，它們相互影響、促進」。[7]《文心雕龍》是一部「體大慮周」的著作，它不僅包含著對文學的深刻洞見，而且還與哲學、宗教學、美學、心理學等諸多方面有著關聯。這一方面在中國比較文學界、文藝理論界和美學界都引起了重視，並取得了較大的研究成果。

闡發研究作為比較文學中國學派的一種重要方法或者研究領域，自從臺灣比較文學界將其提出來以後，獲得了重大發展。至今仍然被廣泛地應用到中國古代文論研究等不同的領域當中。在《文心雕龍》研究中，也有一些學人在從事用西方理論來闡釋《文心雕龍》的課題，例如陳莉的《定而不定的「勢」── 劉勰〈文

7 曹順慶．比較文學學，成都：四川大學出版社，2005，61。

心雕龍·定勢〉篇的現象學解讀》（《廣西社會科學》2006 年第 8 期）、王新勇的《「神理」範疇的審美現象學觀照（本體論）──自然性、鋪敍性與「過程」的「整體顯現」》（《湖北民族學院學報》2002 年第 6 期）等。他們都以西方的有關理論深入審視與挖掘《文心雕龍》的內涵，透析出單一的文學研究所不能揭示的層面。

異質性研究是比較文學進入非西方背景文學所必然面臨的課題，尤其是中西方文學的巨大差異，使該課題具有重要的意義。中西方文化之間存在的巨大差異，無需我們再多作證明，它是我們每個人都可以切實感受到的。「文明衝突論」就很好地揭示了異質性的存在。並且，異質性必須得到應有的重視，它是不同的文化、文明互相區別的標示之一。在對《文心雕龍》進行比較文學研究時，我們儘管可以採用影響研究、平行研究乃至闡發研究，但是我們始終要清醒的是：我們研究的是《文心雕龍》。《文心雕龍》雖然與西方文論有很多的類同性，但是差異是本質性的。崇高和風骨同樣著眼於力，但風骨有自身的形成過程，與中國古代的人物品評有很大關係，具有其獨特的一些話語特徵。因此，我們在從事《文心雕龍》的比較研究時，應該尊重彼此之間的異質性。這也是我們宣導中國文論話語的重要方式之一，是我們對當前學術狀況的基本把握。

變異學研究是比較文學研究的新課題、新領域。我之所以提出這個研究範疇是出於以下幾方面的考慮：首先，從人類文學史的歷時發展形態上，不同文學體系間在橫向交流和碰撞中產生了文學新質，使得本土固有的傳統得以變遷；其次，在沒有實際影響關係的文學現象之間，文學變異學研究已然是存在的；最後，從文學的審美性特點來看，比較文學的研究必然是包括了文學史的實證研究和文學審美批評的研究。從這三個方面看來，比較文學的文學變異學將變異和文學性作爲自己的學科支點，它通過研究不同國家之間文學現象交流的變異狀態，以及研究沒有事實關係的文學現象之間在同一個範疇上存在的文學表達上的變異，從而探究文學現象變異的內在規律性所在。具體展開爲四個層面：語言層面變異學、民族國家形象變異學研究、文學文本變異學研究、文化變異學研究。[8]由此可見，《文心雕龍》的變異學研究也是一項嶄新的學術課題，需要更多的學人來進行相關的探討、研究。這種變異是多方面的，如果不得到應有的關注，其中的原因就解釋不清楚，《文心雕龍》的真正內涵就會在西方世界中處於遮蔽狀態。比如中西方對文學的不同定義，就直接關乎對《文心雕龍》內涵的理解。一般來說，西方的 literature 包括小說、詩歌、散文和戲劇等。在《文心雕龍》中，「文」也是一個非常重要的概念，當《文心雕龍》被定位爲文學評論著作時，西方世界很容易把「文」等同於 literature。但是，「文」不能簡單地以文學理解之，它與道、德、氣等緊密相關，與中國古代文論的文筆之分也難以割分。因此，《文心雕龍》「文」並不能等同於西方的 literature，它不像西方那樣只指向具體的文學形式，而是具有更多的社會、文化意義。周振甫就明確指出，「文」包括顏色、形狀、五音、文章等諸多方面。它在《文心雕龍》中，根據具體語境而呈現出不同內涵。所以，「文」的多元內涵由於 literature 的強勢就難以在西方世界中得到完滿的呈現，《文心雕龍》的一些精粹內容也因此產生變異。

《文心雕龍》與比較文學研究這一問題，在學界已經取得了

---

8 以上內容詳見曹順慶主編‧比較文學學，成都：四川大學出版社，2005，28-31。

一定的研究成果，但是很多的研究仍然缺乏必要的理論自覺。也就是說，學界並不缺少將《文心雕龍》與其他理論、學科等進行比較的實際行爲，但是究竟哪些是以比較文學方式的？哪些又是具有可比性的、恰當的？我們所做的工作主要立足於此。從學界的基本研究狀況，我們可以看出，《文心雕龍》與比較文學研究相結合是一個重大趨勢，是《文心雕龍》研究的一個重要領域和課題，它有利於揭示《文心雕龍》的獨特內涵。通過對當前比較文學學科理論發展現狀的勾勒，我們可以有力地規範比較的方法和途徑，事實上也就回答了可比性和適度性的問題。在這裏，我們既從比較文學角度總結了傳統研究《文心雕龍》的方法和途徑，又根據具體現實指出了探討的新方向。比較文學強調的是世界性的胸懷和眼光，根本特性在於跨越性。以這樣一種學術視野來審視、分析《文心雕龍》，顯然更能夠探究其深刻的內涵以及崇高的歷史地位、非凡的世界地位。但是，我們不是爲了比較而比較。我們所提出的這些研究途徑，尤其是異質性研究和變異學研究，都是要強調和突出《文心雕龍》具有自身的一些話語特徵和文化內涵。這些異質性就是《文心雕龍》成爲中國古代文論代表作的重要標示，同時也是我們解決中國文論「失語症」問題，重建中國文論話語的憑藉之一。或許，只有當我們具備了清晰了理論指向，比較研究才更加自覺，也更加有意義。

《文心雕龍》釋讀商兌

上海 復旦大學中文系 楊 明

摘 要

研習《文心雕龍》，必須以確切理解劉勰原意為基礎。為達此目的，不能不反覆爬梳櫛理其字句。字句之微，或牽一髮而動全身，關涉於《文心》之主旨。故學界於此不厭其煩，務求其當。積之有年，析句彌密。然而仍有不少問題，有待商榷。本文就《原道》《明詩》《樂府》《史傳》《書記》《神思》《體性》《通變》《情采》《麗辭》《比興》《物色》《序志》等十三篇，列舉二十三條，略陳己見，就正方家。

關鍵字：自然 婉轉附物 輕靡 情理 蓄憤以斥言

《文心雕龍》殊不易讀。研習之際，有所思索，亦事查檢。茲列舉若干，就正方家。嚶鳴求友，冀獲疑義共析之樂。

一、原 道

（一）文之為德也大矣

典籍中多有「×之為德」語式。對「文之為德」的解釋應與其他書證一致。按此處「德」乃稟性、特性之意，而「×之為德」與

「×之德」意思不同。「×之德」重點在「德」，「×之爲德」則不然。「×之爲德」應是表示「×」作爲一種存在，而此存在乃通過其「德」（稟性、特性）得以體現。朱熹釋《中庸》「鬼神之爲德」時，既說「爲德，猶言性情、功效」（《中庸章句》）或「猶言性情也」（《朱子語類》卷六十三），又說：「德只是就鬼神言其情狀皆是實理而已。」[1]（《朱子語類》卷六十三）所謂「就鬼神言其情狀皆是實理」，其意蓋謂之所以要說「鬼神之爲德」，之所以要用到這個「德」字，爲了說明鬼神其物雖不可見不可聞，但從鬼神表現出來的種種情狀（亦即其性情功效），便可知鬼神之確實存在。由此可以得到啓發：「鬼神之爲德」這種說法，不是要突出鬼神之德，而是要通過其「德」，強調鬼神之存在。「文之爲德」也是這樣，不是強調文之德，而是強調文這種事物的存在。亦即在「文之爲德」中，重點在「文」而不在「德」。（詹鍈先生《文心雕龍義證》已言及此。）故「文之爲德也大矣」，不過是「文這種事物真偉大呀」、「文真是偉大」之意，以感歎句領起全篇。若譯作「文的功用真偉大」，雖與劉勰思想並無扞格，卻嫌不盡準確。

（二）自　然

本篇兩次言及「自然」：「心生而言立，言立而文明，自然之道也。」又：

「夫豈外飾？蓋自然耳。」所謂「自然」，乃「自己便是這樣」、「本來就是如此」之意，亦即非關外力作用、不知其所以

1 在朱熹那裏，“理”具有形而上的宇宙本體的意義。形而下的萬物都是“理”與“氣”合而形成的，因此萬物中都有“理”在，萬物都是“理”的表現，無此“理”便無此物。此“理”是形而上的，卻是確實存在的，故曰“實理”。

然而必然如此之意。《老子》云：「人法地，地法天，天法道，道法自然。」（第二十五章）道的根本性質便是自然，或者竟可說自然便是道。宇宙萬物的形成和發展，都是道的體現、道的作用。在魏晉玄學家的闡釋中，此種作用，便表現於無任何外力的干涉而萬物自己如此、本然如此。郭象云：「自然者，不爲而自然（自己如此）者也。」（《莊子·逍遙遊》注）又云：「自己而然，則謂之天然。天然耳，非爲也，故以天言之。以天言之，所以明其自然也。」（《莊子·齊物論》注）劉勰深受此種思想的影響，他認爲萬物之所以美麗有文，人之所以有文，都是本來如此、非關外力、不知所以然而然的。他所謂「道之文」，正是這樣的意思。

《文心雕龍》言及自然者，尚有數處：《明詩》云：「人稟七情，應物斯感，感物吟志，莫非自然。」《定勢》云：「如機發矢直，澗曲湍回，自然之趣也。」又：「譬激水不漪，槁木無陰，自然之勢也。」此三例皆言事理之本然、必然；「自然」乃本來如此、自己如此之意。《誄碑》云：「察其爲才（指蔡邕作碑文之才），自然而至矣。」《體性》云：「觸類以推，表裏必符（謂作家之才性與文章之體貌必相符合），豈非自然之恒資，才氣之大略哉！」此兩例「自然」，亦本來如此、不知所以然而然之意。蔡邕之才「自然而至」，絕不是說其所作碑文不加雕琢、自然而然，而是說他擅長作碑之才氣乃天性、天才，非後天追求努力所得。《麗辭》：「造化賦形，支體必雙；神理爲用，事不孤立。夫心生文辭，運裁百慮，高下相須，自然成對。」「自然成對」，也不是說對偶做得好，自然而然，不見人工雕琢痕跡，而是說文章之有對偶，乃出於「神理」，不知所以然而然。劉勰生活在駢體文學成熟時代，以爲駢對乃天經地義。《隱秀》：「故自然會妙，譬卉木之耀英華；雕削取巧，譬繒帛之染朱綠。」意謂篇章秀句之獲得，乃妙手偶得，非關人力，不知所以然而然。以上言「自然」凡九例，只有《隱秀》一例近於後世論文所謂不見人工痕跡、自然而然、如行雲流水之「自然」。劉勰雖反對「飾羽尚畫，箴繡鞶帨」，但那是因爲他覺得若過份醉心于文辭，將妨害文意的表達和文風的清健，並不是如後世有些文人那樣，主張泯滅人工痕跡，自然天成。他所主張的駢儷之美，是一種人工氣息明顯的美。綜觀《文心》全書，在在強調人工安排，而並未提出泯滅人工痕跡。劉勰只是說追求人工之美合乎「自然之道」即合乎「神理」。這不過是爲追求人工之美尋找形而上的依據而已。只有一種情況，劉勰和當時人一樣，是已經初步意識到不加雕畫的自然之美的，那就是《隱秀》篇中所說的秀句。那主要是指描寫風景的句子，也就是鐘嶸《詩品》稱讚的描寫「即目」「所見」的「自然英旨」之句。那是特殊的情況。在一般情況下，劉勰和當時人一樣，所主張的還是人工之美，所謂「古來文章，以雕縟成體」（《序志》）。故紀昀評本篇「心生而言立，言立而文明，自然之道」曰：「齊梁文藻，日競雕華，標自然以爲宗，是彥和吃緊爲人處」，李安民評「夫豈外飾？蓋自然耳」曰：「自然之文，至文也」，[2]恐都不免于郢書燕說。

（三）問數乎蓍龜

數，或解作命運、定數。按卜筮以知吉凶，釋「數」爲運數，固然不爲錯。但若體會劉勰的原意，這裏的「數」應釋爲數字，指決定卦爻之象的數字。周易與數字密切相關。筮法建築於數的

2 紀昀、李安民評語參黃霖編著《文心雕龍彙評》，上海古籍出版社，2005 年，第 14 頁。

基礎上，分佈蓍草時由所得之數決定爻象，數變則爻位卦象隨之而變。故「問數乎蓍龜」，即用蓍草或龜甲進行占問之意。（實際上後世主要用蓍草。）卜筮是爲了從卦象、繇辭中得到啓發和指導，從而知道該如何行事。而卦象、繇辭何以能指示人事，那是不可解釋的，只能說是「道」、「神理」的體現。故「取象乎《河》《洛》，問數乎蓍龜」，也就是爲了「原道心以敷章，研神理而設教」。「數」在這裏關係重大，是與「道」、「神理」相聯繫的。

二、明　詩

（一）婉轉附物

謂描寫景物貼切逼真。即《物色》篇「隨物以宛轉」之意。婉轉、宛轉，屈曲隨順，此處有緊相依附不離違意。《淮南子·精神》：「屈伸俯仰，抱命而婉轉。」高誘注：「抱天命而婉轉不離違也。」《文選》潘岳《射雉賦》：「婉轉輕利。」（指捕雉之具。）徐爰注：「綢繆輕利也。婉轉，綢繆之稱。」綢繆乃纏束、結縛之意。潘賦意謂將射雉之器纏束停當，故使用快利。《爾雅·釋器》：「弓有緣者謂之弓。」郭璞注：「緣者，繳纏之，即今宛轉也。」亦可證宛轉有纏束意。纏束者必緊相依附而不離違。附，貼近，即《詮賦》「象其物宜，理貴側附」、《才略》「（《洞簫賦》）附聲測貌」以及《物色》「體物爲妙，功在密附」之「附」。注家多釋「婉轉」爲委婉，那便是就手法、風格而言，恐不確。更有以比興之比釋，將「附物」理解爲詩人之情比附於物，認爲「附物」的意思是說古詩善用比喻，「婉轉附物」是說委婉曲折地比附事物，亦非。

（二）析文以為妙

謂以精巧地組字成句爲佳妙。析文，意謂在字句之間剖析鑽研。《文心雕龍》有析句、析辭等語，意思大致相同。如《麗辭》：「至魏晉群才，析句彌密，聯字合趣，剖毫析厘。」析句彌密，謂用字造句更加精密。（在《麗辭》篇中系指運用對偶而言。）又《風骨》云「練於骨者，析辭必精，《物色》云「物色雖繁，而析辭尚簡」，均指遣字造句言。又《定勢》云「或好離言辨句，分毫析厘」，離言亦即析文、析辭。至於《練字》言司馬相如、揚雄作品用字艱深，「讀者非師傳不能析其辭」，則不是言寫作，而是言閱讀，謂不能讀懂其字句。按《荀子・解蔽》：「析辭而爲察，言物而爲辨，君子賤之。」析辭謂剖析、玩弄字句。《禮記·王制》：「析言破律，亂名改作，執左道以亂政，殺。」鄭注：「析言破律，巧賣法令者也。」析言當指在字句之間鑽空子。《隋書·經籍志》論名家云：「苛察繳繞，滯於析辭而失大體。」「析辭」之意亦同，均言斤斤計較於字句之間。沈約《南齊竟陵王發講疏》言佛藏翻譯，有「分條散葉，離文析句」之語，「離文」即「析句」，都指翻譯時斟酌字句而言。僧佑《出三藏記集》卷二：「安清、朔佛之儔，支讖、嚴調之屬，翻譯轉梵，萬里一契，離文合義，炳煥相接矣。」離文即《文心雕龍·麗辭》之「析句」，合義即《麗辭》之「合趣」，均指用字造句而言。總之，「析文以爲妙」之析文，蓋字斟句酌之意。

（三）鋪觀列代，而情變之數可鑒

情，情況，此指有關詩歌寫作的種種情況。數在這裏有規律、必然性之意。謂觀覽列代詩歌，則詩歌寫作的規律便可以察照。

不必將「情」字解釋爲作者之情志。《風骨》云「熔鑄經典之範，翔集子史之術，洞曉情變，曲昭文體」，《總術》云「況文體多術，共相彌綸；一物攜貳，莫不解體。所以列在一篇，備總情變」，其「情變」均指寫作時的各種情況而言。又，或釋「情變之數」爲歷代詩歌發展變化的規律。但此二句連下二句「撮舉同異，而綱領之要可明」皆承上啓下，依文意脈絡，應解爲指詩歌寫作的規律較好。劉勰這裏並未論及歷代詩發展規律問題。

三、樂　府

（一）暨武帝崇禮，始立樂府

《漢書．禮樂志》云：「至武帝定郊祀之禮，……乃立樂府，采詩夜誦，有趙代秦楚之謳。以李延年爲協律都尉，多舉司馬相如等數十人造爲詩賦，略論律呂，以合八音之調，作十九章之歌。」《藝文志．詩賦略》亦云：「自孝武立樂府而采歌謠，於是有代趙之謳、秦楚之風。」是樂府始置於漢武帝時。但同是《禮樂志》，在上述引文之前卻又有「孝惠二年，使樂府令夏侯寬備其簫管」的話，似乎前後矛盾。對此學者有種種解釋。王運熙先生《漢武始立樂府說》[3]認爲「樂府令夏侯寬」的「樂府」其實是泛稱，指的是另一音樂官署太樂，「樂府令」其實是指太樂令。也就是說，漢初原本有音樂機構太樂，也可稱爲樂府。至漢武帝時另外又設立一個機構，定名爲樂府。從此太樂是太樂，樂府是樂府。前者一向歸奉常（後改名太常）管轄，後者則歸少府管轄；前者掌雅樂，後者主要掌俗樂。各有所屬，各有所掌。不過即使樂府已建

---

3 收入作者《樂府詩論叢》（上海：古典文學出版社，1958 年），後又收入作者《樂府詩述論》（上海：上海古籍出版社，1996 年）。

之後，人們在稱呼太樂、太樂令時，有時仍稱樂府、樂府令，於是便出現了上述《漢書・禮樂志》那樣令後人困惑的記載。陳直先生《漢封泥考略》[4]考證漢「齊樂府印」時則說：「少府屬官有樂府令丞，太常屬官有太樂令丞。『樂府』疑即『太樂』之初名。」二位先生所說有所不同，但都認爲漢武所建的樂府與太樂是兩個機構，而「樂府」之稱，有時其實指的是太樂。1976 年春，發現秦始皇陵出土文物中有編鐘一件，紐上刻有「樂府」二字。又上世紀九十年代於西安市北郊漢長安城遺址出土大量封泥實物，被認爲是秦代之物，內有「樂府丞印」、「左樂丞印」。於是頗有學者認爲秦時已設樂府，並非漢武帝時始設樂府。其實這些新的發現未必就能推翻《漢書》漢武始設樂府的記載。因爲問題不在於武帝之前的漢初以至秦代有無「樂府」之稱，而在於那時是只有一個音樂官署，還是已如漢武帝那樣，同時並設不同歸屬、不同執掌的兩個官署。如果只有一個，那麼或稱樂府，或稱太樂，或二者混稱，實質上是一回事。秦代的所謂「樂府」，很可能也就是「太樂」。有學者指出，秦鐘既然出土於始皇陵，當是由太樂所掌，因爲宗廟禮儀之事是由奉常所管理，太樂正是奉常的屬下。那麼鐘紐上的「樂府」二字或許指的是太樂令管理的樂器庫和樂人教習之所。秦封泥的「樂府令」可能也就是「太樂令」的別一稱呼。因爲那樂器庫和樂人教習之所「樂府」是由太樂令管理的，於是就將太樂令稱作樂府令了[5]。這當然只是一種推測，但至少說明秦鐘、秦封泥上的「樂府」字樣並不見得能推翻《漢書》關於漢武帝始立樂府的記載。

---

4 收入作者《文史考古論叢》（天津：天津古籍出版社，1988 年）。
5 見周天游《秦樂府新議》，《西北大學學報》1997 年第 1 期。

（二）朱馬以騷體制歌

范文瀾先生《文心雕龍注》云：「（朱）買臣善言《楚辭》，彥和謂以騷體制歌，必有所見而云然。……《宋書・樂志・相和歌辭》有《陌上桑》一曲，或即騷體制歌之遺。」按劉勰此處所言當指武帝時的《郊祀歌》，與《陌上桑》無關。今《漢書·禮樂志》所載《郊祀歌》，看不出楚辭體，但那是班固著錄時省卻「兮」字所致。此點王先謙《漢書補注》已經指出。如第八首「天地並況，惟予有慕」一首，通篇八字、七字為句，又有六言一句「神奄留臨須搖」，該句王先謙注云：「此『留』下當有『兮』字，而班氏刪之。即上下文八字、七字句皆有『兮』字，無則不成一體。」王氏的依據是：第十首《天馬歌》在《漢書·禮樂志》中皆無「兮」字，而《史記・樂書》著錄則有。《漢書》云：「太一況天馬下。霑赤汗沬流赭。……體容與迣萬里。今安匹龍為友。」《史記》則作：「太一貢兮天馬下。霑赤汗兮沬流赭。騁容與兮跇萬里。今安匹兮龍與友。」又一首《漢書》云：「天馬徠從西極。涉流沙九夷服。」《史記》則作：「天馬來兮從西極。經萬里兮歸有德。承靈威兮降外國。涉流沙兮九夷服。」 兩相對比，雖有文字詳略之異，但那只是傳聞及著錄不同而已，顯然是同一首歌辭。王先謙即據此判斷是班固刪去『兮』字。王先謙還引及《水經・河水》注所引《天馬歌》云：「天馬來兮歷無草。徑千里兮循東道。」《漢書・禮樂志》則作：「天馬徠歷無草。徑千里循東道。」也足為刪去「兮」字之證。此外，在第十一首《天門》、第十二首《景星》的補注中，王氏都指出班固刪去五字句、七字句中「兮」字的情況。這種省略「兮」字的做法，不僅班固一人如此。正如逯欽立先生《漢詩別錄・考源》所說，漢人習慣如此，《漢書》只是一個代表而已。《文心雕龍·章句》說「兮」字乃「語助餘聲」；《楚辭》用「兮」字，「字出於句外」。可以想見，劉勰對於此種省略「兮」字的情況，是十分瞭解的。總之，彥和所謂「騷體制歌」，無須旁求，就是指《郊祀歌》而言。

（三）三調之正聲

三調指清調、平調、瑟調，它們屬於漢代的民間歌曲相和歌系統[6]。西晉荀勖整理國家音樂機構的曲目時，將許多「舊詞」包括曹氏三祖和曹植所作的歌詞以及不少無名氏古辭配入三調演唱。東晉時這些曲目很受重視（劉宋時王僧虔上表云「江左彌重」，見《宋書·樂志一》、《南齊書·王僧虔傳》）。南朝宋、齊時國家音樂機關仍保留三調的諸多曲目，不過也就在劉宋時，卻日漸凋落，以至王僧虔上表請求整理搶救，而由蕭惠基主持其事。相和歌曲（包括三調曲）雖源自民間，但時過境遷，宋、齊時都稱之爲正聲了。如劉宋張永著有《元嘉正聲技錄》，著錄相和歌曲。又如《南齊書·武帝紀》載，齊武帝蕭賾病重時，爲安定人心，乃「召樂府奏正聲伎」。所謂正聲伎即指清商三調等相和歌。（《資治通鑒》卷一三八載此事，胡三省注：「江左以清商爲正聲伎。」胡氏所謂清商，當指漢魏舊曲即清商三調等。） 又《宋書·隱逸傳》載，宋文帝劉義隆賞賜戴顒一支樂隊：「長給正聲伎一部。顒合《何嘗》、《白鵠》二聲，以爲一調，號爲清曠。」據《宋書》語意，《何嘗》、《白鵠》是「正聲伎」中的兩支曲目，而這二曲都是屬於清商三調中的瑟調的（據《宋書·樂志》），可見「正聲伎」即指清商三調（或者說包括清商三調）。唐代張彥

---

6 參王運熙先生《相和歌、清商調、清商曲》，載《樂府詩述論》。

遠著《歷代名畫記》，卷六所錄劉宋袁倩的作品，有《正聲伎圖》。可知以「正聲」指稱包括清商三調的漢魏相和歌，是宋、齊時的慣用之語。

（四）宛詩訣絕

宛詩，據唐寫本。學者多疑應作「怨詩」，或作「怨志」。但南朝實有「宛詩」之名。《宋書・律曆志上》載荀勖所作十二律笛之制，述黃鐘之笛云：「清角之調，以姑洗爲宮。」原注：「唯得爲宛詩謠俗之曲，不合雅樂也。」（《晉書・律曆志》同）因清角之調聲高，故不合雅樂。此處「宛詩」不會是「怨詩」之誤，而正是指謠俗之曲，與劉勰意同。又《文選》卷二七魏文帝樂府《燕歌行》題下李善注引《歌錄》：「燕，地名。猶楚宛之類。」「宛」似指地域名稱。「宛詩」猶如「燕歌」，原是地方性的歌謠。

（五）子政品文，詩與歌別

二句費解。注家多據《漢書・藝文志》（其前身爲劉向校書所成的《七略》）將《詩經》歸入《六藝略》，將漢人所作、所採集的歌詩歸入《詩賦略》加以解釋。但此說似嫌牽強。「詩與歌別」的「詩」，不應僅指《詩三百》。按《藝文志・六藝略》《詩》家後序（出自劉向《七略》中的《輯略》）有云：「誦其言謂之詩，詠其聲謂之歌。」明白地區分詩與歌。所謂「子政品文，詩與歌別」當指劉向此語而言。又《詩賦略》既已著錄「《河南周歌詩》七篇」，另又著錄「《河南周歌詩聲曲折》七篇」；既已著錄「《周謠歌詩》七十五篇」，另又著錄「《周謠歌詩聲曲折》七十五篇」。「歌詩」指歌詞，「歌詩聲曲折」指所配的唱腔之類，那也是「詩與歌別」的反映吧。

四、史 傳

（一）紀傳為式，編年綴事

紀傳，據上下文，應是泛指史籍，並非專指紀傳體。《文心雕龍·事類》：「劉歆《遂初賦》，歷敘於紀傳。」按該賦內容，多據《左傳》。又《諧讔》：「隱語之用，被於紀傳。」謂隱語見載于《左傳》、《戰國策》、《史記》、《列女傳》等。這兩句的意思，是說史書之體式,乃連綴事實，按年代先後編排。有的注釋將「紀傳」理解爲僅指紀傳體，謂紀（本紀）用以編年，傳（列傳）用以綴事；有的則說「紀傳爲式」指紀傳體，「編年綴事」指編年體。恐都不確。陸侃如、牟世金先生《文心雕龍譯注》云：「史書的基本格式，就是按年代順序編纂有關事件。」甚是。

五、書 記

（一）魏之元瑜，號稱「翩翩」；文舉屬章，半簡必錄。休璉好事，留意詞翰，抑其次也。

劉勰敘歷代書記寫作，以此數句概括魏代狀況。其「休璉好事，留意詞翰」

二句似費解。竊以爲二句指應璩編撰《書林》而言。若撰寫子書、史書，是成一家言的鴻儒事業，不得指爲「好事」；撰集同時眾人書信，乃不急之務，故云「好事」。《隋書．經籍志》集部總集類有《書林》十卷，不著撰人，姚振宗《隋書經籍志考證》以爲大約是應璩《書林》。《經籍志》又云「梁有應璩《書林》八卷，夏赤松撰」，姚氏云蓋夏赤松重編應璩之書。姚氏又引《三國志．魏書．高堂隆傳》裴注：「棧潛，字彥皇，見應璩《書林》。」看來應璩本人既擅長書記之文，又留心收集書信之作，撰爲一集，所收錄者可能以當時人作品爲主。劉勰此處先舉阮瑀、孔融書記之作爲曹丕所愛賞、收錄之事，然後舉應璩撰錄書記之事，以見魏代此種文體的發達。「抑其次也」，不是說應璩寫作書記在阮、孔之次，而是說他留意書記可列于曹丕之次。

六、神　思

（一）至於思表纖旨，文外曲致，言所不追，筆固知止。至精而後闡其妙，至變而後通其數。伊摯不能言鼎，輪扁不能語斤，其微矣夫！

《神思》結末處的這幾句話，論者常說成是寫作中言不逮意的那種情況。竊以爲這裏不是就一般的寫作而言，而是劉勰說自己論神思，不可能將作家構思時的種種微妙處說出，只能略論其大概而已。即陸機《文賦》「隨手之變，良難以辭逐」之意。「思表纖旨，文外曲致」，不是指說作家企圖表達卻難於表達的「纖旨」「曲致」，而是指說作家思路中的微茫難言處，指說從其作品中難以窺見的構思痕跡。這些構思中的細微精妙之處是「言所不追，筆固知止」的，正如同擅長烹調的伊摯和精於運斤的輪扁，也難於說出烹調、運斤時的微妙處一樣。「至精而後闡其妙，至變而後通其數」乃是就作家而言。意謂構思的最精妙處雖然無法說出，但高明的作者卻能在寫作實踐中闡而通之；口不能言，卻並非不能掌握。「闡」字往往被釋爲闡說，恐非。既然說「言所不追，筆固知止」，既然說伊摯、輪扁都不能言，怎麼又說可以闡明呢？《說文解字》：「闡，開也。」乃打開、開通之意，非今言闡述、說明之謂。意謂只有最高明的作家能通達、掌握其奧妙。

七、體　性

（一）輕　靡

劉勰論「八體」，有新奇、輕靡二體。其解說云：「新奇者，擯古競今，危側趣詭者也；輕靡者，浮文弱植，縹緲附俗者也。」這樣的解說當然給人貶抑、否定的印象。但不能說劉勰對這兩體一概持貶斥態度。他承認這兩體是客觀存在，而且在一定條件下也是需要的，是可以並且應該與其他風格類型相融合的，所以下文說「八體雖殊，會通合數。得其環中，則輻輳相成」。「八體」當然包括新奇、輕靡在內。故黃侃先生《文心雕龍劄記》云：「八體並陳，文狀不同，而皆能成體，了無輕重之見存於其間。」劉勰只是認為對這兩體若把握不當，則易形成不良文風。劉宋以來文章的訛變不正之風，即與此點有關，故他特為指出，當具有提醒作者注意分寸、防止過濫過甚的用意。

「新奇」、「輕靡」這兩個名目本身並非貶辭。這裏說一下「輕靡」的含意。輕靡猶言輕麗、輕綺。先說「輕」字。「壯與輕乖」，輕與壯大有力相反，但未必就屬於該排斥之列。《明詩》云：「晉世群才，稍入輕綺。……采縟於正始，力柔于建安。」西晉詩歌不像建安詩歌那樣慷慨有力，但仍屬優秀。劉勰以「輕綺」二字形容其風格，並無否定之意。又《哀悼》稱讚禰衡《吊張平子文》「縟麗而輕清」，縟麗輕清，亦即輕麗、輕綺。又《奏啓》說啓的特點，應當「促其音節，辯要輕清」。輕與篇幅短小簡約有關。簡約則不宏大，故謂之輕。而且應該注意，「輕」常與「清」相聯繫。因為輕有輕便、輕快之意，文辭輕便，即讀來流暢而不重膇艱澀，所謂「輕唇利吻」（蕭子顯《南齊書·文學傳論》語），那就與表情達意之明快有關，亦即與「清」有關。那當然不是缺點，對於詩賦一類作品而言，尤其是一種應該具備的優點，即《明詩》所云「五言流調，則清麗居宗」之清。下面再說「靡」字。今人往往聯想到「靡靡之音」，遂以為含有貶意，其實不然。《漢書·司馬相如傳》：「相如見上好仙，因曰：上林之事未足美也，尚有靡者。」師古注：「靡，麗也。」又陸機《文賦》：「言徒靡而不華。」李善注：「靡，美也。」靡即美麗之意。《文心雕龍》諸篇中靡字，均非貶辭。如《辨騷》云「《九歌》《九辯》，綺靡以傷情」。「綺靡」為漢魏以來常用語，最為人所知的用例即陸機《文賦》的「詩緣情而綺靡」，其綺、靡二字皆美麗之意。又《明詩》言西晉詩人「流靡以自妍」，流靡即流美。（顏延之《庭誥》：「至於五言流靡，則劉楨、張華。」可以參考。）又《文心雕龍·樂府》云魏氏三祖所作樂府「音靡節平」，謂音調美麗，節奏和平。又言《郊祀歌》「靡而非典」，謂文辭美麗，但其內容則不合經典。又《誄碑》稱讚傅毅等人所作誄文「辭靡律調」。又《章表》云：「魏初表章，指事造實，求其靡麗，則未足美矣。」說魏初表文內容質實而文辭不美麗。此例中靡麗即美麗，至為明顯。又《雜文》云文人「負文餘力，飛靡弄巧」，其靡字亦美麗、美妙之意。又《封禪》引班固語云司馬相如《封禪文》「麗而不典」。按班氏《典引》原文實作「靡而不典」，足證麗、靡同義。又《練字》云「字靡易流，文阻難運」，言字形美麗則易於流傳。其他如《章句》「歌聲靡曼」，《時序》「流韻綺靡」，《才略》「清靡於長篇」，其靡字都是美麗之意。其實「靡靡之樂」，其原意也是說非常美麗動人的音樂，語出《韓非子・十過》。師曠說有德之君才有資格聽美妙的音樂；德薄者如商紂王，沉溺於「靡靡之樂」，適足以亡國。靡靡二字，仍是美麗之意。晉傅玄《歷九秋篇》：「窮八音兮異倫，奇聲靡靡每新。」就是用「靡靡」形容新聲之美妙的。

八、通 變

（一）練青濯絳，必歸藍蒨

這兩句應是說洗汰、去除青、絳之色，必定就回歸藍草、蒨草之原色。喻矯正、改變淺訛的文風，必須以經誥爲宗。與上文「青生於藍，絳生於蒨，雖逾本色，不能復化」相承。上文說青色生於藍草，絳色生於蒨草，其色雖超過原來的草色，但已到達極點，不能再向前變化。意謂自黃唐至晉宋，文章沿著由質趨文的方向，變化已窮。言外之意，應當返本。故此云「練青濯絳，必歸藍蒨」。練、濯二字，往往被釋爲提煉或染的意思，不確。因爲上文說青、絳之色「雖逾本色，不能復化」，是含有否定意味的。如果將「練青濯絳，必歸藍蒨」釋爲提煉或染青、絳之色，必定要用藍草、蒨草，則與那種否定意味無法呼應承接。之所以那樣解釋，是由於對「練」字理解不確。按：此處練也是洗濯、淘汰之意。《戰國策·秦策一》「簡練以爲揣摩」高誘注：「簡，汰也。練，濯。」又《文選·七發》「灑練五藏」李善注：「練，猶汰也。」蔡邕《釋誨》：「練餘心兮浸太清，滌穢濁兮存正靈。」其「練」字亦正是洗濯之意。

九、情 采

（一）情者文之經，辭者理之緯

情、理指作者要表述的內容，文、辭則指文章辭語。劉勰屢用情、理字樣。如《體性》「情動而言形，理發而文見」、《熔裁》「情理設位，文采行乎其中」「檃括情理，矯揉文采」、《章句》「控引情理」、《比興》「起情故興體以立，附理故比例以生」、《養氣》「率志委和，則理融而情暢」等。今欲就此二字稍加申說。

情即意，即心中之所存、心之所念慮，包括今日所謂偏於情感方面的，也包括偏于理智方面的。在一般的情況下，在許多具體的場合，情感與理智渾然難以區別，古代文獻中絕不是一用情字就表示那種強烈震撼或纏綿不已的情感。在《文心雕龍》中，如《辨騷》所謂「《九歌》、《九辯》，綺靡以傷情」、「敘情怨則郁伊而易感」，《明詩》所謂「怊悵切情」，其情字當然可理解爲相當於今日「情感」之意。但還有很多情況只是一般地指「意」，下面舉若干例加以說明：（1）《征聖》云：「夫子文章，可得而聞，則聖人之情見乎辭矣。」「聖人」句借用《周易·系辭下》「聖人之情見乎辭」，原是說說聖人的想法、觀點見之於卦爻辭，劉勰這裏則泛指聖人述作。但無論原句還是劉勰借用，其「情」字，用今天的眼光來看，毋寧說是偏于理智方面。（2）《征聖》說儒家經書有多種表現，「或簡言以達旨，或博文以該情」。「博文以該情」的例子，如「《邠詩》（按指《七月》篇）聯章以積句，《儒行》縟說以繁辭」。《七月》和《禮記·儒行》篇幅頗長，故曰「博文以該情」。情就是「旨」，指書中包含的聖人之意旨而言，這裏也並無強調情感因素之意。（3）《明詩》介紹「近代」（劉宋）以來詩壇狀況說：「情必極貌以寫物，辭必窮力而造新。」「情必極貌以寫物」是說山水詩的內容爲描摹風景，「情」字並非強調抒發情感。劉勰在許多地方都用情、辭分別指作品的內容與文辭而相對舉出（如《征聖》「情信而辭巧」，《體性》「士衡矜重，故情繁而辭隱」，《鎔裁》「萬趣會文，不離辭情」，又「情周而不繁，辭運而不濫」，《知音》「綴文者情動而辭發」等。有時則以情與文，或情與言對舉），正如《情采》篇之情與采。其「情」字可以包括但並不強調今日所謂情感因素。（4）《諸子》：「情辨以澤，《文子》擅其能。」《論說》：「及班彪《王命》，嚴尤《三將》，敷述昭情，善入史體。」《章表》：「懇惻者辭爲心使，浮侈者情爲文屈。」《議對》：「（公孫弘之策對）總要以約文，事切而情舉。」《書記》：「箋者表也，表識其情也。」又：「陸機《自理》，情周而巧。」所舉到的作品，或是說理，或是議政，或是述說事情、剖陳心跡，情字也都只是泛指所說所想而已，並不強調感情。（5）《神思》：「是以秉心養術，無務苦慮，含章司契，不必勞情也。」又：「若夫駿發之士，心總要術，……覃思之人，情饒歧路，……」又《熔裁》：「（陸機）識非不鑒，乃情苦芟繁也。」諸「情」字乃心思、思慮、心意之意，也不是指感情而言。總之，情乃泛指作者心之所存，若形諸文字則泛指作品內容。

理字在《情采》中也是泛指文章內容，並不如今日道理、理論之類詞語那樣給人以比較抽象之感。理即事理、物理，包括具體的事物和較抽象的「理」，古人並不如今日這樣明顯地區分二者。《禮記．樂記》：「禮也者，理之不可易者也。」鄭玄注：「理，猶事也。」《列子．楊朱》：「方其荒於酒也，不知世道之安危、人理之悔吝。」「人理」即人事。左思《蜀都賦》：「若乃卓犖奇譎，倜儻罔已，一經神怪，一緯人理。」「人理」指司馬相如、嚴君平、王褒、揚雄等人之卓犖不凡而言，亦人事之意。晉湣懷太子《遺妃書》詳述其被誣陷之經過，最後說：「事理如此，實爲見誣，想眾人見明也。」「事理」即被誣之事實、事情。又謝靈運《廬陵王墓下作》：「理感深情慟。」「理感」即感於事，非謂被某種道理所感動。謝朓《敬亭山詩》：「要欲追奇趣，即此陵丹梯。皇恩竟已矣，茲理庶無睽。」「茲理」即指追奇趣、陵丹梯之「事」而言。駢文中往往「事」、「理」對舉，「理」亦即「事」。如陸厥《與沈約書》：「率意寡尤，則事促乎一日；翳翳愈伏，而理賒乎七步。」意謂文思有遲有速。其「事」、「理」二字，若互易位置，亦無不可。下面再舉《文心雕龍》若干例爲證：（1）《史傳》：「然俗皆愛奇，莫顧實理，傳聞而欲偉其事，錄遠而欲詳其跡。」莫顧實理，謂不顧歷史事實，無須解爲真實的道理。同篇云：「曉其大綱，則眾理可貫。」謂作者明曉撰述史書應有的要求，則眾多的歷史事實便可連貫會通，集爲一書。（2）《神思》：「或理在方寸而求之域表。」又：「理鬱者苦貧，辭溺者傷亂。」其「理」均謂要寫的具體內容、事義，乃泛指寫作各類作品而言，並非專就論說性文字言。（3）《體性》：「長卿傲誕，故理侈而辭溢。」理亦泛指所寫內容，司馬相如賦主要是敷陳事實，描寫物象，而不是論說道理。理、辭對舉，猶情、辭對舉。（4）《情采》：「立文之道，其理有三。」猶言其事有三，即形文、聲文、情文。（5）《比興》：「故比者，附也。……附理者，切類以指事；……附理，故比例以生。」附理，謂貼近被比喻的事物，這些事物可以是具體的，如「麻衣如雪」的麻衣、「兩驂如舞」的兩驂、「聲似竽籟」的風聲等等。（6）《誇飾》：「至《西都》之比目，《西京》之海若，驗理則理無可驗。」亦言其事不實，無可檢驗。（7）《物色》：「皎日嘒星，一言窮理。」言皎字、嘒字，僅僅一個字就把日、星的狀態寫出來了。「理」字泛指事物情狀。（8）《附會》：「使眾理雖繁，而無倒置之乖：

羣言雖多，而無棼絲之亂。」「眾理」亦言作品中眾多的事理、內容。「理」字指作品內容的用法，在六朝時甚爲普遍。如皇甫謐《三都賦序》：「是以孫卿、屈原之屬，……皆因文以寄其心，托理以全其制。」陸機《文賦》：「理扶質以立幹，文垂條而結繁。」又：「要辭達而理舉，故無取乎冗長。」又：「理翳翳而愈伏，思軋軋其若抽。」又：「伊茲文之爲用，固眾理之所因。」

總之，「情」和「理」在本篇中都是泛指文章內容。從作者心中想要寫什麼的角度而言，是「情」；從寫出來的事理而言，是「理」。在本篇中，無須推究其差別，不應將情釋爲感情、將理釋爲道理，不必將全篇理解爲從抒情、說理兩方面立論。

十、麗　辭

（一）自楊、馬、張、蔡，崇盛麗辭，如宋畫吳冶，刻形鏤法

刻形鏤法，語出《淮南子·修務》：「夫宋畫吳冶，刻刑（形刑通）鏤法，亂修曲出，其爲微妙，堯舜之聖不能及。」高誘注：「宋人之畫，吳人之冶，刻鏤刑法，亂理之文，修飾之巧，曲出於不意也。」《文心雕龍》諸家譯注云對作品施以精細的雕飾，固然不錯，但「形」、「法」二字何解？有的學者解爲形象和法則、法式、圖樣，則待商榷。按楊樹達先生《淮南子證聞》卷七：「刑當讀爲型，故與法爲對文。」楊先生說是。型、法皆模型、範型之意。《說文解字》木部：「模，法也。」又竹部：「笵（範），法也。」又土部：「型，鑄器之灋（法）也。」以木爲之曰模，以竹曰笵，以土曰型，三者皆謂之法，即今之所謂模型。刻刑鏤法，即刻鏤鑄造刀劍器具的模型，乃承「吳冶」而言。刑，型的

假借字。《淮南子》及注中的「亂」字，當解作「治」。《論語·泰伯》：「武王曰：予有亂臣十人。」《集解》引馬融：「亂，治也。」此亦其例。

（二）反對者，理殊趣合者也；正對者，事異義同者也

「殊」與「異」、「合」與「同」，意思似無甚區別。但細味之，覺其用字頗有斟酌。「異」之本義爲分，引申爲不同、不一樣；至於「殊」字，《說文》云：「死也，一曰斷也。《漢令》曰：蠻夷長有罪當殊之。」所謂「殊之」，謂斷絕往來。（段玉裁說）古代斬首、腰斬稱殊死，（見《匡謬正俗》）亦以身體斷絕之故。總之「殊」原爲斷絕、隔絕義，雖也引申訓爲異，爲分離，但在某些時候，其語意更強烈,程度更甚。如《漢書·昌邑王傳》：「骨肉之親，析而不殊。」顏師古注：「析，分也；殊，絕也。」謂雖分析而並不斷絕。又嵇康《琴賦》：「或相離而不殊。」謂琴聲雖若分離不一致，但仍相互聯繫，並不隔絕。此句之前，有「或曲而不屈，或直而不倨，或相淩而不亂」數句，曲與屈、直與倨、淩與亂，義皆相近而後者爲甚，離與殊亦然。總之，正對之「事異」，可理解爲僅言事理不同、非同一件事，如劉邦之思念枌榆、劉秀之思念白水，雖都是皇帝思鄉，但畢竟不是同一件事；而反對之「理殊」，如「鐘儀幽而楚奏，莊舄顯而越吟」，不但不是同一件事，而且一幽一顯，其事恰正相反。總之，異與殊，都是不同，而殊的程度更甚。至於「趣合」、「義同」之合與同，也可體會其區別：合者可以是不一樣的事物因某種條件而會聚和洽，同者謂等同、完全一樣。古漢語中有時可見此種意義相近或相同、但又並舉而見其細微差別的語例。如《左傳》襄公

二十九年季札觀樂，其評論之語有「直而不倨」、「曲而不屈」（上引嵇康《琴賦》語即出於此），又有「邇而不偪（逼）」、「哀而不愁」、「處而不底（處者不動，底者停止）」、「行而不流」等語。直與倨、曲與屈、邇與逼、哀與愁、處與底、行與流義皆相近。又如《論語·子路》：「君子和而不同，小人同而不和。」《左傳》昭公二十年也有「和而不同」語。和與同本也意義相近，但《論語》、《左傳》則強調其區別。劉勰言「理殊趣合」、「事異義同」之合與同，似也可這樣理解。

（三）凡偶辭胸臆，言對所以為易也

偶辭胸臆，即偶辭於胸臆，謂對偶其辭於胸臆之中，不必憑藉學問。偶爲動詞。「胸臆」有其特殊含意。南北朝時稱直接抒寫、不用典故者爲胸臆語。如魏收《魏書·文苑傳序》：「辭罕淵源，言多胸臆。」（見《文鏡秘府論·天卷·四聲論》引，今本《魏書》脫落此語）又《顏氏家訓·文章》：「邢子才常曰：『沈侯文章，用事不使人覺，若胸臆語也。』」

十一、比　興

（一）比則蓄憤以斥言，興則環譬以託諷

注家多以「蓄憤以斥言」爲滿懷悲憤、憤怒之情加以斥責之意，恐非。下文所舉比例，「金錫以喻明德，珪璋以譬秀民，螟蛉以類教誨」，還有「麻衣如雪」、「兩驂如舞」，都毫無斥責之意。

按「憤」乃胸中充滿某種思想感情、欲求抒發而未得之意，並不限於憤怒、憤恨等。《論語·述而》：「子曰：不憤不啓，不

悱不發。」《論語集解》引鄭玄：「孔子與人言，必待其人心憤憤，口悱悱，乃後啓發爲説之，如此，則識思之深也。」劉寶楠《正義》：「《方言》：憤，盈也。《説文》：憤，懣也。二訓義同。人於學有所不知不明，而仰而思之，則必興其志氣，作其精神，故其心憤憤然也。」此處「憤」乃求知求解之欲充滿心中、百思不解、其氣不舒之意。按：《説文解字·心部》既云「憤，懣也」，又云「悶，懣也」。又云：「懣，煩也。」煩的本義爲發熱頭痛，段玉裁注：「引申之，凡心悶皆爲煩。」是憤即今言懣悶、煩悶之意。《述而》又云：「其（孔子）爲人也，發憤忘食，樂以忘憂，不知老之將至焉爾。」是説孔子嗜好學習，其追求知識之意懣悶於胸，獲得了知識，其胸中之鬱積乃得以舒暢，即「發憤」。（按朱熹《論語集注》的解釋，這裏的「憤」是指積聚於胸的求知欲望。）《淮南子·修務》：「夫歌者樂之征也，哭者悲之效也，憤於中則應於外，故在所以感之也。」快樂與悲哀，皆可言「憤」。東方朔《非有先生論》：「使（賢人）遇明王聖主，得賜清宴之閑、寬和之色，發憤畢誠，圖畫安危，揆度得失，上以安主體，下以便萬民，則五帝三王之道可幾而見也。」這裏的「憤」是指懣悶於胸中的陳述治國安邦之道的夙願。王褒《四子講德論》有「舒先生之憤」語，其「憤」指的是浮游先生蓄積于胸中的欲歌頌大漢盛德的強烈願望。浮游先生云：「於是皇澤豐沛，主恩滿溢，百姓歡欣，中和感發，是以作歌而詠之也。《傳》曰：詩人感而後思，思而後積，積而後滿，滿而後作。言之不足故嗟歎之，嗟歎之不足故詠歌之，詠歌之不足，不知手之舞之足之蹈之也。此臣子于君父之常義，古今一也。」「感而後思，思而後積，積而後滿，滿而後作」便是「發憤」的具體説明，而在這裏，其「憤」指的乃是臣子歌頌君父的強烈願望。兩「滿」字即「懣」字。（桂馥《說文解字義證》說）浮游先生又說：「感懣舒音而詠至德。」「感懣」亦即「感憤」，憤懣者也就是詠至德的強烈情感。班固《典引》序：「竊作《典引》一篇，雖不足雍容明盛萬分之一，猶啓發憤懣，覺悟童蒙，光揚大漢，軼聲前代。」其「憤懣」之意，亦與《四子講德論》同。吳質《答東阿王書》有「憤積於胸臆，懷眷而悁邑」之語，其「憤」是指蒙受恩遇而無以報答的慚愧之情。陸機《演連珠》之十二云：「貞士發憤，期在明賢。」其「憤」指鬱結於胸、念茲在茲的進賢之志。又其《吊魏武帝文》云「於是遂憤懣而獻吊云爾」，其「憤懣」是指因曹操臨死之際「雄心摧於弱情，壯圖終於哀志」而產生的哀傷感慨而言。凡此之類，例子頗多，不能備舉。總之，「蓄憤」之「憤」並非在任何情況下都指憤怒、憤恨那一類情感。孔穎達解釋《關雎序》「在心爲志，發言爲詩」時說：「言作詩者，所以舒心志憤懣，而卒成於歌詠。……言悅豫之志則和樂興而頌聲作，憂愁之志則哀傷起而怨刺生。《藝文志》云『哀樂之情感，歌詠之聲發』，此之謂也。」悅豫之與憂愁，哀之與樂，是都屬「心志憤懣」的。又孔氏在解說《詩經》章旨重複而反復詠歎以盡其意的手法時說：「詩本畜志發憤，情寄於辭，故有意不盡，重章以申殷勤。」（見《卷耳》第三章《正義》）所謂「畜志發憤」的志和憤，是泛指各種念想，決不是單指恨怒之情。以《卷耳》而言，所蓄積而抒發的就是憫使臣勞苦、希望君子（指周文王）善待臣下的想法。

「斥言」也並非今日所謂斥責，而是直說，指明了說之意。斥者，指也。蔡邕《獨斷》卷上：「群臣與天子言，不敢指斥天子，故呼在陛下者而告之，因卑達尊之意也。」蔡氏又云：「朝廷者，不敢指斥君，故言朝廷。」（今本《獨斷》無此語，見《文選》卷四十一朱浮《爲幽州牧與彭寵書》李善注引）其「指斥」當然並非今日所謂「斥責」之意，而是「直接稱說」意。《詩經·關雎序》「先王之所以教」鄭箋：「先王，斥大王、王季。」《大雅·既醉》「君子萬年」鄭箋：「君子，斥成王也。」《周頌·雍》「假哉皇考」鄭箋：「斥文王也。」斥即指也。《周南·漢廣》「之子於歸，言秣其馬」鄭箋：「謙不敢斥其適己；於是子之嫁，我願秣其馬，致禮餼，示有意焉。」鄭意謂男子不敢直說願女子歸嫁於己，乃婉言當其出嫁時，我願秣其馬。「斥」乃直說之意。《詩譜序》「初古公亶父聿來相宇爰及姜女……歷世有賢妃之助以致其治」孔穎達《正義》：「《召南》夫人雖斥文王夫人，而先王夫人亦有是德。」《鵲巢》「百兩御之」毛傳「百兩百乘也」孔疏：「此夫人斥大姒也」。其「斥」亦皆「指說」之意。

「環譬以託諷」之「諷」也不是今日所謂諷刺，而只是委婉地使人明白之意。《毛詩序》「風風也教也風以動之教以化之」《正義》：「風訓諷也，教也。諷謂微加曉告，教謂殷勤誨示。……先依違諷諭以動之，民漸開悟，乃後明教命以化之。」可知諷乃不明說、旁敲側擊地使人有所觸動之意。又鄭玄《周南召南譜》云二南爲房中之樂，《正義》曰：「女史歌之，風切后夫人。」風即諷字。按：《毛詩》認爲二南言太姒之美德，並非刺詩。孔穎達謂以此歌頌太姒之詩感動、曉諭后夫人，絕無諷刺之意。

總之，劉勰這裏說「比則蓄憤以斥言，興則環譬以託諷」，只是就比、興二者的藝術表現而言，強調比仍是直說，而興則是繞著圈子婉轉地說。就這兩句話而言，並無強調政教美刺之意。不能從這兩句話就得出劉勰強調詩歌政教作用的結論。

十二、物 色

（一）春秋代序，陰陽慘舒，物色之動，心亦搖焉。……是以獻歲發春，悅豫之情暢；滔滔孟夏，鬱陶之心凝；天高氣清，陰沉之志遠；霰雪無垠，矜肅之慮深。

「鬱陶之心」，注家多以憂鬱之情釋之，似有可疑。按上文「陰陽慘舒」，語出張衡《西京賦》：「夫人在陽時則舒，在陰時則慘。」薛綜注：「陽謂春夏，陰謂秋冬。」那麼爲何寫到「滔滔孟夏」之時，卻偏說憂鬱呢？且描寫春夏秋冬四季，若三時皆陰而慘，只有春季爲陽而舒，也顯得很不匀稱。其實鬱陶在這裏應理解爲喜氣充塞而未發之意。初夏時節，萬物長育，草木扶疏，故心中充滿喜悅。按：凡情思盈蓄於內而未發舒，無論是憂是喜，還是思念深切等，均可稱鬱陶。王念孫《廣雅疏證》卷二下《釋詁》言之甚詳，可參看。《物色》此處上文有「陰陽慘舒」語，則此「鬱陶之心」當指欣悅之情而言。《爾雅·釋詁》：「鬱陶、繇，喜也。」又《禮記·檀弓下》：「人喜則斯陶，陶斯詠。」鄭玄注：「陶，鬱陶也。」孔穎達疏：「鬱陶者，心初悅而未暢之意也。言人若外竟（境）會心，則懷抱欣悅，但始發俄爾，則鬱陶未暢。……鬱陶情轉暢，故口歌詠之也。」孔疏可供參考。本書《書記》說書信的作用，「所以散鬱陶」，其「鬱陶」泛指心中鬱積，雖非專指欣悅，但亦非專指憂鬱。

十三、序　志

（一）茫茫往代，既沈予聞

二句之解，眾說紛紜。今且進一說：聞，聲聞。「沈」即「沉」，乃隱伏不彰、無所表現之意。陸機《赴洛》之一：「無跡有所匿，寂寞聲必沈。」李善注：「言分訣之後，形聲皆沒。」張銑注：「謂離別後，跡無所見，聲無所聞。匿、沈，皆不見之貌。」本書《時序》：「（司馬懿父子）跡沈儒雅」，是說他們不好文，在儒雅方面無所表現。二句感歎茫茫往世之中，自己默默無聞，未曾有所表現。下文說「眇眇來世，倘塵彼觀也」，是說悠悠來世，自己的著述（《文心雕龍》）或許能蒙後人觀覽。往代、來世，用佛家三世之說話頭。論者云《論說》篇「般若絕境」為彥和浸淫佛學之一證；此「往代」、「來世」之語，或可視為又一處痕跡吧。

觀詩、觀人傳統與劉勰的文學解釋理論

蔡宗齊

在各類古代典籍上，「觀」字一直被用來指審察解釋主、客觀現象的心理活動。隨著解釋對象與方法的轉變，西周至六朝一千多年間先後產生了三個主要的解釋傳統：「觀詩」、「觀人」、「觀文」。觀詩與觀人又可細分出不同的小傳統。觀詩之下有春秋之觀樂（聽詩）、賦詩、引詩與戰國兩漢之讀詩。漢晉之際興起的觀人則包括以相反的解釋方式進行的兩大類人物品鑒。一類立足於客觀之觀察，對人物的道德品質、政治才能作出理性分析與歸類。三國期間劉劭的《人物志》便是此類人物品鑒的代表作。另一類對具體人物的神貌風度作出審美性的判斷。這種著重於觀者審美體驗的人物品鑒風靡於晉宋時期，詳細記載於劉義慶的《世說新語》之中。[1]最後興起的「觀文」則是把觀詩、觀人的方法運用於文學批評的產物。因而，在對觀文實踐作總結之時，劉勰很自然地大量借鑒了觀詩與觀人傳統，進而構建一套體系完備的文學解釋理論。

本文試圖分析觀詩、觀人、觀文的演變，從而探明劉勰文學

1 此類人物品鑒重在審美感受，而非意義之詮釋，故不在本文討論範圍。關於此類人物品鑒的美學意義，見 Wai-yee Li, "*Shishuo xinyu* and the Emergence of Aesthetic Self-consciousness in the Chinese Tradition," in Zong-qi Cai, ed. *Chinese Aesthetics: The Ordering of Literature, Arts, and the Universe in the Six Dynasties* (Honolulu: University of Hawaii Press, 2004), pp. 237-276.

解釋理論之淵源與特點，並揭示三大解釋傳統之間緊密的內在關係。

一、春秋之觀詩傳統：觀樂（聽詩）、賦詩、引詩

觀詩是春秋時期最重要的文化活動之一，舉凡士人，無不深諳其道；或宴樂朝堂，或折沖樽俎，或修身養性，其場合亦公亦私，其作用亦不一而足。泛而論之，春秋之觀詩有三種形式：一，不涉主客互動之觀樂；二，主客互動之賦詩；三，直抒胸襟之引詩。

第一觀樂，即觀《詩經》之配樂表演，故亦可稱爲聽詩。最著名之觀樂事例見于《左傳・襄公二十九年》中關於季札聘魯的記載：

> 請觀於周樂。使工為之歌周南召南。曰。美哉。始基之矣。猶未也。然勤而不怨矣。……
>
> 為之歌鄭。曰。美哉。其細已甚。民弗堪也。是其先亡乎。……
>
> 為之歌小雅曰。美哉。思而不貳。怨而不言。其周德之衰乎。猶有先王之遺民焉。
>
> 為之歌大雅。曰。廣哉。熙熙乎。曲而有直體。其文王之德乎。
>
> 為之歌頌。曰。至矣哉。直而不倨。曲而不屈。邇而不偪。遠而不攜。遷而不淫。復而不厭。哀而不愁。樂而不荒。用而不匱。廣而不宣。施而不費。取而不貪。處而不底。行而不流。[2]

文中所觀之詩，取自《詩經》風、雅、頌諸部，故其描述是

---

2 見孔穎達《春秋左傳正義：襄公 29 年》。收於阮元（1764-1849）所編《十三經注疏》（北京：中華書局，1977），卷 2，頁 2006-2007。

歷來觀樂之記載中最爲詳盡者。季劄觀樂時，前後一致地在三層次上作出反應：第一層是贊嘆，分別以「美哉」，「熙熙乎」，「至矣哉」諸語表達其觀樂後之主觀感受。

第二層評論所觀之樂是契合還是偏離了中庸之道。對季札而言，對中庸的偏離即是某一特性之極端化，不論這一特性爲可欲、或可厭棄者。季札對「鄭風」的評論就是批評對某一可取特性極端化的一個絕佳例子：「美哉。其細已甚。」相反，對中庸之契合即是某一可欲之特性表現得恰到好處，如「思而不貳」，「怨而不言」，「直而不倨」等等；季札在評述《周頌》時，即曾少見地以排比手法，連續使用十四個「……而不……」句式強化表現該詩對中庸的完美體現。

第三層評論點出樂中所寓之社會政治含義。對季札而言，若樂聲中正平和，則顯示該詩之源地政治昌明；若樂聲中喜怒皆失其度，則顯示道德淪喪，政治敗壞，一如上例「鄭風」之所示也。

在如此盛大的宮廷表演中能夠引起季札注意的應該有很多，如歌手的演唱，樂器的編排，樂曲的演奏，吟唱出的詩文等等[3]；季札也應該有很多機會與主人就這些演出交換意見。不過，從上文的記載來看，季札在這些詩的表演中，無論是演唱還是演奏，唯獨關心曲調的成份；正如其長篇評述所示，季札的言詞只涉及耳之所聞，而毫不留意表演的其它方面，甚至連詩文也不例外。綜上所述，這一類觀詩從本質上講，是以樂爲中心，並且不強調主與客、或表演者與觀賞者之間互動的。

季札的觀樂並非孤立現象，典籍中關於當時士人觀樂的記載隨處可見。《論語》中孔子之觀樂即與上文所述如出一轍；和季

3 事實上，《詩經》自身就有觀察樂器編排的詳細記述。《大雅．靈臺》雲：“虡業維樅，賁鼓維鏞。於論鼓鍾，於樂辟廱。”

札一樣，孔子觀樂之關注點亦在樂曲所折射出的社會政治背景：

> 子謂韶。盡美矣。又盡善也。謂武。盡美矣。未盡善也。[4]

孔子觀《韶》，既欣賞其盡美之音樂，又從中體會出舜至善的聖德；而觀《武》則不然，武王以征伐取天下，故此樂美則美，未爲盡善也。同理，觀《關雎》時，孔子的反應是：

> 師摯之始。關雎之亂。洋洋乎盈耳哉。[5]

這種反應盡管未及政論，卻與季札關於《周南》的反應頗有異曲同工之妙。

觀詩的第二種形式是「賦詩」，主要表現爲外交場合中一方官員之「賦」或獻演某詩或其章節，通常以樂相配，表演者擊節以和，或唱或誦。這樣的表演常常是有所意指而發，而獻演的對象亦常常有所意指而應。《左傳・襄公二十七年》所載七子爲趙孟賦詩事，即是一例。與季札一樣，趙孟所受到的款待也是一場圍繞《詩經》演出的宮廷宴會；不同的是，相對於前者由宮廷樂師獻上美侖美奐的歌樂，趙孟則邀請七位作陪的卿大夫各自「賦詩」。按趙孟的說法，這個請求有兩個目的：一是爲了讓七子可以完成對他的歡迎，「以卒君貺」，順便也可以表露一下對他這個客人的看法；二是可以讓七子表達一下各自的志向。由這個請求引出七番賓主互動的賦詩，七子一一賦詩，趙孟一一作答：

4 《論語引得》，哈佛燕京漢學索引大系，增補版，16 號（北京：哈佛燕京研究所，1940），3/25（即第三章，第二十五段）。

5 《論語引得》，8/15 .

七子賦詩	趙孟應答
子展賦草蟲	趙孟曰.善哉.民之主也.抑武也不足以當之.
伯有賦鶉之賁賁	趙孟曰・床第之言不踰閾.況在野乎.非使人之所得聞也.
子西賦黍苗之四章	趙孟曰.寡君在.武何能焉.
子產賦隰桑	趙孟曰. 武請受其卒章.
子大叔賦野有蔓草	趙孟曰.吾子之惠也.
印段賦蟋蟀	趙孟曰.善哉.保家之主也. 吾有望矣.
公孫段賦桑扈	趙孟曰.匪交匪敖.福將焉往.若保是言也.欲辭福祿得乎.[6]

表中左欄顯示七人輪流賦詩。七人各自於心中檢視《詩經》，從中選取最能表達他對趙孟觀感、並最能表達自己志向的一首詩或其中一個章節；各人的獻詩很有可能是音樂伴奏下的歌唱。[7]表中右欄，趙孟對七人賦詩一一作答：他一邊聆聽諸詩的表演，一邊細細品味這些詩行，並判斷它們是否切合當時的情景 — 他密切關注著這些詩行的弦外之音，試圖從中揣摩出各人對他的態度、及各自的志向。七輪賦詩中，賓主對諸詩之配樂均不置一詞，全部注意力都集中在了詩句與文詞上；換言之，雙方以共有的語言知識為基礎，傳達與解讀寓形於詩句文詞中的信息。

用賦詩這種婉轉的方式來進行賓主間的對答其實是一場相當冒險的遊戲。一方面，賦詩的委婉可以用來傳達一些不易直白表露的東西，又可令聽者作出適宜的回應：引文中子展、子西、子產、子大叔、印段及公孫段等六人巧妙地利用了這一形式，既不

---

6 孔穎達，《春秋左傳正義・襄公二十七年》，收於《十三經注疏》，卷二，頁 1997。

7 關於音樂演奏、賦詩、舞蹈中含有儀式意義的排序，見陳致《說「夏」與「雅」：宗周禮樂形成與變遷的民族音樂學考察》一文，收於《中國文哲研究集刊》，十九，（2001），頁 1-54。

著痕跡地贊揚了他們的嘉賓，又宣示了自己志向，卻不顯得過分自大；而對于六人兼含贊揚與言志的精彩賦詩，趙孟一則以示謙謝，一則以示推崇。但是另一方面，賦詩的不直接性又很容易造成誤解，並導致嚴重的後果。如伯有所賦《鶉之賁賁》之詩句「人之無良。我以爲君。」即被趙孟視爲對其君鄭伯的公然怨謗。伯有賦詩的用意，是否果在謗君，已不得而知；他也許只是選詩不當而徒遭誤解而已，然而選詩不當的後果卻已經造成：他不僅當場遭到了趙孟的斥責，事後復遭其預言不得善終：

> 卒享。文子告叔向曰。伯有將為戮矣。詩以言志。志誣其上。而公怨之。以為賓榮。其能久乎。幸而後亡。[8]

這番預言，三年之後竟然一語成讖。

鑒于賦詩這一藝術行爲足以影響個人與國家的命運，孔子對它的重視便不足爲怪了：

> 子曰。誦詩三百。授之以政。不達。使於四方。不能專對。雖多。亦奚以為。[9]

當夫子說：「不學詩。無以言。」時，思之所在，想必亦是「賦詩」二字；而此中所謂「言」，當是指《詩經》文雅得體、寓意豐富的語言了。對孔子及其時代而言，《詩經》是外交場合上不可或缺的辭源：言在此而意在彼，既言個人之志，復通使者之意，同時又不失於直白無文也。

如果說解釋的作用在於發掘作品公認的意義，則上文所描述的賦詩行爲就代表了一種誤釋；子展等七人與趙孟將詩行抽離於原文與歷史的背景，然後再將其轉化成自我表達的媒體，對原詩

---

8 孔穎達，《春秋左傳正義．襄公二十九年》，收於《十三經注疏》，卷二，頁 1977。

9 《論語引得》13/5。

的割裂幾乎達到了生吞活剝的程度。這樣的作法顯然沒有逃過後世學者的注意，早在杜預（222-284）口中，便有「斷章取義」之評。當然，「斷章取義」的貶義是在歷史中形成的；當它剛開始用來描述春秋時期那種賓主互動的賦詩時，其主體意義還是中性的。

觀詩的第三種方式是引詩。在《左傳》與《國語》的記載中，引詩的數量均多于賦詩。[10]下面一例引詩出自《論語》：

> 子貢曰。貧而無諂。富而無驕。何如。子曰。可也。未若貧而樂。富而好禮者也。子貢曰。詩云。如切如磋。如琢如磨。其斯之謂与與。子曰。賜也。始可與言詩已矣。告諸往而知來者。[11]

與前所舉之賦詩例相比較，引詩在表現方式上發生了明顯的變化。前文賦詩多爲音樂伴奏下的歌唱，而引詩則與之相反，不含任何表演成分在內 — 子貢與夫子的對話，只是簡單地引用了兩行詩句的文字而已。又，表現方式之外，目的亦有明顯變化。前文中七子賦詩，意在借詩的外套來間接表達各自的志向；子貢則是用詩來直接闡明或強化對話中的某一觀點。夫子聞詩句而知雅意，故許之「可與言詩已矣」。兩相比較可知，引詩在陳述宣示，往往直取主題，而賦詩則隱約含蓄，往往迂回曲折。

---

10 見張素卿，《左傳稱詩研究》，臺北：國立台灣大學出版社，1991，頁 261-288。書中列《左傳》中 36 例賦詩及 139 例引詩。又，董治安《先秦文獻與先秦文學》（濟南：齊魯書社，1994）中列出四種表格，比較《左傳》、《國語》中引詩、賦詩與歌詩之同異。其中後兩種表格（頁 35-45）詳細標出此二書中每例引詩、賦詩、歌詩中之時間、人物及詩作之題目。

11 《論語引得》1/15。

二、戰國之觀詩傳統：讀詩

賦詩傳統發展到戰國時期已漸趨式微，《詩經》之應用形式中，碩果僅存者唯引詩而已；然而甚至在引詩如日方中之時，一種嶄新的《詩經》解讀方式 —— 讀詩 —— 就已經出現了。對這一新傳統的探討，無疑當以孟子關於《詩經》解讀的經典論述「以意逆志」爲出發點。在中國文論關於文學解釋的論述中，這一宣言歷來被公認爲最具影響力：如果說「詩言志」爲文學創作設定基調，「以意逆志」則爲文學解釋提供了基本的解釋模式。不過，盡管學界深諳這一理論的歷史意義，卻很少有人關注過其前代解釋傳統對它的影響，而正是這一忽略影響了我們對其真正起源的認識。

本文對這一理論的回顧，用意即在於指出這一由「意」到「志」的模式實際上源自賦詩與引詩的傳統，而絕非如學界所指，純系孟子個人無所祖述的創造。僅以前文所引賦詩與引詩二例爲言，兩處所見，聽者均以己之「意」逆歌者或引文者之「志」；換言之，「以意逆志」的思路，在賦詩與引詩中早已初見端倪。當然，如果孟子的「以意逆志」只是在簡單重復賦詩與引詩的思路，則歷來對它獨創性的贊揚便失去了依據。到底是什麼樣的天才靈感使得孟子將一個本來是很單純的、由賦詩與引詩者之口到聽者之耳的解釋行爲轉化成一個以讀者爲中心的解讀原則呢？筆者認爲，這一神來之筆乃在於孟子對「意」與「志」這兩個概念的全新解釋。

我們不妨先來考察孟子是如何靈活解釋「意」字含義的。歷來學者評述「以意逆志」之「意」字，無非兩途，或取其動詞義，或取其名詞義。作爲動詞，「意」通常指大腦形成形象概念之思維活動；作爲名詞，則指辭、句乃至文之主旨。總的來說，清以前之學者多取其動詞義，而側重孟子所指讀者在解釋過程中對文意之再創造；清代一些學者，如吳淇，則傾向於視「意」爲作者在文中未加修飾的本義，即其所謂名詞義。[12]筆者認爲應該兼顧「意」字之兩面含義：一方面，賦詩、引詩、讀詩等觀詩行爲中均隱涉解釋者對作品的主觀再創造，即，「逆志」之「意」是表示行爲之動詞；另一方面，解釋者之再創造，又並非完全空穴來風，而是在聽覺與視覺的基礎上，部分或全部地取材於被解釋之作品，即，「意」是詞、句或文之意，乃爲名詞。事實上，孟子對「意」字之新解，即已兼顧其動詞、名詞兩面。

咸丘蒙曰。舜之不臣堯、則吾既得聞命矣。詩云。普天之下。莫非王土。率土之濱。莫非王臣。而舜既爲天子矣。敢問瞽瞍之非臣如何。曰。是詩也、非是之謂也。勞於王事、而不得養父母也。曰。此莫非王事。我獨賢勞也。故說詩者、不以文害辭。不以辭害志。以意逆志是爲得之。[13]

這段引文將「意」的兩種名詞意義置于鮮明的對比之下：一種是咸丘蒙所見之辭句字面之意，另一種是孟子所強調的全篇之文意。咸丘蒙解讀《北山》詩句時，脫離整體之詩文，只見其表面之句意，遂有《北山》主張天下百姓均爲舜之臣民，雖舜父瞽叟亦不能外之說。相對於咸丘蒙之執著於孤立句意，孟子則著眼於全體之詩文。兼采《北山》及諸詩之意，孟子認爲咸丘蒙之解讀爲誤讀，即，《北山》中「莫非王臣」一句是一種夸張的修辭

12 見吳淇，《六朝選詩定論緣起 》，收錄於郭紹虞與王文生編輯之《中國歷代文論選》，共四卷（上海：上海古籍出版社，1979），卷一，頁 36-37。

13 《孟子引得》，《哈佛燕京漢學索引》，增補版 17 號（上海重印本：上海古籍出版社，1986），35/5A/4。

手段，是百姓被迫承擔所有勞役時，對這種不公正所發的怨訴。

咸丘蒙的解讀方式可稱爲「斷詩取意」。不過，與那些「斷章取義」的賦詩者或引詩者不同，咸丘蒙的讀詩未能爲所「斷」之詩句提供一個新的語境，以使孤立的詩句在人際交流中重新獲得連貫、完整的意義。在賦詩與引詩中，詩句脫離語境（所謂「斷章」）之後，總是會被置於一個新的語境，即社交場合人際應對的語境之中去。雖然脫離本有語境會導致「文意」（即詩原本之總體意義）的喪失，語境再造卻能夠利用「斷章」之詩句與即時社交場景的某種類比性，使其契合於新的語境，從而獲得新的意義 —— 此未必不是失之東籬，收之桑榆也。由于這類「斷章」的詩句依賴於語境的再造，其原來文本的「文意」已無關緊要，而此斷章詩句本身的含意，也只能起到聯接起自身與其新語境的作用。

不過，在讀詩這一解讀行爲中，讀詩者並不具備那種賓主之間的互動來爲「斷章」的詩句再造語境，故讀詩者無論解讀某詩的哪一部分，均須將其置於該詩之整體之中，否則就可能嚴重地歪曲它的原意。咸丘蒙即是一個典型事例：如果不是忽視了詩文全體這一語境，他不至於徑取其表面意義，而將本來的民怨宣泄錯解成天子的威勢了。

孟子非常清楚，咸丘蒙錯解《北山》詩句的根源乃在於其對「斷章取義」這種解釋方式的濫用，所以他在文中發出兩個重要的告誡：

> 故說詩者，不以文害辭，不以辭害志。

由上下文來看，此中之「辭」，並非指單一的字或詞，而是指詩中「斷章」出來的「句」，即如咸丘蒙所引之「王臣」句。孟子隨後說的話，亦表明其所言之「辭」，其實是「句」：

如以辭而已矣。雲漢之詩曰。周餘黎民。 靡有孑遺。信斯言也。是周無遺民也。[14]

換言之，孟子告誡《詩經》的讀者要構建全體之「文意」，而非孤立之「辭意」（即句意），來作爲解讀詩歌的語境。這一告誡充分表明孟子的閱讀觀綜合了「意」的動詞與名詞意義，即，對孟子而言，讀詩的過程，既有讀者主觀的探索（「意」之動詞義），亦有文本客觀的規範（「意」之名詞義），只有兩者完全的動態結合才能促成完美的「以意逆志」。

孟子對「志」的重新界定與其對「意」的改造如出一轍。正如其以整體之「文意」取代孤立之「辭意」作爲解釋的原始材料一樣，孟子以《詩經》中古代詩人之志，而非後代賦詩、引詩者之志，來作爲解釋詩的基本框架。以對意、志這兩個概念所作的根本改造爲基礎，「以意逆志」的過程亦在其本質上發生了深刻的變化：在賦詩與引詩中，「以意逆志」代表了一個再創造的解釋過程，即詩句脫離其原有文本及歷史背景，置身於一個現場表演的語境中，並通過這些詩句與新語境的對應，間接地表達賦詩者與引詩者的志向；與此相反，讀詩行爲中的「以意逆志」則本質上是一個恢復本有語境的、復原式的解釋過程。這一過程關注詩篇的整體意義，而非孤立的詩句，並將詩篇視爲原作者之「志」全面的表述。

不過，試圖以純文本之意逆作者之志，其困難遠非賦詩與引詩可比，因爲所逆者古人之志也，而相隔百年，又沒有賦詩、引詩時對面之人可以來時時糾正解讀中的錯誤。針對復原式解釋的這一結構性困難，孟子提出的解決方案是盡可能多了解原作者的

14 《孟子引得》，35/5A/4。

生平與其生活世界，從而減少讀詩者與作者之間的時空距離：

> 孟子謂萬章曰。一鄉之善士斯友一鄉之善士。一國之善士斯友一國之善士。天下之善士斯友天下之善士。以友天下之善士為未足。又尚論古之人。頌其詩。讀其書。不知其人可乎。是以論其世也。是尚友也。[15]

文中所提方案，以「知人論世」這一言簡意賅的形式流傳至今。不過，盡管孟子提出的復原式解釋具有相當的合理性與可行性，他本人卻甚少采用。 他的理論似乎與他的實踐脫節，所以他讀詩並不太著眼於詩的本身，在多數時候似乎更熱中於引詩這一作法，摘引孤立的詩句，以表達自己的、而非詩人的觀點。

三、漢代之觀詩傳統：讀詩的新方向

孟子所倡導的「以意逆志」、「知人論世」之讀詩法發展至漢代，驟現一派繁榮的新局面。《詩經》出現至少四種不同的版本，各有獨到之處，且均伴有若干詳盡細密之注疏。王國維（1877-1927）曾指出：

> 漢人傳詩，皆用此法，故四家皆有序。序者，序所以為作者之意。《毛詩》今存，魯詩說之見於劉向所述者，於詩事尤為詳盡。及北海鄭君出，乃專用孟子之法治詩。[16]

不過，漢代注《詩經》諸家在應用孟子的復原式解釋時，其復原之想象均過于恣肆，大大超出了孟子復原原則所允許的範圍；這一傾向在《毛詩序》中表現得尤爲明顯。魯、齊、韓、毛諸家各有其序，其中唯獨《毛詩序》流傳至今；其作者不詳，或

---

15 《孟子引得》，42/5B/8。

16 王國維，《玉谿生詩年譜會箋序》，收錄於《中國歷代文選》，卷一，頁38-39。

爲毛亨、毛萇或另一個漢代早期人物；《毛詩序》含大、小二序：大者爲第一首的長序，也是《詩經》總序，小者爲其余各詩之分序。[17]

《毛詩序》作者對《國風》第一組詩《周南》的評注就反映出其運用復原式解釋時的高度想象力。作者在探索「《周南》諸詩本意的過程中，采用了「知人」和「論世」這兩個被孟子視爲解釋關鍵的措施。他這樣論《周南》之世：

> 然則關雎、麟趾之化。王者之風。故繫之周公。南、言化自北而南也。[18]

這段描述令人想起季札關於《周南》起源的說法。季札稱《周南》爲「始基之矣」，意謂這一組詩當成於文王之世。《毛詩序》重復這一定論，從而爲挖掘這十一首詩社會政治的寓意定下了基調。《毛詩序》認爲，由于這些詩作於文王之世，它們體現文王之德，並表現出「王者之風」，「化自北而南也」。換言之，與孟子所說一樣，了解詩成之「時」與「世」，就能有效地窺測詩歌的道德意義。

相較於上述之「論世」而言，「知人」難度更大。《詩經》所收均爲無名氏的作品，已無考證作者生平的可能；但是詩中必須有一個作者，才能爲復原式解釋提供一個必要的歷史背景。在《頌》與《大雅》中，這樣一個作者的替代人不難找到，亦有其可信度，因爲其中心人物總是一個歷史的、或傳說中的英雄。《國風》則不然：這類詩通常不牽涉歷史人物，故不輕易與歷史事件

17 《毛詩序》作者問題自古即爲懸案。有以孔門弟子子夏爲原作者，又經漢代毛氏增益者；亦有歸之於東漢衛宏者。諸說見清代永瑢等所編《四庫全書總目》二卷（北京重印本：中華書局，1965），卷 15，冊一，頁 119。

18 孔穎達《毛詩正義》，《十三經注疏》，卷 1，頁 272。

或歷史人物發生聯係，因而也就不易找到替代人。當然，這並不影響《毛詩序》爲諸詩尋找作者替代品的努力，而在實在找不到的時候，注釋者就索性創造這樣一個人物。

	題 目	主 題	具 體 評 注
毛詩其一	關 雎	后妃之德也	風之始也。所以風天下而正夫婦也。…… 是以關雎樂得淑女以配君子。憂在進賢。不淫其色。哀窈窕。思賢才。而無傷善之心焉。是關雎之義也。
毛詩其二	葛 覃	后妃之本也	后妃在父母家。則志在於女功之事。躬儉節用。服瀚濯之衣。尊敬師傅。則可以歸安父母。化天下以婦道也。
毛詩其三	卷 耳	后妃之志也	又當輔佐君子。求賢審官。知臣下之勤勞。內有進賢之志。而無險陂私謁之心。朝夕思念。至于憂勤也。
毛詩其四	樛 木	后妃逮下也	言能而逮下無嫉妒之心焉。
毛詩其五	螽 斯	后妃子孫眾多也	言若螽斯不妒忌。則子孫眾多也。
毛詩其六	桃 夭	后妃之所致也	則男女以正。婚姻以時。國無鰥民也.
毛詩其七	兔 罝	后妃之化也	關雎之化行。則莫不好德。賢人眾多也。
毛詩其八	芣 苡	后妃之美也	和平則婦人樂有子矣。[19]

以上對「周南」中初八首詩的評注，均集中在「后妃」這一婦女典範的形象上，而這一由注釋者創造出來的形象，正是《毛詩序》解釋的基礎。

《毛詩序》的評注有其統一的形式。如上表所示，評注總是先列舉詩名，然後標出后妃形象的某一側面，並將其定格爲該詩的主題。第一與第四兩首言后妃之事文王，第二首言后妃之本，或其婦道，第三首言后妃之待下以仁，第五首言后妃之子孫眾多，

19 孔穎達，《毛詩正義》，《十三經注疏》，卷一，頁 269-281。

第六首言后妃之正夫婦關係，第七首言后妃之化百官，第八首后妃之和睦家庭。 每首的主題介紹完之後，接著是用詩中某一細節或物象加以印證，進一步贊頌后妃的德行。

從對這八首詩的評注來看，《毛詩序》其實並未嚴格遵守孟子的復原式解釋原則，盡管它也試圖「知人論世」，也談論《詩經》的起源與詩作者的意圖。如上所述，孟子的復原式解釋總體上是一種用歸納的方法發現作品意義的過程，即，讀者在解讀一首詩的過程中，檢討其「文意」或本有之意，以期揭示蘊涵於其中的作者的意圖。與此相反，《毛詩序》的解讀實質上是一種用演繹的方法爲作品賦予意義的過程；即，注釋者通常在解釋一詩之初，從某種倫理的、或社會政治的角度點出作品的主題，然後再以詩中情節的發展來解釋和證明這一預設的主題。這樣就不難理解何以《毛詩序》常常會故意忽略一詩非常明顯的本意，而硬削其足以適預設主題之履了。其對《關雎》的評注是此方法最著名的例子。從字面來看，這首詩本來只是一首關於貴族青年思慕美麗女子的情詩，然而在《毛詩序》中，一首普通的愛情詩被轉化成一篇比喻后妃探訪賢才的作品。[20]這一諷喻式的解讀手法亦見諸其對《卷耳》一詩的評注。《葛覃》本來描述了新婚女子期待歸省父母的激動心情；但是「毛詩序」將女主角處理成作爲婦女楷模的后妃，從而將該詩轉化爲對女子德行的贊頌。《樛木》和 《螽斯》二詩沒有主人公，但是「毛詩序」利用詩歌主要意象的比喻功能，成功地將二詩與后妃聯係起來。如 《樛木》本來只是祈禱財福，但是在《毛詩序》作者筆下，詩中樹枝垂地的物象竟成爲贊美后妃的比喻 ：樹枝之低垂一如后妃之紆尊於百

20 孔穎達釋“賢”字爲“賢女”，並認爲此詩講述後妃之爲文王選“賢女”也。見《毛詩正義》，《十三經注疏》，卷 1，頁 273。

姓也！同樣，《桃夭》、《兔罝》、《芣苡》三詩各自只是描述了家庭或社區中的活動，與后妃幾乎談不上什麼關系，但是在《毛詩序》的解讀中，這些歡樂的場面卻表現了生活在后妃教化下的人民歡欣幸福的生活。

品讀《毛詩》諸序，我們禁不住贊嘆作者在化普通民歌爲后妃贊歌時所表現出的嫻熟技巧，同時也禁不住要指出：諸詩中歷史人物無一不是注釋者想象的產物，而后妃之爲諸詩主角，純粹出自作序人之想象，亦應爲不爭之事實。八首詩中找不出任何與后妃相關的文字，作序人也沒有提供任何可資佐證的史料，卻帶著似乎已是眾所周知的態度，徑直視后妃爲諸詩的中心人物，並以此爲基礎對《詩經》進行評注。

這樣，本來被孟子用來防止任意解讀的歷史性，卻被《毛詩序》當作一件順手的工具，用來包裝其對詩歌主題不加節制、完全主觀的篡改。作序人以想象中的歷史性替換掉孟子「知人論世」一語中至爲神聖的歷史性　。 單就這一點來看，《毛詩序》之所謂重歷史性，其實只是是對孟式解釋的一種效顰之舉而已。筆者認爲，《毛詩序》至多也不過是「賦詩」解釋的一個變種；與賦詩者一樣，注釋者根本不在乎一詩之本意，在毫無依據地篡改文意時亦絲毫不覺手軟；賦詩者或僅僅是「斷章取義」，《毛詩序》則乾脆另起爐灶，將一首細膩婉轉的抒情詩生生改造成一篇空洞無物、了無情趣的道德說教。

《毛詩序》對孟子復原式解釋的歪曲濫用其實很早就已招致垢病，即使是《毛詩》的再注者亦不免要批評其在歷史背景上亂點鴛鴦譜的作法。東漢鄭玄即對其偏離孟子「知人論世」的原則深感不安。他以細致入微的精神，按年代順序編制了一個表譜，以記載與《詩經》中諸詩相關的歷史事件；又於其間加注，探討詩作者固有的意向。這一作法較忠實地反映了孟子復原式解釋的原則，亦從而揭示出「毛詩序」中許多嚴重錯誤。如，通過對比《國語》及其它文本中可以相互驗證之證據，鄭玄認定四首被《毛詩序》認爲批評幽王的詩，其真實目標本是厲王。[21]步鄭玄之先踵，後世學者如朱熹等人都紛紛批評《毛詩序》在評注時許多牽強附會的解釋，並紛紛提出不同的解讀。不過，這些學者較少公開質疑《毛詩序》解釋方式的合理性，更遑論嘗試去傾覆《毛詩序》在《詩經》研究中的經典性地位。這樣，歷史上所有《詩經》學者，包括《毛詩序》最嚴厲的批評者在內，在其各自研究中均未能完全擺脫《毛詩序》的影響。

不論後世的態度是揚是抑，亦不論其影響是益是害，《毛詩序》自由任意的解釋風格對《詩經》研究本身，以及大而言之的詩歌研究，均產生了自由化的影響。在它所建立的模式中，主人公可以被解讀爲某一特定的歷史人物，詩的內容可以被解讀爲這一人物德行的表現，而在這樣的解讀過程中，一首普通的詩歌被輕而易舉地被賦予了道德的寓意。可以說，《毛詩序》的出現，開創了中國文學評論史上利用假想的歷史性來進行諷喻式解釋的先河。

四、魏晉時期之觀人傳統

魏晉時期出現一種不同於觀詩的、以觀人或品鑒人物爲目的的全新解釋傳統。觀人傳統之產生，源自於劉劭（活躍於 237）

---

21 據王國維稱，在距鄭玄一千年後的清同治年間出土了一批青銅器，其上銘文證實了鄭玄的考證；對王國維而言，此事再次證明瞭孟子復原式解釋恆久不變的價值及鄭氏經學大師的地位。見王國維《玉谿生詩年譜會箋序》，收於《中國歷代文選》，卷 1，頁 38-39。

諸人針對當時「察舉」與「辟雍」兩種選拔人才方式中出現的弊端而作出的改革努力。這兩種方式均以品德，尤其是孝行，爲標準來衡量、選拔政府官員；但是由于品德鑒定極爲主觀，常常爲人濫用而流弊叢生，故這一體制實施不久即蛻變成壓制賢能、獎掖奸小的工具。有鑒於此，並爲了幫助國家發現真正的人才，劉劭諸人殫精竭慮，制定了一套客觀的、以內在素質與外在表現爲標準的人物品鑒規則。在其《人物志》第一章「九徵」中，劉劭提出了這種品評規則的哲學基礎：

> 凡有血氣者、莫不含元一以為質、稟陰陽以立性、體五行而著形。苟有形質、猶可即而求之。[22]

此處劉劭將所有「有血氣者」之生長發展過程規定爲「爲質」、「立性」、「著形」三個階段。依照對這三個階段的分析，劉劭指出，與所有其他「有血氣者」一樣，人物的品鑒可以建立在完全客觀的基礎之上。

首先，他將人體的五種構成要素視爲五行的徵象：

> 木骨、金筋、火氣、土肌、水血，五物之象也。五物之實，各有所濟。[23]

按照劉劭的理論，如果五行在其各自對應的人體成份中得以適當的分配，即可產生五種高尚之性格，謂弘毅，文理，貞固，勇敢，通微；這五種性格復又構成儒家五種美德之基礎：

> 弘毅也者、仁之質也。理也者、禮之本也。貞固也者、信之基也。

---

22 見任繼愈標點本之《人物志》（北京：文學古籍刊行社，1955）. 關於《人物志》之英文翻譯及其研究，見 J. K. Shryock 所著 *The Study of Human Abilities: The Jen wu chih of Liu Shao*（New Haven, Connecticut: American Oriental Society, 1937）.

23 《人物志》，第一章，頁 2。

勇敢也者、義之決也。 通微也者、智之原也。[24]

在建立起宇宙、人體、道德三者之間的這五種對應關係後，劉劭又將五種人體成份進一步擴充至九種體貌要素。他保留了前五種之「筋」、「骨」、「氣」，又後加了「神」、「精」、「色」、「儀」、「容」、「言」六種。他在下文中解釋了這九種體貌要素如何展示人的九種關鍵性格：

性之所盡、九質之徵也。然則平陂之質在於神。明暗之實在於精。勇怯之勢在於筋。彊弱之植在於骨。躁靜之決在於氣。慘懌之情在於色。衰正之形在於儀。態度之動在於容。緩急之狀在於言。[25]

對劉劭而言，品鑒人物本質上是對九種體貌要素或「九質」的考察。如果一個人的九質皆臻完美，則該人必已具「純粹之德」，達到了聖人的境界；[26]劉劭稱這樣的人爲「兼才之人」，並應該被賦予治理國家的領袖責任。反之，如果九質中於某一方面有不足者，則該人只是一個「偏雜之才」，[27]須綜合其優劣強弱，以授予其高低不等之職位。值得注意的是，劉劭認爲「言」與其它八質一樣，亦是一種生理成份：

心氣之徵、則聲變是也。夫氣合成聲、聲應律呂。有和平之聲、有清暢之聲、有回衍之聲。[28]

而將「言」與生理之「氣」聯係起來的作法，日後在曹丕的文學批評中得以沿用。

通過這樣將宇宙與人體、生理與道德之間巧妙地聯係起來，

---

24 《人物志》，第一章，頁 3。
25 《人物志》，第一章，頁 5。
26 “九徵皆至，則純粹之德也”，見劉劭《人物志》，第一章，第 5 頁。
27 “九徵有違，則偏雜之材也”，見劉劭《人物志》，第一章，第 5 頁。
28 見劉劭《人物志》，第一章，第 4 頁。

劉劭構築了一個完備的三級人物品鑒體系。在這一體系中，因爲五行與人體要素之間的對應，人的性格與行爲被視爲可預知的、客觀的現象，故其客觀性與分析性，不遜於古代任何其它研究人的性格與行爲的理論體系。

劉劭的人物品鑒理論充分反映出漢時理論構建中追求大而備的時代特色，其包含性與系統性帶有強烈的董仲舒（前 79-104）與王充（27-97）兩人著作的色彩。董氏的理論描述了宇宙、人體、社會政治現象之間的感應關係，而王氏則研究了天象與骨相之間的對應關係。[29]不過，劉劭的理論遠不象董、王二人的那樣充滿了宿命論的味道：他既沒有象董仲舒那樣將人某些潛在特質的實現視爲五行變化的必然結果，也沒有象王充那樣，認爲上天賦予的氣之數量與質量預示了個人未來的命運；對于劉劭來說，命運非關外在的骨相，而他對人物性格的考察亦只著眼於人的道德行爲，並以此來判斷其是否適合某一職位。又，劉劭雖然象董仲舒那樣，也試圖在人體與道德之間尋找具體的對應關係，但他總是強調道德行爲自身之互動，以此來減弱這種對應的機械性。

在第九章「八觀」中，劉劭以其獨特的構思，從實際操作的角度上，將其人物品鑒理論表現得更加靈活，也更加有效。除第二觀外，其余七觀均建立在多種相類或相對品行的互動之上。

第一，「觀其奪救」，考察善質如何爲惡質所抑（奪），及惡質如何爲善質所勝（救）；第二，「觀其感變」，描述人在變化面前如何反應；第三，「觀其志質」，展示人的最佳品質（志

29 見拙文 “The Multiple Vistas of *Ming* and Changing Visions of Life in the Works of Tao Qian,” in *The Magnitude of* Ming: *Command, Allotment, and Fate in Chinese Culture*, edited by Christopher Lupke. University of Hawaii Press, 2005, pp. 169-202.

質）如何產生於兩種善質之間的相互促進；第四，「觀其所由」，側重討論對虛僞表象的暴露，及對真實面目的揭示；第五，「觀其愛敬」，旨在探討「愛」與「敬」兩種善質之間所能達到的最大平衡點；第六，「觀其情機」，列出六種反映品德的情緒方面的傾向（情機）；第七，「觀其所短以知其長」，探討善惡二質間相互依賴的關係；第八，「觀其聰明」，則探究智力在各種品德的形成過程中所起的重要作用。[30]

由劉劭之《人物志》，我們不僅可以清楚地觀察到解釋對象由《詩經》到人物性格品性的根本性轉移，同時也能發現解釋行爲自身的質變。如前所述，賦詩與引詩是本質上相當主觀的認知行爲；無論是表演還是引詩，其目的不在於對詩的理解，而在於用詩來表達自己的、或揣測別人的意願。即使孟子的「讀詩」理論更加傾向對詩進行客觀的解讀，賦詩與引詩的巨大影響也未能被完全消除 — 作爲第一個有影響力的「讀詩」者，《毛詩序》的作者借還原史實之名，將解釋變成一個諷喻式的說教行爲。不同於上述諸人，劉劭堅持用客觀、分析的態度來考察人物性格，幾乎完全拋棄了主觀意測。

五、六朝的觀文傳統：曹丕與劉勰

觀文，即對文學作品的觀察，是一種興起於魏、晉時期的解釋傳統。早期觀文似乎是依托於人物品鑒理論的模式之上；如曹丕之《典論・論文》，作爲中國最早專門討論文學的文章，即在很大程度上受到了當時人物品鑒理論的影響。他對文學解釋中的偏見與成見的批評頗有劉劭「七謬」的余韻；[31]而他的「偏才」

30 見劉劭《人物志》，第一章，第 12-23 頁。
[31]見劉劭《人物志》第二章，“七謬”，第 1-9 頁。

與「全才」論，亦與劉劭關於政治人才之兩類分別論遙相呼應；尤爲重要者，曹丕關於文學取決於詩人氣質的理論，與劉劭關於人的道德表現取決於其生理特質的觀點更是差相彷彿 。同劉劭一樣，他也認爲發聲中呼與吸的節奏揭示了生理上的「氣」與語言文學之間的內在聯係。[32]

如果說曹丕的《論文》是一個「觀文」的實例，劉勰的《文心雕龍・知音》則可視作對「觀文」活動的理論總結。 此篇論文可分爲兩個部分，各自探討文學解釋中應當杜絕的與應當提倡的做法。

《知音》開篇，劉勰首先感慨文學解釋之困難及有真知灼見者之難逢：

> 知音其難哉。音實難知。知實難逢。逢其知音。千載其一乎。[33]

隨後，劉勰告誡文學評論者要杜絕四種行爲：第一，不要貴古而賤今，如始皇之囚韓非，漢武之輕相如。第二，不要崇己而抑人，如班固之嗤傅毅，曹植之排陳琳；[34]第三，不要信僞而迷真，如樓護之謬傳「史遷著書，咨東方朔」；[35]第四，不要讓自己偏好之情致左右理性的判斷。偏愛「慷慨」、「醞籍」、「浮慧」、「愛奇」四種情致的人，勢必只懂得欣賞四類與之相應的文學作品，而對與之相異的則加以排斥。[36]

---

32 見曹丕，“典論・論文”，收於《中國歷代文論選》，卷一，頁 158-59。

33 朱迎平編，《文心雕龍索引》（上海：上海古籍出版社，1987），48/1-5（即第四十八章，第一至五句）。本書採用範文瀾所編《文心雕龍注》（北京：人民文學出版社，1958 版）爲底本。

34 《文心雕龍索引》，48/17-28。

35 《文心雕龍索引》，48/28-38。

36 《文心雕龍索引》，48/66-75。

《知音》的第二部分提出文學批評者應遵行的七件要務。第一「博觀」：「凡操千曲而后曉聲，觀千劍而后識器。故圓照之象，務先博觀。」[37]「博觀」實指文學批評的準備，而非其實際的操作。劉勰認爲，文學批評者應當浸潤於文學作品中，以培養兩種關鍵的素質，一爲高雅之文學品味，一爲客觀之鑒賞態度 — 這兩種素質有助於文學批評家做到「平理若衡，照辭如鏡矣」。[38]這個準備工作得以充分完成之後，文學批評家就可以著手從事被劉勰稱爲「六觀」的六種要務：

> 是以將閱文情，先標六觀：一觀位體，二觀置辭，三觀通變，四觀奇正，五觀事義，六觀宮商。斯術既形，則優劣見矣。[39]

雖然「六觀」涵蓋了文學鑒賞的所有主要方面，這六觀各自的具體內容並非一目了然，因爲劉勰僅僅提出「六觀」，卻沒有象劉劭那樣逐個加以詳盡的解釋 。劉勰在列舉「六觀」之後緊接著說：

> 夫綴文者情動而辭發。觀文者披文以入情。[40]

這句話爲我們指出了揣摩六觀具體內容的方向。既然說閱讀過程是創作過程的反向活動，六觀就是要從六個不同方面，以品評的姿態，沿著相反方向來重復創作過程。這樣，劉勰對文學創作中一系列重大問題所作的詳細闡述 ，無不可以歸入六觀的範疇：

37 《文心雕龍索引》，48/76-79。
38 《文心雕龍索引》，48/84-85。
39 《文心雕龍索引》，48/86-95。
40 《文心雕龍索引》，48/96-97。

創作過程 / 接受過程	主要論題	有關章節及句數
一觀位體	風格	體性第 27/23-62
	體裁	定勢第 30/35-70
	結構	熔裁第 32/7-44
二觀置辭	內容語言	風骨第 28
	詞句	熔裁第 32/49-72 章句第 34
	修辭	麗辭第 35 比興第 36 夸飾第 37
	煉字	練字第 39
三觀通變	作品與文學傳統的關係	通變第 29
四觀奇正	對立的風格標準	體性第 27 定勢第 30
五觀事義	典故	事類第 38
六觀宮商	聲律	聲律第 33

從讀者的角度來回顧上表第二欄中的論題，我們能夠很容易地發現劉勰要求評論者在六觀中分別考察什麼，評價什麼。如上表所示，第一、二觀同時涉及不同論題，顯得相對複雜一些，而后四種觀各自專注於一個論題，故直接得多。

劉勰以感慨知音難覓開篇，卻以充滿樂觀的語氣收尾：

> 沿波討源，雖幽必顯 。世遠莫見其面，覘文輒見其心。豈成篇之足深，患識照之自淺耳。夫志在山水，琴表其情，況形之筆端，理將焉匿？故心之照理，譬目之照形，目瞭

則形無不分，心敏則理無不達。[41]

劉勰認爲，六觀的功用有三種：第一，評論者能夠克服時間與空間的障礙，而觀察到遠在異代的作者之文心。在包括《文心雕龍》在內的六朝文藝理論中，「心」不僅指作者用藝術手法表達的文情，而且也指表達這種文情過程中所顯示的爲文之心。由于六觀反向再現了作者的創作過程，文學批評家自然就可探知作者的文心之奧秘。第二，評論者可以觀察到寓於文中的萬物之理，因爲，如果作者筆端能夠揭示此理，則讀者必能在反向重建其創作過程時，同樣感悟這一至理。第三，劉勰認爲文學批評家在其評論過程中，能夠獲得極大的審美快感：「夫唯深識鑒奧。必歡然內懌。譬春臺之熙眾人。樂餌之止過客。」[42]爲這三種益處，劉勰大力建議知音君子垂意於觀文這一文藝評論活動。

六、劉勰對觀詩、觀人傳統的吸收與改造

在劉勰的七要四不要中，不斷可以發現先前觀詩與觀人傳統中各種思想的痕跡。《知音》一文中，觀詩的影響自始至終非常明顯；其探索作者本意的作法，則似乎是源於孟子的「知人論世」理論；同孟子一樣，劉勰也視閱讀過程爲一單向的、由讀者逆向推測作者本意的過程；他關於閱讀帶來審美快感的說法亦與季札、孔子的賦詩審美論如出一轍。觀人傳統的影響亦同樣顯著。劉勰之「六觀」與劉劭之「八觀」僅在名稱上就有明顯的相似。「六」與「八」還只是形似，而「觀」在方式上的相似，則令人有神似之歎了：劉劭在觀人時由體貌透視到道德，劉勰則在觀文中由文字透視到文情；尤爲重要的是，在這種由外而內的透視過

41 《文心雕龍索引》，48/98-111。
42 《文心雕龍索引》，48/123-126。

程中，劉勰與劉劭一樣，不依賴主觀之臆想，而依賴與對所觀察對象客觀的、循序漸進的分析。可以說，在對觀察對象分析的條理性與縝密程度上、以及在對潛在組織規則的揭示上，劉勰的「六觀」於劉劭的「八觀」可謂一時瑜亮、難分軒輊。

如上所示，劉勰文中所有重要觀念均可溯源自觀詩與觀人傳統。但是這並不說明劉勰思想中缺乏新意；作爲一個文學批評家與思想家，劉勰的新意主要不表現在提出新的觀念，而在於利用固有之觀念以構建一個新的理論體系。能夠將各種不同的解釋方式和理論融合成一個全面的文學批評體系中，應當說絕非等閑之舉；可以說，能象劉勰那樣，以一篇短文的空間，系統化考察了從評論者的培養到評論效果等一系列關鍵理論問題的，在前既無古人，於後亦無來者。

（金濤 譯）

「桃李不言而成蹊」

──《文心雕龍》作家論探析

國立空中大學 方元珍

《文心雕龍》五十篇，無一篇不論及作家，其身分包括聖哲、帝王、大夫、名儒、文家、詩人、辭人、君子、庶民等，共通點則在於能抒發情感，說理達意[1]，見諸於語言文字。劉勰藉由論述作家與作品，自敘其寫作動機、命書緣由，也由此以具體說明抽象，揭示他的文學理論，說明文體的含義與寫作特色，評選傑出的代表作家與作品，並提出寫作的方法與避忌，及綜括各時代文學的發展流變與規律，可以說《文心雕龍》的文學理論與批評，都賴由論述作家與作品來鋪展完成，含蓋之廣大，探討之深刻，已建立評論文學作家的模式，自成體系，是研究先秦至魏晉南朝作家的重要文獻，並建構後代文學批評的立基。

一、評論方法

《文心雕龍》批評作家的方法，不一而足，或採取舉述一家的單論、或依照性質、時代合論數位作家、或於主體作家之外，附論於後、或不述明作家姓名，只作泛論，全書五十篇輒見以此

1 《文心雕龍．情采》雲：「夫情動而言形，理發而文見，蓋沿隱以至顯，因內而符外者也。」劉勰論文學創作，將情理並列，既反對任情失正，也批評理過其辭，「理」包括了物理、條理、說理、倫理教化等。

四種方式交錯互用，為劉勰掎摭作家方法的大宗。其次，則採以選文與評論結合的方式，此與《文選》有選而無評，《詩品》有評而無選的作法不同，而上接《典論》、《文章流別論》、《翰林論》之行文體式，文體論如〈章表〉云：

文舉之薦禰衡，氣揚采飛；孔明之辭後主，志盡文壯，雖華實異旨，並表之英也。

文術論如〈事類〉云：

及揚雄〈百官箴〉，頗酌於詩書，劉歆〈遂初賦〉，歷敘於紀傳，漸漸綜採矣。

都是針對作家與選文，揚搉利病，為劉勰評論作家的基本模式。再者，亦針對同性質、或同時代之作家，比較異同，藉以彰明作家的個別特色，如〈才略〉以班彪父子、劉向父子相較，謂舊說「以為固文優彪，歆學精向」，有青出於藍更勝於藍的評價，但經劉勰參覈比較，發現班彪〈王命論〉清辯、劉向《新序》該練，遂棄軌舊說，重新賦予班彪、劉向應有的文學制高點。同篇，並經由建安諸子文學成就的比較，不但由王粲勝出，獨占鰲頭，賦予「七子冠冕」的桂冠，且歸結所謂「琳瑀以符檄擅聲，徐幹以賦論標美，……路粹楊修頗懷筆記之工」，進而突顯建安一時期文學的盛況，與作家的文學特殊成就。此外，劉勰並常以優劣互見的方式，客觀呈現作家選文的利病得失，〈雜文〉云：「陳思〈答問〉，辭高而理疏；庾敳〈客咨〉，意榮而文悴」，即採正反並列法，紀昀對此曾評曰：「惟能文者有此病」，「此論入微」，肯定劉勰此優劣並舉，言簡意賅的評論，一語中的。其他，劉勰評論作家時，尚持守當代不論、存疑立異的原則。由〈明詩〉論詩歌只到宋初，〈時序〉論宋代的文家僅略舉大較，〈才略〉對宋代逸才，則不予置評，即可見劉勰對於同代作家的評論，嚴守分際，紀評云：「闕當代不論，非惟非經論定，實亦有所避於恩怨之間」，頗能道出闕論當代作家的考量。而凡對疑而未定之論題，劉勰則採存疑立異的做法，如〈明詩〉云：

> 又古詩佳麗，或稱枚叔；其〈孤竹〉一篇，則傅毅之詞；比采而推，固兩漢之作也。

按古詩中一些作品，相傳以爲是枚乘所作；對此，劉勰一方面具實陳述，並未妄下斷語，可與《昭明文選》古詩十九首李善注：「並云古詩，蓋不知作者，或云枚乘，疑不能明也」的說法，相互照應；另一方面則云：「比采而推，固兩漢之作也」，既客觀保存疑說，也歸結提出一己之見。劉勰推源古詩爲兩漢作品的論點，後爲王士禛《師友詩傳錄》：「古詩中〈迢迢牽牛星〉等五六篇，《玉臺新詠》以爲枚乘作，『冉冉孤生竹』《文心雕龍》以爲傅毅之辭，二書出於六朝，其說必有據依。要之爲西京無疑」所採信。整體而言，劉勰對作家的評論，以多種方式靈活運用，不但尋根討源，且強調全面深入，得其環中，已體現其自述「唯務折衷」的批評方法[2]與實質。

二、作家特質論

劉勰對抒情言志的作家，係本「立德立功立言」的儒家觀點，以德性人格爲優先的價值判定的標準，所以〈序志〉說：「君子處世，樹德建言，豈好辯哉！」以立言列於樹德之後，如此，則作家不可不重器識，故劉勰爲文特標〈程器〉一篇，可說是漢儒以來「士先器識而後文藝」觀點的繼承與發揚。

〈程器〉又說：「摛文必在緯軍國，負重必在任棟梁；窮則

---

2 參張少康著《古典文藝美學論稿．擘肌分理、唯務折衷》，臺北：淑馨出版社，1989 年，頁 283-292。

獨善以垂文，達則奉時以騁績」，可見劉勰要求文人、君子要能具備經世致用的使命感，負起對社會國家的責任，所謂「賢者在位，能者在職」，安社稷，濟蒼生，是文士的首要之務；不得已獨善其身，則著述立言，名垂後世；而即便是文業彪炳輝煌，也要攸關風軌教化，通達治術，以作品來補察時政，導正世情。「安有丈夫學文，而不達於政事哉？」這是劉勰對作家特質的基本認知，也是儒家崇尚道德致用的一貫精神的闡發。準此精神，作品能取資經典，掌握體要，鎔意裁辭，而達於妙合自然之境的，亦即做到文質相附，華實相扶的作家，如夔益爲「萬代之儀表」、荀況固「巨儒之情」[3]、蔡邕乃「後人之範式」[4]、陳壽「比之於遷固」[5]，均給予崇高的評價，是劉勰心目中達於最高極致表現的作家。

雖然如此，劉勰也頗通達人情，深知練達治術與工於文事，兩者要兼顧極爲困難，〈議對〉說：「士之爲才也！或練治而寡文，或工文而疎治」，據劉勰對作家特質的體認，既能志向遠大，有補世用；又能長於文事，名揚後代，二者能兼備的「通才」極少！不但如此，作家還常因位卑貧薄多招譏誚，如班固、馬融、潘岳、丁儀、路粹等人，在歷史上都曾遭致負面的評議。對於作家德行上的瑕累，劉勰顯然抱持寬容諒解的態度，不但以稟賦才性不同，認爲「自非上哲，難以求備」，爲文士的污玷開解，又說：「文士以職卑多誚」[6]，是以難免橫遭非議。相形之下，劉勰對作家的特質由正反立論，既揭示理想的作家特質，又悲憫文士

3 引自《文心雕龍．才略》。
4 引自《文心雕龍．事類》。
5 引自《文心雕龍．史傳》。
6 「自非上哲，難以求備」與「文士以職卑多誚」均引自《文心雕龍．程器》。

的位卑遭議，實要比曹丕「觀古今文人，類不護細行，鮮能以名節自立」[7]，寥以一語使作家的負面形象千古定調，顯得高遠而深刻！

三、作家才性論

魏晉以來爲知人用人，而強調才性的品鑒，進而延伸至於探討人的才性，與其際遇、作品，沿內而顯外的關係，相關論述極多，風氣所及，劉勰也極重視作家與生具來的才性。由〈體性〉說：「才力居中，肇自血氣；氣以實志，志以定言」，才性包括才力與志氣，既表徵人的差別性或特殊性，也說明性是生命天定者，故人生而人格價值不等[8]；而同篇又說：「才有庸儁，氣有剛柔」，作家的才性志氣有庸儁剛柔之殊異，爲統轄文思的關鍵，是以吐納英華，莫非個人情性的流露。

由於才性不同，各有好尙，致使作家寫作致力的方向各有所異。〈定勢〉曾引述桓譚的說法：「文家各有所慕，或好浮華而不知實覈，或美眾多而不見要約」，指出作品的繁縟或簡約，實與作家才性的偏好有關，是以「士衡才優，而綴辭尤繁；士龍思劣，而雅好清省」，〈鎔裁〉此言進一步證實了陸機的爲文繁縟，陸雲的制作清簡，係推原自作家不同的才性偏好。現代詩人周夢蝶也曾說：「寫詩是由博而歛，我喜歡；寫散文是由簡而博，需要鋪張，我的性格不慣如此」[9]，表明個性會決定寫作的方向與情致，足以證明劉勰所說作家才性好尙，與作品繁省華實的牽動關

7 引自曹丕〈與吳質書〉。
8 語據牟宗三著《才性與玄理．「人物志」之系統的解析》，臺北：台灣學生書局，頁 50。
9 引自宋雅姿著《作家身影．滾滾紅塵的苦行僧 ── 詩人周夢蝶》，臺北：麥田出版社，頁 44。

係。

作家的才性，亦影響爲文的遲速。〈神思〉云：「人之稟才，遲速異分，文之制體，大小殊功」，是以深思之人，如張衡、左思爲寫辭賦，均費時苦思十年以上；駿發之士，如阮瑀據搴制書、禰衡當食草奏，而於文成後，竟然無須增損加點，信知張衡、左思才性屬於「鑒疑故愈久而致績」的一類；阮瑀、禰衡才性則傾向「機敏故造次而成功」的一類。作家爲文運思的遲速，與作品的優劣無關，純爲作家才性、學養，及文術的掌握是否嫻熟的綜合表現。

作家才氣的庸儁剛柔，既來自先天的情性，則必然與作品的風格表裏呼應。如賈誼的才性俊發，故其作品文潔而體清；司馬相如的個性傲誕，連帶辭賦也寫得理侈而辭溢；揚雄靜默而好深沈之思，所寫《法言》、《太玄》自然也就情志含蓄而意味深長，故〈體性〉歸納作家才性與作品風格的關係，說道：「辭理庸儁，莫能翻其才；風趣剛柔，寧或改其氣」，表明二者是沿隱以至顯的關係。是以劉勰認爲文風是人格的反映，由〈奏啓〉比較孔光與路粹的奏文即可得知。孔光因董賢奸邪佞君，而奏舉董賢；路粹奏劾孔融，卻係受人指使，以致誣陷孔融入罪。同爲按劾之奏，一爲名儒，一爲險士，其作品風格異趣，此即所謂「文如其人」，文學風格的厚薄，實是作家德行淳厚或卑劣的投射。作品的風格，既是作家才性的體現，故劉勰主張「因性以練才」[10]，由《滄浪詩話・詩評》說：

> 子美不能為太白之飄逸，太白不能為子美之沈鬱。太白〈夢遊天姥吟〉、〈遠別離〉等，子美不能道；子美〈北征〉、

10 引自《文心雕龍・體性》。

〈兵車行〉、〈垂老別〉等，太白不能作。

便可體會劉勰主張「因性練才」，「憑情以會通，負氣以適變」[11]，以結合才性來練達爲文方法的觀點，對於建立作家自我獨創性的重要。

一個人的情性志氣，會融合成爲精神特質，塑造人的外在整體形象，此即《人物志．八觀》所謂：「骨直氣清，則休名生焉；氣清力勁，則烈名生焉；勁智精理，則能名生焉」。相同地，作家的才性稟氣，也會匯聚爲作品的整體風貌，影響作品感染力的表現。《文心雕龍．風骨》曾引述曹丕的說法，論孔融「體氣高妙」，謂徐幹「時有齊氣」，言劉楨「有逸氣」，即是作家內在的才性呈現於作品，志氣與文氣合而爲一，致使作品具有不同感染力的結果。黃叔琳曾說：「氣是風骨之本」，可見作品的感染力，常源自作家個別稟氣的流動。而〈風骨〉又說：

是以綴慮裁篇，務盈守氣，剛健既實，輝光乃新。其為文用，譬征鳥之使翼也。

在此，劉勰除了提出爲文以志氣爲本，尤其強調作家應「鎔鑄經典之範，翔集子史之術，洞曉情變，曲昭文體」，以此爲軌式，爲文便能呈現剛健的文學風貌與感染力。以曹丕、陳思與建安七子爲例，他們共同的文學風貌是「慷慨以任氣，磊落以使才」，意味著他們大抵懷正志道，潔己清操，而志有未伸，以致文情磊落，染翰慷慨，正是建安時期，表現「剛健」的文學面貌與感染力的作家群。

此外，劉勰亦注意到作家才性限制的問題。〈體性〉說：「辭理庸儁，莫能翻其才；風趣剛柔，寧或改其氣」，指出天賦的才

11 引自《文心雕龍．通變》。

分血氣，有其與生具來的侷限，不易在創作上有所突破；其次是作家之林，受限於才力，往往偏材之士居多，兼通之才鮮少。作家才性的限制，因人而異，有時是文思阻塞，當思想與意象、言辭之間，無法密合，致使「意不稱物，文不逮意」[12]，每使作家苦心思慮，用思困神；有時是文體的運用，隨性適分，鮮能圓通，故張衡、嵇康以四言詩見長，能得雅潤之質；張華、張協工於五言詩，頗具清麗之美，而能兼長二種詩體者，則僅曹植、王粲而已！有時則是謀篇的章法，多採尺接寸附之法，能通貫首尾者少，此亦與作家才分的高低有關。故張湯撰寫奏章，屢被退回、虞松草擬表章，時遭譴責，二人與倪寬、鍾會的才華洋溢，相去不可道里計[13]，是知才分所限，作家力有未逮，也是無可如何的情形！只是面對這種才力不足的窘境，劉勰貴能提出「博練」的救濟之道，藉由博廣學識見聞，與練達為文才思，可挹助作家學淺才疏的問題，有助於為文的饋貧拯亂，改善作家才分的侷限性。劉勰殫精竭慮，以同理心設身為作家著想，其用心之誠，思慮之周，洵非一般文論家所能企及。

四、作家養成論

好學雖未必一定長於文事，但學習確是為文的重要輔助，尤可取資前人的作品，而有所習染借鑒，故古來文論多重視作家的學習。曹丕《典論·自述》說：「少誦詩論，及長而備歷五經、四部，史漢諸子百家之言，靡不畢覽。所著書論詩賦，凡六十篇」，自言博覽有益著述的心路歷程；陸機〈文賦〉亦云：「頤情志於典墳」，強調閱讀對頤養作家情志的重要；劉勰則雙管齊下，強

12 引自陸機〈文賦〉。

13 語據《文心雕龍·附會》。

調作家除了以先天的才氣爲主，尙須輔以後天的學習，如此才學合德，文采必霸[14]。是知劉勰並不否定後天學習的重要，但也確切地掌握作家之養成，以「才」爲主的要件，相較於嚴羽「學詩者以識爲主」的說法，劉說顯然更爲允當周備。

爲使文思流暢無礙，劉勰並提出正本清源的方法，自養心、秉術、學養三方面著手，以陶養文思，爲作家的養成厚植根基。爲文之術，首在治心，因此〈神思〉提出養心方面，要維持精神的清明虛靜，以疏通五藏的累塞，滌除精神的塵垢；又迥異於曹丕「氣之清濁有體，不可力強而致」的觀點，認爲氣可以養，若能調暢其氣，清和其心[15]，摒除雜念，思想集中，即能使情理暢通而不雜亂。〈養氣〉又說：「水停以鑒，火靜而朗」，按水止則能鑒明，火靜則能朗照，物理尙且如此，更何況是心神？因此爲文運思時，精神要能靜止清明如止水，俾能率志委和，如此，消極而言，作家不致於苦思焦慮，爲文傷命；積極來說，則能爲文刃發如新，思路不絕。

秉術方面，劉勰極爲重視作家的寫作技巧，〈總術〉曾以執術馭篇，比作善奕棋者的精通棋藝，要將布局、謀篇、遣辭、造句構思於心，統籌擘劃。首先，他認爲寫作多從摹仿開始，而學慎始習，因此〈體性〉提出「童子雕琢，必先雅製」的說法，強調作家的養成必先摹仿雅正的體製，來確立正確的學習模式，如經典、諸子、史傳都可做爲學習的對象，〈風骨〉說：「鎔鑄經典之範，翔集子史之術」，可見取資經典子史的枽範與寫作技巧，如此「參古定法」[16]，才是正確的「摹體以定習」的作法。其次，

14 引自《文心雕龍．事類》。
15 語出《文心雕龍．養氣》。
16 引自《文心雕龍．通變》。

寫作步驟應先「圓鑒區域，大判條例」[17]，全盤周圓地鑒明、判別寫作的體製與方法，也就是〈通變〉所說的「總綱紀而攝契，然後拓衢路，置關鍵，長轡遠馭，從容按節」，此乃規劃為文統緒的開端。接著，則要掌握各個寫作的環節，〈附會〉說：「必以情志為神明，事義為骨鯁，辭采為肌膚，宮商為聲氣；然後品藻玄黃，摛振金玉，獻可替否，以裁厥中」，作家應觀照為文的思想情感、取材資料、辭藻文采、聲調音節，求其適當協調，不能只突出某一方面的表現，而要注意整體的秩序與和諧，故〈附會〉說：「棄偏善之巧，學具美之績」，如此車輻相輳，作品才能呈現整體的諧適之美。由奠基工程的摹體定習、參古定法，到臨文寫作的籠罩統緒、掌握細節，劉勰提出的作家應曉之文術，可謂涵蓋全面而有層次。

學養方面，知識的擷取，思辨的能力，及生活的經驗都是作家養成的重要元素，是以徐幹博覽傳記，有助其出口成章，操翰成文[18]，才有《文心雕龍．詮賦》所謂「偉長博通，時逢壯采」的氣象，內學而文成的成就；王弼將《周易》「象」的概念，融入於莊子「言不稱意」的論述，著成《周易略例》，故而劉勰譽為「師心獨見，鋒穎精密」[19]；太史公周覽四海名川，交游燕趙豪俊，以致為文有疏蕩脫俗之氣[20]。他們或博學求知，或思想會通，或將生活閱歷融入著作，才能成就不凡，足以證知〈神思〉所言：「積學以儲寶，酌理以富才，研閱以窮照」，真乃作家一日不可少的功課。惟作家所學雖博，其用則不能不予揀擇，〈神

17 引自《文心雕龍．總術》。
18 參闕名〈中論序〉。
19 劉勰評語見於《文心雕龍．論說》。
20 參蘇轍〈上樞密韓太尉書〉。

思〉說：「博見為饋貧之糧，貫一為拯亂之藥，博而能一，亦有助乎心力矣」，即揭示博見要與貫一合用的必要性，如此思想文辭才不致於蕪雜；〈事類〉也說：「綜學在博，取事貴約，校練務精，捃理須覈」，可見博學雖是作家取材、練辭、用典的淵府，是作家養成的利器，但其致用則貴能不失要約信實，否則為文將流於浮妄！

五、作家環境論

環境對作家的影響，從為文的構思感發、文學作家群的形成、文體特徵的突顯、到文學風潮的匯萃，是全面而深遠的。文學不論中外，都反映時代環境對作家有形、無形的薰染牽引，《文心雕龍》對此亦有深入的探討。

〈物色〉說：「春秋代序，陰陽慘舒，物色之動，心亦搖焉。蓋陽氣萌而玄駒步，陰律凝而丹鳥羞，微蟲猶或入感，四時之動物深矣」，提到心神與外物的交游感通，尤其是四時景物的變化，與作家情感的相接相得，因而神用象通，情景交融，是刺激藝術想像，形成藝術趣味的開端，以〈離騷〉而言，所以呈現浪漫抒情、神奇瓌詭的風致，與屈原的生長環境來自楚國特有的風物地貌，有密切的關係，故劉勰說：「然屈平所以能洞監〈風騷〉之情者，抑亦江山之助乎」[21]，自然環境對作家文思的萌發、寫作風格的鎔鑄，已毋須辭費。

劉勰之前，植基於同一地理環境、歷史時期，以一政治集團為中心，表現具有時代意義的文學風格，要以建安作家群最具代表。〈時序〉將政治盛衰、社會治亂、文學雅會、作家際遇，對

---

21 引自《文心雕龍・物色》。

建安作家輩出，作品雲集，及形成時代性的文學風格的影響，剖析得十分透澈：

> 建安之末，區宇方輯。魏武以相王之尊，雅愛詩章；文帝以副君之重，妙善辭賦；陳思以公子之豪，下筆琳琅；並體貌英逸，故俊才雲蒸。仲宣委質於漢南，孔璋歸命於河北，偉長從宦於青土，公幹徇質於海隅，德璉綜其斐然之思，元瑜展其翩翩之樂；文蔚、休伯之儔，于叔德祖之侶，傲雅觴豆之前，雍容衽席之上，灑筆以成酣歌，和墨以藉談笑。觀其時文，雅好慷慨，良由世積亂離，風衰俗怨，並志深而筆長，故梗概而多氣也。

建安時期以三曹政治集團推轂文業爲中心，作家群齊聚於鄴，登覽吟詠，同題唱和，爲從事文學創作，品詩論文，提供了有利的環境；而在社會亂離，政治紛亂的世代，這些作家，歷經不同的遇合經歷，他們的作品反映了悲傷而不失志節，嗟歎而心存慷慨，所謂「志深而筆長，故梗概而多氣」的文學風格，建立文學史上爲文多氣，以氣論文的風尚，及文風由淺顯而漸趨綺麗的進化歷程[22]。由建安作家的並轡騁驥，蜚聲文壇，足徵地理、政治、社會、文學環境，及個人身世際遇對作家群形成的重要影響；相對地，由作家作品的風格，亦可反證推知遠代的環境氛圍，〈奏啓〉說：「觀王綰之奏勳德，辭質而義近；李斯之奏驪山，事略而意誣；政無膏潤，形於篇章矣」，劉勰便是由王綰、李斯的奏事，推知遠久的秦代，法家主導的的政治氛圍，樸而寡文，嚴而少恩，環境與作家的互動緊密，不言而喻。

一時代的文學風尚，也會影響作家在文學體裁上的選用。〈詮

22 參方元珍著《文心雕龍作家論研究 — 以建安時期作家爲限》第一章、第十三章。

賦〉說：「漢初詞人，循流而作」，提及漢代文家，沿承楚人騷體流行的文風，進御之賦，多達千首，辭賦因而大盛，並由《楚辭》的「騷賦」、荀卿的「短賦」，進而發展成爲體國經野，義尙光大，包含序言、亂辭的「大賦」，與象物說理，體制小巧的「小賦」兩類。作家在時代文學風尙的籠罩之下，鮮能置身其外。至於〈章句〉云：

> 尋二言肇於黃世，〈竹彈〉之謠是也；五言見於周代，〈行露〉之章是也。六言七言，雜出〈詩騷〉，而兩體之篇，成於西漢。

說明詩歌體裁與時俱變的情形，可與〈明詩〉配合參看：「漢初四言，韋孟首唱，匡諫之義，繼軌周人。……近在成世，閱時取徵，則五言久矣。……至於三、六、雜言，則出自篇什。」顯見作家運用的詩歌體裁，代有不同，由黃帝時簡樸的二言詩，到周代漢初的四言詩，漢代《古詩十九首》出現成熟的五言，及間出於《三百篇》的三言、六言、七言、雜言，此一詩歌語言的變化，劉勰謂之「情數運周，隨時代用矣」[23]，顯示作家常隨著文學體裁的發展日臻成熟，習用當代流行的文體；文體也因作家的廣泛應用，而成爲時代文學的主流。兩者之間，有相盪相成的關係。

〈繫辭〉說：「形而上者謂之道，形而下者謂之器」，抽象的思想、概念常是具象行爲的指導原則，文學風潮的形成，有時也是由思想理論率先領行。以戰國文學演變的情形來看，〈時序〉說：

> 稷下扇其清風，蘭陵鬱其茂俗，鄒子以談天飛譽，騶奭以

23 引自《文心雕龍・章句》。

雕龍馳響，屈平聯藻於日月，宋玉交彩於風雲，觀其豔說，則籠罩雅頌，故知暐燁之奇意，出乎縱橫之詭俗也。

劉勰推求戰國文學演變的原因，認爲當時諸子學說並起，齊國的荀子、鄒子競尚雄辯，楚國的屈原、宋玉富於麗辭，都是受到縱橫家詭辯風氣的影響，劉永濟曾評論此說是「足窺見本源」[24]。至於魏晉玄學將《易經》與《老》、《莊》的形上思想混合，作玄理之談，影響所及，文學作品「篇體輕澹」，「辭意夷泰」[25]，亦可見魏晉玄學清談之風，對嵇康、阮籍、應璩、繆襲、孫綽、許詢等文家作品的內容、文辭、風格都造成影響。是以〈時序〉說道：「文變染乎世情，興廢繫乎時序，原始以要終，雖百世可知也」，文論家所以能歸納研判文學發展盛衰變化的軌轍，實因作家與作品不離外在環境推移的緣故！

六、讚譽之作家類型

《文心雕龍》評騭的作家，徧及五十篇，受到劉勰肯定青睞的作家屬於哪些類型呢？首先是作品有益教化致用的文家。其中，享譽最高的當屬孔聖。〈原道〉說：

夫子繼聖，獨秀前哲，鎔鈞六經，必金聲而玉振；雕琢情性，組織辭令，木鐸啟而千里應，席珍流而萬世響。

因孔子刪《詩》《書》、訂《禮》《樂》、贊《周易》、修《春秋》，使原爲「史料」的六經成爲「經書」，不但集上古文化大成，貢獻卓著，還賦予古文獻新的解釋與意義，堪稱是「以述爲作」的作家，故成爲奠立中國文化基石的萬世師表，其教化人心，垂示文辭，洵爲超邁前哲，影響深遠。〈徵聖〉又說：「陶

24 引自劉永濟《文心雕龍校釋・時序》，臺北：正中書局，1982 年，頁 63。
25 引自《文心雕龍・時序》。

鑄性情，功在上哲，夫子文章，可得而聞。……繁略殊制，隱顯異術，抑引隨時，變通會適，徵之周孔，則文有師矣」，可見孔子的思想文章，不僅是「勵德樹聲」的典範，更是「建言修辭」的本源[26]，是以劉勰推尊孔子爲後人立言師法的對象，實具有承繼儒聖的思想，重視文學的教化致用的意義。本此理念，大禹時「九序惟歌」、太康時「五子之歌」都因對於時政有所頌揚導正，而成爲發揚「詩教」的代言者[27]。晉世傅玄遵照商周的古樂，創製各種雅正的舞歌、張華新造的二舞歌與四廂樂章，作爲宮廷樂舞，祭祀山川宗廟之用，都因蘊含樂府應具備的「雅詠溫恭」的教化意義，而受到劉勰的讚揚。即便是做爲逗笑取樂的諧讔之語，如司馬遷的〈滑稽列傳〉也因所載傳主能以譎辭微諫君王，意歸雅正，才獲劉勰青睞；相反地，東方朔的隱語則因謬辭詆戲，而被評爲「無益規補」，薛綜的諧語也因抃笑衽席，無益時用，評價不高。劉勰論述的文體雖各有不同，但各文體一致推許有益於風軌世用的作家，是儒家德化實用文學觀的體現者。

其次是作品足爲後文軌範的作家。其中，著作流傳千載，霑溉無窮者，首推孔子，其義蘊「精理爲文，秀氣成采」，其見識「鑒懸日月」，文采則「辭富山海」，是以千年以後，仍澤潤寰宇，影響世道人心。其他文業足式，沾溉後人者，尙包括文辭上的建樹，如傅毅〈誄北海〉因敘寫「白日幽光，雰霧杳冥」之句，哀傷感人，成爲誄文的臬範，〈誄碑〉說：「景而效者，彌取於工矣」，肯定傅誄的文辭工巧，富有啓發影從者的作用。文體上的軌則，如鄭弘爲南陽太守時，所寫的「條教」，事理明晰，爲

26 引自王師更生著《文心雕龍讀本・徵聖》，臺北：文史哲出版社，2004 年，頁 18。
27 引自《文心雕龍・明詩》。

後世的「教」體樹立典式。另一位為後代文體發軔的大家，則是屈原的〈離騷〉，劉勰讚揚屈原「奮飛辭家之前」，如枚、賈、馬、揚都成為追風沿波的繼踵者，其衣被詞人，洵非一代。而華實兼顧的典範作家，則有崔駰、班固、張衡、蔡邕等人，他們取資經史，文質相稱，因而著書有成，足為後人法式[28]。至於以教化建立楷式的，則如漢武帝的〈策封三王文〉，以寓含勸戒，淵深典雅，亦是「垂範後代」的典型[29]，是知劉勰讚賞為文能垂範後昆的作家，尤其強調他們的作品在文辭、文體、文質相稱、及富含教化方面，對後人產生的啓發與影響。

三是具有文學首倡之功的作家。劉勰注重文學史的發展流變，每推尊文家開風氣之先的地位。他們有的是文體的肇始者，如據《漢書・韋賢傳》，韋孟有四言詩，為漢初首唱[30]；而七體由枚乘首製，連珠則肇於揚雄[31]，劉勰都於「原始以表末」時，特記一筆。即便是發展出文體「變體」的作家，劉勰亦多所關注。如晉民的〈原田詩〉、魯民的〈裘鞸詩〉，被左丘明、孔謙誤以為是頌辭，所寫的內容已漸及人事；屈原寫的〈橘頌〉，則以寫物來比類寓意，此一漸及人與物的寫法，與揄揚功德，昭告神明的頌體相較，性質上已有開展變化，開立「變體」之先。其他開創文學首倡之功者，尚有首次奠立文體風格、文體寫法的作家，如〈哀弔〉推本溯源，自賈誼〈弔屈原賦〉說起，認為此篇作品

---

28 語據《文心雕龍・事類》

29 引自《文心雕龍・詔策》。

30 語出《文心雕龍・明詩》。

31 傅玄〈七謨序〉亦認為枚乘作〈七發〉，傅毅、崔駰、崔琦之徒乃循其流而作；沈約〈注製旨連珠表〉亦謂連珠之作，始自揚雄。二人之說同於劉勰。章學誠《文史通義・詩教上》則認為連珠肇始於韓非，惟韓非當時，並無「連珠」一名。至於傅玄〈連珠序〉則以連珠乃班固、賈逵、傅毅三人受詔而作，說法異於劉勰。

體同「哀弔」，而貴能開展出弔文首重情致，不以辭麗爲先的風格，下開漢魏兩晉的哀弔文，是爲「首出之作」。而鄧粲《晉紀》，上法孔子、左丘明，憲章殷周，「始立條例」[32]，爲《史》《漢》三國諸史所無，故〈史傳〉特記鄧粲下開史傳書法的先例。由是觀之，劉勰不僅原始表末，選文定篇，以建構其文學發展史觀，也能無所偏倚，自文學各個面向觀照作家首倡的貢獻。

四是譽爲文學英傑的作家。時歲推移，條流紛雜，要掌握歷代各文體的代表大家與作品，並不容易，能精要批評作家與作品的特色，尤屬困難。《文心雕龍》則於文體論充分發揮此一特長。以單一文體而言，辭賦以漢魏爲盛，劉勰標舉此時期的代表作家也特別多，足以映照一時代文學主流紛蔚盛美的情形。〈詮賦〉列舉出秦漢十家，「並辭賦之英傑」：

> 荀結隱語，事義自環；宋發夸談，實始淫麗；枚乘〈兔園〉，舉要以會新；相如〈上林〉，繁類以成豔；賈誼〈鵩鳥〉，致辨於情理；子淵〈洞簫〉，窮變於聲貌；孟堅〈兩都〉，明絢以雅贍；張衡〈二京〉，迅拔以宏富，子雲〈甘泉〉，構深偉之風，延壽〈靈光〉，含飛動之勢。

其中不但論列該時期辭賦的大家，並列示他們的代表作品，及其在內容、文辭、聲調、風格的特色。這些劉勰譽爲英傑的辭賦家，大抵亦爲前代文評家所肯定[33]，允爲信評。單一文體中，劉勰又屢標舉作家中之領袖，如〈銘箴〉云：「蔡邕銘思，獨冠古今」，與陸雲之評論所見略同[34]。〈章表〉云：「陳思之表，

---

32 《史通・序例》則認爲丘明之後，重立史例者，是幹寶，由鄧粲追躡其跡，號爲「史例中興」，說法與劉勰〈史傳〉不同。

33 皇甫謐〈三都賦序〉列舉「近代辭賦之偉也」十家，有七家及其作品，與劉勰一致，只有三家與劉勰不同。

34 陸雲謂：「蔡氏所長，惟銘頌耳」，見於〈與兄平原書〉。

獨冠群才」，彰顯曹植章表以流露公忠體國，急切用世之情，且辭清律調，而超邁群倫。〈才略〉說：「仲宣……摛其詩賦，則七子之冠冕」，若與建安文士同題唱和之賦相較，確以王粲表現居首[35]。至於〈議對〉說：「晉代能議，則傅咸爲宗」，驗諸史傳，由於傅玄曾任司徒左長史，職司會定九品，擢拔人才，執掌天下清議，而能握綱提領，秉直而行，故〈才略〉謂之：「世執剛中」，乃「楨幹之實才」，不僅劉勰如是，潘尼〈答傅咸詩〉也曾讚譽傅咸是「矯矯貞臣，惟國之屏」，劉勰推尊傅咸爲議體宗師，洵爲碻論。除了論列一時一體獨秀群倫的作家，劉勰又括舉一代之中，眾體的傑出作家，〈才略〉說：

> 琳瑀以符檄擅聲，徐幹以賦論標美，……路粹楊修，頗懷筆記之工，丁儀邯鄲，亦含論述之美。

以言簡意賅之筆，標舉一時期各體之文學領袖，使吾人對當代文學豐富多元，文士薈萃咸集，及作家各具的文學特長，俾收一目了然之效。

五是獨樹一幟，不同流俗的作家。劉勰重視作家的獨特性，因此在列舉同時期文學風潮的代表作家時，每能同中求異，突顯不隨時代文風起舞，而有個人獨特表現的文士，〈明詩〉說：

> 江左篇製，溺乎玄風，嗤笑徇務之志，崇盛忘機之談，袁、孫以下，雖各有雕采，而辭趣一揆，莫能爭雄，所以景純仙篇，挺拔而為雋矣。

指出郭璞的遊仙詩挺拔，在永嘉詩人「理過其辭，淡乎寡味」[36]的作品中，獨樹一幟。由《詩品》評論郭璞的遊仙詩：「始變

---

35 有關劉勰對陳思、仲宣之評述，詳參方元珍著《文心雕龍作家論研究 — 以建安時期爲限》，臺北：文史哲出版社，頁 125-126，225-226。

36 引自鍾嶸《詩品》。

永嘉平淡之體，故稱中興第一。……游仙之作，詞多慷慨，乖遠玄宗」，《南齊書・文學傳論》也說：「江左風味，盛道家之言，郭璞舉其靈變」，可知郭璞遊仙詩挺拔雋永，異於江左玄風，號爲「靈變」，爲當時文家所公認，由此劉勰展現出評論文家，不拘囿於時代的文學風潮，而有欣賞異類奇葩的見識。另外，文章之事，「有一派學問，則釀出一種意見；有一種意見，則創出一般言語」[37]，對於一些具有獨創性，能推陳出新的作家，劉勰也深表肯定。是以他褒讚〈離騷〉富含瑰奇豔麗的一面，鼓勵後學對屈原〈離騷〉要「酌奇而不失其貞」，此因屈氏爲文「雖取鎔經旨，亦自鑄偉辭」，在語辭上能切合時代，表現獨創的特質。而潘岳的〈金鹿〉、〈澤蘭〉由於哀弔夭昏，情感悲苦感人，且言辭如詩，節奏短促，與內容相契合，劉勰因有「體舊而趣新」，「莫之或繼也」的評論，推許潘岳在哀辭形式上創新的傑出表現。另如王弼《周易略例》援《莊》以釋《易》、何晏〈老子道德二論〉揉合三玄以立論，都能自成一家，而獲劉勰「師心獨見，鋒穎精密，蓋論之英也」的讚譽。至於枚乘〈七發〉、相如〈上林〉、揚雄〈羽獵〉、馬融〈廣成〉、張衡〈西京〉，所以被劉勰舉爲參伍因革，通古變今的範例，原因無他，在於這些辭賦家對於前人「師其意，而不師其辭」，有融會前賢，自出新變的表現。由上所述，可以發現這些在內容上鎔鑄經典，在文辭韻調上與時俱變，進而推陳出新的作家，都獲得劉勰極高的評價。

六爲符合寫作體式的作家。《文心雕龍》討論了一百七十多種的體類[38]，對於符合文體寫作體式的作家，多所褒讚。例如魯哀公爲逝去的孔子作誄，有哀歎天不從人願的悽傷，雖非上乘之

---

37 引自袁宏道〈論文・下〉。

38 語出王師更生《文心雕龍讀本・總論》，頁 31。

作，但劉勰稱美其爲「古式存焉」。魏人左延年長於增損釆詩，以入樂府，而無其他作家辭繁難節之病，因符合樂府文辭「貴約」的本質，而爲曹植、劉勰異口同聲所讚揚。東漢隗囂的〈檄亡新〉文，由於意切事明，不尚文詞的雕飾，而能掌握檄文「皦然明白」，揭露惡人罪狀的特質，劉勰評之爲「隴右文士，得檄之體也」。至於諸葛亮、庾翼教導僚屬的文字，因爲切合事理，言辭中肯，被劉勰推許是「教之善也」的作家。由評論作家的讚辭，所謂「古式存焉」、「明貴約也」、「得檄之體也」、「教之善也」，顯示劉勰重視作家創作的「辨體」與「合體」，文體有其內容、作法和格律上的特點，是從事各體創作的準繩，若作家爲文而不標明區界，將捨本逐末，每下愈況，終至寖微的境地！反之，作家若能掌握文體的特質，與寫作的要領來爲文，則以達於「自然會妙」[39]的境界爲最高。不僅是思慮化合天機，思轉自圓；章法如跗萼相銜，首尾一體；措辭用典自然合度，無雕巧鑿斧之痕；韻調亦能符契中和，不急不緩。對於劉勰所提出的「自然會妙」一詞，紀昀評作「自漢以來，論文者罕能及此」，在文尚工麗雕巧的六朝，不僅顯得難能可貴，也成爲作家爲文最高的審美境界。

　　其他爲劉勰正面褒舉的，尚有鎔經述聖，華實相扶的作家類型。〈論說〉曾讚譽漢宣帝、章帝先後於石渠閣、白虎觀講論五經異同，當時由皇帝親制臨決，所論撰之文，乃「述聖通經，論家之正體」。〈史傳〉並評論班固寫《漢書》，筆法得失互見，而班氏的特長之一即是「宗經矩聖」，爲文典雅。至於潘勗因天子策命曹操爲魏公，所寫之〈冊魏公九錫文〉，〈才略〉評爲「憑經以逞才，故絕群於錫命」，稟經製式，辭義溫雅，即是劉勰稱

---

39 引自《文心雕龍·隱秀》。

賞潘勗錫文超軼群才的原因。惟必須辨明者，劉勰肯定這些作家宗法經典，取範聖哲，並非等同其主張泥古、復古，〈風骨〉說：「鎔鑄經典之範」，可見作家對於經典故實，必須加入參酌銷鎔，以古會今的工夫，此〈通變〉所謂：「參古定法」，若能適當選擇經典不變的價值與常式，古為今用，則經典雖舊，而作品的面貌彌新。故〈事類〉強調「經書為文士所擇」，指出作家對於經書必須有所篩選、揀擇，如屈原「取鎔經旨」[40]，「雖引古事，而莫取舊辭」，揚雄〈百官箴〉「酌於詩書」[41]，都是作家化用經典，陳言勿用，折衷古今而成功的範例。此外，劉勰亦表彰以經典為底蘊，然後品藻玄黃，摛振金玉，使文章的內容形式統一而諧調的作家，如虞夏文章辭義溫雅，堪稱萬代儀表；荀況的詠物說理賦，不但學為宗師，且文質相稱，為一代巨儒；揚雄取資經典，旨趣幽深，著作理贍而辭堅；馬融吐納經範，華實相扶，是當代鴻儒。比對而觀，劉勰譽為「文質兼備」的作家，要以虞夏、商周、兩漢居多，他們多因具備儒經根柢，作品金相玉質，而獲得至高的文學評價。

七、摘瑕之作家類型

劉勰評論作家，有時以全盤否定，有時則優劣互見，來指摘作品的缺點，此一作家類型，大要而言，有以下數種：

一是作品違反經義，無關致用的作家。與經義不合的顯例，有司馬遷的《史記》。劉勰引述班彪〈史記論〉的說法，謂《史記》實錄無隱，博雅弘辯，為其特長，但採經摭傳，分散百家之

40 引自《文心雕龍·辨騷》。

41 言屈原「雖引古事，而莫取舊辭」，揚雄〈百官箴〉「酌於詩書」，均引自《文心雕龍·事類》。

事，甚多疏略，而「有愛奇反經之尤」。〈樂府〉則提到「〈桂華〉雜曲，麗而不經，〈赤雁〉群篇，靡而不典」，認爲唐山夫人所作〈安世房中歌〉，以及〈郊祀歌〉，其中〈桂華〉、〈赤雁〉辭藻華靡，不合經書的典則；紀評則不以爲然，說道：

> 〈桂華〉尚未至於不經，〈赤雁〉等篇亦不得目之曰靡。蓋深惡塗飾，故矯枉過正。

其實，與其說劉勰深惡〈桂華〉、〈赤雁〉文辭靡麗，不如說受到經書尙道德教化的影響，劉勰更重視樂府應蘊含美刺褒貶的作用。是以漢靈帝時，樂松之徒，被比爲「俳優」、「驩兜」，所寫辭賦，也被評作「餘風遺文，蓋蔑如也」[42]，劉勰輕鄙作家爲文無益於規補致用，意甚明顯。

二爲不符文體寫作體式的作家，如班固〈車騎將軍竇北征頌〉全篇敘事，只有末後六句爲頌辭，將短辭的頌體，寫成長篇的序引，故劉勰評爲「變爲序引，豈不褒過而謬體哉」，所言切當；而曹植〈皇太子生頌〉、陸機〈漢高祖功臣頌〉，混合褒貶爲一體，也違反頌體褒德顯容之義，被劉勰指斥爲「固末代之訛體也」，亦屬於爲文失體的作家。

三是辭繁枝雜的作家，如王朗〈雜箴〉數篇，以水火井竈等物，寓含規戒之意，然而文中無物不箴，不免有文辭枝繁之累；陳思〈文帝誄〉，則以數百言，陳述自己，有喧賓奪主之弊，難怪劉勰詆訶其「體實繁緩」，空負盛名。

四是摹擬影附的作家。劉勰論文，強調會通適變的重要，爲文必須融古入今，切合時變，然後自出杼軸，戛戛獨造，才能開創文學長久的新機，是以他批評〈辨道論〉「體同書抄」，說曹

---

42 語出《文心雕龍·時序》。

植「才不持論，寧如其已」，嚴斥其依傍爲文。不但內容上不可抄襲，文辭上亦不可模擬沿用，劉勰曾批評當代辭人，「掠人美辭，以爲己力，寶玉大弓，終非其有」[43]，簡要數言，已括出影附他人爲文者，雖有巧績，終與魚目、東施歸於一類矣！

五是用事謬誤失實的作家，如曹植〈報孔璋書〉誤將只有三人唱和的葛天氏之樂，說成「千人唱，萬人和」、陸機〈園葵〉詩則將「衛足」、「庇根」典故錯置，寫成「庇足」，二人同犯引用典故之誤。以明智練達、思考縝密如曹植、陸機尙且如此，則作家易生取材用事失實的文弊。

六是聲律不諧的作家。晉末以至齊梁，由於音韻之學初興，若不注意諧音字、反切字的使用，常遭致嗤笑，是以劉勰提醒作家，應以聲律不諧爲戒。劉勰上承樂論「聲依永，律和聲，八音克諧」[44]的理念，要求異音相從，同聲相應，俾使文能「和韻」，而以「宮商大和」爲其聲律說的最終理想。依此指導原則，荀勗改造新的鍾律，劉勰評其「聲節哀急」，非正德至和之音，並引述阮咸的說法有所譏議。

作家除了以思想內容、文體、措辭佈局的不當，及模擬抄襲、用事有誤、聲律不諧，爲劉勰所指摘；他對作家的負面批評，尙包括作品風格的淫麗、淺綺、訛濫、及穿鑿取新。尤其是兩晉以後的作家，忽略內容的情實根柢，著重文辭的雕削取巧，甚至以顚倒的文句、反常的語法來迎合時尙，而自以爲是「新色」[45]。對於這一類鶩尙「新奇」的作家，〈體性〉的註解是「新奇者，擯古競今，危側趣詭者也」，顯然語帶貶抑！只是〈風骨〉又說：

43 引自《文心雕龍・指瑕》。
44 引自《尙書・堯典》。
45 引自《文心雕龍・定勢》。

「孚甲新意，雕畫奇辭」，可見「新奇」也可以成為正面的讚辭，屈原即以奇文崛起，繼詩人之後，開辭賦之先，被劉勰譽為「難與並能」的作家。是以作家要如何駕御「新奇」？使之由負面的貶抑，轉為正面的褒揚，關鍵即在於是否能「鎔鑄經典之範，翔集子史之術，洞曉情變，曲昭文體」。若以舊學優良的根柢，洞察情感的變化，辨明文章的作法，為文才能意新而不亂，辭奇而不黷，才能逐奇而不失正。是知劉勰評論作家的瑕病，不僅揭明其作品內容體式的偏頗，可貴者尤在於積極地指引方向、作法，以期導引於正。

八、與六朝文論匯合分流

綜覈《文心雕龍》對作家的評論，與六朝文論或符契輝映，或破他立己，或同中顯異，進一步地深化開展。舉彙而求，可以探知劉勰作家論，與時代文論脈絡匯合分流的情形：

一是追躡六朝文學批評潮流。魏晉以來，由品鑒人的才性，與考課方法相輔相成，以做為拔擢人才的標準，到重視作家的才性，與評騭作品的得失，已蔚為風氣。成公綏〈天地賦序〉云：

> 氣而言之，則曰陰陽；性而言之，則曰剛柔。

表明氣性有陰陽剛柔之別，曹丕《典論·論文》說：「文非一體，鮮能備善」，則指出作家為文，鮮能兼善眾體；與《文心雕龍·體性》云：「才有庸儁，氣有剛柔」，〈明詩〉說：「思無定位，隨性適分，鮮能圓通」，以稟賦的才氣可分剛柔，人各有別，而文思隨著作家的性分不同，鮮能面面周圓，文意相通。只是曹丕雖然也看重學習對寫作著述的助益[46]，但基本上仍認為

---

46 見於《典論·自敘》。

才氣的巧拙有定分，無法移轉[47]，這和劉勰主張「文章由學，能在天資，……才爲盟主，學爲輔佐」[48]，以才主學輔，可爲文壇盟主的觀點，是不同的。可見探討才氣學習對於成就人才、作家、創作的影響，是六朝關切的論題。故而夏侯湛〈張平子碑〉評論張衡「好學博古，貫綜謨籍，……學爲人英，文爲辭宗」，稱美其文學兼善，允爲人傑，而劉勰〈才略〉亦謂張衡通贍，文史彬彬，兩人一致重視學識對作家養成的助益。六朝之時，以人才遇合與否，做爲立功或立言的基準、主張文品是人品的投射、及作家性情身世對創作具有影響力等議論，也時見於當時文論。王隱〈與祖納述作〉云：

蓋聞古人遭逢，則以功達其道；若其不遇，則以言達其道。

與〈程器〉「窮則獨善以垂文，達則奉時以騁績」的觀點意同而語異，均以人才的器用爲先；李充嚮慕嵇康人品與作品的高逸，〈弔嵇中散文〉云：「先生挺邈世之風，資高明之質，神蕭蕭以宏遠，志落落以遐逸……詠千載之徽音」，劉勰則於〈奏啓〉批評路粹僞奏孔融，使文舉遭到下獄棄市之阨，乃一介險士，足徵作家文品是人格的寫照；另如，謝靈運〈擬魏太子鄴中集詩序〉謂劉楨「卓犖偏人，而文最有氣，所得頗經奇」，王粲「家本素川，貴公子孫，遭亂流寓，自傷情多」，評述作家性情際遇與爲文風格的關係，也是劉勰時在〈風骨〉、〈時序〉等篇觀照的論點。至於《文心雕龍》精選每種文體的代表作家作品，予以斟酌利病，褒貶得失，更是六朝摯虞《文章流別論》、李充《翰林論》、謝靈運〈擬魏太子鄴中集詩序〉等，習見的作法。用此觀之，劉勰銓品作家的利病得失，實是六朝文學活動昌盛，批評風氣蔚然

47 見於《典論・論文》。
48 引自《文心雕龍・事類》。

成習的反映。

二是以六朝文論爲立論奠基。劉勰或採擇、或批駁六朝時人的相關評論，是他品評作家的重要依據。以舉示文體的首倡作家而言，〈雜文〉謂七體肇始於枚乘〈七發〉，其說同於傅玄〈七謨序〉；指連珠創體於揚雄，雖與傅玄〈連珠序〉曰：

> 所謂連珠者，興於漢章帝之世，班固、賈逵、傅毅三子受詔作之。

說法不同，而與沈約〈注製旨連珠表〉、任昉《文章緣起》看法一致。劉勰對七體、連珠首創者的指述，實代表魏晉南北朝的通論[49]。就標舉各體的傑出作家來看，以七體爲例，劉勰對張衡〈七辨〉、陳思〈七啓〉、王粲〈七釋〉的評論，內容與句法，多與傅玄雷同，可以確定傅玄說法對劉勰應有奠基的作用。而〈詮賦〉開列先秦至兩漢的「辭賦之英傑」，十家中有八家俱列於皇甫謐〈三都賦序〉中，有五家並被皇甫謐譽爲「近代辭賦之偉也」，對於各家作品特色與風格的概括，則以劉勰較爲具體而周備。至於揭示作家的利病得失，李充《翰林論》曾對嵇康之論、曹子建與諸葛亮之表、陸機之議、孔融之書，頗有贊辭，這些作家的作品，亦散見於《文心雕龍》〈論說〉、〈章表〉、〈議對〉、〈書記〉等篇，獲致「論之英也」、「表之英也」、「獨冠群才」、「亦各有美」等好評；而摯虞《文章流別論》指摘「李尤爲銘，而文多穢病」，〈銘箴〉亦謂「李尤積篇，義儉辭碎」，與摯論意有相通。除了依採前說，亦時見劉勰不拘囿於六朝文論的成見，突破前人的觀點。〈書記〉即爲劉楨發出不平之鳴，謂其牋記「文麗而規益」，其實更美於詩，卻未獲曹丕〈與吳質書〉的青睞，

---

49 引自呂武志著《魏晉文論與文心雕龍・第八章》，臺北：樂學書局，1998年，頁139、134。

而有為世所遺之憾。〈才略〉亦為曹丕的文學評價不及曹植，提出批駁，進而分析曹丕兄弟才性、政治地位不同，作品各有所長的成因，而導出舊談「未為篤論」的結論。對於前人文論的採擇或駁難，劉勰確實做到〈序志〉所說：

> 有同乎舊談者，非雷同也，勢自不可異也；有異乎前論者，非苟異也，理自不可同也。

他並在六朝文論的基礎之上，有所開展深化，以論賦為例，《文章流別論》曾論馬融〈廣成〉、〈上林〉「純為今賦之體而謂之頌，失之遠矣」，而〈頌讚〉亦云：「馬融之〈廣成〉、〈上林〉，雅而似賦，何弄文而失質乎」，兩者相較，可見劉勰在摯論的基礎上，進而點明馬融作頌而似賦的原因，論述有進一步的深化延展。由上以觀，劉勰評論作家，植基於六朝文論，或依採、或批駁、或深化，故能創獲己見，杼軸有功；而其旁搜遠紹，持論有故，不輕下褒貶的審慎態度，亦由此可以得知。

三是反映作家批評之焦點議題。劉勰對作家眾多的評論中，其實已籠罩六朝文學爭論的議題。顏延之〈庭誥〉云：

> 逮李陵眾作，總雜不類，元是假託，非盡陵制。至其善寫，有足悲者。

最早指出李陵〈與蘇武詩〉等是假託之作，對此，〈明詩〉亦云：「辭人遺翰，莫見五言，所以李陵、班婕妤見疑於後代也」，即援引顏延之以李陵眾作為偽的說法，只是劉勰又以《詩經》、孟子時「孺子滄浪之歌」等前代詩歌為例，由詩歌的發展流變，證知五言詩其實發展已久，則李陵、班婕妤五言詩出現於西漢，並非不可能。劉勰存疑立異，以客觀呈現時人關注的文學議題，由是可見。再者，晉宋以來，《史記》與《漢書》孰優優劣的爭論，喧騰一時，其源始於班彪〈史記論〉評論《史記》為實錄，博雅弘辯，而有愛奇反經，條例踳落之失；班固繼之，亦就《史記》揚搉得失，當時為《漢書》注解者多達二十五家，形成班固勝於司馬遷的態勢；迨至晉宋，傅玄、張輔、范曄則為司馬遷辯護，評論班固於史德、辭章及勸諫作用的缺失[50]；裴駰〈史記集解序〉則贊同班固對《史記》的批評，認為：

> 駰以為固之所言，世稱其當。……班氏所謂疏略抵捂者，依違不悉辯也。

對於兩派不同的爭論，劉勰則摘引他人之說，藉論《史》、《漢》，惟其中褒貶互見，並不偏倚，且指陳《史》、《漢》為呂后立紀，並有「違經失實」之病，已折衷晉宋文史方家對遷、班的爭論，而能平理若衡。此外，評騭潘岳與陸機才性作品的高下，也是晉宋以來文論的焦點，孫綽以為「潘文淺而淨，陸文深而蕪」[51]，崇潘而抑陸，為謝混讚同；李充、鍾嶸則反對，認為潘不如陸，故謂「陸才如海，潘才如江」[52]。當時對潘岳、陸機為文優劣的討論，由江淹〈雜體詩序〉云：「安仁士衡之評，人立矯抗」，即可想見爭論的激烈。而劉勰對潘岳、陸機的合論，見於〈才略〉、〈程器〉，〈程器〉不滿潘岳欺誑晉惠帝，使愍懷太子被廢；抨擊陸機交結權貴，以獲取進身之階，認為兩人在德行上均有瑕累；而〈才略〉云：

> 潘岳敏給，辭自和暢，鍾美於〈西征〉，賈餘於哀誄，非自外也。陸機才欲窺深，辭務索廣，故思能入巧，而不制繁。

指出潘岳機敏，文辭和暢；陸機才優，惜有為文不知芟繁之

50 見於傅玄〈傅子佚文〉、張輔〈名士優劣論〉、范曄〈班固傳論〉。
51 引自《世說新語・文學》。
52 語出鍾嶸《詩品・卷上》。

病。可見劉勰對潘岳的評價更勝陸機一籌，其看法同於孫綽、謝混，並已成爲後人宗奉之論。

四是建構文學發展史觀。晉宋以來，由於作家輩出，作品日眾，文學理論與批評的論著遝至，以時代爲經，作家爲緯，歸納文學發展分期趨向的論說漸多。摯虞《文章流別論》云：

> 夫古之銘至約，今之銘至繁，亦有由也。質文時異，則既論之矣。

摯氏根據歷代作家作品的表現，歸納時代由質到文的演變趨勢，此與〈通變〉總結黃唐至宋初，由質及訛的文學發展，認爲爲文要能「通變」，必須「斟酌乎質文之間」的說法合觀，摯虞與劉勰對前代文學由質及文的發展規律，有相同的體認。晉宋以來，尚有檀道鸞〈續晉陽秋〉將漢以來的詩歌發展分爲三期，(一)是魏正始以前，由司馬相如到潘岳、陸機，皆體則詩騷；（二）是魏正始到東晉義熙以前，何晏、王弼好莊老玄風之談，經郭璞至孫綽、許詢，玄談之風漸與神仙道家、佛理相結合，詩騷之體盡矣；（三）是義熙以後，謝混以寫景詩改變玄言詩風。檀氏此說，是最早評述玄言詩演變的文論。之後，沈約《宋書・謝靈運傳論》亦總結出自漢至魏，辭人才子的文體三變說：（一）是漢代的司馬相如善作形似之言，班固長於情理之說；建安的曹植、王粲則以氣質爲體；(二)是兩晉潘岳、陸機「體變曹王」；(三)是東晉玄風盛行，宋代以後顏、謝騰聲。綜覈檀、沈二人爲詩歌發展所作的分期，與標舉的代表作家，多與〈明詩〉、〈時序〉桴鼓相應，劉勰不但指出漢代詩歌承繼《三百》、辭人祖述《楚辭》的軌跡，也綜括建安梗概多氣的特質，及江左以袁宏、孫綽爲玄言詩代表，郭璞乃遊仙詩俊傑，宋代則山水詩盛行的文學發展進程。可以說六朝文論以作家來劃分的文學發展進程，已爲劉勰的文學史觀開其先路。

五是據以改正版本訛誤。六朝文論既爲劉勰評論作家的重要參考，其做爲改正版本文字的準據，亦理所必然。據元至正本，〈定勢〉寫道：

> 劉楨云：「文之體指實強」，弱使其辭已盡而勢而餘，天下一人耳，不可得也。

惟黃侃《札記》疑此句當作「文之體指貴強」，而下衍「弱」字。學者採信黃說，故全文改作「劉楨云：『文之體指貴強，使其辭已盡而勢有餘』」。案劉楨此語，已不可考，然據陸厥〈與沈約書〉云：「自魏文屬論，深以清濁爲言；劉楨奏書，大明體勢之致」，稽核上下文意，「清濁」一詞既本自曹丕，「體勢」一語亦應出自劉楨所言；且劉楨詩文以勁健之風骨取勝，其論文亦重視詩文體勢旨趣的強健有力，故以文辭已盡而氣勢有餘的作品，爲不可多得[53]，故據陸厥〈與沈約書〉所引，應可訂正元至正本「體指」當作「體勢」之誤，如此且理通辭順，符合劉楨語意。

六是肯定神怪詭異對文家創作之效益。魏晉時期玄風大盛，審美觀點也爲之改變，形成神秘、浪漫、志怪的審美觀，不僅志怪小說列異搜神，散文如〈桃花源記〉、詩賦如遊仙詩、〈洛神賦〉等，都有神怪幻異的趨向。郭璞〈注山海經序〉亦寫下肯定《山海經》「閎誕迂誇，多奇怪俶儻之言」的評論，因此郭璞爲之創傳，期使逸文奇言能流傳於後，甚至發出「非天下之至通，難與言《山海》之義矣」的讚辭。知人論世，郭璞對《山海經》怪奇誇誕的稱賞，實是當代文學審美思惟與創作風氣的產物。劉

53 同註 31 第八章，頁 248。

勰於此一氛圍的薰染下，不但視屈原的誇誕迂怪，爲驚才風逸，足可做爲後人創作的養料，又專設〈諧讔〉文體，評論邯鄲淳等人的悅笑滑稽之言、魏代以來君子的隱語謎辭，皆不可鄙棄，凡此都是受當時文學審美觀的影響，所呈現的包容氣象。

結　論

作家是文學的靈魂，是創造文學真善美價值的根源，故劉勰說：「一朝綜文，千年凝錦」，對作家進行深入的探討，其重要性不言可喻。《文心雕龍》雖未專設作家論，只以〈體性〉論作家才性與作品風格的關係，以〈才略〉、〈程器〉論述作家的才具與器識，而內附於文學批評；但《文心雕龍》作家論其實徧及五十篇，佔全書最多的篇幅，其中有對作家的寄望與質疑，分析形成作家內因與外緣的因素，作家養成必備的條件，作家與文體風格的關係，作家應如何掌握文術？並具體標舉褒貶的作家類型。時間上含蓋上古以至劉宋作家的身影，內涵上載錄他們的才學際遇、作品利病與文學史上的評價，理論上則建構了評論作家方法、範疇，及標準，誠可謂是「桃李不言而成蹊」，在文學理論與文學批評史上，爲後人走出了一條坦途。

細究劉勰評論作家的方法，採取「唯務折衷」的批評方法，而運用自如，變化靈活，除以選文與評論結合，兼採單論、合論、附論、泛論四種方式交錯進行，又以比較異同、優劣互見的方法，以期客觀呈現作家的個人特色，並採史筆的審慎態度，闕當代不論，存疑立異，以爲文學歷史與一己文責有所交待。

劉勰對作家特質的認定，基本上依循儒家以德性人格、經世致用爲先的標準，視立言傳世猶在其次；即便從事文學，也應通曉治術，以器用文采兼備，華實文質相輔，表明心中對理想作家典型的期待；只是劉勰也兼顧事實，明瞭通才者少，而因位卑遭議的文士居多，對作家的偏才與瑕累賦予人性化的考量。

才性是成就作家的內因，開闢生命的獨特性；環境則是作家形成的外緣，對生命特質具有引發的作用。作家內在的才性好尚，不僅關涉作品的繁省、構思的遲速，也影響作品的風格與感染力，因此劉勰主張因性練才，憑情會通，如此有助於作家獨創性的塑造。尤可貴者，他提出如何學習的方法－以「摹體定習」、「博練」，改善作家才分的侷限，以養心、秉術、學養裨益作家的養成，爲垂帷制勝，提供了門徑，難怪劉永濟評爲「知舍人論文之精微」[54]。至於由自然景物、政治社會學風雅集、到文學體裁的流行等，《文心雕龍》剖析外緣環境對作家的影響，全面而深刻。

劉勰對作家的揚摧得失，是其文學理論的落實與應用。舉凡作品有益教化致用、足爲後文軌範、具有文學首倡之功、被標舉爲文學英傑、推陳出新且能獨樹一幟、符合寫作體式、鎔經述聖、華實相扶的作家，都是劉勰正面褒舉的類型，除了證明他以宗經、通變、情采並重、尙風軌教化、反摹擬抄襲等文學觀，做爲評論作家的標準，使理論與批評符契呼應，並顯示他重視作家爲文的辨體與合體，而以臻於「自然會妙」，爲作家創作的最高審美境界。反之，作品違反經義，無益致用，不符寫作體式，及措辭枝繁、摹擬依傍、用事謬誤、聲律不諧的作家，則爲劉勰所指摘，尤其對於當時辭人的標新立異，訛濫務奇，屢屢痛下針砭，其宗經而不泥古，新奇而不失正的思想與做法，足可翻矯當時文弊，爲後代作家引路！

劉勰的作家論，與六朝文論的匯合分流，呈顯了數項意義，

---

54 同註 21，頁 10。

一是追躡六朝文學批評潮流，二是奠立文論的基石，三是反映作家批評的焦點議題，四是建構以時代作家爲經，作品風格爲緯的文學發展史觀，五是據以改正版本訛誤，六是肯定神怪詭異對作家創作之效益。劉勰植基於前人文論，或依採附和，或推翻舊談，或加以深入轉化，一方面呈顯他旁搜博採，持論有故，不褒貶任聲的敬慎態度，同時也可與前人文論互補短長，有益後學的覃思研究。至於其標心萬古，借評騭作家，掎摭利病，圖文業之可大可久者，若非劉勰以文論家的身分，兼具作家切身的寫作經歷，又何能致之？

王更生先生《文心雕龍》研究二題

安徽師範大學文學院 李 平

引 言

王更生先生在臺灣「《文心雕龍》學」研究方面稱得上是承前啓後的關鍵人物，大陸已故「龍學」家牟世金先生曾說：「臺灣的《文心雕龍》研究者中，王更生是著述最多的一人。他在承上啓下，推動臺灣《文心雕龍》研究的發展上，是起了較大作用的。」[1]儘管某些強調「處境分析」的學者可能並不贊同這一說法，他們認爲老式的版本、流傳、校勘、注釋、輯佚、篇章真僞考證這方面的研究，在七十年代中期以後的臺灣，「意義實已不大」[2]。然而，學術研究理應呈現多元並存的格局，校注譯釋、義理探討和處境分析本無軒輊之分，何況王先生的《文心雕龍》研究，涉獵廣泛、著述甚豐，其「龍學」成果具有「百科全書」式的氣派，在大陸「龍學」界也只有牟世金先生堪與媲美。特別是臺灣《文心雕龍》研究在經歷了 20 世紀七十年代的發展後，至八十年代，由於學術轉向，熱度已減、成果不多、水準下降，許多學者不再以「龍學」爲務[3]。在此背景下，王更生先生對《文心雕龍》研究

1 牟世金：《臺灣文心雕龍研究鳥瞰》，77 頁，濟南，山東大學出版社，1985。
2 參見龔鵬程：《研究〈文心雕龍〉的故事與啓示》，載《楊明照先生學術思想暨〈文心雕龍〉國際學術研討會論文集》。
3 參見王更生：《“文心雕龍學”在臺灣》，載楊明照主編：《文心雕龍學綜

尤役心力，或修訂舊著，或刊佈新作，顯得難能可貴。

就管窺所及，我以爲王先生的《文心雕龍》研究具有教學與研究相長、校注與釋譯並行、微觀與宏觀互融、資料與理論俱重、普及與提高兼顧等特色。本文原題爲《論王更生先生〈文心雕龍〉研究的特色》，擬就上列各條逐一進行分析，無奈近來諸事纏身，難得空暇，第一點剛寫完，第二點才開頭，就已迫近會議論文交稿的截止日期。再說，行文至此，已逾萬字，五個方面特色寫完，至少也有三四萬字，故不得不暫時打住，留待來日在我的《20 世紀〈文心雕龍〉研究史論》一書中再漫漫細說。於是，匆匆更換論題，勉強交稿，實在愧對王先生。

一、教學與研究相長

王更生先生 1962 年始習《文心雕龍》，1969 年發表《文心雕龍》研究成果，四十餘年來，先生於「龍學」一門孜孜矻矻，勤耕不已。他以學者的本色和教授的身份，一方面專注于「文心雕龍」的學術研究，厚植根基；另一方面致力於《文心雕龍》的傳播工作，播種育苗。據統計，到目前爲止，他在「龍學」方面一共發表單篇論文近六十篇，專著八種，主編和參編「龍學」研究資料三部[4]，可謂成果卓著，體系大備；其「龍學」研究的主要論著和主編的「龍學」資料，恰如一部大書 —— 《導讀》是前言和目錄，《讀本》與《選讀》是正文（前者求全，後者重精），《研究》、《新論》與《秘寶》是注疏（其中《研究》、《新論》是專門之注疏，《秘寶》是通俗之注疏），《駁正》與《龍學家》是附錄的評論

覽》，上海書店出版社，1995。

4 據王更生先生《中國古代文學理論的秘寶 ——〈文心雕龍〉》所附著作年表和其弟子劉渼女士《臺灣五十年來“〈文心雕龍〉學”研究》（表四）統計。

（前者論書，後者論人），《論文選粹》與《論著摘要》是附錄的資料（前者爲研究之精華，後者爲研究之概觀）。1972 年先生于臺灣師範大學正式講授《文心雕龍》，此後除在師大國文系、國文研究所主講《文心雕龍》外，還先後在臺灣中央大學中文系、淡江大學中文系、東吳大學中文系、世新大學中文系和香港浸會學院等高校，以《文心雕龍》爲主講科目，直到 2000 年 9 月至 2001 年 6 月，他以七十二、三歲的高齡，仍在臺灣師大、東吳大學和世新大學講授《文心雕龍》及《文心雕龍》專題研究；而經他指導獲得碩士、博士學位的研究生共有三十余人，其中多以《文心雕龍》研究爲學位論文選題範圍[5]。

韓愈曰：「師者，所以傳道、受業、解惑也。」（《師說》）要做一個稱職的教師，就必須對所講授的內容進行深入的鑽研和細緻的研究，以提高教學水準，爲教學服務；而在教學中遇到的困難和問題，又反過來爲教師提出新的研究內容和治學目標。對於一個教師，特別是大學教師來說，教學和研究是相輔相成的。而王更生先生的《文心雕龍》研究在這方面顯得尤爲突出，他教以促學，學以益教，二者相長，形成鮮明的學術個性。

1968 年王先生再入臺灣師大國文研究所攻讀博士學位，主治《文心雕龍》，研究成果《〈文心雕龍〉聲律論》和《〈文心雕龍〉風骨論》，分別於 1969 年和 1971 年發表於《中山學術文化集刊》第四集和第八集，這些研究成果爲他走上大學講壇傳授《文心雕龍》奠定了基礎。1971 年，王先生的恩師李曰剛先生因病住院手術，於是將他在大學部講授的《文心雕龍》課程邀王先生暫

5 參見楊明照主編：《文心雕龍學綜覽》，317 頁，上海書店出版社，1995。劉渼：《臺灣五十年來“〈文心雕龍〉學”研究》（表二、表四），臺北，萬卷樓圖書有限公司，2001。

代。由於對王先生的代課「還算滿意」[6]，李曰剛先生就破例聘他做兼任講師，從此王先生便正式接替了恩師的《文心雕龍》課程。後來，王先生回憶此事時感激地說：「如果不是先生有過人的膽識，破格的提拔，我絕沒有機會問津劉勰之門，打開《文心雕龍》的寶藏，邁入中國傳統文論的堂奧。」[7]我們今天解讀這段話，有兩點可注意，一是恩師對他的提拔，正是基於他在《文心雕龍》研究方面的素養和成果；二是這種提拔使他有機會及早登上大學講壇，把研究成果轉化爲教學內容，同時也迫使他進一步深入地研究《文心雕龍》，探尋「龍學」寶藏。王先生在回憶他正式講授《文心雕龍》的情景時說：「六十一年（西元一九七二年）講授《文心雕龍》於師範大學，用力之精勤，更百倍於往昔，舉凡目之所見、耳之所聞、口之所述、手之所指，一切都和劉勰《文心雕龍》息息相關。因此，使我于文學理論之外，對治學之道、做人之方，別有一番洞徹的體認。此時，《文心雕龍》之於我，已到了不可須臾或離的地步了。」[8]正所謂「教學與研究相長」。

《文心雕龍研究》就是這種「教學與研究相長」的第一個重要成果。「原書各章，系結集由民國五十八年（西元一九六九年），至六十四年（西元一九七五年）之間，《中山文化集刊》、《德明學報》、《師大國文學報》、《教育與文化》、《中華文化復興月刊》、《暢流半月刊》、《師大學報》，以及《國立中央圖

6 據先生弟子呂武志回憶："先生奉命于倉促之間，懍於交付之重，每教一篇，莫不戰戰兢兢，必先倒背如流，然後上課時，口授指畫，繪聲繪影，將向稱奧澀難懂的《文心雕龍》講得深入淺出，精彩無比，因此大受歡迎。"見《更生退思文錄》，458頁，臺北，文史哲出版社，1997。

7 王更生：《更生退思文錄》，301頁，臺北，文史哲出版社，1997。

8 王更生：《更生退思文錄》，388頁，臺北，文史哲出版社，1997。

書館館刊》，迭次發表的論文而成。」[9]除了前面提到的兩篇外，其他發表的論文分別是：《梁劉彥和年譜稿》（1973 年）、《〈文心雕龍〉中的史學》（1973 年）、《〈文心雕龍〉中的子學》（1973 年）、《近六十年來〈文心雕龍〉研究概觀》（1974 年）、《〈文心雕龍〉版本考》（1974 年）、《〈文心雕龍〉中的經學思想》（1975 年）、《〈文心雕龍〉在中國文學史上的地位》（1975 年）等。可見，自 1972 年先生正式講授《文心雕龍》以來，由於精力悉萃於是，每年至少有兩篇「龍學」論文發表。由這些論文結集而成的「龍學」專著《文心雕龍研究》，1976 年正式出版。隨即，作者又對此書進行全面的重修增訂工作，兩年後重新交排，1979 年出版的《重修增訂文心雕龍研究》，已成爲王更生先生最著名的「龍學」代表作，而這部著作實際上也可以說是他早年《文心雕龍》教學成果的結晶，是「教學與研究相長」的一個見證。例如，關於書中「結論」——《〈文心雕龍〉在「中國文學史」上之地位》——的專題研究，作者說：「筆者因授課之便，從事本問題的研究，開始於民國六十二年的暑假，去今倏忽一年又半，以個人甄采所得，較諸梁、黃二先生《重訂中國文學史書目》二百零七種之數，當然有瞠乎其後之感，但如祛除與《文心雕龍》絕對無關之專史、斷代史的話，綜其大要，則本人所見五十八種中國文學史或批評史之數，亦大體粗具。豹窺一斑，鼎嘗一臠，則循此以討《文心雕龍》在中國文學史上之地位，庶乎近之矣！」[10]除了這部「龍學」理論研究著作外，王先生另一部「龍學」校注譯釋方面的代表作《文心雕龍讀本》，也發軔於早年的《文心雕龍》教學工作。他在該書《序言》中交代：「民國六十一年，

9　王更生：《更生退思文錄》，343 頁，臺北，文史哲出版社，1997。
10　王更生：《重修增訂文心雕龍研究》，449 頁，臺北，文史哲出版社，1989。

講授《文心雕龍》于師範大學國文系，當時傳本有限，得書不易，然而更張舊注，別鑄新疏之決心，卻於是乎始。」[11]經過十載籌思，苦心經營，終成此書，1985 年正式出版。

關於王更生先生《文心雕龍》教學與研究相長的特點，其弟子呂武志曾有過這樣的概括：「先生教學是與時俱進的，其源源不竭的動力，正是來自研究上的不斷推陳出新。聽課的學生，很多都是多年的老面孔，原因是先生不僅教材經常更新，講法更是隨時而易……」[12]但我認爲，王先生《文心雕龍》教學與研究相長的特點，還有一個深層次的表現，那就是把《文心雕龍》的理論運用到高中「國文教學」中，將理論與實際結合起來，爲達到此目的，他又強調《文心雕龍》研究要注重民族特色和尊經意識。

1977 年，王先生發表了《試論〈文心雕龍〉在國文教學上的適應性》的文章。文中他強調：「本人運用《文心雕龍》的理論，印證到『國文教學』方面來，就是想嘗試著從傳統範疇中加以突破，邁向理論與實際整合的新領域。」[13]如何整合呢？他首先從國文教學內涵方面進行論述，認爲《文心雕龍》「不僅有一貫的系統，更有強烈地民族思想，尤其他（劉勰）那『征聖』『宗經』的文學觀，充分表現了對傳統學術的衛道精神，和對國家民族的使命感」，「這和目前國高中國文課程標準中，所反映的『國文教學內涵』基本要求，頗有異曲同工的本質」[14]。接著，他又從「知人論世」、「解釋題文」、「文章作法」、「深究鑒賞」等方面，一一論述了兩者可供溝通發明之處。最後得出結論：只要

11 王更生：《文心雕龍讀本》（上篇），8 頁，臺北，文史哲出版社，1999。
12 呂武志：《一棵挺立懸崖上的蒼松》，見《更生退思文錄》，459 頁，臺北，文史哲出版社，1997。
13 王更生：《文心雕龍新論》，261 頁，臺北，文史哲出版社，1991。
14 王更生：《文心雕龍新論》，262 頁，臺北，文史哲出版社，1991。

我們善於斟酌損益，權衡時需，產生於1500年前的《文心雕龍》中的學理，就能作爲今日實際從事國文教學的借鑒[15]。

王先生認爲：「教育是延續國族歷史，培育民族文化的根本。」[16]學術研究理當爲這個根本服務，所以他在《文心雕龍》研究中，特別注重彰顯民族特色，致力於「民族文論」的發揚光大。他強調「以《文心雕龍》的學理，重建中華民族富有民族色彩的文學理論體系，以增強民族的自信心，實當前急務。」他的《文心雕龍研究》一書即爲完成此「急務」而作的努力，其《略例》曰：「今茲探研，特以淺近的文字，抉發其精深的妙境，俾此一部曠古絕今的文論寶典，能真正作爲發展民族文學的張本。」[17]其《序》又曰：「在這個東西學術極端交綏的時代，我們如何掌握機先，拓展研究的管道，把《文心雕龍》的理論與實際，和現代『三民主義』的文藝政策相結合，作爲創作民族文學的張本，這實在是值得我們反復思考的事。」[18]而經典是民族精神的載體，經學是傳統文化的正宗。劉勰具有強烈的尊經意識，王先生認爲，體現劉勰基本文學思想的「文原論」，即「文之樞紐」五篇，實際上是以《宗經》爲軸心的。因此，古爲今用應該以此爲抓手。他說：「在我們全力推動復興中華文化，建立民族文學的今天，研究劉彥和在文學上的基本思想，作爲我們溫故知新的張本，不但是有必要，而且是迫切的。」[19]

由此可知，王先生在《文心雕龍》研究上，既善於坐而論道，又長於作而成務。這也是他教學與研究相長的特色所帶來的必然

15 王更生：《文心雕龍新論》，278頁，臺北，文史哲出版社，1991。
16 王更生：《更生退思文錄》，219頁，臺北，文史哲出版社，1997。
17 王更生：《重修增訂文心雕龍研究》，15頁，臺北，文史哲出版社，1989。
18 王更生：《重修增訂文心雕龍研究》，19頁，臺北，文史哲出版社，1989。
19 王更生：《重修增訂文心雕龍研究》，303頁，臺北，文史哲出版社，1989。

結果。

二、《讀本》校勘之得失

王更生先生在《文心雕龍》教學實踐中萌發了「更張舊注，別鑄新疏之決心」。他「深覺黃注紀評，雖言簡意賅，不免失之粗疏，難以申張大義」；「范文瀾注本，資料極爲詳備，卻繁重奧衍，絕無條理，甚不便於初學」。爲便於教學，嘉惠士子，他「籌思十載，聚材盈篋，承前哲今賢之輝光，朋儕故舊之切磋，殫思竭慮，苦心經營，成此一部《文心雕龍讀本》上下篇，八十余萬言」[20]。

《讀本》體例依次爲「解題」、「正文」（眉上以小字加注「段落大意」，「校字」隨文附於當句之末）、「注釋」、「語譯」、「集評」、「問題討論與練習」。如此詳備之體例，既承前賢之故舊，又創自家之新目，彰顯出校注與釋譯並行的特點。

我們知道，《文心雕龍》讀本，一般而言，或詳校注，或重釋譯。前者如潘重規《唐寫本文心雕龍殘本合校》、范文瀾《文心雕龍注》、楊明照《文心雕龍校注》、王利器《文心雕龍校證》、張立齋《文心雕龍注訂》和《文心雕龍考異》、李曰剛《文心雕龍斠詮》、詹鍈《文心雕龍義證》、周振甫《文心雕龍注釋》等，後者如劉永濟《文心雕龍校釋》、李景溁《文心雕龍評解》和《文心雕龍新解》、陸侃如和牟世金《文心雕龍譯注》、郭晉稀《文心雕龍注譯》、王久烈等《語譯詳注文心雕龍》、趙仲邑《文心雕龍譯注》、周振甫《文心雕龍今譯》、向長清《文心雕龍淺釋》、姜書閣《文心雕龍繹旨》、王禮卿《文心雕龍通解》等，而在體

---

20 王更生：《文心雕龍讀本》（上篇），8、9頁，臺北，文史哲出版社，1999。

例上能匯合校注、釋譯、評解於一體，並別創「問題討論與練習」殿於後的實不多見。這裏僅就《讀本》校勘方面的得與失略作陳述。

《文心雕龍》校勘一事，前輩學人用力精勤，成果卓著。巨木冠蓋之下，雖楠梓之材亦難淩越。在此背景下，王先生只好博綜各家成說，務求折衷精當，做一些補苴罅漏、張惶幽眇的拂塵掃葉工作，以形成自家損益補闕之優長。

如《樂府》：「至於塗山歌於候人，始爲南音；有娀謠於飛燕，始爲北聲；夏甲歎於東陽，東音以發；殷整思於西河，西音以興。」「有娀謠於飛燕」句，「於」原作「乎」，楊明照《校注》未改，王利器《校證》曰：「《玉海》作『于』，以上下文例之，作『于』爲是，今改作『於』。」[21]此處楊明照失校，而王利器運用本校法驗之上下文，於理有據，于文可通，故《讀本》從之。《事類》：「陸機《園葵》詩云：『庇足同一智，生理合異端。』」「合異」，《校注》未出校，《校證》出校語：「本集『合異』作『各萬』。」[22]李曰剛《斠詮》作「生理各異端」，並校曰：「『各』原作『合』，形誤，據陸機本集訂正。」[23]《讀本》作「生理各萬端」，校語謂：「（各萬）原作『合異』，依陸機本集改。」[24]相比之下，王先生覺得《校證》之說更優，故從之。

又如《才略》：「商周之世，則仲虺垂誥，伊尹敷訓，吉甫之徒，並述詩頌，義固爲經，文亦足師矣。」「文亦足師矣」句，

21 王利器：《文心雕龍校證》，45 頁，上海古籍出版社，1980。
22 王利器：《文心雕龍校證》，238 頁，上海古籍出版社，1980。
23 李曰剛：《文心雕龍斠詮》（下編），1736 頁，臺北，國立編譯館中華叢書編審委員會，1982。
24 王更生：《文心雕龍讀本》（下篇），170 頁，臺北，文史哲出版社，1999。

原無「足」字，范文瀾校曰：「『文亦師矣』句有缺字，疑『師』字上脫一『足』字。」[25]而此句楊明照、王利器均未出校，《讀本》從「范注」補「足」字，並謂：「『足』字原脫，茲依范注及上文文義、句法、辭氣補。」[26]

再如《通變》：「相如《上林》云：『視之無端，察之無涯，日出東沼，月生西陂』。馬融《廣成》云：『天地虹洞，固無端涯，大明出東，月生西陂』。揚雄《校獵》云：『出入日月，天與地遝』。」其中司馬相如《上林賦》之「月生西陂」，范文瀾、王利器均未出校，楊明照校曰：「按當依《上林賦》作『入乎西陂』。此蓋寫者涉下《廣成頌》『月生西陂』而誤。」[27]李曰剛亦校曰：「『入乎』原作『月生』，涉下文馬融《廣成》『月生西陂』而誤，據《文選·上林賦》原文訂正。」[28]《讀本》從楊、李二說校改。

然，不知何故，上引「揚雄《校獵》云：……」一句，在《讀本》中位於「相如《上林》云：……」和「馬融《廣成》云：……」之間，作「相如《上林》云：『視之無端，察之無涯，日出東沼，月生西陂』。揚雄《校獵》云：『出入日月，天與地遝』。馬融《廣成》云：『天地虹洞，固無端涯，大明出東，月生西陂』。」查元至正本、黃叔琳本、范文瀾本、楊明照本、王利器本和李曰剛本《文心雕龍》俱不作此排列，《讀本》顯然有誤。諸如此類的錯誤，《讀本》中還有不少。

如上引《通變》「揚雄《校獵》」，《讀本》「校」改作「羽」，

---

25 範文瀾：《文心雕龍注》（下），702 頁，北京，人民文學出版社，1998。
26 王更生：《文心雕龍讀本》（下篇），318 頁，臺北，文史哲出版社，1999。
27 楊明照：《增訂文心雕龍校注》（上），404，北京，中華書局，2000。
28 李曰剛：《文心雕龍斠詮》（下編），1386 頁，臺北，國立編譯館中華叢書編審委員會，1982。

並出校語：「（羽）原作『校』，依《文選·羽獵賦》原文校改。」[29]《誇飾》「子雲《羽獵》」，《讀本》「羽」改作「校」，又校曰：「（校獵）原作『羽獵』，一作校獵，依一作校改。」[30]上例改「校獵」爲「羽獵」，下例改「羽獵」爲「校獵」，如此前後牴牾，上下矛盾，讓人丈二和尚莫不著頭腦。那麼，《讀本》何由致誤呢？一緣底本不清，體例乖違。再由盲從師說，莫辨真僞。

先說其一。此二句校勘無外乎兩種方式，一依他校法，據《文選·羽獵賦》原文將《通變》「校」改爲「羽」，如此則《誇飾》「羽獵」不煩校改。如王利器爲《通變》「揚雄《校獵》」出校語：「梅云：『校』當作『羽』。《文通》二一作『羽』。」又爲《誇飾》「子雲《羽獵》」出校語：「『羽』原作『校』，梅云：當作『羽』。何校本、黃注本改作『羽』。」[31]一循本校法，將《誇飾》「羽」（黃叔琳從梅慶生校而徑改）改爲「校」。如楊明照爲《誇飾》「子雲《羽獵》」出校語：「『羽』，黃校云：一作『校』。元本、弘治本、活字本、汪本、佘本、張本、兩京本、王批本、何本、胡本、梅本、淩本、合刻本、梁本、祕書本、清謹軒本、尚古本、岡本、四庫本、王本、張松孫本、鄭藏鈔本、崇文本亦並作『校』；湯氏《續文選》二七、胡氏《續文選》十二、《文麗》十三、《四六法海》十、《賦略緒言》引同。梅慶生云：（校）當作『羽』。按以《通變》篇引『出入日月，天與地遝』二句而標爲『校獵』證之，此當依諸本作『校』，

29 王更生：《文心雕龍讀本》（下篇），50 頁，臺北，文史哲出版社，1999。
30 王更生：《文心雕龍讀本》（下篇），157 頁，臺北，文史哲出版社，1999。
31 王利器：《文心雕龍校證》，200、232 頁，上海古籍出版社，1980。

前後始能一律。黃氏從梅校徑改爲『羽』，非是。」[32]而無論哪種校法都必須充分尊重底本，不宜隨便改字。如王利器《校證》底本依「范注」，而「范注」以黃叔琳校本爲底本，楊明照《校注》以乾隆六年（1741）養素堂本爲底本，他們在校字中對底本的校改都十分慎重。「范注」《通變》依底本作「校獵」，未出校語；《誇飾》亦依底本作「羽獵」，並出校語：「（羽）一作校。」[33]王利器底本依「范注」，出校以爲：《通變》「校獵」當爲「羽獵」，《誇飾》「羽獵」不誤，當依梅校黃改。楊明照《通變》依底本作「校獵」，且未出校語，當以爲是；《誇飾》亦依底本作「羽獵」，並出校語如上，認爲「羽獵」當作「校獵」，並以《通變》「校獵」爲本校之證。如此，無論以他校法將《通變》、《誇飾》兩篇「校獵」、「羽獵」統一校爲「羽獵」，還是依本校法將《通變》、《誇飾》兩篇「校獵」、「羽獵」統一校爲「校獵」，都甚爲明晰，且有理有據。反觀《讀本》對《通變》、《誇飾》兩篇「校獵」、「羽獵」的校字，則汗漫不通，讓人難以適從。若《讀本》亦以黃叔琳校本爲底本，則《通變》正文依他校法將「校」徑改爲「羽」，則《誇飾》依同一底本已作「羽」，無煩校改，怎麼可以又依對校法將「羽」徑改爲「校」呢？如依後法，則《通變》無須將「校」改爲「羽」。《讀本》現在這樣的校字，無疑將自己置於前後兩難的境地，表現出底本不清，體例乖違的毛病。

再說其二。對《讀本》校勘出現的如此錯誤，開始我百思不得其解。後來終於在其師李曰剛先生《文心雕龍斠詮》中找到了斠答案。對《通變》「揚雄《校獵》」句，《斠詮》「校」改作

---

32 楊明照：《增訂文心雕龍校注》（上），469-470，北京，中華書局，2000。
33 範文瀾：《文心雕龍注》（下），609 頁，北京，人民文學出版社，1998。

「羽」，並出校語：「羽獵原作『校獵』，《新書》『梅云：校當作羽。《文通》二一作羽。』茲據改。案《羽獵賦》，見《文選》八《田獵》中。」[34]對《誇飾》「子雲《羽獵》」句，《斠詮》「羽」改作「校」，又出校語：「『校』原作『羽』，黃校云：『一作校。』茲據楊明照征元本、活字本、汪本、佘本、張本、兩京本、續文選、梅本、淩本、胡本、合刻本、四庫本、何本、王本、崇文本改。楊云：以《通變》篇引『出入日月，天與地遝』二句而標為『校獵』證之，此亦當依諸本作『，前後始能一律。案《漢書》本傳作『校獵』，此處誤為羽獵，蓋傳寫者依《文選》而改也。」[35]單看此校，似乎無問題。但若將此校與《通變》篇「揚雄《羽獵》」句校勘對照起來讀，則不啻南轅北轍，以己之矛攻己之盾乎！至此，我們可以看出，王更生先生的錯誤與其師如出一轍，蓋盲從師說，莫辨真僞所致也。牟世金先生曾指出：「臺灣的學風，略有漢儒嚴守家法、師法的遺習。尊重師說是應該的，但學術研究必須在前人的基礎上不斷發展，而不能停滯不前。臺灣龍學固然也有發展，但在不少問題上是不敢改變師說的。不僅觀點如此，甚至文字也照抄不誤。試讀臺灣龍著三本以上，其間論、述，便每有似曾相識之感；略加檢核，就會發現是在不斷重複一些舊說。」[36]看來，牟先生此番話並非無的放矢。

此外，《讀本》校勘還有一些誤排失校方面的錯誤。如《風骨》：「結言端直，則文骨成焉；意氣駿爽，則文風清焉。」「清」，

---

34 李曰剛：《文心雕龍斠詮》（下編），1386 頁，臺北，國立編譯館中華叢書編審委員會，1982。

35 李曰剛：《文心雕龍斠詮》（下編），1680 頁，臺北，國立編譯館中華叢書編審委員會，1982。

36 牟世金：臺灣文心雕龍研究鳥瞰》，118 頁，濟南，山東大學出版社，1985。

范文瀾校曰「一作生」[37]。《讀本》依一作改為「生」，曰「並審上句『骨成』對文校改」[38]。本條所校字為「清」，但《讀本》卻誤附於「風」字後，顯系誤置。再如《比興》：「枚乘《菟園》云：『猋猋紛紛，若塵埃之間白雲』。」「猋猋」，《讀本》校曰：「原作『焱焱』，形近致誤，茲依周振甫《校注》並枚乘《菟園賦》上下文義改。」[39]檢周振甫《文心雕龍注釋》（1981 年），此句「焱焱」徑改為「猋猋」，未出校；而其此前出版的《文心雕龍選譯》（1980 年），此後出版的《文心雕龍今譯》（1986 年），於此均曰「據楊注改。」核驗楊注，此句校曰：「按從三火之『焱』與從三犬之『猋』，音義俱別。枚賦此段寫鳥，合是『猋』字。『猋猋紛紛』，蓋形容眾鳥『往來霞水，離散沒合』之變化多端，不可名狀。……是『焱』、『猋』二字形近，故易互偽也。」[40]據此，《讀本》「茲依周振甫《校注》」，當為「茲依楊明照《校注》」。

結　語

沈括《夢溪筆談》說，校書如掃塵，隨掃隨生。楊明照先生一生致力於《文心雕龍》的校注修訂工作，他一再聲稱自己「強為操觚，再事補綴」，從大學時代直至耄耋之年，孜孜不倦，時時弋釣，所著《文心雕龍》校注四書[41]，不斷增加校注之條目，

37 範文瀾：《文心雕龍注》（下），513 頁，北京，人民文學出版社，1998。
38 王更生：《文心雕龍讀本》（下篇），35 頁，臺北，文史哲出版社，1999。
39 王更生：《文心雕龍讀本》（下篇），146 頁，臺北，文史哲出版社，1999。
40 楊明照：《增訂文心雕龍校注》（上），462-463，北京，中華書局，2000。
41 1958 年，楊明照《文心雕龍校注》（古典文學出版社）正式出版，這是他早年《文心雕龍》研究成果的集中體現。此後，他對《文心雕龍》的校注工作從未停歇，屢屢對原校注進行拾遺補正，分別於 1983 年出版《文心雕龍校注拾遺》（上海古籍出版社），2000 年出版《增訂文心雕龍校注》（中

補充校注之材料，訂正校注之闕誤，目的就是要使自己的校注成果臻于完善。例如，《文心雕龍·知音》：「魏氏以夜光爲怪石」條，楊先生在《文心雕龍校注拾遺》中認爲「氏」當作「民」，始合文意；後在《文心雕龍校注拾遺補正》中又認爲「氏」字不誤，並按云：「『民』字非是。《孟子·公孫醜上》：『宋人有閔其苗之不長而揠之者。』《抱樸子外篇·知止》『宋氏引苗』一語，即本於《孟子》。不作『人』作『氏』，是『氏』與『人』一實。」此處楊先生因找到旁證，證明「氏」即「人」，從而自糾前誤。這種「不惜以今日之我，難昔日之我」[42]的追求真理的科學精神，著實令人欽佩。

本文指出王更生先生《讀本》中的一些校勘之誤失，絕無苛求責備之意。我對王先生素執弟子禮，高山仰止，翹首以待。先生于我每每贈書賜教，惠予良多。然，「吾愛吾師，吾更愛真理。」秉承此訓，弟子亦懇望先生能在《讀本》再版之際，訂正前誤，複傳善本。

華書局），2001 年出版《文心雕龍校注拾遺補正》（江蘇古籍出版社）。這四部《文心雕龍》校注著作歷時四十餘年，楊先生在不斷的拾遺增訂過程中，既補正了前人的缺漏，也完善了自身的校注。

42 梁啓超：《清代學術概論》，86 頁，上海古籍出版社，1998。

劉勰論評三曹視角探析

高雄中山大學　廖宏昌

摘　要

曹操、曹丕、曹植父子博學多才，觀其詩文創作，各具風貌，各有擅場，異中有同，同中有異，各領風騷，各造絕境，交織而成建安一代繁榮的格局，而從曹氏父子之不同詩歌風貌，又體現了大時代演變過程中求新求變的審美趣尙，甚或個人藝術形式之不同表現，不同時代或不同的批評者，就有不同的取捨好尙，表現出不同的審美判斷，劉勰《文心雕龍》，論及先秦以來 200 多位作家，對三曹頗有著墨，其視角如何，且是本文論點。而曹操居鍾嶸《詩品》下品及曹丕、曹植優劣論，則是本文關鍵處。

關鍵詞：劉勰　三曹　文心雕龍　建安

一、前　言

建安（漢獻帝年號，196-220）以降，作家的個體意識逐漸覺醒，文學也隨之進入自覺的時代，取得獨立之地位，將建安視爲中國文學史上重大的轉折期是不爲過的，而最突出的特徵，即是以曹操（155-220）、曹丕（187-226）、曹植（192-232）爲核心的一大批作家，創作了大量的詩文作品，鍾嶸（468-518）嘗云：

> 降及建安，曹公父子，篤好斯文；平原兄弟，鬱為文棟；劉楨、王粲，為其羽翼。次有攀龍託鳳，自致於屬車者，蓋將百計。彬彬之盛，大備於時矣。[1]

建安詩文一反儒家詩教溫柔敦厚的傳統，以明朗、剛健、慷慨、悲壯的風格在文學史上豎立了全新的詩歌旗幟，不僅以功業思想和英雄意識貫穿於詩壇，而且將關懷的筆端深入變遷的大時代中，深刻地反映了現實生活，充分地表達了作家主體的理想抱負，內容充實，筆力雄富，飽含著時代的精神，所謂「建安風骨」，蓋如是也。

三曹父子之爲建安文壇領袖，不僅在其位高權重的政治向心力，更在於三人之博學多才，雅好樂音所形成的創作實績，觀其詩文創作，各具風貌，各有擅場，異中有同，同中有異，各領風騷，各造絕境，交織而成建安一代繁榮的格局，而從曹氏父子之不同詩歌風貌，又體現了大時代演變過程中求新求變的審美趣尙，沈德潛（1673-1769），所謂：「孟德詩猶是漢音，子桓以下，純乎魏響。[2]」而無論漢音或魏響，甚或個人藝術形式之不同表現，不同時代或不同的批評者，就有不同的取捨好尙，表現出不同的審美判斷，即如今人對鍾嶸《詩品》將曹植列在上品，曹丕列在中品，曹操列在下品，即多所質疑，甚至加以責難，至如同時代之劉勰（464-522），其對三曹之品鑒視角，正可援引以資比對。劉勰《文心雕龍》，論及先秦以來200多位作家，對三曹頗有著墨，其視角如何，且是本文論點。而曹操居鍾嶸《詩品》下品及曹丕、曹植優劣論，則是本文關鍵處。

---

1 鍾嶸撰、陳延傑注：《詩品注》（臺北：台灣開明書店，1975年11月），〈序〉，頁2-3。

2 沈德潛選：《古詩源》（北京：中華書局，1992年12月），卷5，頁103。

二、老將登壇，謦欬有聲

從詩歌形式上之量而言[3]，曹操今存 21 首，皆樂府詩；曹丕今存 45 首，樂府詩 25 首，徒詩 20 首；曹植今存 96 首，樂府詩 51 首，徒詩 45 首。從三人作品種類可看出詩歌逐漸擺脫樂府邁向獨立之跡，如就五言詩之量而言，曹操 9 首，曹丕 23 首，曹植 65 首，亦有逐漸增多之勢，而曹植也因大力抒寫五言詩，以其眾多的量與上乘的質，奠定其在詩壇之不朽地位，而五言詩也在三曹的戮力之下，成為中國詩歌主要的體式之一。

先就劉勰同時代的鍾嶸《詩品》觀之，鍾嶸認為「五言居文辭之要，是眾作之有滋味者」，並提出「幹之以風力，潤之以丹采」，能「感蕩心靈」，具「自然英旨」之「真美」的鑑賞標準，對漢至齊梁間 122 位詩人，以其藝術成就高低，列品分第，分為上、中、下三品，曹植居上品，曹丕居中品，曹操位列下品[4]。鍾嶸品第失當與否，今人頗有論述，然而其批評視野，也必然潛藏著當代社會思潮、文化心理所能滲透的審美趣尚；「風力」、「丹采」並舉，也即是思想價值與形式美感並重，應是極高的審美標準，然而能列在《詩品》上品之詩人，實又都格外備有詞采華美的特點，曹植列居上品，即因鍾嶸認為其「骨氣奇高，詞采華茂，情兼雅怨，體被文質」，「譬人倫之有周孔，鱗羽之有龍鳳」；[5]而曹丕「所計百許篇，率皆鄙質如偶語，惟〈西北有浮雲〉十餘首，殊美贍可翫，始見其工矣。」[6]，認為其詩語言俚俗粗鄙，唯

3 見逯欽立輯校：《先秦漢魏晉南北詩》（臺北：學海出版社，1984 年 5 月）。
4 鍾嶸撰、陳延傑注：《詩品注》。
5 鍾嶸撰、陳延傑注：《詩品注》，卷上，頁 13。
6 鍾嶸撰、陳延傑注：《詩品注》，卷中，頁 20。

尚有十餘首華美富贍之作，故列中品，至如「曹公古直，甚有悲涼之句」[7]，也即過於古樸質直，缺乏文采，故列曹操於下品。

其實，競逐華美詞采，是當時共時性的趨勢，曹丕稱「詩賦欲麗」[8]，陸機（261-303）「嘉麗藻之彬彬」，稱「緣情而綺靡」[9]，蕭統（501-531）更指出「蓋踵其事而增華，變其本而加厲，物既有之，文亦宜然」[10]，而其《昭明文選》選文的標準，且是「事出沈思，義歸翰藻」；文學由樸質邁向華麗，日趨多樣化，本是符合自然發展的規律，至如劉勰亦發「總稱文章，非采而何」之論，競逐華美詞采，自是彼時共時性的趨勢，但劉勰在強調華美詞采之際，也不忘高呼「文附質」、「質待文」[11]，甚至「常懷有異種作品的內容，優先於形式的傾向」。[12]〈情采〉云：

> 夫鉛黛所以飾容，而盼倩生於淑姿；文采所以飾言，而辯麗本於情性。故情者文之經，辭者理之緯；經正而後緯成，理定而後辭暢，此立文之本源也。[13]

認為作品需以真實內容為優先，然後再附以適當的藝術形式。今觀曹操現存詩作，純粹五言詩僅有五首，語言質樸無華，不加雕琢，實尚未擺脫漢代樂府自然質樸的風格，如依鍾嶸審美標準，確似「風力」有餘而「丹采」不足，明胡應麟（1551-1602）

7　鍾嶸撰、陳延傑注：《詩品注》，卷下，頁 32。
8　曹丕：〈典論論文〉，《文選李善注》（臺北：藝文印書館，1991 年 12 月），卷 52，頁 734。
9　陸機：〈文賦〉，《文選李善注》，卷 17，頁 246。
10　蕭統：〈文選序〉，《文選李善注》，卷 17，頁 246。
11　劉勰著、範文瀾註：《文心雕龍註》（香港：商務印書館，1986 年 7 月），卷 7，〈情采第 31〉，頁 537。
12　王師更生：《文心雕龍研究》（臺北：文史哲出版社，1979 年 5 月），頁 538。
13　劉勰著、範文瀾註：《文心雕龍註》，卷 7，〈情采第 31〉，頁 538。

即嘗指「魏武太質」[14]，前引沈德潛亦謂「孟德詩猶是漢音」，近人錢鍾書（1910-1998）亦云：

> 記室評詩，眼力初不甚高，貴氣盛詞麗，所謂「骨氣奇高」、「詞采華茂」。故最尊陳思、士衡、謝客三人。以魏武之古直蒼渾，特以不屑翰藻，屈為下品，宜與淵明之和平淡遠，不相水乳，所取反在其華靡之句，仍囿於時習而已[15]。

「古直蒼渾」、「不屑翰藻」與個人之個性、文學修養有關，甚或時代使然，但「古直」與「翰藻」本不應作高下優劣之分，兼而有之自好，偏於一隅，亦無傷於情性，然而「囿於時習」，反倒是後人從事文學批評應引以爲鑑者。

至如劉勰對於曹操的評論，卻顯得頗爲侷限。諸如〈詔策〉：

> 戒敕為文，實詔之切者，周穆命郊父受敕憲，此其事也。魏武稱作敕戒，當指事而語，勿得依違，曉治要矣。[16]

要在說明戒敕的作法，應扣緊主體下筆，切勿反覆不定。〈章表〉曰：

> 昔晉文受冊，三辭從命，是以漢末讓表，以三為斷。曹公稱為表不必三讓，又勿得浮華。所以魏初表章，指事造實，求其靡麗，則未足美矣。[17]

要在說明曹操認爲上表不必再三辭讓，也不必太過浮華，所以魏初之表章皆文辭質樸，指述事實，不求其華麗。〈章句〉曰：

> 若乃改韻從調，所以節文辭氣，……昔魏武論賦，嫌於積韻，而善於資代。……然兩韻輒易，則聲韻微躁，百句不

---

14 胡應麟：《詩藪》（臺北：廣文書局，1973 年 9 月），內編〈古體中〉，頁 101。
15 錢鍾書：《談藝錄》（北京：中華書局，1984 年），頁 93。
16 劉勰著、範文瀾註：《文心雕龍註》，卷 7，〈詔策第 19〉，頁 360。
17 劉勰著、範文瀾註：《文心雕龍註》，卷 5，〈章表第 22〉，頁 407。

> 遷，則脣吻告勞；妙才激揚，雖觸思利貞，曷若折之中和，庶保無咎。[18]

重在說明曹操論賦嫌於積韻不轉。又曰：

> 詩人以兮字入於句限，楚辭用之，字出句外。尋兮字成句，乃語助餘聲，舜詠南風，用之久矣，而魏武弗好，豈不以無益文義耶[19]！

則頗有責怪曹操弗好以兮字入句。〈事類〉曰：

> 屬意立文，心與筆謀，才為盟主，學為輔佐，主佐合德，文采必霸，才學褊狹，雖美少功。……故魏武稱張子之文為拙，學問膚淺，所見不博，專拾掇崔杜小文，所作不可悉難，難便不知所出，斯則寡聞之病也。[20]

要再強調才學相輔之重要。

曹操「外定武功，內興文學」，乃至「登高必賦，及造新詩，被之管弦，皆成樂章」，其〈蒿裡行〉、〈薤露行〉稱漢末實錄，〈短歌行〉、〈步出夏門行〉發生命之激情，〈度關山〉、〈善哉行〉抒政治懷抱，〈陌上桑〉、〈秋胡行〉扣生命終極之價值，皆充盈社會民生的深情關懷和廓清宇宙的宏偉抱負，慷慨悲涼，建立建安風骨「志深筆長、梗概多氣」的特點。劉勰《文心雕龍》與鍾嶸《詩品》之性質不同，劉勰並未品列次第，因此，並未對曹操作品作藝術上之品鑑，而無論〈詔策〉「當指事而語」、〈章表〉「勿得浮華」，或論賦「嫌於積韻」、弗好兮字入句，或對創作主體之強調才、學相輔，並無負面指責貶抑之語，反倒如老將登壇，謦欬有聲，沙場小輩，無得抗違；雖引述評論不多，然

18 劉勰著、範文瀾註：《文心雕龍註》，卷 7，〈章句第 34〉，頁 571。
19 劉勰著、範文瀾註：《文心雕龍註》，卷 7，〈詔策第 34〉，頁 572。
20 劉勰著、範文瀾註：《文心雕龍註》，卷 8，〈事類第 38〉，頁 615。

似亦無居下品窘態畢出之情狀，而劉勰論評曹操視角重在其詩文理論之建構可明。

三、批評主體獨立視角

曹丕，領袖鄴下，其詩工於言情，細膩婉轉，通俗流暢，一改乃父悲涼沉雄之風，無論鍾嶸稱道華美的〈雜詩〉十數首，或寫遊子思婦的〈燕歌行〉，抑是抒寫百姓苦難的〈上留田行〉及借景抒情之〈秋胡行〉、〈寡婦行〉，皆婉約柔和，必兼情采，其中〈燕歌行〉是現存最早完整的七言詩，對離情別緒的細膩描寫，更獨具魅力。其五言詩在鍾嶸眼中，雖「鄙質如偶語」，然實是漢代樂府自然質樸獨特風格之承繼；其詩作終究位居中品，與其弟曹植之位於上品，評價優劣互見，如再就蕭統所編《文選》收錄之量觀之，曹植賦 1 首，各體詩 25 首、七體 1 首、表 2 首、書 2 首、誄 1 首，凡 32 首；曹丕詩 5 首、書 3 首、論 1 首，凡 9 首，實不及三一。而《文選》乃名篇佳作之選集，觀其量化應可代表時流對二曹之評價。其實，顛倒二曹優劣，為曹丕發不平之鳴者，不絕如縷，延至有清，王夫之（1619-1692）仍發感慨之語曰：

> 曹子建之於子桓，有仙凡之隔，而人稱子建，不知有子桓，俗論大抵如此。[21]

可知從建安至於清葉，普羅眾論皆「人稱子建，不知子桓」，王夫之正似獨具隻眼，乃云：

> 建立門庭，自建安始。曹子建鋪排整飾，立階級以賺人升堂，用此致諸趨赴之客，容易成名，伸紙揮毫，雷同一律。

---

21 王夫之著、舒蕪校點：《薑齋詩話》（北京：人民文學出版社，1988 年 2 月），卷 2，頁 157。

子桓精思逸韻，以絕人攀躋，故人不樂從，反為所掩。子建以是壓倒阿兄，奪其名譽。實則子桓天才駿發，豈子建所能壓倒耶？[22]

其以曹丕「天才駿發」、「精思逸韻」，可望而不可及，盛名遂爲所掩；而曹植「鋪排整飾」，規矩可見，故「容易成名」；然而王夫之認爲曹丕之成就絕非曹植所能壓倒。

唯如劉勰即嘗從「才略」出發，透露出揚子桓抑子建之傾向：

魏文之才，洋洋清綺，舊談抑之，謂去植千里。然子建思捷而才俊，詩麗而表逸，子桓慮詳而力緩，故不競於先鳴；而樂府清越，〈典論〉辯要，迭用短長，亦無懵焉。但俗情抑揚，雷同一響，遂令文帝以位尊減才，思王以勢窘益價，未為篤論也。[23]

劉勰對於鍾嶸列曹植爲上品，而將曹丕列於下品抱屈，並歸咎其因是「位尊減才」。其實，鍾嶸就五言詩立論，曹丕五言詩之質量並皆不如曹植，其風格亦仍漢代樂府之延續，鍾嶸評其詩「鄙質如偶語」，實因其詩不合鍾嶸「風力」、「丹采」兼顧之標準。劉勰肯定曹植之才俊思捷，其詩麗表逸，成就非凡，但劉勰也認爲曹丕之特點是力緩慮詳，樂府及〈典論〉盡發揮其長處，絕不能無視其存在之價值。其在〈總術〉云：「魏文比篇章於音樂，蓋有徵矣。」[24]〈知音〉云：「故魏文稱文人相輕，非虛談也。」[25]皆引論篤實，毫不疑惑；即如〈詔策〉曰：「魏文帝下詔，辭義多偉，至于作威作福，其萬慮之一弊乎。」[26]對其疏漏

22 王夫之著、舒蕪校點：《薑齋詩話》，卷 2，頁 156。
23 劉勰著、範文瀾註：《文心雕龍註》，卷 10，〈才略第 47〉，頁 700。
24 劉勰著、範文瀾註：《文心雕龍註》，卷 9，〈總術第 44〉，頁 656。
25 劉勰著、範文瀾註：《文心雕龍註》，卷 10，〈知音第 48〉，頁 714。
26 劉勰著、範文瀾註：《文心雕龍註》，卷 4，〈詔策第 19〉，頁 359。

處，實寬容有加；然其於曹植則頗多微詞，如〈雜文〉：「陳思〈客問〉，辭高而理疏；庾敳〈客咨〉，意榮而文悴：斯類甚眾，無所取才矣。」[27]〈論說〉：「孔融〈孝廉〉，但談嘲戲；曹植〈辨道〉，體同書抄：言不持正，論如其已。」[28]〈指瑕〉：「陳思之文，群才之峻也，而〈武帝誄〉云：尊靈永蟄。〈明帝頌〉云：聖體浮輕。。浮輕有似於蝴蝶，永蟄頗疑於昆蟲，施之尊極，豈其當乎？」[29]或指其不諳誄體，或指其問對毫無可取，或以其論說形同書抄，或疑其用詞不當，皆非鍾嶸位列上品之境遇可以想像。

至如為文用典，劉勰以為「凡用舊合機，不啻自其口出；引事乖謬，雖千載而為瑕」[30]，其〈事類〉即以曹植為鑒云：

> 陳思，群才之英也，〈報孔璋書〉云：「葛天氏之樂，千人唱，萬人和，聽者因以蔑韶夏矣。」此引事之實謬也。按葛天之歌，唱和三人而已。相如〈上林〉云：奏陶唐之舞，聽葛天之歌，千人唱，萬人和。唱和萬人，乃相如推之，然而濫侈葛天，推三成萬者，信賦妄書，致斯謬也。[31]

即指其「引事乖謬」。於此，曹植誤用典故，乃是實情，但紀昀（1724-1805）也嘗指出：「千人萬人，自指漢時歌舞者，不過借陶唐、葛天點綴其事，非即指上二事也。子建固誤，彥和亦未詳考也。」[32]謂司馬相如非指葛天原先之體制，對此，劉勰似

27 劉勰著、範文瀾註：《文心雕龍註》，卷 3，〈雜文第 14〉，頁 255。
28 劉勰著、範文瀾註：《文心雕龍註》，卷 4，〈論說第 18〉，頁 327-328。
29 劉勰著、範文瀾註：《文心雕龍註》，卷 9，〈指瑕類第 41〉，頁 637。
30 劉勰著、範文瀾註：《文心雕龍註》，卷 8，〈事類第 38〉，頁 616。
31 劉勰著、範文瀾註：《文心雕龍註》，卷 8，〈事類第 38〉，頁 616。
32 劉勰撰、紀昀評：《文心雕龍註》（臺北：世界書局，1980 年 5 月），卷 8，〈事類第 38〉評，頁 136。

未詳考，然其實事求是之批評原則，亦頗令人側目。再如〈誄碑〉，劉勰評云：

> 陳思叨名，而體實繁緩，〈文皇誄〉末，百言自陳，其乖甚矣。[33]

劉勰認爲上乘之誄文，應「序事如傳，辭靡律調」34，也即是追敘功德事蹟需與史傳一樣條理分明，文辭清麗，音律和諧，唯如〈文皇誄〉，曹植則情不能自已，陳述百言，有違傳統，故劉勰評其「乖甚」。針對劉勰的批評，近人劉師培亦指出：「陳思王〈魏文帝誄〉于篇末略陳哀思，于體未爲大違，而劉彥和《文心雕龍》猶譏其乖甚。唐以後之作誄者，盡棄事實，專敘自己，甚至作墓誌銘，亦但敘自己之友誼而不及死者之生平，其違體之甚，彥和將謂之何耶？」[35]大約唐以後之作者，如劉師培所云，未必是曹植之缺失，然而劉勰立足於《文心雕龍》整體之體系，對當代文體書寫作全面檢視，實亦無可厚非，然而曹植詩文在劉勰心目中之地位亦可推之一二。雖然劉勰徵引論述曹丕之量不及曹植，但如〈程器〉即云：「故魏文以爲古今文人，類不護細行。」[36]〈知音〉亦云：「故魏文稱文人相輕，非虛談也。」[37]皆以總結性的語氣加以引述，崇敬之情，溢於言表。

然而影響劉勰對曹丕、曹植優劣評價之原因，或是在於對二曹批評視角之認知上，而劉勰《文心雕龍》之搦筆和墨，正是出於批評視角的獨立性、主體性，也即是建立文學批評的理論體系。

---

33 劉勰著、范文瀾註：《文心雕龍註》，卷 3，〈誄碑第 12〉，頁 213。
34 劉勰著、范文瀾註：《文心雕龍註》，卷 3，〈誄碑第 12〉，頁 213。
35 劉師培：《中國中古文學史講義》（上海：上海古籍出版社，2000 年 8 月），頁 150。
36 劉勰著、范文瀾註：《文心雕龍註》，卷 10，〈禮器第 49〉，頁 718。
37 劉勰著、範文瀾註：《文心雕龍註》，卷 10，〈知音第 48〉，頁 714。

曹丕之前，中國文學批評史上並無獨立的批評專著，以批評家的獨立意識進行文學批評者，曹丕自是伊始，曹丕曾指出：

> 文人相輕，自古而然。……夫人善於自見，而文非一體，鮮能備善，是以各以所長，相輕所短。里語曰：家有弊帚，享之千金，斯不見之患也。今之文人：魯國孔融文舉、廣陵陳琳孔璋、山陽王粲仲宣、北海徐幹偉長、陳留阮瑀元瑜、汝南應瑒德璉、東平劉楨公幹，斯七子者，於學無所遺，於辭無所假，咸自騁驥騄於千里，仰齊足而並馳，以此相服，亦良難矣！蓋君子審己度人，故能免於斯累。[38]

即藉七子「以此相服，亦良難矣」，論述魏晉以來作家「各以所長，相輕所短」之風氣，鍾嶸亦嘗作類似之言曰：「觀王公縉紳之士，每博論之餘，何嘗不以詩爲口實。隨其嗜欲，商搉不同，淄澠並泛，朱紫相奪，喧議競起，準的無依。」[39]其流弊所在，盡在以作家身份進行批評，其批評缺乏獨立意識，因此其批評也毫無客觀之準的可言。唯如曹植卻又以作家之姿態，在其〈與楊德祖書〉發此議論：

> 蓋有南威之容，乃可以論其淑媛；有龍泉之利，乃可以議其斷割。劉季緒才不能逮於作者，而好詆訶文章，掎摭利病；昔田巴毀五帝、罪三王，呰五霸於稷下，一旦而服千人；魯連一說，使終身杜口。劉生之辯，未若田氏；今之仲連，求之不難，可無息乎[40]？

其所謂「南威之容」、「龍泉之利」，與所謂「才」，皆指作家創作之實績與才能，此意謂批評家需要具備「南威之容」、

38 曹丕：〈典論論文〉，《文選李善注》，卷 52，頁 733-734。
39 鍾嶸撰、陳延傑注：《詩品注》，〈序〉頁 5-6。
40 曹植：〈與楊德祖書〉，《文選李善注》，卷 42，頁 605。

「龍泉之利」，方能進行批評；曹丕則是主張「審己度人」，也即是批評家必需超脫作家創作的才能與高下優劣，站在另一個高度，行使獨立的批評意識，進行文學批評。因此，劉勰於〈知音〉即針對曹植論曰：

> 及陳思論才，亦深排孔璋；敬禮請潤色，歎以為美談，季緒好詆訶，方之於田巴，意亦見矣。[41]

認爲以作家之面目進行批評，即難能有可依之準的。因此，劉勰立足於理論批評體系之建立，於二曹俗情之抑揚，發「未爲篤論」之語，實乃以批評家之獨立視角立論。

結　語

在文學發展的長河中，建安時期是中國文學思潮變易不居的大時代，文學觀念逐漸覺醒，文學批評也逐步邁向非功利化的審美趨尙。三曹居於時代關鍵的要衝，各擅其美，獨映當時，然而不同身份的批評家，即有不同的審美標準，取捨好尙有異，其評價結果自是千差萬別，因爲其評價結果影響關涉到其在文學史上之地位，如何掌握批評者之視角，也就成爲重要的論題。在本文之論述中，吾人可以發現作家及批評家兩者視角有極大落差，此又是治文學史者應引以爲鑒者。

---

41 劉勰著、範文瀾註：《文心雕龍註》，卷 10，〈知音第 48〉，頁 714。

由文選序看文心雕龍與昭明文選之比較

國立臺北商業技術學院　蔡美惠

提　要

《文心雕龍》是中國最早的文學理論專書，《昭明文選》為現存最早的詩文總集。一為理論，重在評文；一為實際，重在選文，二者互為表裡，如能配合研讀，必能使理論與實際相互應照，相得益彰。且劉勰與蕭統關係匪薄，《文心雕龍》與《昭明文選》二者關聯密切，但二者牽涉廣大，為掌握重心，突顯主題，本文僅由<文選序>比較二大著作之異同，嘗試就文學思想、選文界域、選文標準與文體分類四項，追蹤二者之關聯，並試圖突顯文學理論與文學選集在體制上之差異。

關鍵詞：文心雕龍、昭明文選、文選序、文體分類

一、前　言

《昭明文選》為現存最早之古代詩文總集。在此之前，雖已有杜預《善文》、李充《翰林》、摯虞《文章流別集》、劉義慶

《集林》等書，然皆已亡佚。自周至齊，此一漫長時期之佳作懿文，主賴《文選》與徐陵《玉台新詠》保存之功，而《文選》之錄，在數量及體製上，都比《玉台新詠》更為廣泛、齊備，一千多年來，一直行世不廢，乃影響深遠之選集，為後世選文立下重要典範。

劉勰《文心雕龍》為中國最早的文學理論專書，在此之前，雖有「魏文述典、陳思序書、應瑒《文論》、陸機〈文賦〉、仲治〈流別〉、宏範〈翰林〉」，然而「魏典密而不周，陳書辯而無當，應論華而疏略，陸賦巧而碎亂，《流別》精而少功，《翰林》淺而寡要。」[1]皆有未當之處，不若劉勰《文心雕龍》之縝密周遍，「體大慮周，籠罩群言」[2]。故《文心雕龍》實中國文學理論之秘寶，為研究文學與創作者不可輕忽之重典。

《文心雕龍》為文學理論，《昭明文選》為詩文總集。一為理論，重在評文；一為實際，重在選文，二者互為表裡，因此必須兩者配合研讀，才能使理論與實際相互應照，而能相得益彰。且二者皆是文學上重要著作，《文心雕龍》開文學理論之廣大苑囿；《昭明文選》立後世選文總集之範式，欲將此二大巨著作一完整細密之比較，實非易事，所以於此僅由〈文選序〉一文入手，以比較二書文學思想、選文界域、選文標準以及文體分類之異同。

二、就文學思想而言

《文心雕龍．序志》篇云：「蓋《文心》之作也，本乎道，師乎聖，體乎經，酌乎緯，變乎騷，文之樞紐，亦云極矣！」可

1 劉勰撰：《文心雕龍．序志》，下篇。
2 章學誠撰、葉瑛校注：《文史通義校注．詩話篇》（臺北：文史哲，1984 年），頁 559。

知劉勰的文學思想，呈現於《文心雕龍》卷一〈原道〉、〈徵聖〉、〈宗經〉、〈正緯〉、〈辨騷〉五篇。而〈文選序〉中蕭統之文學思想，與《文心雕龍》比較，有相合處，亦有不同處。相合處在於二者之思想，皆含有自然與宗經之文學觀，不同處主在於對「騷」之定位，二者頗不相同。

（一）皆主自然與宗經之文學觀

1. 自然之文學觀

劉勰以爲文學原於自然，因此《文心》開章明義即列〈原道〉一篇，就是說明此種道理。其云：

> 龍鳳以藻繪呈瑞，虎豹以炳蔚凝姿；雲霞雕色，有踰畫工之妙；草木賁華，無待錦匠之奇；夫豈外飾，蓋自然耳。至於林籟結響，調如竽瑟；泉石激韻，和若球鍠。故形立則文生矣，聲發則章成矣！

可見動植萬品；「耳聽之而爲聲，目遇之而成色」，此皆文學之本源。〈物色〉篇又有「歲有其物，物有其容；情以物遷，辭以情發。一葉且或迎意，蟲聲有足引心。況清風與明月同夜，白日與春林共朝哉」之語，〈明詩〉亦言：「人稟七情，應物斯感，感物吟志，莫非自然。」文學起源於自然，日月山川、花草樹木、蟲魚鳥獸、季節轉換，此皆引發創作之力量。而蕭統於其著作中，亦時而表露此種思想，其〈答湘東王求文集及詩苑英華書〉中敘述自己的創作緣由，以爲：

> 或日因春陽，其物韶麗：樹花發，鶯鳴和，春泉生，暄風至。陶嘉月而熙遊，籍芳草而眺矚，或朱炎受謝，白藏紀時，玉露夕流，金風時扇。悟秋山之心，登高而遠託。或

夏條可結，倦於邑而屬時；冬雲千里，睹紛霏而興詠。[3]

景物隨季節變遷，於是呈現紛雜相異之美景，各競其美，而詩人睹此變換，便寄託情性，屬字爲文。在其〈僧正序〉亦云：「物色不同，序事或異。」此亦可視爲其自然文學觀之反映。至於《昭明太子集》中有關自然物色之描敘的作品甚多，例如〈和梁武帝遊鍾山大愛敬寺〉、〈見雪〉、〈晚春〉、〈錦帶書十二月啓〉等等，此皆可看出「自然」對蕭統之創作影響深遠。至於蕭統在《文選》中於賦下分十五子類中，即列有「物色」一體（卷十三），收有宋玉〈風賦〉、潘安仁〈秋興賦〉、謝惠連〈雪賦〉及謝希逸〈月賦〉四文。另有「鳥獸」、「江海」二體（卷十三、十四及十二），可見其對自然之重視，蕭統雖不如劉勰直言文學本於自然，然由其創作之動機、作品之主要內容，以及《文選》的分體而言，皆可看出蕭統是主張自然的文學觀的。

2. 宗經之文學觀

《文心雕龍》全書的中心思想乃爲宗經思想，劉勰以宗經思想建立文學樞紐，以宗經思想印證文學本源，並以之樹立創作典範，作爲批評標準。〈原道〉篇云：「道沿聖以文，聖因文以明道」，惟聖人之智慧能洞悉自然之道，發而爲文，而成經典，足以垂訓後世，是以文宜宗經，而經典實各體文章之淵源。〈宗經〉篇曰：

故論、說、辭、序，則《易》統其首；詔、策、章、奏，則《書》發其源；賦、頌、歌、讚，則《詩》立其本；銘、誄、箴、祝，則《禮》總其端；記、傳、盟、檄，則《春秋》為根。

3 梁蕭統撰：《蕭統太子集・答湘東王求文集及詩苑英華書》（臺北：台灣中華，不著出版　時間）。

〈文選序〉中論文體之起源，亦有來自經典之說，如其論賦體之起源，以爲：

> 嘗試論之曰：〈詩序〉云：「《詩》有六義焉：一曰風，二曰賦，三曰比，四曰興，五曰雅，六曰頌。」至於今之作者，異乎古昔，古詩之體，今則全取賦名。

此處引〈詩序〉詩有六義之說，言明賦亦爲古詩之流，推源至《詩經》，乃以《詩經》爲賦體濫觴，此種說法與劉勰〈詮賦〉篇所論有相通之處。所謂「賦也者，受命於詩人，而拓宇於楚辭也」，亦即〈原道〉篇所言「賦、頌、歌、讚，則《詩》立其本」。〈文選序〉論詩體時，亦云《詩經》言情抒志，雅正可觀，可爲後人作詩之準的，其云：

> 詩者，蓋志之所之也，情動於中而形於言，〈關雎〉、〈麟趾〉，正始之道著；〈桑間〉、〈濮上〉，亡國之音表，故《風》《雅》之道，粲然可觀。

蕭統言詩體的流變，首推《詩經》，對《詩經》之尊崇溢於字裡行間，可見其文學思想乃是宗經的，至於蕭統於選文時，不錄經典，並非經典非文，而是極爲崇尚經典，以至於不敢隨意刪削之故，其云：

> 若夫姬公之籍，孔父之書；與日月俱懸，鬼神爭奥；孝敬之准式，人倫之師友；豈可重以芟夷，加以翦截？

蕭統之重經典如此，「宗經」應是其中心思想，而其待人寬厚，生性仁恕愛人，《南史》以爲「太子性仁恕，見在宮禁防捉荆子者，問之，云：『以清道驅人』。太子恐復致痛，使捉手板代之。」又「平斷法獄，多所全宥，天下皆稱仁」[4]。且事親至孝，

---

4 《南史・梁武帝諸子傳》卷五十三。

孝謹天至，《南史》以爲「孝謹天至，每入朝，未五鼓便守城門開。」而生母有疾，便親奉湯藥，日夜不休，母薨，以悲傷過度，身體羸弱，凡此種種仁心孝行，皆可推知蕭統思想符合經典之規範，可爲其宗經思想之佐證。

（二）兩者對「騷」之定位不同

《文心雕龍》以〈辨騷〉爲「文學樞紐」之一篇，將〈騷〉列入文學思想論，而不將之歸入文學體裁論，實有其慧眼獨到之處。〈序志〉篇云「變乎騷」，而知文學本源於自然，「原道」、「徵聖」、「宗經」爲文學之正源，至於騷而有所變，騷者，實能承繼經典，而又爲辭賦之淵源，所謂「論其典誥則如彼，語其夸誕則如此，固知楚辭者，體憲於三代，而風雜於戰國；乃雅頌之博徒，而詞賦之英傑也。」[5]是以可知劉勰將「騷」列入文學樞紐，以其爲文章本源，且通於各體，得「通變」之地位。言「騷」既能「取鎔經意」，又能「自鑄偉辭」，得變之體，成變之奇，爲各體文章之變源，後代詞賦家，多追風躡跡，依騷而變，而騷者實是變之弁冕。劉勰以「騷」作爲經典與各體文章之間的轉折點，將「騷」列入文源論，以「騷」揭示文體之變，其義旨可謂精微深刻。而爲明辨「騷」之「變」，特以騷合於經典之處有四：「典誥之體」、「規諷之旨」、「比興之義」、「忠怨之辭」，與不合於經典之處有四：「詭異之辭」、「譎怪之談」、「狷狹之志」、「荒淫之意」，加以辨析，以揭示騷在文學上屬通變之關鍵，不同於其它文體文章。

至於《昭明文選》則將「騷」列入文體之中，且置於賦、詩

5 劉勰撰：《文心雕龍・辨騷》，上篇。

之後，〈文選序〉云：

> 楚人屈原，含忠履潔，君匪從流，臣進逆耳，深思遠慮，遂放湘南。耿介之意既傷，壹鬱之懷靡愬。臨淵有懷沙之志，吟澤有憔悴之容。騷人之文，自茲而作。

劉勰是文學理論家，《文心雕龍》理論詳密周遍，文學思想之表達亦較全面而完整。蕭統爲文選家，〈文選序〉中之選文標準，自云經、史、子不選，騷不屬於五經、史傳、諸子之中，且騷之作，亦合乎《文選》所謂「事出於沈思，義歸乎翰藻」之標準，因此蕭統焉有不選之理？劉勰將「騷」列爲文學樞紐，準確而高妙地掌握了「騷」的特色和價值，突顯「騷」的關鍵地位。蕭統見騷體「事出沈思，義歸翰藻」，實爲佳文懿篇，所以將之納入《文選》中，也是「想當然爾」之理，此乃文論家、文選家立場不同，區分不同的緣故，然由此卻可看出劉勰眼光識見之高超。

三、就選文界域而言

（一）文心雕龍以為經史子皆文

《文心雕龍》爲完整周遍之文論，其文體論二十篇，其中〈史傳〉、〈諸子〉獨立篇章加以說明，且在文原論中列有〈宗經〉一篇，由此可推知劉勰實將經、史、子皆視爲文。經者，不僅是各種文體的淵源，亦是絕佳文章，是以劉勰於〈宗經〉篇特別說明文能宗經，則體有六義：「一則情深而不詭，二則風清而不雜，三則事信而不誕，四則義貞而不回，五則體約而不蕪，六則文麗而不淫。」〈情采〉篇亦云：「聖賢書辭，總稱文章，非采而何？」故知劉勰以爲經史子皆文。

（二）昭明文選選文經史子不錄

《昭明文選》所選乃單篇文章，經典之文足以「與日月俱懸，鬼神爭奧」，因尊崇經典，是以不敢加以芟夷，故《文選》不選經。此外，《文選》亦不選諸子，序云：「老莊之作，管孟之流，蓋以立意爲宗，不以能文爲本，今之所撰，又以略諸。」諸子之作「以立意爲宗，不以能文爲本」，有獨立思想，爲整部完整著作，是亦不選。〈文選序〉又云：

> 若賢人之美辭，忠臣之抗直，謀夫之話，辨士之端，冰釋泉涌，金相玉振，所謂坐狙丘，議稷下，仲連之卻秦軍，食其之下齊國，留侯之發八難，曲逆之吐六奇，蓋乃事美一時，語流千載；概見墳籍，旁出子史。若斯之流，又亦繁博。雖傳之簡牘，而事異篇章，今之所集，亦所不取。

此敘辭令言語，雖然「事美一時，語流千載」，然而過於繁博，故不得不割愛。又云：「至於記事之史，繫年之書，所以褒貶是非，紀別異同，方之篇翰，亦已不同。」

史部以記事爲主，亦異於篇章，是以不取，然其中亦有例外者，〈文選序〉云：

> 若其讚論之綜緝辭采，序述之錯比文華，事出於沈思，義歸乎翰藻，故與夫篇什，雜而集之。

史書雖不入選，然其讚論序述，因具「沈思翰藻」之特徵，故雜而集之。觀〈文選序〉選文之界域，實則以經、史、子非單篇文章，不宜割裂，故不取，而所取者乃重於「沈思翰藻」之單篇文章。

對於《昭明文選》之選文不取經、史、子，其選文的界域與標準，應受當時之文學觀念影響而來。先秦時代以爲「文」就是

「學」，「學」就是「文」，「文」、「學」是合而爲一、密不可分的整體。時至魏晉，由於當時單篇作品日繁，文體亦隨社會生活需要而與日俱增，於是「文」、「學」始有顯著分野。如《後漢書文苑傳・杜篤傳》，敘杜篤「少博學，仕郡文學掾。……所著賦、誄、弔、書、讚、七言、女誡及雜文，凡十八篇。」可見作品體類之日趨繁富，「文學」日漸受人重視。而范曄《後漢書》，將「儒林」和「文苑」分傳，由此亦可知「文學」已獨立於「文獻」之外，「文學」與「學術」已分道揚鑣。

迄至六朝，「文」、「筆」兩分之說出現。如《晉書・張翰傳》云：「翰任性自適，不求當世。……其文筆數十篇行於世。」劉勰《文心雕龍・總術》對於「文」、「筆」之說，有更詳盡之考察，其云：「今之常言，有文有筆，以爲無韻者筆也，有韻者文也。夫文以足言，理兼《詩》、《書》，別目兩名，自近代耳。」以爲有韻者爲文，無韻者稱筆，此種分法乃自六朝方始，至於文之爲義，理應兼含有韻的《詩經》和無韻的《尙書》，是故文筆並不是截然而分的。至宋文帝立儒、玄、史、文四館，明帝立儒、道、文、史、陰陽五科，文學與學術區分更趨明顯。而蕭統順應此種文學思潮，明定選文之界域，實前有所因。後人對《文選》之選文界域，頗多爭議。

阮元〈書梁昭明太子文選序後〉云：

> 昭明所選，名之曰文，蓋必文而後選也，非文則不選也。經也，子也，史也，皆不可專名之為文也。故昭明《文選序》後三段，特明其不選之故，必沈思翰藻，始名之為文，始以入選也。或曰：昭明必以沈思翰藻為文，於古有徵乎。曰：事當求其始。凡以言語著之簡策，不必以文為本者，皆經也，史也，子也。言必有文，專名之曰文者，自孔子

> 《易．文言》始。傳曰：「言之無文，行之不遠。」故古人言貴有文。孔子〈文言〉實為萬世文章之祖，此篇奇偶相生，音韻相和，如青白之成文，如咸、韶之合節，非清言質說者比也，非振筆縱書者比也，非佶屈澀語者比也。是故昭明以為經也，史也，子也，非可專名之為文也，專名為文，必沈思翰藻而後可也。[6]

阮元以爲有韻尙偶爲文，並挾孔子〈文言〉，以增長駢文之燄，其以爲「自唐宋韓蘇諸大家，以奇偶相生之文，爲八代之衰而矯之，於是昭明所不選者，反皆爲諸家所取。故其所著者非經即子，非子即史，求其合於昭明序所謂文者鮮矣，合於班孟堅〈兩都賦序〉所謂文章者更鮮矣！」[7]阮元之說，將唐宋散文皆摒棄於「文」之外，與〈文選序〉之原義不甚相合，故章炳麟於《國故論衡．文學總略》駁之曰：

> 昭明太子序《文選》也，其於史籍，則云不同篇翰；其於諸子，則云不以能文為貴。此為裒次總集，自成一家；體例適然，非不易之定論也……。試以文筆區分，《文選》所集，無韻者獨眾，寧獨諸子？若云文貴其采耶，未知賈生〈過秦〉、魏文《典論》，同在諸子，何以獨堪入錄。有韻文中，既錄漢祖《大風》之曲，即《古詩十九首》亦皆入選，而漢晉樂府反有憖遺，是其於韻文也，亦不以節奏低卬為主，獨取文采斐然，足耀觀覽，又失韻文之本矣。是故昭明之說，本無以自立者也。[8]

---

6 清阮元撰：〈書梁昭明太子文選序後〉《揅經室三集》（臺北：台灣商務，1966年），卷二。

7 清阮元撰：〈書梁昭明太子文選序後〉《揅經室三集》（臺北：台灣商務，1966年），卷二。

8 章炳麟撰：《國故論衡．文學總略》，轉引自郭紹虞主編《中國歷代文學論阮元以爲必備沈思翰藻、文采斐然者方爲文，始可入選，經、史、子不以文采爲尚，故不入選。章氏則力斥此說，以爲《文選》不錄經、史、子，乃經、史、子爲義贍體嚴之完整著作，不宜芟削，故不取。

有關「文學」定義，章炳麟於《國故論衡》有明確說明，其云：「文學者，以有文字著於竹帛，故謂之文；論其法式，謂之文學。」是以凡「有文字著於竹帛」者皆文，而蕭統不取經、史、子，並非謂經、史、子非文，直因選文必有所取捨，取捨之間有其體例，蕭統因取單篇文章爲主，是以完整成部之經、史、子不取。而此種選文界域，與當時之圖書分類有關，晉時四部分類確立，一般均將單篇作品彙爲別集，成部著作依性質歸入四部，不割裂以入別集。[9]《文選》或沿此體例，故不錄經、史、子。

四、就選文標準而言

（一）文心雕龍主張情采並重

《文心雕龍．情采》篇云：「情者，文之經：辭者，理之緯；經正而後緯成，理定而後辭暢，此立文之本源也。」情指內容，采指形式，內容與形式必須互相配合，才能交織成一篇完美作品。倘若內容空虛，專從辭采上下工夫，那麼真實之情意亦將受到扭曲，因爲文章優美的主要因素，是「情」不是「采」，是內容而非形式，因此劉勰提出其評文的標準在情采並重，分文章爲「爲情造文」、「爲文造情」二種，其云：

昔詩人什篇，為情而造文；辭人賦頌，為文而造情。何以

著精選》（下）（臺北：華正，1983），頁 372。

9 參考王運熙、楊照著《魏晉南北朝批評史》第二章〈南朝文學批評〉一文。

明其然？蓋風、雅之興，志思蓄憤，而吟詠情性，以諷其上，此為情而造文也；諸子之徒，心非鬱陶，苟馳夸飾，鬻聲釣世，此為文而造情也。

劉勰以爲《詩經》之作「爲情」，故能「要約而寫真」；漢賦作家「爲文」，故「淫麗而煩濫」，此爲劉勰評文之標準，亦是貫串整部《文心雕龍》的重要文學觀。

對於六朝，尤其是南朝宋以後的作家、作品，劉勰因「存者不錄」的體例，是以不列，然而對南朝宋以後，文體日趨縟麗，士子爲文，率以藻飾相高，以至文勝質衰，煩濫失真之現象疊出，予以嚴正駁斥，由此亦可見其主張文采並重之文學觀。如〈定勢〉篇云：「然密會者以意新得巧，苟異者以失體成怪。舊練之才，則執正以馭奇；新學之銳，則逐奇而失正。勢流不反，則文體遂弊。」可知南朝宋、齊以後，爲文逐奇，爲文流於釆濫，甚至成「辭詭」之弊，如云：

自近代辭人，率好詭巧。原其為體，訛勢所變。厭黷舊式，故穿鑿取新。察其訛意。似難而實無他術也，反正而已，故文反正為乏，辭反正為奇：效奇之法，必顛倒文句，上字而抑下，中辭而出外，回互不常，則新色耳。

因崇尚釆濫辭詭，遂使文句穿鑿錯亂，分崩離析，文辭「訛而新」，至於「失體成怪」。是以〈序志〉篇亦云：

唯文章之用，實經典枝條，五禮資之以成文，六典因之以致用，君臣所以炳煥，軍國所以昭明，詳其本源，莫非經典。而去聖久遠，文體解散，辭人愛奇，言貴浮詭，飾羽尚畫，文繡鞶帨，離本彌甚，將遂訛濫。

劉勰寫作《文心雕龍》的主要動機，乃體悟「文章之用，實經典枝條」，但因「去聖久遠，文體解散」，故「搦筆和墨」，以力挽時風，由此可見劉勰主張情采並重之文學觀。

（二）昭明文選較為偏重形式

蕭統〈文選序〉之選文標準，則較偏重形式。《文選》之選文標準乃所謂「綜緝辭采，錯比文華，事出於沈思，義歸乎翰藻」，「綜緝辭采，錯比文華」，及「義歸乎翰藻」皆指表現於作品的辭采，「事出於沈思」一項，乃作者深刻的內容構思，此雖說明內容之重要，然而就《文選》一書具體的選錄標準而言，卻不免存在著偏重形式的傾向。蕭統於〈答湘東王求文集及詩苑英華書〉中雖也有「麗而不浮，典而不野，文質彬彬」之說，但他所謂文質，和劉勰的所謂文質，還是有些區別的。[10]劉勰所言文質或情采，重視二者合一；蕭統所謂文質，則較偏於形式，此可由其〈文選序〉以及選文情形看出。

〈文選序〉首段論敘文之起源，及文學隨時代而發展，其云：

> 式觀原始，眇覿玄風。冬穴夏巢之時，茹毛飲血之世，世質民淳，斯文未作。逮乎伏羲氏之王天下也，始畫八卦，造書契，以代結繩之政；由是文籍生焉。……若夫椎輪為大輅之始，大輅寧有椎輪之質？增冰為積水所成，積水曾微增冰之凜。何哉？蓋踵其事而增華，變其本而加厲。物既有之，文亦宜然。隨時變改，難可詳悉。

其中探討文之時義，隨時變改，此種觀念和劉勰《文心雕龍．時序》所云：「文變染乎世情，興廢繫乎時序」的看法，有相通之處，文章要能「隨時變改」，才能行遠不乏，劉勰於〈通變〉篇亦云：「文律運周，日新其業，變則堪久，通則不乏。趨時必

---

10 參考郭紹虞主編《中國歷代文學論著精選》（上）（臺北：華正，1983 年），頁 294。

果，乘機無怯，望今制奇，參古定法」，以爲文宜變改，方能久遠，然變改不能沒有根源，亦即不能無所承繼，否則易於訛變，是以宜「望今制奇，參古定法」。但是蕭統只見著「變」的現象，以爲「踵其事而增華，變其本而加厲」，文學觀自然就傾向於辭采了。蕭統於此段文字中，雖無明言古今文章高下，然由「椎輪大輅」之喻來看，可見蕭統實以爲後勝於前。椎輪固然是大輅的始基，但大輅的華麗舒適，那裡是質樸簡陋的椎輪所能望其項背？增冰固然是積水所變成，但增冰的寒凜，又那裡是微涼的積水所能比擬？蕭統的文學觀念，應是後來居上的，對六朝作家、作品多所選錄，與劉勰之針砭六朝浮詭文風大相逕庭，由此亦可見蕭統之選文標準較偏向形式。

由《文選》之實際選文情況來看：《文選》所錄作者，除無名氏外，有一百二十九人：計周四人，秦一人，西漢十八人，東漢二十一人，魏十二人，蜀一人，吳一人，西晉三十一人，東晉十四人，宋十一人，齊五人，梁十人。所錄作品約七百餘篇，計周二十三篇，秦一篇，古辭二十二篇，西漢五十四篇，東漢六十五篇，魏八十七篇，蜀一篇，吳一篇，晉二百五十篇，宋七十八篇，齊三十九篇，梁八十七篇。[11]蕭統於各代作品非平均選取，於先秦僅選子夏、屈原、李斯等人作品二十三篇，漢之年祚極長，所錄卻不及二百篇，兩晉有二百五十篇，至於宋、齊、梁短短數十年間卻選有四百六十篇，占全書半數以上。若以作家論，則先秦四人，兩漢三十九人，兩晉四十五人、宋齊梁二十六人，可見其對六朝作品作家之選錄有偏重傾向，駱鴻凱於其《文選學》中也有如此看法：

11　參考顏智英撰：〈文選選錄特色〉《蕭統文選與玉台新詠之比較研究》（臺北：師大碩論，1991 年），頁 186。

> 登選之文，雖甄錄《楚辭》與子夏〈詩序〉，上起成周，其實偏詳近代。由近代視兩漢略已，先秦又略之略已。何以知之？。……策秀才文則只有王元長與彥升兩家以及啟類、彈事類、墓志、行狀、祭文諸類，彥升為多，其餘文則沈約、顏延之、謝惠連、王僧達數人之文，豈非近代為主乎？[12]

《昭明文選》在選文體例上爲遠略近詳，六朝文特重形式，《文選》多選，由此可見其偏重形式。

就所選作品爲例，《文選》雖不選史書，然史書中之贊、論、序、述部份，只要合乎「綜緝辭采，錯比文華，事出於沈思，義歸乎翰藻」者，即「與夫篇什，雜而集之」，而觀察其所選「史論」、「史述贊」之文，可窺探一、二。如「史論」類選有九篇，其中選自班固《漢書》者一則：〈公孫弘傳贊〉，選自干寶《晉紀》者二則：〈晉武帝革命論〉、〈晉紀總論〉，選自范曄《後漢書》者四則：〈後漢書皇后紀論〉、〈後漢書二十八將論〉、〈宦者傳論〉、〈逸民傳論〉，選自沈約者二則：〈宋書謝靈運傳論〉、〈恩倖傳論〉。「史述贊」類，共選四篇：選自班固之作有三：〈漢書述高帝贊〉、〈述成紀贊〉、〈述韓、彭、英、盧、吳傳贊〉，選自范曄之作有一：〈後漢光武紀贊〉。觀其所選，多東漢以後作品，至於《史記》之贊、論、序、述，卻無一選及，由此可見蕭統之選文有偏重形式的傾向。《史記》之作並非不佳，只因爲《史記》的文字風格與六朝駢文相較，趨於質直，「辨而不華」，這與蕭統評價作品之標準—「綜緝辭采，錯比文華」，是格格不入的。至東漢以後，用字尙偶，多用複筆，六朝

---

12 駱鴻凱撰：《文選學・義例第二》（臺北：華正，1987 年），頁 34-35。

時期駢儷大興，講求形式、聲律的形式主義興起，即令是「史論」、「史述贊」之文亦受此種文學風氣影響，是以蕭統多選錄范曄、沈約之作，正因其選文標準，是承六朝文風而傾向於形式的緣故。[13]

由此可知，就選文的標準而言，劉勰主張情采並重的文學觀，並且以爲先情後文，反對虛情浮情一味賣弄文采的形式主義；蕭統雖也強調內容形式配合，然《文選》之選文，實則較偏重於形式。

五、就文體分類而言

（一）文心雕龍之文體分類

《文心雕龍．序志》篇云：「若乃論文敘筆，則囿別區分，原始以表末，釋名以章義，選文以定篇，敷理以舉統。」剖析劉勰之文體分類，可分三個層次：「文」、「筆」兩分是第一個層次；各篇篇目上標出的文體，是第二個層次；篇體之下，所含子目，是第三個層次。[14]並從而構成一個完整嚴密的文體分類架構，總觀其分類大致如下：

「文」類含〈明詩〉至〈諧讔〉十篇，其各篇的主要文體和子目是：

詩（四言、五言、三六雜言、離合、回文、聯句）、樂府（房中樂、郊祀樂、軍樂、哀樂）、賦、頌、贊（風、雅、誦、序、引、評）、祝、盟（祝邪、罵鬼、譴、咒、詰咎、

13 參考齊益壽撰：〈文心雕龍與文選在選文定篇及評文標準上的比較〉，《古典文學》第三集，頁 143。

14 參考王師更生撰：〈劉勰文體分類學的基據〉《文心雕龍新論》（臺北：文史哲，1991 年），頁 16-22。

祭文、哀策、詛、誓、猷辭）、銘、箴、誄、碑（碣）、哀、弔、雜文（對問、七發、連珠、客難、解嘲、賓戲、達旨、應間、答譏、釋誨、客傲、客問、客咨、七激、七依、七辨、七蘇、七啟、七釋、七說、七諷、七厲、典、誥、誓、問、覽、略、篇、章、曲、操、弄、引、吟、諷、謠、詠）、諧讔（謎語）。

「筆」類包含〈史傳〉至〈書記〉十篇，各篇的主要文體和子目的：

史傳（尚書、春秋、策、紀、傳、書、表、志、略、錄）、諸子、論、說（議、傳、注、贊、評、敘、引）、詔、策（命、誥、誓、令、制、策書、制書、詔書、戒敕、戒、敕、教）、檄、移（戒誓、令、辭、露布、文移、武移）、封禪、章、表（上書、章、奏、表、議）、奏、啟（上疏、彈事、表奏、封事）、議、對（駁議、對策、射策）、書、記（表奏、奏書、奏記、奏牋、譜、籍、簿、錄、方、術、占、式、律、令、法、制、符、契、券、疏、關、刺、解、牒、籤、狀、列、辭、諺）。

《文心雕龍》之文體分類因能以「文」、「筆」二大系統，加以歸納統合各類文體，而能使綱舉目張，「文」、「筆」之下再細分主要文體二十篇，至於其它瑣細的文體，則依類附於各主要文體之下，是以能統御諸體卻又井然有序，所謂「體大」而「慮周」。至於各主要文體，劉勰又能以「原始以表末，釋名以章義，選文以定篇，敷理以舉統」四大綱領加以說明分析，使得繁雜的文體無分小大巨細皆能包羅，卻又條理分明。

（二）昭明文選之文體分類

〈文選序〉於賦、騷、詩、頌後，總敘各體文章，然以文體繁多，故只釋其義，或僅舉其名，不復言始自何人，如云：

> 次則箴興於補闕，戒出於弼匡；論則析理精微，銘則序事清潤；美終則誄發，圖像則讚興；又詔誥教令之流，表奏牋記之列，書誓符檄之品，弔祭悲哀之作，答客指事之制，三言、八字之文，篇辭引序，碑碣誌狀，眾制鋒起、源流間出。譬陶匏異器，並為入耳之娛；黼黻不同，俱為悅目之翫。作者之致，蓋云備矣！

〈文選序〉所列三十八類文體和《文選》分類之類目名稱、次序多有不相合處。如〈文選序〉於賦之後言騷、再言詩，而《文選》分目則以賦爲首、次言詩、再言騷，此種情況，可證明《文選》成於眾手，非蕭統一人之力所獨自完成。因此在此討論《文選》之分體，乃就選文之條目來分，《文選》選文，分爲三十八類：

> 一賦，二詩，三騷，四七，五詔，六冊，七令，八教，九策文，十表，十一上書，十二啟，十三彈事，十四牋，十五奏記，十六書，十七移，十八檄，十九對問，二十設論，二十一辭，二十二序，二十三頌，二十四贊，二十五符命，二十六史論，二十七史述贊，二十八論，二十九連珠，三十箴，三十一銘，三十二誄，三十三哀，三十四碑文，三十五墓誌，三十六行狀，三十七弔文，三十八祭文。[15]

賦又分十五子類

15　或依照《文選》目次，其中「十七移」，僅〈北山移文〉一篇，歸入「十六書」中，計三十七類。

一京都，二郊祀，三耕籍，四畋獵，五紀行，六遊覽，七宮殿，八江海，九物色，十鳥獸，十一志，十二哀傷，十三論文，十四音樂，十五情。

詩又分二十三子類

一補亡，二述德，三勸勵，四獻詩，五公讌，六祖餞，七詠史，八百一，九遊仙，十招隱，十一反招隱，十二遊覽，十三詠懷，十四哀傷，十五贈答，十六行旅，十七軍戎，十八郊廟，十九樂府，二十挽歌，二十一雜歌，二十二雜詩，二十三雜擬。

蕭統〈文選序〉中談及《文選》編次之方式，以為「凡次文之體，各以彙聚；詩賦體既不一，又以類分。類分之中，各以時代相次。」而對於《昭明文選》之文體分類，學者多有所評論。吳子良《林下偶談》曰：「梁昭明集文選，不併歸賦門而別名之曰騷。後人沿襲，皆以騷稱，可謂無義，篇題名義且不知，況文乎？」姚姬傳《古文辭類纂序．詞賦類》曰：「漢世校書有〈辭賦略〉，其所列者甚當。《昭明文選》分體碎雜，其立名多可笑者。後之編集者或不知其陋而仍之。」章實齋《文史通義．詩教》篇曰：「《文選》者辭章之圭臬，集部之準繩，而淆亂蕪穢，不可殫詰，則古文流別，作者意指，流覽諸集，孰是深窺而有得者乎？」俞蔭甫《第一樓叢書》曰：「《文選》一書，辭章家奉為準繩，乃其體例，實多可議。…又如風、月、雪賦之物色，義既不通，而〈秋興〉一賦，又非其倫，斯亦義例之未安者乎？」[16]

以上諸家對《文選》體例之瑣碎龐雜，皆有所批評，駱鴻凱《文選學》對蕭統分體則有所迴護，其云：

吳、姚二氏以《漢志》、《屈原賦》二十五篇，《宋玉賦》

16 以上諸家之論，參考駱鴻凱撰：《文選學．義例第二》（臺北：華正，1987年），頁25。

> 十六篇，《淮南王群臣賦》四十四篇皆列於賦家。〈離騷〉特二十五篇之一，〈招魂〉亦十六篇之一，〈招隱士〉亦四十四篇之一。蕭統乃以騷名三家之賦；而又與賦別為一體；疑有未當。不知賦出於騷，騷為賦之祖，究可自為一類。彥和析論文體，以〈辨騷〉與〈詮賦〉分篇，是亦別騷於賦矣！《隋書・經籍志》集部特立「楚辭」一類，後世仍之，尤見推崇騷體，不與其他文辭同列之意。審是，可無疑於蕭統之失當矣！[17]

以爲《文心雕龍》辨騷、詮賦二分，《文選》騷、賦亦分，乃前所有承，非蕭統之失當。又云：「章氏以昭明論文，惟拘形貌，而昧於文學之流別，斯言誠中其失。然夷攷爾時劉氏《文心》列體亦繁……知蕭統分體，亦因仍前規耳。」[18]以爲《文選》分體之繁，乃仍襲前規而來。又云：「物色之名，本六朝常語，延年取以入詠，《雕龍》亦用題篇，其義猶漢人言雲物，今人言光景，遠出鄭君，詞非晦解。俞氏誚爲不通，何耶？」[19]

駱氏對蕭統《文選》多所迴護，然而劉勰將「騷」列入文原論中，而非文體論，前文已討論，駱氏所論不免於望文生義。且劉勰將〈辨騷〉列入文學樞紐，將〈詮賦〉列入文學體裁，用意周詳高超，與蕭統分賦、騷二體，自不可混爲一談。又駱氏以劉勰《文心雕龍》之分體已繁，爲《文選》分體雜亂辯護，實有待斟酌。《文心雕龍》以文、筆二大系統，統攝繁眾文體，所區分之文體雖多至一百七十餘類，然綱領分明，卻又巨細靡遺，而《文選》之分體與之相較，顯然淆雜許多。至於「物色」是否適宜設

17 駱鴻凱撰：《文選學・義例第二》（臺北：華正，1987年），頁25。
18 駱鴻凱撰：《文選學・義例第二》（臺北：華正，1987年），頁25。
19 駱鴻凱撰：《文選學・義例第二》（臺北：華正，1987年），頁25。

爲體裁之一，王師更生對駱氏之說，有明確辨析：

> 駱先生《文選學》引劉勰《文心雕龍》設「物色」篇，證《文選》之以「物色」為文筆之一體，詞非晦解，不可誚為不通。根據《文心雕龍》的篇次，〈物色〉篇置於〈時序〉篇後，〈才略〉篇前，〈序志〉篇云：「崇替於時序，褒貶於才略」，崇替褒貶，望文知義，於分類應屬「文學鑑賞論」或「文評論」。民國以來，人或以為〈物色〉篇應在〈總術〉篇之前，屬「文學創作論」，亦止於臆測，終未有十分之證據，但即令臆測接近事實，則〈物色〉篇之不屬「文學體裁論」者必矣。《昭明文選》以之定為文體之一，與《文心雕龍》殊欠吻合，而駱先生又從為之迴護，以為「詞非晦解，不可誚其不通」，真可謂牽強附會，故意阿其所好者也。[20]

《文心》將〈物色〉列爲文評論，並非文體，而蕭統將其列爲文體之一，顯然不甚相合，又查索駱氏《文心雕龍》〈物色〉篇札記，則終無一句言「物色」及「文章」之「一體」之處，而駱氏釋《文心雕龍·物色》篇如此，對於《昭明文選》「物色」一體又如彼，態度極不一致，亦可見蕭統列「物色」一體，實有失當之處。

（三）兩者文體分類之比較

《文心雕龍》全書中所論及之文體達一百七十餘類，然爲正本清源，避免瑣雜無當，此處主依其文體論二十篇所列之三十三種文體，及〈雜文〉篇「對問」、「七發」、「連珠」三體，合

---

20 參考王師更生八七學年度《文心雕龍專題研討》手稿，〈由蕭統文選「文體的分類」與文心雕龍「論文敘筆」之比較〉一文，頁 10。

三十六種主要文體加以討論，以《文心雕龍》此三十六類文體，與《文選》三十八種文體對照比較，大抵可分析如下。

（一）兩者分體類同者有二十二體，即：

1. 其中名稱相同者有二十一體：詩、賦、頌、讚、銘、箴、誄、碑、哀、弔、論、詔、策、檄、移、表、啓、書、對問、七發（七）、連珠。

2. 其中名稱不同，而內涵相同者有一體：《文心》所列「封禪」，與《文選》所列「符命」，實爲同一體裁。

（二）《文心》分體爲《文選》所無者有十四體，即：

樂府、祝、盟、雜文、諧、讔、史傳、諸子、說、章、奏、議、對、記。

（三）《文心》未分此體，而《文選》分之者有十六體，即：

令、教、策文、彈事、牋、奏記、設問、史論、史述贊、墓誌、行狀、祭文、上書、騷、辭、序。

根據以上之比較，對於《文選》之分體是否合宜，其與《文心》之分體情況相較，優劣如何，實值得細思。

（一）《文心》於「詩」下列有「樂府」一體，足見劉勰重視民間文學。蕭統將「樂府」納入「詩」中，忽略了「樂府」在文學中之地位與重要性，亦可見蕭統昧於源流之處。

（二）《文心》列有祝盟、諧讔、議對、諸子、史傳諸體，而《文選》不列，且對其中所論各篇什，蕭統多未加採用。此或許因《文選》不選經、史、子之故，是以有關經、史、子之祝盟、議對、諸子、史傳、諧讔不加採取。

（三）《文心》於「雜文」下列有「對問」、「七發」、「連珠」諸文體，以簡馭繁，條理分明。蕭統於三十八體中標有「對問」、「七」、「連珠」，以其與詩、賦並列，實摘「小枝以爲根幹，大昧文體之源流」。且以「七」爲文體之名，亦有失當之處。章實齋於《文史通義．詩教》篇即云：「七林之文皆設問也，今以枚乘發問有七而遂標爲七，則〈九歌〉、〈九章〉、〈九辨〉，亦可標爲九乎？」[21]

（四）《文選》於「詔」、「冊」之外，另設有「令」、「教」、「策文」；於「表」、「啓」、「書」之外，又有「上書」、「彈事」、「牋」、「奏記」。於「論」之外，又有「史論」；於「史論」之外，又有「史述贊」；義雖略異，而實乃大同，皆可附於其下，不必另標體類，今俱立名單行，不免瑣亂蕪雜。

（五）《文選》將「墓誌」、「碑文」分立：將「祭文」、「哀弔」分屬，亦有失當之處。「墓誌」宜與「碑文」爲類，「祭文」乃「哀弔」之流，今蕭統枝別旁出，橫生一體，徒增龐雜。

（六）《文選》既列「騷」體，而又有「辭」；既列「對問」而又有「設問」。漢武〈秋風辭〉、淵明〈歸去來辭〉，皆體同屈「騷」；〈答客問〉、〈解嘲〉、〈答賓戲〉諸作，劉勰將之與宋玉「對問」一體並論，源流大明；而蕭統之分置爲二，不免於割裂零碎。

（七）《文選》列有「符命」一體，實易《文心》「封禪」之名而來。觀審「符命」之名，雖較「封禪」爲優，然「符命」實則不類文體，其文性質頗類於「贊」。而蕭統不將之併入「贊」內，卻別立「符命」一體，雖說是前有所因，然亦難辭其審察未明之咎。

（八）《文選》別「騷」於「賦」，將「騷」列入文體，以與賦別，此種分體，與《文心》將「騷」列入樞紐論之用心大相

21 參考章學誠撰、葉瑛校注：《文史通義校注．詩教篇下》（臺北：文史哲，1984 年），頁　81。

逕庭。

（九）《文選》於賦下分十五種子目，以內容類別作爲體裁區分，實有斟酌之處。如列「物色」一子目，頗不類於文體，如此緣題標類，標目必紛雜而不類，文類之分自然碎雜不堪。

（十）《文選》於詩下分二十三種子目，多因題爲類，巨細並列，輕重不等，淆亂蕪雜，不可殫記。如既立「樂府」，而有「雜歌」、「挽歌」、「郊廟」之目；又「百一」僅一篇，且非屬文體之名，將其別立一目，不免偏頗。

（十一）《文選》文體之編次，頗爲紛亂，有昧於源流之嫌。例如：諸體之中，列賦爲首，並未依文體演變之次第編輯。又如將騷置於賦、詩之後，又與騷、賦之源流本末關係相悖。

結　論

《昭明文選》與《文心雕龍》關係究竟如何？歷來學者多有論評，然由〈文選序〉與《文心雕龍》之比較，或可探出一些訊息。

就文學思想而言：劉勰與蕭統皆主張自然與宗經的文學觀，可知此二者根本思想是相通的。至於對〈騷〉的定位不同，此乃文論家與文選家立場不同，所見自然有別，並不能因此判定蕭統的文學思想與劉勰不相關。

就選文之界域而言：劉勰以爲經、史、子皆文，而其文體論中不立宗經，乃因經典乃文學之本源，故列入「文學樞紐」之中，而並非經典非文。劉勰於文體論中列〈史傳〉、〈諸子〉二篇，此爲蕭統選文所無，蓋蕭統選文，乃選單篇文章爲主，經、史、子之作多獨自成部，不宜割裂，是以不取。此選文界域之不同，乃因二者體例、立場不同所致，亦不能援此即斷然說蕭統與劉勰之文學觀並無關連。

就選文之標準而言：劉勰主張情采並重的文學觀，蕭統雖也論及文質並重，但就其選文而言，則不免偏重形式。《昭明文選》乃成於眾手，非蕭統獨自一人完成，因此在《文選》之選文上，反映出六朝重視形式的文風傾向，應是可以理解的。

就文體分類而言：劉勰與蕭統之分體，其相同者有二十二類，其餘《文心》十四體，《文選》十六體，乃二家分體之不同者。而觀其不同之原因，大致有幾種情況，一則因二者之選文界域不同：如《文選》不列祝盟、諧讔、議對、諸子、史傳諸體，卻列有騷體者，即是此因。二則因二者對文體區分之巨細不一：如《文選》於「詔」、「冊」外，另設有「令」、「教」、「策文」；於「表」、「啓」、「書」之外，又有「上書」、「彈事」、「牋」、「奏記」，凡此種種，皆可看出《文選》分類較《文心》瑣碎蕪雜。三則因論文家與選文家的立場不同。《文選》選文，其體例不免受文章實際情況影響，例如文章的數量、文章的篇幅等，《文選》或因考慮實際的編選情況，是以和《文心》之理論不甚相合。四則因《文選》出於眾手之故：《文選》並非蕭統一人獨力完成，其乃成於眾人，因此在編選上多有紛雜蕪亂、無法統合之弊，此由蕭統〈文選序〉所列文體之名稱、次序，和《文選》選文之分體、編次不同，亦可看出，是以《文選》和《文心》之理論不能相配合，是可想而知的。然而即使《文心》與《文選》在分體上有不相同之處，但其主要文體之分類尚稱相似，尚無傷於整體格局。是以亦不能援此證明劉勰與蕭統選文全然無關。

《文心》與《文選》二者在選文的界域、選文的標準，及文體的分類方面，於小處或有不同，然就大體而言仍多相通之處；又二者之基本思想相同，並行不悖，由此可知《文心雕龍》與《昭明文選》二者關聯密切，對於二者之比較，實值得深思。

主要參考書目

（一）書籍類

孫德謙，1963，《六朝麗指》，新興書局。
謝康等，1971，《昭明太子和他的文選》，台灣學生書局。
高步瀛，1974，《文選李注義疏》，廣文書局。
陳師新雄、于大成，1976，《昭明文選論文集》，木鐸書局。
梁蕭統撰　唐六臣注，1981，《文選》，華正書局。
沈謙，1981，《文心雕龍之文學理論與批評》，華正書局。
劉永濟，1982，《文心雕龍校釋》，華正書局。
王利器，1983，《文心雕龍校注》，明文書局。
章學誠著，葉瑛校注，1984，《文史通義校注》，里仁書局。
駱鴻凱，1987，《文選學》，華正書局。
王運熙、楊明，1987，《魏晉南北朝文學批評史》，上海古籍。
王師更生，1988，《文心雕龍讀本》，文史哲出版社。
王師更生，1988，《中國文學的本源》，台灣學生書局。
王師更生，1989，《文心雕龍研究》，文史哲出版社。
王師更生，1991，《文心雕龍新論》，文史哲出版社。
梁蕭統撰，不著年代，《昭明太子集》，台灣中華書局。

（二）期刊論文

呂興昌，〈昭明文選的選文標準〉，現代文學 46 期。
吳達芸，〈昭明文選的幾個看法與評價〉，現代文學 46 期。
齊益壽，〈文心雕龍與文選在選文定篇及評文標準上的比較〉，古典文學 3 集。
殷孟倫，〈如何理解文選編選的標準〉，文史哲 1963，1 期。
徐召勛，〈評蕭統的文體分類思想〉，安徽大學學報 1984，4 期。
王運熙，〈文選選錄作品的範圍和標準〉，復旦學報 1988，6 期。
穆克宏，〈劉勰與蕭統〉，福建師範大學學報 1989，4 期。
王師更生，〈開拓中國古代文學理論的新局－從整理文話談起〉中國古代近代文學研究 1994，4 期。
楊星映、盧開運，〈中國古代文論的形態特徵〉，中國古代近代文學研究 1994，8 期。

（三）學術論文

李四珍，1983，《明清文話敘錄》，文化大學中文所碩士論文。
盧景商，1985，《六朝文學體裁觀念研究》，中央大學中文所碩士論文。
嚴智英，1991，《昭明文選與玉台新詠之比較研究》，台灣師範大學國文研究所碩士論文。

劉勰家族門第考論

朱　文　民

摘　要

判定南北朝時期某個家族的門第士庶問題，史學界的共識是：政治上至少連續三代人中有兩代官職在五品以上者；文化方面，家學淵源深厚，詩書繼世。以此兩個條件衡量，劉勰家族爲士族門第。根據南北朝士庶不婚的社會制度，考察與東莞劉氏通婚的家族，皆爲士族門第，可證劉勰家族爲士族門第。「奉朝請」、「丹陽尹」和「吳郡太守」等職，只有士族子弟才有資格任其職，劉勰家族中的成員曾任其職，可證劉勰家族爲士族門第。以「家貧」、「寒士」等材料否定不了劉勰的士族身世。《宋書·劉穆之傳》：「劉穆之……漢齊悼惠王肥後也」一語的記述是可靠的史料。

關鍵字：劉勰　家族婚宦　家族文化　家族經濟　劉氏族源　士族門第

劉勰身世士庶區別問題，在 20 世紀 70 年代之前，學術界就沒有取得共識。70 年代末，王元化先生發表了《劉勰身世士庶區別問題》一文，認爲劉勰出身于庶族地主家庭，一時間從者如流，中間雖有反駁者，亦未能改變局面。在當今學術界發表和出版的論文及專著中，只有極少數人修正了原已主張的庶族說（如張少康先生等），這說明劉勰門第士庶之爭仍未解決。筆者認爲，當前學術界對《文心雕龍》中的一些問題和劉勰的整體思想問題等諸方面所發生的爭論，根源在於對劉勰身世的分歧和脫離了時代背景，忽略了南朝學術思潮對劉勰思想的影響。孟子有：「誦其詩，讀其書，不知其人，可乎」之責備。爲了知人論世，更好地理解《文心雕龍》與劉勰其他著作的關係和把握劉勰的整體思想，有必要對劉勰門第再作考證。

筆者認爲，劉勰家族門第士庶區別問題，屬於歷史學探討的課題，只有遵循史學界探討六朝士族所達成的共識，才有可能取得接近劉勰家族史實真象的可能。今不顧個人學識淺陋，試考證如下，以就教于學界高人。

一、劉勰家族成員官職品位考

南齊《劉岱墓誌銘》記載劉勰六世祖劉撫曾官彭城內史，是晉代人物，當是東莞劉氏南遷的第一代。王國內史職同太守，秩比二千石，官階五品。劉勰的五世祖劉爽，《宋書》卷八一《劉秀之傳》和《劉岱墓誌銘》都有記載，曾任尚書都官郎、山陰令，晉代人物，當是劉氏南遷的第二代。晉尚書都官郎官階六品。縣令有兩種情況，一是秩千石者官階六品，另一種爲七品。史料不記山陰令屬於哪一種情況，但山陰屬於會稽郡，且爲郡治所，官階當屬六品。劉穆之爲劉勰從曾祖，東晉人物，是劉氏南遷的第三代，《宋書》卷四二有傳，記其起家爲府主簿，歷任尚書祠部郎、記室錄事參軍，領堂邑太守。義熙八年，加官丹陽尹。十年爲前將軍，十一年遷尚書右僕射，領選，將軍、尹如故。十二年轉左僕射，領監軍、中軍二府軍司，將軍、尹、領選如故。十三年十一月卒，時年五十八。初追贈散騎常侍、衛將軍、開府儀同三司，不久又追贈侍中、司徒，封南昌縣侯，食邑千五百戶。其中，司徒，官階一品。入劉宋，又進爲南康郡公，食邑三千戶，謚穆之曰文宣公。郡公官階一品。劉勰曾祖劉仲道，晉代人物，歷官建武參軍，余姚令，英年早逝，最高官階爲六品。

劉勰祖父輩是劉氏南遷的第四代。見於《宋書·劉穆之傳》記載的有劉穆之的兒子慮之、式之、貞之三人，（《宋書・顏延之傳》有顏延之「妹適東莞劉憲之，穆之子也。」有人說「憲之」爲「慮之」之訛誤，待考。）劉仲道的兒子見於《宋書·劉秀之傳》的有欽之、秀之、粹之，《宋書·海陵王休茂傳》中的劉恭之，《梁書·劉勰傳》中的劉靈真五人，共計八人。劉慮之繼承父親爵位，仕至員外散騎常侍，英年早逝，生前最高官五品。劉式之累遷相國中兵參軍，太子中舍人，黃門侍郎，甯朔將軍、宣城淮南二郡太守、太子右率、左衛將軍，吳郡太守，生前最高官階是四品。卒後追贈征虜將軍，封德陽縣五等侯，謚曰恭侯，官三品。劉貞之歷任中書黃門侍郎，太子右衛率，甯朔將軍、江夏太守，官階四品。劉欽之英年早逝，生前曾爲朱齡石右軍參軍，官階七品。劉秀之起家駙馬都尉、奉朝請。歷王府行參軍，無錫、陽羨、烏程令、建康令、尙書中兵郎、撫軍錄事參軍、襄陽令、廣平太守、督梁南北秦三州諸軍事、甯遠將軍、西戎校尉、梁南秦二州刺史、征虜將軍、監梁南北秦三州諸軍事、持節、刺史如故。康樂縣侯。右衛將軍、丹陽尹、尙書右僕射、領太子右衛率、散騎常侍、都督雍梁南北秦四州郢州之竟陵隨二郡諸軍事、安北將軍、甯蠻校尉、雍州刺史。卒後贈侍中、司空，持節、督都、刺史、校尉如故。司空官階一品。劉粹之官晉陵太守，官五品。劉恭之任海陵王劉休茂中兵參軍時，劉休茂圖謀不軌，恭之受誅連，英年早逝，官位不顯。

劉勰父輩是東莞劉氏南遷的第五代。父親劉尚，英年早逝，生前仕劉宋爲越騎校尉，官階四品。劉勰從叔劉岱，史書無傳，本人墓誌記其生前仕齊爲山陰令。山陰爲會稽郡治所，官當六品。從叔劉景遠爲劉秀之之子，其事蹟在《宋書．劉秀之傳》記其官至前軍將軍，官階四品。族叔劉邕爲劉穆之之孫，繼承祖上爵位，南康國相、內史，官階五品。族叔劉敳爲劉穆之之孫，事在《劉穆之傳》，官至黃門侍郎，官階五品。族叔劉衍爲劉穆之之孫，事在《劉穆之傳》，黃門侍郎，豫章內史，官階五品。族叔劉瑀爲劉穆之之孫，事在《劉穆之傳》，起家別駕從事史，遷從事中郎，領淮南太守。元嘉二十九年，出爲甯遠將軍、益州刺史，禦史中丞。孝建三年，除輔國將軍、益州刺史，右衛將軍，吏部尙書，最高官階四品。族叔劉裒爲劉穆之之孫，事在《劉穆之傳》，曾任始興國相，官階五品。劉勰及其同輩見於文獻的有劉勰、劉希文、劉希武、劉玉女、劉雋、劉彤、劉彪、劉整、劉祥、劉卷、劉藏、劉舍。劉勰仕梁，起家奉朝請，歷職中軍臨川王記室、車騎倉曹參軍、太末令、仁威南康王記室、兼東宮通事舍人，遷步兵校尉，兼舍人如故，最高階爲從六品[1]。劉希文、劉希武、劉玉女事見《劉岱墓誌銘》，不記其仕宦。劉儁事載《劉秀之傳》，繼承父祖爵位，齊受禪，國除，官位不詳。劉彤、劉彪先後承嗣父祖爵位，劉彪事載《南齊書·劉祥傳》，曾任羽林監，官階五品。劉整事載《南齊書·劉祥傳》，仕齊爲廣州刺史，官階四品。劉祥《南齊書》有傳，劉宋朝解褐巴陵王征西行參軍,歷驃騎、中軍二

1　步兵校尉一職，在劉宋時期是四品官。梁天監七年，詔吏部尙書徐勉定百官九品爲十八班，以班多者爲貴。五校、東宮三校爲第七班，官品爲從六品。劉勰任職梁步兵校尉，無論是五校中的還是東宮中的步兵校尉，官品都一樣。

府，齊太祖太尉東閤祭酒，驃騎主簿，冠軍征虜功曹，正員外。大明初，遷長沙王鎮軍，板諮議參軍，鄱陽王征虜，豫章王大司馬諮議，臨川王驃騎從事中郎，官階六品。劉卷事載《宋書·劉穆之傳》，曾任南徐州別駕，官階七品。卷弟劉藏，尚書左丞，官階六品。

見於文獻記載的東莞劉氏子女共計 33 人，其中女士 2 人，男子 31 人，除去有爭議的劉憲之，餘 30 人，在 30 人當中，職官仕宦有明確記載的有 25 人，在 25 人中，一品官者兩人（卒後贈官），三品官者三人，四品官者五人，五品官者八人，六品官者七人，七品官者三人。從仕宦官品考查，劉勰家族爲士族門第。

二、劉勰家族文化品位考

士族政治，是中央和各級地方政府權力衰微的產物。魏晉以來，基層社會組織瓦解，各地的世家大族，依仗他們原已獲得的官位所產生的政治影響，以及所佔有的莊園經濟，在國家體制以外，普遍形成地方自治團體，他們壟斷鄉裏，甚至建有自己的武裝，左右地方政府，其強大者甚至影響中央。士族的強勢，還由於長期以來的學術家族化，使得強宗大族又獲得了文化的聲望和影響力。行武出身的官僚儘管有些家族連續三代或五代官員在五品以上，但列不上士族，就在於缺少了文化世家這個條件。陳寅恪先生在《唐代政治史述論稿》中篇《政治革命與黨派分野》中說：「所謂士族者，其初並不專用其先代之高官厚祿爲其唯一之表徵，而實以家學及禮法等標異於其他諸姓。」管宦加文化，是列爲士族的必備條件。那麼劉勰家族的文化品位又是怎樣的呢？

《宋書・劉穆之傳》中有幾段體現劉穆之文化水準的文字，今引錄如下：

（一）劉穆之，字道和，小字道民，東莞莒人，漢齊悼惠王肥後也，世居京口。少好《書》、《傳》，博覽多通，爲濟陽江敳所知。

（二）高祖謂之曰：「我始舉大義，方造艱難，須一軍吏甚急，卿謂誰堪其選？」穆之曰：「貴府始建，軍吏實須其才，倉卒之際，當略無見逾者。」高祖笑曰：「卿能自屈，吾事濟矣。」即於坐受署。

（三）高祖書素拙，穆之曰：「此雖小事，然宣彼四遠，願公小復留意。」高祖既不能厝意，又稟分有在。穆之乃曰：「但縱筆爲大字，一字徑尺，無嫌。大既足有所包，且其勢亦美。」高祖從之，一紙不過六七字便滿。凡所薦達，不進不止，常雲：「我雖不及荀令君之舉善，然不舉不善。」穆之與朱齡石並便尺牘，常于高祖坐與齡石答書。自旦至日中，穆之得百函，齡石得八十函，而穆之應對無廢也。

（四）穆之內總朝政，外供軍旅，決斷如流，事無擁滯。賓客輻輳，求訴百端，內外咨稟，盈堦滿室，目覽辭訟，手答牋書，耳行聽受，口並酬應，不相參涉，皆悉贍舉。又數客暱賓，言談賞笑，引日亙時，未嘗倦苦。裁有閒暇，自手寫書，尋覽篇章，校定墳籍。

上文第一段文字說穆之「少好《書》、《傳》，博覽多通」。

第二段文字說明劉穆之頗懂兵學。他的博學及行政能力和軍事才能看來已爲世人所知。當劉裕向何無忌訪才，何無忌推薦穆之的時候，劉裕說：「吾亦識之」。劉穆之如果不是滿腹兵略，也不會那樣的自信和自薦地對劉裕說：「倉卒之際，當略無見逾者」。劉裕當即高興的說：「卿能自屈，吾事濟矣。」可見他的

「博覽多通」是包括兵學在內的。劉裕對穆之也依之甚重，「事無大小，一決穆之。」

第三段文字說明劉穆之善書，能從理論上指導宋高祖劉裕提高書法水準，還用了書法的「體勢理論」，這不是僅有一般文化水準就能達到的。他的書法藝術歷代書家多有品評，並有書法作品傳世。南朝梁庾肩吾《書品》列劉穆之書爲下之中品，評雲：「雖未窮字奧，書尚文情，披其叢薄，非無香草，視其涯岸，時有潤珠，故能遺斯紙以爲世玩。」唐朝竇臮《述書賦》卷上評雲：「道和（穆之字）閒雅，離古躡真，慢正繇德，高蹤絕塵。若昂藏博達之士，謇諤朝廷之臣。」來陳思《書小史》稱劉穆之「善隸、草書。」傳世至今的宋《淳化閣法帖》卷三有劉穆之草書一帖，6 行，52 字。

第四段文字說了劉穆之四個問題：一、有很高的文化教養；二、有很強的工作能力；三、勤奮書寫；四、尋覽篇章，校定墳籍。這四個問題無不與文化有關。至如「尋覽」的是哪方面的篇章，校定的是哪些墳籍，本傳沒有說，歷史上也沒有流傳下來，我們也不好亂猜。但我們就此定劉穆之爲官僚加文化學人是不爲過的。

劉穆之的下一代，《宋書·劉穆之傳》說「穆之中子式之，字延叔，通易好士。」又是一位大知識份子。「通易」，不是一般文化水準所能達到的。「好士」，說明他愛好和善於結交文化士人，至於他結交的是哪些文化士人，史冊不載，我們也不得而知了。劉秀之的學識和文化水準，史書沒有專門的介紹，但《宋書·劉秀之傳》說：「東海何承天雅相知器，以女妻之。」《宋書·何承天傳》介紹何承天說：何承天「聰明博學，故承天幼漸訓義，儒史百家，莫不該覽。」是當世著名的禮學家、歷史學家和天文學家，恃才傲世，「爲性剛愎。」曾任太學博士，著作左郎。就是這樣的一位大學者，能對劉秀之「雅相知器」，將女兒托以終身，當時秀之「孤貧」，尙未從政，仕才未顯，承天所「知」和首先看重的當是其文才無疑。劉穆之的孫輩劉瑀的文化品位，史書也沒有專門介紹，但《宋書·劉穆之傳》中提到劉瑀彈劾不法官僚的文章，文筆犀利，辭采飛揚，「朝士莫不畏其筆端。」根據古有「君子三避」說的其中之一，就是「避文人筆端」來看，這說明劉瑀也是一位頗有文化品位的官僚。

與劉勰同輩的劉祥，《南齊書》本傳說他「少好文學，性韻剛疎，輕言斯行，不避高下」。又是一位恃才傲世的書袋子。這裏的「好文學」，是指包括愛好文獻經典，而非純指現代意義上的文藝作品。劉祥曾爲齊「太祖太尉東閣祭酒，驃騎主簿」。「祭酒」和「主簿」都是有大學問的人才能有資格擔任的職務。本傳還記載劉祥曾「撰《宋書》，譏斥禪代」。劉祥撰寫的《宋書》沒有傳世，當是被齊皇室所封殺，我們沒法評論其學術水準，而他撰著的《連珠》十五首已被蕭子顯錄在本傳中，那筆力文采，無不令人驚歎和佩服。鍾嶸《詩品》評其詩爲「祖襲顏延，欣欣不倦，得士大夫之雅致乎！」

《梁書··劉勰傳》雖然說劉勰「爲文長於佛理，京師寺塔及名僧碑誌，必請勰制文」，並有文集行世。這裏的「制文」是即指撰寫碑文，也包括書寫碑文，可見書法水準也是社會公認的。從今傳世的《文心雕龍》、《梁建安王造剡山石城寺石像碑》、《滅惑論》和《劉子》可知其儒、釋、道三教九流無不精研，也是一位「博覽多通」的人。當今學界無不認爲《周易》是《文心雕龍》的思想之本。這說明易學是東莞劉氏的家學。如果我們再聯繫劉勰家族的道教信仰，看看《文心雕龍》儒、道同尊，《老》《莊》

亦是其家學。雖然《文心雕龍》旨在「論文」，而其中所用的方法，無不是兵術。其晚年成書的《劉子》，專設《閱武》篇和《兵術》篇。如果我們聯繫劉氏成員所任職務中多有將軍銜，說明這都不是偶然的巧合。我們再聯繫《文心雕龍·程器》篇「安有丈夫學文，而不達於政事哉？」「豈以好文而不練武哉？」「豈以習武而不曉文也？」說明兵學亦是其家學，可惜後人對此認識不足，以至於對劉勰在《文心雕龍》中，以兵法論文法感到不解[2]。由此也看出：「學文而達於政事」，「好文而又練武」，是東莞劉氏的家風。

劉穆之的「好《書》、《傳》，博覽多通」，在劉勰身上得到了總匯。我們從中又可看到了時代學術思潮的烙印。據《宋書·何尙之傳》記載，元嘉十三年，「乃以尙之爲（丹陽）尹，立宅南郭外，置玄學，聚生徒……謂之南學……國子學建，領國子祭酒。」《南齊書·百官志》載：「泰始六年，以國學廢，初置總明觀，玄、儒、文、史四科，科置學士各十人」。玄學家任國子祭酒，把玄學立於國子學，可見當時玄風暢揚。玄學的內容，在由梁入北的顏之推《顏氏家訓·勉學》中說：「何晏、王弼，祖述玄宗，遞相誇尙，景附草靡……洎于梁世，茲風複闡，《莊》、《老》、《周易》，總謂三玄。」可見《文心雕龍》儒、道同尊，是有時代烙印的。一部《文心雕龍》，學人誦讀，累世不衰。據不完全統計，僅自民國以來發表的單篇論文，就有五千餘篇，出版的專著三百余部，「文心雕龍學」已成世界顯學。劉勰雖然仕途不順，

---

2 劉永濟先生在其大作《文心雕龍校釋》《程器篇·釋義》中，解釋劉勰的這幾句話時說："此以文事武備並重，初觀之甚異，實亦深中時弊之論也。" 在 2003 年 7 月舉行的拙著《劉勰志》稿專家評審會上，一位專家對其中有"兵學思想"感到不解，多虧劉文忠先生一句話，才得一保留了這部分內容。

但其學識、文章水準，空前絕後，獨步古今。或評其爲偉大的文學批評家，或評其爲偉大的文學思想家，或評其爲傑出的思想家，雖然定位不一，用今天的提法，說劉勰是有偉大建樹的一代大師，是沒有問題的。像劉勰這樣的大學問家的出現，既是時代的需要，也是家學積澱的結果。所以楊明照先生在《梁書·劉勰傳箋注》一文中說：「南朝之際，莒人多才，而劉氏尤衆，其本支與舍人同者，都二十餘人；雖臧氏之盛，亦莫之與京。是舍人家世淵源有自，於其德業，不無啓牖之助。」看來楊先生是看到了東莞劉氏的家學淵源，可惜王元化先生對楊先生的話未作認真核實，就一口否定了[3]。

三、劉勰家族經濟狀況考

劉勰家族的經濟狀況（以晉宋兩朝爲限），文獻記載的不多，我們只能從當時的國家制度和世風中考察。《晉書·食貨志》記載：

> 其官品第一至於第九，各以貴賤占田，品第一者占五十頃，第二品四十五頃，第三品四十頃，第四品三十五頃，第五品三十頃，第六品二十五頃，第七品二十頃，第八品十五頃，第九品十頃。而又各以品之高卑蔭其親屬，多者及九族，少者三世。宗室、國賓、先賢之後及士人子孫亦如之。而又得蔭人以爲衣食客及佃客，品第六已上得衣食客三人，第七第八品二人，第九品及舉輦、跡禽、前驅、由基、強弩、司馬、羽林郎、殿中冗從武賁、殿中武賁、持椎斧武騎武賁、持鈒冗從武賁、命中武賁武騎一人。其應有佃客者，官品第一第二者佃客無過五十戶，第三品十戶，第

3 王元化的否定意見，詳見王元化《文心雕龍講疏·劉勰身世士庶區別問題》第2-3頁。上海古籍出版社，1996年。

> 四品七戶，第五品五戶，第六品三戶，第七品二戶，第八品第九品一戶。

《宋書》卷五四《羊玄保傳附羊希傳》記載宋代規定：

> 官品第一、第二，聽占山三頃；第三、第四品，二頃五十畝；第五、第六品，二頃；第七、第八品，一頃五十畝；第九品及百姓，一頃。皆依定格，條上貲簿。若先已占山，不得更占；先占闕少，依限占足。

根據這些法規條文，劉撫官五品，占田三十頃，占山二頃。劉穆之生前官三品，占田四十頃，卒後又贈官至一品，有權占田五十頃，占山三頃，又加其合法和不合法所藏匿的蔭戶就更難以計算了。穆之在晉代，封南昌縣侯，食邑千五百戶。入宋，又進南康郡公，食邑三千戶。劉慮之官五品，占田三十頃，占山二頃。劉式之官四品，占田三十五頃，占山二頃五十畝。劉貞之官五品，占田三十頃，占山二頃。品官以下者我們不再計算。這些特權在當朝是可繼承的。穆之的公爵傳至第四代劉彪，「齊受禪，降爲南康縣侯，食邑千戶。」入齊以後的官位特權且不計，就以上晉宋兩朝，僅五品官以上者計算，占地就二百餘頃，占山十四五頃。其他特權忽略不計，僅就這些，完全可以在經濟上壟斷一方。

劉仲道這一支系，因劉仲道逝世之時年僅三十餘歲，官位僅至六品，造成劉秀之兄弟五人「少孤貧」。當是受到了劉穆之的呵護，兄弟五人中除了劉勰祖父劉靈真的仕宦不明以外，其餘四人都出仕。劉欽之英年早逝，官僅七品。劉秀之死後贈封邑千戶，官一品，有權占田五十頃，占山三頃。其子劉景遠官四品，占田三十五頃，占山二頃五十畝。劉粹之官五品，占田三十頃，占山二頃。秀之兄弟子侄，僅五品官以上者計算，占地估計也在一百五十頃以上，也是一個很可觀的經濟規模。其他特權忽略不計，僅就這些，也完全可以在經濟上壟斷一方。秀之爵位，「傳封至孫，齊受禪，國除。」東莞劉氏是劉宋政權的重臣，入梁以後，政治經濟都受到了打擊，所以劉祥撰《宋書》「譏斥禪代」，是有自身政治經濟根源的。

在南遷的東莞劉氏中，劉勰這一小支，早在其祖父時，就因曾祖劉仲道早逝，造成家貧。劉勰的父親劉尚劉宋時期官至四品，有權占田三十五頃，占山二頃五十畝。劉尚英年早逝後，按當時規定，劉勰是有繼承權的，但《梁書·劉勰傳》說：劉「勰早孤，家貧不婚娶」，我懷疑劉尚的死另有隱情，史書隱匿了。劉勰家貧，會不會影響到劉勰的士族身份呢？筆者認爲在一定時間內是不會的，後文還要談到。

從劉勰家族的經濟狀況考查來看，應當是士族門第。

四、與東莞劉氏通婚之家族門第考[4]

南北朝時期有士族身份的人家，爲了保持貴族血統的純正性，形成士庶不婚的社會風習，一旦有士庶婚宦失類的事情出現，「失類」的士族往往要受到彈劾，或免職，或禁錮終身。《文選》載沈約《彈奏王源》一文，說的是東海王源欲嫁女與富陽滿章之，因富陽滿氏家族士庶未辨，東海王氏爲衣冠家族。沈約認爲：「豈有六卿之胄，納女于管庫之人！」王、滿已「非我族類」。「臣等參議，請以見事免源所居官，禁錮終身。」另一種情況是士族人家因家庭變故，造成一時貧困者，也不能與庶族出身的富豪官

4 與東莞劉氏通婚的家族，凡《劉岱墓誌銘》中提到的，日本中村圭爾先生在《〈劉岱墓誌銘〉考》一文中曾作過考證，但國內讀到的人很少，且對劉勰官品考證有誤。今將《宋書》和《南齊書》提到的劉氏通婚家族結合《劉岱墓誌銘》一併考證，以證東莞劉氏爲士族門第。

僚子弟婚配。根據這種情況，劉勰家族的士族門第也可從其與之通婚的家族身份中得到證明。

東莞劉氏婚姻關係一覽表

人　名	配　偶	配偶郡望	資料出處	備　注
劉撫	夫人孫苟公 後夫人孫女寢	東莞 高密	《劉岱墓誌銘》	
劉爽	夫人趙淑媛	下邳	《劉岱墓誌銘》	
劉仲道	夫人檀敬容	高平	《劉岱墓誌銘》	
劉穆之	夫人江氏（江嗣女）		《宋書·劉穆之傳》	
劉秀之	夫人何氏（何承天女）	東海	《劉岱墓誌銘》	
劉憲之	夫人顏氏（顏延之妹）	琅邪臨沂	《宋書·顏延之傳》	
劉粹之	夫人曹慧姬	彭城	《劉岱墓誌銘》	
穆之女	丈夫蔡祐	濟陽	《宋書·劉穆之傳》	
劉岱	夫人任女暉	樂安博昌	《劉岱墓誌銘》	
劉玉女	丈夫裴闉	河東	《劉岱墓誌銘》	
劉希文	夫人王茂瑛	東海	《劉岱墓誌銘》	
劉舍	夫人徐氏（徐湛之女）	東海	《南齊書·徐孝嗣傳》	
劉邕	後夫人楊氏		《南齊書·劉祥傳》	

劉撫夫人乃東莞孫氏。東莞孫氏世居山東莒縣。唐《元和姓纂》卷四110條「東莞」下說：「孫臏之後。漢代有孫揚、魏有孫耽，晉有孫牧，宋有孫奉伯，梁有孫謙。」孫奉伯是南朝書法家。《南史·孫廉傳》說：孫廉「父奉伯，位少府卿、淮南太守。」《宋書·後妃傳》載：「泰始中，太宗爲太子納妃，諷朝士州郡令獻物，多者將直百金，始興太守孫奉伯止獻琴書，其外無餘物。」據同時人虞和《論書表》雲：孫奉伯曾與巢尚之、徐希秀等奉詔

料簡二王書，評其品第。南朝梁庾肩吾《書品》列孫奉伯書爲下之上品，論雲：「擅豪翰，動成楷則，殆逼前良，見希後彥。」仕宦于宋齊梁三朝的孫謙官至光祿大夫，與孫奉伯爲堂兄弟。下邳趙氏，唐《元和姓纂》卷七第39條「下邳」條說：「漢丞相趙周之後。十二代孫歒，魏廣陵太守。元孫裔，晉平原太守，以宋武外祖贈光祿大夫；生正倫，宋領軍。正倫生伯符，丹陽尹。」《宋書·後妃傳》說：「孝穆趙皇后，諱安宗，下邳僮人也。祖彪，字世範，治書侍禦史。父裔，字彥胄，平原太守。」高平檀氏的家世，《晉書》卷八五有《檀憑之傳》，記其曾封曲阿縣公，食邑三千戶。《宋書》卷四五有《檀韶傳》，記其曾爲江州刺史、安南將軍、巴丘縣侯。其弟檀祗曾爲撫軍將軍、散騎常侍、西昌縣侯。少弟檀道濟劉宋功臣，封永修縣公。《南齊書》卷五二有《檀超傳》其祖檀弘（宗），宋南琅邪太守。檀超官驍騎將軍，司徒右長史，有文名。「長沙王道憐妃，超祖姑也」。東海何氏有何承天、何無忌、何遜、何勖以及爲謝靈運四友之一的何長瑜等人，名震南朝。琅邪顏氏，有顏含、顏延年、顏竣、顏師伯、顏師仲、顏師叔、顏延之、顏之推，名聞遐爾。濟陽蔡氏，東漢大文學家蔡邕的家族就是當時濟陽有名的世家大戶，在他之後，有三國時魏尚書蔡睦、晉朝大司徒蔡謨、南北朝劉宋吏部尚書蔡興宗等。樂安任氏，爲漢禦史大夫任敖之後裔，晉有尚書任愷，齊有中散大夫任遙，遙子爲梁新安太守、文士任昉。河東裴氏，漢有尚書令裴茂，其子裴潛魏尚書令，裴潛子裴秀亦爲晉尚書令，裴秀子裴頠著《崇有論》。光祿大夫裴昧孫裴松之注《三國志》，三倍於原著，並開創了史注的新體例。其子裴駰補注《史記》，著《史記集解》八十卷，松之曾孫裴子野撰《宋略》二十卷。河東裴氏，是中國歷史上僅次於琅邪王氏的宰相世家，文化世家。東海王氏的家世，沈約在《彈奏王源》中說：東海王源「曾祖雅，位登八命；祖少卿，內侍帷幄；父璿，升采儲闈，亦居清顯。」《晉書》八三《王雅傳》說：「王雅,字茂達,東海郯人,魏衛將軍肅之曾孫也。祖隆,後將軍。父景,大鴻臚。……遷領軍、尙書、散騎常侍，……尋遷左僕射。隆安四年卒，時年六十七。追贈光祿大夫、儀同三司。……長子准之，散騎侍郎。次協之，黃門。次少卿，侍中。並有士操，立名於世雲。」其後裔有王延年、王僧儒皆爲顯宦和文化名人。《南齊書》卷三四的東海郯人王萬慶、王諶等官皆五品以上。劉岱的親家王沈之之父王萬喜，當與王萬慶是兄弟。連沈約都承認東海王氏的士族身份，我們還有什麼可懷疑的呢！東海徐氏，《晉書》卷七四：「徐寧者，東海郯人也。……遷吏部郎、左將軍、江州刺史，卒官。」《宋書》卷七一：「徐湛之，字孝源，東海郯人。司徒羨之兄孫，吳郡太守佩之弟子也。祖欽之，秘書監。父逵之，尙高祖長女會稽公主，爲振威將軍、彭城、沛二郡太守。高祖諸子並幼，以逵之姻戚，將大任之，欲先令立功。及討司馬休之，使統軍爲前鋒，配以精兵利器，事克，當即授荊州。……追贈中書侍郎。」

郡望不明的劉穆之夫人江氏和劉邕後夫楊氏，我估計江氏當是濟陽考城人。因爲劉穆之「少好《書》《傳》，博覽多通，爲濟陽江敳所知。」楊氏當是弘農華陰人，弘農華陰楊氏是過江的大士族。我這樣估計的理由是以上與東莞劉氏通婚的家族門第皆爲士族無疑，根據士庶不婚的原則，江、楊二家必是大士族。

有意思的是與東莞劉氏通婚的家族亦互有婚姻關係，如裴氏與任氏通婚的有《南史·任昉傳》：「任昉，……父遙，齊中散大夫。……遙妻河東裴氏。」裴氏與檀氏通婚的有《南齊書·皇后傳》：「武穆裴皇后……後母檀氏。」裴氏與一流高門琅邪王氏通婚的有《晉書·王戎傳》：「裴頠，戎之壻也，頠誅，戎坐免官。」《世說新語·文學篇》：「裴散騎娶王（衍）太尉女，婚後三月，諸婿大會，當時名士，王、裴子弟悉集。」東海徐氏與劉宋皇室也多次婚配。下邳趙氏與劉宋皇室亦有婚配關係。

從以上考證中，我們看到與劉勰家族成員通婚的家族中，有的與一流高門士族的琅邪王氏有姻親關係，有的與皇室有婚姻關係。我們還從中看到，與東莞劉氏通婚的家族，都是過江的北方大族，如果東莞劉氏家族不是士族門第，他們是不會與之通婚的。這又可證明瞭以往學人說的，南北朝時期的大族婚俗是：「士庶不婚」，「南北不婚」，當是事實。但是，劉勰家族沒有與一流高門通婚的記載，是攀不上，還是不攀，不得而知。因爲有些以文化見長的士族，也並不刻意追求高官和與一流高門勢族攀婚，甚至拒絕與一流高門勢族婚配。如《晉書·顏含傳》載：「桓溫求婚於含，含以其盛滿，不許。」《顏氏家訓·止足》篇有顏含戒子姪曰「汝家書生門戶，世無富貴；自今仕宦不可過二千石，婚姻勿貪勢家。」劉勰家族未見有與一流高門通婚的記載，是否也抱有與顏氏相同的家訓，不得而知。

五、劉勰家世士族身份之旁證

（一）「奉朝請」是專為世家大族設的榮譽職務

《宋書·百官下》：

奉朝請，無員，亦不爲官。漢東京罷省三公、外戚、宗室、諸侯，多奉朝請。奉朝請者，奉朝會請召而已。晉武帝亦以宗室外戚爲奉車、駙馬、騎都尉，而奉朝請焉。元帝爲晉王，以參軍爲奉車都尉，掾、屬爲駙馬都尉，行參軍、舍人爲騎都尉，皆奉朝請。後省奉車、騎都尉，唯留駙馬都尉、奉朝請。

由此可知「奉朝請」一職，最初是專爲那些退休的王公勳爵設置的榮譽職務，給他們一個朝會和麵君參政的機會。因爲劉勰仕宦于南朝，我們就看看南朝任「奉朝請」者，都是哪些人。根據筆者在翻閱南朝史料時見到任職「奉朝請」的是：

吳興沈氏家族的有：（爲了節省版面，以下人員，只出郡望和人名，不列出處和引用原文。）沈約、沈瑀、沈崇傃。濟陽江氏家族的有：江謐、江革、江淹、江子一、江法成。河內司馬氏家族的有：司馬褧、司馬端、司馬筠。河東裴氏家族的有：裴邃、裴之高、裴覬。東海何氏家族的有：何遜、何遠。東莞劉氏家族的有：劉秀之、劉勰。范陽祖氏家族的有：祖朔之、祖暅。吳郡錢塘杜氏家族的有：杜京產、杜規。陳郡謝超宗、殷孝祖。南鄉范蒙、陶弘景。濟陽范岫、卞彬。東陽鄭灼、朱幼。吳興茹法亮、吳均。會稽山陰孔覬。高平檀儒。平昌安丘伏暅。平原明山賓。琅邪王琨。清河崔慰祖。範陽張弘策。新野庾杲之。廬江何歆。平陽賈淵。吳郡全緩。河東柳憕習。太原王茂。沛國劉瓛。臨淮任孝恭。譙郡夏侯亶。河內山謙之。義興陳慶之。丹陽劉系宗。郡望不明的有：吳邁遠、諸襲光。

在以上任職「奉朝請」的 57 人中，有四種情況：一、起家「奉朝請」者有 18 人，他們是：沈約、沈崇傃、江謐、江革、司馬褧、司馬筠、何遜、劉昭、劉霽、劉勰、伏暅、明山賓、謝超宗、範岫、鄭灼、庾杲之、王茂、夏侯亶。二、郡望不明者 2 人。三、出仕後中途任「奉朝請」者 34 人。四、史料明顯證明非士族家世者：茹法亮、陳慶之、劉系宗 3 人。

在第一種情況中，除劉勰身世有爭議外，其他 17 人的士族身世，皆未有問題。可以推斷：他們於國於民寸功未有的情況下，起步就戴上「奉朝請」的花環，靠的是祖蔭。劉勰「起家奉朝請」，顯然靠的是祖蔭。第四種情況當屬於《宋書·百官志下》說的「永初已來，以奉朝請選雜……孝建初，奉朝請省。」任何事情都不可能是絕對的。封建皇帝是歷代王朝特權的持有者，他們是社會制度的建立者，也是出爾反爾的社會制度的破壞者。皇帝給身邊的寵臣一個「奉朝請」的榮譽職務也是可能的，但這總是個別現象。我們不能以個別現象的存在，而否認了原有制度的存在。所以，歷代國史的修纂者，都把此類官員列入《恩倖傳》。劉勰不是寵臣，不在此列，且「起家奉朝請」，靠的也只能是士族門第。

（二）丹陽尹、吳郡太守是只有王子和士族才能擔任的職務

南朝丹陽、吳郡，物阜民豐，又屬京畿地區，在這些地區爲尹、守者，都是王子和士族子弟。如任丹陽尹的有：王茂、謝方明、蕭摹之、蕭順之、蕭景先、郗僧施、何尙之、袁粲、劉弘、羊曼、褚湛之、王恭、徐湛之、王儉、王志、顏師伯、劉惔、王瑩、王銓等人皆爲士族身世，劉穆之、劉秀之二人都曾擔任過丹陽尹。任吳郡太守的有：顏含、顧琛、王曇生、王珣、王琨、何叔度、王僧智、王僧達、褚淵、褚澄、蕭子恪、袁昂、張瑰、謝邈、謝�等人皆爲士族身世，劉式之曾任吳郡太守。

（三）東莞劉氏是漢城陽王後裔

王元化先生在《劉勰身世士庶區別問題》一文中說：

《晉書》於漢帝劉氏之後，多爲之立傳，如劉頌（《列傳

十六》）、劉喬（《列傳六十一》）、劉琨（《列傳三十三》）、劉隗（《列傳三十九》）、劉超（《列傳四十》）、劉兆（《列傳六十一》）等。更值得注意的是《列傳五十一》載：「劉胤爲漢齊悼惠王劉肥之後」，但他的籍貫並非東莞莒縣，而是東萊掖人。胤卒後，子赤松嗣，尚南平公主，位至黃門郎，義興太守。從以上諸傳中，都找不到有關劉撫的線索，這更使我覺得《宋書·劉穆之傳》稱他爲『漢齊悼惠王肥之後』的說法是可疑的。

針對王元化先生的懷疑，過去我曾發表了《漢城陽王世家》一文，以此證明王元化先生的懷疑是多餘的。今將此文梗概略說如下：

漢文帝三年四月，齊悼惠王劉肥之子劉章被封爲城陽國王，都莒，傳九世十王至劉俚時，王莽簒權，城陽國除，城陽王後裔參加了反莽鬥爭。唐《元和姓纂》卷五第 363 條「東莞」下載：「齊悼惠王肥生城陽景王章，傳國九代，至王津，光武封爲平萊侯，徙居東莞。裔孫晉尚書、南康公穆之。」

朱按：「王津」之「王」，當爲衍文，因爲八世城陽孝王劉景，有子三人：劉雲（嗣位）、劉俚、劉欽。九世城陽王是劉雲嗣王位，早薨，劉俚紹封，王莽篡位，城陽國除，劉俚貶爲庶民。且《漢書·王子侯表》中，沒有關於劉津的記載。又因爲「津」「欽」讀音相近，所以劉津當是劉欽之訛誤。這說明，《宋書》關於劉穆之族源的記載是可靠的。

至於王先生說的《晉書》列傳十五《劉毅傳》、列傳五十一《劉胤傳》和列傳四十《劉超傳》的劉毅、劉胤和劉超，也都是從莒縣分封出去的城陽王子孫繁衍的後裔，這在《劉超傳》 和

《元和姓纂》中也有記載，因與本文關係不大，僅略提及，以釋王先生之疑。

結　論

歷史學界衡量六朝士族門第的標準，經過了五六十年的爭論，現已基本達成共識，這就是看這個家族門第士庶，以其在政治、經濟和文化活動中所形成的社會地位作爲觀察點。由於當時的社會制度所致，一般說來，有了政治地位，經濟上也就有了保障；又因爲士族這個概念，既有政治的涵義，又有文化的涵義，士族地位一旦形成，一個大族中的某一代上，由於個體家庭變故，導致個體經濟貧困，但下一代人還可能再次崛起，於是使得一些學者往往只強調官宦加文化這兩個條件。

臺灣毛漢光先生在《中國中古社會史論》一書中，把達到士族的標準定爲在政治上連續三代中，至少有兩代官位在五品及其以上者[5]。如果以此爲准，從前面的考證中，可以證明東莞劉氏是士族門第。

陳寅恪先生在《唐代政治史述論稿》中篇《政治革命與黨派分野》中說：「所謂士族者，其初並不專用其先代之高官厚祿爲其唯一之表徵，而實以家學及禮法等標異於其他諸姓。」這說明官宦加文化才是衡量一個家族士庶區別的標準，只有同時具備政治世家和文化世家兩個條件才是士族門第。以此而論，東莞劉氏亦是士族門第。

近世論劉勰身世士庶的人，往往認爲劉穆之以軍功見重於當朝，非積世文儒，故東莞劉氏不得列入士族。持此種觀點的人，

---

5 見毛漢光《中國中古社會史論》，第 140-144 頁，臺灣聯經公司 1988 年版。

忽略了史書對劉氏家族文化品位的史實記載，如果不是偏見，就是學術研究的悲哀了。因爲無論是琅邪王氏中的王敦、王曠等人，還是陳郡謝氏的謝安、謝玄、謝琰等人都長期握有兵權，亦是以軍功和兵學見長，歷史上沒有人以此否認其士族身份，何獨到劉穆之這裏就成了問題呢！

對劉勰士族身份持否定意見的人還用劉勰「家貧」作爲論據，也是站不住腳的。因爲即便望族、甚至高門士族，由於某種特殊原因，也可能一個時期內生活艱難。此例在魏晉南北朝決非個別。突出的如《三國志·賈逵傳》裴注引《魏略》「逵世爲著姓，少孤家貧，冬常無褲」。《晉書·庾衮傳》說西晉高門潁川庾衮：「諸父並貴盛，惟父獨守貧約。躬親稼穡，以給供養，……歲大饑，藜羹不糝……」。東晉高門沛國劉氏，後娶公主的劉惔，「家貧，織芒以爲養」（《晉書》本傳）。東晉高門譙國桓氏，後娶公主並執掌軍政大權的桓溫，父彝死後，「兄弟並少，家貧，母患，須羊以解，無由得之，溫乃以（弟）沖爲質」（《晉書·桓彝傳》）。東晉高門琅邪王韶之，「家貧……，嘗三日絕糧。」（《南史》本傳）王弘之「少孤貧，爲外祖徵士何准所撫育。」（《宋書·隱逸傳》）《梁書·孝行》：「沈崇傃……父懷明，宋兗州刺史。崇傃六歲丁父憂，哭踴過禮。及長，傭書以養母焉。齊建武初，起家爲奉朝請。」濟陽江氏是高門士族，《梁書·江淹傳》說江淹「少孤貧好學」。《梁書·王僧儒傳》：「王僧儒，字僧儒，東海郯人，魏衛將軍肅八世孫。曾祖雅，晉左光祿大夫、儀同三司。祖准，宋司徒坐長史。……家貧，常傭書以養母」。《晉書·皇甫謐傳》：「皇甫謐，字士安，幼名靜，安定朝那人，漢太尉嵩之曾孫也。……居貧，躬自稼穡，帶經而農，遂博綜典籍百家之言。」陶翊《華陽隱居先生本起錄》說：陶弘景的父親陶貞寶少時也曾因「家貧，以寫經爲業」。《宋書·袁粲傳》：「袁粲，……父濯，揚州秀才，早卒。祖母哀其幼孤，名之曰湣孫。伯叔並當世榮顯，而湣孫饑寒不足。母琅邪王氏，太尉長史誕之女也，躬事績紡，以供朝夕」，等等。世人沒有因爲他們一時家貧而否認其士族身世。《顏氏家訓・涉務篇》說：「江南朝士，因晉中興，南渡江，卒爲羈旅，至今八九世，未有力田，悉資俸祿而食耳」。所說：「悉資俸祿而食」，雖未必盡然，但由於當時南遷士族的占田必受原南方士族大地主已廣占良田的制約，有些封賜只是空頭支票而已，大都只得「悉資俸祿而食」。一旦因某種原因如早死、降官、丟官等，家庭生活發生困難是完全可能的。上述劉惔、桓溫、王韶之、袁粲等當屬此類情況，這類例子多的很，劉勰亦當屬此類。因而，劉勰「家貧」不是否定劉勰士族門第的理由。

對劉勰士族門第持否定意見的人，往往拿《南齊書・劉祥傳》中褚淵稱劉祥爲「「寒士」作爲論據，筆者認爲，這是對「寒士」一詞涵義的誤解。唐長儒《魏晉南北朝史論拾遺・讀史釋詞：素族・寒士》一文中認爲「寒士」也是「士」。有兩種情況：一是指士族中「門第不高和衰微房分」；第二種情況是，如果是自稱，當是「自謙」；如果是他稱，則是有意貶低或戲稱。如《南史・徐勉傳》記載：「舊揚、徐首迎主簿，盡選國華中正，取勉子崧充南徐選首。帝敕之曰：『卿寒士，而子與王志子同迎，偃王以來未之有也。』勉恥以其先爲戲，答旨不恭，由是左遷散騎常侍，領遊擊將軍。」徐勉的士族門第學界未曾否認過，皇帝亦稱爲「寒士」，此即爲「戲稱」。褚淵稱劉祥爲「寒士」，那是二人口角間的「貶稱」，不足爲據。[6]

6 "寒士"、"素族"、"庶族"、"寒族"、"寒素"等詞的涵義，唐長儒的《魏晉南北朝史論拾遺》（中華書局 1983 年）、陳琳國的《庶族,素族和總之，六朝的士族門第，在不同朝代是互有消長的。一流高門的琅邪王氏的盛期是東晉，東莞劉氏的盛期是劉宋。史學界研究六朝士族門第，有的分爲四等，有的只分高門和次門，有的分爲三等，我看還是分爲三等好。如果分爲三等的話，王、謝等是一流高門，沒有與東莞劉氏通婚的記載，說明東莞劉氏門望可能低於王、謝家族。但東莞劉氏在東晉時期卻高於蘭陵蕭氏，這在《南史・劉瑀傳》中可以看得出來。劉瑀宋初爲禦史中丞，彈蕭惠開曰：「非才非望，非勳非德」。蕭惠開祖源之，是劉裕繼母之弟，其父蕭思話「宗戚令望，早見任待，凡歷州十二，杖節監、都督九焉」（《宋書・蕭思話傳》），而惠開仍被劉瑀譏爲「非望」，此似可推定蘭陵蕭氏的門望在東晉時還低於東莞劉氏，即使宋初上升了，仍未被公認，故有劉瑀之譏。因此，把劉勰家族的門第劃入一流高門，聲望不足，劃入次等，應屬偏上爲是。

附：劉勰家族世系表[7]

寒門》（《中國史研究》1984 年 1 期）、祝總斌的《素族，庶族解》（《北京大學學報》1984 年 3 期），都作了精闢的論述，可供參考。

7 《南史・劉秀之傳》說：劉秀之是劉穆之的從父兄子，這就是說劉秀之的祖父劉爽與劉穆之的父親是親兄弟。因爲“從父”就是父親的親兄弟，因而，劉仲道的祖父劉撫，也就是劉穆之的祖父，所以，我列的這個表與楊明照先

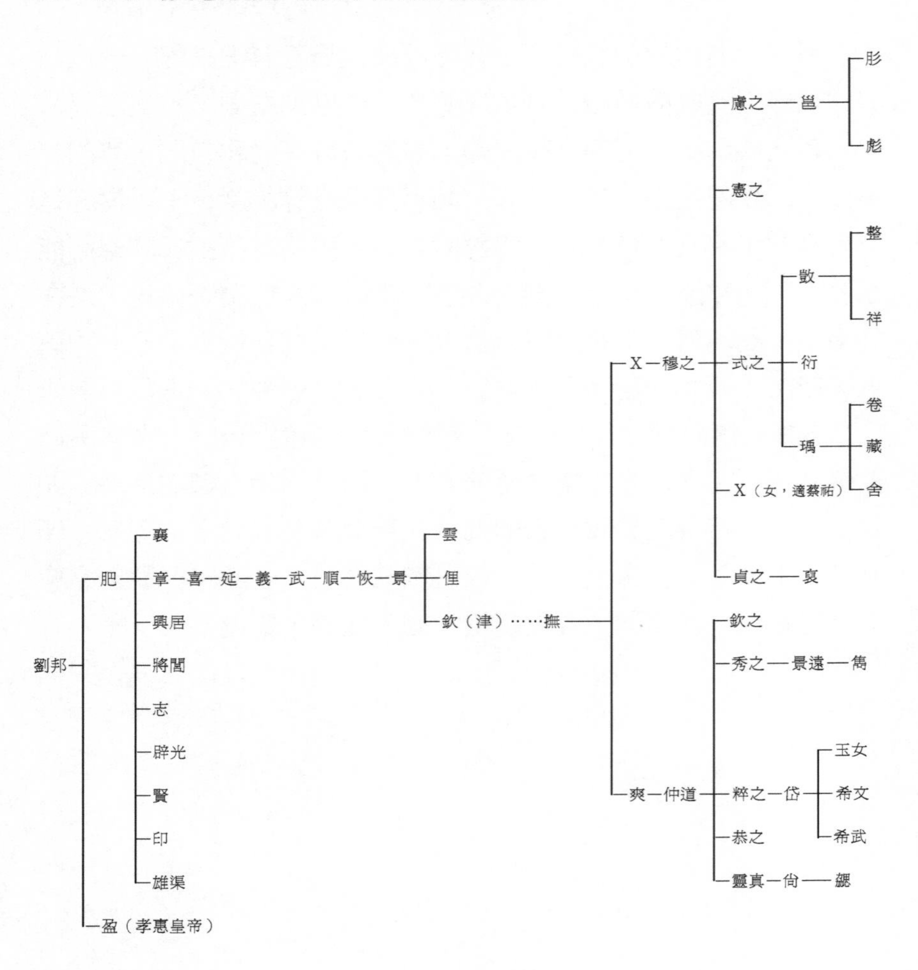

生所列的劉勰家族世系表有異。又根據周紹恒先生的研究，《昭明文選》中任昉所彈之劉整，非劉勰家族世系中之劉整，因而就不存在劉整兄劉寅的問題，故比楊明照所列世系表少了劉寅。《宋書・顏延之傳》有：“妹適劉憲之，穆之子也”的記載。中華書局本注：“憲之”疑爲“慮之”之訛。但筆者不排除穆之另有一子“憲之”的可能性，今錄以備考。

劉勰與劉穆之

—— 從《異苑》兩條材料談劉勰的幾個問題

香港嶺南大學中文系　汪春泓

關於劉勰的身世以及由身世而引出其立場、學術等諸多問題，「龍學」界前輩如楊明照、王元化、張少康等先生均有專門的論述，他們都關注到劉勰與其宗族先輩劉穆之的關係，足見在研究劉勰時，劉穆之是一重要的參照人物。

近讀南朝宋劉敬叔《異苑》，作爲小說家言，此書遠不及同時代劉義慶《世說新語》出名，故在歷代目錄學書籍的著錄中也是斷斷續續的，譬如在明人徐興公《徐氏紅雨樓書目》及毛晉《汲古閣書跋》等書中對此書有所記載，而其他一些著名的目錄學著作則往往不曾提及。明胡震亨整合傳世文獻，撰《劉敬叔傳》說：「劉敬叔，字敬叔，彭城人。少穎敏，有異才，起家中兵參軍司徒掌記。義熙中，劉毅與宋高祖共舉義旗，克復京郢，功亞高祖，進封南平郡公。敬叔以公望推借，拜南平國郎中令。既而有詔，拜南平公……及毅誅，高祖受禪，召爲征西長史。元嘉三年，入爲給事黃門郎，數年，以病免。太始中卒於家。所著有《敬叔》十余卷行世。」[1]劉敬叔參預了劉裕建國的大業，而且一直到宋明

1 《四庫全書總目提要》基本認同胡震亨此傳，並稍作補充，指出“其書皆言神怪之事，卷數與《隋書．經籍志》所載相合……疑已不免有所佚脫竄亂，然核其大致，尚爲完整”。北京：中華書局 1987 年版。

帝泰始年間才去世，可謂是晉宋之際政治變遷的見證人，《異苑》對於瞭解晉宋人物有很高的史料價值，劉穆之幫助劉裕建立基業，劉敬叔對此持尊敬的態度，其《異苑》記述了劉穆之數則軼事，其中有兩條材料特別值得注意。

按《異苑》卷四說：「東莞劉穆之字道和，小字道人，世居京口。隆安中，鳳凰集其庭，相人韋藪謂之曰：『子必協贊大猷。』」[2]隆安是東晉安帝司馬德宗的年號，東晉當時已處在滅亡的邊緣，劉穆之出，相人韋藪看出他具有協助平定亂世的命相。此無論真僞，歷史證明，若推劉裕之第一功臣，惟有劉穆之可當之無愧。故《異苑》卷七說：「劉穆之，東莞人，世居京口。初爲琅琊府主簿，嘗夢與武帝泛海，遇大風，驚俯視船下，見二白龍夾船。既而至一山，山峰聳秀，意甚悅。又嘗渡楊子江，宿夢合兩船爲舫，上施華蓋，儀飾甚盛以升天。既曉，有一老姥問曰：『君昨夜有佳夢否？』穆之乃具說之。姥曰：『君必位居端揆。』言訖不見。後官至僕射丹陽尹，以元功也。」這是古人講君臣風雲際會的慣用伎倆，此條材料不過是進一步佐證了前一條材料，兩條材料共同目的是輿論宣傳，無非是要告訴世人：劉裕是真命天子，而劉穆之則是其輔弼之臣。這種意念一則屬於晉宋歷史發展之實情，另則也爲劉裕陣營所公認，而且在以後各種歷史敍述中也得到了確認，譬如沈約撰《宋書》，就將劉穆之置於功臣列傳之第一人；而《資治通鑒》敍述東晉義熙十二年劉裕發起一次北征，到義熙十三年十一月，「辛未，劉穆之卒，太尉裕聞之，驚慟哀惋者累日。始，裕欲留長安經略西北，而諸將佐皆久役思歸，多不欲留。會穆之卒，裕以根本無托，遂決意東還」[3]。可見由於劉

2　南朝宋劉敬叔《異苑》，范寧校點，北京：中華書局 1996 年版。
3　《資治通鑒》，司馬光編著，北京：中華書局 1987 年版。

穆之突然死亡，以致劉裕結束了這次北伐，劉穆之在劉裕心目中的分量可見一斑。

而《異苑》的此二則材料對照正史記述，會令人有一些聯想。《宋書．劉穆之列傳》說：「劉穆之，字道和，小字道民，東莞莒人，漢齊悼惠王肥後也。世居京口。少好《書》、《傳》，博覽多通……初，穆之嘗夢與高祖俱泛海，忽值大風，驚懼。俯視船下，見有二白龍夾舫。既而至一山，峰崿聳秀，林樹繁密，意甚悅之……（義熙十三年）十一月卒，時年五十八……高祖又表天子曰：『……（劉穆之）爰自布衣，協佐義始，內端謀猷，外勤庶政，密勿軍國，心力俱盡……』」沈約修《宋書》可能直接引用了劉敬叔《異苑》的相關材料，《異苑》稱劉穆之字道和，小字道人；《宋書》則說：「劉穆之，字道和，小字道民。」蓋《異苑》在傳抄過程中，在唐代爲避李世民的諱，所以改作「道人」，當以《宋書》作「道民」爲是。而以「道和」及「道民」作字，加之其「劉穆之」的姓名特徵，可見劉氏屬於天師道之家族[4]。劉穆之的學術及事功突出一個「和」字，而所謂「子必協贊大猷」，《尚書·堯典》有「協和萬邦，黎民于變時雍」之說。劉穆之善於在錯綜複雜的利益集團的關係中，協調整合，洞察事態發展之大勢，並因勢利導，幫助劉裕在晉末脫穎而出，其睿智及手段均不同凡響。

由此再聯想到劉氏宗族中繼劉穆之之後的又一人物劉勰，這兩者之間或許也存在著某種關係。關於劉勰的生年，學界有不同的說法。按照牟世金《劉勰年譜匯考》，認爲劉勰生於宋明帝泰

4 參見陳寅恪《天師道與濱海地域之關係》，《金明館叢稿初編》，北京：三聯書店 2001 年版。

始三年（西元 467 年）[5]。

《宋書·劉穆之列傳》說：「高祖受禪，思佐命元勳，詔曰：『故侍中、司徒南昌侯劉穆之，深謀遠猷，肇基王跡，勳造大業，誠實匪躬。今理運惟新，蕃屏並肇，感事懷人，實深悽悼。可進南康郡公，邑三千戶。』」

同傳又記載：「太祖元嘉九年，配食高祖廟庭。二十五年四月，車駕行幸至江甯，經穆之墓，詔曰：『故侍中、司徒、南康文宣公穆之，秉德佐命，翼亮景業，謀猷經遠，元勳克茂，功銘彝鼎，義彰典策，故已嗣徽前哲，宣風後代者也……』」可見終元嘉年間，劉穆之作爲開國元勳的地位絲毫未曾減弱。劉穆之身後，先由其長子劉慮之繼承爵位，劉慮之死後，再由劉穆之另外一子劉邕嗣其位，劉邕死後，劉邕子劉肜繼嗣，而劉肜於大明四年犯罪，被奪爵土，而朝庭還是念劉穆之之情面，以其弟劉彪紹封。以至於齊受禪，劉彪也僅從南康郡公降爲南康縣侯，依然受到尊重。

《梁書．文學傳》說：「劉勰，字彥和，東莞莒人，祖靈真，宋司空秀之弟也。父尙，越騎校尉。」[6]按《宋書．劉秀之列傳》說：「劉秀之字道寶，東莞莒人。司徒劉穆之從兄子也。世居京口。祖爽……父仲道……」劉秀之在宋朝亦功勳赫赫，卒於大明八年。由此可知，劉秀之的祖父是劉爽，而此劉爽與劉穆之父親可能是親兄弟。學界由於劉勰父親名靈真，與穆之、秀之等天師道命名法不同，由此懷疑《梁書》關於劉勰身世記載的真實性，其實這是無稽之談。天師道家庭成員命名時出現這樣的現象，並不足爲奇，譬如上述劉穆之的兒子輩中就有劉慮之和劉邕的不同

5 牟世金《劉勰年譜匯考》，成都：巴蜀書社，1988 年版。
6 《梁書》，唐姚思廉撰，北京：中華書局 1973 年版。

7。

而劉勰的取名意味著何種深意，是耐人尋味的。劉氏在晉宋間崛起，是一件談何容易的事情。《資治通鑒》在敍述劉穆之事蹟時，頗爲突出劉穆之經常掛在嘴邊的「穆之家本貧賤」這句話，在門閥林立中，非名門望族想突圍而出，在社會政治中占一席之地，端賴堅忍不拔的毅力和圓融的平衡技巧。相對于劉穆之的成功，劉氏之靈真一系則顯得比較落魄，劉勰父親劉尙也官不過越騎校尉，故當宋明帝泰始三年（西元 467 年）劉勰降生，長輩爲之取名時，自會寄寓振興門庭的厚望，而現實中依然聲名卓著的劉氏先輩劉穆之即是其效法的楷模。而「劉勰，字彥和」，則與《異苑》卷四所謂「東莞劉穆之字道和，小字道人……『子必協贊大猷。』」存在著密切的關聯，雖然劉穆之的孫子輩劉彤、劉彪要比劉勰還高一輩，但是從史書記載三者活動時期來看，其年歲可能相若，劉彥和之「彥」字與 「彤」、「彪」二字俱有相同的部首部分「彡」，「劉彥和」實有攀近劉穆之一系的意思；而且「勰」與「子必協贊大猷」之「協」字相通，按《說文解字》說：「協，同眾之龢也。」《說文解字》說：「勰，同思之龢也。」《說文解字》說：「龢，調也。從龠，禾聲，讀與咊同。」《說文解字》又說：「彥，美士有彣，人所言也。」古人在取名和擇字時，經常採用互文的方法，所謂「勰」者，可以解釋爲「彥和（或龢）」也。而「彥和」又與劉穆之字「道和」相對應，故一

7 自範文瀾《文心雕龍注》以來，就對劉靈真是否劉秀之親兄弟存疑，後又有學者比較《南史》與《梁書》的差異，指出《南史》中刪除了“祖靈真，宋司空秀之弟也”這句話，因此《梁書》記載不足信。這種存疑並無根據，比如沈約《宋書・自序》，沈氏也信奉天師道，但講到“戎子……少子景，河間相，演之、慶之，曇慶、懷文其後也”，兄弟間名字也並不一致。或許此時人多妻，有嫡庶之分。

言以蔽之，「劉勰，字彥和」既秉承了劉穆之天師道的家學淵源，又懷抱著「協贊大猷」的事功理想，「劉勰」包含著劉穆之再世的美好願望，這對於劉勰的安身立命當產生至爲重要的影響。再者，設若不信，按沈約《宋書·自序》記述其先祖中有一沈穆夫，字彥和，查《說文解字》說：「穆，禾也。從禾，穆（去掉左邊的「禾」）聲。」此進一步證明「劉勰，字彥和」，乃深含踵武劉穆之之意，確實是有跡可尋的[8]。

此爲研究劉勰及其《文心雕龍》開闢了一重要的管道，對「龍學」研究可謂大有裨益。首先，「劉穆之字道和，小字道人」，而且劉秀之字道寶，劉秀之父親名字是「仲道」，劉勰祖父名字爲「靈真」，東莞劉氏一門洋溢著濃厚的天師道氣氛，據此，後人不難理解爲何劉勰在《文心雕龍》中開篇首列《原道》一篇，而對此「道」究竟何謂，也有了一個對證的參照。

劉勰自出生後大約十三年左右，宋齊易代，牟世金《劉勰年譜匯考》評價建元之初「齊祖尙儒，輔以王儉，其後數年之『儒學大振』，對彥和之重儒必深有影響」；並且指出永明年間由於王儉的宣導，形成「家尋孔教，人誦儒書」的學風，而成年之劉勰當是「執卷欣欣」者之一。值此時代背景，具有強烈的出人頭地意念的劉勰不可能抗拒此種主流學風，此鑄就了劉勰思想及學術中儒學的一面。而另一面天師道家學作爲方法論，仍舊在其心底存有不可忽視的影響。

晉宋之際天師道與先秦兩漢道教、道家相比，已發生了很大的變異，東晉南朝流行於江左的道教有「靈寶派」[9]，靈寶派屬於

8 《魏書·獻文六王列傳》記載“彭城王勰，字彥和”，其人名與字的由來，則與“劉勰，字彥和”另當別論。北京：中華書局 2003 年版。

9 參閱王承文撰《敦煌古靈寶經與晉唐道教》，北京：中華書局 2002 年版。

當時在原來的天師道及江南固有神仙道教基礎上發展而成的新道教流派，在齊梁佛教大盛之前，其影響頗爲深廣。而劉氏世居之「京口」恰是此教的中心區域，劉勰祖父「靈真」這一名字似與此有關，劉秀之字道寶也是出於「靈寶派」的意思。「真」或「真人」在《莊子》中已出現，而觀敦煌本《太上太極太虛上真人演太上靈寶威儀洞玄真一自然經訣上》之錄文及輯佚，其中伯希和2356號有曰「太上靈寶洞玄天書，道之至真，尊大無上……道言：靈寶經常有十方自然佛、至真威神、三萬六千真人……」云云，主旨是宣講若要「體真入妙」，舍《靈寶經》外絕無他法，而劉勰祖父「靈真」這一名字則正體現了此種思想。

道教研究者認爲，靈寶派吸收了大量的佛教術語和內容，其實是一種「中體西用」的新道家。成長於這樣的家庭宗教氛圍之中，按《梁書》本傳「勰早孤，篤志好學，家貧不婚娶，依沙門僧祐，與之居處，積十餘年，遂博通經論……」南齊永明七年王儉病逝，儒學逐漸式微，而劉勰從儒學之士轉向佛門中人，並非單純地從儒轉向佛，其間作爲家學的靈寶派道家修養實質上可發揮溝通道、佛津梁之作用。而其《滅惑論》雖然表示他已放棄道教而轉信佛教，但是靈寶派的影響亦很難從其心靈中根除。

《文心雕龍．原道》篇對於研究劉勰思想有重大價值，《原道》篇說：「文之爲德也，大矣！與天地並生者，何哉？夫玄黃色雜，方圓體分，日月迭璧，以垂麗天之象；山川煥綺，以鋪理地之形：此蓋道之文也。仰觀吐曜，俯察含章，高卑定位，故兩儀既生矣。惟人參之，性靈所鍾，是謂三才。」對此注解歷來較少關注到道教一邊，其實中國的道教最重視天地日月山川之神性，王承文先生研究敦煌本《洞玄靈寶三元威儀自然真經》與晉唐道教科儀[10]，對於道教早期「投龍簡儀」進行歷史的還原，雖然此種宗教文化的淵源可以追溯到先秦甚至上古，但是形成爲一種規範的儀式，卻是靈寶派的創造。早期道教投射其宗教感情的對象，往往不是人格神，而是自然中的天地日月星辰及山川河流，具有泛神論的傾向。保存于《道藏》的投龍簡儀，可見諸《太上洞玄靈寶赤書玉訣妙經》卷上所載「三元玉簡文」[11]，其中呪文有曰：「玄上開明，元始監真。上帝五老，赤書丹文，天地本始，總領三元。攝氣召會，催促降仙，高上符命，普告十天。日月星宿，五獄靈山。天下地上，溟泠大神。監生主錄，南上三門。開領玉簡，勒名丹篇。」這樣的呪文作爲宗教儀式之一環，已經被程式化了，其中必然會提及天地、日月、星辰、五嶽和靈山，這樣一個道教的系統與《原道》篇所謂「道之文」所呈現之種種，若結合劉勰天師道家學背景，就不能簡單地視作是巧合，而應該認爲是由靈寶派世界結構在劉勰心靈中的反映，王承文先生指出，古靈寶經中投龍簡儀所投告的天、地、水三官，直接淵源于漢魏天師道的「三官手書」，所謂「三官」者即天、地、水之謂也，而此與上述「三元」實質相近，主要指天、地和人，由此可見，劉勰所標舉的「三才」，其實也有道教「三官」或「三元」的因數；以往「龍學」界學者解釋「原道」之「道」，大多從儒家或佛教方面考慮，現在看來，此「道」與道教的關係也不容忽視。

　　而連接人與道或神的使者，在靈寶派看來，唯有「金龍負玉簡」才堪擔此重任。再觀敦煌本《太上太極太虛上真人演太上靈

---

[10]參閱王承文撰《敦煌古靈寶經與晉唐道教》，P523，北京：中華書局 2002 年版。

[11]《道藏》第六冊。

寶威儀洞玄真一自然經訣上》之錄文及輯佚，其中伯希和 2452 號有曰：「上寶紫微台，下藏諸名山，煥爛龍鳳文，戢曜在無間。」又說：「太上無極大道無上太真自然經從此中分之丹書書黃素，金𨫼（去「口」換「金」字旁）貫甲右，弟子受書後，投金𨫼（去「口」換「金」字旁）十口，告於十方，不泄之誓，並十口奉師，効金龍並於清冷之淵，求登仙之道信畢矣。」對照《原道》篇所謂「為五行之秀，實天地之心。心生而言立，言立而文明，自然之道也。傍及萬品，動植皆文：龍鳳以藻繪呈瑞，虎豹以炳蔚凝姿。雲霞雕色，有逾畫工之妙；草木賁華，無待錦匠之奇。夫豈外飾，蓋自然耳……若乃河圖孕乎八卦，洛書韞乎九疇；玉版金鏤之實，丹文綠牒之華；誰其尸之？亦神理而已」。其「玉版金鏤之實，丹文綠牒之華」無疑與道教投龍簡儀實有不解之緣。

靈寶派極具包容性，是中國思想史上三教合一的先驅，此教派並不數典忘祖，雖然接受了外來佛教的內容，卻不屈服於佛教，對《老子》依然十分尊重，堅持「道家經之大者，莫過《五千文》，大洞玄真之詠也」！然則《老子》「道法自然」也依然是此派不變的教義。《史記》中太史公《論六家要指》惟獨推崇「有法無法，因時為業」的道家，信奉道家「其術以虛無為本，以因循為用。無成執，無常形，故能究萬物之情」，並且此種道家具有「因陰陽之大順」、「采儒墨之善」和「撮名法之要」的特徵，不局囿於一家，具有一種兼包並容的開放心態，此幾乎是靈寶派思想上的方法論，它既尊重本民族固有的傳統思想與習俗，同時亦敢於借助佛教為我所用，使得此派宗教擁有了強大的生命力。而劉穆之在政治上得以一飛沖天，蓋與此種方法論所孕育出的政治智慧也不無關係。《資治通鑒》敍述劉穆之死前，「太尉裕遣左長史王弘還建康，諷朝廷求九錫。時劉穆之掌留任，而旨從北來，穆之由是愧懼發病。」按胡三省注曰：「劉穆之輔劉裕，豈惟才智不及荀彧，而識又不及焉。」劉穆之在後世被人視作「貳臣」的代表人物，《資治通鑒》則認爲劉穆之在主觀上還是不忍劉裕之篡奪。而「協贊大猷」作爲劉穆之的政治風格，其實質就是協調好各種層次的政治關係，而不主張使用政治計謀來剷滅異己者，以維持社會政治之和諧穩定，這也集中表現於其字「道和」二字之中，按《中庸》說：「喜怒哀樂之未發，謂之中；發而皆中節，謂之和。中也者，天下之大本也；和也者，天下之達道也。致中和，天地位焉，萬物育焉。」儒家「致中和」與劉穆之道教式的行事風格完全相吻合，故而在劉穆之身前及身後，均樹敵不多，其聲譽亦得到長久地保持。

劉勰在政治上缺乏大展宏圖的機會，但是此種家學淵源卻根深蒂固地影響到其文論，在《原道》篇中他海納百川地宣稱「傍及萬品，動植皆文」，此中透射出一種尊重一切生命體生存理由的道教觀念，此對於寫作《文心雕龍》時所持方法論之確立，具有關鍵性的作用。「文人相輕，自古而然」，江淹《雜體詩序》說：「夫楚謠漢風，既非一骨；魏制晉造，固亦二體。譬猶藍朱成彩，雜錯之變無窮；宮商爲音，靡曼之態不極。故蛾眉詎同貌而俱動於魄，芳草寧共氣而皆悅於魂，不其然歟？至於世之諸賢，各滯所迷，莫不論甘而忌辛，好丹而非素。豈所謂通方廣恕，好遠兼愛者哉！」作爲文論家更切忌「論甘而忌辛，好丹而非素」，譬如經學家的裴子野論文就幾乎抹殺了「文」存在的空間，而放蕩爲文者也過猶不及。劉勰《文心雕龍．正緯》篇說緯書某些記述「事豐奇偉，辭富膏腴，無益經典，而有助文章」，顯然他清晰地區分了「經典」和「文章」，認爲他們屬於不同的本體，不至於拿經典來令文章削足適履；而且在分析文章時，他同樣運用不同文體的視角，承認各種文體存在的價值和各自的特點，最終遵循「擘肌分理，唯務折衷」的方法，來擇善而從，爲文章學確立正道，並且分別作出文體史式的精細研究，一部體大慮周的《文心雕龍》終於誕生。

而關於文章寫作狀態的描述，《神思》篇說：「是以陶鈞文思，貴在虛靜，疏瀹五藏，澡雪精神……」反觀《魏書・釋老志》說：「道家之原，出於老子……其爲教也，鹹蠲去邪累，澡雪精神，積行樹功，累德增善，乃至白日升天，長生世上。」兩者的密切關係更是不言而喻的。

以往學界更多注意劉勰與儒家和佛教的關係，這些研究自然是極爲重要的，而至於劉勰與道教的關係，卻相對被忽略了，筆者從劉勰與劉穆之之間找到一個切入點，爲探究劉勰的道教淵源找到了方向，而循此方向，日後會有更多的心得，亦可爲「龍學」研究作出一點貢獻。

試以現代心理學的「需求層次論」看劉勰著述《文心雕龍》的動機

呂 新 昌

摘 要

劉勰著述《文心雕龍》的動機他自己並沒有明確的說明。最早對此問題提出闡述的人是唐初的劉知幾，其後羅根澤等學者也都從各種不同的角度來說明其動機。王師更生認爲劉勰著述《文心》的動機有二：一、是內在自我的期許。二、是外在環境的誘因。

在現代心理學的門類中，有一類「人格心理學」，美國的學者由五〇年代從中發展出「自我論」；其中麥斯洛（A.Maslow）又從「自我論」中再發展出「需求層次論」，把人類生活的需求分爲五個層次。

本文試以「需求層次論」來闡述劉勰著述《文心雕龍》的動機。敬請博雅君子，不吝賜教。

一、前 言

劉勰字彥和，齊、梁時東莞莒人（今江蘇省鎮江縣）。他的生平事蹟，見於《梁書》、《南史》本傳，惜皆略而欠詳：如生卒年，家庭世系，《文心雕龍》的成書時間、師友交遊，及時代背景等，都沒有明確的交代。

劉勰著述《文心》的動機，除了全書十卷五十篇之末的〈序志〉篇做了並不明確的自我表述外，歷代學者也有不少的闡釋，使我們可以正確的明白他著述《文心》的真正動機。但是，這些動機的闡釋都是站在傳統的立場來說明，難免會使人懷疑：不知能不能和現代心理學的動機理論接上軌，而跟上時代的思維？因此，筆者不惴固陋，試以現代心理學的理論來闡釋劉勰著述《文心雕龍》的動機，敬請博雅君子，不吝賜教。

二、劉勰著述《文心雕龍》的動機

劉勰著述《文心雕龍》的動機他自己並沒有明確的說明。[1]（註一）他只在〈序志〉篇次段先說：人以才智用世，想要名垂不朽，惟有樹德建言。他說：

> 歲月飄忽，性靈不居；騰聲飛實，制作而已。……形甚草木之脆，名踰金石之堅，是以君子處世，樹德建言。

到第三段才隱約談到他著述《文心》之動機及旨趣所在，而歸本於體要。他說：

> 予生七齡，乃夢彩雲若錦，則攀而採之。齒在踰立，則嘗夜夢執丹漆之禮器，隨仲尼而南行。……大哉！聖人之難見也，乃小子之垂夢歟……敷讚聖旨，莫若注經。

這兩個不平凡的夢，前者暗示自己是天縱英才，有器非凡品的寓意。後者言執禮器，隨仲尼而南行，暗示自己身列聖人門牆，捧手問道的事實。如果我們把這兩個夢境加以聯想，可以得知劉勰不僅表示自己有天賦的學養，更自負有承先啓後，復興文化的

1 參見：王師更生《重修增訂文心雕龍研究》（台北：文史哲出版社，民國 78 年 10 月增訂三版）頁 455。

使命。但是做夢頂多只能說是：日有所思，夜有所夢。夢境是虛幻的，猶如天馬行空，令人難以捉摸。所以近代學者論劉勰著述《文心》的動機者，說法多不一致。[2]

最早對劉勰著述《文心》的動機提出闡釋的人是唐初的劉知幾，他在其《史通・自序》中說：

> 詞人屬文，其體非一，譬之甘辛殊味，丹素異彩，後來祖述，識味圓通，家有詆訶，人相掎摭，故劉勰《文心》生焉。

這是站在時代背景的立場來說明的。但是「任何時代背景，也必定是牽動著述的重要誘力。」[3]

羅根澤在其《中國文學批評史》第三篇第八章：〈論文專家之劉勰〉中特設「作《文心雕龍》的動機」專題，專門討論劉勰著述《文心》的動機。[4]

他以《文心雕龍・時序》篇稱「皇齊馭寶」，認定劉勰作《文心》的時候是在齊朝。因此，羅氏先引用《南齊書》的作者蕭子顯在〈南齊書・文學傳論〉中，對齊朝文壇的情形提出的不滿批評[5]。然後再引用鍾嶸《詩品・序》對當時文學情形的不滿批評[6]。

---

2 王師更生，《中國古代文學理論的祕寶 — 文心雕龍》（台北：黎明文化事業股份有限公司，民國 84 年 7 月初版）頁 54-56。

3 同註 1，頁 455。

4 羅根澤《中國文學批評史》（台北：學海出版社，民國 79 年 2 月再版）頁 232-234。

5 蕭子顯〈南齊書文學傳論〉對當時文壇不滿的批評如下：今之文章，作者雖眾，總而為論，略有三體：一則啓心閑譯，托辭華曠，雖存巧綺，終致迂迴，宜登公宴，本非準的，而疏慢闡緩，膏肓之病，典正可采，酷不入情。……次則緝事比類，非對不發，博物可嘉，職成拘制，或全借古語，用申今情，崎嶇牽引，直為偶說，唯覩事例，頓失清采。……次則發唱驚挺，操調險急，雕藻淫豔。傾炫心魂，亦猶五色之有紅紫，八音之有鄭衛。

6 鍾嶸〈詩品序〉對當時文學的批評，如下：……大明泰始中，文章殆同書抄。

得到結論如下：

> 六朝文學，講辭藻、講事類、講對偶、講聲病……可以說是最無內容，最不自然的時代。所以隋朝的李諤上〈文帝論文體輕薄書〉中說：「江左齊梁，……遂復遺理存異，尋虛逐微，競一韻之奇，爭一字之巧。連篇累牘，不出月露之形；積案盈箱，惟是風雲之狀。」這種情形，劉勰深致不滿。

於是羅氏就對《文心雕龍．序志》篇加以研究，並參照梁繩禕在〈文學批評家劉彥和評傳〉一文中的成說，認爲「劉勰作《文心雕龍》的動機，名山事業的念頭，只可說是他努力制作的原因，不能說是制作的動機，制作《文心雕龍》的動機，實是因爲不滿意於當時的創作與批評。」

後來方孝岳著《中國文學批評》，在第十七章中，就對羅氏的說法表示不滿並加以修正，他說：「劉勰作這部書的宗旨，好像是自居於孔門文學之科，他說自己夢見孔子之後，就想『敷讚聖旨』；但是『敷讚聖旨，莫若注經，而馬、鄭諸儒，弘之已精，就有深解，未足立家。唯文章之用，實經典枝條，五禮資之以成文，六典因之以致用；君臣所以炳煥，軍國所以昭明，詳其本源，莫非經典。』（序志篇三段）他覺得文章是一切的根本，所以就以推闡《文心》爲『敷讚聖旨』的工作。看他的意思，好像以爲這種工作的價值，還在馬、鄭之上……」可是「彥和又以爲後世文風日壞，應該拿古聖之正訓，來提醒學者，所以他在〈序志〉篇又說：『而去聖久遠，文體解散，辭人愛奇，言貴浮詭，飾羽尙畫，文繡鞶帨，離本彌甚，將遂訛濫，蓋周書論辭，貴乎體要，

近任昉、王元長等，詞不貴奇，競須新事；爾來作者，寖以成俗，遂乃句無虛語，語無虛字，拘攣補衲，蠹文已甚。

尼父陳訓，惡乎異端；辭訓之奧，宜體於要，於是搦筆和墨，乃始論文。』這又是針對時弊說的。……」揣摩方氏的持論內涵，似乎『敷讚聖旨』，才是彥和闡揚《文心》的動機。

民國四十九年，黃乾、沈英名二氏為「僑民教育函授學校」合編《中國文學史話》，在續集〈劉勰與文心雕龍〉中，立說亦與方氏相同。[7]

王師更生依據《文心雕龍・辯騷》篇中說：

將覈其論，必徵言焉。

他認為「想要知道劉勰撰述《文心》的動機，還應該徵驗劉勰自己的說法。在〈序志〉篇裡，劉勰曾經自言寫作《文心》的動機所在，約有以下兩點：一、是內在自我的期許，二、是外在環境的誘因。……劉勰鑑於人生無常，只有樹德建言，才能揚名於後世，永垂不朽。於是選擇了文學理論，做為他『敷讚聖旨』的法門，適逢六朝文風敗壞，而一般學者又見不及此，他便揭櫫『原道』、『徵聖』、『宗經』的旗幟，上繼聖人不弊之論，下擷近代文學的菁華而加以恢廓，為復興民族文學的使命，作鍥而不捨地努力。劉勰就在這種動機下，綻放出他的文論奇葩，《文心雕龍》。」[8]

三、從「需求層次論」

（一）看劉勰著述《文心雕龍》的動機

在心理學上，所謂動機（motivation）「是指引起個體活動，維持已引起的活動，並導使該活動朝向某一目標進行的內在歷

7 本段敘述，引用王師更生的說法，同註 1。
8 同註 2，頁 58。

程。」在此所謂的活動：就是指個體的行為而言。因此動機一詞就是心理學家對個體行為的原因、及其表現方式的一種推理性的解釋。

在現代心理學的門類中有一類「人格心理學」（psychology of personality），在眾多的人格心理學理論中，美國學者發展出一種「自我論」（self theory），興起於五十年代，盛行於六十年代，他們特別強調「人」本身與其主觀經驗的重要性。因此自我論也被稱為人本論（humanisticthery）提倡「自我論」的美國心理學者，首推羅傑士（C. Rogers）與麥斯洛（A. Maslow）二人，尤其是麥斯洛，他認為人類行為的動機是彼此關連的，各種動機間關係的變化，又與個體生長發展的社會環境具有密切的關係。麥斯洛強調，人類的所有行為係由「需求」（need）所引起的；需求又有高低層次之分。他把人類的需求分為五個層次，從最低層次的需求開始做起，當較低層次的需求達到目的得到滿足時，接著就產生較高一層的需求。不過麥斯洛並不認為某一層次的需求必須完全滿足後，人類才有機會去應付高一層次的需求。他認為一系列的需求必須是一致的、著實的予以滿足，亦即一個人可以有周期性的周期情況，仍能應付較高層次的需求，也就是一個人的生活不能老被饑渴所操縱；因此，將欲有為的人，可以在飢寒交迫中奮發向上，實現目標，完成理想，邁向成功的高峰。這就是麥斯洛的人類「需求層次論」（hierarchy of needs theory）、又因為動機層次的升高是以需求的滿足為基礎，所以也可以稱為「需求滿足論」（theory of need gratification）。[9]

9 本段敘述請參見：（1）張春興，《心理學》下冊（台北：台灣東華書局，民國 76 年 9 月修訂二十一版）頁 4。2-432。（2）黃堅厚，《人格心理學》（台北：心理出版社，1999 年 9 月初版一刷）頁 179-185。

麥斯洛的需求層次論關係圖

人類需求的層次關係
（採自 Maslow, 1970）

現在依據張春興《心理學》下冊的說明來徵驗劉勰著述《文心雕龍》的動機。

（二）生理需求

人類需求中最基本者是生理需求，如飢餓要吃飯，口渴要喝水，兩性生活要和樂美滿等。此種需求，其普遍性大，變化較少，是所有其他需求的基礎。滿足了這種生理需求後，安全需求隨之而生。

劉勰一生坎坷，生平際遇，都蒙上了一層層淡淡的悲劇色彩。[10]《梁書・劉勰傳》說：

> 勰早孤，篤志好學，家貧不婚娶。依沙門僧祐，與之居處十餘年。

這好像是說：劉勰孩提之時父親就去世了，母親撫育他，生活貧困；只好投靠僧祐，因此，當然也沒有能力婚娶了。但是楊明照先生研究《文心雕龍》卻有不同的創獲。他認爲：

1. 劉勰不婚娶，係受佛學的影響。他說：

> 早孤的劉勰，並不因為無人管教和家道中落而放鬆學習；卻自覺地篤志好學。所讀的書，大概不外儒家典籍。他的儒家思想，也從此紮下了根。但在佛學甚囂塵上的當時，劉勰卻曾受其影響而不婚娶。這是一時的風尚，不只劉勰一人為然。

2. 劉勰依定林寺釋僧祐，非家貧。他說：

> （當時）儒佛合爐共冶的傾向已日益普遍。知識分子除了照例肄習儒家經典外，為了適應潮流，以利於向上爬，都愛到寺廟去跟和尚打交道。……寺廟廣開，投身接足者頗不乏人。……劉勰為了獲得一個比家裡條件更好的學習環境，專心致志地攻讀若干年，……上定林寺正是他夢寐以求的地方，同時也是他希圖走入仕途的終南捷徑。[11]

由此可知，劉勰的生理需求雖然不是很幸福美滿，但是至少維持生命活下去是沒有問題的。

---

10 同註 2，頁 16。

11 此兩點創獲請參見：王師更生，《歲久彌光的「龍學」家 — 楊明照先生在「文心雕龍學」上的貢獻》（台北：文史哲出版社，民國 89 年 11 月初版）頁 64-65。

（三）安全需求

安全需求是指個人需要免於威脅、免於孤獨、免於受人侵害，希求生活、生命有保障，才有安全感。滿足了安全需求之後，愛與隸屬的需求同時產生。

劉勰在艱難困苦中生活，爲了免於受威脅，免於孤獨，免於受人侵害，希求生活、生命有保障，有安全感，有希望，所以他就適應潮流，上定林寺依靠釋僧祐。「定林寺位於南京紫金山，自宋迄梁，寺廟廣開，高僧如雲。處士名流皆策踵山門，展敬禪室。舍人寄居此寺長達十餘年之久，而又博通經論。……」[12]

在這種情況之下，他的安全需求當然也得到滿足了，於是愛與隸屬的需求也同時產生。

（四）愛與隸屬需求

愛與隸屬需求是社會性的動機，包括親子家屬之愛、異性之愛，擴大到鄰居親友的關懷，團體分子的接受與讚許等，只有此一需求獲得滿足，個人才有愛人與被愛，和隸屬團體的感受。以上三層次的需求獲得滿足之後，個人的尊嚴與價值因而產生，此即所謂尊重的需求。

劉勰早孤，「於父母雙亡之後，以『齒在踰立』之年，寄身上定林寺；佐釋僧祐整理經藏之餘，連續用了五六年時光，完成這部歷久彌新的《文心雕龍》。[13]由此推想，劉勰雖然失去了親子之愛，也沒有異性之愛、同胞手足之愛，但他得到定林寺師友的關愛，及寺僧團體的接受與讚許，滿足了愛與隸屬的需求。」

---

12 同前註，頁 65。
13 同註 1，頁 53。

（五）尊重需求

尊重的需求包括「人尊」與「自尊」兩方面，前者指別人對自己（我）的尊重，如注意、接受、承認、讚許、支持、擁護（我）等等；後者指自己尊重自己，如自信、自強、領導、指揮、力求完美成功等。只有此一需求獲得滿足，個人才會體驗到生活的價值，覺得自己和別人一樣重要，甚至於比別人更重要。就因為會覺得自己比別人重要，所以產生了自我實現的需求。

人們需要獲得別人的重視，以取得名譽、地位，才能被他人所接納；同時也需要能夠自愛自尊，才能覺得自己能幹而充滿信心，熱心去參與公益的社會活動，而不會感到自卑。《梁書・劉勰傳》說：「有敕與慧震沙門於定林寺撰經。」而他寄居此寺長達十餘年之久，又博通經論，當然也就滿足了他的尊重需求。

以上這四種層次的需求都得到滿足之後，也就是管子所說的「衣食足而知榮辱」了。人類能「知榮辱」，再往上去追求的目標：便是立德、立功、立言「三不朽」。劉勰審視外在的形勢，檢討自己的能力，他選擇了「樹德建言」，做為他自我實現的需求目標。

（六）自我實現需求

人類動機發展的最高層次就是自我實現的需求，也就是人類具有一種自我導向的潛力；這種潛力隨著個人的成長、發展，並與環境交互影響而表現出來。對個人而言，由了解自己而接受自己，進而發揮自己的才能；對人對事，都能盡全力、負責任。自我實現需求的滿足，是人生追求的最高境界。

本節在說明「需求層次論」前，曾強調「麥斯洛並不認為某一層次的需求必須完全滿足之後，人類才有機會去應付高一層次的需求。」因此，將欲有爲的有志之士，仍然可以在飢寒交迫中奮發向上，完成目標，實現理想，邁向成功的高峰。所以劉勰著述《文心雕龍》的動機，根據他的生平行事，不宜硬生生的把它套在需求的五種層次，說是他滿足了前面四種需求之後才著述《文心雕龍》。

劉勰爲了滿足自我實現的需求。也就是他著述《文心雕龍》的動機，筆者在「上一節」中引用王師更生的說法，歸納爲「內在自我期許」和「外在環境的誘因」兩方面。在內在自我期許方面，他提出「君子處世，樹德建言」，作爲努力奮鬥的目標。

在環境誘因方面，他對當時的文學環境有兩個不滿：

1. 對齊梁時代的文學創作品質不滿。

他在〈序志〉篇中說：

> 辭人愛奇，言貴浮詭，飾羽尚畫，文繡鞶帨，離本彌甚，將遂訛濫。

在此他提出不滿的具體論証，也說出自己對文學創作的憂心。於是在責無旁貸的情況下，爲了挽既倒的狂瀾，便搦筆和墨，創作《文心雕龍》，討論有關文學方面的各種問題。

2. 對近代文論的不滿。

他在〈序志〉篇中列出當時的文論缺點有：

> 魏文述《典》，陳思序〈書〉，應瑒〈文論〉，陸機〈文賦〉，仲治《流別》，宏範〈翰林〉。各照隅隙，鮮觀衢路，……汎議文意，往往間出，並未能振葉以尋根，觀瀾而索源。不述先哲之誥，無益後生之慮。

這六種各有代表性的專門著作，都只注意到文學理論的一部分，缺乏全面周詳的考察。而一般學者，也都廣汎的談論爲文的要旨，而不能尋根溯源，不闡揚古聖先哲的典誥，對後生晚輩的臨篇綴慮，是毫無意義的。

結　語

麥斯洛（1908～1970）是人本心理學的領導人之一，他稱人本心理學是繼心理分析學派和行為學派之後美國心理學的第三勢力（third force in psychology）。其他兩大勢力是指行為論與心理分析論而言。

在人類需求的層次中麥斯洛認為前四項：生理、安全、隸屬和愛，以及尊重的需求，是構成「匱乏的動機」（deficiency motivation）的因素，因為他們是由個體缺乏某種事務所引起的，而當時個體的目標必須由外面獲得他所需要的事物。而最高的層次需求 —— 自我充分發展，則是構成「成長的動機」（growth motivation），因為他們是承擔著個人成長的任務。麥斯洛認為自我充分發展就是永無休止的成長歷程，也就是要「止於至善」的意思。[14]

劉勰在成長的過程中，鑑於人生無常，在他的人格成熟之後，他的動機發展到最高的層次，也就是自我實現的需求，於是鎖定在「樹德建言」，期望能揚名後世，永垂不朽。他選擇了文學理論，做為他「敷讚聖旨」的法門，在外在環境的刺激下，便揭櫫「原道」、「徵聖」、「宗經」的旗幟，上繼聖人不弊之論，下擷近代文學的菁華而加以恢廓，為復興民族文學的使命，作鍥而不捨地努力，終於綻放出他的文論奇葩 ——《文心雕龍》。[15]而今蔚然成風，在理論與應用心理學兩方面，都發生了很大的影響。

14 同註 9、2，頁 181-184。
15 同前註，頁 58。

從《文心雕龍・序志》篇文

── 看劉勰的智慧

王 更 生

摘 要

《文心雕龍》之所以被學術界推尊爲「藝苑之秘寶」，「體大而慮周，籠罩群言」者，其根本原因，還在於作者劉勰本人，具有過人的智慧，其過人的智慧爲何？今特以《文心雕龍・序志》篇文爲例，剖情析采，探原竟委，條列個人揣摩一得，以就教於同道先進。

關鍵詞：劉勰 文心雕龍 序志 智慧

一、前 言

《文心雕龍》全書十卷五十篇，可以說都是劉勰智慧的結晶。換言之，如果沒有劉勰過人的智慧，中國在南朝齊梁之際，根本不可能出現此一震古鑠今的學術名著，劉勰自己曾說：

長懷序志，以馭群篇。[1]

所以〈序志〉雖然是《文心雕龍》的最後一篇，但卻是全書中最重要的一篇。學者欲知《文心雕龍》的內容，〈序志〉篇不

1 引文見《文心雕龍・序志》篇。

可不讀，更不可不先讀。

〈序志〉篇既是駕馭全書，先讀爲得的篇目，則劉勰透過他天賦的才情，和生花的妙筆，將個人著述的動機、過程，破他立己的看法，以及「龍學」的體系，折衷一是的運材態度，都作了清楚的交代，所以當他書成之後，自以爲在「按轡文雅之場，環絡藻繪之府，亦幾乎備矣」[2]的同時，其字裡行間，處處洋溢著智慧的火花，令人歎爲觀止！

今不揣簡陋，以「從《文心雕龍・序志》篇文，看劉勰的智慧」爲題，將個人研讀時，從各個不同層面，深理密察後的所得，分項列敘，自知卑之無高，特就教於同道先進。

二、從「為文用心」之說，看劉勰「文學創作」的智慧

書既以「文心雕龍」爲名，則「文心」與「雕龍」各指何事？頗有推敲的必要，我以爲「文心」蓋指文章的內容，「雕龍」則指文章的形式，內容包括思想感情，形式涵蓋文辭藻采，劉勰說：

> 文心者，言為文之用心也……古來文章，以雕縟成體。[3]

「雕縟成體」的文辭藻采，在此姑且置而不論，單從「文心者，言爲文之用心也」來說。劉勰以開門見山的筆法，指出所謂「文心」的意思，在言人之「爲文」，如何「運用心思」！如從實際創作上來看，人之爲文，其目的不外「明理」、「抒情」、「言事」三者而已。但如何明理？如何抒情？如何言事？或如何明理兼抒情？或抒情兼言事？或言事兼及抒情與說理？其間表情達意的創作方法，可謂經緯萬端，言人人殊。而劉勰於此卻不同

2 引文出處同注 1。
3 引文出處同注 1。

眾流，劈頭就視「用心」爲「爲文」的第一要義。試想，如果他不是別具隻眼，斷斷不可能有此見地！

《文心雕龍》全書三萬七千多字中，以「心」遣詞的文句，約一百零八處之多。通觀這一百零八處的文句，其關係「爲文用心」的內容相當豐富，今揀其中二端加以說明：

首先，劉勰之所以言「爲文」必須「用心」，因爲他視「心」爲文章的本源，他說：

> 性靈所鍾，是謂三才。為五行之秀氣，實天地之心生；心生而言立，言立而文明，自然之道也。[4]

是說人是真情實性凝聚而成的萬物之靈，與「天」、「地」並稱「三才」，他是本乎五行中靈秀的氣質，和天地之心而生的。人既有了「心」，爲了表達飢食渴飲的需要，不得不有語言，有了高、低、抗、墜、喜、怒、哀、樂的語言，便產生了文采章明的文章，這是無需例證，自然可明的道理。

他站在人類文化學的高度，來推論人類世界之所以有文章，其起源蓋來自人類的本身，人先有了「心」，有「心」而後有思想，有「思想」而後有「欲望」，有「欲望」而後才有表達「欲望」的「語言」；「語言」即所謂口頭的文章。由此觀之，「心」不但是文章的母體，更是文章的本源。換言之，人如果生而沒有「心」，或有了「心」置而不用，則人類世界即永無文章可言，所以劉勰論文，視「用心」爲「爲文」的第一要義者，就因爲他掌握了創作的大本大源，這種振葉尋根的識見，不正是他智慧的表現嗎？

其次，劉勰之所以言「爲文」必須「用心」者，因爲他視「心」

---

4 引文見《文心雕龍・原道》篇。

爲創作的靈魂。他說：

> **形在江海之上，心存魏闕之下，神思之謂也。**[5]

劉勰論創作，有很多配套措施。〈神思〉便是其中的要項。〈神思〉見《文心雕龍》卷六首篇。這是專門分析創作進行時，精神活動的重要文獻。「神」，精神；「思」，想像。言爲文運思時，精神活動的現象。但想像若神，呼之即來，揮之即去，若影隨形，如響斯應，千古才士未有能捨此而成佳作者。此在西方稱之爲「靈感」，以爲感而有靈；劉勰名之曰「神思」，以爲思如神助，中西命名容或不同，但究其所指，理無二致。

形在江海，心存魏闕，他引《莊子・讓王》篇的話，爲抽象的神思，下一具體的定義[6]，接著，他再從時間、空間、聲調、色彩四方面，印證身在此，而心在彼，爲文運思時精神活動的情況，說：

> **寂然凝慮，思接千載；悄焉動容，視通萬里；吟詠之間，吐納珠玉之聲；眉睫之前，卷舒風雲之色，其思理之致乎！**[7]

是說當作者之從事創作也：於寂靜無聲，聚精會神的思考時，可以聯想到千載以上的古人；悄焉不語，揚眉瞬目時，可以看到萬里以外的景物；恬詠密吟之際，耳邊可以傳達珠圓玉潤的聲調；瀏覽觀賞之下，眼前可以呈現風雲變幻的色彩，所以「神思」不是抽象的概念，而是有條理可循的精神活動。

我們把「神思」稱之爲「靈感」也好，「想像」也好，「聯

---

5 引文見《文心雕龍・神思》篇。

6 此處引文見《文心雕龍・神思》篇，劉勰轉引《莊子・雜篇・讓王》：「中山公子牟謂瞻子曰：身在江海之上，心居乎魏闕之下，奈何？」以示人心無遠弗屆，不受時間、空間限制的情形，與《莊子》原文本義無關。

7 引文見《文心雕龍・神思》篇。

想」也好，甚而「思維」也好，實際上，「文」既是以「心」爲主，則「心」就是創作的靈魂。無文心即無文學，因爲多愁善感者，此心也；模物寫象者，此心也；繼往聖之遺業者，此心也；導未來之先路者，亦此心也。心明則思聰，心闇則思昏。所以古今中外，凡談爲文運思之理，想像之用時，未有可捨此「心」而別求津逮者。

綜觀前人之論創作方法時，或倡文章義法，或談起承轉合，或言伏應斷續，或主抑揚頓挫，或講敘事十法，或論謀篇布局，或講鳳頭、豬肚、豹尾，或以爲應小中見大，或主張要無中生有，更有的強調論有三不必等等[8]，類似這些各是其是的寫作軌範，無

---

8 此處引前人論創作方法中，有：

「倡文章義法」：見清《方望溪先生文集》及其〈書貨殖傳後〉。他以爲：「義，即《易》之『言有物』也。法，即《易》之『言有序』也。」「義以爲經，而法緯之，然後爲成體之文。」

「起承轉合」：屬章法語。古代詩文評論家和作家，視此爲作文寫詩的不二法門。「起」，指文章的開端，「承」，由「起」而來，對開頭的補充、接續，發揮。「轉」，由前文而來，使其平中生奇，峰迴路轉，可增加文章的波瀾，並帶出下文，「合」，即指總和，或結束之筆。詳見元范椁的《詩法》。

「伏應斷續」：說見清代林紓《春覺齋論文》引魏叔子（即魏禧）論文法之語。言「伏」得要巧，「應」不必立即呼應，可製造懸念，引人入勝。「斷」在巧處，「續」也不必即續，可使文意頓挫，耐人尋味，此爲論作文的要法。

「抑揚頓挫」：此筆法語，見清代劉熙載《藝概·文概》和林紓《春覺齋論文》言爲文如有抑揚頓挫，必能感人。

「敘事十法」：屬章法語，見清人李紱的《秋山論文》。他把敘事筆法歸爲十法：即順敘、倒敘、分敘、類敘、進敘、暗敘、補敘、借敘、特敘、夾敘夾議等十種筆法。

「謀篇布局」：作文術語，指對文章篇章結構的考慮和安排。言謀篇布局，應從全篇著眼，統籌安排結構，合理組織材料，使之更好地爲表現主題服務。

「鳳頭、豬肚、豹尾」：這是論寫作的比喻，文見元代陶宗儀《南村輟耕錄》引喬吉語。指寫詩作文之法，起頭要奇句奪目，引人入勝，如鳳頭之俊美；主題要言之有物，氣勢充沛，如豬肚之豐滿；結尾要轉出別意，宕開警策，如豹尾之雄勁瀟灑。

一不持之有故，言之成理；但卻沒有一位像劉勰論文般的，視「心」為文章的本源，創作的靈魂。

人在進行創作時，如果「心不在焉」，就「視而不見，聽而不聞，食而不知其味[9]」。根本沒有從事寫作的可能，所以劉勰於《文心雕龍・序志》篇開宗明義就說：「文心者，言為文之用心也。」正可以看出劉勰那種言人之所欲言而未能言的智慧。

三、從「君子處世，樹德建言」之說，看劉勰「了生脫死」的智慧

人生於世，大多好生惡死，所以「生死」一關，最難勘破。孔子是了卻「生死」的聖哲，但是當他被季路問到「生死」問題時，卻說「未知生，焉知死」[10]，以為活著的事，千頭萬緒，就不及處理了，又何必去操那死後的心呢！其實他不是不想談，只是對季路這位「好勇過我」[11]的學生，不方便談。後來的莊周，是一位「死生命定」，「存亡一體」的倡導者，以為人之生，是適逢其時；人之死，也是自然的安排，不容有私人感情的衝動。這種超然萬有，物我為一的解脫，他在〈養生主〉、〈大宗師〉裡，有透闢地說明。[12]

「小中見大」：為筆法慣用語，指作者要小處著手，大處著眼，即洞眼雖小，亦可觀天，參見李扶九《古文筆法百篇》評〈岳陽樓記〉語。

「無中生有」：指作者用寓言手法虛構故事，為表達自己的觀點服務的一種作法，見李扶九《古文筆法百篇》評〈桃花源記〉語。

「論有三不必」：說見清代魏禧《日錄論文》。這是自述寫作經驗語。言作論文有三不必作，即前人已言者不必作，眾人易知者不必作，摭拾小事，無關緊要者不必作。

9 引文見《大學・右傳之七章，釋正心修身》。

10 引文見《論語・先進》「季路問事鬼神」。

11 引文見《論語・公冶長》篇。

12 《莊子・內篇・養生主》：「適來，夫子時也，適去，夫子順也，安時而處

劉勰的成長過程，不可和他們同日而語。他幼年喪父，長依定林上寺，與沙門僧祐居處十餘年[13]，學貫中印，文章名家，對生死幽明之事，早有體悟；例如在他撰寫《文心雕龍》時，於字裡行間，早就預存「生年不滿百，常懷千歲憂」[14]的情懷，借他人的酒杯，澆自己的塊壘，〈徵聖〉篇「贊曰」是這樣說的：

> 鑑懸日月，辭富山海；百齡影徂，千載心在。

言人生有限，百歲光陰，如影隨形，忽焉而逝，惟有把心志寄託於文章之中，始可千載流傳，永垂不朽。這是藉禮讚孔子而隱含己意的話。〈諸子〉篇也有同樣的情形，他說：

> 嗟夫！身與時舛，志共道申；標心萬古之上，送懷千載之下。金石靡矣！聲其銷乎？

意思是指秦漢諸子的命運，由於遭逢亂離，大多坎坷不遇，可是他們的抱負，卻隨著思想的傳播，得以申張。他們標心於萬古以上的聖哲，送懷於千載以下的後人，希望能垂道見志，如日月之高懸，黃金美玉或可經久而磨損，但諸子的美名令譽，會煙消雲散嗎？〈程器〉篇的文字，更說得貼切而情動：

> 摛文必在緯軍國，負重必在任棟梁；窮則獨善以垂文，達則奉時以騁績，若此文人，應梓材之士矣！

意思是說作文章，一定要是經綸軍國的傑作，負重致遠，一定要能擔負棟梁的大任。失意時，修身治學，垂文華於後世；得意時，奉力匡時，馳騁功名於當代。如此文人，才真正稱得上文行兼備的才學之士了。

順，哀樂不能入也。」又〈大宗師〉：「死生，命也。其有（猶）夜旦之常，天也，人之有所不得與，皆物之情也。」

13 此處所言多依《梁書·劉勰傳》改寫而成。

14 引詩出自〈古詩十九首〉。

至於魏文帝曹丕於《典論・論文》中高唱的「文章經國之大業，不朽之盛事；年壽有時而盡，榮樂止乎其身，二者必至之常期，未若文章之無窮。」其「文章至上論」，對劉勰「了生脫死」，追求不朽思想的形成，起到一定的影響作用。尤其他身丁六朝齊梁之間，面對「世積亂離，風衰俗怨」[15]的社會現實，一旦驚覺到歲月消磨，年光易老；其憂生嗟死之念便油然而興。所以他在〈序志〉篇，就明白反映了這種情緒：

宇宙綿邈，黎獻紛雜，拔萃出類，智術而已。歲月飄忽，性靈不居，騰聲飛實，制作而已。

他先從空間看，以爲當天地開闢以來，在綿邈無垠的空間裡，賢能之士層出不窮，他們所以出類拔萃，超出眾人之上的原因，無非是具有過人的智術而已！然而無情的歲月，如飄風般忽然而去，於是他又改從時間的觀點，認爲生命不停的新陳代謝，想要騰聲飛實，揚名於後代，只有創作一途而已！

他顯然是把自己的人生歷程，放在時空交叉的大千世界裡，進行評量，以爲往古來今的聖賢豪俊，所以能聲名洋溢，完全是憑藉著自己的智術和創作。正所謂「不假良史之辭，不託飛馳之勢，而聲名自傳於後」[16]但人是血肉之軀，有沒有從事創作的可能性呢？爲了堅定信念，他又進一步分析說：

夫人肖貌天地，稟性五才；擬耳目於日月，方聲氣乎風雷，其超出萬物，亦已靈矣。[17]

指人的相貌，猶如具體而微的天地，稟承天賦的五常之性，耳聰目明，可擬之日月；聲音氣息，可比於風雷。人雖然是動物，

---

15 引文出自《文心雕龍・時序》篇。
16 引文出自魏文帝曹丕《典論・論文》末段文字。
17 引文出自《文心雕龍・序志》篇。

但他卻是萬物的靈長，既是萬物的靈長，當然就有涵融智術，從事創作的可能，然而人之所以爲人，不可否認的有他與生俱來的弱點，那就是：

形甚草木之脆，名踰金石之堅。[18]

既然如此，何不趁此年華方茂之際，用自己脆弱之軀，換取比金石還要堅固的名聲呢！所以他爲自己下了最後的結論：

是以君子處世，樹德建言，豈好辯哉？不得已也。[19]

言好學君子，居處社會，唯有樹立高尚的功德，寫出美好的文章，才可揚名當代，傳奕來葉，此中道理，斑斑可考，無須爭辯！想當時劉勰年當而立，身寄定林，就想到盛衰有時，立身趁早，應安時處順，爲「立言」做出貢獻，這可以說是劉勰對自己的人生價值觀，提出的重要指標。他所以著述《文心雕龍》者在此，《文心》成而所以負書干約者亦在此。[20]

至於在三不朽的追求中，劉勰捨「立德」、「立功」而選擇「立言」的原因，此又不可不加以說明：蓋「立德」必須「德立上代，澤被無窮」，而「立功」亦應，拯厄解難，功濟時艱」[21]，兩者均需要相當條件的配合，甚而非一人一時即可完成。唯有「立言」的條件有限，只要作者本人有俱足的智術，加上鍥而不捨地努力，則一分精神，一分事業，既不必仰事，也無需俯求，真積力久之後，自能成「立言」不朽之功。

晚年，劉勰奉敕與沙門慧震，校經於定林寺，證功畢，啓請出家[22]，從此脫離宦海浮沉的生活，以法號慧地爲名，與青燈古

18 引文出處同注 17。
19 引文出處同注 17。
20 劉勰負書干約事，參見《梁書·劉勰傳》。
21 此處言三不朽事，可參考唐孔穎達《春秋左傳注疏·襄公二十四年文》。
22 此處敘事，見《梁書·劉勰傳》。

佛爲伴，走入十方叢林，和眾生結緣。同時我們如改從宗教家的立場，和「弘法」、「普渡」的角度來看，這又何嘗不是爲往日「立言」所及者，做出的萬世弘功呢！

劉勰早年篤志好學，於父歿母卒後，家貧，不婚娶，走依定林寺釋僧祐，與之居處積十餘年；遂博通經論。他以爲「生也有涯，無涯惟知，逐物實難，憑性良易。」於是決定「傲岸泉石，咀嚼文義。」爲自己有限的人生，立下「文果載心，余心有寄」的宏願。[23]這對一位寄身桑門，身爲俗家弟子，而又體悟到命如朝露的人而言，其以貧賤不移的操持，嫉名德之不彰，垂空言以濟時艱的其心、其情、其思、其念，不正是勘破世俗「了生脫死」的智慧嗎！

四、從「就有深解，未足立家」之說，看劉勰「讚聖注經」的智慧

劉勰之著《文心雕龍》，最引讀者爭議的，莫過於他本來決定「讚聖注經」的，最後，竟然「搦筆和墨，乃始論文」一事。如果時空倒置，把這件事放到現在，恐怕也會對此劃上一個問號。正因爲如此，我們剛好可以透過劉勰在此一思想轉折點上的思維脈絡，來看他過人的智慧。

劉勰之從事著述，根據他的生平行事推斷，早先根本無意於《文心雕龍》的寫作。這可以從他自述的兩個夢，了解當時他的心境。他第一個夢，發生在七歲稚齡之年。他說：

> 予生七齡，乃夢彩雲若錦，則攀而採之。

當時他夢見錦繡般的五彩祥雲，便攀援而上，把它採了下來。

23 引文出自《文心雕龍．序志．贊曰》。

同樣的故事，也見於鍾嶸《詩品・中卷・齊光祿江淹》，和唐李延壽《南史・江淹傳》，是說齊光祿大夫江淹，年輕時，家貧，好學不倦，後以詩文名家。有一次，淹罷宣城郡，夜宿冶亭，夢一美丈夫，自稱郭璞，對他說：「我有筆在卿處多年，可以見還。」淹探懷中，得五色筆以授之。從此，詩文內容，空泛平淡，不復當年才氣。故有「江郎才盡」之說。江淹授予郭璞的只是一支「五色筆」，而劉勰夢中所見，則爲「若錦」之「彩雲」，我們在此固無需追究這個故事的真僞，單憑它所影射的事實，就可以知道劉勰確具有天賦的才華。所以《文心雕龍》是一部天才型的著作。其成書既廣蒐以往三千年不弊的文學理論，融一爐而冶之，被後人推尊爲「藝苑的祕寶」[24]，不謂無因。

其次，是他三十歲以後，做了第二個夢，內容經過是：

> 齒在踰立，則嘗夜夢執丹漆之禮器，隨仲尼而南行。旦而寤，迺怡然而喜，大哉！聖人之難見也，乃小子之垂夢歟？自生民以來，未有如夫子者也。

當時劉勰身在定林，助僧祐整理經藏，日與佛典爲伍，奇怪的是，在佛祖釋迦牟尼佛座前，竟夢見「手執丹漆之禮器，隨仲尼而南行。」文中並三次尊稱孔子的聖名：曰「仲尼」、曰「聖人」、曰「夫子」。細玩這一小節三十五個字所含藏的夢境，至少顯示了劉勰兩種心理：一是劉勰雖然和僧祐居處長達十餘年，對佛理也有相當研究；但對中國傳統思想所繫的《六經》，始終爲自己的信仰中心而堅定不移，其次，在心誠則靈的感應下，被孔子收爲及門弟子，並不惜關山難越之苦，自北徂南，親臨施教。所以劉勰在親炙先聖後，發下宏願，要竭盡所能，在世衰道微，

---

24 這個贊語，見清黃叔琳《文心雕龍輯注》的〈序〉。

邪說暴行又作之時，發揚徵聖、宗經的思想；挽救不正的文風，作振衰起弊的奉獻，所以他寫《文心雕龍》，不僅有宗教家的心境，且富有傳奇色彩！

由此觀之，把劉勰的前後兩個夢，和《文心雕龍》五十篇的內容加以結合，再由其字裡行間進行探析，就可以看到《文心雕龍》，絕不是當今學術界單純指稱的「文學理論」著作，而是在「文學理論」的掩護下，揮灑著他「懼斯文之日靡，擄孤懷而著書[25]」的使命感和憂患意識！

劉勰在孔子的感召下，興起了他尊師衛道的信念，以爲眼前的急務，最直截了當的做法，就是「注經」。可是當他追懷自《六經》行世以來，東漢的馬融、鄭玄早已遍注群經[26]，自己再怎麼琢磨，也很難跨越他們的藩籬，獨立成家，這樣「注經」既不可能，則另謀何種方式，來達成「讚聖注經」的目的呢？這給劉勰帶來極大困擾。於是他首先把視角轉移到學術發展的高度進行評量，發現「經典」和「文章」 之間，有江海原委的關係；並肯定「文章實經典枝條」[27]，且列舉四個例子加以論證。即：

> 五禮資之以成文，六典因之以致用，君臣所以炳煥，軍國所以昭明。詳其本源，莫非經典。

25 引文出自民國初年劉永濟《文心雕龍校釋》。

26 馬融、鄭玄遍注群經事，見范曄《後漢書》馬融、鄭玄的傳。〈馬融傳〉載：「馬融，扶風茂陵人，才高博洽，爲世通儒。注有《孝經》、《論語》、《詩》、《書》、《易》、《三禮》、《尙書》、《列女傳》、《老子》、《淮南子》、《離騷》，又著《三傳異同說》。鄭玄，北海高密人，馬融弟子，注有《周易》、《尙書》、《毛詩》、《儀禮》、《禮記》、《論語》、《孝經》、《尙書大傳》、《中候》、《乾象歷》，又著《天文七政論》、《魯禮禘祫義》、《六義論》、《毛詩語》、《駁許慎五經異義》、《答臨孝周禮難》，凡百餘萬言。」

27 引文出自《文心雕龍．序志》篇。

他根據《周禮》和歷代史實，指證吉、凶、軍、賓、嘉五禮，藉著文章構成文采；治、教、禮、政、刑、事六典，靠著文章發揮功能；君臣之間的關係，有了文章才能相得益彰；軍國大事，更因爲文章的居間傳遞，才充分溝通彼此的意見。但追本索源，這些文章的由來，莫不淵源於經典。經過此番嚴格的思辨工夫，他最後得出「詳其本源，莫非經典」[28]的結果。

其次，他再根據經由思辨過程所獲致的結果，對當代文風作深度檢討，發現：

> 去聖久遠，文體解散，辭人愛奇，言貴浮詭；飾羽尚畫，文繡鞶帨，離本彌甚，將遂訛濫。[29]

在這裡他分從文體、語言、文風三個層面進行剖析。在文體方面，以爲魏晉六朝「去聖久遠」，文章的整體法式已瓦解雲散，遭到嚴重破壞。在語言方面，因爲作者的標新立異，行文措辭空洞怪誕。文風方面，就像在美麗的羽毛上加上人工刻畫，腰帶佩巾上再繡文采，作品受到刻意雕琢後，完全失去了它自然性和實用性，長此以往，如不設法疏導，離開文章的本色越來越遠，不僅文風日趨卑靡，作品必將更加蒼白訛濫。

最後，劉勰再引「《周書》論辭，貴乎體要」[30]、「尼父陳訓，惡乎異端」[31]的論點，證明古聖先哲，莫不強調爲文之法，端賴作者如何掌握寫作的要領。於是在「去聖久遠」的六朝，爲了挽救當時凋弊的文風，他抱著責無旁貸的精神，決定「搦筆和墨」，造作《文心雕龍》，討論文學上的諸般問題。

---

28 引文出處同注 27。

29 引文出處同注 27。

30 引文出處同注 27，不過此處的《周書》，指《尚書·周書》，文見〈畢命篇〉。

31 引文出處同注 27，此處孔子語，見《論語·爲政》篇。

試想在那個「前無古人，後無來者」[32]，而又面臨此一繼往聖絕學，開後世新運的關鍵時刻，經過慎思明辨，深入考察的工夫之後，終於在不違背「讚聖注經」原則下，決定改弦更張，從「論文」入手，企圖藉此達成名山事業，獨立成家的心願。這中間他經由失望而轉折、而思辨、而論證，其中那一個步驟，不是暗蘊著劉勰由心血凝聚而成的智慧之光呢！

五、從「詳觀近代論文」，看劉勰「破他立己」的智慧

劉勰造作《文心雕龍》，其第二個重大疑難點，是於近代著作中有無相同或相近的「論文」作品。如果有，其內容究竟如何？便不能不繼考察魏晉六朝文學發展概況之後，對近代「論文」作詳盡研究，以免別人已有論著在先，自己卻勞而無功！

在魏晉南北朝三百八十多年的史乘中，文學既是百花齊放，而文學理論方面的著作，當然亦如雨後春筍，多不勝計，俱有代表性並經劉勰在《文心雕龍·序志》篇提出評論的計有：

> 魏文述《典》，陳思序〈書〉，應瑒〈文論〉，陸機〈文賦〉，仲治《流別》，宏範〈翰林〉。

這六種「文論」作品，只有魏文帝曹丕的《典論·論文》，陳思王曹植的〈與楊德祖書〉，陸機的〈文賦〉尚保留無缺，其他或殘或佚，或爲類書節引，目前均難見全豹。劉勰當時對這些作品的批判是：

> 詳觀近代論文者多矣：至如魏文述《典》，陳思序〈書〉，應瑒〈文論〉，陸機〈文賦〉，仲治《流別》，宏範〈翰

32 引文出自唐代陳子昂〈登幽州臺歌〉。

林〉。各照隅隙，鮮觀衢路；或臧否當時之才，或詮品前修之文，或汎舉雅俗之旨，或撮題篇章之意。魏《典》密而不周，陳〈書〉辯而無當，應〈論〉華而疏略，陸〈賦〉巧而碎亂，《流別》精而少功，〈翰林〉淺而寡要。又君山、公幹之徒，吉甫、士龍之筆，汎議文意，往往間出，並未能振葉以尋根，觀瀾而索源；不述先哲之誥，無益後生之慮。

他採取先分論後總評的方式進行，在分論方面有三個破解點：第一破言以上各家只看到作品的細微末節，很少關照到文章的全面性。第二破是說各家論文，有的只褒貶當時的文人才士，有的只詮評前賢作品的優劣，有的只廣泛列敘雅俗共賞的意旨，有的僅摘述文章的作意。第三破是進一步作個別評論，以爲像魏文帝《典論·論文》，雖結體緊密，但內容尚欠周備；陳思王曹植〈與楊德祖書〉，雖措詞博辯，但持理不當；應瑒〈文質論〉，雖辭采華美，但失於粗疏簡略；陸機〈文賦〉，雖文字靈巧，但失於支離破碎；仲治的《文章流別論》，雖內容精富，但缺少功效；李充的〈翰林論〉，雖行文淺顯，但未能把握要領。他於分論各家之後，又以概括的方式加以補充，說此外像桓譚、劉楨、應貞、陸雲這一般學者，在他們的作品中，也間或講到爲文的要旨且有所雌黃，最後的總評，他用一個「並」字收束上文所引後說：他們所犯的通病是：不能緣枝葉以尋求本根，觀波瀾難以追索源頭，論文既不能闡揚古先聖哲的典誥，對後生晚輩們臨文思慮、從事寫作是毫無益處的。

劉勰之所以對近代「文論」之優劣、特點，作澈底破解的目的，就在掃除造作《文心雕龍》的障礙，期能採各家之長而棄其所短，達成振葉尋根，觀瀾索源，述先哲之誥，益後生之慮的目標。接著他就展開《文心雕龍》寫作，其內容規劃是：

> 蓋《文心》之作也，本乎道，師乎聖，體乎經，酌乎緯，變乎騷，文之樞紐，亦云極矣。若乃論文敘筆，則囿別區分，原始以表末，釋名以章義，選文以定篇，敷理以舉統，上篇以上，綱領明矣。至於剖情析采，則籠圈條貫，摛神性，圖風勢，苞會通，閱聲字。崇替於時序，褒貶於才略，怊悵於知音，耿介於程器。長懷序志，以馭全篇。下篇以下，毛目顯矣。位理定名，彰乎大衍之數，其為文用，四十九篇而已。

根據劉勰自述，《文心雕龍》全書五十篇的結構布局，至少有以下幾個重點：

1. 全書分上下篇，上篇二十五，下篇二十五。

2. 上篇二十五篇又分兩大類，一是文之樞紐，二是論文敘筆。文之樞紐即卷一的五篇，論文敘筆即由卷二到卷五的二十篇。這二十篇的敘寫程式是按照「原始以表末」、「釋名以章義」、「選文以定篇」、「敷理以舉統」的條例進行。

3. 下篇二十五篇，依內容性質分為三大類：一是剖情析采，二是崇替褒貶，三是長懷序志。剖情析采即由卷六到卷九〈總術〉的十九篇。崇替褒貶即由卷九的〈時序〉起，到卷十的〈程器〉止，共五篇。長懷序志即卷十最後一篇。

4. 全書五十篇的寫作次第，皆按照「位理定名」的方式進行，先安排內容再確定篇名。

5. 全書所以十卷五十篇，是根據《周易．繫辭上》：「大衍之數五十，其用四十有九」而來。〈序志〉為太極，居中不動，發揮駕馭全書的功能。

劉知幾於《史通．自序》說：「辭人屬文，其體非一，譬甘辛殊味，丹素異彩，後來祖述，識味圓通，家有詆訶，人相掎摭，故劉勰《文心》生焉。」其視劉勰之所以著《文心雕龍》，蓋起於對「近代文論」之不滿，其言雖然成理，但非探本之論。因爲劉勰之所以著《文心雕龍》，實由於「讚聖注經」之不得，而又思如何在此「就有深解，未足立家」的情形下，達成「樹德建言」的心願。於是以「破他」爲手段，「立己」爲目的，強調「述先哲之誥，益後生之慮」，方才「搦筆和墨」，從事「論文」。

觀其經過一破、二破、三破和總評，對近代文論的批判，自粗而精，由疏而密，步驟之踏實，論證之明確，千載以下，猶令人頷首讚佩。

至於他對《文心》全書十卷五十篇的鋪陳，將「文之樞紐」置於書首，寄寓深遠，不可視爲等閒。次「論文敘筆」，又次「剖情析采」，「崇替褒貶」，再以「序志」殿於全書之末，有倫有脊，次第有條不紊，整個的《文心雕龍》在〈序志〉篇的駕馭下，就像一個有機體而首尾圓合。若非劉勰智慧過人，才華天授，在當時篇章雜沓，質文交加的「近代論文」中，斷難脫穎而出，有此歷久彌光的鉅著。

六、從「剖肌分理，唯務折衷」之說，看劉勰「論文得中」的智慧

劉勰特別於〈序志〉篇末，把自己「論文」時，所持的態度詳加申述。可是創作多艱，衡文不易；尤其身當後漢以迄魏晉六朝，文集叢雜，良莠不齊的情況下；如何汰蕪存菁，斧藻群言；既整百家之不齊，又收揚搉之實效；並是非不謬而示人以規矩者，此與劉勰「剖肌分理，唯務折衷」的論文態度大有關係，劉勰說：

及其品評成文，有同乎舊談者，此雷同也，勢自不可異也；

有異乎前論者，非苟異也，理自不可同也；同之與異，不屑古今，擘肌分理，唯務折衷。

意思是說，在「品評成文」的時候，一方面是繼承前人的緒業，所謂「同乎舊談」，一方面要提出自己獨到的見解，所謂「異乎前論」，「同之與異」其間的標準爲何？他說：「同之與異，不屑古今，擘肌分理，唯務折衷」，「折衷」者，合理的主張也，即《中庸》所謂「不偏之謂中，不易之謂庸。」「考諸三王而不謬，建諸天地而不悖，質諸鬼神而無疑，百世以俟聖人而不惑。」大中至正，勿偏勿頗之論。這種合理客觀的態度，當然可以增加作品的可信度，而《文心雕龍》千載如新者，原因就在此乎！

司馬遷據《左氏》、《國語》，采《世本》、《戰國策》，述《楚漢春秋》，成《太史公書》一百三十篇，五十二萬多言，藏之名山，以俟君子[33]。班孟堅點綴司馬遷之文，而成《漢書》[34]，其間的同異去取，不嫌抄襲，蓋因是非爲天下的至理，不以「同」爲病，亦不以「異」而鳴高。故論文之事，貴在會心有得。在此筆者特舉劉勰之辯李陵、班姬五言詩之真僞，以見其論文得中的智慧，如云：

至成帝品錄，三百餘篇，朝章國采，亦云周備，而辭人遺翰，莫見五言。所以李陵、班婕妤見疑於後代也。按〈召南·行露〉，始肇半章，〈孺子滄浪〉亦有全曲；〈暇豫〉優歌，遠見春秋；〈邪徑〉童謠，近在成世，閱時取徵，則五言久矣！[35]

33 司馬遷著《太史公書》事，參見《史記·太史公自序》及班固《漢書·司馬遷傳》。

34 說見李師曰剛《文心雕龍斠詮·序志篇題述》末段轉引唐張大素《說林》。

35 引文出自《文心雕龍·明詩》篇。

李陵〈與蘇武詩〉、班婕妤〈怨歌行〉，顏延之《庭誥》說其「總雜不類，原是假託」，故劉勰從「時代」、「著作」兩方面進行考察：以為《詩經·召南·行露》已有五言詩的半章。《孟子·離婁》的〈孺子之歌〉全篇都屬五言形式。晉國優施唱的〈暇豫〉之歌，遠見於春秋時代，《漢書·五行志》記載的〈邪徑〉童謠，又近在成帝之世。如果我們拿這些詩歌產生的時代做證驗，就可以理解五言詩的發展，已為時相當久遠了，則李陵、班婕妤皆屬西漢人，衡時度勢，比才量力，他們當然有寫作五言詩的可能，但在此他卻絕口不作正面的肯定，僅說：「閱時取徵，則五言詩久矣。」只讓讀者自己去會心揣摩，其識高慮遠，折衷一是的態度，是何等客觀而有智慧！

同樣的情形，又見於〈正緯〉篇，正緯者，正緯書淆亂經典也。劉勰採「按經酌緯」，兩兩較論的原則，從思想、數量、作者，和產生的時代等四方面，證明緯書之為僞，和亂經的事實。最後，再運用類推法，列舉漢代學者如「桓譚疾其虛僞，尹敏戲其浮假，張衡發其僻謬，荀悅明其詭誕」，說「四賢博練，論之精矣。」作為陪襯，以堅定其持論的立場。則「緯書」亂經之事，到此已鐵案如山，無庸置疑。如果站到「為文宗經」的角度來看，緯書既已成亂經的罪魁禍首，自然不屑一顧，可是劉勰反而將其列於〈宗經〉篇後，為「文之樞紐」的一環，試想若不是他匠心獨運，別具慧眼，必不敢這樣大膽。

蓋「經正緯奇」，這不僅是「經」與「緯」的分水嶺，同時也是「緯書」和「文學關係」的糾葛所在。因為經典之文，雖是「洞性靈之奧區，極文章之骨髓」、「義既挺乎性情，辭亦匠於文理」[36]，但它的內容也只是「情深」、「風清」、「義貞」、「事信」、「體約」、「文麗」，至於「詭」、「雜」、「回」、「誕」、「蕪」、「淫」的浪漫色彩[37]，向爲經典所不取，而卻大量的保存在「讖」、「緯」之中，由於劉勰見真識切，膽大心細，勇於掙脫「經典」的束縛，正視「緯書」的新奇，於是採「緯書」神話式的浪漫色彩，以入文學的領域，所以他說：

> 若乃羲農軒皞之源，山瀆鍾律之要，白魚赤烏之符，黃銀紫玉之端；事豐奇偉，辭富膏腴，無益經典，而有助文章。是以古來辭人，捃摭英華。[38]

他所說的「事豐」、「奇偉」、「辭富」、「膏腴」指的就是文學內容的充實與擴大，語言表現能力的靈活與感性，像〈辨騷〉篇所指屈賦中的「詭異之辭」、「譎怪之談」、「狷狹之志」、「荒淫之意」等，又那一樣不是在傳統中有創新風格，在創新風格中有傳統的繼承。

他把辭賦既落實到「宗經」思想上，同時也肯定了「怪力亂神」爲文學創作的不可或缺，這不僅是中國文學的大開大闔，更是劉勰本人文學思想上的新思維、新突破。這種思之則雋永，讀之則不厭的「論文得中」的成就，如果不是他「擘肌分理，唯務折衷」的態度，何克臻此！又如果不是他智慧過人的客觀精神，又如何能夠突破傳統，推陳出新呢！

結　論

本文寫作既竟，回顧劉勰當日從事著述的心境，以及他寄身

---

36 此處以上兩次引文皆出自《文心雕龍．宗經》篇。
37 可參看《文心雕龍．宗經》篇末段，言「文能宗經，體有六義」的一段文字。
38 引文出自《文心雕龍．正緯》篇末段。

定林，而心繫學術的盛衰，文風的隆替，與夫中國傳統思想的繼往開來，以拯溺挽狂的決心，作螳臂之當，這種「人能弘道」的表現，千載以下思往察來，略攄三點感想：

（一）劉勰幼承家學及社會教育風氣之薰陶，既長，研讀佛經並助僧祐整理經藏，編製經籍若《出三藏記集》、《世界記》、《法苑集》、《釋迦譜》、《弘明集》等，貫通中印，文章名家。今「五四」新文化運動，迄今已近百年，百年以來，人皆以「自由」、「民主」、「科學」爲天下倡，捨傳統經典，諸子百家於不顧，雜引東西方的奇談異說來中土，以致文風日靡、志氣日弱、思想日浮、道德日敗，居今欲求一劉勰而不可得，更不必奢求類似《文心雕龍》之鉅著重現於人間了。此其感想者一。

（二）劉勰之著《文心雕龍》，當時正玄風大熾，清談正烈，而印度佛學與本土道教以及儒家思想衝突加劇，矛盾日顯，至於社會之混亂，戰爭之威懾，民心望治，而經濟之凋敝，可以說到了不堪忍受而又無可奈何之際。劉勰走入定林寺，融貫中印學術，默察學術文化之需求，上推古先聖哲之遺教，兼採佛經法式，捨短用長，綜理百家，整理不齊，以六年的漫長時光，成《文心雕龍》。今中西文化交流，自中英鴉片戰爭，清道光二十年（西元一八四二年）算起，迄今也長達一百六十多年了，從時間、空間、歷史以及中國學人的智慧與願景，早就應改弦更張，不僅以求自保，且應以繼往開來自任；而舉目四顧，茫茫天涯，不見來者，此其故爲何？此其感想者二。

（三）劉勰之著《文心雕龍》前，曾對「近代論文」作澈底檢討而加以破解，他在書中僅提到六種作品，十個家數，實際上當時從事「論文」的作者和作品，根據我的統計最少有五十種，甚而比這更多，但居今尚完整保留者，卻非常有限，此其故爲何？

難以詳究。但作品的內容思想與所持論的價值，將爲決定一書存亡殘缺的重要因素，而劉勰《文心雕龍》在思想雜沓之時，一本中國傳統思想之正，上繼往聖，下開來學，所謂「茫茫往代，既洗予聞；眇眇來世，倘塵彼觀。」者是也，今觀當前所謂名家「論文」之作，其思想感情，行文措辭，雜引外書，滿紙西文，自以爲兼通中外，如剖肌分理，則又十分單薄，此其故何在？此其感想者三。

在學術研究來說，劉勰以其過人的智慧，天授的才華，聖人的垂夢，以及他個人百折不撓的志趣，表面是想樹德建言，達成其名山事業，實際上他還不是想「創業垂統」後繼有人。再說自隋唐以下，因文體的日趨複雜，投入文壇的文人才士日漸增多，而論文之作隨著文風之盛，也紛至沓來，若詩話、詞話、曲話、古文話、四六話、小說、戲曲評點等，多不勝計，真希望有一大作手而胸懷萬卷，並俱有中國傳統思想者，繼劉勰《文心》之後，再振臂一書，爲中國文學理論別開新局。況今中華大國已經崛起，民族信心也已確立，而自思歲月如流，盛年不再，只好建信心於現在，寄希望於未來了。

2007 年 4 月 23 日晨，完稿於台灣台北市寓所

中國文心雕龍資料中心網站規劃和建設報告

任 罡

摘 要

以鎮江市圖書館建設中國文心雕龍資料中心爲基礎,闡述了基礎資源的收集,文心雕龍網站及資料庫的建設過程,並針對制約中心可持續發展的瓶頸問題提出了一些建議。

關鍵字：文心雕龍　網站　數位化

2000 年 4 月《文心雕龍》資料中心在鎮江市圖書館掛牌。7 年來，在學會的支持下，在專家的幫助下，通過我們艱苦而卓有成效的工作，「文心雕龍資料中心」已經得到學界和社會的認可。目前資料中心已收集論文 3400 餘篇，其中 1990 年以前的資料收藏率達 97%；專著 300 餘種，占已出版總量的百分之九十以上，是全國乃至全世界規模最大、資料最全的《文心雕龍》專題資料庫。

隨著電腦和網路技術的發展，資料中心工作如果僅僅沿用傳統的理論和方法，已不能適應時代的需要。爲了擴大文心雕龍的影響，提高中心文獻利用率，更好、更快捷的爲「龍學」專家和愛好者提供文獻資訊服務，我們在文本文獻的收集初具規模的情況下，規劃建設中國《文心雕龍》資料中心網站，並以此爲平臺，推進中心的網路化和數位化建設進程。

一、實施步驟

（一）啟動階段（2003 年 4-8 月）

編寫「籌建中國《文心雕龍》資料中心網站規劃報告」，進行市場調查和技術準備，形成可行性方案。

（二）建設階段（2003 年 9 月-12 月）

根據啓動階段形成的實施方案，購置相關設備和軟體，進行設備安裝和調試，申請中國《文心雕龍》資料中心網站國際功能變數名稱（www.wxdl.org.cn）和公共網路 IP 位址，進行相關人員軟、硬體培訓，利用購置的設備進行中國《文心雕龍》資料中心網站主頁建設。

（三）繼續發展階段（2004 年 1 月至今）

在已經初步建設完成的中國《文心雕龍》資料中心網站的基礎上，一方面進一步完善《文心雕龍》網站的頁面設計，優化網站版面，2005 年 3 完成網站第一次改版，2007 年 3 月網站技術升級，實現網頁動態控制；另一方面，加強資料庫建設。目前，共完成論文數位化 3394 篇，字數達 2000 多萬，其中綜覽目錄 1637 篇，資料庫建設初見規模。

二、文心雕龍網站建設報告

（一）頁面設計

中國文心雕龍資料中心網站的定位是學術網站和專題網站。在網站改版的過程中，我們特別注重其外觀設計和形式。在平面設計上，充分考慮到受眾的網路連接條件，沒有使用大資料量的素材；爲保證頁面風格的統一，採用統一基色和統一平面佈局；爲了求得變化，活躍版面，採用了小而精的素材來點綴和整合站點。目前的網站，以深黃爲基色，風格統一，厚重樸實，首頁局部使用 FLASH 技術，動靜結合好，資料量小，較好的彰顯網站的文化氣息、學術氛圍和專業水準。

（二）內容設計

基於網站的定位是學術網站和專題網站，我們在內容設計上不求涉及面的寬泛，而追求數位資源的特色化和資訊服務的專業化，所以，我們在網站改版的時候，剔除原網站上和《文心雕龍》主題結合不是很緊密的內容，而核心資源則力求做專做深。目前，《文心雕龍》網站包含以下主要內容：

1. 文心動態

「文心動態」部分主要介紹國內外《文心雕龍》學術研究活動情況，將《文心雕龍》研究活動的最新資訊及時地在網上發佈，向廣大《文心雕龍》學者和愛好者及廣大讀者提供《文心雕龍》的最新消息和權威新聞，讓人們可以在第一時間獲得最新的相關資訊。

2. 文心天地

「文心天地」部分將包括介紹《文心雕龍》作者劉勰的生平以及研究他的資料，中國《文心雕龍》資料中心成立以來得活動，山東莒縣《文心雕龍》紀念館、南京定陵寺劉勰紀念館介紹。

3. 文心學人

「文心學人」爲文心雕龍研究者的簡傳。

4. 文心精華

「文心精華」爲本網站的核心部分。該部分主要包括《文心雕龍》全文，《文心雕龍》全文白話譯本，《文心雕龍》有關的各種古籍版本圖例，《文心雕龍》部分專著全文資料庫，《文心雕龍》論文全文資料庫等。資料庫將提供《文心雕龍》各類資料的檢索、流覽及下載服務。本部分將及時收錄國內外廣大研究人員的優秀論文，保持較快的更新速度。資料庫建設是《文心雕龍》網站的特色和核心所在。具體見本文其他部分。

在該部分今後還將提供各種數位化的《文心雕龍》古籍資料，使用高速掃描器將其掃描成圖片製作成電子書格式並提供下載服務。

5. 文心鏈結

「文心鏈結」部分將主要提供各兄弟館及相關研究單位的各類資訊，並提供與《文心雕龍》有關的各類鏈結，既保證本站點能與國內外最新的發展同步，又可以與其他有優勢的單位做到優勢互補，共同提高《文心雕龍》研究水準。

6. 資訊諮詢

目前僅僅搭是一個技術構建。我們的設想是通過電子郵件的方式，在訪問者和專家之間架設一座「橋樑」，訪問者提出問題，專家回復，答疑解惑。

7. **文心論壇**

爲文學研究專家和愛好者提供一個學習、交流、發表意見的平臺。

8. **簡介欄目**

三個簡介，方便訪問者對學會、中心和資源情況有個瞭解。

（三）系統結構

根據《文心雕龍》網站建設的要求,在充分利用圖書館現有設備的基礎上,考慮到網站和資料庫的安全性等因素，提出了一個較爲簡單清晰的系統結構，圖示如下：

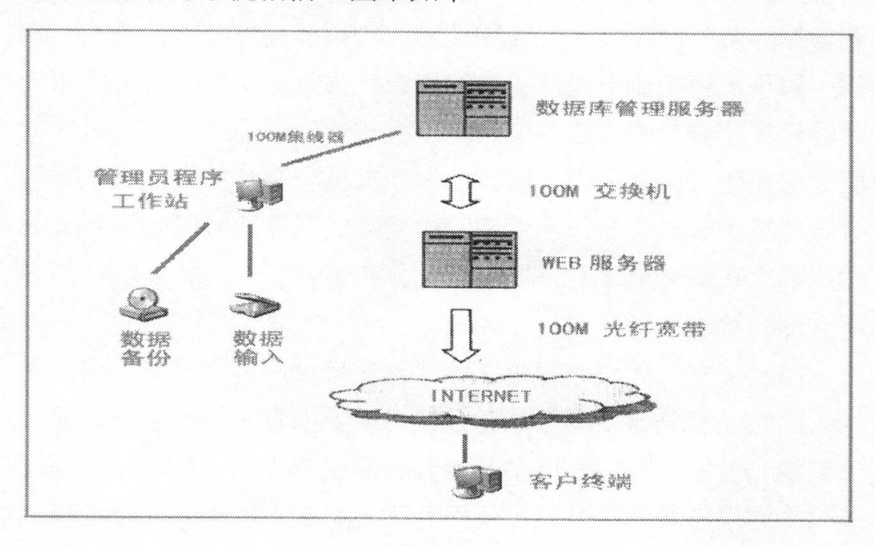

圖 1

該系統結構圖以資料流程爲導向，從資料源輸入資料（途徑多樣化），通過工作站加工整理，再由內部網路傳輸至資料庫管理伺服器，同時工作站進行資料備份，資料庫管理伺服器負責全部資料的管理、存儲、檢索等功能，將資料庫的資料通過局域網發送至 WEB 伺服器，WEB 伺服器負責資訊的發佈管理，同時對於資料的非安全性資訊進行過濾，通過電信寬頻網路發送至國際互聯網路，將資料傳送至客戶終端。WEB 伺服器前端設置硬體防火牆，防病毒和惡意攻擊，保證網站和資料庫的安全。

（四）資料庫建設

《文心雕龍》網站建設的核心是資料庫建設，因此選擇一個適合於《文心雕龍》資料中心資料獲取和發佈的資料庫系統至關重要。爲了建好《文心雕龍》論文資料庫，工作人員先後到國家圖書館、蘇州圖書館、金陵圖書館還有幾個高校圖書館諮詢、調研、學習，對市場上幾個主流的建庫軟體進行比較，確定採用人大報刊複印資料中心目前使用的由杭州天宇公司開發的 CGRS 軟體。它不僅可以對文本、數位、版式文檔和聲音、圖像、映射等多媒體提供資料庫製作、管理和檢索功能，能比較好的滿足文心雕龍論文和專著建庫的需要，而且具有資料量小、檢索快捷和引用方便的特點。

由於《文心雕龍》的研究資料跨度較大、內容豐富、格式多樣，因此在劃分標引欄位時充分考慮以上因素，設置了登錄號、分類號、題名、作者等 15 個檢索點。通過對不同時期的論文進行嘗試，均取得滿意的效果。建庫方案確定後，對建庫人員進行上崗前的培訓。建庫工作由圖書館資訊技術部專業人員牽頭，負責文獻掃描、OCR 轉換和資料庫管理，文獻開發部負責輸入和核對工作。大家密切配合，數位化進程緊張有序，，資料庫建設初見規模，爲實現資源分享邁出了堅實的一步。

在整個資料庫的建設中，文字校對、錄入工作是最爲基礎也是最爲關鍵的一個環節。工作人員克服長時間電腦前用眼、工作枯燥且生冷僻字較多等困難，在正常接待讀者的情況下，僅用了一年半時間，就完成了近兩千萬字的校對任務。同時，約有 650 篇論文因繁體字較多、影本字跡不清而難以通過掃描錄入文字，只能採用傳統的手工錄入，也就意味著把幾百萬漢字一個一個的輸入到電腦。如此浩繁的工作，加上經費有限、工作人員少，讓我們感到力不從心。就在一籌莫展之際，我們想到了利用社會力量共同完成此項工作，決定向社會招募義工，得到了 165 人回應，共錄入 620 篇，約 600 余萬字，占《文心雕龍綜覽》目錄的 40%，爲我們贏得了時間，節省了財力人力，爲我們資料庫建設做出了貢獻。

（五） 資料庫使用

互聯網上任何一台經過授權的電腦都可以使用文心雕龍資料庫。

1. 全文檢索

系統執行檢索時，是在資料庫全部內容中檢索（全文檢索），包括正文、摘要、關鍵字等，只要有符合檢索詞的就在檢索結果中列出。這種檢索方式雖然差准率不高，但是查全率很高。

1、任意詞檢索和短語檢索

在檢索欄中輸入「劉勰生平+劉勰身世」，命中 74 篇，內容爲含有劉勰生平或者劉勰身世的文章。「+」代表或者的意思。

在檢索欄中輸入「日本研究*神思篇」,命中 13 篇，內容爲含有日本研究神思篇的文章。「*」代表並且的意思。

2、二次檢索

二次檢索的含義爲在上次檢索的結果中再次檢索符合新檢索條件的文章在檢索欄中輸入「評論《文心雕龍》」，執行查詢命令，命中16篇。再在檢索欄中輸入「隱秀」，點擊二次查詢的按鈕，命中6篇，內容爲評論《文心雕龍》中《隱秀》的相關文章。

在檢索欄中輸入「文心雕龍學會」，執行查詢命令，命中26篇。再輸入「年會」，點擊二次查詢的按鈕，命中11篇。再次輸入「第二次」，繼續點擊二次查詢的按鈕，又命中3篇，內容爲第二次文心雕龍學會年會的相關文章。

這兩種檢索方式便捷，只需在搜索欄內輸入檢索內容，點擊查詢按鈕即可。但由於

2. 複合檢索（高級檢索）

需要先點擊高級查詢，進入其介面進行檢索。

在高級查詢的介面中，原文出處輸入「文心雕龍學刊」，標題輸入「物色」進行查詢，命中2篇，內容爲在《文心雕龍學刊》中標題含有「物色」的文章。

在作者欄輸入「楊明照」，正文欄輸入「文心雕龍」，原刊期號欄輸入「1980」，命中3篇，內容爲在1980年刊出的楊明照關於《文心雕龍》的文章。

這種檢索方式較全文檢索複雜一些，需進入高級查詢介面，但查準率是最高的。

以上兩種檢索方式可以單獨使用，也可以混和使用，能夠比較好的滿足使用者對文心雕龍資訊資源的需求。

三、當前存在的主要問題

幾年來，通過我們的努力，資料中心和網站建設都取得了一

些成績。但是，隨著工作的深入，有一些問題已經成了制約中心可持續發展的瓶頸。

（一）學術支撐不足

比如，隨著資料中心投入的加大和工作的深入，在中心可持續發展的問題上，我們缺乏專家們較爲系統的指導意見；再如，很多文學研究者和愛好者來電來函，詢問或探討文學研究相關問題。其中很多問題我們根本沒有辦法答復。這些都暴露出中心學術支撐不足的問題。我們真切希望能夠在學會的支持下，成立一個顧問小組（專家組），爲資料中心建設提供理論指導和學術支撐。

（二）著作權問題

網路資料庫作爲一個數位產品，直接涉及的就是著作權問題。我們在建設資料庫的同時，與之配套的著作授權工作也在同期進行。在中國文心雕龍學會的支持下，很多專家會員都同意授權。比如，在 2004 年的深圳會議上，絕大部分的專家都以舉手表態的方式予以授權。今年，又有 40 余個專家以信函的形式授權。專家之所以如此，一方面是對中心工作的肯定，更多的是學會對我們的信任和支援，並幫助我們做了大量的工作對。但是，由於文心雕龍資料庫時間跨度大，涉及範圍廣，很多專家或著者已經無法聯繫，著作授權難以進行，這就導致資料庫不能正常使用，效益得不到發揮。這是一個急待解決的重要問題。

兩岸一家人 同胞情誼深

— 海內外學者共建文心雕龍資料中心記實

鎮江　彭荷成

摘　要

《文心雕龍》是中國古代最偉大的一部文學理論著作，在世界文論領域佔有十分重要的地位。在海內外專家學者的關心支持下，鎮江建立起文心雕龍資料中心。

關鍵字：文心雕龍　資料中心　海內外專家學者

《文心雕龍》是中國古代最偉大的一部文學理論著作，在世界文論領域佔有十分重要的地位。自二十世紀始，《文心雕龍》研究進入了一個嶄新的階段，它主要表現在對劉勰及其《文心雕龍》作比較全面、深入的理論研究上，至今已成爲一門顯學，有大量論文和研究專著問世。在海內外專家學者的關心支援下，鎮江建立起文心雕龍研究資料中心，並迅速發展爲公認的擁有研究論文和專著最豐富的專題資料中心。

一、緣　起

1800 年前，在鎮江這塊土地上，誕生了一位傑出的人物 —

劉勰。史載，劉勰爲東莞莒人，世居京口（今鎮江）。在句容出土的劉岱墓誌銘上，更清楚的表明，距劉勰出世前的150年，他的祖先就已經僑居在鎮江這塊土地上了。鎮江人民爲有這樣的先人而自豪，更希望《文心雕龍》這部文學理論巨著在今天發揮更大作用，爲了紀念劉勰，繼承《文心雕龍》這部優秀的歷史文化遺產，自1996年秋，鎮江市在南山國家森林公園風景區建造以劉勰和《文心雕龍》爲主題的文苑（取自《文心雕龍·才略》篇：「晉世文苑，足儷鄴都」之句）公園。在文苑落成典禮上，「文心學」專家王元化、楊明照、王運熙、林其錟等提議建立文心雕龍資料中心。市領導高度重視，研究同意由人大辦公室籌建鎮江文心雕龍資料中心，徵集到一批專家捐贈的手稿、專著、外文《文心雕龍》譯本及「龍學」活動的實物。在此基礎上，鎮江市圖書館積極爭取，在新建的大樓第八層專辟近兩百平米作爲《文心雕龍》資料中心庫房，專櫃陳列資料，並配有電腦、掃描器等現代化設備。同時將我館有關《文心雕龍》專著以及古籍不同版本調撥集中存放，並與南京圖書館、金陵圖書館借調了相關資料。2000年4月3日～6日，在鎮江召開的《文心雕龍》國際學術研討會上，一百多位元海內外專家學者爲資料中心舉行了隆重的掛牌儀式。「文心雕龍資料中心」的建立得到了國內外學者的鼓勵和肯定，他們以不同的方式參加到中心的建設中來。

二、齊心協力建設資料中心

「文心學」作爲世界範圍的顯學，至今已有研究論文三千多篇，出版專著二百一十多種，論文和專著的總字數已達四千萬左右，形成了龐雜的資料群。除中國外，涉及到日本、韓國、美國、加拿大、德國、法國、義大利、瑞典、俄羅斯等十多個國家，把這些分佈極廣、跨度很大的資料彙集起來，是資料中心的首要任務。

我們首先把搜集資料的重點放在二十世紀以來發表的論文和論著上。根據《文心雕龍》綜覽中「研究論著目錄索引」的分類和排列體系，將1800餘篇論文的篇目從目錄索引中梳理出來，進行科學的分類、標引，編好目錄、出處。在匯輯資料的過程中，工作人員奔波於北京、上海、安徽、山東等地，採取向相關圖書館求助、發函給專家、學刊出版社等方法求援，通過努力，近1750篇、散見於近百年的幾百種報紙、雜誌和論文集中的論文匯輯到資料中心。

與此同時，我們時刻關注《文心雕龍》研究的新動向、新論文，實行網上查詢，及時下載。近年來，通過相關網站下載新出論文近千篇。我們還多次參加國內、國際學術討論會、中國文心雕龍學會年會，收集會議論文。

在資料中心的建設中，得到了龍學專家的支援和幫助，幾年來，收到了海內外學者寄贈資料100餘冊。楊明照、王元化、王運熙等龍學專家爲資料中心捐贈出他們的手稿、不同版本的研究專著。許多學者寄來了新出版的學術著作，祖保泉教授將收藏的王元化、張光年、牟世金等文心學界人士的通信原件贈送資料中心，成爲資料中心的珍藏。北大張少康教授將他多年積累的論文和稀有版本的專著，提供給資料中心複製，其中有存世最早的注本、明王惟儉的《文心雕龍訓故》，淩雲五色套印本《文心雕龍》以及海外第一個外文譯本、日本岡白駒的《校正句讀文心雕龍》等，填補了資料中心的多項空白。

臺灣和海外的學者對資料中心的建設傾注了極大的心力。2000年4月份鎮江國際學術討論會後不久，黃錦宏教授、李景榮教授就航空寄來了他們的著作，王更生教授在教學、著述都十分繁忙的情況下，商請臺灣文史哲出版社寄贈了第一批資料 23 種 24 冊。此後的 6 年中，王教授又兩次來到資料中心，對資料中心的發展提出寶貴意見。並且不間斷的給資料中心寄贈資料，有時一次就寄幾大包。特別讓人感動的是，只要是資料中心需要的，王教授總是千方百計想辦法。2004 年王教授第二次來資料中心時，我冒昧的請他爲我們收集缺藏的李曰剛先生的《文心雕龍斠詮》一書，當時此書在市面上已無法買到，王教授回臺灣後，立刻委託學生四處搜羅，在得知收藏者有一平裝下冊時，竟以 800 元新臺幣購回，贈送資料中心。至今王教授已捐贈龍學專著十幾種，與之相關的資料幾十種，爲此資料中心專門設立了王更生教授著作及贈書專架。徐麗霞博士將絕版多年的《文心雕龍研究論文選粹》、《語譯祥注文心雕龍》、《文心雕龍研究論文集》重新影印裝幀，寄贈資料中心，這三本書比原書更加清晰漂亮。正是他們這種同胞的情誼和真心實意的關心支援，使資料中心較快的達到較高的水準。劉渼、呂武志、溫光華、蔡宗陽、蔡宗齊、林中明、岡村繁、興膳宏、金民那等都多次向資料中心寄贈專著和論文。

三、發展中的文心雕龍研究資料中心

在文本文獻搜集基本到位的情況下，資料中心開始向數位化、網路化發展，建設中國文心雕龍資料中心網站及文心雕龍資料庫。

文心雕龍網站在內容設計上追求數位資源的特色化和資訊服務的專業化，主要爲：（1）文心動態：介紹國內外文心雕龍學術研究活動情況，將文心雕龍研究活動的最新資訊及時發佈，向廣大文心雕龍學者、愛好者及廣大讀者提供文心雕龍的最新消息；（2）文心全文：該部分主要包括文心雕龍全文，文心雕龍全文白話譯文，文心雕龍部分專著，文心雕龍論文全文資料庫等；（3）文心精華：包括與文心雕龍有關的各種古籍版本圖例，楊明照先生的手稿，文心雕龍中的警句，各種數位化的文心雕龍古籍資料等；（4）文心學人：爲文心雕龍研究者的簡傳；（5）文心天地：介紹文心雕龍作者劉勰的生平以及研究他的資料，中國文心雕龍資料中心成立以來的活動；（6）文心鏈結：主要提供各兄弟館及相關研究單位的各類資訊，並提供與文心雕龍有關的各類鏈結；（7）資訊諮詢：通過電子郵件的方式，在訪問者和專家之間架設一座「橋樑」，訪問者提出問題，專家回復，答疑解惑；（8）文心論壇：爲文學研究專家和愛好者提供一個學習、交流、發表意見的平臺；（9）簡介欄目：介紹學會、中心和資源情況。

在整個資料庫的建設中，文字校對、錄入工作是最爲基礎也是最爲關鍵的一個環節。通過努力，目前資料庫錄入論文數已突破 3000 篇，總字數達 2400 多萬。同時，約有 650 篇論文因繁體字較多、影本字跡不清而難以通過掃描錄入文字，只能採用傳統的手工錄入。這項工作是由義工完成的，共錄入 620 篇，約 600 余萬字。

2005 年 5 月 28-29 日在鎮江召開了中國文心雕龍資料中心建設研討會，中國文心雕龍學會會長詹福瑞、原中國文心雕龍學會會長王運熙、以及中國文心雕龍學會的主要負責人、部分院校知名專家、臺灣、美國等海內外學者參加了會議。專家們各抒已見，對中心的建設、網站建設、資料庫的檢索和利用以及論文著作權等問題進行了討論，他們對中心豐富的數位資源、數位化建設規模以及較快的發展速度給予極高的評價，同時立足長遠，謀劃發展，提出了不少建設性意見。

在建好文心雕龍資料中心的同時，爲專家服務也提上重要位置。朱文民先生撰寫《劉勰志》、賈錦福教授爲修訂《文心雕龍辭典》、塗光社教授爲編寫《文心司南》一書等，數十位專家在編書撰文過程中，都大量利用了資料中心的文獻。韓國訪問學者、國內知名大學的教授都把資料中心作爲他們進行學術研究的資料源泉。爲使《文心雕龍》資料中心走出「陽春白雪」，我們注重社會大眾的普及。復旦大學中文系學生、南大中文系學生把資料中心作爲他們的第二課堂。鎮江電視臺爲拍攝百年鎮江節目、南京電視臺、日照電視臺拍攝電視片《劉勰傳》都曾利用資料中心的資料，資料中心正在爲越來越多的文學愛好者提供優質的服務。資料中心的影響在不斷擴大。

我們還編輯《文心雕龍資訊交流》定期出版，刊發學術論文，報導各種資訊，介紹重要版本，這一集學術研究與資訊報導爲一體的內部刊物，寄贈海內外文心學專家及各大圖書館，深受歡迎。

經過多年艱苦努力創建的文心雕龍資料中心，已初具規模，得到學術界一致公認，臺灣師大王更生教授曾兩次來到資料中心，在《國文天地》上撰文介紹資料中心：「中心內四壁張掛著名人字畫，周圍書架上、櫥櫃裏陳列了當代龍學家的專門著作和學術論文。室分內外，滿目琳琅，流連其間，可以永日」。目前，資料中心已擁有專著 240 餘種，研究論文 3000 多篇，占總出版量的百分之九十以上。

當然文心雕龍資料中心自身還需要進一步完善和提高，首先在資料的收集上，要採取更加強有力的手段，以最快的速度將資料收集齊全，這不僅包括《文心雕龍》研究論文、專著、音像製品，同時還應該包括劉勰在《文心雕龍》中論述的二百多位元作家和他們的作品，有關他分析的三十五種文體的相關資料，自古至今各種版本的《文心雕龍》著作。有的學者提出了「三打通」的構想，即打通六朝文學，打通中國文學史，打通現代文論與西方文論。圍繞這一宏偉目標，資料中心在搜集資料上範圍更加廣闊，數量將倍增。在文本文獻收集的基礎上，投入更大精力，建好《文心雕龍》網站和全文資料庫，讓不同國別，不同地域的學者都能方便地利用資料中心的收藏，爲《文心雕龍》研究和應用跨上新臺階做出更大貢獻。第二，文心雕龍資料中心應做好自身宣傳，讓更多的學者、《文心雕龍》愛好者、喜歡文學的學生和青年，瞭解文心雕龍資料中心的收藏及服務。這種宣傳不局限於媒體報導，更重要的是通過參加國內、國際學術討論會，同中國文心雕龍學會、「文心學」界的專家學者保持經常的不間斷的密切聯繫和服務等，形成口碑相傳的模式，通過更多學者和單位所享受到高層次的服務，在學術界樹立良好的形象。第三，資料中心應充分發揮優勢，在研究上出成果。這也是衡量資料中心是否達到較高水準的一個標誌，只有拿出讓學術界信服的成果，資料中心在「文心學」界才真正有它的位置，才會受到學者的信賴。第四，提升《資訊交流》的檔次。資料中心的建立，催生出這一內部小刊物，隨著我們的努力，它也越來越受到學界重視，不斷有學者來信，建議提升它的檔次，辦成《文心雕龍》研究的專刊，「文心學」界的學術園地，這是我們下一步努力的方向。

試論黃侃《文心雕龍札記》之刊行
—— 兼論四川大學本《札記》

國立高雄師範大學國文學系博士生　黃端陽

摘　要

歷來校評《文心雕龍》一書者，其成就與影響恐以黃侃之《文心雕龍札記》最爲特出。是書首刊於民國十六年北平文化學社，收〈神思〉以下廿篇，其後輾轉增益，當以中華書局重加校勘，並斷句讀之卅一篇《札記》較爲完備。其後三十餘年間，是書之刊行多準於此，然序跋附錄，多有增益。又於民國卅六年實有一四川大學本《文心雕龍札記》，由成都華英書局發行，最爲少見。故本文即以此爲據，明其刊行與流傳，並析言其例略與大旨，以見此書之價值。

民國時期（1911～1949 年）近四十年之《文心雕龍》研究，已由校勘品評或引證考訂之領域，逐漸側重於是書內容的注解與闡釋，對日後形成龍學之專門學科具有極爲深遠的影響。其中黃侃先生撰寫之《文心雕龍札記》堪爲此時期最爲重要之代表，[1]其

1 如張文勛以爲 1091-1949 年是《文心雕龍》研究的新時期，也可說是龍學形成的準備期。詳參所撰：《文心雕龍研究史》（昆明：雲南大學，2001 年 6 月），頁 100。李平更言 1914-1949 年爲現代「龍學」之開創期，並以黃侃（季剛）先生把《文心雕龍》作爲一門學科搬上大學講壇，正標志著現代意義「龍學」的誕生。詳參所撰《文心雕龍綜論》（北京：中國文聯，1999 年

弟子李曰剛先生即云：「民國鼎革之前，清代學士大夫多以讀經之法讀《文心》，大別不外校勘、評解二途，於彥和之文論思想甚少闡發。黃氏《札記》適完稿於人文薈萃之北大，復於中西文化劇烈交綏之時，因此《札記》初出，即震驚文壇，從而令學術思想界對《文心雕龍》之實用價值，研究角度，均作革命性之調整，故季剛不僅是彥和之功臣，尤爲我國近代文學批評之前驅。」[2]須知時值民國肇造，政治民生均見困難，學者以摒棄傳統、徹底西化爲手段，隱爲學術主流[3]；即使固守傳統的國學研究，也不免因文、筆觀念相殊，而有桐城與文選兩派之爭[4]，黃侃師事餘杭章太炎，其治學「往往卓礫出人慮外，及按之故籍，成證確然，未嘗從意以爲奇巧」[5]，觀以《札記》撰成，亦本於此，其自言「愚所解釋，大抵因緣舍人舊義，加以推衍，其劉所未言，方下己意」[6]，則其依傍舊籍，推陳新義，別開文選一派生面，可見一斑。

12月），頁147-148。

2 見黃季剛撰《文心雕龍斠詮》下冊（台北：國立編譯館中華叢書編審委員會，1982年5月），頁2515。

3 此可由五四運動前後之新文化運動窺見一二，其牽涉清季保存國粹之努力與爭論，延及科學與人生之爭，頗見糾葛。然而如黃季剛的座師章太炎於1910年發行《教育今語雜誌》中言：「以保存國故、振興學藝、提倡平民普民教育爲宗旨」，則中西文化交綏之烈，當可想見。詳參羅志田撰：《國家與學術：清季民初關于國學的思想論爭》（北京：三聯書店，2003年1月），頁218-240。

4 如桐城派馬其昶、姚永樸、姚永概、林紓等人均曾執教京師大學堂及其後之北京大學，與其後文選派之劉師培、甚至接文選派之章太炎門人黃侃、錢玄同、沈兼士、馬裕藻等於學術觀念上有所交會。周勛初以爲「《文學研究法》是代表桐城派的一部份文論名著，那麼《文心雕龍札記》就是代表文選派的一部份文論名著了。」詳見所撰：《當代學術研究思辨》（南京：南京大學，1998年5月），頁2-8。

5 章太炎語。見〈中央大學文藝叢刊黃季剛先生遺著專號序〉；《量守廬學記》（北京：三聯書店，1985年8月），頁8。

6 見黃季剛：〈講文心雕龍大旨〉；《文心雕龍札記》（上海：中華書局，2006年5月），頁4。

黃侃（1886-1935 年），字季剛，又字梅君，禾子，季子，季康，別署運甓、奇談、量守居士等，湖北蘄春人。自幼稟承家學，從父黃雲鵠讀《千字文》、《說文解字》，十二歲時失怙，十五歲因鄉試未舉，旋入湖北文普學堂肄業。後因感憤庚子之亂，復受船山學說影響，負笈日本，並助章太炎先生編輯同盟會刊物《民報》，其後更從太炎先生習小學、經說，歷時三年。西元 1910 年歸國，奔走於武昌與鄂東南之間，從事革命事業；降及民國成立，主持《民聲日報》，是以疏於問政，退身治學，1914 年應聘北京大學教席 1919 年與其師蔡元培成立國故月刊社，以研究學術、昌明國學爲宗旨；1923 年於上海創辦《華國月刊》，章太炎任社長，黃侃爲主要撰稿人之一，《札記》初稿多發表於此，於學界影響日增，其後數年講學北京師大、東北大學與中央大學等，育才無數，1935 年乙亥重九後二日卒，得年五十。黃侃生平治學，服膺顧亭林軌轍，除重視民族氣之外，亦嫉末學猖狂妄言，斫喪國本，是以所治經史小學諸書，皆求諸文本，未嘗跳脫。唯其平生不肯輕易著書，[7]今所傳著作多爲後人整理出版。

《文心雕龍札記》原是黃侃任教北大的授課講義，黃侃先生哲嗣黃念田於 1959 年記中華書局排印《札記》時跋云：

> 先君以公元 1914 年至 1919 年間任教於北京大學，用《文心雕龍》等書課及門諸子，所為《札記》三十一篇，即成於是時。1919 年後，還教武昌高等師範學校凡七載，復將《札記》印作講章。1935 年秋，先君逝於南京，前中央大

---

7 其師章太炎云：「始從余問，後自爲家法，然不肯輕著書。余數趣之，曰：人輕著書，妄也；子重著書，吝也。妄，不智；吝，不仁。答曰：年五十當著紙筆矣。」見所撰〈黃季剛墓志銘〉；司馬朝軍、王文暉合撰《黃侃年譜》（武漢：湖北人民出版社，2005 年 7 月），頁 20。

學所辦《文藝叢刊》擬出紀念專號，乃檢篋中所藏武昌高等師範所印講章，錄出〈原道〉以下十一篇畀之。〈神思〉以下二十篇，則先君1927年居北京時已付北京文化學社刊行。二十餘年以來，《文藝叢刊》及文化學社所印之本皆不易得，海內之欲讀是書者，時以重印為囑。爰將1927年及1935年兩次印行各篇都為一集，重加勘校，並斷句讀，交中華書局上海編輯所出版。[8]

是知中華本《札記》以《文藝叢刊》本與《文化學社》本爲底本，重新校勘並合爲一集，並無參考《四川大學》本之情況[9]；又文中提及由文化學社刊行之《札記》，是書封面爲暗橘色，左上至下有大字「文心雕龍札記」，其下有小字「丁卯六月柳庶堪」，斷作兩行，並有一小章「滄日」，封裏署名「黃侃著」，形式採半頁11行，25字，計正文250頁，附錄24頁。首頁爲〈題辭及略例〉，云：「故知滯於跡者，無向而不滯；通於理者，靡適而不通。自媿迂謹，不敢肆爲論文之言，用是依旁舊文，聊資啓發，雖無卓爾之美，庶幾以弗畔爲賢。」此書並於民國23年3月再版。民國60年1月台北學人月刊雜誌社據此影印，成三冊，改採四十開印刷，錄於「五元文庫」之中。[10]台北新文豐出版社於民國68年亦根據北平《文化學社》本，另印行平裝小32開本之《札記》，

8 見黃季剛撰《文心雕龍札記》（上海：中華書局，1962年9月），頁245。

9 張少康以爲「1947年，四川大學中文系將以上兩部份合印一冊，1962年由中華書局上海編輯所又據此重加整理出版。」見所撰《文心雕龍研究史》（北京：北京大學出版社，2001年9月），頁148，頗值商榷；蓋中華本《札記》於出版說明中言：「1947年四川大學中文系曾把全書合印一冊，但係該校內部刊物，絕少外傳。」亦無引作底本之說明。

10 據此文庫之出版前記，所謂五元涵蓋哲學、社會科學、自然科學及應用科學等領域，乃爲響應領袖復興中華民族文化之號召，特精選適合於社會青年及學生閱讀的書籍一百種，故名。

頁次與版式全同，錄於「零玉碎金集刊」，[11]唯書末另附兩頁勘誤表，糾繆 34 處，尚見用心。以上各本皆影印自《文化學社》本，未能加以重校重排。民國 51 年 9 月由香港新亞書院出版之《文心雕龍札記》，乃由潘師重規取《北平》、《武昌》二本合編付印，並據此比對與北平文化學社本之同異，爰作校語，如〈題詞及畧例〉末段「若有彥和所不載，而私意以為可作楷槷者，偶為鈔撮，以便講說，非敢謂愚所去取盡當也(重規案：此條文化學社本無。)」即為一例。又移〈序志〉於〈原道〉之前，內增潘師重規所撰〈讀文心雕龍札記〉、〈文心雕龍札記跋〉兩部份，最為可讀。〈跋〉云：「北平本舊附錄同門駱君紹賓物色札記一篇，今亦仍之。又往年隨侍講壇，嘗為札記一卷，荷師點定。以保存手跡，故未墜失，茲亦取以附刊於後。其所論列，有與范文瀾楊明照諸氏校注暗合者，皆刪去之。儻存一得之愚，則胥由師說之所闡示也。」對黃侃於《文心》理論之傳承與發揮，亦有卓著之功績。此書於民國 62 年 6 月由台北文史哲出版社再版，而為台灣學界主要習用之版本。

另大陸於 1962 年上海中華書局出版排印本《札記》之後，各出版社多以此為據，另加附錄。1996 年 12 月，上海華東師範大學於「二十世紀國學叢書」中有《文心雕龍札記》，附錄除〈物色〉外，另增〈文學記微 — 標觀篇〉、〈中國文學概談〉二文，引自黃侃於 1942 年由一流書店出版之《中國文學論集》；2000 年 5 月上海古籍出版社編「蓬萊閣叢書」乃取「漢家石渠閣．老

11 據〈編印零玉碎金集刊敘〉云：「此集刊每一集出書三十種，平裝三十二開本；其內容包涵歷代名人筆記小說，前代人物秘聞佚事，掌故叢談，清新小品，邊疆之奇風異俗，海外之妙事珍聞；兼收並蓄，網羅無遺。至於每集每種之詳細內容及其特色，均在各集發刊前介紹。」文見《文心雕龍札記》（台北：新文豐出版社，1979 年 5 月）書前。

氏蓬萊山」之稱，冀能使清末民初之著名學者，其風範與學術俱能因此留藏，上海古籍本《札記》書前新增周勛初〈黃季剛先生《文心雕龍札記》的學術淵源〉[12]於黃侃之師承與思想闡述最詳，是書於 2006 年 4 月由上海世紀出版集團（上海古籍出版社）重加改版。其後有吳方點校之中國人民大學版《札記》，收錄於「國學基礎文庫」；2006 年 5 月北京中華書局出版《黃侃文集》，其中《札記》一書乃標明由黃侃哲嗣黃延祖重輯，於首頁〈題辭及畧例〉後，另增黃侃在 1923 年於武昌演講時由門人記之〈講文心雕龍大旨〉一文，〈附錄〉除原有駱鴻凱撰〈物色〉，上海華東師大版之〈文學記微 — 標觀篇〉、〈中國文學概談〉外，又有黃侃撰〈阮籍咏懷詩補注〉（弟子金靜庵記）、〈李義山詩偶評〉，另附上弟子范文瀾《文心雕龍講疏序》，於各本《札記》所引資料中，僅次於民國 91 年 8 月花神出版社印行之《札記》。[13]

唯上海中華書局於 1962 年 9 月版《札記》時，附未參酌《四川大學》本外，亦未見潘師重規所編之《新亞書院》本《札記》於《文心雕龍札記》成書歷史中，不可謂之最早。案《札記》於 1919 至 1962 年間首度發表於《新中國》與《華國月刊》於 1927 年、1935 年分別由北平文化學社與南京中央大學《文藝月刊》各取〈神思〉以下 20 篇與〈原道〉以下 11 篇刊行，至於將卅一篇合爲一集，獨立成書，成爲《札記》最早之版本，實始於 1947 年由四川中文系所編印之《文心雕龍札記》。是書之編纂緣於時任中文系主任，並講授《文心雕龍》之潘師重規離蜀欲返安徽之

12　此文原以手錄方式發表於「紀念黃侃先生學術討論會」，後收錄於作者於 1993 年南京大學出版之《當代學術研究思辨》一書。

13　此版本乃由黃延祖授權台灣凡異文化事業有限公司於台灣出版。與新《中華》本相較，另增金靜庵輯黃侃〈詠懷詩箋〉，〈劉彥和生平〉以及華仲麐輯〈劉彥和簡譜〉。

際，由中央大學佘雪曼提供一神州國光本《札記》，由於此本僅收〈神思〉以下廿篇，故由祖保泉任召集人，中文系十六級畢業生如胡師自逢、李樹勳、宋元誼、章子仲等，至書庫配得其餘十一篇《札記》共計卅一篇交由成都華英書局出版。然而迭戰火，復因僅印 120 冊，至今尤爲罕見。

《四川大學》本《札記》除首兩頁未標頁碼外，內文共計 88 頁，書頁採白粉紙印刷，書皮爲墨綠色，上有「文心雕龍札記佘雪曼署」題簽，俱作瘦金體；目錄首載「題詞及略例」、次爲「原道第一」、「文言說（擘經室三集二）」、「徵聖第二」等至「總術第四十四」，雖其中「議對第二十四」、「書記第二十五」於目錄俱脫，核其內文則無闕。並有附錄，收長沙駱鴻凱撰〈物色〉乙篇，實駱氏受教季剛之讀書心得。又書中於正文之前，另有一頁上書「民國三十六年二月刊於國立四川大學中國文學系」，近隸體，可見刊行的時間。唯《札記》成書倉促，缺乏精校，脫漏訛誤之處不少，今檢《華國月刊》與《文化學社》本，復斟酌《中華》本、《文史哲》本，略舉如下：

一、文字互倒之失

〈原道〉：「河圖孕乎八卦，洛書韞乎九疇」條下有「紀氏謂彥和用洛配書九宮，說同於盧辯。」按《華國月刊》本作「紀氏謂彥和用洛書配九宮，說同于盧辯」，《中華》本同，是知《四川大學》本書，配二字互乙。

〈頌贊〉：「以唱拜爲贊」條下有「漢代文祝亦稱贊饗」，按《華國月刊》本作「漢代祝文亦稱贊饗」，《中華》本同，《四川大學》本非是。

〈序志〉引李充〈翰林論〉：「研玉名理而論難生論焉貴於

允理」，按《文化學社》本作「研玉名理，而論難生焉，論貴於允理」，此說是。又《中華》本改「玉」作「求」，查清嚴可均輯《全上古三代秦漢三國六朝文》引《太平御覽》卷五百九十五仍作「玉」，今從嚴文。

〈聲律〉引沈約《宋書．謝靈運傳論》：「自建武暨於義歷，熙載將百」，《文化學社》、《中華》本俱作「自建武暨於義熙，歷載將百」，知《四川大學》本「義」、「熙」二字互乙。

〈章句〉於「釋章之名」條下引《說文》云：「其數言貫聯而辭已究者，古亦同用絕止之義」，《文化學社》、《中華》本俱作「其數言聯貫而辭已究者，古亦同用絕止之義」，知《四川大學》本「聯」、「貫」二字互倒；又同篇有「言樂竟者，文但以章為施于音聲之名」，《文化學社》本作「言樂竟者，但以章為施于聲音之名」，《中華》本於「但」字上有一「古」字，另檢潘師重規據北平、武昌二本合編付印之《文史哲》本《札記》亦同於《中華》本，恐「古」字襲自武昌本。

二、文字誤衍之弊

此例以誤字最多。如〈徵聖〉：「則文多者固孔予所譏」，「子」誤作「予」；〈明詩〉：「然篇中所論，亦但局於離俗所稱為詩者」，「離」當改作「雅」；〈樂府〉：「注曰：淫聲，若鄭衛也，過聲，失袁樂之節」，「袁」當作「哀」字；〈詮賦〉：「辯言過理，則輿義相失」，「與」誤作「輿」；〈頌贊〉：「若崔子玉〈草書勢〉之屬，皆贊之流頛矣」，「頛」宜改作「類」；〈風骨〉：「務盈守氣者，即誦文以命意為主也」，「誦」當「謂」之失；〈情采〉：「心纏幾務而虛述人外，此之誐詐，識可笑嗤」，「誠」誤作「識」；〈聲律〉：「然聲律之論，實以水明為極盛之時」，「水」當作「永」；〈麗辭〉：「奇偶適變，不勞經營，明用異用偶，初無成律」，「異」當改作「奇」；〈比興〉：「此類雖繁，以切至爲貴」，知「此」乃「比」之誤。至若〈總術〉：「其於聲律以外，又增情采二者，合而定之，則曰：有情采韻者爲文，無情采韻者爲文」，末句宜改作「無情采韻者爲筆」，蓋彥和言無韻者筆，有韻者文，其分至明，誤「筆」作「文」，疏漏尤大。

另有衍字之例。如〈明詩〉：「始皇曰：吾慕真人，自謂真人，不與稱朕」，據《華國月刊》本知「與」爲衍字；〈章句〉：「馬氏自云：於句讀之句讀之義無涉」，「於」字下「句讀之」三字衍，又「左氏於此不釋，杜本亦從從二家於春王斷句，蓋誤」，「從」字衍；〈夸飾〉：「顏師古注漢書，凡後出雜書緯候異事，一切刪落，最最爲可法」，「最」字衍；〈練字〉：「以部類言，則習經傳之雅詁者，者文中必無恒俗之言」，「文」上「者」字爲衍；〈總術〉：「又永明以來，所謂所謂有韻，本不指押韻腳而言」，「所謂」二字衍，至爲顯然。

三、文字脫誤難讀

有脫字之例。如〈明詩〉：「江篇製，至挺拔而爲俊矣」，「江」下脫「左」字；〈書記〉於「七國獻書」條下：「今可見者若樂毅燕惠王書，魯連遺燕將書」、於「黃香奏牋于江夏」條下：「無考，但本傳其所著有牋」，前者「毅」下脫「報」字，後者於「傳」下闕「敘」字。〈章句〉：「知數字在句中所處之位，與一字在句所處之位同」，次「句」下脫「中」字；〈養氣〉：「則文思利鈍，至無定準，雖有上材，不能自操弛之術」，「弛」上脫「張」字；〈總術〉於「凡精慮造文（至）益有徵」條下：

「此一節言作文須，而無術之外貌」，「須」下脫「術」字；〈物色〉：「詩人寫景，以少總多，情貌無遺，觀劉氏所舉已見梗概，茲更錄王夫之以示例」，「之」下脫「說」字，又「蘇子瞻謂：桑之未落，其沃若」，則「其」下闕「葉」字；至若因難字而闕字，如〈章句〉「以語齊句」條下「眾維魚矣，旐維□矣」，□中當補入「旟」字；物色引〈少司命〉以言草木：「秋蘭兮□蕪，羅生兮堂下」，□中當補入「蘼」字，亦屬此例。

又有脫數字衍爲數句者。以〈章句〉爲例，云：「賈逵云：叔牂即謂華元曰：子見獲於鄭者，是由子之馬使然也」，於「叔牂」下有「宋守門大夫，華元既見叔牂」十一字俱脫，又：「楚自克庸以來，其君無日不討國人而訓之，于民生之不易，禍戒之不可以怠」，「禍」字下脫「至之無日」四字，另言：「《文心》云：引而伸之，則兩句敷爲一章，約以貫之，則一章所謂必爲一意，一意非一句所能盡」，實則於「一章所論」之前，脫有「一章刪成兩句。夫句可展爲章，章可刪爲句，知章句之理本無二致矣」共二十七字，於文義之影響可知，不可不察。

黃侃既撰《文心雕龍札記》，一則糾補前人偏重校勘評點之失，其云：「《文心》舊有黃注，其書大抵成於幕客之手，故紕繆弘多。所引書往往爲今世所無，展轉取載而不著其出處，此是大病。今於黃注遺脫處偶加補苴，亦不能一一徵舉」[14]，是知以黃叔琳注爲基礎，裨補闕漏，載明出處。另採酌李詳《補正》、孫詒讓《札迻》，以見善言;二則疏解《文心》大義，多採同代文論,其云：「文學乃因時代而變遷者也。故後代之人，摹擬前朝文章，任其如何精炒，總有幾分差異。」[15]故言〈比興〉則舉潘安

14 引同注 7，〈題辭及略例〉，頁 1-2。
15 〈中國文學概談〉；《文心雕龍札記》（新竹：花神出版社，2002 年 8 月），

仁〈螢火賦〉，言〈總術〉則以梁元帝《金樓子·立言》與蕭統〈文選序〉爲例，至於〈聲律〉一篇，更旁徵沈約《宋書·謝靈運傳論》、〈答陸厥書〉、陸厥〈與沈約書〉、鍾嶸《詩品·序》諸篇，以求顯現文學之時代特質，更切合《文心》旨趣。王師更生以爲「黃氏以《文心雕龍》作爲論文之主本，並又引申觸類，曲暢旁通」[16]，項楚亦有「黃侃《文心雕龍》是第一部系統闡發《文心》理論的專著，開創了近世研究中國古代文論的時代風氣」[17]。是以《札記》刊行至今，其影響尤見深遠，至於《四川大學》本《札記》訛誤雖多，然而作爲最早之《札記》足本，於龍學研究史中，亦具有重要意義。

頁 279。

16 王師更生撰《重修增訂文心雕龍研究》（台北：文史哲出版社，1979 年 5 月），頁 41。

17 〈文心雕龍札記的審美傾向〉，收錄於曹順慶編《文心同雕集》（四川：成都出版社，1990 年 6 月），頁 280。

2007 文心雕龍國際學術研討會

議程（一）

日期：2007 年 6 月 2 日

地點：中山大學圖資大樓 11F 國際會議廳

時間						
8：00 9：10	報到					
9：10 10：00	開　幕（會議廳）					
	A 組（研討地點：1106 室）			B 組（研討地點：1107 室）		
	主持人	論文發表人/題目	特約討論人	主持人	論文發表人/題目	特約討論人
第一場 10：10 ｜ 11：50	林慶勳	張少康 《文心雕龍》與書畫樂論	蔣　凡	蔡振念	徐信義 劉勰的文學論 — 兼論劉若愚的理解	蔡宗齊
		王更生 從《文心雕龍・序志》篇文，看劉勰的智慧	張少康		劉文忠 《文心雕龍》與儒家的淵源關係	呂新昌
		孫蓉蓉 「按經驗緯」考論	陳素英		韓泉欣 劉勰賦論之管窺蠡測	詹杭倫
		錢永波 劉勰「世居京口」論據確鑿可信	呂武志		涂光社 劉勰文學觀管窺 — 美在文心	林明珠
11：50 13：20	午　餐					
	主持人	論文發表人/題目	特約討論人	主持人	論文發表人/題目	特約討論人
第二場 13：20 ｜ 14：35	徐信義	蔡宗齊 論「觀」的演變及劉勰的文學解釋理論	顏瑞芳	方元珍	吳福相 劉勰「神與物遊」析論	劉文忠
		呂新昌 試以現代心理學的「需求層次論」看劉勰著述《文心雕龍》的動	鄧國光		林中明 文藝互明：劉勰《文心》與石濤《畫語》	蔡振念
		陳素英 從劉勰到王船山的情景說	汪春泓		彭荷成 兩岸一家人 同胞情誼深 —— 海內外學者共建文心雕龍資料中心記實	廖宏昌
14：35 14：55	茶　敘					

<table>
<tr><td rowspan="4">第三場
14:55
｜
16:10</td><td>主持人</td><td>論文發表人/題目</td><td>特約討論人</td><td>主持人</td><td>論文發表人/題目</td><td>特約討論人</td></tr>
<tr><td rowspan="3">劉　渼</td><td>任　罡
中國文心雕龍資料中心網站規劃和建設報告</td><td>錢永波</td><td rowspan="3">劉文強</td><td>方元珍
「桃李不言而成蹊」《文心雕龍》作家論探析</td><td>朱文民</td></tr>
<tr><td>蔡宗陽
《文心雕龍》的譬喻類型</td><td>王英志</td><td>吳武雄
《文心雕龍》究旨</td><td>彭荷成</td></tr>
<tr><td>呂武志
《文心雕龍》論「繁縟」</td><td>林中明</td><td>曹順慶
《文心雕龍》與比較文學研究</td><td>黃端陽</td></tr>
<tr><td>16:10
16:30</td><td colspan="6">茶　敘</td></tr>
<tr><td rowspan="5">第四場
16:30
｜
18:10</td><td>主持人</td><td>論文發表人/題目</td><td>特約討論人</td><td>主持人</td><td>論文發表人/題目</td><td>特約討論人</td></tr>
<tr><td rowspan="4">顏瑞芳</td><td>張　灯
劉勰的風格論與布封的《論風格》</td><td>徐信義</td><td rowspan="4">呂武志</td><td>朱文民
劉勰家族門第考論</td><td>方元珍</td></tr>
<tr><td>黃端陽
試論黃侃《文心雕龍札記》之刊行——兼論四川大學本《札記》</td><td>涂光社</td><td>蔡美惠
由文選序看文心雕龍與昭明文選之比較</td><td>陳文新</td></tr>
<tr><td>鄧國光
《文心雕龍》「徵聖」的思想意義</td><td>劉　渼</td><td>王英志
《文心雕龍》與袁枚性靈說詩論</td><td>龔顯宗</td></tr>
<tr><td>李景濚
〈辨騷〉〈明詩〉的列錄次序</td><td>郭鶴鳴</td><td>海村唯一
《文心雕龍》對日本首部作文理論著作《文章達德綱領》的影響</td><td>吳武雄</td></tr>
<tr><td>18:30</td><td colspan="6">晚　宴</td></tr>
</table>

研討時間分配：發表人 12 分鐘；特約討論 8 分鐘；其他主持人及綜合討論。

2007 文心雕龍國際學術研討會

議程（二）

日期：2007/06/05 日上午

地點：慈濟大學

時間	場次	主持人	論文發表人	論文題目	特約討論人
8：30 9：10	報到				
9：10 10：25	一	林中明	溫光華	義貴圓通，辭共心密－《文心雕龍》之「論」體風格初探	孫蓉蓉
			龔顯宗	由《文心雕龍》「隱語」論《紅樓夢》燈謎的面與底	李　平
			石家宜	重讀《辨騷》、《通變》與《定勢》，再議《文心雕龍》的宗旨與體系	林素芬
10：25 10：45	茶敘				
10：45 12：00	二	龔顯宗	汪春泓	劉勰與劉穆之	楊　明
			詹杭倫	《文心雕龍》「文筆」說辨析 — 附論「集部」之分類沿革	曹順慶
			陳文新	從劉勰到袁中道：明代風格論對《文心雕龍》的發展	蕭鳳嫻
12：00	午餐				

日期：2007/06/05 日　下午

地點：花蓮教育大學

時間	場次	主持人	論文發表人	論文題目	特約討論人
13：30 14：10	報　到				
14：10 15：25	三	詹杭倫	楊　明	《文心雕龍》釋讀商兌	海村唯一
			林素芬	《文心雕龍·原道》篇及其《周易》淵源：以原典運用爲討論中心	張　灯
			廖宏昌	劉勰論評三曹視角探析	石家宜
15：25 15：45	茶　敘				
15：45 17：25	四	林明珠	蕭鳳嫻	文體即性體 — 徐復觀〈文心雕龍的文體論〉之接受美學研究	韓泉欣
			李　平	王更生先生《文心雕龍》研究二題	溫光華
			蔣　凡	劉勰關於文學語言藝術的理論思考	吳福相
			林其錟	魏晉玄學與劉勰思想-兼論《文心雕龍》與《劉子》的體用觀	任　罡
17：25	閉　幕				

研討時間分配：發表人 12 分鐘；特約討論 8 分鐘；其他主持人及綜合討論。

後 記

2006 年夏，臺灣學界為慶祝王更生教授 80 歲壽誕，由郭鶴鳴、蔡宗陽、顏瑞芳、呂武志、劉渼、方元珍、浦忠成、溫光華、廖宏昌等諸位教授發起「2007 文心雕龍國際學術研討會」，並委由高雄國立中山大學中國文學系廖宏昌在高雄籌辦，個人不勝惶恐，膺此重任，幸蒙國立中山大學文學院林慶勳院長、中文系劉文強主任和諸位同仁之首肯，將會議之規模及形式交由個人全權處理，讓個人有充分的揮灑空間，實無任銘感；而為了擴大地域之影響規模，於是尋求國立花蓮教育大學中文系林明珠主任、花蓮慈濟大學東語系徐信義主任、國立臺東史前博物館浦忠成館長、國立臺灣師範大學國文系王開府主任的支持，終於能順利地於 6 月 2 日至 5 日在高雄、花蓮兩地三所大學舉行，感懷之情，溢於言表。兩岸、港、澳、美、日學者之熱烈響應並撰文與會，自是會議成功的關鍵，然而缺乏高雄道德院、張敬國學基金會、臺北文史哲出版社之共襄盛舉、出錢出力，會議必不順遂，藉此個人也特別感謝三清太乙宗師、林中明董事長、彭正雄董事長；唯如會議幕後之神經中樞王更生教授，亦如其他學者提交宏文，會議場上更是神采奕奕，高談闊論，為學術界樹立至高無上的榜樣，竊以典範夙昔，吾輩小子，誰敢怠慢？

猶記大學四年，與三五同儕，絕像現今年輕的追星族，到處打聽各大學權威教授上課的時間和地點，帶著虔誠朝聖的一顆心，無遠弗至，也從不過問教授是否願意接受旁聽，大大方方，儼然一付教授虧欠吾人是也。臺灣師大、臺大、政大、淡江大學、東吳大學等，印象中是最常落腳之處。1980 年秋，吾人且將雙腳涉入外雙溪，慕名的是當時在東吳大學兼課的師大國文系王更生教授，其「文心雕龍」課程，在大學間名聞遐邇，只見王教授在課堂中談笑風生，古代的詩文理論批評已化爲簡易的概念，瞭然於胸，在周遊列國的旁聽生涯中收穫最豐，卻也意想不到從此與文學理論結下難解之緣。1982 年順利考進研究所碩士班，終能跨校如願拜入王門，資質駑頓，尙蒙吾師不棄，終能完成論文《六朝文筆說析論》，雖非以《文心雕龍》爲題，然亦攸關於魏晉六朝文壇之相關議題。

1985 年夏取得碩士學位，旋即考上博士班，1987 年役畢方能回到校園繼踵求學之路，此間又有機緣將視野延伸至詩話領域，竊以爲同門師兄講論《文心雕龍》既精又實，啓齒論列，誠惶誠恐，唯如詩話亦傳統文論之一枝，非稍窺《文心雕龍》思精體大之論，欲入其室，尙不能得其鎖鑰，焉求竟其功乎？因以《葉燮文學之研究》爲題問學於吾師，唯其論題不能盡吾師之期待可知，吾師除以異類之目光相待外，或亦祇能祈求個人之造化。1993 年春順利通過學位口試，取得博士學位，並於夏天受聘於臺中逢甲大學中國文學系，主任黃敬欽教授即命以「詩話專題研究」講授於碩士班，此開臺灣中文學界講授詩話於研究所之始也。

1995 年夏得受業師林慶勳教授之引薦，受聘於高雄中山大學中國文學系，「詩話專題」仍延續在研究所開課。2000 年冬，教育部核准國立中山大學文學院設立「清代學術研究中心」，目的在於延續擴大推動中文系長期紮根於清代學術研究的規模與理想，並委由吾人兼任行政綜理業務，至 2004 年夏請辭行政，凡舉辦過二屆清代學術會議，學界交流層面及規模皆有所展拓，其間更步出西灣隧道、踏過哈瑪星、跨越高雄縣市走向民間，與新營太子宮合辦「第一屆哪吒學術研討會」，與高雄鳳邑赤山文史工作室合辦「2003 曹瑾學術研討會」，會後皆將論文正式出版，真實地伸展中心的觸角，慢慢地擴大學界的影響力；此外，尚編輯六輯《清代學術論叢》，委由臺北文津出版社發行。清代學術研究中心之運作，學校並不撥補任何經費，除靠活動募款所得，吾系同仁如劉昭明教授、江素卿教授皆曾慷慨解其私囊；華語中心蔡美智主任也挹注多筆工讀生款項；林慶勳教授時任中文系主任更多行方便，莫可言喻，吾人深銘肺內，中心亦終能稍有氣象，諸此績效，或亦不負師長同仁之期許。其間個人還在中文系博士班增開「清代詩學專題」，除藉以培養清代學術研究之後進外，對個人專業領域之培養，助益匪淺。本次文心雕龍國際學術研討會也是個人尋清代學術研究中心之經營模式加以運作，幸能得到國立花蓮教育大學中文系林明珠主任、花蓮慈濟大學東語系徐信義主任的熱烈參與，將一場盛會分三校舉行，讓文心雕龍議題的研討由高雄延伸至花蓮，也讓海外參加的學者飽覽東臺灣風光和世界級太魯閣國家公園的鬼斧神工，此種會議形式和規模，都是中文系成立以來不曾有過的。

此次會議共宣讀 41 篇論文，切磋琢磨，論辯學習，大師富大師的風範，後學有後學之懇切，熱烈之中不乏真理的探索，激論之中且具自我的反思，孔夫子「共學」之理念，已在 3 校 12 場次之研討間流露無遺。此次會議尚特別邀請鎮江市歷史文化名城研究會錢永波會長、鎮江圖書館任罡館長及鎮江圖書館彭荷成副研究員與會，因爲設在鎮江圖書館的文心雕龍資料中心，不僅規模已具，戮力多時的文心雕龍全文數據庫單機版光碟也即將問世，藉此機會向國際上研究文心雕龍的學者報告佳音，實屬必要。王館長與彭女士在大會上即分別以鎮江文心雕龍資料中心爲題，從不同側面論述中心成立之構想及企圖心，無論新知或舊識皆爲文心雕龍能有此研究中心感到驕傲和欣慰，而獨具隻眼鼎力奔走於各界以促成中心成立之幕後功臣，正是錢永波會長，對其深耕本土傳統文化優勢之伯樂性格，實有足爲外人道也。

吾師王教授除《文心雕龍》養成教育對吾人專業培養有莫可言喻之意義外，其內方外圓之性格特徵，雖夙昔典範，難能企及，乃今百未盈一，猶有所待。適逢吾師八十歲壽誕，能擘畫籌辦「2007文心雕龍國際學術研討會」，自是畢生難逢之機緣與福份。誠摯感謝吾系劉主任及同仁之寬容，也謝謝王門師兄弟的抬愛，此次大會雖乏祝壽之名，乃有祝壽之實，雖經費募集不易，午夜夢迴，焦慮難寐，時而或有，竟至浮現輟棄籌辦之念頭，唯如慮及此次大會意義非凡，尤其是對吾師以《文心雕龍》研究爲職志之學者言，自是欣慰莫名，如此中輟，又有何顏面見吾同儕；隨著時日逼近，新朋舊識，齊聚一堂，卻如雨過天青，乃不知昔日眉頭何以不展。會議除共同的議題外，溫馨的晚宴中，彭董事長細數與吾師之此次深摯情誼，感人肺腑；東台灣浦館長偕同原住民朋友的天籟之聲，且將餐廳當山谷原野，至今仍迴盪耳際，非慶祝吾師壽誕，鄒族王子或不至於放下身段；而吾師也大展歌喉，一曲「水調歌頭」，聲情俱佳，不啻專業歌手，諒大蘇爲之動容，小鄧也必爲之驚聽耶，而此次會議終將是個人 2002 年以來籌辦 12 場各類型研討會中最具意義之一場。是爲後記。

歲次戊子端午廖宏昌書於高雄西子灣